Kinder- und Jugendliteratur der Gegenwart

Ein Handbuch

2., korrigierte und ergänzte Auflage

Herausgegeben von

Günter Lange

unter Mitarbeit von
Hannelore Daubert, Bernd Dolle-Weinkauff,
Hans-Heino Ewers, Kurt Franz, Gabriele von Glasenapp,
Karin Haller, Susanne Heinke, Petra Josting, Bernhard Meier,
Karla Müller, Ekkehard Ossowski, Herbert Ossowski,
Franz-Josef Payrhuber, Monika Plath, Beate Rabe,
Bernhard Rank, Karin Richter, Anita Schilcher,
Kaspar H. Spinner, Gudrun Stenzel, Gerd Taube,
Jens Thiele, Andrea Weinmann, Werner Ziesenis

Schneider Verlag Hohengehren GmbH

Umschlag: Gabriele Majer, Aichwald

Gedruckt auf umweltfreundlichem Papier (chlor- und säurefrei hergestellt).

Bibliografische Information der Deutschen Nationalbibliothek

Die Deutsche Nationalbibliothek verzeichnet diese Publikation in der Deutschen Nationalbibliografie; detaillierte bibliografische Daten sind im Internet über ›http://dnb.d-nb.de‹ abrufbar.

ISBN 978-3-8340-1054-4

Schneider Verlag Hohengehren, Wilhelmstr. 13, 73666 Baltmannsweiler

Homepage: www.paedagogik.de

Printed in Germany – Druck: Djurcic, Schorndorf

Inhaltsverzeichnis

Vorwort des Herausgebers

Im Jahr 2000, also vor zehn Jahren, erschien das zweibändige *Taschenbuch der Kinder- und Jugendliteratur*, das sich schnell zu einem Standardwerk entwickelte und gegenwärtig in der vierten Auflage vorliegt.

Es stellte sich für den Verlag und mich als Herausgeber die Frage, ob wir das *Taschenbuch* grundlegend überarbeiten oder ein neues *Handbuch* auf den Markt bringen sollten. Die Entscheidung fiel sehr schnell zugunsten eines einbändigen Werkes, das sein Schwergewicht auf die Entwicklung der Kinder- und Jugendliteratur nach 1945 legen sollte. Gerade die Gegenwartsliteratur findet das besondere Interesse seiner Benutzer: das sind vor allem Studierende, Referendare und Lehrerinnen und Lehrer, da sie in Studium, Ausbildung und Schule eindeutig im Vordergrund steht.

Das neue *Handbuch der Kinder- und Jugendliteratur der Gegenwart* ist in vier Teile gegliedert:

1. In den **Grundlagen**, die als Einführung gedacht sind, geht es einmal um die Terminologie und zum anderen um einen Überblick über die historische Entwicklung der Kinder- und Jugendliteratur in der Bundesrepublik und in der DDR seit 1945. Die Kinder- und Jugendliteratur hat in den vergangenen 65 Jahren tiefgreifende Veränderungen erfahren, die hier im Kontext der gesellschaftlichen Entwicklungen aufgezeigt werden.
2. Das Kapitel über die **Gattungen** ist naturgemäß das umfangreichste. In 15 Artikeln werden die wichtigsten Gattungen dargestellt. Dabei wird schnell deutlich, dass es Gattungen gibt, wie die 'phantastische Kinder- und Jugendliteratur', die gegenwärtig marktbeherrschend sind, und andere, wie die 'Abenteuerliteratur' oder 'Science-Fiction', die – von ihren Leserinnen und Lesern vor Jahrzehnten begeistert gelesen – im Augenblick an Bedeutung verloren haben.
3. Die Kinder- und Jugendliteratur besitzt in den **Medien** eine außerordentlich wichtige Verbreitungs- und Aktualisierungsmöglichkeit; das wird vor allem im Verbund mit den sich immer schneller verändernden 'technischen Medien' deutlich. Wichtig bleiben aber nach wie vor der Kinderfilm, die Hörmedien und die Kinder- und Jugend-Zeitschriften.
4. Die Bedeutung der Kinder- und Jugendliteratur in der **literarischen Sozialisation**, d.h. in der Familie, den Vorschuleinrichtungen und der Schule, ist immens. Hier werden Entwicklungen angebahnt, die für die Kinder und Jugendlichen lebensbestimmend sind. Zahlreiche empirische Untersuchungen machen das überzeugend deutlich. Damit die Kinder- und Jugendliteratur ihre wichtige Funktion in der Schule erfüllen kann, bedarf es besonderer **didaktischer Entscheidungen und methodischer Verfahren**.

Alle Gattungs- und Medienartikel besitzen einen vergleichbaren Aufbau:
- Definition
- Geschichte
- Typologie
- Merkmale und Strukturen
- Didaktische Aspekte

Dass in einem derartigen *Handbuch* nicht alle Gattungen und Medien eine angemessene Berücksichtigung finden können, versteht sich von selbst.

Die Beschränkung der Darstellung auf die Zeit nach 1945 ist einleuchtend, denn das Ende der Nazi-Zeit und die Niederlage Deutschlands im 2. Weltkrieg bedeuteten auch für die Entwicklung der Kinder- und Jugendliteratur einen tiefen Einschnitt. Hinzu kommt, dass zahlreiche Texte der Kinder- und Jugendliteratur der 1950er und 1960er Jahre bei den Leserinnen und Lesern bis zum heutigen Tage ihre große Beliebtheit behalten haben; man denke nur an die Kinderbücher von Otfried Preußler oder Michael Ende.

Möge dieses *Handbuch* seine Leserinnen und Leser dazu anregen, sich intensiv mit der Kinder- und Jugendliteratur der Gegenwart auseinanderzusetzen, neue Lese-Erfahrungen mit ihr zu machen und diese an die Kinder und Jugendlichen weiterzugeben.

Mein Dank gilt allen Kolleginnen und Kollegen, die an diesem *Handbuch* mitgearbeitet haben, für ihren Einsatz und ihre kompetenten Beiträge und dem Verlag für die überzeugende Realisierung dieses Projekts.

Bovenden, im Herbst 2010 Günter Lange

Vorwort des Herausgebers zur 2. Auflage

Das Handbuch „Kinder- und Jugendliteratur der Gegenwart“ stieß bei seinen Leserinnen und Lesern auf so großes Interesse, dass schon nach einem Jahr eine 2. Auflage gedruckt werden musste. Diese wurde von den Autorinnen und Autoren überarbeitet, um offensichtliche Fehler zu korrigieren. Außerdem haben sich Verlag und Herausgeber dazu entschlossen, das Werk durch ein Sachregister zu ergänzen, um so seinen Gebrauchswert zu erhöhen.

Bovenden, im März 2012 Günter Lange

Grundlagen

HANS-HEINO EWERS

Kinder- und Jugendliteratur – Begriffsdefinitionen

Im Alltag kommen wir zumeist ohne exakte Definitionen aus: Wir gehen in einen Buchladen und finden dort eine eigene Kinder- und Jugendbuchabteilung, ebenso in der örtlichen Bücherei. In den Tages- oder Wochenzeitungen stoßen wir mehr oder weniger regelmäßig auf Sonderseiten mit Besprechungen kinder- und jugendliterarischer Neuerscheinungen. Die Aufgabe einer Definition von Kinder- und Jugendliteratur haben uns der Buchhandel, das Büchereiwesen und die Literaturkritik, um nur einige Institutionen zu nennen, gewissermaßen abgenommen. Schwierig wird es dagegen, wenn wir bspw. eine Kinderanthologie oder ein Grundschullesebuch aufschlagen: Gehören alle dort versammelten literarischen Texte zur Kinderliteratur – auch diejenigen etwa von Goethe, Johann Peter Hebel oder Franz Kafka? Zählen Hermann Hesses *Unterm Rad*, Jerome D. Salingers *Der Fänger im Roggen* oder Alexa Hennig von Langes *Relax* zur Jugendliteratur? Es sind die gar so seltenen Grenzfälle, die einen verwirren und zu dem Schluss kommen lassen, dass Definitionen durchaus hilfreich sein können. Definitionen sind flexibel anzuwendende Hilfsmittel zur Beschreibung literarischer Phänomene und sollten nicht zu einem starren Schubladendenken führen. Man sollte sich aber auch nicht von harmlos klingenden Definitionen verborgene Wertungen unterschieben lassen.

Es gibt mehrere Definitionen von Kinder- und Jugendliteratur. Nicht alle schließen einander aus; einige können nebeneinander bestehen und gleichzeitig benutzt werden, weil sie jeweils verschiedene Gesichtspunkte geltend machen. Ganz allgemein handelt es sich bei der Kinder- und Jugendliteratur um ein Korpus von literarischen Werken, bei Kinder- und Jugendbüchern um eine spezielle Gruppe von Medienprodukten. Die einzelnen Definitionen grenzen, indem sie unterschiedlichen Gesichtspunkten folgen, verschiedene Textkorpora bzw. Medienproduktgruppen ein. Wir könnten nun alle miteinander vereinbarten Definitionen nacheinander auflisten und explizieren. Wir ziehen jedoch eine andere Darstellungsweise vor: Wir gehen von der kinder- und jugendliterarischen Kommunikation aus und verfolgen, an welcher Stelle und durch welche Handlung es zu der jeweiligen Korpusbildung kommt. Der Globalisierung auch der Kinderliteraturforschung sei durch Hinzufügung der englischen Begriffsentsprechungen Rechnung getragen (vgl. Ewers 2009).

Unter kinder- und jugendliterarischen Kommunikationen (engl. children's literary communication) seien hier nicht alle literarischen Kommunikationen verstanden, an denen Kinder und Jugendliche in irgendeiner Form beteiligt sind, sondern nur diejenigen, in denen sie als Adressaten einer literarischen Botschaft erscheinen. Die Bestimmung des bzw. der Adressaten, der Zielgruppe(n), stellt eine Teilhandlung der literarischen Kommunikation dar, die als Adressierung bezeichnet werden kann. Vorgenommen wird diese Teilhandlung vom Adressanten. Die Nennung des bzw. der Adressaten kann der Botschaft hinzugefügt werden, welche dann eine Adressierung aufweist. Die Kategorie der Adressierung kann also das eine Mal eine Handlung, das andere Mal eine Eigenschaft der übermittelten Botschaft bezeichnen.

1 Formen der Kinder- und Jugendlektüre

Für lange Zeit hat man die Gesamtheit der an Kinder- und Jugendliche adressierten literarischen Werke als „intentionale Kinder- und Jugendliteratur" bezeichnet. Dies hat bei Außenstehenden immer wieder für Verwirrung gesorgt, und tatsächlich fragt es sich, ob bspw. ein Gedicht von Goethe, bloß weil es in eine Kinderanthologie oder ein Grundschullesebuch aufgenommen worden ist, schon als intentionale Kinderliteratur bezeichnet werden sollte. Kinderliterarische Intentionen dürfte Goethe wohl kaum gehegt haben. Es scheint angebrachter zu sein, hier von intendierter Kinder- und Jugendlektüre (engl. intended children's reading) zu sprechen, lag es doch offenkundig in der Absicht der Anthologisten bzw. der Lesebuchmacher, dass das Goethe-Gedicht von Kindern gelesen werden sollte. Von dem, was Kinder und Jugendliche lesen sollen, ließe sich die Gesamtheit der Werke abheben, die von dieser Zielgruppe tatsächlich gelesen werden. Dies Korpus ließe sich als faktische Kinder- und Jugendlektüre (engl. actual children's reading) bezeichnen.

Die für sie gedachten Lektüreangebote nehmen Kinder und Jugendliche zu einem mehr oder weniger großen Teil auch an. In allen Epochen wird die offerierte Literatur in beträchtlichem Maße auch gelesen. Intendierte und faktische Kinder- und Jugendlektüre überlappen einander; der faktische Literaturkonsum von Kindern und Jugendlichen deckt sich in weitreichendem Maße mit dem erwarteten. In Randbereichen klaffen sie jedoch auseinander. Dies nötigt zu der Annahme dreier weiterer Textkorpora: Im ersten – und zugleich wohl umfangreichsten – Korpus sind all die Texte versammelt, die an Kinder und Jugendliche gerichtet sind und von der Zielgruppe in nennenswertem Umfang faktisch auch rezipiert werden. Hier ist von erfolgreichen Lektüreangeboten (engl. successful reading offerings) zu sprechen. Das zweite Korpus beinhaltet die Werke, die zwar an Kinder und Jugendliche adressiert sind, von der Zielgruppe aber nicht angenommen und gelesen werden. Wir haben es hier mit nicht erfolgreichen Lektüreangeboten (engl. unsuccessful reading offerings) zu tun.

Nun pflegen Kinder und Jugendliche in gewissem Umfang auch literarische Werke zu rezipieren, die nicht an sie adressiert sind. Heutige Jugendliche gehören bspw. zu den passionierten Lesern von Terry Pratchett oder Stephen King, deren Werke nicht ausdrücklich an sie adressiert sind. Kinder und Jugendliche sind nicht nur an der kinder- und jugendliterarischen Kommunikation im hier definierten Sinn beteiligt, sondern daneben auch in andere literarische Kommunikationen involviert. Die jenseits der kinder- und jugendliterarischen Kommunikation gelesenen literarischen Werke ließen sich als nicht-intendierte Kinder- und Jugendlektüre (engl. unintended actual reading) klassifizieren. Der nicht intendierte Literaturkonsum von Kindern und Jugendlichen kann sich der Aufmerksamkeit weitgehend entziehen und wäre dann als verborgener oder heimlicher Literaturkonsum von Kindern und Jugendlichen (engl. hidden children's reading) zu kennzeichnen. Er kann aber auch hingenommen werden, in welchem Fall von einem tolerierten Literaturkonsum von Kindern und Jugendlichen (engl. tolerated children's reading) zu sprechen wäre. Die Geschichte wartet allerdings mit zahlreichen Fällen auf, in denen der nicht intendierte Literaturkonsum von Kindern und Jugendlichen aktiv bekämpft worden ist. Wir schlagen vor, hier von verbotener Lektüre (engl. forbidden children's reading) zu sprechen.

Die intendierte Kinder- und Jugendlektüre setzt sich aus mehreren Korpora zusammen, die auf höchst unterschiedliche Weise gebildet worden sind. Die kinder- und jugendliterarische Kommunikation ist keineswegs gleichförmig; sie kann vielmehr verschiedene Verlaufsformen annehmen und eine ganz unterschiedliche Ausdehnung besitzen. Im folgenden seien vier Fälle in Betracht gezogen: In einem ersten Fall wird die Adressierung an Kinder und Jugendliche von jemandem vorgenommen, der die literarische Botschaft nicht hervorgebracht hat, sondern diese lediglich weiterleitet – und zwar ohne Abänderung –, dabei aber eine Ausdehnung der Adressierung vornimmt. Die literarische Botschaft hat in ihrer ursprünglichen Form keine Adressierung an Kinder und Jugendliche besessen; erst im Akt der Weiterleitung wird sie an diese Empfängergruppe gerichtet. Nehmen wir bspw. einen Lehrer, der Günter Grass' Novelle *Katz und Maus* (1961) für eine geeignete Jugendlektüre hält und diese Auffassung in die Praxis umsetzt – sei es in Gestalt von persönlichen Lektüreempfehlungen, auf allgemeinerer Ebene durch Veröffentlichung einschl. Rezensionen oder Empfehlungslisten. In solchen Fällen kann sich ein dauerhafter Konsens ergeben: Teile des allgemeinliterarischen Angebots können so eine Markierung als geeignete potentielle Kinder- und Jugendlektüre erfahren, ohne ursprünglich für die Lesergruppe gedacht gewesen zu sein und auch ohne eine gesonderte, auf diesen Empfängerkreis zugeschnittene Publikation zu erfahren. Dieses Verlaufsmuster der kinder- und jugendliterarischen Kommunikation sei hier als Lektüreempfehlung für Kinder und Jugendliche (engl. recommended reading for children) bezeichnet (siehe Tabelle 1, Sp. I).

In einem zweiten Fall verhält es sich zunächst ähnlich: Auch hier wird eine literarische Botschaft nicht kreiert, sondern bloß unverändert weitergeleitet und dabei in ihrer Adressierung auf die Zielgruppe der Kinder und Jugendlichen ausgeweitet. Die Weitersender verfügen hier jedoch über die Möglichkeit, das betr. Werk einer gesonderten Publikation zu unterziehen. Sie haben die Gelegenheit, die ausgewählten literarischen Botschaften in einen Sendekanal einzuspeisen, der als solcher auf die Zielgruppe der Kinder und Jugendlichen gerichtet ist. Als Beispiel für einen solchen Sendekanal sei die Kinder- und Jugendzeitschrift herangezogen. Deren Herausgeber haben zu allen Zeiten lyrische, epische und dramatische Werke der Allgemeinliteratur oft unverändert in ihren Publikationsorganen abgedruckt und damit gewissermaßen nachträglich in eine kinder- und jugendliterarische Kommunikation eingebracht. Wie hier zu ersehen ist, können nicht bloß einzelne literarische Botschaften, sondern auch Sendekanäle bzw. Publikationsorgane als solche mit einer Adressierung versehen werden. Neben den Kinder- und Jugendzeitschriften wären etwa Kinder- und Jugendalmanache, Kinder- und Jugendbuchreihen, Kinder- und Jugendprogramme in Rundfunk und Fernsehen oder Homepages für Kinder und Jugendliche zu nennen. Das hier angesprochene Verlaufmuster der kinder- und jugendliterarischen Kommunikation sei als kinder- und jugendspezifische Publikation (engl. children's only publishing) bezeichnet (siehe Tabelle 1, Sp. II).

Das dritte hier zu erwähnende Verlaufsmuster kinder- und jugendliterarischer Kommunikation weist als Adressanten weiterhin einen Sender auf, der die literarische Botschaft nicht selbst erzeugt, sondern empfangen hat. Auch dieser Sender fügt zu den bisherigen Adressaten die Zielgruppe der Kinder und Jugendlichen hinzu. Eine solche Ausweitung der Adressierung hält er jedoch nur dann für vertretbar, wenn die literarische Botschaft modifiziert wird. Modifikationen empfangener literarischer Botschaften können unterschiedlich weit reichen, und so fragt sich, von welchem Punkt an von einer neuen literarischen Botschaft gesprochen werden müsste. In Betracht gezogen seien hier jedoch nur die Fälle, in denen der Sender die eigene Botschaft ausdrücklich als die Modifikation einer zuvor empfangenen Botschaft ausgibt. In literaturwissenschaftlichen Kategorien ausgedrückt, besteht der Sender darauf, nicht selbst als Autor oder Nachdichter, sondern lediglich als Bearbeiter des Originalwerks eines anderen angesehen zu werden. Wir haben es bei dieser Ausprägung der kinder- und jugendliterarischen Kommunikation mit dem Phänomen der Kinder- oder Jugendbearbeitungen von Werken der Allgemeinliteratur (engl. children's editing of works of general literature) zu tun (siehe Tabelle 1, Sp. III). Zu den prominenten Fällen dürften der *Don Quijote*, *Robinson Crusoe*, *Gullivers Reisen* oder *Baron Münchhausen* zählen, die kindlichen und jugendlichen Lesern durchweg nicht im Original, sondern in Bearbeitungen nahegebracht wurden.

Bei dem vierten hier abzuhandelnden Verlaufsmuster rückt der Akt der Adressierung der literarischen Botschaft an Kinder und Jugendliche an den Ausgangspunkt der literarischen Kommunikation. In diesem Fall ist es der Urheber und erste Sender der literarischen Botschaft selber, der als Adressant fungiert und dabei Kinder und Jugendliche als die Gruppe bestimmt, an die seine Botschaft gerichtet ist. Ein Autor entschließt sich, mit Kindern und Jugendlichen in eine literarische Kommunikation einzutreten und generiert eine Botschaft, die von Beginn an auf die anvisierte Gruppe gerichtet ist. Die Botschaft ist hier also bereits in ihrer originären Fassung mit einer Adressierung an Kinder und Jugendliche versehen. Der Autor setzt des Weiteren darauf, dass die ursprüngliche Adressierung von allen Zwischenstationen respektiert und dass seine Botschaft in einen Sendekanal eingespeist wird, der zu den gewünschten Empfängern führt. Wir möchten diese Ausprägung hier als originäre kinder- und jugendliterarische Kommunikation (engl. original children's writing) bezeichnen (siehe Tabelle 1, Sp. IV).

Tab. 1

Kommunikative Funktion	Verlaufsmuster kinder- und jugendliterarischer Kommunikation			
	I	II	III	IV
Hervorbringung und erste Versendung der literarischen Botschaft				Abfassung und erste Versendung eines literarischen Werks für Kinder und/oder Jugendliche
Bearbeitung der literarischen Botschaft mit Blick auf einen neuen Adressaten			Bearbeitung eines allgemeinliterarischen Werks für Kinder und/oder Jugendliche	
Weiterleitung der literarischen Botschaft in Form ihrer Einspeisung in einen Sendekanal		Publikation eines allgemeinliterarischen Werks in einem Kinder- und Jugendbuch/ einer Kinder- und Jugendzeitschrift	Publikation der Kinder- und Jugendbearbeitung eines allgemeinliterarischen Werks in einem Kinder- und Jugendbuch/ einer Kinder- und Jugendzeitschrift	Publikation eines kinder- und jugendliterarischen Werks in einem Kinder- und Jugendbuch/ einer Kinder- und Jugendzeitschrift
Weiterleitung der literarischen Botschaft in Form einer Lektüreempfehlung	Empfehlung eines allgemeinliterarischen Werks als geeignete Kinder- und Jugendlektüre	Empfehlung der Kinder- und Jugendpublikation eines allgemeinliterarischen Werks als geeignete Kinder- und Jugendlektüre	Empfehlung der Kinder- und Jugendbearbeitung eines allgemeinliterarischen Werks als geeignete Kinder- und Jugendlektüre	Empfehlung eines originär kinder- und jugendliteratrischen Werks als geeignete Kinder- und Jugendlektüre
Aufnahme der Botschaft durch einen Empfänger	Aufnahme des Werks durch den kindlichen und jugendlichen Leser			

2 Originäre Kinder- und Jugendliteratur

Literarische Botschaften, die bereits in ihrer originären Fassung bzw. bei ihrer Erstpublikation mit einer Adressierung an Kinder und Jugendliche versehen sind, werden oft als die eigentliche Kinder- und Jugendliteratur angesehen. Die Entscheidung, sich mit einem literarischen Werk an Kinder und Jugendliche zu wenden, kann dabei am Anfang des Schaffensprozesses oder an dessen Ende stehen, gelegentlich auch erst in den Verhandlungen mit einem Verlag erfolgen (wie im Fall des *Tom Sawyer* von Mark Twain). Entscheidend ist, dass der Titel bei seiner erstmaligen Veröffentlichung als ein Angebot für Kinder und Jugendliche gekennzeichnet ist und keinerlei anders lautende publizistische Vorgeschichte aufweist. Der in der deutschsprachigen Kinder- und Jugendliteraturforschung für dieses Korpus verwendete Terminus der 'spezifischen Kinder- und Jugendliteratur' ist für Außenstehende nicht sehr aussagekräftig; seit der Zeit um 1900 und Heinrich Wolgasts einflussreicher Schrift *Das Elend unserer Jugendliteratur* (1896, ^{4}1910) ist er zudem mit negativen Wertungen belastet. Es sei deshalb vorgeschlagen, statt von spezifischer von 'originärer Kinder- und Jugendliteratur' (engl. primarily children's literature) zu sprechen.

Alle Werke der originären Kinder- und Jugendliteratur gehören zum Korpus der intendierten Kinder- und Jugendlektüre, handelt es sich doch auch bei ihnen um ein für die Zielgruppe der Kinder und Jugendlichen vorgesehenes Lektüreangebot. Das Korpus der intendierten Kinder- und Jugendlektüre ist allerdings umfangreicher: Zu ihr gehören, wie gezeigt, neben der originären Kinder- und Jugendliteratur all die Werke der Erwachsenen- bzw. Allgemeinliteratur, die Kindern und Jugendlichen zur Lektüre empfohlen, für sie eigens publiziert oder bearbeitet werden. In diesem Sinne wären bspw. die *Kinder- und Hausmärchen* der Brüder Grimm nicht als originäre Kinderliteratur, sondern als intendierte Kinderlektüre zu klassifizieren. Im literaturwissenschaftlichen Sprachgebrauch wird oft dazu übergegangen, alle zur Untergruppe der originären Kinder- und Jugendliteratur zählenden Werke direkt als solche zu bezeichnen und den übergeordneten Begriff der intendierten Kinder- und Jugendlektüre für die verbleibenden Untergruppen zu reservieren. So wird aus einer begrifflichen Über- bzw. Unterordnung ein Begriffspaar, das Alternativen zu bezeichnen scheint, die auf ein und derselben Ebene angesiedelt sind. Gegen diese schiefe Begriffsverwendung ist in der Praxis dennoch nichts einzuwenden.

3 Kinder- und Jugendmedien

Unter literarischen Botschaften wurden bisher literarische Werke verstanden. Um zum Empfänger zu gelangen, müssen die Botschaften übertragen, müssen die Werke vertrieben und verbreitet werden. Hierfür werden spezielle Sendekanäle in Anspruch genommen, die im Allgemeinen als Publikations- bzw. Distributionsmedien (engl. media of publication or distribution) bezeichnet werden. Vom Zeitpunkt ihrer Einspeisung in einen Sendekanal sind aus literarischen Werken distribuierbare (Einzel-)Publikationen bzw. Medienprodukte geworden. Es können auch Publikationen bzw. Medienprodukte mit einer Adressierung an Kinder und Jugendliche versehen werden. Bei einer an Kinder und Jugendliche adressierten Buchpublikation haben wir es mit einem Kinder- und Jugendbuch (engl. children's book) zu tun, bei einer entspr. Zeitschriftenpublikation mit einer Kinder- und Jugendzeitschrift (engl. children's magazine), bei einem an dieselbe Zielgruppe gerichteten Hörbuch mit einem Kinder- und Jugendhörbuch (engl. children's audiobook). Kinder- und Jugendbücher, -zeitschriften und -hörbüchern lassen sich unter dem Begriff der Kinder- und Jugendmedien (engl. children's media) zusammenfassen. Der Begriff ist freilich mehrdeutig, insofern er Mediengattungen wie auch einzelne Medienprodukte meinen kann. Man sollte deshalb stets entweder von Mediengattungen (das Bilderbuch, das Kinderbuch, die Kinderzeitschrift etc. – in diesen Fällen auch Buchgattungen) oder von Medienprodukten sprechen (Bilderbücher, Kinderbücher, Kinderzeitschriften etc. bzw. ein Bilderbuch, dieses Kinderbuch, jene Kinderzeitschrift etc.). Im bibliothekarischen Bereich ist von Medieneinheiten die Rede.

Hinzu tritt eine weitere Unklarheit: Unter Kinder- und Jugendmedien kann man die von dieser Zielgruppe tatsächlich genutzten Mediengattungen bzw. Medienprodukte verstehen, die faktischen Kinder- und Jugendmedien (engl. actual children's media) also. In diesem Kontext sind jedoch in erster Linie die an diese Zielgruppe ausdrücklich gerichteten Mediengattungen bzw. Medienprodukte gemeint. Um dies eigens zu markieren, könnte man von intendierten Kinder- und Jugendmedien (engl. intended children's media) sprechen. So könnte man fragen, ob der von den öffentlich-rechtlichen Sendern ausgestrahlte Kinderfunk – zweifelsohne eine intendierte Kindermediengattung – noch in nennenswertem Umfang zu den tatsächlich genutzten, den faktischen Kindermediengattungen gehört.

4 Publikationsformen und Buchgattungen

Bei dem Kinder- und Jugendbuch bzw. der Kinder- und Jugendzeitschrift haben wir es mit adressatenspezifischen Sonderformen der allgemeinen Publikations- bzw. Distributionsmedien 'Buch' und 'Zeitschrift' zu tun. Diese weisen in Material, Drucktechnik, Aufmachung, Format, Innengestaltung, Schriftsatz und Illustrierung ein besonderes Gepräge auf und verfügen über eine eigene Geschichte. Zu den auffälligsten Kennzeichen des Publikations- bzw. Distributionsmediums 'Kinder- und Jugendbuch' gehören die Illustrierung und – seit dem 19. Jahrhundert – die anziehende Gestaltung von Außentitel bzw. Buchumschlag. Das Kinder- und Jugendbuch kennt eine Vielzahl von Unterformen, die sich teils auch bei anderen Buchgattungen finden, teils originäre Hervorbringungen dieses Buchsektors darstellen (bspw. Beschäftigungsbuch, Erstlesebuch). Bei den originären Unterformen handelt es sich in der Regel um Buchtypen, die auf Gebrauchssituationen zielen, die allein im kinder- und jugendkulturellen Bereich anzutreffen sind.

Zu den Buchgattungen des Kinderbuchs zählen bspw.: ABC-Buch, Beschäftigungsbuch, Bilderbuch, Erstlesebuch, Fibel, Kinderalmanach, Kinderanthologie, Kinderatlas, Kinderbastelbuch, Kinderbibel, Kinderbilderbogen, Kinderenzyklopädie, Kindergebetbuch, Kinderjahrbuch, Kinderkalender, Kinderlexikon, Kindersachbuch, Leporello, Lesebuch, Malbuch, Spielbuch, Vorlesebuch, Wendebuch etc. Das Bilderbuch kennt wiederum zahlreiche Unterformen: Aufstellbuch, Aufklappbuch, Fotobilderbuch, Pappbilderbuch, Suchbilderbuch, Verwandlungsbilderbuch, Ziehbilderbuch usw.

Ein anderes Kriterium für die Bildung von Kinder- und Jugendbuchkorpora stellt das jeweilige Alter der Adressaten dar; wir schlagen vor, hier von altersstufenbezogenen Korpusbildungen zu sprechen. Die im deutschsprachigen Raum übliche Altersstufengliederung benutzt einen Abstand von zwei Jahren bei Kindern (ab 2, ab 4, ab 6, ab 8, ab 10 Jahre), oft auch bei Jugendlichen (ab 12, ab 14, ab 16 Jahre). Teilweise werden die Altersstufen nach den jeweils besuchten Bildungsinstitutionen definiert (Kindergarten-, Vorschul- und Grundschulkinder etc.). Kombiniert werden die Altersangaben oft mit Angaben des Geschlechts der Adressaten, was in besonderer Weise für Bücher und Zeitschriften gilt, die sich an Mädchen wenden. Demgegenüber sind Kategorien wie Knaben- oder Jungenbuch oder -zeitschrift im deutschsprachigen Raum seit längerem außer Gebrauch. Die Bezeichnung dieser Korpora ist schwankend, wobei in Einzelfällen mit der Nennung der Buchgattung Alters- oder Geschlechtsangaben impliziert sind: Bilderbuch (= für Kindergarten- und Vorschulbücher), Erstlesebuch (= für Kinder im Grundschulalter), Hausarbeitslehren und Kosmetikschulen (= für Mädchen) etc.

Im Fall von allein für Kinder- und Jugendliche herausgebrachten Büchern oder Zeitschriften könnte man von reinen Kinder- und Jugendpublikationen sprechen. Zu den nicht ausschließlich für Kinder und Jugendliche bestimmten Publikationen zählen bspw. die sog. Haus- oder Familienbücher, Jahrbücher, Kalender, Jahreszeiten- oder Festtagsanthologien (Weihnachtsbücher etc.), die Familienzeitschriften, aber auch Zeitungen und Zeitschriften mit Kinder- und Jugendseiten. Man könnte hier von mehrfachadressierten Publikationen sprechen. An Kinder und Jugendliche wie an erwachsene Leser können auch einzelne literarische Werke gerichtet sein. Diese werden im heutigen Sprachgebrauch als All-age-Literatur oder als Crossover-Literatur bezeichnet. Gelegentlich werden auch einzelne Gattungen als Crossover-Literatur charakterisiert, wie dies etwa bei der Fantasy der Fall ist.

In der theoretischen Beschäftigung mit der Kinder- und Jugendliteratur finden oft eine Vermischung und synonyme Verwendung von textwissenschaftlichen und buch- bzw. medienwissenschaftlichen Kategorien statt. So werden noch heute gelegentlich Kinder- und Jugend*buch* und Kinder- und Jugend*literatur* synonym verwendet, die Kinder- und Jugend*literatur*wissenschaft mit der Kinder- und Jugend*buch*forschung gleichgesetzt. Diese Vermischung ist in gewisser Weise historisch bedingt: In den frühen Epochen haben die Kinder- und Jugendmedien, vor allem das Kinder- und Jugendbuch und die Kinder- und Jugendzeitschrift, im Zentrum der Aufmerksamkeit gestanden. Längst bevor es zur Herausbildung und Etablierung einer originären Kinder- und Jugend*literatur* kam, florierte die Produktion von Kinder- und Jugend*büchern* und *-zeitschriften*, welche zum Teil wahllos mit allem aufgefüllt wurden, was das allgemeinliterarische Angebot hergab. Die Ausdifferenzierung auf der Ebene der Publikations- bzw. Distributionsmedien ging derjenigen auf der literarischen Ebene voraus. Diese historische Vorreiterrolle der Publikations- bzw. Distributionsmedien hat sich auch in der Fachterminologie niedergeschlagen.

5 Normative Kinder- und Jugendliteraturdefinitionen

Bei allen bislang betrachteten Korpora von Werken oder Medienprodukten bestand das korpusbildende Kriterium aus einer kommunikativen Handlung – dem Akt nämlich der Adressierung eines literarischen Werks oder einer (Buch-)-Publikation an Kinder- und Jugendliche. Diese Handlung stellt ein Faktum dar, das empirisch verifizierbar ist – in der Regel auch dann, wenn es der Vergangenheit angehört. Die bisher gebotenen Definitionen von Kinder- und Jugendliteratur bzw. Kinder- und Jugendmedien sind daher rein deskriptiver Natur. Sie dienen dazu, differenziert zu erfassen, was in einer bestimmten Epoche als Kinder- und Jugendliteratur bzw. als ein Kinder- und Jugendmedium ausgegeben wurde. Dem stehen Definitionen gegenüber, die festlegen wollen, wie ein literarisches Angebot beschaffen sein muss, um als Kinder- und Jugendliteratur gelten zu können. Im Zentrum dieser Definitionen stehen nicht kommunikative Handlungen, sondern die übermittelte literarische Botschaft als solche. Nur wenn diese bestimmte Eigenschaften bzw. Merkmale aufweise, dürfe sie als eine kinder- und jugendliterarische Botschaft angesehen werden. Es geht hier also um die Beschaffenheit literarischer Werke in formaler und inhaltlicher Hinsicht wie um die jeweilige Aufmachung und Ausstattung von Publikationen.

Definitionen dieser Art können die Funktion literarischer Werke in den Mittelpunkt stellen und Kinder- und Jugendliteratur als Erziehungsliteratur (engl. educative literature) definieren; dabei kann einmal mehr die Wissensvermittlung, das andere Mal die Werteerziehung im Vordergrund stehen. Bei anderen Definitionen kommt es auf die Anpassung der literarischen Botschaft an die begrenzte literarische Rezeptionskompetenz von Kindern und Jugendlichen an, wobei teils auch die Berücksichtigung von Vorlieben und Interessen der Zielgruppe erwartet wird. Kinder- und Jugendliteratur wird hier in erster Linie als kind- und jugendgemäße Literatur (engl. literature suitable for children) definiert. In einzelnen Fällen wird die Kinderliteratur als solche nur anerkannt, wenn sie sich an der überlieferten Volksliteratur (Reime, Märchen, Sagen etc.) orientiert und als deren Wiedergeburt gelten kann (engl. children's literature as revival of folk literature). In wiederum anderen Definitionen wird als Kinder- und Jugendliteratur nur das anerkannt, was inhaltlich und stilistisch auf der Höhe der jeweiligen zeitgenössischen Allgemeinliteratur angesiedelt ist (engl. children's literature as totally adequate form of literature, as 'real' literature). Was dahinter zurückbleibe, möge zwar an Kinder und Jugendliche gerichtet sein, könne aber nicht als Literatur durchgehen. Normative Einstellungen sind auch hinsichtlich der Gestaltung der Publikationen anzutreffen. So stößt man gelegentlich auf die Auffassung, dass ein Buch ohne Illustrationen nicht als ein Kinderbuch gelten könne.

All diese Definitionen von Kinder- und Jugendliteratur besitzen normativen Charakter. Diejenigen, die solche Definitionen aufstellen, heißen nicht die Gesamtheit dessen gut, was als geeignete Kinder- und Jugendlektüre ausgegeben wird, sondern nur eine Teilmenge daraus – diejenige nämlich, die der eigenen Definition entspricht, die das eigene Konzept von Kinder- und Jugendliteratur in die Tat umgesetzt hat. Diese Teilmenge geben sie dann als 'echte' oder 'eigentliche' Kinder- und Jugendliteratur aus, während die verbleibenden Angebote als 'unechte', als 'uneigentliche' Kinder- und Jugendliteratur abgewertet werden. Wir haben es hier mit Bildungen von Werkgruppen nach textbezogenen formalen und inhaltlichen Erwägungen zu tun, die normativen Charakter besitzen und sich jeweils auf bestimmte Kinder- und Jugendliteraturkonzepte berufen. Hier sollte von der Bildung konzeptabhängiger Korpora (engl. concept dependent corpora) die Rede sein.

Normative Kinder- und Jugendliteraturdefinitionen spielen in der Geschichte der Kinder- und Jugendliteratur von Beginn an eine entscheidende Rolle. Alle beteiligten Akteure richten ihr Handeln und Bewerten mehr oder weniger bewusst an kinder- und jugendliterarischen Normen aus. Diese sind nicht zuletzt dafür verantwortlich, dass wir es auch in diesem literarischen Sektor mit unterschiedlichen, teils auch rivalisierenden Strömungen zu tun haben. Die Erforschung der vielfältigen expliziten oder impliziten Kinder- und Jugendliteraturkonzepte und ihrer jeweiligen historischen Bedeutung gehört deshalb zu den zentralen Aufgaben der Kinder- und Jugendliteraturwissenschaft.

Literaturhinweis

Ewers, Hans-Heino: Fundamental Concepts of Children's Literature Research. Literary and Sociological Approaches. Translated from German by William J. McCann. New York, London 2009.

ANDREA WEINMANN

Geschichte der Kinderliteratur der Bundesrepublik nach 1945

Die folgende Darstellung beschränkt sich auf die Entwicklung der (west-)deutschen Kinderliteratur, beginnend in der Nachkriegszeit und fortlaufend bis zur Gegenwart. Sie basiert auf einem im Jahre 2000 erschienenen Beitrag (Steinz/Weinmann 2000), der nun weitgehend überarbeitet, in einigen Teilen jedoch unverändert geblieben und – für die jüngste Zeit, die 1990er Jahre und die erste Dekade des 21. Jahrhunderts – aktualisiert worden ist. Einen breiten Raum nimmt die Darstellung der Anfänge nach dem 2. Weltkrieg und der fünfziger und sechziger Jahre ein; für diese Epoche stellte bereits die ältere Fassung eine revidierte Einschätzung dar und löste ältere, überwiegend auf die Ideengeschichte der Jahre 1945 bis 1968 fokussierte Darstellungen ab. Erste Ansätze für eine Revision der Einschätzung des Bildes der Kinder- und Jugendliteratur der 1950er und 1960er Jahre stammen aus der Mitte der 1990er Jahre (vgl. Ewers 1993b) und wurden in den folgenden Jahren sukzessive konkretisiert (vgl. Ewers 1995a, 1995b, 1995c); zahlreiche neuere Darstellungen der Kinder- und Jugendliteratur der frühen Bundesrepublik basieren auf diesen Neubewertungen (Ewers/Weinmann 2000; Steinz/Weinmann 2000; Schikorsky 2003).

1 Der Kinder- und Jugendbuchmarkt der unmittelbaren Nachkriegszeit (1945–1949)

Die Entwicklung des zunächst noch gesamtdeutschen Kinder- und Jugendbuchmarktes vollzog sich nach Kriegsende und bis zur Gründung der Bundesrepublik Deutschland (1949) unter der massiven Einflussnahme der alliierten Kontrollbehörden (vgl. Gehring 1976), die einen institutionellen, personellen und ideellen Bruch mit der Zeit der NS-Diktatur erreichen wollten. Die Hoffnung auf eine 'Stunde Null' erfüllte sich jedoch nicht. Die verschiedenen Lenkungsmechanismen, die die Literaturentwicklung bis zum Ende der Besatzungszeit 1949/50 bestimmten, hatten verschiedene Auswirkungen auf die Kinder- und Jugendliteratur, die in dieser Zeit entstand. Vor allem verhinderten sie deren eigendynamische Entwicklung.

Ein Instrument, mit dem die Besatzungsmächte den Produktionsprozess von Büchern bereits in dessen frühem Stadium kontrollierten, war die Vergabe von Lizenzen an Verlagsgründer ('Persilschein'). Ferner hatten sie das Recht auf weit reichende Zensurmaßnahmen: Sie konnten schon im frühen Stadium in die Verlagsarbeit eingreifen und entscheiden, welche Manuskripte gedruckt werden durften. Die Lizenzvergabe führte dazu, dass erst nach und nach die Verlage ihre Arbeit wieder aufnehmen konnten, weshalb verlegerische Arbeit in den ersten Jahren ohne Konkurrenzdruck möglich war. Durch die wirtschaftlichen Bedingungen der Nachkriegsjahre, dem Geldüberschuss auf der einen und dem Warenmangel auf der anderen Seite, die sich erst mit der Währungsreform (1948) änderten, war Verlagsarbeit bis zu diesem Zeitpunkt ohne wirtschaftliches Risiko möglich: der Absatz von Büchern war in jedem Fall gewährleistet. Unter diesen Marktbedingungen war es für die Jahre bis 1948 typisch, dass die Verlage noch kein ausgeprägtes Verlagsprofil hatten. Nach der Währungsreform, als Geld knapper wurde und die Ansprüche der Käufer wuchsen, veränderte sich der Kinder- und Jugendbuchmarkt. Zunächst setzte ein Verlagssterben ein. Einzelne Verlage sicherten sich ihr wirtschaftliches Überleben durch Spezialisierungen. Eine beispielhafte Entwicklung im skizzierten Sinn nahm der Oetinger-Verlag: Gegründet 1946, veröffentlichte er zunächst pädagogische, wirtschafts- und sozialwissenschaftliche Bücher. Im Jahr der Währungsreform erschien das erste Kinderbuch, bei dem es sich bezeichnenderweise um eine Neuauflage aus dem Jahr 1938 handelte. Im ersten Verlagsjahr nach der Währungsreform (1949) erschien dann der bis heute erfolgreichste Titel des Verlags und der späten vierziger Jahre, Astrid Lindgrens *Pippi Langstrumpf* (schwed. 1945). Seither stand die Verlagsarbeit bei Oetinger im Zeichen der modernen skandinavischen Kinderliteratur (vgl. Nimtz-Köster 1996). Für die ganze Branche galt: „Deutlich werden die Früchte des Neubeginns erst, als die Verlage 1951 ihren Stil und ihre Richtung gefunden haben." (Brauer/Weitbrecht 1974, S. 31)

Die Kontrolltätigkeit der Besatzungsmächte erstreckte sich auch auf die Autoren, die sich, wie die Verlagsgründer, einem Zulassungsverfahren zu unterziehen hatten. Politisch und ideologisch belastete Autoren durften vor dem Ende der Zensurzeit (vgl. Jäschke 1988, S. 221) nicht veröffentlichen; danach meldeten sich viele von ihnen kinder- oder jugendliterarisch zurück (Hans Baumann ab 1951; Alfred Weidenmann ab 1951; Karl Aloys Schenzinger ab 1949). Es hatte allerdings den Anschein, als wären die Zensurmaßnahmen auf inhaltlichem Gebiet relativ locker gehandhabt worden. Die Kinder- und Jugendliteratur wurde wohl als harmlos eingestuft und weniger rigide kontrolliert als etwa die Tagespresse. Wie sonst hätte, unter dem Deckmantel einer Tiergeschichte, Kurt Knaaks *Hornissenvolk* (1948) erscheinen können, in dem völkisches Gedankengut transportiert wurde (Kaminski 1988, S. 23–26).

Eines der Probleme der Verlage in den ersten Jahren war der Mangel an Manuskripten (Stichwort 'leere Schubladen'). Darauf reagierten sie mit Maßnahmen, die der Kinder- und Jugendliteratur der Nachkriegszeit z. T. noch bis heute den Ruf des Restaurativen (vgl. Lange 1983, S. 212) oder Biedermeierlichen (vgl. Liebs 1995, S. 188) einbrachten. So betraf die erste Maßnahme die Neuauflage älterer Texte, die zum Teil aus dem 19. Jahrhundert stammten (zum Verhältnis von Neuauflagen und Neuerscheinungen am Beispiel des Thienemann-Verlags vgl. Brauer/Weitbrecht 1974, S. 148). Hierzu zählten neben Sagen und Novellen Grimms Märchen, Karl Mays Indianererzählungen, R.L. Stevensons *Die Schatzinsel*, Mark Twains *Tom Sawyer*, Daniel Defoes *Robinson Crusoe* und Heinrich Hoffmanns *Struwwelpeter*; im Bereich der Mädchenliteratur Johanna Spyris *Heidi*, Emmy von Rhodens *Trotzkopf* und Else Urys *Nesthäkchen*. Außerdem griff man auf Texte zurück, die vor 1933 veröffentlicht worden waren oder während des 'Dritten Reiches' nur außerhalb Deutschlands, z.B. in der Schweiz erscheinen konnten. Dies traf auf die Werke von Kurt Held (d.i. Kurt Kläber) (*Die rote Zora und ihre Bande* 1941), Lisa Tetzner (*Die Kinder aus Nr. 67* (9 Bde.) 1933–1949) und Erich Kästner zu. Sie waren in den ersten Nachkriegsjahren mit Neuauflagen (Erich Kästner *Das fliegende Klassenzimmer* 1946, *Emil und die Detektive* 1947, *Pünktchen und Anton* 1947, *Der 35. Mai* 1948; Lisa Tetzner *Hans Urian* 1948) und schon bald auch mit neuen Romanen und Erzählungen wieder präsent (Kurt Held *Der Trommler von Faido*, 2 Bde., 1947 und 1949; Lisa Tetzner *Als ich wieder kam* 1946; Erich Kästner *Die Konferenz der Tiere* und *Das doppelte Lottchen*, beide 1949). Auch Kinderbücher aus der Zeit des 'Dritten Reiches' konnten wieder erscheinen; sofern sie politisch unverdächtig schienen, wurden sie, z.T. unter neuem Titel, wieder aufgelegt (Kaminski 1988, S. 71). Oder man verlagerte mit Blick auf die Zensurbehörden, also aus ökonomischen und weniger aus ideologischen Gründen, den Schwerpunkt auf (vermeintlich) harmlose Gattungen, wie z.B. die Tiergeschichte und Märchen oder sonstige als 'märchenhaft' titulierte Erzählungen, die auf der Gattungsebene eine zeitgeschichtliche Abstinenz versprachen.

Die Verlage nahmen sodann, wohl auch aus taktischen Überlegungen, die klassische Kinderliteratur aus den Ländern der Besatzungsmächte in ihr Programm auf, wodurch immer mehr Übersetzungen aus dem angloamerikanischen und französischen Sprachraum auf den deutschen Kinder- und Jugendbuchmarkt kamen. Diese Öffnung für ausländische Einflüsse korrespondierte auch mit der seinerzeit populären Idee der Völkerverbindung, durch die Deutschland nach den Jahren der Zwangsisolation den Anschluss an die internationale Völkergemeinschaft suchte; exemplarisch war Rolf Italiaanders *Hans und Jean* (1951), das die Freundschaft zweier Jugendlicher aus Deutschland und Frankreich zeigte. Von allen Auswirkungen der Lenkungsmechanismen konnte diese als die nachhaltigste bezeichnet werden. Für die Entwicklung der westdeutschen Kinderliteratur prägend war die Öffnung für die entwicklungsgemäß vorausgeeilte moderne Kinderliteratur vor allem des englischen Sprachraums; es kam zu einer breiten Rezeption insbesondere der Klassiker der phantastischen Kinderliteratur (vgl. Ewers/Weinmann 2000, S. 153).

Weniger üblich war es dagegen, gezielt an Autorinnen und Autoren heranzutreten. Aus der Verlagsgeschichte des Thienemann-Verlags ist bekannt, dass sich der Verlag bemühte, neue Manuskripte zu finden, die aktuelle Probleme in zeitgemäßer Form behandelten (Brauer/Weitbrecht 1974, S. 31). Die neue Kinderliteratur mit aktuellem Inhalt zielte auf die Erlebnisse und Probleme der Kriegs- und Nachkriegskinder. Es handelte sich oft um schnell produzierte Literatur, meist von jüngeren Autorinnen und Autoren verfasst, die zuvor noch keine Kinder- oder Jugendbücher vorgelegt hatten. Hier konnte man zwei Themengruppen unterscheiden, die sich in unterschiedlichen Gattungspräferenzen niederschlugen. Die erste Gruppe kinderliterarischer Werke behandelte die Themen der Vertreibung, der Flucht und der ersten Nachkriegszeit mit der Ankunft in der neuen Heimat. Die meisten dieser Romane konnte man der Mädchenliteratur zuordnen, empfohlen für Leserinnen ab 10 Jahren. Zwei Beispiele unter vielen anderen waren Margot Benary-Isberts *Die Arche Noah* (1948) und Lise Gasts *Die Haimonskinder* (1950). Kinderbücher mit diesen Themen erschienen seit den späten vierziger Jahren, einen deutlichen Anstieg verzeichnete man Anfang der fünfziger Jahre (vgl. Otto 1981; Lange 1998).

Die zweite Gruppe griff mehr das Thema des Lebens und Überlebens in den Trümmerstädten Deutschlands auf. Die Darstellungen waren häufig mit einer abenteuerlichen oder kriminalistischen Handlung verknüpft. Werke dieses Themenkreises wurden dem Abenteuerroman zugerechnet, der sich meist an männliche Leser ab 10 Jahren richtete. Genannt seien aus dieser Gruppe Karl Brünes *Die schwarze Fahne* (1948) und Hansgünter Thebis' *Flunki und der Au-Ha-Klub* (1948). Die kinderliterarische Auseinandersetzung mit dieser Thematik war auf eine relativ kurze Zeit begrenzt. Mit dem Verschwinden der Trümmer verschwanden auch die Kinderbücher darüber. Selbst Walther Pollatscheks *Die Aufbaubande*, 1948 in der SBZ erschienen, bei dem es sich eher um eine Gesellschaftsutopie im Gewand einer abenteuerlichen Geschichte handelte, kam über eine Lizenzausgabe (Stuttgart 1949) und eine zweite Auflage (Berlin 11.–30. Tsd. 1950) nicht hinaus. Der Aufbaubande gehörten ein Flüchtlingskind, ein Arbeiterjunge, dessen Vater als Hitlergegner umgebracht worden war, der Sohn eines hohen Nazifunktionärs, ein jüdischer Holocaustüberlebender und ein Adoptivkind afroamerikanischer Abstammung an. Darin erinnerte *Die Aufbaubande* an das ebenfalls in einer Trümmerwelt angesiedelte *Kinder von Wien* von Robert Neumann (1948). Die Aufbaubande wurde zur sprichwörtlichen Keimzelle für eine neue und bessere Gesellschaft; 'Aufbau' war hier zugleich als Metapher zu verstehen.

Heute sind die Nachkriegsjahre längst selbst Teil der literarischen Erinnerungskultur geworden; seit 1978 gestalten Autoren der Jahrgänge 1933 bis ca. 1951 ihre eigenen Kindheitserlebnisse in diesen Jahren für die jungen Leser von heute und halten so die Erinnerung an diese Zeit wach, u.a. Peter Härtling (*1933) mit

Krücke (1986) und *Reise gegen den Wind. Wie Primel das Ende des Krieges erlebt* (2000), Christine Nöstlinger (*1936) mit *Maikäfer, flieg! Mein Vater, das Kriegsende, Cohn und ich* (1973), Paul Maar (*1937) mit *Kartoffelkäferzeiten* (1990), Hermann Schulz (*1938) mit *Sonnennebel* (2000), Jo Pestum (*1943) mit *Die Schwarzfüße* (1990), Dagmar Chidolue (*1944) mit *Zuckerbrot und Maggisuppe* (2002) und *Liebe ist das Paradies* (2004), Klaus Kordon (*1946) mit *Brüder wie Freunde* (1978), *Ein Trümmersommer* (1982) und *Der erste Frühling* (1993), Herbert Günther (*1947) mit *Luftveränderung* (2002), Rudolf Herfurtner (*1947) mit *Mensch Karnickel* (1990), Kirsten Boie (*1950) mit *Monis Jahr* (2003) und Cordula Tollmien (*1951) mit *Fundevogel oder Was war, hört nicht einfach auf* (1990).

Die häufig vertretene Ansicht, eine „Annäherung an die Wirklichkeit der ersten Nachkriegsjahre" hätte es nicht gegeben (Kaminski 1989, S. 28; vgl. auch Doderer 1988, S. 11) traf für die Kinderliteratur nicht zu. In den Jahren nach Kriegsende waren auch Romane erschienen, die sich mit der Lebenswirklichkeit der Kinder befassten. Ein typisches Beispiel war Margot Benary-Isberts *Die Arche Noah* (1948; 8. Aufl. 1965; NA 1986, 2. Aufl. 1992), ein Roman für junge Leserinnen, der ein Flüchtlingsschicksal thematisierte. Die Autorin schilderte die Erlebnisse der Familie Lechow, die auf der Flucht aus dem Osten vom Vater getrennt wurde. Die Erzählung setzte mit der Ankunft der Mutter und der drei Kinder in einer deutschen Stadt ein, wo sie eine Einquartierung erfuhren. Die erste Zeit war vom Überlebenskampf im Nachkriegsalltag gekennzeichnet, bevor die Familie, zu der am Schluss der Vater zurückkehrte, eine neue Heimat auf dem Land fand. In der *Arche Noah* lebte eine traditionelle Form von Familienkindheit fort. Benary-Isbert zeigte, im Kontrast zu anderen Nachkriegskinderschicksalen im Roman, dass die Lechow-Kinder zu den glücklichen Kindern gehörten, weil sie Halt in ihrer Familie hatten. Sie empfahl in der Zeit der großen Neuorientierungen die Tradition als Orientierungsmaßstab. Dem Roman wurde politische Abstinenz (Mattenklott 1989, S. 19), den Romanen zum Thema 'Vertreibung und Flucht' allgemein Wirklichkeitsfremdheit vorgeworfen (Kaminski 1988, S. 26–37). Auf einer sozialgeschichtlichen Ebene erinnern die Geschichten heutige Leser daran, dass es in dieser Zeit keine sorgenfreie, unbeschwerte Kindheit gab; autonome, selbst bestimmte kindliche Freiräume gab es nur in begrenztem Umfang, und es dauerte noch einige Jahre, bis Kinder von ihren Aufgaben für die Familie wieder entlastet wurden (vgl. Preuss-Lausitz 1991).

Der Kinderliteratur der frühen Nachkriegszeit ging es nicht um die Aufarbeitung der Verbrechen des Nationalsozialismus. Die Verfehlungen der Erwachsenen, ihre Verstrickungen in Schuld und Verbrechen wurden nicht thematisiert. Hierin schlug sich das in der ersten Nachkriegszeit präsente Kindheitsbild, der „Topos vom guten Kinde" (Tischer 1993, S. 224) nieder, das noch in einer Tradition stand, „die das Kind von Erwachsenendingen fernhalten möchte, selbst wenn sie sein Leben nachhaltig prägen" (Mattenklott 1989, S. 18).

> Es erscheint verständlich, daß der Mythos vom guten Kinde in der Nachkriegszeit großen Anklang fand. Das Gefühl schuldhaften Versagens ließ sich leichter ertragen und kompensieren, wenn man sich den Glauben an das reine, unschuldige Wesen des Kindes bewahrte – und somit an eine junge, nicht von den Verbrechen der Vergangenheit belastete Generation, die es einmal besser machen würde. (Tischer 1993, S. 224)

Ein Jahr nach *Die Arche Noah* setzte Benary-Isbert mit *Der Ebereschenhof* (1949) die Geschichte der Familie Lechow fort. Im selben Jahr erschien auch Erich Kästners tragikomische Verwechslungsgeschichte *Das doppelte Lottchen*. Kästner griff hier Kinderprobleme auf, die aus der Scheidung der Eltern resultierten. Das Werk, für das es einen ersten Entwurf bereits 1942 gab, traf in seinem Erscheinungsjahr den Nerv der Zeit: 1948 war „Rekordjahr und Nachkriegshöhepunkt der Scheidungswelle“ (Vogel 1983, S. 99). Ein von Kästner ursprünglich geplantes Vorwort, bei dem es sich „um ein Nachkriegsszenario mit spielenden Kindern in einer Trümmerlandschaft“ (Dolle-Weinkauff 1999, S. 9) handelte, wurde nie gedruckt. Zwischen die heiteren Begebenheiten, die aus dem Rollentausch resultieren, schob Kästner sein Plädoyer für das Recht der Kinder auf eine glückliche Kindheit, wofür die Familie der Garant zu sein hätte. Die Eltern hätten die moralische Pflicht, für eine glückliche Kindheit zu sorgen und dabei ihre persönlichen Interessen zurückzustellen.

2 Die Kinderliteratur der fünfziger und sechziger Jahre

2.1 Die neue Kindheitsvorstellung

1949 war auch das Jahr, in dem Astrid Lindgrens *Pippi Langstrumpf* auf Deutsch erschien. Mit diesem Werk, bei dem es sich um einen Schlüsseltext für das Verständnis der Kinderliteratur der 1950er und 1960er Jahre und ihrer Ausläufer bis heute handelte, vollzog sich nicht nur ein Wechsel der Kindheitsauffassung, sondern es löste auch einen Wechsel auf der Ebene der grundlegenden Kinderliteraturnormen aus. Die immer noch vorherrschende Vorstellung von Kinderliteratur als moral-didaktischer Literatur wurde abgelöst von der nun mehrheitlich akzeptierten Sicht der Kinderliteratur als kindgemäßer Literatur (vgl. Ewers 2000). Damit einher ging auch ein kinderliterarischer Themen- und Formenwandel. Heldin der Lindgrenschen Erzählung ist die elternlos lebende Pippi, die, im Gegensatz zu den Kindern der oben dargestellten Werke mit moralisch-erzieherischer Intention, unter dieser Situation sichtlich nicht litt. Die Erzählung war nicht von der Idee getragen, dass eine glückliche Kindheit eine intakte Familie voraussetzt; es „macht sich zweifelsohne über alle sentimentalen Bücher mit elternlosen Kindern und verschwundenen Vätern lustig, wie sie in der Kinderbuchtradition häufig vorkommen“ (Edström 1997, S. 100).

Pippi war mit allem ausgestattet, was nötig war, um unabhängig und autonom leben zu können. Damit schuf Lindgren eine Kinderfigur, die gängigen Vorstellungen von Kindheit als einem Lebensalter der Schwäche und Unselbständigkeit widersprach, sie verwandelte die Unterlegenheit des Kindes in Überlegenheit (Krüger 1965, S. 50): „Während es bisher üblich war, in Kinder- und Jugendbüchern zu zeigen, wie das Kind in die menschliche Gesellschaft und Gesittung hineinwächst oder hineingezwungen wird, macht Astrid Lindgren es umgekehrt: Sie entfesselt das Kind." (Marsyas 1953, S. 74) Kindheit wurde als ein Zustand der Freiheit, als Fest, als kindlicher Wunschtraum inszeniert.

In einem weiteren Punkt stellte Lindgrens Kindheitsbild eine Innovation dar. Pippi Langstrumpf war eine grandiose Lügnerin, die zu grotesken Übertreibungen neigte. Von Thomas und Annika der Lüge überführt, gab sie zu:

> „Ja, Lügen ist *sehr* hässlich", sagte Pippi noch trauriger. [...] „Und übrigens", fuhr sie fort, und sie strahlte über ihr ganzes sommersprossiges Gesicht, „will ich euch sagen, daß es in Kenia keinen einzigen Menschen gibt, der die Wahrheit sagt. Sie lügen den ganzen Tag. [...] Wenn es also passieren sollte, daß ich lüge, so müsst ihr versuchen, mir zu verzeihen und daran zu denken, daß es nur daran liegt, weil ich etwas zu lange in Kenia war. Wir können doch trotzdem Freunde sein?" „Ja, klar", sagte Thomas, und er wußte plötzlich, daß der Tag heute sicher keiner der langweiligen werden würde. (Lindgren 1986, S. 16f.; Hervorheb. i. O.)

In diesem Gespräch unter Kindern wurden die moralischen Vorbehalte der Lüge gegenüber ausdrücklich aufgegriffen, allerdings nur, um die Moral als vorrangigen Maßstab zur Beurteilung von Literatur außer Kraft zu setzen. Pippis Lügengeschichten sollten nicht unter dem moralischen Aspekt eines kindlichen Fehlverhaltens gesehen werden. Der Akzent lag auf dem ästhetischen Vergnügen, dem Spaß am Verrückten, an Nonsens und freier Komik. Damit vollzog sich die Ablösung von der bislang vorherrschenden moralisch-erzieherischen Einstellung gegenüber Kindern, an deren Stelle das entwicklungspsychologische Paradigma trat. Eine bislang primär als Erziehungs- und Sozialisationsliteratur verstandene Kinderliteratur wurde hiermit verabschiedet. Ein Merkmal der neuen Kinderliteratur, das sich in *Pippi Langstrumpf* fand, war ein Erzählprinzip, das „nicht nach dem Realitäts-, sondern nach dem kindlichen Lustprinzip" (Ewers 1992, S. 127) gestaltet war. Um ein kinderliteraturgeschichtliches Novum handelte es sich insofern, als lustvolle Lektüre bislang für Kinder weitgehend verboten war (ebd., S. 128). Mit *Pippi Langstrumpf* begann die Epoche der „Nachkriegskinderliteratur der Kindheitsautonomie" (Ewers 1995c, S. 274), die als die progressive kinderliterarische Strömung der fünfziger und sechziger Jahre gelten kann.

2.2 Die Theorie des 'guten Jugendbuchs'

Die neue Kindheitsauffassung wurde entscheidend von Erkenntnissen der Entwicklungspsychologie bestimmt, die die Moral als alleinigen Maßstab zur Beurteilung von kindlichem Verhalten außer Kraft setzte. Dass Kindheit mehr war als eine Durchgangsphase innerhalb der Entwicklung zum erwachsenen Menschen, dass sie einen Lebensabschnitt mit spezifischen Qualitäten darstellte, der sie von der lebensgeschichtlich folgenden Jugend- und Erwachsenenphasen unterschied, begründete ihren Eigenwert. Die neuen Erkenntnisse über die kindliche Entwicklung relativierten die Einschätzung von moralisch 'schlechten' kindlichen Eigenschaften: Diese konnten als natürliche Entwicklungs- oder Übergangsphänomene zeitweilige Akzeptanz besitzen und mussten nicht sofort negativ sanktioniert werden. Die Kinderliteraturtheorie und -kritik der Epoche, die von Beginn an die Entwicklung der neuen Kinderliteraturströmung begleitete und ihre Annahme durchsetzte (Lypp 1996), wurde später unter dem Begriff der Theorie des 'guten Jugendbuchs' zusammengefasst (Ewers 1996a); als Hauptvertreterin galt Anna Krüger. Sie folgerte aus den Erkenntnissen über die Entwicklung des kindlichen Weltbildes, dass eine Kinderliteratur, die ihre Leser erreichen wollte, ihrem sprachlichen und inhaltlichen Fassungsvermögen gerecht werden musste, d. h. kindgemäß zu sein hatte (Krüger 1959, S. 487; auch Pfeffer 1956, S. 117). Mit der Dominanz des psychologischen vor dem ästhetischen und dem pädagogischen Grundsatz wurde die Kindgemäßheit zum obersten Gestaltungsprinzip der neuen Kinderliteratur: „Die kindgemäße Darstellung ist jedoch mit die erste Forderung, die wir heute an ein Kinderbuch zu stellen haben." (Koch 1959, S. 84) Die zeitgenössische Kritik forderte für das 'gute' Kinderbuch, dass seine Form einfach sein und seine Stoffe sich am „Kosmos des werdenden Menschen" (Krüger 1959, S. 488) orientieren, d. h. um das Kind selbst und seine Umwelt kreisen müssten. Im Gegenzug wurden ausdrücklich „alle differenzierten und künstlerisch komplizierten Darstellungsformen, wie sie uns der moderne Roman bietet" (ebd.), abgelehnt; empfohlen wurde eine literarische Gestaltung „gemäß den Gesetzen des Erzählens" (Krüger 1967, S. 202).

Mit Nachdruck wendeten sich die Wortführer der neuen Theorie gegen einen psychologischen Realismus: „Die seelischen Probleme der Erwachsenen versteht das Kind nicht" (ebd., S. 203). Abgelehnt wurde auch jegliche Kritik an der Wirklichkeit: „Außerdem ist die kritische Darstellung unserer Welt für Kinder unverständlich." (Koch 1959, S. 84) Auf dieser Verständigungsebene über Kindheit wurde „eine ungeheure Anzahl von Motiven, Problemen, Lebenserfahrungen, Lebensbereichen" (Krüger 1959, S. 488) als nicht kindgemäß ausgegrenzt. Das lesende Kind wurde so aus der modernen Erwachsenenwelt mit ihren Problemen ausgesondert. Kindheit wurde als Gegenwelt, als das Andere der Moderne inszeniert (vgl. Ewers 1995a, S. 21). Für diese Art der Kindheit wurde gerne das Bild vom 'Schonraum' verwendet. Das trug ihr bis heute den Ruf als

'Heile Welt-Literatur' ein, was als Vorwurf gemeint war. Es war nicht von der Hand zu weisen, dass es sich bei den progressiven Texten dieser Epoche um Konstruktionen glücklicher Kindheiten handelte, für die Astrid Lindgrens *Büllerbü*-Trilogie (schwed. 1946–1952, dt. 1954–56) das Vorbild abgab; „Bullerbü – das ist der Ort, an dem der Kindheitsmythos in der Idylle Form annimmt." (Dettmar 2006, S. 5; vgl. auch Dettmar 2009). Gerne wurde von dieser Qualifizierung aus die Parallele zum politischen Konservativismus der Ära Adenauer gezogen, wohingegen sozial- und kulturgeschichtliche Forschungen der neunziger Jahre gerade den Aspekt der Modernität dieser Epoche herausstellten (vgl. Schildt/Sywottek 1993; Schildt 1995 u. a.).

Der sich abzeichnende Machtverlust der Literaturpädagogik als Wertungsinstanz, die traditionell über pädagogischen Nutzen und sittlichen Wert von Kinder- und Jugendliteratur befand, vollzog sich nicht unbemerkt; im Gegenteil. In der seit den späten vierziger und bis in die sechziger Jahre massenhaft verbreiteten Heftchenliteratur (vgl. Weinmann 2002) fanden konservative Literaturpädagogen nochmals ein ergiebiges Aufgabenfeld. Im Kampf gegen den 'Schmutz und Schund', der im Rückblick für viele das Signum der gesamten Epoche wurde (vgl. Doderer 1988, S. 10) und der durch spektakuläre Aktionen von sich Reden machte, ging es um die literarisch vermittelten Weltbilder – die Inhalte also – auf der einen Seite, um die Frage nach der Berechtigung von ausschließlich unterhaltender Literatur für junge Leser auf der anderen Seite. Liberale Vertreter wie Erwin Ackerknecht, der den „Kitsch als kulturelle(n) Übergangswert" (1950) verteidigte und dem Unterhaltungsbedürfnis der jungen Leser eine Legitimation in dessen literarischer Entwicklung einräumte, konnten sich zunächst nicht durchsetzen. Auf eine erste sog. negative Phase der Schundbekämpfung (Jäschke 1988, S. 321–349), in der u. a. 1953 das „Gesetz über die Verbreitung jugendgefährdender Schriften" erlassen und 1954 die „Bundesprüfstelle für jugendgefährdende Schriften" gegründet wurde, folgte eine sog. positive Phase, in der man versuchte, die jungen Leser durch 'gute' Literatur von der 'minderwertigen' wegzulocken; wichtigste Institution in diesem Kontext war der Arbeitskreis für Jugendliteratur, gegründet 1955, der seit 1956 für die Vergabe des 'Deutschen Jugendbuchpreises' verantwortlich war. Was unter 'guter' Kinder- und Jugendliteratur zu verstehen war, wurde 1951, aus Anlass der Neuerscheinung von Heinrich Wolgasts programmatischer Schrift über *Das Elend unserer Jugendliteratur* (zuerst 1896) noch einmal von Seiten der Literaturpädagogik zu bestimmen versucht. Aber schon 1954 vollzog Heiner Schmidt in einem Aufsatz über den *Beitrag zur positiven Bekämpfung der Schundliteratur* (Schmidt 1954) eine Umwertung der Werte, indem er die psychologische Komponente gegenüber der ästhetischen aufwertete. Als 'gut' durfte nun also auch diejenige Literatur gelten, die auf „bestimmte Entwicklungsstufen des Kindes berechnet und diesen angepasst" (ebd., S. 24) war.

2.3 Kinderliterarisches Geschichtenerzählen – Otfried Preußler und James Krüss

Die Kinderliteratur der fünfziger und sechziger Jahre, sofern sie sich als kindgemäß verstand, nahm auf verschiedene Arten auf ihre Leser, auf deren präsumtive Fähigkeiten und Kenntnisse, Interessen und Bedürfnisse Rücksicht. So schlug sich die neue Kindheitsauffassung kinderliterarisch in einer Dominanz von Erzählformen nieder, die man erzähltheoretisch dem althergebrachten Geschichtenerzählen (vgl. Ewers 1989) zurechnen konnte, das noch aus der Vormoderne stammte. Dieses bevorzugte, in Abgrenzung zu der zentralen Erzählform der Moderne, dem Roman, Erzählstrategien, die vergleichsweise einfach waren (zur *Kunst des Einfachen in der Kinderliteratur* vgl. Lypp 2000). Signifikante Merkmale einer am vormals mündlichen Geschichtenerzählen orientierten Kinderliteratur waren die fiktive mündliche Erzählsituation und der kolloquiale Stil mit häufiger Leseranrede, die übersichtliche Handlungskonstruktion, Handlungsdominanz, einprägsame Figurengestaltung, Happy End, unzweideutige Bewertungen und der Verzicht auf psychologische Handlungsmotivierung.

Aufgrund der Nähe zum Geschichtenerzählen wurden kinderliterarische Gattungen wiederbelebt, die der volkstümlichen Literatur nahe standen: literarische Märchenromane (Otfried Preußler *Der kleine Wassermann* 1956, *Die kleine Hexe* 1957; Fritz Mühlenweg *Nuni* 1953), Kasperlegeschichten (Otfried Preußler *Räuber Hotzenplotz*-Trilogie 1962, 1969, 1973), Schwänke und Lügengeschichten (Otfried Preußler *Bei uns in Schilda* 1961) und Nacherzählungen klassischer volkstümlicher Stoffe (Erich Kästner *Des Freiherrn von Münchhausen wunderbare Reisen und Abenteuer zu Wasser und zu Lande* 1951; u. a.). Großer Beliebtheit erfreuten sich auch die Erzählzyklen von Peter Hacks (*Das Windloch* 1956 und *Das Turmverlies* 1964) und von James Krüss.

Die fünfziger und sechziger Jahre hatten eine Reihe großer deutscher Erzählerinnen und Erzähler hervorgebracht: Boy Lornsen (1922–1995), Heinrich Maria Denneborg (1909–1987) und Michael Ende (1929–1995), Gina Ruck-Pauquèt (geb. 1931) und Sigrid Heuck (geb. 1932). 1956 debütierten gleich zwei Geschichtenerzähler: James Krüss (1926–1997) und Otfried Preußler (geb. 1923). Preußler schöpfte sein kinderliterarisches Werk aus einem reichen Fundus an Sagen und Märchen seiner böhmischen ‘Kinderheimat’, die er in seine Gegenwart herüberholte, indem er aus den ursprünglich ambivalenten Figuren der Folklore, Wassermann, Hexe und Gespenst, kindliche Figuren machte, mit denen sich Kinder bis heute identifizieren konnten. *Der kleine Wassermann* war – neben *Pippi Langstrumpf* – ein weiterer Schlüsseltext für das Verständnis des Kindheitsbildes der fünfziger und sechziger Jahre. Der kleine Wassermann repräsentierte einen neugierigen und selbstbewussten kleinen Jungen, der schon bald der allzu engen Obhut der Mutter zu entkommen suchte. Im Vater fand er einen idealen Partner bei der ersten Welterkundung, bevor er mehr und mehr eigenständig die Welt des Mühlenweihers eroberte. Im Laufe der Erzählung trat der auktoriale Erzähler denn auch immer häufiger hinter der Perspektive des kleinen Wassermanns zurück, wobei es sich erzähltechnisch um eine Komplexitätssteigerung handelte. Thema der Erzählung war die Kindheit als ein „in gewissem Ausmaß abgeschirmter Freiraum für unbevormundete Welterkundung einerseits, für unbeschwertes Spiel und Abenteuer andererseits." – „Die Wassermann-Idylle ist unverkennbar ein Bild für eine ideale menschliche Kindheit, so wie sie sich Reformpädagogik und Romantik ausmalen." (Ewers 2000, S. 233)

Ein weiterer bedeutender westdeutscher Erzähler der Epoche war James Krüss, der sich mit einer Reihe von zu Klassikern gewordenen Erzählzyklen (*Der Leuchtturm auf den Hummerklippen* 1956, *Mein Urgroßvater und ich* 1959, *Die glücklichen Inseln hinter dem Winde*, 2 Bde., 1959 und 1960) einen Namen machte. Anders als z.B. Otfried Preußler, der für seine quasi-mündlich erzählten Geschichten eine endgültige Form fand, hatte Krüss seine Texte immer wieder umgearbeitet und neu geordnet, zuletzt im großen Zyklus *Die Geschichten der 101 Tage*. Dabei reflektierte er in den jeweiligen Rahmenhandlungen die Poetik des Geschichtenerzählens und machte sie so für die Leser transparent und greifbar. Wenn etwa Boy seinen Urgroßvater fragte: „Ist die Geschichte wahr?", dann erhielt er die Antwort: „[W]enn eine Geschichte einen Sinn hat, dann ist sie wahr, selbst wenn sie nicht passiert ist." In einer Rede von 1964 erinnerte Krüss daran, dass die Wirklichkeit komplex war:

> Es gibt heute auf der Erde Terror, Mord, Folterungen. [...] Es gibt die Atombombe und übelsten Chauvinismus zur gleichen Zeit. [...] Das ist die eine Seite der Wirklichkeit zu dieser Stunde. Kinder müssen das eines Tages erfahren. [...] [E]s gibt im Jahre 1964 auch [...] Menschen, die gut sind; es gibt Blumen, Katzen und Hebekräne, die – jedes auf seine Art – schön sind [...]. Auch das ist die Wirklichkeit in unseren Tagen. (Krüss 1992, S. 71f.)

Und er folgerte daraus: „Wirklichkeit muß so umfassend wie möglich auch in die Literatur für Kinder eindringen. Die Frage ist, auf welche Art das möglich ist." (ebd. S. 72) Seine Antwort lautete, dass der Autor „Zustände der Zeit *in Bildern* deutlich oder überdeutlich macht" (ebd. S. 75; Hervorheb. A.W.). In der Kinderliteratur nach 1968 geriet die bildliche Rede in Verruf. Die Texte dieser Zeit sprachen ihre Anliegen unmissverständlich und direkt aus und befriedigten damit die Erwartungen der erwachsenen Mitleser an die neue Kinderliteratur. Eine Rehabilitation des kinderliterarischen Geschichtenerzählens wie der Bildlichkeit als „universales literarisches Vereinfachungsverfahren" bahnte sich erst in den neunziger Jahren an (vgl. etwa Lypp 2000, S. 836f.).

Die Lust am Fabulieren, am zweckfreien Spiel der Imagination und an der Komik verband die Erzählzyklen mit dem kinderliterarischen Nonsens, einer weiteren wichtigen Gattung dieser Epoche. Neben den Erzählungen von Peter Hacks und Gisela Dannholz (*Pit von Pat* 1965) lagen als Übersetzungen aus dem

Schwedischen Nonsenserzählungen von Lennart Hellsing (*Balduin Baumelschuh* dt. 1964) und Gunvor Hakansson (*Spuk im Park* dt. 1966) vor.

Nicht zuletzt die moderne Kinderlyrik erlebte „eine reichhaltige Blüte" (vgl. Ewers 1996b, S. 871). Sie zeigte „einesteils große Nähe zum volkstümlichen Kinderreim", griff „andernteils Elemente der modernen Erwachsenen-(Natur-)Lyrik auf" und entwickelte daneben „eine komische, bisweilen moritatenhaft groteske Kinderlyrik, die in erster Linie von James Krüss gepflegt" wurde; „Krüss fördert[e] zugleich die Nonsens-Poesie und das lyrische Sprachspiel, die jedoch erst ab Mitte/Ende der 60er Jahre Konjunktur" hatten." (Ebd.)

In ihrer Poetik der 'guten' Kinderliteratur stellte Anna Krüger eine weitere Forderung auf, die auf eine „Autonomisierung der Kindheit in der Kinderliteratur" (Ewers 1996b, S. 869) hinauslief: „Der gute Schriftsteller für Kinder baut die fiktive Welt aus der Sicht des Kindes auf, er läßt die Um- und Innenwelt der Personen so erscheinen, wie Kinder sie sehen, erleben, erforschen, begreifen oder wenigstens erahnen können." (Krüger 1967, S. 202) Das Erzählen aus der Sicht des Kindes „bringt die kindliche Erlebnisperspektive und die kindliche Weltsicht zur Geltung" (Ewers 1993b, S. 11), und das, jedenfalls in ihren progressiven Texten, sogar unabhängig von den Wertvorstellungen der Erwachsenen. Auf Autonomisierung von Kindheit zielte die Kinderliteratur auch dort, wo sie „kindlichen Wünschen und Phantasien die Möglichkeit gewährt, sich auszuleben" (Ewers 1996b, S. 870) und wo sie „bevormundungsfrei[e] kindlich[e] Lebens- und Spielräume" gestaltete (Ewers 1993b, S. 11). Darin lag ihr antiautoritärer Zug, in dem sie sich von der dezidiert erzieherischen, zivilisatorischen und moraldidaktischen Kinderliteratur früherer Epochen abhob. Die fünfziger und sechziger Jahre waren eine „Blütezeit moderner, auf Autonomisierung der Kindheit abzielender Kinderliteratur" (Ewers 1996b, S. 869).

2.4 Kinderliterarische Phantastik – Michael Ende und Boy Lornsen

Das Kindheitsbild der Epoche fand in der kinderliterarischen Phantastik im weiteren Sinne einen wirkungsvollen Niederschlag. Auf den Zusammenhang zwischen der Autonomisierung der Kindheit und kinderliterarischer Phantastik wies Richard Bamberger hin: „Die phantastischen Bücher sind der Beweis für die Lösung der Kinder aus der Unterdrückung durch die Erwachsenen." (Bamberger 1969, S. 18)

Die ersten phantastischen Erzählungen i. w. S. für Kinder kamen in der frühen Nachkriegszeit als Übersetzungen aus dem angloamerikanischen und schwedischen Sprachraum auf den westdeutschen Kinderbuchmarkt. In der ersten Auflage von *Das Buch – Gefährte eurer Kinder* von 1952 hatte Anna Krüger der neuen Gattung noch keinen eigenen Abschnitt gewidmet. Doch zwei Jahre später räumte sie ein, dass man

> [a]us einer Art Verlegenheit heraus [...] die *phantastische Abenteuergeschichte* bis heute zu den Märchen gezählt [hat]. Wenn in ihnen auch einzelne Märchenmotive auftauchen, durch welche die überaus seltsamen Handlungen in einer verzauberten Welt vor sich gehen, unterscheiden sich diese wirklichkeitsfernen Geschichten doch sehr stark von den Volks- und Kunstmärchen. (Krüger 1954, S. 21; Hervorheb. i. O.)

Ab Mitte der fünfziger Jahre erschienen dann zunehmend deutsche und österreichische Originaltitel. Als erste „deutschsprachige genuine Phantastische Erzählung“ (Kaminski 1988, S. 185) galt *Vevi* der Österreicherin Erica Lillegg. Tatsächlich handelte es sich bei der kinderliterarischen Phantastik i.w.S. um die quantitativ und qualitativ fruchtbarste Gattung dieser Epoche; insofern war sie epochentypisch, was in der Kinder- und Jugendliteraturforschung lange Zeit nicht in diesem Umfang wahrgenommen wurde (vgl. Weinmann 1998).

Ruth Koch (1959) und Göte Klingberg (1969 und 1974) griffen Krügers Überlegungen auf. Eine Reihe von Texten wurde, in Abgrenzung zum Märchen, als „fantastisch-märchenhaft“ (Krüger 1960, S. 356) bezeichnet; dazu zählten neben Preußlers *kleinem Wassermann* und der *kleinen Hexe* (1957) Tove Janssons *Mumin*-Bände (schwed. 1945-1970, dt. 1955–1992). „Auch wenn es scheint, daß das Märchengeschehen in einer alltäglichen Welt abläuft, so handelt es sich doch um eine Welt, in der alles geschehen kann.“ (Klingberg 1974, S. 227) Klingberg selbst führt den Begriff des „Surreal-Komischen“ in die Diskussion ein:

> In dieser Formel ist das Verkehrte, das erheiternd Ver-rückte, das Antirealistische, Tolle, Unlogische oder Vertrackt-Logische und das zum Gelächter um seiner selbst willen Reizende am besten ausgedrückt. [...] Das Geschehen der surreal-komischen Kinder- und Jugenderzählung spielt sich grundsätzlich in *einer*, meist der realen, vertrauten Welt des Lesers ab. (ebd., S. 222; Hervorheb. i.O.)

Die von Klingberg als „phantastische Erzählung“ im engeren Sinn bezeichneten Texte dagegen handelten vom Konflikt zweier Welten, der realen und der phantastischen. Beispiele zeitgenössischer Erzählungen waren Mary Nortons *Die Borgmännchen* (engl. 1952, dt. 1955), Henry Winterfelds *Kommt ein Mädchen geflogen* (1956), Annie M.G. Schmidts *Wiplala* (niederl. 1957, dt. 1961) und Philippa Pearce' *Als die Uhr dreizehn schlug* (engl. 1958, dt. 1961). Viele dieser Texte hatten eine hintergründige Bedeutungsebene. In Pauline Clarkes *Die Zwölf vom Dachboden* (engl. 1962, dt. 1967) z.B. wurde der romantische Kindheitsmythos wiederbelebt; in den phantastischen Freiräumen entfaltete sich die ganze schöpferische Kraft der Kindheit.

Eine weitere Grenzlinie zog Klingberg zwischen der phantastischen Erzählung im engeren Sinne und der mythischen Erzählung, die „in einer mythischen Welt, und *nur* in dieser Welt, spielt, gleichzeitig aber (im Gegensatz zu der surreal-komischen Erzählung) logisch aufgebaut ist.“ (ebd. S. 227; Hervorheb. i.O.) Als Beispiele nannte Klingberg J.R.R. Tolkiens *Der kleine Hobbit und der große Zauberer* (engl. 1937, dt. 1967) und Lloyd Alexanders *Taran und das Zau-*

berschwein (engl. 1964, dt. 1969). In dieser Textgruppe, für die sich die Bezeichnung 'Fantasy' etablierte, wurde der Kampf zwischen Gut und Böse nicht im einzelnen Individuum ausgetragen, sondern als „mythologischer Kampf [...] in einer mythischen Welt oder von mythischen Gestalten, die in der alltäglichen Welt auftreten" (ebd., S. 233). Thematisiert wurden – in der Art der politischen Dichtung – Gründungsmythen und die Stiftung von Weltordnungen. Weitere Beispiele waren Clive Staple Lewis' *Narnia*-Chronik in sieben Bänden (engl. 1950–1956, dt. 1957–1968) und Madeleine L'Engle *Die Zeitfalte* (engl. 1962, dt. zuerst unter dem Titel *Spiralnebel 101* 1968).

Um den Unterschied zwischen der 'phantastischen Erzählung' im engeren Sinne und der 'surreal-komischen Erzählung' deutlich zu machen, verglich Klingberg motivgleiche Erzählungen. Er stellte fest, dass „[s]olche surreal-komischen Erzählungen [...] heute einen beträchtlichen Raum in der deutschen Kinder- und Jugendliteratur ein[nehmen]" (ebd., S. 224). Es war festzustellen, dass die meisten der im weiteren Sinne phantastischen Erzählungen unter dem Schlagwort vom 'Recht auf Phantasie' kindliche Lesebedürfnisse nach Abenteuer, Unterhaltung, äußerer Spannung und aktionsreicher Handlung, nach Spiel und freier Komik bis hin zum kinderliterarischen Nonsens befriedigten. In dieser Gattung war es Kindern, jedenfalls in dieser Epoche, erlaubt, Ablenkung und Entspannung von der Realität in heiteren Spielwelten und bevormundungsfreien Freiräumen zu finden. Klingberg stellte fest:

> Was die surreal-komische Erzählung betrifft, so ist ihre Intention offenbar, die Kinder zu amüsieren, ihr Bedürfnis nach Freude und Komik zufriedenzustellen. Wenn man von einer Botschaft sprechen will, dann lautet sie: Das Leben enthält auch Heiteres, Lustiges ohne Tiefsinn, geeignet zum täglichen Verbrauch. [...] Die Absicht, den Kindern eine Freude zu bereiten, genügt schon als Zweck eines Buches (ebd., S. 238).

Die kinderliterarische Phantastik in ihrer surreal-komischen Ausprägung diente der Befriedigung kindlicher Wünsche, weil „[d]ie Ausweitung der alltäglichen Grenzen, die Aufhebung gewohnter, mitunter als Einengung empfundener Orientierungen [...] einem elementaren kindlichen Wunsch [entspricht]." (Freund 1980, S. 199) Als die populärsten Beispiele sind zu nennen: Michael Endes *Jim Knopf und Lukas der Lokomotivführer* (1969) und *Jim Knopf und die Wilde 13* (1962), Boy Lornsens *Robbi, Tobbi und das Fliewatüüt* (1967) und Max Kruses *Urmel aus dem Eis* (1969).

Ein Klassiker dieser Jahre, den Klingberg ebenfalls zu den surreal-komischen Texten zählte (ebd., S. 223), war Michael Endes *Jim Knopf und Lukas der Lokomotivführer* (1960) und der als zweiter Teil erschienene Band *Jim Knopf und die Wilde 13* (1962). Die abenteuerliche Reise der beiden Freunde Jim Knopf und Lukas führte von der kleinen Insel Lummerland über verschiedene Stationen wieder nach Lummerland zurück. Dritte im Bunde war Emma, die anthropomorphisierte Lokomotive. Die Abenteuer und Herausforderungen meisterten die beiden 'Helden' nicht mit Schwert und Rüstung, sondern mit Höflichkeit und Freundschaft. Das Geheimnis von Jim Knopfs Herkunft wurde gelöst, das 'fremde Kind' entpuppte sich als 'göttliches Kind', das „das Ungerade gerade" machte (Ende 1962, S. 218). Die Geschichte mündete in eine Gesellschaftsutopie: Kinder aus allen Teilen der Welt besiedelten mit ihren Familien den neuen Kontinent Jimballa, das „Land der Kinder und Vögel" (ebd., S. 272). Michael Endes erstes kinderliterarisches Werk trieb ein Spiel mit der Adressierung. Auf der paratextuellen Ebene, dem Schutzumschlag, war auf einem Zugbillett die Warnung zu lesen: „Das Lesen dieses Buches ist Erwachsenen nur in Begleitung von Kindern gestattet". Tatsächlich entpuppte sich die Geschichte beim Lesen als doppelsinnig (vgl. Ewers 2000), denn auf einer Werkebene, die sich an erwachsene Leser wendete und für Kinder weitgehend verdeckt geblieben sein dürfte, fand eine Auseinandersetzung mit der jüngsten deutschen Vergangenheit statt. Am deutlichsten belegen ließ sich dies am Beispiel des Halbdrachen Nepomuk, der als Kind eines reinrassigen Drachen und einer Nilpferdmutter selbst nicht reinrassig war und deshalb außerhalb der Drachenstadt leben musste, denn „Der Eintritt ist nichtreinrassigen Drachen bei Todesstrafe verboten". Auf diesen Werkaspekt sowie die Auseinandersetzung Endes mit und Eliminierung von Mythen aus der Zeit des Nationalsozialismus wies zuletzt Julia Voss (2009) hin.

Auch bei Boy Lornsens *Robbi, Tobbi und das Fliewatüüt* (1967) handelte es sich um einen kinderliterarischen Schlüsseltext, der in vielem an Michael Endes knapp zehn Jahre zuvor geschriebene *Jim Knopf*-Erzählungen erinnerte, z. B. in der Anthropomorphisierung technischer Wesen. Tobbi, der junge Erfinder des Fliewatüüt, und Robbi, der gleichaltrige Roboter und Erbauer des Fliewatüüt, brachen zu einer abenteuerlichen Reise auf, um gemeinsam eine Schulaufgabe zu lösen, für die der Roboter die Hilfe des Menschenjungen brauchte. Erschienen war das Buch in einer gesellschaftlichen Atmosphäre, in der den Errungenschaften der technischen Moderne wie z. B. Technisierung und Mechanisierung der Arbeitswelt und der Siegeszug des Computers immer die vermeintlichen Verluste gegenübergestellt wurden (vgl. Arnold Gehlens *Die Seele im technischen Zeitalter* 1957). All diese Fragen blendete die Geschichte um die Freundschaft des Menschen mit dem Roboter aus und bejahte sie – solange die Rollen zwischen dem 'Erfinder' und dem 'Erbauer' klar zugewiesen blieben.

Eine weitere Variante kinderliterarischer Phantastik konnte als Psychologisierung bezeichnet werden, da sie auf reale kindliche Probleme und auf manifeste oder latente Kinderwünsche durch Schaffung einer phantastischen Bildlichkeit, also kindgemäß, reagierte. Kindliche Probleme als Auslöser für phantastisches Geschehen waren z. B. Krankheit, Einsamkeit nach dem Tod von Geschwistern oder Freunden oder nach einem Umzug, der zur Trennung von Freunden führte, die bevorstehende Geburt eines Geschwisters, kindliche Ängste etc.; die Probleme blieben im Horizont der kindlichen Lebenswelt. Krüger bezeichnete diese Gruppe phantastischer Geschichten als „Spiegelbilder des kindlichen Seelenlebens“ (Krüger 1960, S. 344–352); sie stellte kinderliteraturgeschichtlich ein Novum dar. Die Funktion der Phantastik bestand dabei – kurz gesagt – darin, Bilder für seelische Konflikte zu finden und den kindlichen Lesern dadurch Trost und Entlastung zu gewähren. Als Beispiele dieser Tendenz wurden Astrid Lindgrens *Im Wald sind keine Räuber* (schwed. 1949, dt. 1952), *Mio, mein Mio* (schwed. 1954, dt. 1955) und *Karlsson vom Dach* (schwed. 1955, dt. 1956) genannt. Ein weiteres Beispiel aus dem Schwedischen war Hans Petersons *Komm mit mir, kleine Bronx!* (1962, dt. 1962). Aus dem Englischen stammte Catherine Storrs *Marianne träumt* (1958, dt. 1986) und aus dem Deutschen Ursula Wölfels *Sinchen hinter der Mauer* (1960).

Die kinderliterarische Phantastik beeinflusste auch andere kinderliterarische Gattungen, die sich für phantastische Elemente oder Motive öffneten: die Mädchenliteratur (Jeanna Oterdahl *Kaja und das Schlüsselkind* 1961), die Detektivgeschichte (Ake Holmberg *Privatdetektiv Teffan Tiegelmann* aus d. Schwed., dt. 1954) und die Tiererzählung, die sich damit von der reinen Sachliteratur entfernte (Sebastian Lybeck *Latte Igel und der Wasserstein* aus d. Schwed., dt. 1958).

Kinderliterarisch hielt sich die Strömung auch noch in den Zeiten des Umbruchs (Ellis Kaut *Meister Eder und sein Pumuckl* 1965; Irina Korschunow *Die Wawuschels mit den grünen Haaren* 1967; Max Kruse *Urmel aus dem Eis* 1969; Tilde Michels *Kleiner König Kalle Wirsch* 1969) und war auch nach der Zäsur von 1970 präsent (Sigrid Heuck *Zacharias Walfischzahn* 1971), man konnte sogar sagen, dass sie ihren Höhepunkt erst in den sechziger und frühen siebziger Jahren erreichte (Ewers 1995a, S. 16).

2.5 Kinderliterarischer Realismus

In den realistischen Erzählungen der fünfziger und sechziger Jahre schlug sich die Tendenz zur Exterritorialisierung von Kindheit ebenfalls nieder. Die Schauplätze der realistischen Kindererzählungen waren häufig außerhalb der modernen Erwachsenen- und Stadtwelt angesiedelt, es handelte sind um dörfliche oder kleinstädtische Lebenswelten, in denen Kindheit noch im familiären und nachbarschaftlichen Lebensraum verwurzelt war. Diesem Muster folgten zahlreiche Erzählungen von Astrid Lindgren (die *Bullerbü*-Trilogie, *Madita* (schwed. 1960, dt. 1961), die *Michel*-Trilogie (schwed. 1963–1970, dt. 1964–1970) und *Rasmus und der Landstreicher* (schwed. 1956, dt. 1957)). Auch zeitlich waren Lindgrens Erzählungen in einer Vergangenheit angesiedelt, die weniger eine historisch-konkrete als vielmehr eine „poetische Vergangenheit“ war (Ewers 1996b, S. 870). Ein Beispiel für die epochentypische Ausprägung der realistischen Kindererzählung ist Ursula Wölfels *Feuerschuh und Windsandale* (1961), das in einer

Zeit spielte, als die Söhne noch von ihren Vätern lernten und so in eine traditionelle Lebenswelt hineinwuchsen. In vielen Geschichten waren die erwachsenen Figuren ganz an den Rand gedrängt: Eltern waren verreist, gestorben, bei der Arbeit; auch spielten viele Geschichten während der Ferien auf dem Land (Ursula Bruns *Dick und Dalli und die Ponys* 1952). Man deutete diese Konstellation als Reflex auf die Lebenssituation vieler Kinder in den Nachkriegsjahren; tatsächlich war sie auch eine literarische Konstruktion, die die Voraussetzung dafür abgab, dass sich die kindlichen Figuren autonome Freiräume schaffen konnten.

In einigen realistischen Kindererzählungen fand sich die Darstellung der problematischen Lage von Kindern in der modernen (großstädtischen) Gesellschaft. Man sollte hier jedoch noch nicht von einem sozialkritischen Realismus sprechen. Auch hier kam der Impuls aus Schweden. Hans Peterson gestaltete in *Matthias und das Eichhörnchen* (schwed. 1957, dt. 1958) die Geschichte eines kleinen Jungen, der nach dem Umzug seiner Familie in die Großstadt zunächst sehr einsam war und nur in der Freundschaft zu dem Tier Halt fand, die Entfremdung des Kindes in einer kinderfeindlichen modernen Welt. Dasselbe Thema fand sich später auch in der deutschen Kinderliteratur, z. B. in Ursula Wölfels *Joschis Garten* (1965) und Fritz Habecks *Die Insel über den Wolken* (1965).

Heinrich Maria Denneborgs *Jan und das Wildpferd* (1957) war einer der wenigen Texte, die eine verdeckte Auseinandersetzung mit der Zeit des Nationalsozialismus und dessen Ideologie betrieben. Erzählt wurde die Geschichte des Jungen Jan, der sich eines lahmenden Wildpferdfohlens annahm, das aufgrund seiner körperlichen Schwäche von den anderen Pferden der Herde attackiert wurde. An diesem Beispiel wurde die Frage verhandelt, ob man dem Recht des Stärkeren auf die Vernichtung vermeintlich unwerten Lebens, wie es die Nationalsozialisten als Euthanasie betrieben und wie es im Text vom Förster als natürliche Auslese bejaht wurde, nicht eine menschliche und ethische Haltung entgegenstellen musste. Das Buch erhielt 1958 den Deutschen Jugendbuchpreis; der kritische Aspekt der Erzählung wurde in der Jurybegründung allerdings mit keinem Wort erwähnt.

Die offene und kritische Auseinandersetzung mit der Zeit des Nationalsozialismus, seinen Verbrechen und den Folgen des Kriegs, setzte in der westdeutschen Kinder- und Jugendliteratur erst Anfang der sechziger Jahre ein, u. a. mit Hans Peter Richters *Damals war es Friedrich* (1961), Clara Asscher-Pinkhofs *Sternkinder* (1946, dt. 1961) und Winfried Bruckners *Die toten Engel* (1963). Mit der Öffnung der Kinderliteratur für diesen neuen Themenkomplex begann die Erosion des bislang dominierenden Kindheitsbildes. Einen weiteren Schritt auf diesem Wege stellte die 1966 von Gertraud Middelhauve herausgegebene Anthologie *Dichter erzählen Kindern* dar. 36 Autoren der zeitgenössischen modernen Belletristik für Erwachsene (Thomas Bernhard, H.C. Artmann, Peter Bichsel,

Christoph Meckel u. a.) lieferten Originalbeiträge für dieses „Lesebuch für Kinder und Erwachsene. Denn das Kindesalter sollte hier nicht begrenzt werden." (Middelhauve 1966, o. P. [S. 1]) Hier wurde schon das Programm für die kommende kinderliterarische Epoche formuliert, die sich Mitte der sechziger Jahre ankündigte und nach 1968 durchsetzte.

3 Die neue Kinderliteratur in der Folge der 68er-Bewegung

3.1 Wandel der Kindheitsvorstellung

Die Wurzel der neuen Kinderliteratur, die ab ca. 1970 entstand, war das verwandelte Verständnis von Kindheit, das in der programmatischen Forderung nach der Emanzipation des Kindes und seiner gleichberechtigten Teilhabe an der Welt der Erwachsenen gipfelte. Gegen die Ideologie der vermeintlich heilen Kinderwelt und gegen den apolitischen Zug der „herkömmlichen" (Richter 1972, S. 23) Kinderliteratur setzte man die Forderung nach politischer Erziehung durch das neue Kinderbuch. Die neue Autorengeneration wollte die Kinderliteratur und mit ihr die Kinder aus den (gesellschaftlichen) Schonräumen in die Wirklichkeit und Widersprüchlichkeit der modernen Industriegesellschaft zurückholen. Kinder galten nun nicht mehr als andere Wesen, die in einer eigenen Welt lebten und vom modernen, heillosen und problematischen Leben der Erwachsenen getrennt werden konnten. Das neue Kindheitsbild stellte die Gemeinsamkeiten von Kindern und Erwachsenen in den Vordergrund, „die weitgehende [...] *Identität* zwischen der gesellschaftlichen Lage der Erwachsenen und der der Kinder und damit die weitgehende Identität auch ihrer Interessen" (Richter 1973, S. 22; Hervorheb. i.O.). Gleichberechtigung und Mündigkeitserklärung der Kinder bedeutete für die Kinderliteratur der siebziger Jahre „das Ende des Zeitalters der Unmündigkeit, gleichzeitig aber auch das Ende des Zeitalters der Unbeschwertheit" (Ewers 1995d, S. 41). Für Kinder sollten nun keine Sonderrechte mehr gelten; deshalb durfte es für sie auch keine Tabus mehr geben.

Von hier aus geriet das Kinderliteraturkonzept der vorangegangenen Epoche in die Kritik. „Die Betonung der Andersartigkeit von Kindern in der modernen Kinderliteratur vor 1970 wird jetzt als eine Zwangsinfantilisierung empfunden, die nicht zuletzt auf eine Entmündigung der Kinder hinauslaufe." (Ewers 1996b, S. 873) Eine Konsequenz aus dem neuen Kindheitsbild war, dass Kinder nicht per se eine thematisch und stilistisch andersgeartete Literatur brauchten als Erwachsene. Es kam zu Veränderungen der Themen, der literarischen Formen und Gattungsmuster, der Funktion und der Grenzziehung. Eine Annäherung an Erzählweisen, die bislang nur in der Erwachsenenliteratur zu finden waren, begann, womit ein weiteres bislang gültiges Tabu gebrochen wurde. Neben kurzfristigen Veränderungen gab es solche, die längerfristig wirksam wurden und bis heute das Bild der Kinderliteratur prägen. Nach einer kurzen Phase, die in einem engen Zusammenhang mit der Studentenbewegung und ihren Zielen zu sehen war, entwickelte sich seit etwa Mitte der siebziger Jahre die neue Kinderliteratur, die mit Blick auf das implizierte Kindheitsbild als emanzipatorisch oder, mit Blick auf die Themen bzw. Stoffe und die (didaktische) Funktion, als problemorientiert bezeichnet wurde; sie war insgesamt einem sozialkritischen Realismus verpflichtet.

3.2 Die antiautoritäre Kinderliteratur (1969–1974)

In vielen Beiträgen zum kinderliterarischen Wandel am Ende der 1960er Jahre wurde auf die Bedeutung der Studentenbewegung als auslösender Faktor abgehoben. Einen ursächlichen Zusammenhang konnte man vor allem in der ersten Phase erkennen, in der die so genannte antiautoritäre Kinderliteratur aufblühte. Innerhalb des langfristigen Veränderungsprozesses der westdeutschen Nachkriegsgesellschaft stellte die Studentenbewegung selbst ein Ereignis unter anderen dar, sie war „der Kristallisationspunkt verschiedener Entwicklungslinien, eines sich bereits angestauten Entwicklungsschubs" (Korte 1987, S. 36) und „ein Teil des gesellschaftlichen Aufbruchs [...], in manchen Bereichen wichtiger Motor und in einigen bedeutungsvoller Auslöser" (ebd., S. 46).

Für die erste Welle der neuen Kinderliteratur etablierte sich die Bezeichnung 'antiautoritäre Kinderliteratur', obwohl der Begriff „mißverständlich und unpräzise" (Dolle-Weinkauff 1996, S. 217) war, denn mit dem Eingehen in den kinderliterarischen Diskurs veränderte er sich und „bedeutet [...] nicht mehr einfach „repressionsfrei, sondern konnotiert daneben eine Reihe fester politischer Determinanten wie Anti-Imperialismus, Antikapitalismus" (ebd.) und Antifaschismus. Entstehungs- und Verbreitungsort der antiautoritären Kinderbücher waren die ab 1968 zuerst in Berlin entstandenen Kinderläden, weshalb sie bisweilen als „Kinderladenbücher" (Richter 1972, S. 25) oder als „Literatur der Kinderläden" (Kaminski 1989, S. 63) bezeichnet wurden. Die Kinderläden waren der Ort, an dem mit Ideen der antiautoritären und repressionsfreien Erziehung experimentiert wurde, die im Gefolge von A.S. Neill breit rezipiert wurden. In den „zunächst weitgehend repressionsfrei geleiteten Kinderläden entstand der Bedarf an geeigneten Materialien, die den neuen – zumeist sozialistisch – formulierten Erziehungszielen und -praktiken dienen sollten" (Ram 1975, S. 46). Der Zusammenhang von Kinderladenbewegung und der neuen 'linken' Kinderliteratur wurde wiederholt herausgestellt (Richter 1972, S. 23), wie eine kurze Selbstaussage des Berliner Basis-Verlags zeigte, der neben den Verlagen Oberbaum (Berlin), Weismann (Berlin), Anrich (Mülheim an der Ruhr) und März (Frankfurt/M.) einer der Hauptträger der antiautoritären Kinderliteratur war: „Der 'Basis-Verlag' ist entstanden aus den Erfahrungen, die zwei seiner Mitglieder mit ihrer Arbeit in einem West-Berliner Kinderladen gemacht haben." (*Linkes Verlagsprofil* 1971, S. 37) Die in den neuen Verlagen publizierten Kinderbücher waren z. T. Übersetzungen (vor allem aus dem Schwedischen), Neuauflagen sozialistischer Kinderliteratur aus der Zeit der Weimarer Republik und Eigenproduktionen verschiedener Kollektive (vgl. Raitz 1975, S. 172).

Die antiautoritären Kinderbuchmacher verfolgten ein revolutionäres Projekt; sie verbanden die Aufklärung der Kinder über die gesellschaftlichen Herrschaftsstrukturen, als deren Opfer sie angesehen wurden, mit dem Aufruf zu Solidarität und zur Auflehnung gegen die Unterdrücker. Da die erste Welle der antiautoritären Kinderliteratur zunächst für die Kinderladenkinder gedacht war, fanden sich vorwiegend Bilderbücher (vgl. die annotierte Bibliographie in Scherf 1974; Mattenklott 1985, S. 114–121), so z. B. die als „politische Flugschrift für den Kindergarten" bezeichnete „Fabel von der Kraft der Solidarisierung" (Scherf 1974, S. 52), die 1970 im Basis-Verlag unter dem Titel *Fünf Finger sind eine Faust* erscheint. Die antiautoritäre Kinderliteratur handelte von der Arbeitswelt, den Produktionsverhältnissen und dem Klassenkampf, so z. B. in *Martin und der Mars(x)-Mensch* (Annusch Möhring (Text), Bertold Haas (Ill.), 1970) und *Die Klassen* (Graphik: Christine Theissen, Hartmut Friedrich, 1970). Typisch für die frühen siebziger Jahre war die Stilisierung der Kinderfiguren zu kleinen Revoluzzern (Doktor Gormander *Als die Kinder die Macht ergriffen* 1969), die sich gegen die alten Autoritäten, repräsentiert durch den Staat und seine Vertreter (Polizei, Soldaten, Lehrer, Bürgermeister), aber auch – und hier verlassen wir bereits die im engeren Sinne antiautoritäre Kinderliteratur – durch autoritäre Vaterfiguren (Christine Nöstlinger *Wir pfeifen auf den Gurkenkönig* 1972) auflehnten. Den Vertretern der antiautoritären Erziehung galten die „Eltern als Hinderer der Entwicklung zur freien Persönlichkeit" (Dankert 1972, S. 81). So wurde der gesellschaftlich ausgetragene Generationenkonflikt kinderliterarisch auch in die Familien hineingetragen, in denen sich krisenhaft die Ablösung des alten Familientyps („Befehlshaushalt") durch den des modernen „Verhandlungshaushalts" (Büchner 1991, S. 201) vollzog.

Schon früh geriet die antiautoritäre Kinderliteratur in die Kritik aus den eigenen Reihen: Ihr Dogmatismus mache sie für Kinder „langweilig" und „strohtrocken" (Raitz/Raitz 1971, S. 601; vgl. auch Mattenklott 1985, S. 115), deshalb wurde sie als für Kinder ungeeignet abgelehnt. Hier schlugen das selbst auferlegte Verbot, kindliche Lesebedürfnisse zu respektieren und die Tabuisierung jeglicher kindgemäßer Strategien, auf die antiautoritäre Kinderliteratur selbst zurück. Die Bedeutung der ersten Phase wurde im Rückblick in der „Erprobung und Formulierung neuer Positionen" (Dankert 1990, S. 3) gesehen. Bleibende Texte brachte diese Experimentierphase nicht hervor.

3.3 Kinderliteratur als Dokumentarliteratur

Dem Einfluss des neuen Kindheitsbildes war es zu verdanken, dass Aufklärung und Enttabuisierung zu Kennzeichen der neuen Kinderliteratur wurden. Prinzipiell galten nun alle Themen als kinderliterarisch erlaubt. Die Sorgen, Nöte und Ängste, die die Erwachsenen belasteten, aber kinderliterarisch bislang als nicht kindgemäß abgelehnt worden waren, wurden nun mit allen Konsequenzen von den Kindern geteilt. Die neue Kinderliteratur wendete sich zunächst der gesellschaftlichen Realität ihrer kindlichen Leser zu. Was sich so entwickelte, war eine „Literatur der Ernüchterung und des Daseinsernstes“ (Ewers 1995c, S. 271). „Dieses Kinderbuch macht nicht nur Spaß, es macht auch Ernst“; es ist „eine andere Sorte Kinderbuch, als die meisten gewohnt sind – zwar im handlichen Format, aber unbequem im Inhalt.“ (Vorwort in: Kilian/Stiller 1972, S. [4]) Dieses Motto hätte über der progressiven Kinderliteratur dieser Zeit stehen können. Das Interesse am Kind schlug sich zuerst in der Darstellung alltäglichen kindlichen Lebens nieder. Von 1970 stammte Peter Härtlings Protokoll eines Kinderalltags *...und das ist die ganze Familie* mit Fotos von Günther Stiller, in dem Kinder authentisch, d. h. ohne korrigierende Eingriffe eines Erwachsenen, von ihrer Wirklichkeit erzählten. Auch Susanne Kilian, deren kinderliterarisches Werk der frühen siebziger Jahre einem dokumentarischen Realismus verpflichtet war und im 1971 gegründeten Programm Beltz & Gelberg erschien, stellte am Beispiel von vier Kindern kindliche Tagesabläufe dar (*Na und?* 1972; Fotos Günther Stiller). Das *NEIN-Buch für Kinder: „Hinterher ist man schlauer“* (Kilian/Stiller 1972) mit Fotos von Günther Stiller verfolgte das Ziel, Kinder über ihre Welt aufzuklären und zu kritischem Denken anzuregen. Hier „kommt zur Sprache, was Kinder und Erwachsene täglich beschäftigt“ (Vorwort, ebd. S. [4]): Familie, Schule, Randgruppen (Behinderte und Ausländer), Vertreibung der Kinder aus dem öffentlichen (Stadt-)Raum, Konsumkritik und Kritik am Fernsehen etc. Das Buch wurde auf Grund der Verbindung von kurzen Texten (u. a. auch Parodien auf bekannte Kindergedichte) und Fotos stilbildend für die sozialkritisch engagierte Kinderliteratur der siebziger Jahre. Nachfolger waren u.a. Irmela Brenders (Text) und Günther Stillers (Fotos) *Ja-Buch für Kinder. Ich habe Lust, ich zu sein* (1974), das auch das Thema der kindlichen Lust am eigenen Körper aufgriff, und Susanne und Werner A. Kilians *Nur 'ne Fünf* (1974) und *Die Stadt ist groß* (1976) über den Lebensraum des (Stadt-)Kindes.

3.4 Die moderne sozialkritische Kinderkurzgeschichte

Die (kurzzeitige) Wiederbelebung der dokumentarischen Kinderliteratur war eine Seite der literarischen Umsetzung des neuen Kindheitsverständnisses. Damit sich Kinder zu selbständigen und selbstbewussten Subjekten entwickeln konnten, brauchten sie eine Literatur, die sie dazu befähigte, gesellschaftliche

Verhältnisse und Herrschaftsstrukturen zu durchschauen. Die dokumentarische Kinderliteratur blieb zwar auf die erste Hälfte der siebziger Jahre beschränkt (Mattenklott 1985, S. 129), aber mit der Wendung zur kindlichen Wirklichkeit setzte sich zur selben Zeit der sozialkritische Realismus durch, sowohl in den Kurz- als auch in den Langformen. Manifest wurde diese Veränderung mit dem Erscheinen von Ursula Wölfels Richtung weisender Sammlung von sozialkritischen Kurzgeschichten *Die grauen und die grünen Felder* (1970). Hier wurde versucht, schon den jüngeren Lesern ab acht Jahren durch *wahre Geschichten* (Untertitel) Einsicht in komplexe gesellschaftliche und menschliche Zusammenhänge und Konflikte zu vermitteln, sowohl in ihrem bekannten Umfeld, als auch in anderen Ländern. Vorangestellt war ein programmatisches Bekenntnis:

> Diese Geschichten sind wahr, darum sind sie unbequem: Sie erzählen von den Schwierigkeiten der Menschen, miteinander zu leben, und wie Kinder in vielen Ländern diese Schwierigkeiten erfahren: Juanita in Südamerika, Sintajehu in Afrika, Manni, Corinna, Karsten und viele andere bei uns. Wahre Geschichten haben nicht immer ein gutes Ende. Sie stellen viele Fragen, und jeder soll die Antworten selbst finden. Diese Geschichten zeigen eine Welt, die nicht immer gut ist, aber veränderbar. (Wölfel 1970, o.P. [S. 1])

1972 folgten Frederik Hetmanns „Geschichten vor unserer Tür“ mit dem Titel *Bitte nicht spucken.* Damit war ein radikaler Bruch mit dem traditionellen kinderliterarischen Geschichtenerzählen vollzogen. Stilistisch stand Wölfels Geschichtensammlung auf der Seite der modernen Kurzgeschichte mit ihren komplexen Erzähltechniken. Mit der Aufnahme der modernen Kinderkurzgeschichte in das kinderliterarische Formenarsenal verschob sich die Grenze zur Erwachsenenliteratur, wie in einer Rezension begeistert bemerkt wird: „Die Kurzgeschichte für Kinder ist – allerdings mehr als zwanzig Jahre nach ihrer deutschen Premiere in der Erwachsenenliteratur – jetzt da!“ (Doderer 1971, S. 31) Ein Forum für Kinderkurzgeschichten boten die von 1971 bis 1993 im Beltz-Verlag erschienenen Jahrbücher der Kinderliteratur, z. B. das *Erste Jahrbuch der Kinderliteratur* mit dem Titel *Geh und spiel mit dem Riesen* (1971). Zahlreiche Anthologien (u. a. *Das Einhorn sagt zum Zweihorn. 42 Schriftsteller schreiben für Kinder* (1966 und 1974) erschienen in diesen Jahren, und viele bekannte Autorinnen und Autoren traten nun auch mit Kurzgeschichten für Kinder hervor, u. a. Peter Bichsel (*Kindergeschichten* 1969), Peter Härtling (*Zum laut und leise lesen* 1975) und Jürg Schubiger (*Dieser Hund heißt Himmel* 1978).

3.5 Der moderne sozialkritische Kinderroman

In den 1970er Jahren entstand, getragen vom neuen Kindheitsbild, die als „Innovation ersten Ranges“ (Ewers 2008, S. 190) gefeierte problemorientierte Kinder- und Jugendliteratur, für die auch der Begriff „sozialkritische Problemerzählung“ (Scheiner 2000, S. 165) gebraucht wurde. Diese war auf klar definierte didaktische Funktionen festgelegt, auf „problembezogene Wissensvermittlung, typisierende Darstellung und verallgemeinerbare Lösungsvorschläge" (Ewers 2008, S. 196). Die (mehr) didaktische Problemerzählung stand in der Tradition der aufgeklärten Beispielgeschichte bzw. der moralischen Erzählung.

Dagegen zeichnete sich in den Langformen ein kinderliterarischer Stilwandel ab, die Annäherung nämlich an bislang nur erwachsenen Lesern zugemuteten komplexen Darstellungstechniken. Für diese setzte sich – in Abgrenzung zum 'traditionellen' Kinderroman à la Kästner – der Oberbegriff 'moderner Kinderroman' durch. Merkmal dieses Stilwandels war das Zurückdrängen des zuverlässigen auktorialen Erzählers und „einer Erzählweise, bei der der 'implizite Autor' offen oder versteckt Wertungspositionen der Erwachsenen ausdrückt" (Gansel 1998, S. 12). An ihre Stelle traten die moderne Ich-Erzählung und das personale Erzählen mit seiner aus der Subjektivierung hervorgehenden Unsicherheit. Als ein frühes Beispiel für das personale Erzählen strikt aus der Perspektive der kindlichen Hauptfigur galt Christine Nöstlingers *Der Spatz in der Hand* (1974).

Thematisch zeigte sich der moderne Kinderroman an Problemen aus dem Alltag der Kinder interessiert, weshalb er sich in den 1970er Jahren vor allem als moderner sozialkritischer Kinderroman etablierte. Da unter der kindlichen Lebenswelt nun die gemeinsame Wirklichkeit von Kindern und Erwachsenen verstanden wurde, kam es zu einer Ausweitung des kinderliterarischen Themenspektrums. Kindheit kam im neuen Kinderroman als problematischer Lebensabschnitt in den Blick. Die Kinder waren Scheidungskinder (Eveline Hasler *Der Sonntagsvater* 1973; Elfie Donnelly *Tine durch zwei geht nicht* 1982), Kinder von berufstätigen und/oder allein erziehenden Müttern (Peter Härtling *Theo haut ab* 1977), behinderte Kinder und Heimkinder (Peter Härtling *Das war der Hirbel* 1973; Max von der Grün *Vorstadtkrokodile* 1976), Kinder von Gastarbeitern bzw. Ausländerkinder (Barbara Schwindt *Spaghetti, Spaghetti* 1974; Ute Kirchberg *Selim und Susanne* 1978), einsame Kinder, die sich nach Freundschaft sehnten oder nach einem Umzug neue soziale Kontakte herstellen mussten (Hans Peterson *Jan Jansson, ein Junge mit Glück* schwed. 1970, dt. 1971; Irina Korschunow *Niki aus dem 10. Stock* 1973; Anne-Cathrin Vestly *Aurora aus Hochhaus 7* norweg. 1966; dt. 1972) oder wurden mit dem Tod konfrontiert (Peter Härtling *Oma* 1975; Hans-Eric Hellberg *Der Zauberhut* schwed. 1965, dt. 1975; Elfie Donnelly *Servus Opa, sagte ich leise* 1977; Peter Härtling *Alter John* 1981).

3.6 Sozialkritische Phantastik

Für eine Literatur, mit der man von Kindern die kritische Teilhabe an ihrer Welt forderte, stellte die kinderliterarische Phantastik im weiteren Sinne, wie sie für die 1950er und 1960er Jahre charakteristisch war, ein rotes Tuch dar, sah man in ihr doch eine Aufforderung zu Evasion und Wirklichkeitsflucht. Vereinzelt erkannte man jedoch das Potential der phantastischen Bildlichkeit, mit deren

Hilfe sich komplexe gesellschaftspolitische Zusammenhänge einfacher darstellen ließen. Zahlreiche phantastische Erzählungen dieser Jahre waren Parabeln, z.B. Christine Nöstlingers *Sim Sala Bim* (1973), F.K. Waechters und Bernd Eilerts *Die Kronenklauer* (1972) und Waechters *Tischlein deck dich und Knüppel aus dem Sack* (1972). Gelegentlich wurde sogar behauptet, dass „die sozialistische und antiautoritäre Kinderliteratur der Jahre 1968 bis 1975 eine große Affinität zur phantastischen Literatur besaß“ (Dankert 1990, S. 2). Akzeptiert wurde allerdings nur eine sozialkritische Phantastik, eine „Phantastik in ‘realistischer’ Absicht“ (Dahrendorf 1994); die Rede war von der ‘sozialen’ oder ‘eingreifenden’ Phantasie.

Eine Variante der Phantastik dieser Zeit stellten denn auch solche Texte dar, in denen ein Wesen aus einer anderen Welt in die den Lesern bekannte Welt kam und ihnen mittels Verfremdung die Augen öffnete über die Probleme ihrer Realität. Beispielhafte Texte der Zeit, die diesem Modell folgten, waren Günter Herburgers *Birne kann alles* (1971 und Folgebände), Christine Nöstlingers *Die feuerrote Friederike* (1971), Frederik Hetmanns *Ich heiße Pfopf* (1973), Paul Maars *Eine Woche voller Samstage* (1973) und Irina Korschunows *Wenn ein Unugunu kommt* (1976). Ein Klassiker der sozialkritischen Phantastik wurde Michael Endes „Märchenroman“ *Momo* (1973), in dem mit Hilfe phantastischer Elemente eine umfassende Kritik am zeitgenössischen kapitalistischen Wirtschaftssystem und seiner lebensbedrohenden Zeitvorstellung geübt wurde.

3.7 Kinderliterarische Modifikationen an der Wende zu den achtziger Jahren

Angesichts der zunehmenden Beliebtheit der kinder- und jugendliterarischen Fantasy und dem Rückgang von Sozialkritik und Sozialrealismus glaubte man am Ende der siebziger Jahre von einem literarischen Paradigmenwechsel sprechen zu müssen (vgl. Kirchhoff 2002, S. 354). Angemessener war es freilich, von einer „Modifikation [...] eines in seinen grundlegenden Eigenschaften fortbestehenden Systems“ (Ewers 1993b, S. 12) zu sprechen, denn es kam nicht zu einer generellen, allenfalls einer partiellen Revidierung der Kinderliteraturreform von 1970. Ein Wandel der Kindheitsauffassung vollzog sich nicht, und auch von ihrer Aufgabe, Kinder über die Welt aufzuklären, rückte die Kinderliteratur nicht ab; sie weitete diese Aufgabe sogar noch aus und betrieb nun ein „zweifaches Aufklärungsgeschäft“: „Der erste Auftrag beinhaltet die rückhaltlose Aufklärung der Kinder über die Gesellschaft, die Aufdeckung ihrer zentralen Funktions- und Herrschaftsmechanismen. [...] Das zweite aus der Mündigerklärung der Kinder resultierende Projekt ist die Exploration des Innenlebens der Kinder.“ (Ewers 1995c, 262f.)

Die beiden Aufträge, die aus der neuen Kindheitsvorstellung abgeleitet wurden, bedienten sich unterschiedlicher Darstellungstechniken. Neben den weiterhin präsenten sozial- oder gesellschaftskritischen Realismus trat der psychologische Realismus mit seiner „Dominanz des inneren Geschehens und seiner auf Ich-Stabilisierung und Selbstfindung konzentrierten Thematik“ (Ewers 1993b, S. 12). Für die neue Gattung etablierte sich der Begriff „psychologischer Kinderroman“ (Steffens 1998b). Dieser war mit ersten Texten in den siebziger Jahren nachzuweisen und setzte sich in den achtziger und neunziger Jahren als die führende moderne kinderliterarische Gattung durch.

3.8 Die Probleme der Zeit in der Kinderliteratur

Die späten siebziger und achtziger Jahre waren von rationalen und irrationalen Ängsten geprägt: fortschreitende Umweltzerstörung (Waldsterben, saurer Regen und sog. Luftverpestung), atomare Bedrohung und militärische Hochrüstung lösten besonders bei der jungen Generation individuelle Lebensängste aus, die eine ganzen Generation prägten und bei vielen zu einer Verweigerungshaltung führte, die in Parolen wie ‘Null Bock’ oder Sprüchen wie „Alle reden von Politik, wir reden von uns“ (*Sponti-Sprüche* 1982, o.P.) formuliert wurde. Die Kinder- und Jugendliteratur dieser Jahre, sofern sie sich als politisch verstand, trug dazu bei, diese Stimmung und eine latente Zukunftsangst und Hoffnungslosigkeit zu verstärken. „Für die in der gegenwärtigen Kinderliteratur dargestellten ‘großen’ Konflikte ist charakteristisch, daß sie Ausdruck eines Gefühls der Schwäche und Unterlegenheit sind, das nicht ohne weiteres zu beheben ist. Das gilt gleichermaßen für die kinderliterarischen Dystopien von Atomkatastrophen, die Emanzipationsthematik der Mädchenbücher und letzten Endes auch für die Darstellungen des Dritten Reiches.“ (Kirchhoff 2002, S. 371)

Nach der Ausstrahlung der amerikanischen TV-Serie *Holocaust* (1979), die in der Bundesrepublik breite Bevölkerungsschichten aller Generationen erreichte, setzte eine Welle zeitgeschichtlicher Kinder- und Jugendliteratur ein, die dieses Kapitel deutscher Geschichte, verbunden mit der Frage nach der Verantwortung der Tätergeneration, darstellten. 1988 erschien *Die Darstellung des Dritten Reiches im Kinder- und Jugendbuch*; die Herausgeber bemerkten in ihrem Vorwort, dass „allein in den 80er Jahren bisher, das heißt bis 1987, ebenso viele Kinder- und Jugenderzählungen zum Thema Holocaust bzw. Judenverfolgung im Dritten Reich erschienen sind wie in den 35 Jahren seit Ende des Nazireiches zuvor“ (Dahrendorf/Shavit 1988, S. 7). Die Bereitschaft, sich mit diesem Kapitel deutscher Geschichte auseinanderzusetzen, machte es schließlich möglich, dass Roberto Innocenti 1986 in *Rosa Weiß* die Geschichte der Judenverfolgung und -vernichtung als Bilderbuch gestaltete.

Das Fernsehen wie auch die Kinderliteratur der achtziger Jahre brachten die großen Konflikte in die Kinderzimmer, allen voran die sich abzeichnenden dramatischen Folgen der fortschreitenden Umweltzerstörung und der Klimakatastrophe. Aber auch das atomare Wettrüsten der Supermächte und die Risiken der

Atomkraft, die nach der Reaktorkatastrophe in Tschernobyl (1986) wahr geworden waren, wurden literarisch aufgegriffen. Schon 1983 hatte Gudrun Pausewang in *Die letzten Kinder von Schewenborn oder … sieht so unsere Zukunft aus?* die verheerenden Folgen eines fiktiven atomaren Angriffs dargestellt. 1987 war es wieder Pausewang, die in *Die Wolke. Jetzt werden wir nicht mehr sagen können, wir hätten von nichts gewußt* einen atomaren Super-Gau nach dem Muster von Tschernobyl als Szenario eines Jugendromans wählte. Mit der Veränderung der weltpolitischen Machtverhältnisse, die im Zuge der Perestroika ab etwa 1987 eingeleitet wurden, verschwanden die Romane zu diesen Themen oder verloren doch an Schärfe. 1989 schickte Michael Ende in *Der satanarchäolügenialkohöllischen Wunschpunsch*, einer „ebenso spannenden wie witzigen Geschichte“ (Klappentext) zwei Tiere aus, die Welt von allen Übeln, personifiziert in Beelzebub Irrwitzer und Tyrannja Vamperl, zu retten.

In den neunziger Jahren reagierten Kinder- und Jugendbuchautoren auch auf die rasanten technologischen Fortschritte der (späten) achtziger Jahre und warfen, parallel zu einschlägigen öffentlichen Debatten, einen besorgten Blick in die Zukunft. Zahlreiche neue Romane thematisierten die Risiken und Chancen der Gentechnologie, z. B. Charlotte Kerners *Geboren 1999. Eine Zukunftsgeschichte* (1989), Birgit Rabischs *Duplik Jonas 7. Roman zur Gentechnologie* (1992) und Reinhold Zieglers *Version 5 Punkt 12* (1997). In der Regel handelte es sich bei diesen Werken um (negative) Utopien, in denen sich die Skepsis der Autorinnen und Autoren artikulierte (vgl. Daubert 1999, S. 91). Auch die Fortschritte der Computertechnologie (Computerspiele, Internet, Cyberspace) boten Stoff für neue Romane. Für diese neue Variante kinder- und jugendliterarischer Phantastik etablierte sich die Bezeichnung Virtual reality novel (Ostheimer 2002). Genannt wurden u. a. Terry Pratchett *Nur du kannst die Welt retten* (dt. 1994), Chris Westwood *Endstation Cyberspace* (dt. 1999), Gillian Cross *Auf Wiedersehen im Cyberspace* (dt. 2000) und Frank Stieper *CybernetCity* (2000). Für die jüngeren Leser erschienen in wachsender Zahl Computer- oder Internetkrimis (Thomas Feibel *Computerkids auf heißer Spur* (8 Bde. 1998–2001)). Einer der produktivsten deutschsprachigen Autoren in diesem Bereich war Andreas Schlüter (*Level 4 – Die Stadt der Kinder* (1994), *Der Ring der Gedanken* (1995), *Achtung, Zeitfalle!* (1995), *Jagd im Internet* (1997), *2049* (1999) und *Reality Game* (2003).

1986 prägte der Soziologe Ulrich Beck den Begriff der „Risikogesellschaft“, um die gesellschaftspolitischen Auswirkungen der fortschreitenden Modernisierung zu beschreiben, die auch vor Kindern und Jugendlichen nicht Halt machten. Unter dem Begriff „Kindheit 2000“ beschrieben Sozial- und Kindheitsforscher die „Entwicklungstendenzen zwischen Risiken und Chancen“ und konstatierten, dass es „keinen kindlichen Schonraum mehr gibt“, sondern dass auch schon die Kindheit in „die alltäglichen und die großen Risiken“ eingebunden sei:

„Unter Kindern ist, wie Befragungen zeigen, Angst vor der Zukunft und Zukunftsvertrauen gleichermaßen verbreitet. Das zeigt ihre Unsicherheit über das, was zu erwarten ist. [...] Es sind die Ambivalenzen auch hier, die die heutige Kindheit prägen." (Preuss-Lausitz 1995, S. 11)

In den neunziger Jahren blieben zahlreiche Werke der Kinder- und Jugendliteratur der Zeitkritik verpflichtet, indem sie kritisch die Veränderungen kindlicher und jugendlicher Lebenswelten verfolgten. Die Schlagworte zur Beschreibung der aktuellen Kindheit, die als „Krisenkindheit" wahrgenommen wurde, lieferte die Soziologie: Von „verinselten Innenraumkindern" und „Planungskindern", von „Medienkindheit" und „Technikkindheit", von der „Pluralisierung der Lebenswelt-Erfahrungen", der „Pluralisierung und Destabilisierung der Geschlechterrollen" und der „Ökonomisierung der Kindheit", von „Krisenkindheit und Bildung" und „Krisenkindheit mit Körperlust und Bewegungsdrang" war die Rede und nicht zuletzt vom „Wandel der Familienerfahrung von Kindern" (Preuss-Lausitz 1995).

Angesichts des fortschreitenden Wandels kind- und jugendlicher Lebenswelten wurde ersichtlich, dass in zahlreichen Kinder- und Jugendromanen, die als Gegenwartserzählungen ausgegeben wurden, in Wahrheit „weit zurückliegende eigene Kindheitserfahrungen, die mit den Problemen heutiger Kinder wenig zu tun haben", verhandelt wurden (Daubert/Ewers 1995, S. 6). Als ein Beispiel unter vielen wurde Andreas Steinhöfels *Paul Vier und die Schröders* (1992) genannt. Gefordert wurden demgegenüber Romane, „die diese [gewandelten; A.W.] Lebenswelten authentisch widerspiegeln." (Ebd.) Die Forderung nach Authentizität und Zeitbezug entsprach einer zeitgemäßen Erziehung zu Mündigkeit und Selbständigkeit. Kinder sollten zur Beobachtung ihrer Lebenswelt und zur Wahrnehmung deren Veränderung angehalten werden (vgl. Daubert/Ewers 1995, S. 5). Zu nennen waren hier beispielsweise die Werke von Kirsten Boie (*Nella-Propella* 1994, *Mittwochs darf ich spielen* 1993) und Christine Nöstlinger (*Der Zwerg im Kopf* 1989). Mit diesen Romanen war die moderne Kinderliteratur auf der Höhe der Zeit und besaß ein hohes Maß an Aktualität: „Es scheint sogar manchmal, als ob die Literatur der Wirklichkeit voraus wäre, vor allem in dem Ausmaß an Selbstverständlichkeit, mit dem bisher ‘abweichende’ familiäre Lebensformen [...] dargestellt werden." (Daubert 1995, S. 77)

3.9 Der moderne psychologische Kinderroman

Bei der Verschiebung vom modernen sozialkritischen zum modernen psychologischen Kinderroman vollzog sich eine Verlagerung des Blickwinkels von den Außenbezügen der gesellschaftlichen Fakten nach innen, in die Psyche der Protagonisten (vgl. Lypp 1989). Anders als die problemorientierte Kinderliteratur, die noch in der Tradition der didaktischen Beispielgeschichte wie auch des kinderliterarischen Geschichtenerzählens stand, machte sich der psychologische

Kinderroman, der die „Abgründigkeit moderner Subjektivität" darstellte, „die Verfahren des modernen psychologischen Romans zu eigen" (Ewers 1989, S. 13). Die Entdeckung und Erkundung der kindlichen Psyche und ihrer Abgründe führte zu „literarästhetischen Innovationen", zur „Aufnahme formaler, bisher in der Kinderliteratur so kaum nachweisbarer Gestaltungsmittel" (Steffens 1998b, S. 2) und damit zu einem „qualitativen Sprung" (Steffens 1986, S. 60). Als wichtige narrative Elemente zählte Wilhelm Steffens auf: streng personales Erzählen, zumeist aus der Perspektive der kindlichen Protagonisten, massiv auf das erlebende Ich gepolte Erzählweise, innerer Monolog und erlebte Rede, Zuspitzung beider Erzählweisen hin auf (Vor-) Formen des Bewusstseinsstroms, zeitdehnendes Erzählen, chronologische Brüche, Wechsel der Tempusformen und intrapersonale Dialoge (Steffens 1998b, S. 2). Ein frühes Beispiel war Hans-Eric Hellbergs *Der Zauberhut* (schwed. 1965, dt. 1975); 1978 folgte Tormod Haugens Klassiker *Die Nachtvögel* (norweg. 1975) und 1979 der erste westdeutsche „Klassiker des psychologischen Kinderromans" (Barlet 1995), Peter Härtlings *Ben liebt Anna.*

Während sich „Ende der siebziger Jahre [...] die Frage [stellte], ob diese Gruppe der auffälligen psychologischen Kinderromane ein experimentelles Durchgangsstadium kennzeichneten", stellten die achtziger Jahre einen ersten „Höhepunkt der Entwicklung dieser Textgruppe" (Steffens 1998b, S. 5) dar; beispielhaft nannte Wilhelm Steffens u. a. von Gudrun Mebs *Sonntagskind* (1983), von Peter Härtling *Jakob hinter der blauen Tür* (1983), von Kirsten Boie *Mit Kindern redet ja keiner* (1990) und, aus dem Amerikanischen, von Patricia MacLachlan *Ein Meer für Sarah* (1985, dt. 1988) und Sylvia Cassedy *Lucys Haus* (1989, dt. 1991).

Der psychologische Kinderroman war, wie die genannten Beispiele zeigten, meistens im familiären Raum angesiedelt, da die Familie für Kinder nach wie vor die „erfahrbare, empirisch zugängliche Welt" (Steffens 1998b, S. 1) war. Im Zeitalter des von Soziologen immer wieder thematisierten Wandels von traditionellen Geschlechterrollen und Familienstrukturen konnte sich auch die Kinderliteratur dieser gesellschaftlichen Wandlungsdynamik nicht verschließen. Der moderne psychologische Kinderroman bezog sich dabei auf solche problematischen familiären Konstellationen, in denen die Risiken für eine gesunde kindliche Entwicklung beschrieben wurden. In den achtziger Jahren erfolgte eine Ausweitung der dargestellten Problemfelder. Damit wurden thematische Tabus, die seit Beginn einer eigenständigen Kinderliteratur bestanden, gebrochen, etwa wenn die Familie „als ein Ort der Gewaltausübung und des körperlichen und sexuellen Mißbrauchs von Kindern und Jugendlichen beschrieben" wurde (Daubert 1995, S. 64).

Auch in den neunziger Jahren konnte der moderne psychologische Kinderroman mit bedeutenden Beispielen aufwarten; genannt seien nur Dagmar Chidolues *Pischmarie* (1990), Peter Härtlings *Lena auf dem Dach* (1993), Patricia MacLachlans *Schere, Stein, Papier. Sophies Geschichte* (amerik. 1993, dt. 1994),

Mirjam Presslers *Wenn das Glück kommt, muß man ihm einen Stuhl hinstellen* (1994) und Renate Welshs *Eine Krone aus Papier* (1992).

3.10 Der moderne komische Kinderroman

Etwa um die Mitte der achtziger Jahre zeichneten sich weitere Veränderungen ab. Auf Grund der zunehmenden zeitlichen Distanz zur Kinderliteraturreform der siebziger Jahre kam es zur Beseitigung von Tabuisierungen bestimmter Genres, Erzählmuster und literarischer Techniken, die zu einer Reduzierung des kinderliterarischen Formenarsenals geführt hatten. Formal fand mit der Öffnung des modernen psychologischen Kinderromans für komische und idyllische Stilmittel eine „Lockerung der strengen kinderliterarischen Grundsätze der 70er und frühen 80er Jahre" (Ewers 1995d, S. 44) statt. Seit den achtziger Jahren ließen sich „in einigen realistischen Kinderromanen, insbesondere auch in der Untergruppe des psychologischen Kinderromans, erste Verschiebungen in der thematischen Akzentuierung von Problemfeldern als auch im narrativen Konzept beobachten" (Steffens 1998a, S. 2), womit es zur partiellen Zurücknahme moderner Erzählformen kam: „Die im psychologischen Kinderroman vorherrschenden Erzählsituationen personales Erzählen und an die Ich-Form gebundenes Darstellen öffnen sich teilweise wieder den früher vorherrschenden auktorialen Formen" (ebd.).

Indem sich der moderne psychologische Kinderroman für komische Stilmittel öffnete, veränderte sich das Gattungsmuster. Für das neue Genre wurden anfangs die Bezeichnungen „tragikomischer Familienroman" (Daubert 1995, S. 64; Ewers 1995d, S. 45) bzw. „komischer Familienroman" (Steffens 1998a) geprägt, wobei zwischen beiden differenziert werden sollte. Bei ersterem verschwiegen die Autoren zwar die zu Grunde liegende ernste Thematik nicht, gestalteten die Erlebnisse der kindlichen Protagonisten aber in humorvoller und komischer Weise (vgl. Ewers 1995d, S. 45): „Die Autoren dieses Genres sehen dabei nicht nur die Risiken, sondern auch die Chancen, die sich aus den veränderten Beziehungsstrukturen für die kindlichen Protagonisten ergeben und stellen sie zumeist mit den Mitteln der Komik dar." (Daubert 1995, S. 64) Der Begriff „moderner komischer Kinderroman" setzte sich durch. Als Untergattung des modernen Kinderromans blieb er untrennbar verbunden mit seinen Vorläufern, dem modernen sozialkritischen und psychologischen Kinderroman, denn er „hat die auf Problemorientierung [...] und moderne Subjektivitätsproblematik [...] zielenden Darstellungen gewissermaßen zur Voraussetzung" (Gansel 1999, S. 83).

Gestaltungsdominanten des modernen komischen Kinderromans waren

> die thematische Konzentration auf Familie und ihr näheres Umfeld, der kinderliterarische Humor, eine zumeist heitere, unbeschwerte und entkrampfte Darstellung sozialer und personaler Konfliktsituationen, eine behutsame, jedoch nicht immer ungetrübte

> (Re-)Aktivierung kinderliterarischer Idylle bzw. eine neue, wenn auch vielfältig gebrochene Kindnähe (Steffens 1998a, S. 1).

Beispiele für die neue Gattung waren Uwe Timms *Rennschwein Rudi Rüssel* (1989), Kirsten Boies *Nella-Propella* (1994) und *Man darf mit dem Glück nicht drängelig sein* (1997), Christine Nöstlingers *Einen Vater hab ich auch* (1994), Anne Fines *Mrs. Doubtfire. Das stachelige Kindermädchen* (engl. 1987, dt. 1994), Peter Härtlings *Mit Clara sind wir sechs* (1991) und Paul Maars *Herr Bello und das blaue Wunder* (2005).

Die „Renaissance kinderliterarischer Komik" (Wild 1995) hatte eine Wiederbelebung traditionsreicher komischer Literaturgattungen zur Folge, wie z. B. dem Pikaro- oder Schelmenroman (Helmut Sakowski *Wie brate ich eine Maus* 1993 und *Prinzessin, wir machen die Fliege* 1993) und der Lausbuben- und Lausemädchengeschichte (Sören Olsson/Anders Jacobsson *Berts gesammelte Katastrophen* schwed. 1987, dt. 1987 und mehrere Fortsetzungsbände; Bjarne Reuter *So einen wie mich kann man nicht von den Bäumen pflücken, sagt Buster* dän. 1979, dt. 1986 und zwei Fortsetzungsbände und *Hodder, der Nachtschwärmer* dän. 1998, dt. 1999; Ulf Stark *Percys Turnschuhe* schwed. 1991, dt. 1993; Willy van Doorselaer *Ich heiße Kaspar* niederl. 1993, dt. 1995). Bei der Wendung zu Komik bzw. Tragikomik handelte es sich um eine „vermutlich bleibende" (Wild 2008, S. 347) kinderliterarische Innovation der neunziger Jahre.

Die zweite Neuerung bestand in der Rückkehr von idyllischen Komponenten und poetisierenden Naturschilderungen (Steffens 1998b, S. 12). Hier kam es zu durchaus überzeugenden Wiederbelebungen ehedem beliebter kinderliterarischer Gattungen wie der Dorfgeschichte oder der Ferienerzählung (vgl. Ewers/ Weinmann 2002, S. 461). Von einer „Reaktivierung einer behüteten Welt, einem Schonraum wie in den 50er-Jahren kann [...] nur eingeschränkt die Rede sein" (Gansel 1999, S. 83). Für die Wendung zur Darstellung idyllischer Kindheiten stand beispielhaft das Werk Kirsten Boies; gemeint waren die an Lindgrens *Wir Kinder aus Bullerbü* und *Die Kinder aus der Krachmacherstraße* erinnernden Bände um die Kinder aus dem Möwenweg (*Wir Kinder aus dem Möwenweg* (2000 und fünf Folgebände).

Sofern auch hier eine Synthese der idyllischen Anteile mit dem Daseinsernst von Kindheit vorlag, sprach man im engeren Sinne von beschädigten oder gebrochenen Idyllen. Schlüsseltexte für die „gebrochene Idyllik" (Ewers 1995c, S. 273) waren die Eddie-Trilogie der Schwedin Viveca Sundvall (*Eddie und Maxon Jaxon*, schwed. 1991, dt. 1992, *Alles wegen Valentino*, schwed. 1992, dt. 1993 und *Johanna, die beste Freundin der Welt*, schwed. 1993, dt. 1994). Neben Übersetzungen aus dem Skandinavischen erwiesen sich solche aus dem Niederländischen bzw. Flämischen als stilbildend (z. B. Sjoerd Kuyper *Robins Sommer* niederl. 1990, dt. 1995 (3 Folgebände); Wouter Klootwijk *Adris Brücke* niederl. 1990, dt. 1993 (3 Folgebände); Henri van Daele *Großer Bär, kleiner Bär* niederl.

1993, dt. 1996). Als deutscher Beitrag galten Helmut Sakowskis *Katja Henkelpott*-Erzählungen (1992, 1995 und 1998) sowie Marjaleena Lembckes *Als die Steine noch Vögel waren* (1998).

Mit der Wendung zu Tragikomik und beschädigter Idyllik vollzogen sich die zwei „tiefgreifende[n] kinderliterarische[n] Veränderungen" der achtziger und neunziger Jahre (Ewers 1995d, S. 46). Kennzeichen beider Tendenzen war das Bemühen der Autorinnen und Autoren um einen Ausgleich „zwischen Daseinsernst und Problementbundenheit, zwischen Mitbesorgtheit und zeitweiliger Unbeschwertheit, zwischen realitätsbezogener Nüchternheit und phantasiemäßiger Ausschweifung" (ebd.). Die Mündigerklärung der Kinder, die die Kinderliteraturreform der siebziger Jahre durchsetzen konnte, wurde also in den neunziger Jahren nicht prinzipiell zurückgenommen, auch wenn nun Unbeschwertheit im Sinne einer Lockerung der Festlegung darauf, permanent autonomes Subjekt sein zu müssen, zeitweilig wieder zugelassen war. Damit eroberte sich die Kinderliteratur die psychische Stützfunktion (Steffens 1998a, S. 3) für ihre kindlichen Leser zurück, sie bot nun auch wieder „Entlastungsgeschichten" (Hurrelmann 1992, S. 17). Im modernen Kinderroman fand seit den neunziger Jahren eine Weiterentwicklung des sozialkritischen und psychologischen hin zu einem „poetischen Realismus" (Ewers 1995c, S. 274) statt.

3.11 Moderne psychologische Phantastik

Die Mündigerklärung der Kinder aus der Zeit um 1970 führte in der kinderliterarischen Phantastik im weiteren Sinne zu einer Rücknahme der im frühen 19. Jahrhundert erfolgten Ausdifferenzierung von kinderliterarischer und erwachsenenliterarischer Phantastik und zur Annäherung an die allgemeinliterarische Phantastik besonders des 19. und 20. Jahrhunderts (Lehnert 1995). Die klassische kinderliterarische Phantastik, in der das „spätromantische Bild vom Kind als einem naiven, einsinnigen, gleichsam bewusstlosen und naturnahen Geschöpf" fortlebte, für das die Übergänge zwischen der Alltagswelt und dem Übernatürlichen in der Regel völlig unproblematisch" war, folgte zwar dem Modell der „Konfrontation zweier textueller Realitätsebenen", verzichtete aber auf „entscheidende inhaltliche und narrative Dimensionen wie z. B. Angst und Grauen als konstitutive Momente existenzieller Verunsicherung". Erst in den frühen 1980er Jahren wurde in einer Reihe phantastischer kinderliterarischer Texte das bisherige von einem modernen Kindheitsbild abgelöst, das Kinder als „tendenziell moderne und damit auch gespaltene, in jedem Falle hochkomplexe Wesen" zeigte, „durch die gleichsam der Riß der Moderne geht: die Möglichkeit psychischer Gespaltenheit, ja von Wahnsinn scheint auf." Nun erlebten die kindlichen Figuren den Einbruch des Phantastischen in die Wirklichkeit krisenhaft. Damit trat an die Stelle einer „Poetik der Sicherheit" eine „Ästhetik der Unsicherheit". Der Paradigmenwechsel um 1970 erschloss in der Folge nun auch der phantastischen Kinderliteratur bislang tabuisierte Inhalte: „Wesentlich für die kinderliterarische Phantastik nach 1970 ist [...] die Gefahr von Bewusstseinsspaltung, Selbstverlust, ja Wahnsinn, die nun erstmals auch Kinder bedroht. In der KL [sic] bis 1970 waren solche Themen vollständig tabuisiert“ (alle Zit. Lehnert 1995, S. 279–282). Mit Blick auf ihre Themen konnte diese Variante kinderliterarischer Phantastik im weiteren Sinne als moderne psychologische Phantastik bezeichnet werden.

Gertrud Lehnert unterschied innerhalb dieser neuartigen kinderliterarischen Phantastik zwei Haupttendenzen. Die erste brachte, in Anlehnung an E.T.A. Hoffmann (*Nußknacker und Mausekönig* 1816), E.A. Poe und Prosper Mérimée u.a., bislang tabuisierte Themen zur Sprache „wie der Verlust fester Wahrnehmungs- und Orientierungskategorien, oder ein Ich-Verlust, der in den Wahnsinn münden kann“ (ebd.). Beispiele für diese Tendenz waren Antonio Martinez-Menchens *Pepito und der unsichtbare Hund* (span. 1985, dt. 1990) und Benno Pludras *Das Herz des Piraten* (1985). Die zweite Tendenz war im Kontext der literarischen Moderne (Franz Kafka und Jorge Luis Borges) angesiedelt: „Der Verlust des individuellen Orientierungsvermögens wird auf die Spitze getrieben und wieder nach außen projiziert: Die Welt selbst wird als undurchschaubar, rätselhaft, irrational, phantastisch erlebt, ohne daß irgendein im traditionellen Sinne ‘phantastisches’ Ereignis stattfinden müßte.“ (ebd.) Als Beispiele galten Patricia Wrightsons *Draußen in der Nacht* (engl. 1985, dt. 1987), Lygia Bojunga-Nunes’ *Die gelbe Tasche* (bras. 1976, dt. 1983) und Joke van Leeuwen *Deesje macht das schon* (holl. 1985, dt. 1987). Einsamkeit, Existenzangst, Zerrissenheit und Wahrnehmungsspaltung erlebten aber auch die Protagonisten in Els Pelgroms *Die wundersame Reise der kleinen Sofie* (holl. 1984, dt. 1985) und Tormod Haugens *Der Traum vom Niemalsland* (norweg. 1983, dt. 1984).

Anschluss an die Erwachsenenliteratur suchte die kinderliterarische Phantastik seit den achtziger Jahren auch in weiterer Hinsicht. Eine Angst, Schrecken, Schauer, Grusel und Grauen erregende Literatur war nicht mehr den erwachsenen Lesern vorbehalten. Auch Kindern wurde es nun ermöglicht, die „Faszination des Schrecklichen“ (Anz 1998) zu erfahren. 1979 machte Angela Sommer-Bodenburgs *Der kleine Vampir* den Anfang. Dessen Erfolgsgeschichte ließ sich am Erscheinen von 15 weiteren Bänden in den achtziger und neunziger Jahren ablesen; 2008 folgte der zwanzigste Band. Grusel- und Horrorserien für Kinder legten R.L. Stine (*Gänsehaut* (66 Bde. 1996 bis 2007), *Schattenwelt* (ab 1999) und *Die Geistermeister* (ab 2005)), Paul van Loon (*Der Gruselbus* (6 Bde. ab 1997)), Cornelia Funke (*Gespensterjäger*, 4 Bde. 1993, 1994, 1995, 2001) und Kai Meyer (*Sieben Siegel* 10 Bde. 1999–2002) vor.

Um einen weiteren neuen Zug in der kinderliterarischen Phantastik handelte es sich beim schwarzen Humor, als dessen führender Vertreter Roald Dahl galt. Mit dessen typisch englischen schwarzen Humor, wie er in dem mit dem Deutschen

Jugendliteratur ausgezeichneten *Sophiechen und der Riese* (engl. 1982, dt. 1984) hervortrat, tat sich die deutsche Kinderliteraturkritik anfangs schwer (vgl. Adam Quidam in *Skan-Dahl!* 1986). Das Spiel mit Tabubereichen wie Verbrechen, Krankheit und Tod, mit dem Makabren, mit Entsetzen, Ekel und Grauen, das Schock und Komik zugleich auslöste, war kinderliterarisch bislang tabuisiert. Mittlerweile hat sich, vermutlich im Gefolge der All Age-Literatur, der schwarze oder 'skurrile Humor' mit Texten von Roddy Doyle (*Das große Giggler-Geheimnis*, engl. 2000, dt. 2001) und Philip Ardagh (*Schlimmes Ende*, engl. 2000, dt. 2002) fest etabliert.

4 Kinderliteratur der Gegenwart

Für die alte Bundesrepublik Deutschland war das ausgehende Jahrtausend von einem historischen Ereignis geprägt, das Auswirkungen auch auf die Kinder- und Jugendliteratur hatte. Zu Beginn der neunziger Jahre endete mit dem Fall der Mauer und dem Beitritt der Länder der DDR zur Bundesrepublik nicht nur ein Kapitel deutscher Geschichte, sondern auch ein Kapitel deutscher Kinder- und Jugendliteraturgeschichte. Die Kinder- und Jugendliteratur wandte sich der Aufarbeitung der Geschichte der DDR (z. B. Steffen Lüddemann *50 Hertz gegen Stalin* 2007) sowie der 'Wiedervereinigung' und ihren Folgen zu. Thematisch wurde damit das Spektrum der zeitgeschichtlichen Kinder- und Jugendliteratur ein weiteres Mal erweitert.

Ein weiteres Kennzeichen der neunziger Jahre war die umfassend vordringende Medienwelt, wodurch die Kinder- und Jugendliteratur einmal mehr unter Konkurrenzdruck geriet. Angesichts der neuen Medienlandschaft war die Kinder- und Jugendliteratur seit den neunziger Jahren gezwungen, ihre Position neu zu bestimmen und diejenigen Gebiete herauszufinden, auf denen sie noch eine gewisse kulturelle Eigenständigkeit zu bewahren vermochte (vgl. Ewers/Weinmann 2002, S. 456). Befürchtet wurde, dass die 'neuen' Medien das Traditionsmedium Buch verdrängen könnten und mit ihm die Kulturtechnik Lesen. Im Aufwind befanden sich seit dem Schock, den das schlechte Abschneiden deutscher Schülerinnen und Schüler im internationalen Vergleich der ersten PISA-Studie (2000) ausgelöst hatte, vor allem die Leseförderer, die sich seither vermehrt für die Kinder- und Jugendliteratur zuständig fühlten und in bundesweiten Großereignissen wie dem „Welttag des Buches“ (seit 1996) und Initiativen wie „Lesestart“ (seit 2008 in Zusammenarbeit mit der Stiftung Lesen) um junge und jüngste Leserinnen und Leser warben. Da kam ein Großereignis wie der überraschende Erfolg von Joanne K. Rowlings *Harry Potter*-Serie (engl. 1997–2007, dt. 1998–2008) wie gerufen, nicht nur, weil die Verkaufszahlen für Kinder- und Jugendbücher stark anwuchsen. Unter dem Aspekt der „generationenübergreifende[n] Lektüre gleicher Texte“ stellte der Erfolg der *Harry Potter*-Romane

„ein zwar herausragendes, keineswegs jedoch singuläres Beispiel“ (Wild 2008, S. 345) dar. Immer schon waren kinder- und jugendliterarische Werke mit Vergnügen auch von Erwachsenen gelesen worden, wie z. B. Michael Endes *Unendliche Geschichte* (1979). Neu war die systematische Vermarktung dieses als „All Age“ oder „Crossover“ bekannten Phänomens (Blümer 2009). Die Grenzen zwischen Kinder- und Jugendliteratur auf der einen und Erwachsenenliteratur auf der anderen Seite wurden einmal mehr neu vermessen.

4.1 Kinderliterarische Veränderungen in der Mediengesellschaft – Medienverbundsysteme

Der Anstoß für die charakteristischen Veränderungen der Kinder- und Jugendliteratur der neunziger Jahre (vgl. dazu Ewers/Weinmann 2002, S. 455–463) ging von der schon in den achtziger Jahren begonnenen Expansion der ‘neuen’ Medien aus, die längst die Medienausstattung der privaten Haushalte, und hier besonders der Kinderzimmer, betraf. Der Siegeszug der ‘neuen’ Medien führte in der Gruppe der kind- und jugendlichen Konsumenten zu nachhaltigen Veränderungen beim Medienkonsum und der Medienkompetenz. Davon war auch die Kinder- und Jugendliteratur betroffen, denn sie hatte es längst nicht mehr bloß mit der Fernseh-, sondern auch schon mit der Computergeneration und der ‘Generation Internet’ zu tun – mit Leserschichten also, die eine gänzlich veränderte mediale Sozialisation durchlaufen hatten. In dieser Generation hatten sich die auditiven und audiovisuellen Medien wie mittlerweile auch der Computer als die primären Instanzen etabliert und dem Medium Buch eine zeitlich nach geordnete und bedeutungsmäßig nachrangige Position zugewiesen. „Leseerziehung, die Hinführung zum Kinderbuch, muß die mediale Sozialisation, die Mediatisierung der Kindheit, die Vorerfahrung der Kinder mit Serien und Medienverbundsystemen in Rechnung stellen.“ (Heidtmann 2002, S. 454)

Nach wie vor nahmen literarische Werke für Kinder und Jugendliche in Medienverbundsystemen auch die Rolle des Leitmediums ein, wie am Beispiel von *Harry Potter* oder Stephenie Meyers *Bis(s) zum Morgengrauen* (aus d. Amerik., dt. 2006) zu sehen war. Bei den jungen Rezipienten standen Film und Fernsehen auf der einen und Literatur auf der anderen Seite keineswegs in einem Ausschließlichkeitsverhältnis zueinander. Beliebte Filme oder Serien wurden immer auch als Bücher rezipiert, wie auch umgekehrt Verfilmungen von literarischen Vorlagen gerne angesehen wurden. Computerspiele setzten auf die Bekanntheit ihrer Figuren und machten umgekehrt neugierig auf die Literatur. Insofern verdrängten die ‘neuen’ Medien das Buch nicht, sondern vermarkteten es oft sogar ausgesprochen erfolgreich als „Buch zum Film/zur Serie“ (sog. ‘tie-in-novelisations’) zusammen und gleichrangig neben anderen Produkten wie Comics, Bilderbüchern, Hörspielen, Filmen, Spielen, Computerspielen und Merchandisingartikeln.

Partiell allerdings reagierte die Kinder- und Jugendliteratur auf die veränderten Rezeptionsgewohnheiten der jungen Leser, z. B. indem sie typische Gestaltungsweisen der 'neuen' Medien imitierte (vgl. Ewers/Weinmann 2002, S. 4575f.). Ein neuer Buchtyp bot den Lesern – quasi interaktiv per Mausklick und via Link – die Möglichkeit zur Mitbestimmung über den Handlungsverlauf einer Geschichte. In diesem Sinne warb *Das große Buch der 1000 unheimlichen Gefahren* (Compton/Packard/Razzi 2006): „Ein ganz normales Buch? Denkste! Sobald du zu lesen beginnst, wirst du selbst zur Hauptfigur der Geschichte. Du musst auf jeder Seite des Buchs entscheiden, wie das Abenteuer weiter geht." – Auch eingeführte Literatur- und Buchgattungen veränderten sich: Die Reihe *Gerstenbergs visuelle Weltliteratur* (9 Bde. von 2000–2002) war dem neuen Lesertypus geschuldet und bot „Klassische Werke und ein modernes Konzept für junge Leser" (Verlagswerbung). Neue kinder- und jugendliterarische Unterhaltungsgenres entwickelten sich in Anlehnung an eingeführte TV-Serien. Neben den bereits erwähnten Grusel- und Horrorserien erschienen literarische Sitcoms (Christian Bieniek *Lacki Sisters – und ob!* 1997)), Aliens- bzw. Mysteryserien (Chris Archer *Alpha Kids* 10 Bde. dt. 2000–2002) und galaktische Abenteuerromane (Andreas Eschbach *Das Marsprojekt* 5 Bde. 2005–2007).

Neben diesen Gattungen, die das Bild der Kinder- und Jugendliteratur am Ende des 20. und Beginn des 21. Jahrhunderts prägten, behauptete sich nach wie vor eine anspruchsvolle Belletristik für Kinder und Jugendliche (vgl. Ewers/Weinmann 2002, S. 460), die nicht in multimediale Verbundsysteme einbezogen war und darum weniger ins Auge fiel.

4.2 Trend zur Komisierung

Auf nahezu allen Ebenen des Alltagslebens fand schon in den 1990er Jahren eine beträchtliche Vermehrung der Unterhaltungs- und Spaßangebote statt. Diese Vorgänge waren von solcher Auffälligkeit, dass sie nicht bloß ins Zentrum kultursoziologischer Debatten gerückt waren, sondern auch zum zentralen Epochenmerkmal des ausgehenden 20. Jahrhunderts erhoben wurden, ablesbar an Schlagworten wie 'Erlebnisgesellschaft' oder 'Spaßkultur'. Die allgemeine Tendenz zur Komisierung machte auch vor der Kinder- und Jugendkultur nicht Halt. Als wesentlicher Faktor für den Trend zur Komisierung galt das Fernsehen. Es

> popularisiert Humorstile und sorgt auf diese Weise nicht nur für die generelle Verbreitung von Lachinszenierungen, sondern auch für die Verbreitung bestimmter komischer Wirkungsmittel und Motive. Die Humorangebote des Fernsehens beeinflussen nicht nur den Komik-Geschmack der Zuschauer, sondern auch die Spielräume und Formen der Komik in anderen medialen Bereichen. (Weinkauff 2009, S. 6f.)

Für die Kinder- und Jugendliteratur konnte man sagen, dass sie die Funktion der vordergründigen Unterhaltung weitgehend an die 'neuen' Medien abgab und allenfalls über den Medienverbund daran partizipierte (vgl. etwa die Geschichten um die Serienfigur *Käpt'n Blaubär* von Walter Moers bzw. Bernhard Lassahn). Unter dem Einfluss der Komisierung veränderten sich Gattungen, die sich traditionell durch ernsthafte Anliegen auszeichneten, wie z. B. die Problemliteratur. Das Thema 'Fremdheit' z. B. blieb aufgrund seiner gesellschaftlichen Brisanz weiterhin ein wichtiges Thema der Kinder- und Jugendliteratur, die die Probleme einer multikulturellen Gesellschaft gestaltete und sowohl Integrationsprobleme von ausländischen Kindern in der deutschen Gesellschaft, als auch Probleme von in Deutschland aufgewachsenen Kindern in ihren Heimatländern zur Darstellung brachte (vgl. die annotierte Bibliographie *Daheim in der Fremde* 1992). Und doch wurde gerade hier ein (gesellschaftliches) Tabu gebrochen: der Zusammenstoß der Kulturen wurde als Comedy inszeniert, etwa in den TV-Serien *Alle lieben Jimmy* und *Türkisch für Anfänger* (2006–2008; das „Buch zur Kultserie" verfasste 2007 Claudia Kühn), deren Regisseur Bora Dagtekin der zweiten Generation türkischer Migranten angehörte. Für das neue Subgenre setzte sich die Bezeichnung „Ethno-Comedy" durch (Schlote/Spieswinkel 2008).

Die „Strategien der Programmplaner, mit humoristischen Sendungen im Kinderprogramm auch heterogene Zielgruppen zu erreichen" (ebd., S. 7), waren erfolgreich: „Kinder lachen viel beim Fernsehen, die jüngeren genießen Slapstick und Klamauk, die älteren amüsieren sich über Anti-Helden und intertextuelle Komik." (Götz 2003; zit. nach Weinkauff 2009, S. 7) Der Trend ging auch hier zu einer Angleichung der Lebensalter qua generationenübergreifenden Angeboten: „in der populären Medienkultur sind Kinderkomik und Erwachsenenkomik nicht mehr hermetisch voneinander getrennt." (Ebd., S. 8) Gebrochen wurde damit mit einem weiteren – entwicklungspsychologischen – Tabu der Kinderliteratur der 1950er und 1960er Jahre, das das Groteske und Verzerrte, die Satire und Karikatur betraf und kategorisch erklärte, Kinder „haben zur Karikatur keinen Zugang" (Ruth Koch 1959, S. 84).

4.3 Sach- und Informationsliteratur

Eine weitere Veränderung der Kinder- und Jugendliteratur, die im Zusammenhang mit dem PISA-Schock und der wachsenden Bedeutung, die der (früh-)kindlichen Bildung beigemessen wurde, war erkennbar am Bemühen, die informatorische Funktion aufs Neue in den Vordergrund zu rücken. Dies betraf auch erzählende Texte, für die ein Wandel der Erzählformen hin zum Dokumentar-, zum Recherche- und journalistischen Enthüllungsroman (vgl. Ewers/Weinmann 2002, S. 459) zu verzeichnen war und der auch die Gattung der Problemerzählung berührte (vgl. Ewers 2008). Die Sachliteratur erlebte seit Beginn des Jahrtausends einen kontinuierlichen Bedeutungs- und Umsatzzuwachs. Immer mehr Verlage boten Sachbücher für immer jüngere Kinder an. Da sich die Sachliteratur auf einem Feld bewegte, auf dem sich das Internet als Leitmedium der neuen Lern- und Wissenskultur etabliert hatte, sah sich die Buchgattung zu Veränderungen gezwungen, z. B. in der äußeren Aufmachung: die Entwicklung weg vom Textblock, hin zur Aufbereitung von Stoffen in Häppchen stellte eine Anpassung an die veränderten Rezeptionsgewohnheiten der Konsumenten dar. Ferner boten aktuelle Lexika ihren Lesern den Zugang zu weiteren Sachinformationen entweder in beigelegten CD-ROMs (Medienkombinationen) oder in speziellen, von den Verlagen exklusiv zur Verfügung gestellten Internetquellen, um so den Vorsprung des Internets an Aktualität, Vielseitigkeit und audiovisuellen Attraktionen gegenüber dem Buch wettzumachen.

4.4 Erstlesebücher und Leseanfängerliteratur

Ein Kerngebiet der Kinderliteratur, das von keinem anderen Medium vergleichbar ausgefüllt werden konnte, war und blieb der Einstieg in die Schriftkultur und das Lesen einerseits und die literarische Sozialisation als Einstieg in die Literatur andererseits. Für die erstgenannte Funktion stand die neue und immer wichtiger werdende Buchgattung 'Erstlesebuch'. Die Funktion, den Einstieg in die Schriftkultur zu gewährleisten, erfüllte die Kinderliteratur schon immer. Dass diese Funktion nun herausgestellt wurde und daraus eine neue Buchgattung, die Erstlesebücher, hervorging, hatte mit den Herausforderungen durch die neuen Medien zu tun, die Lesekompetenz nämlich nicht überflüssig, sondern notwendig machten. Da die Kinderliteratur zentrale Leseanreize (Unterhaltung, Spannung, Information) an die 'neuen' Medien verloren hatte, wurde die Hürde, in der Freizeit zu einem Buch zu greifen, gerade für Leseanfänger immer höher. Den Leseanfängern kamen immer mehr Verlage mit immer mehr Reihen immer früher entgegen. 1995 z. B. gründete der Oetinger Verlag, der bereits die Reihe *Sonne, Mond und Sterne* für Leseanfänger ab 7/8 Jahren im Programm hatte, die Reihe *Laterne, Laterne* für Leser ab 6/7 Jahren. Weitere Erstlesereihen fanden sich im Loewe Verlag *(Lesetiger, Lesepiraten* und *Leselöwe)*, bei Ravensburger *(Leserabe)*, Arena *(Edition Bücherbär)*, Tulipan *(Tulipan ABC)* und *Klett Kinderbuch*. Erstlesebücher folgten zahlreichen formalen Vorgaben bezüglich des Umfangs und der Illustrationen, des Schrifttyps und der Schriftgröße, des Satzes (Flattersatz), von Durchschuss, Zeilenlänge etc. Auch sprachliche und inhaltliche Vorgaben der Verlage und ihrer pädagogischen Berater galt es zu beachten, und doch ließen sich immer mehr namhafte Autorinnen und Autoren darauf ein, Geschichten für Leseanfänger zu schreiben, meist als Serien um eine kindliche Zentralfigur; zu nennen wären hier Christine Nöstlingers *Geschichten vom Franz* (1984ff.) und *Rudi* (2000 und 2006), Paul Maars Geschichten um *Das kleine Känguru* (1989ff.), Mirjam Presslers Geschichten von *Jessi* (1987ff.), Kirsten Boies *King Kong*-Geschichten (1989–1998) sowie die Geschichten um *Lena* (1993–2006) und *Linnea* (1999–2003) und Zoran Drvenkars *Eddie-*

Geschichten (2000, 2002, 2004). Seit 2008 sprach der Borromäusverein als Reaktion auf eine „Angebotsschwemme an Erstlesebüchern, die im Korsett der lesedidaktischen Notwendigkeiten zu einfallslosen Massenprodukten mutieren" (Pressemitteilung) die Medienempfehlung „Erstlesebuch des Monats" aus. Erster Preisträger war Bart Moeyaerts *Mut für drei* (2008).

4.5 Fantasy

An der Wende zum 21. Jahrhundert wurde die Fantasy als „eine der lohnendsten literarischen Gattungen des vergangenen Jahrzehnts" gefeiert (Bonacker 2009, S. 10). Den vergleichsweise späten internationalen Boom verdankte sie ihrer „kulturübergreifend verständlichen Symbolsprache" und der Medienentwicklung:

> Erst mit Aufkommen und Perfektionierung der Computeranimation ist eine adäquate Verfilmung der Fantasyliteratur [...] möglich geworden. [...] Mithilfe dieser Medien und ihrer enorm gesteigerten Visualisierungsmöglichkeiten haben sich die Leser aller Länder gewissermaßen fantasy-tauglich gemacht. Erst jetzt ahnen breitere Leserschichten etwas von der Monumentalität dieser Gattung. (Ewers 2010, S. 25)

Manche Kritiker sahen die Bedeutung der Fantasy nur in der erfolgreichen Lesemotivation. Als Funktion von kinder- und jugendliterarischer Phantastik und Fantasy wurde herausgestellt, „Lesefreude und Lesebegeisterung [zu] wecken, und dies gerade auch bei den (überwiegend männlichen) jugendlichen Nicht-Lesern." (Kaulen 2004, S. 19) Explizit in den Kontext der Leseförderung verwies die Lizenzausgabe der *Süddeutschen Zeitung Junge Bibliothek* z. B. Cornelia Funkes *Potilla* (2005). Dort wurde die Autorin mit folgenden Worten zitiert: „Auf jeden Fall glaube ich, dass man mit der richtigen Geschichte jedes Kind zum Lesen bekommt, ganz bestimmt!" Angespielt wurde damit einmal mehr auf den durchschlagenden Erfolg der *Harry Potter*-Serie, der eine erneute Fantasywelle auslöste, für die hier pars pro toto Funkes *Tintenwelt*-Trilogie (2003, 2005 und 2007), die *Eragon*-Trilogie von Christopher Paolini (amerik. 2003–2008, dt. 2004–2008) und Jonathan Strouds *Bartimäus*-Trilogie (engl. 2003–2005, dt. 2004–2006) genannt werden sollen.

Die Überschneidungen und Ähnlichkeiten zwischen Phantastik im engeren Sinne und Fantasy sind als weitgehend äußerlicher Art beschrieben worden (vgl. Ewers 2010, S. 26). Der grundlegende Unterschied betraf die Themen:

> Das Thema der Fantasy ist nichts geringeres [sic] als der Kampf um eine neue Weltordnung. Fantasy ist eine Parodie der antiken und mittelalterlichen Heldenepen, die Ursprungsmythen zur Legitimation von Herrscherdynastien geboten hatten. [...] Mag die Fantasy auch einer nostalgischen Rückwärtsgewandtheit und einer Ablehnung der Gegenwart entsprungen sein, sie hat sich in ihren gehaltvollen, ernst zu nehmenden Ausprägungen zu einer Literaturform entwickelt [...], in welcher grundlegende Fragen der gegenwärtigen Weltordnung wie der Zukunft des Globus verhandelt werden – und

> zwar nicht in direkter, sondern in bildlicher Rede, in symbolisch-allegorischer Form. [...] Die Kinderwelt wird durch die große Welt, Kinderfiguren durch Heroen- und Herrscherfiguren ersetzt. An die Stelle spezifischer Kindheits- oder Jugendthemen sind Menschheitsthemen getreten. Es geht nicht mehr um die Eroberung von kindlichen und jugendlichen Freiräumen, sondern um nichts Geringeres als die Errichtung von Staats- bzw. Weltordnungen und die Abwehr feindlicher Mächte. (Ebd., S. 26f.)

Als Beispiele für diese Entwicklung galten Kirsten Boies *Die Medlevinger* (2004), *Skogland* (2005) und *Verrat in Skogland* (2008), mit denen sich die Autorin thematisch den großen politischen und Menschheitsthemen öffnete. Die *Skogland*-Bände wurden als „Polit-Thriller in Fantasyform" (ebd., S. 30) bezeichnet und als politische Parabeln (vgl. Stenzel 2010, S. 66–68). Sie richteten sich an Leser ab 10 Jahren. Auch Antonia Michaelis legte mit *Jenseits der Finsterbachbrücke* (2009) eine politische Parabel im Gewand der Fantasy für Leser ab 10 Jahren vor.

5 Ausblick

Betrachtet man die beschriebenen Entwicklungen, so kann man feststellen, dass voraussichtlich zwei Tendenzen die Kinder- und Jugendliteratur auch weiterhin prägen werden. Die erste betrifft die zunehmende Annäherung der Generationen, z.B. in den neuen „generationenübergreifenden Lachgemeinschaften" (Weinkauff 2009, S. 9) und in der All Age-Literatur. Beispielhaft vollzieht sich das Verschwinden von Kindheitsthemen aus der Kinderliteratur auch in der literarischen Gattung der Fantasy.

Die zweite Tendenz betrifft den Bruch formaler, thematischer und funktionaler Tabus, die lange Zeit das Gesicht der Kinder- und Jugendliteratur geprägt haben. Die Aufhebung solcher überkommener Tabus kann einen Rückfall, aber auch eine schöpferische Weiterentwicklung darstellen. Belege, dass eine solche Weiterentwicklung stattfindet, gibt es, einzelne Beispiele wurden genannt.

Ferner dürfte die Kinder- und Jugendliteratur auch in Zukunft unter dem Einfluss gesamtgesellschaftlicher Faktoren stehen. Zu denken wäre dabei neben dem Wandel der Familienformen an den Bedeutungszuwachs der sog. neuen Medien, die der Literatur einen neuen Platz in der Kindheit zuweist. Auf diese Herausforderungen wird die Kinderliteratur reagieren müssen, sofern sie ihre Leser und Leserinnen ernst nimmt und sie nicht verlieren möchte.

Literaturverzeichnis

Ackerknecht, Erwin: Der Kitsch als kultureller Übergangswert. Bremen: Verein Deutscher Volksbibliothekare 1950.

Anz, Thomas: Literatur und Angst. Glück und Unglück beim Lesen. München: Beck 1998.

Bamberger, Richard: Trends in der modernen Jugendliteratur. In: Bamberger, Richard (Hrsg.): Trends in der modernen Jugendliteratur. Wien: Leinmüller 1969, S. 3–32.

Barlet, Birgitta: 'Ben liebt Anna' als Beispiel für ein verändertes Kindheits- und Kinderliteraturkonzept. Ein Klassiker des psychologischen Kinderromans. In: Daubert/Ewers 1995, S. 49–59.

Blümer, Agnes: Das Konzept Crossover – eine Differenzierung gegenüber Mehrfachadressiertheit und Doppelsinnigkeit. In: Kinder- und Jugendliteraturforschung 2008/2009. Frankfurt/M.: Lang 2009, S. 105–114.

Bonacker, Maren: Eine unendliche Geschichte. Fantasy-Fiction sprengt Genregrenzen und Regale. In: Bulletin Jugend & Literatur 2009, H. 8, S. 10f.

Brauer, Adalbert/Weitbrecht, Richard: 125 Jahre K. Thienemanns Verlag. In: Maier, Karl Ernst (Hrsg.): Historische Aspekte zur Jugendliteratur. Stuttgart: Thienemann 1974, S. 11–39.

Büchner, Peter: Vom Befehlen und Gehorchen zum Verhandeln. Entwicklungstendenzen von Verhaltensstandards und Umgangsnormen seit 1945. In: Preuss-Lausitz, Ulf u.a. (Hrsg.): Kriegskinder, Konsumkinder, Krisenkinder. Zur Sozialisationsgeschichte seit dem Zweiten Weltkrieg. 3., unveränd. Aufl. Weinheim, Basel: Beltz 1991, S. 196–212.

„Daheim in der Fremde". Aktuelle Kinder- und Jugendliteratur zum Thema Vertreibung, Verfolgung, Integration. München: Arbeitskreis für Jugendliteratur 1992.

Dahrendorf, Malte/Shavit, Zohar (Hrsg.): Die Darstellung des Dritten Reiches im Kinder- und Jugendbuch. Frankfurt/M.: dipa 1988.

Dahrendorf, Malte: Phantastik in „realistischer" Absicht. Zur Dialektik zwischen Phantastik und Realismus in der antiautoritären Kinder- und Jugendliteratur von 1970. In: Rank, Bernhard (Hrsg.): Erfahrungen mit Phantasie. Analysen zur Kinderliteratur und didaktische Entwürfe. FS Gerhard Haas zum 65. Geburtstag. Baltmannsweiler: Schneider 1994, S. 64–72.

Dankert, Birgit: Die antiautoritäre Kinder- und Jugendliteratur. In: Jugendliteratur in einer veränderten Welt. Hrsg. v. Arbeitskreis für Jugendliteratur. Bad Heilbrunn: Klinkhardt 1972, S. 68–84.

Dankert, Birgit: „Trau keinem über Dreißig". Kinder- und Jugendliteratur zwischen 1968 und 1975. In: Beiträge zur Kinder- und Jugendliteratur. Beilage zu Praxis Schule 5–10 1990, H. 3, S. 1–4.

Daubert, Hannelore/Ewers, Hans-Heino (Hrsg.): Veränderte Kindheit in der aktuellen Kinderliteratur. Braunschweig: Westermann 1995.

Daubert, Hannelore: Wandel familiärer Lebenswelten in der Kinderliteratur. In: Daubert/Ewers 1995, S. 60–80.

Daubert, Hannelore: „Es verändert sich die Wirklichkeit ...". Themen und Tendenzen im realistischen Kinder- und Jugendroman der 90er Jahre. In: Raecke, Renate (Hrsg.): Kinder- und Jugendliteratur in Deutschland. München: Arbeitskreis für Jugendliteratur 1999, S. 89–105.

Dettmar, Ute: Expeditionen in die heile Welt. Ein Streifzug durch die Geschichte eines umstrittenen kinderliterarischen Topos. In: 1000 und 1 Buch 2006, H. 4, S. 4–7.

Dettmar, Ute: Glück auf Zeit. Zur (De-)Konstruktion des Idyllischen in der Kinderliteratur. In: Darf's ein bisserl mehr sein? Glück in der Kinder- und Jugendliteratur. Wien: Institut für Jugendliteratur 2009, S. 36–48.

Doderer, Klaus: Ursula Wölfels neue Kurzgeschichten für Kinder. In: Bulletin Jugend + Literatur 1971, H. 1, S. 31.

Doderer, Klaus (Hrsg.): Zwischen Trümmern und Wohlstand. Literatur der Jugend 1945–1960. Weinheim, München: Beltz 1988.

Dolle-Weinkauff, Bernd: Studentenbewegung, Germanistik und Kinderliteratur. Neue Positionen der Kritik nach 1968. In: Dolle-Weinkauff/Ewers 1996, S. 211–237.

Dolle-Weinkauff, Bernd: Von Lottchen, Emil und dem „Kleinmaleins des Lebens". In: Forschung Frankfurt 17 (1999), H. 4, S. 4–12.

Dolle-Weinkauff, Bernd/Ewers, Hans-Heino (Hrsg.): Theorien der Jugendlektüre. Beiträge zur Kinder- und Jugendliteraturkritik seit Heinrich Wolgast. Weinheim, München: Juventa 1996.

Edström, Vivi: Astrid Lindgren. Im Land der Märchen und Abenteuer. Hamburg: Oetinger, 1997.

Ende, Michael: Jim Knopf und die Wilde 13. Stuttgart: Thienemann 1962.

Ewers, Hans-Heino: Kinder brauchen Geschichten. Im kinderliterarischen Geschichtenerzählen lebt die alte Erzählkunst fort. In: Grundschule 1989, H. 1, S. 8–13.

Ewers, Hans-Heino: Pippi Langstrumpf als komische Figur. Anmerkungen zu einem Kinderbuchklassiker. In: Ewers, Hans-Heino (Hrsg.): Komik im Kinderbuch. Erscheinungsformen des Komischen in der Kinder- und Jugendliteratur. Weinheim, München: Juventa 1992, S. 127–134.

Ewers, Hans-Heino: Studentenbewegung und Kinderliteraturreform. Formen- und Funktionswandel der westdeutschen Kinderliteratur zu Beginn der 70er Jahre. 1993a (unveröff. Ms.).

Ewers, Hans-Heino: Zwei große Neuerungsbewegungen. Anmerkungen zur Entwicklung der westdeutschen Kinderliteratur seit den 50er Jahren. In: Festschrift für Christian Stottele. Eine Sonderausgabe der Fachzeitschriften 'Bulletin Jugend + Literatur' und 'Eselsohr'. Hamburg, Mainz 1993b, S. 10–13.

Ewers, Hans-Heino: Die Emanzipation der Kinderliteratur. Anmerkungen zum kinderliterarischen Formen- und Funktionswandel seit Ende der 60er Jahre. In: Zwischen Bullerbü und Schewenborn. Auf Spurensuche in 40 Jahren deutschsprachiger Kinder- und Jugendliteratur. Hrsg. v. Raecke, Renate/Baumann, Ute D.. München: Arbeitskreis für Jugendliteratur 1995a, S. 16–28.

Ewers, Hans-Heino: Kinderliterarische Erzählformen im Modernisierungsprozeß. Überlegungen zum Formenwandel westdeutscher epischer Kinderliteratur. In: Lange, Günter/Steffens, Wilhelm (Hrsg.): Moderne Formen des Erzählens in der Kinder- und Jugendliteratur der Gegenwart unter literarischen und didaktischen Aspekten. Würzburg: Königshausen & Neumann 1995b, S. 11–24.

Ewers, Hans-Heino: Themen-, Formen- und Funktionswandel der westdeutschen Kinderliteratur seit Ende der 60er, Anfang der 70er Jahre. In: Zeitschrift für Germanistik 1995c, H. 2, S. 257–278.

Ewers, Hans-Heino: Veränderte kindliche Lebenswelten im Spiegel der Kinderliteratur der Gegenwart. In: Daubert/Ewers 1995d, S. 35–44.

Ewers, Hans-Heino: Kinderliteraturtheorie der Nachkriegszeit. Progressive Aspekte der Theorie des „guten Jugendbuchs" der 50er und 60er Jahre. In: Dolle-Weinkauff/Ewers 1996a, S. 165–178.

Ewers, Hans-Heino: Kinder- und Jugendliteratur. In: Fischer Lexikon Literatur. Hrsg. v. Ricklefs, Ulfert. Bd. 2. Frankfurt/M.: Fischer Taschenbuch Verlag 1996b, S. 842–877.

Ewers, Hans-Heino: Literatur für Kinder und Jugendliche. Eine Einführung in grundlegende Aspekte des Handlungs- und Symbolsystems Kinder- und Jugendliteratur. München: Fink 2000.

Ewers, Hans-Heino/Weinmann, Andrea: Deutsche Kinder- und Jugendliteratur im 20. Jahrhundert – Ein Überblick. In: Larass, Petra (Hrsg.): Kindsein kein Kinderspiel. Das Jahrhundert des Kindes (1900–1999). (= Ausstellung der Franckeschen Stiftungen zu Halle, 9. Juli bis 26. November 2000). Halle: Fliegenkopf 2000, S. 151–159.

Ewers, Hans-Heino (Hrsg.): Lesen zwischen Neuen Medien und Pop-Kultur. Kinder- und Jugendliteratur im Zeitalter des multimedialen Entertainments. Weinheim, München: Juventa 2002.

Ewers, Hans-Heino/Weinmann, Andrea: Die neunziger Jahre. In: Wild 2002, S. 455–463.

Ewers, Hans-Heino: Zu Unrecht verschmäht. Problemliteratur für Jugendliche und die Gattung der Problemerzählung. In: Kliewer, Ursula/Kliewer, Heinz-Jürgen (Hrsg.): Nur das Denken, das wir leben, hat einen Wert. Zur Erinnerung an den Literaturdidaktiker und Kinder- und Jugendliteraturforscher Malte Dahrendorf (1928–2008). Frankfurt/M.: Lang 2009, S. 189–204.

Ewers, Hans-Heino: Kirsten Boies Kinder- und Jugendliteratur – ein Kompendium moderner Erzählformen. In: Dankert, Birgit (Hrsg.): Leidenschaft und Disziplin. Kirsten Boies Kinder- und Jugendbücher 1985–2010. Berlin: BibSpider 2010, S. 21–31.

Freund, Winfried: Phantasie und Phantastik im Kinder- und Jugendbuch. In: Literatur für Leser 1980, H. 4, S. 197–208.

Gansel, Carsten: Authentizität – Wirklichkeitserkundung – Wahrheitsfindung. Zu aktuellen Entwicklungslinien in der Literatur für Kinder und junge Erwachsene. In: Fundevogel 1998, Nr. 129, S. 5–25.

Gansel, Carsten: Moderne Kinder- und Jugendliteratur. Ein Praxishandbuch für den Unterricht. Berlin: Cornelsen Scriptor 1999.

Gehlen, Arnold: Die Seele im technischen Zeitalter. Sozialpsychologische Probleme in der industriellen Gesellschaft. Hamburg: Rowohlt 1957.

Gehring, Hansjörg: Amerikanische Literaturpolitik in Deutschland. 1945–1953. Ein Aspekt des Re-Education-Programs. Stuttgart: Deutsche Verlags-Anstalt 1976.

Götz, Maya: Was Kinder bei Wissens- und Comedy-Sendungen lustig finden. In: Televizion 16 (2003), H. 1, S. 45–53.

Heidtmann, Horst: Kindermedien und Medienverbund. In: Wild 2002, S. 402–474.

Hurrelmann, Bettina: Aktuelle Kinder- und Jugendliteratur. In: Praxis Deutsch 1992, H. 111, S. 9–18.

Jäschke, Petra: Produktionsbedingungen und gesellschaftliche Einschätzungen. In: Doderer 1988, S. 209–520.

Kaminski, Winfred: Kinder- und Jugendliteratur in der Zeit von 1945 bis 1960. In: Doderer 1988, S. 17–207.

Kaminski, Winfred: Einführung in die Kinder- und Jugendliteratur. Literarische Phantasie und gesellschaftliche Wirklichkeit. 2. korr. Aufl. Weinheim, München: Beltz 1989.

Kaulen, Heinrich: Wunder und Wirklichkeit. Zur Definition, Funktionsvielfalt und Gattungsgeschichte der phantastischen Kinder- und Jugendliteratur. In: JuLit 2004, H. 1, S. 12–20.

Kilian, Susanne/Stiller, Günther: NEIN-Buch für Kinder: „Hinterher ist man schlauer". Weinheim, Basel: Beltz 1972.

Kirchhoff, Ursula: Die achtziger Jahre. In: Wild 2002, S. 354–371.

Klingberg, Göte: Die phantastische Kinder- und Jugenderzählung. In: Haas, Gerhard (Hrsg.): Kinder- und Jugendliteratur. Ein Handbuch. Stuttgart: Reclam 1974, S. 220–241.

Koch, Ruth: Phantastische Erzählungen für Kinder, Untersuchungen zu ihrer Wertung und zur Charakteristik ihrer Gattung. In: Studien zur Jugendliteratur 1959, H. 5, S. 55–84.

Korte, Hermann: Eine Gesellschaft im Aufbruch. Die Bundesrepublik Deutschland in den sechziger Jahren. Frankfurt/M.: Suhrkamp 1987.

Krüger, Anna: Das Buch – Gefährte eurer Kinder. 2., verbesserte und um die neuesten Jugendschriften erweiterte Aufl. Stuttgart: Klett 1954.

Krüger, Anna: Die Gestalt des künstlerisch durchgeformten Jugendbuchs. In: Jugendliteratur 1959, H. 11, S. 487–497.

Krüger, Anna: Das fantastische Buch. In: Jugendliteratur 1960, H. 8, S. 343–363.

Krüger, Anna: Bausteine des Erzählens. In: Zeitschrift für Jugendliteratur 1967, H. 4, S. 194–212.

Krüss, James: Wirklichkeit und Pseudowirklichkeit in der Kinderliteratur. Eine Rede. In: Krüss, James: Naivität und Kunstverstand. Gedanken zur Kinderliteratur. Überarb. u. erw. Neuausg. Weinheim, Basel: Beltz 1992, S. 70–75.

Lange, Günter: Zeitgeschichtliche Kinder- und Jugendliteratur. In: Kinder- und Jugendliteratur – Ein Lexikon. Hrsg. v. Baumgärtner, Alfred Clemens/Pleticha, Heinrich. Meitingen: Corian 1995ff. (5. Erg.-Lfg. 1998, 40 S.).

Lange, Günter (Hrsg.): Taschenbuch der Kinder- und Jugendliteratur. 2 Bde. Baltmannsweiler: Schneider 2000.

Lange, Marianne: Kinder- und Jugendliteratur. In: Geschichte der deutschen Literatur. Literatur der BRD. Bd. 12. Hrsg. v. einem Autorenkollektiv. Leitung Hans-Joachim Bernhard. Berlin (Ost): Volk und Wissen 1983, S. 212–218.

Lehnert, Gertrud: Phantastisches Erzählen seit den 1970er Jahren. Zu einem kinderliterarischen Paradigmenwechsel. In: Zeitschrift für Germanistik 1995, H. 2, S. 279–289.

Liebs, Elke: Das Tabu der Erinnerung. Krieg und Holocaust in der Kinder- und Jugendliteratur. In: Zwischen Bullerbü und Schewenborn. Auf Spurensuche in 40 Jahren deutschsprachiger Kinder- und Jugendliteratur. Hrsg. v. Raecke, Renate/Baumann, Ute D.. München: Arbeitskreis für Jugendliteratur 1995, S. 187–195.

Lindgren, Astrid: Pippi Langstrumpf. Hamburg: Oetinger 1986.

„Linkes Verlagsprofil. Basis Verlag, Berlin". In: Bulletin Jugend & Literatur 1971, H. 1, S. 37f.

Lypp, Maria: Der Blick ins Innere. Menschendarstellung im Kinderbuch. In: Grundschule 1989, H. 1, S. 24–27.

Lypp, Maria: Kinderbuch und Literaturwissenschaft: Die Bedeutung Anna Krügers für die Kinderliteraturforschung. In: Dolle-Weinkauff/Ewers 1996, S. 179–190.

Lypp, Maria: Die Kunst des Einfachen in der Kinderliteratur. In: Lange 2000, Bd. 2, S. 828–843.

Marsyas (i. e. Herbert Wendt): Revolution in der Kinderstube? Von Mädchenbüchern, Genien und Konventionen. In: Jugendschriften-Warte 1953, Nr. 11, S. 73f.

Mattenklott, Gundel: Aufstand, Alltag, Anderswelten. Zur erzählenden Kinder- und Jugendliteratur der siebziger Jahre. In: Mattenklott, Gert/Pickerodt, Gerhart (Hrsg.): Literatur der siebziger Jahre. Berlin: Argument 1985, S. 113–157.

Mattenklott, Gundel: Zauberkreide. Kinderliteratur seit 1945. Stuttgart: Metzler 1989.

Nimtz-Köster, Renate: 50 Jahre Oetinger. Eine Verlagsgeschichte. In: Oetinger-Lesebuch. Jubiläumsausgabe zum 50jährigen Bestehen des Verlages. 33. Jg. (1996), S. 11–25.

Ostheimer, Astrid: Virtual Reality Novels. Computerspielwelten und virtuelle Realität in der aktuellen phantastischen Literatur. In: Ewers 2002, S. 163–186.

Otto, Bernd: Die Aufarbeitung der Epoche des Nationalsozialismus im fiktionalen Jugendbuch der Bundesrepublik Deutschland von 1945 bis 1980. Ein politikwissenschaftlicher Beitrag zur Jugendbuchforschung. Frankfurt/M., Bern: Lang 1981.

Pfeffer, Fritz: Gesichtspunkte für die Beurteilung und Bewertung des Jugendbuches. In: Probleme der Jugendliteratur. Ratingen: Henn 1956, S. 111–129.

Preuss-Lausitz, Ulf u. a.: Kriegskinder, Konsumkinder, Krisenkinder. Zur Sozialisationsgeschichte seit dem Zweiten Weltkrieg. 3., unveränd. Aufl. Weinheim, Basel: Beltz 1991.

Preuss-Lausitz, Ulf: Kindheit 2000. Entwicklungstendenzen zwischen Risiken und Chancen. In: Daubert/Ewers 1995, S. 7–22.

Quidam, Adam: Skan-Dahl! Briefe an ein Lektorat. In: Informationen des Arbeitskreises für Jugendliteratur 1986, H. 4, S. 64f.

Raitz, Brigitte: 'Antiautoritäre' Kinderbücher der zweiten Generation. Aus den Verlagsproduktionen von Basis und Weismann. In: Bauer, Karl W./Vogt, Jochen (Hrsg.): Kinder – Bücher – Massenmedien. Opladen: Westdeutscher Verlag 1975, S. 171–177.

Raitz, Brigitte/Raitz, Walter: Antiautoritäre Erziehung in der Bundesrepublik. In: Buch und Bibliothek 1971, H. 6, S. 595–603.

Ram, Detlef: Antiautoritäre Kinder- und Jugendliteratur. In: Doderer, Klaus (Hrsg.): Lexikon der Kinder- und Jugendliteratur. Bd. 1. Weinheim, München: Beltz 1975, S. 46–50.

Richter, Dieter: Kinderbuch und politische Erziehung (Teil II). Zum Verständnis der neuen linken Kinderliteratur. In: Ästhetik und Kommunikation 1972, H. 5/6, S. 23–32.

Richter, Dieter: Vorwort. In: Richter, Dieter (Hrsg.): Das politische Kinderbuch. Eine aktuelle historische Dokumentation. Darmstadt, Neuwied: Luchterhand 1973, S. 11–47.

Scheiner, Peter: Realistische Kinder- und Jugendliteratur. In: Lange 2000, Bd. 1, S. 158–186.

Scherf, Elisabeth: Bewältigung der Gegenwart? Pullach bei München: Dokumentation 1974.

Schikorsky, Isa: Kinder- und Jugendliteratur. Köln: DuMont-Literatur-und-Kunst-Verlag 2003 (= DuMont-Schnellkurs).

Schildt, Axel: Moderne Zeiten. Freizeit, Massenmedien und „Zeitgeist" in der Bundesrepublik der 50er Jahre. Hamburg: Christians 1995.

Schildt, Axel/Sywottek, Arnold (Hrsg.): Modernisierung im Wiederaufbau. Die westdeutsche Gesellschaft der 50er Jahre. Bonn: Dietz 1993.

Schlote, Elke/Spieswinkel, Anne: Typisch deutsch, typisch türkisch – ist das komisch? Wie Jugendliche mit humorvoll gebrochenen Klischees in deutsch-türkischen Familienserien umgehen. In: Televizion 21 (2008), H. 1, S. 39–44.

Schmidt, Heiner: Die Lektüre der Flegeljahre. Ein Beitrag zur positiven Bekämpfung der Schundliteratur. Duisburg-Beeck: Arbeitsgemeinschaft Junge Lesefreunde 1954.

„Sponti-Sprüche No. 2. Es wird Zeit, dass wir lieben". Gesammelt v. Willi Hau. Frankfurt/M.: Eichborn 1982.

Steffens, Wilhelm: Prosaformen der Kinderliteratur. Unterrichtsmodelle für den Deutschunterricht in der Grundschule. Frankfurt/M.: Hirschgraben-Verlag 1986.

Steffens, Wilhelm: Der komische Familienroman für Kinder. In: Baumgärtner, Alfred C./ Pleticha, Heinrich (Hrsg.): Kinder- und Jugendliteratur. Ein Lexikon. Meitingen: Corian 1995ff. (5. Erg.-Lfg. 1998a, 12 S.).

Steffens, Wilhelm: Der psychologische Kinderroman. In: Baumgärtner, Alfred C./Pleticha, Heinrich (Hrsg.): Kinder- und Jugendliteratur. Ein Lexikon. Meitingen: Corian 1995ff. (5. Erg.-Lfg. 1998b, 21 S.).

Steinz, Jörg/Weinmann, Andrea: Die Kinder- und Jugendliteratur der Bundesrepublik nach 1945. In: Lange 2000, Bd. 1, S. 97–136.

Stenzel, Gudrun: Fantastik in den Kinder- und Jugendbüchern von Kirsten Boie. In: Dankert, Birgit (Hrsg.): Leidenschaft und Disziplin. Kirsten Boies Kinder- und Jugendbücher 1985-2010. Berlin: BibSpider 2010, S. 47–69.

Tischer, Heinz: Entwicklungslinien der Kinder- und Jugendliteratur seit 1945. In: Ortwin Beisbart u. a.: Leseförderung und Leseerziehung. Donauwörth: Auer 1993, S. 222–231.

Vogel, Angela: Familie. In: Die Bundesrepublik Deutschland. Geschichte in drei Bänden. Hrsg. v. Benz, Wolfgang. Bd. 2: Gesellschaft. Frankfurt/M.: Fischer TB 1983, S. 98–126.

Voss, Julia: Darwins Jim Knopf. Frankfurt/M.: S. Fischer 2009.

Weinkauff, Gina: „Volle Kanne Witzigkeit". Über Komik und Humor in der Kinder- und Jugendliteratur, in den Medien und in der Entwicklung Heranwachsender. In: kjl&m 2009, H. 2, S. 3–14.

Weinmann, Andrea: Die bundesrepublikanische und österreichische Kinderliteratur der Nachkriegszeit in der Literaturgeschichtsschreibung. In: Kinder- und Jugendliteraturforschung 1997/98. Stuttgart, Weimar: Metzler 1998, S. 91–119.

Weinmann, Andrea: Feldzüge gegen die Vorboten der Erlebnisgesellschaft. Schundbekämpfung und Literaturpädagogik im westlichen Deutschland der 1950er und 60er Jahre. In: Ewers 2002, S. 51–83.

Wild, Inge: Kindsein heute – zwischen Lachen und Weinen. Renaissance kinderliterarischer Komik. In: Daubert/Ewers 1995, S. 81–94.

Wild, Reiner: Von den 70er Jahren bis zur Gegenwart. In: Wild 2008, S. 343–347.

Wild, Reiner (Hrsg.): Geschichte der deutschen Kinder- und Jugendliteratur. 3., vollst. überarb. u. erw. Aufl. Stuttgart, Weimar: Metzler 2008 (1. Aufl. 1990, 2. Aufl. 2002).

Wölfel, Ursula: Die grauen und die grünen Felder. Wahre Geschichten. Mühlheim a.d. Ruhr: Anrich 1970.

KARIN RICHTER

Kinder- und Jugendliteratur der DDR

Seit dem Ende der DDR gibt es äußerst differierende Urteile über die kinderliterarische Entwicklung im Osten Deutschlands. Titel wie *Robinson in roten Socken, Bleibt was?* oder *Helden nach Plan?* und *Zwischen Winnetou und Pawel Kortschagin* dokumentieren mit ihrem apodiktischen Gestus, dass weniger eine Analyse der literarischen Texte selbst den Hintergrund bildet, sondern gleichsam eine Einordnung nach vordergründig politischen Prämissen erfolgt, zuweilen determiniert von einer politisch-moralischen Wertung des Verhaltens einzelner Autoren. Selbst wenn in der weiteren wissenschaftlichen Aufarbeitung auch derartige Kriterien eine Rolle spielen müssen, so gebietet es die Seriosität wissenschaftlichen Arbeitens, zunächst eine Analyse der literarischen Texte vorzunehmen. Eine vordergründig ideologisch präfigurierte Betrachtungsweise birgt in diesem Kontext immer die Gefahr, den Blick auf tatsächliche politische und literarische Bewegungen zu verstellen und letztere aus ersteren erklärbar erscheinen zu lassen. Damit würde übrigens einem Grundzug der kinderliterarischen Literaturgeschichtsschreibung in der DDR entsprochen: Die Darstellungen zur Geschichte der Kinder- und Jugendliteratur (KJL) in der DDR, die in den 1970er und 1980er Jahren erschienen sind (Ebert, Emmrich, Wallesch), folgen einem Beschreibungsmuster, das von gesellschaftlichen Bewegungen und politischen Ereignissen ausgeht (Parteitage, Plenen des ZK der SED etc.) und diese dann mehr oder weniger direkt auf literarische Entwicklungen und poetische Texte überträgt. Der damit angenommene Konnex zwischen politischer Programmatik und poetischem Schaffen bedarf einer kritischen Prüfung, weil sonst übersehen wird, wo sich Literatur pragmatischen 'Wertvorgaben' entzog und im Sinne einstiger Ideal-Auffassungen weiter wirkte und wo eigenständige künstlerische Entwicklungen erkennbar sind, die sich von vorgegebener politischer Indienstnahme abhoben.

Dieser Weg kann dazu führen, bisherige monolithische Vorstellungen von <u>der</u> KJL der DDR aufzubrechen und den Blick für Besonderheiten und Wandlungen im Werk einzelner Schriftsteller zu öffnen. Damit wird zugleich einer weiteren Gefahr literaturgeschichtlicher und literaturtheoretischer Betrachtung begegnet: dem Verschwinden der Originalität des einzelnen Textes hinter großen Linien und Verallgemeinerungen.

Die folgende Darstellung wird sich auf drei Aspekte konzentrieren:

1. Die literarischen Texte stehen im Mittelpunkt; sie werden mit Blick auf die Wandlungen im Kindheitsbild und im Verhältnis Individuum – Gesellschaft analysiert.
2. Der ästhetische Formen- und Funktionswandel wird in Verbindung mit seinen gesellschaftlichen Implikationen betrachtet.
3. Die Veränderungen der 'Leserrollen' im Text erfahren eine besondere Akzentuierung, um den Hintergrund der damit verbundenen Wirkungsabsichten im Laufe der vierzigjährigen Entwicklung kenntlich zu machen.

Auf diese Weise werden die einzelnen Entwicklungsphasen nach Dezennien dargestellt. Ein für die jeweilige Phase charakteristischer Text erfährt eine inhaltliche Beschreibung, weil die KJL der DDR inzwischen nicht nur im Westen Deutschlands eine Unbekannte ist, sondern auch bei der jüngeren Generation im Osten keine Kenntnisse mehr erwartet werden können. Auf der Grundlage genauerer Ausführungen zu einem literarischen Beispiel sollen Grundzüge, Einschnitte und Wandlungen vorstellbar werden.

Im Mittelpunkt der Skizze steht die Darstellung des Lebens Heranwachsender in fiktionalen Welten, die den 'sozialistischen Alltag' oder auch dessen Verwobenheit in historischen und übergreifenden gesellschaftlichen Kontexten spiegeln, denn diese Literatur stand in allen Phasen im Fokus. Zudem werden einzelne 'Publikationsprojekte' und spezifische Genres wegen ihrer ästhetischen Qualität und Originalität im letzten Teil des Beitrags besonders hervorgehoben.

Die Konzentration auf die Erzählliteratur und der Verzicht auf Ausführungen zur spezifischen Jugendliteratur sowie zum Mädchenbuch erfolgt ausschließlich aus Platzgründen.[1]

[1] Die Verfasserin des Handbuchartikels wird im nächsten Jahr eine größere Buchpublikation zur KJL der DDR vorlegen, die auch diese Genres in die Betrachtung einschließt.

1 Die frühen Jahre (1945 bis zu Beginn der fünfziger Jahre)

In den literaturhistorischen Darstellungen der DDR (Ebert, Emmrich, Wallesch) erhielten die deutschsprachigen Texte des 'Neubeginns' eine relativ summarische Wertung, die zumeist das Lob der Gestaltungsabsicht und die Kritik noch nicht ausgeprägter künstlerischer Fähigkeiten beinhaltete. Eine positive Hervorhebung erhielten dagegen die Übersetzungen aus der sowjetischen Literatur (Gaidar, Katajew, Ostrowski). Der Vorbildcharakter dieser Literatur wurde betont und ihre Wirkung auf das Schaffen ostdeutscher Autoren behauptet. Eine Untersuchung des tatsächlichen Einflusses auf poetische Texte der deutschen Kinderbuchautoren steht bis heute aus. Die relativ späte Veröffentlichung einzelner Kinderbücher der 'proletarisch-revolutionären Literatur' (Berta Lask, Auguste Lazar, Hermynia Zur Mühlen, Max Zimmering) wird als Tatsache erwähnt. Die kulturpolitischen Hintergründe bleiben aber ausgeblendet, obwohl nur sie den Widerspruch erhellen könnten, dass auf der einen Seite sowjetische KJL mit eindeutig sozialistischer Ausrichtung erschien und andererseits der deutschen Literatur dieser Provenienz mit Zurückhaltung begegnet wurde. Es stellt sich die Frage, ob sich in dieser Editionspolitik das 'Prinzip der Überparteilichkeit' (Johannes R. Becher) widerspiegelt. Unter diesem Aspekt bedürften auch die 'ersten Gegenwartsbücher für Kinder' (z.B. Walther Pollatschek *Die Aufbau-Bande* 1948) einer erneuten Betrachtung, die die Anlage der Texte, ihre damalige Wirkung und den Hintergrund der späteren kritischen Sicht mit einschließt. In diesen Zusammenhang gehört auch der Abbruch der zunächst erfolgten Edition von Lisa Tetzners *Kinder-Odyssee* nach der Gründung der DDR. Er könnte als Ausdruck des 'Sieges' der 'Parteilichkeit' über die 'Überparteilichkeit' begriffen werden, selbst wenn die kritische Haltung der Autorin zur Veröffentlichung ihrer Texte in der DDR mit in Betracht gezogen werden müsste.

2 Die fünfziger Jahre: Der Aufbruch von 'Tinko' und seinen Brüdern

Mit der Gründung der DDR tritt nicht nur die Erzählung mit Gegenwartsstoff in den Mittelpunkt, sondern sie ist auch eindeutig orientiert auf eine ideologische Erziehung der Heranwachsenden im Sinne der aufzubauenden sozialistischen Gesellschaft. In einfachen literarischen Strukturen präsentiert sich ein aufklärerischer Gestus, der dem jungen Leser zu erkennen gibt, worin der Charakter der neuen Ordnung besteht und wo sein Platz und sein Aufgabenfeld innerhalb dieser Ordnung sind. In zwei Mustern erfolgt zumeist die Gestaltung des Verhältnisses zwischen der kindlichen Hauptfigur und einem Kollektiv von Kindern (und Erwachsenen).

Im ersten Fall ist das Kind bereits von den Idealen überzeugt, wirkt im Sinne der Gemeinschaft und ist als Vorbildfigur für den kindlichen Leser angelegt (Benno Pludra *In Wiepershagen krähn die Hähne* 1953; Alfred Wellm *Die Kinder von Plieversdorf* 1959).

Im zweiten Fall ist die kindliche Hauptfigur (noch) ein Außenseiter, der aus unterschiedlichen Gründen zunächst außerhalb der gesellschaftlichen Veränderungen steht, am Ende jedoch zum Kollektiv findet (Benno Pludra *Popp muss sich entscheiden* 1959; Erwin Strittmatter *Tinko* 1954).

In der KJL der 1950er Jahre präsentiert sich zumeist ein Erzähler, der sich in Übereinstimmung mit den gesellschaftlichen Veränderungen befindet und davon überzeugt ist, dass die meisten der noch abseits Stehenden den vorgezeichneten Weg gehen werden.

Vergleicht man die KJL der BRD und der DDR der 1950er und 1960er Jahre, dann offenbaren sich Unterschiede, wie sie größer nicht sein können: Auf der einen Seite steht eine Kinderliteratur „der weitgehend außerhalb der Gesellschaft angesiedelten kindlichen Freiräume", die – wenn überhaupt – nur am Rande die Probleme der Erwachsenengesellschaft berührt und Kindheit als „qualitativ eigenständige Daseinsform begreift" (Ewers 1995, S. 17). Auf der anderen Seite begegnet man einer Literatur für junge Leser, in der Kinder in die Gesellschaft der Erwachsenen integriert werden und separates Kindsein als Unmöglichkeit erscheint. Die KL der DDR verbindet kindliches Leben direkt mit den grundlegenden gesellschaftlichen Prozessen. Dem Kindheitsbild sind Gemeinsamkeiten, zumeist sogar Übereinstimmungen zwischen kindlichem und erwachsenem Leben inhärent: Das kindliche Spiel ist eng mit den gesellschaftlich determinierten Auseinandersetzungen der Erwachsenen verbunden. Die Kindfiguren bewegen vornehmlich Fragen der weiteren Entwicklung, die nahezu ausnahmslos im Rahmen des Dorfes dargestellt wird. Die Söhne (sie dominieren im Spektrum der Hauptfiguren) vertreten direkt die Ansichten ihrer Väter. Ihr Wirken dient dem Ziel, die Vorstellungen ihrer Väter umzusetzen, die sie selbst verinnerlicht haben. Dieser Mechanismus bezieht sich ausschließlich auf die 'positiven Kindfiguren'.

Die bevorzugte Wahl des Dorfes als literarischer Handlungsraum hat folgende Grundlage: Es können Vertreter verschiedener Generationen mit ihrem Verhältnis zur neuen Entwicklung charakterisiert werden, so dass auch dessen Hintergrund einsehbar wird. Die Kinder erleben direkt die Auseinandersetzungen ihrer Väter. Sie kennen nicht nur deren soziales und ökonomisches Bezugsfeld, sondern leben direkt in ihm. Kinder sind damit in alle Lebens- und Arbeitsprozesse der Erwachsenen einbezogen.

Hinzu tritt ein weiterer Gesichtspunkt: Das Dorf kann die gewünschten Fortschritte auf dem Gebiet der kollektiven Arbeit und des gemeinschaftlichen Lebens deutlicher widerspiegeln als andere Kommunikationsräume. Auch die

Rolle der Technik und ihr Einfluss auf soziale Beziehungen können dergestalt im Kinderbuch dargestellt werden. Die Gründung der Genossenschaft wird dabei nicht zuletzt im Sinne veränderten Kindseins motiviert: Kinder müssen in Zukunft nicht mehr so intensiv in die täglichen Arbeitsprozesse eingegliedert werden; Freiraum für Spiel und Reisen wird in den literarischen Geschichten direkt in Aussicht gestellt. Diese Gründe dürften eher der Wahl des Dorfes in den fiktionalen Welten zugrunde gelegen haben als 'der für Kinder besser überschaubare Handlungsraum', wie in Begründungen oft zu lesen ist.

In den Texten der 1950er Jahre ist der Bezugspunkt der Kindfiguren – im Unterschied zu den literarischen Kindern der bundesrepublikanischen Kinderliteratur – weniger der familiäre Rahmen als vielmehr das größere soziale Umfeld (Dorfgemeinschaft, Genossenschaft, Pioniergruppe). Kindliche Selbstverwirklichung erscheint unauflöslich verquickt mit den Problemen der Erwachsenen, insbesondere denen der Arbeitssphäre. Abenteuer und Spiel der Kindfiguren sind in einen politischen Rahmen eingebunden (man entdeckt den Dieb, der die Genossenschaft bestiehlt; man stellt nachts den Saboteur der neuen gemeinschaftlichen Arbeit; man entwirft Flugblätter und gestaltet Theaterstücke, um die noch Zögernden für 'das Neue' zu gewinnen). Die Kindfiguren agieren in einer Weise, dass sich ihr Tun oft unabhängig von den erwachsenen Autoritäten vollzieht. Der optimistische Gestus offenbart sich auch in der Anlage der Figuren, die den Veränderungen in unterschiedlicher Ausprägung distanziert gegenüberstehen. Nahezu alle werden – so zeigt oder suggeriert der Text – ihren Weg in die Gemeinschaft finden. Eine Ablehnung wird motiviert mit der früheren Stellung (Haltung zum Besitz) und mit westlichen Einflüssen (Lesen von Schundliteratur, Besuche in Westberlin). In der Literatur für ältere Kinder und Jugendliche tritt vor allem die westliche Einflussnahme in den Vordergrund (Günter Görlich *Die Ehrgeizigen* 1959).

Die Begründung, die uninteressante Charakterisierung der Kollektivmitglieder im Kinderbuch sei ein Mangel an künstlerischen Fähigkeiten (Christian Emmrich), bedarf einer kritischen Prüfung. Eher verbergen sich dahinter verschwommene Vorstellungen von den tatsächlichen Möglichkeiten sozialer Beziehungen in den organisierten Kindergruppen. Das Kollektiv stellt ein phantastisches Phänomen in dem Sinne dar, dass man in ihm alle Wünsche von menschlichem Zusammenleben und menschlichen Tugenden vereinte, ohne konkrete Vorstellungen von den Mechanismen und Strukturen innerhalb dieses Gebildes zu besitzen. Insofern gleicht manche Kollektivzeichnung eher einem utopischen Entwurf, denn einer Widerspiegelung erfahrener Sozialkontakte.

Erwin Strittmatter *Tinko* (1954)

Tinko galt neben Texten von Ludwig Renn *(Trini; Nobi)* als der 'erste Höhepunkt in der Entwicklung der KJL der DDR'. *Tinko* widerspiegelt einerseits beispielhaft die Grundzüge der Literatur der 1950er Jahre und hebt sich andererseits von ihr ab und aus ihr heraus.

Mit diesem Kinderroman kündigt sich ein beachtlicher Erzähler an, dessen Schaffen später in dem Erzählepos *Der Laden* seine künstlerische Vollendung gefunden hat. Strittmatter verbindet in dem Text die Darstellung wesentlicher gesellschaftlicher Vorgänge auf dem Lande mit der Geschichte einer kindlichen Individuation. Im familiären Feld zeigt sich in der Auseinandersetzung zwischen Großvater und Vater der Kampf zwischen 'Altem' und 'Neuem', zwischen einem am Privatbesitz orientierten Denken und einem Handeln, das in idealischer Form auf gemeinsames Eigentum und Gemeinsinn insistiert. Der Junge Martin Kraske, Tinko genannt, wird in dieser Kontroverse hin- und hergerissen; der Großvater stirbt: ein Zeichen für den Untergang des Alten; der Vater – und mit ihm die neue gesellschaftliche Auffassung – trägt den Sieg davon. Der als naiver Held angelegte Protagonist begreift allmählich die gesellschaftlichen Zusammenhänge; seine Naivität prägt die Komik des Textes. Die Erzählhaltung ist weit entfernt von einem oberflächlichen Humor. Das offenbart nicht zuletzt die Trauer um den Weg des alten Kraske, der zu seinem 'notwendigen' Tod führt. Nachdem dieser einfache Mann endlich etwas Boden erhalten hat, ist sein ganzes Leben nur auf diesen Besitz orientiert. Er schindet sich und andere und bleibt vergrämt und verstört allein zurück, als er sieht, dass seine Söhne ihr Leben nicht an der 'Klitsche' orientieren wollen.

Die Figuren, die mit ihrer Haltung der sozialistischen Veränderung auf dem Lande aufgeschlossen gegenüberstehen (Tinkos Vater, der Lehrer), werden nicht zu Idealfiguren stilisiert, aber es wird ihre allmähliche Reife und die moralische Integrität ihres Tuns gezeigt. Strittmatter beschreibt den Mikrokosmos der Dorfwelt in ihrer engen Bindung an Natur und natürliche Vorgänge, mit ihrer Bauernschläue, mit den Dorfweisheiten, mit der Weite und Begrenztheit im Denken, mit ihrem vom harten Alltag und der kleinen Sehnsucht nach Glück geprägten Wertesystem. In dieser Welt sind Lehrer und Bürgermeister keine heiligen Instanzen, sondern werden deftigen Beschimpfungen ausgesetzt, wenn etwa ein Schüler sitzenbleibt. Die Art, wie die Pionierversammlungen beschrieben werden, sind partiell Kabinettstücke an Komik, ohne dass damit allerdings die Ernsthaftigkeit derartiger Bemühungen desavouiert wird. Der Autor-Erzähler lässt seine Sympathie an einem Handeln erkennen, das auf Gemeinsinn orientiert ist, und er erzählt zugleich mit Komik (die allerdings nicht auf ein Verlachen zielt) von den unbeholfenen Anfängen. Karikiert werden dagegen die 'falschen Riten', die anstelle eines 'echten Inhalts' treten, wenn etwa der Vorsitzende der Pioniere gegen eine Schnitzeljagd ist, weil er schon „disportioniert" hat, dass man zu einer „Betrachtung der Natur schreitet", um dann darüber eine „Diskussion durchzuführen" (S. 196).

Strittmatter zeichnet mit seiner Sympathie für die neue Entwicklung vor allem deren Vorzüge für das Kind Tinko: Der Junge wird fortan nicht mehr bis zur Erschöpfung auf dem Feld arbeiten müssen, er kann regelmäßig die Schule besuchen und hat Zeit zum Spielen. Im Vergleich zu anderen Texten, die in dieser Zeit erschienen, fällt auf, dass sich Strittmatter konsequent auf die kindliche Figur und deren Wahrnehmung von natürlicher und sozialer Umwelt konzentriert.

Die kontroverse Diskussion um die Bedeutung des Buches wurde von politischen und ästhetischen Momenten getragen. Die politisch intendierte Kritik zielte vornehmlich auf das 'Erfassen der Epochenproblematik', womit die literarische Widerspiegelung der tragenden gesellschaftlichen Kräfte und Widersprüche sowie der 'Entwicklungsrichtung' gemeint war. Die ästhetische Wertung berührte vor allem die Anlage des Konfliktes. Die Kritik an *Tinko* stand im Kontext mit der angenommenen Spezifik kinderliterarischer Dichtung. Dem Roman wurde abgesprochen, ein Kinderbuch zu sein und von Kindern verstanden zu werden (Alex Wedding, Christa Wolf). Zudem wurde bemängelt, dass die Hauptfigur kein erzieherisches Beispiel gebe (Alex Wedding). Die Debatte offenbarte –

neben dem Erfassen der Originalität des Kinderromans – vor allem einseitige Wirkungsvorstellungen von Literatur, nach denen ein positiver Held in seiner Vorbildwirkung den kindlichen Leser direkt ergreife und erziehe.

Das neuartige Modell einer Ich-Erzählsituation, die den kindlichen Ich-Erzähler und den Autor-Erzähler in humorvoller Art vereint, und die Anlage des naiven Helden standen im Gegensatz zur einfach-eindeutigen Gestaltung kindlicher 'Aktivisten', die keine inneren Konflikte aufweisen und die von Anbeginn intuitiv erfassen, dass ihr Glück im Wirken innerhalb einer Gemeinschaft besteht.

3 Die sechziger Jahre: Das Heraustreten des Einzelnen aus dem Kollektiv und die Verantwortung der Gemeinschaft für den Einzelnen

An der Wende von den 1950er zu den 1960er Jahren brechen auch jüngere Schriftsteller, die später zu den wichtigsten Kinderbuchautoren der DDR gehören, mit dieser vereinfachten Sicht (Karl Neumann, Benno Pludra, Alfred Wellm), ohne dass damit die KL insgesamt diese Tendenz verliert.

1962 findet eine Tagung des Schriftstellerverbandes der DDR statt, die sich ausschließlich mit aktuellen Entwicklungen der KJL beschäftigt. Sie belegt die Eingriffe in poetische Schaffensprozesse und widerspiegelt die Bedeutung, die von offizieller Seite der KJL beigemessen wurde: Förderung und Reglementierung von Literatur stellen in der DDR zwei Seiten einer Medaille dar. Hinter ihnen steht die Hypertrophierung literarischer Einflussmöglichkeiten auf die Bewusstseinsbildung junger Menschen.

Aufmerksamkeit und eine tiefere Analyse verdient die Feststellung, die von Autoren bestätigt wurde (Willi Meinck), dass Bücher mit historischen Stoffen besser gelängen als jene, die die sozialistische Gegenwart zum Gegenstand haben. In den bisher vorliegenden Literaturgeschichten fand dieser wichtige Aspekt keine Berücksichtigung. Die bevorzugte Wahl historischer Stoffe könnte sowohl mit der Suche nach interessanten künstlerischen Gegenständen in Verbindung stehen als auch mit der Absicht, eine Bestätigung für die neue gesellschaftliche Ordnung durch ihren historischen Kontext zu finden. Auch selbst die Unsicherheit, wie 'das neue Leben' für Kinder dargestellt werden könnte, böte ebenso ein Erklärungsmuster wie die Distanz gegenüber der politischen Ordnung im Osten Deutschlands. Letzteres dürfte allerdings – blickt man auf die weitere kinderliterarische Entwicklung als Ganzes – am wenigsten zutreffen.

Auch die *Literatur für Kinder und Jugendliche in der DDR* (Emmrich 1981) sucht nach einer Erklärung für die Einseitigkeiten in der Gestaltung der Gegenwart im Kinderbuch der sechziger Jahre: „Der Entwicklungsprozeß unserer Prosaliteratur für Kinder hatte Anfang der sechziger Jahre offensichtlich eine Grenze erreicht, die von den Autoren allein nicht überschritten werden konnte. An diesem Punkt setzte die Hilfe der Literaturkritik und der Literaturwissenschaft ein“ (ebd., S. 186). Die Gründung der *Beiträge zur Kinder- und Jugendliteratur* und die „Theoretischen Konferenzen anlässlich der Tage der Kinderliteratur“ werden als jene Unterstützung genannt, mit der „Grundfragen geklärt“ und das künstlerische Schaffen wesentlich befördert wurde.

Das Beispiel, mit der die 'Hilfe' bei der 'Erweiterung des Realismusbegriffes' begründet wird, kennzeichnet, wie die Dinge auf den Kopf gestellt werden: Die Theoretische Konferenz des Schriftstellerverbandes, die 1965 zum Thema *Phantasie und Realität in der Kinderliteratur* stattfand, blieb für die KJL der DDR und vor allem deren Vermittlungsinstanzen sicher nicht ohne Einfluss. Die Distanz gegenüber dem Märchenhaft-Phantastischen hatte ihre Wurzeln aber nicht – wie in der Literaturgeschichte zu lesen – in der Enge der Realismusauffassungen auf Seiten der Künstler, sondern sie basierte auf kulturpolitischer Reglementierung. Die literaturgeschichtliche Darstellung erfolgt aber in einer Weise, als seien die in den 1950er und 1960er Jahren erschienenen märchenhaft-phantastischen Geschichten (Franz Fühmann, Peter Hacks, Wera und Claus Küchenmeister, Ludwig Renn, Alex Wedding) Folge der 'prinzipiellen kulturpolitischen Klärung' von 1965.

Auf die Frage, was sich im Kinderbuch der 1960er Jahre verändert hat, sind bisher folgende Antworten möglich: Das Erzählinteresse wendet sich bei einer Reihe der wichtigsten Autoren vom Kollektiv ab und der kindlichen Individualität zu (Karl Neumann, Benno Pludra, Alfred Wellm). Die Gemeinschaft bleibt zwar weiterhin wichtiger Gegenstand der Betrachtung, aber an ihr interessiert vornehmlich, wie sie sich gegenüber dem Einzelnen verhält und welche Möglichkeiten sie zu dessen individueller Entwicklung bereithält. Die summarische Zeichnung eines Kinderkollektivs wird zurückgedrängt, verbunden mit einem tieferen Erfassen der inneren Vorgänge einzelner Figuren (Blick nach Innen). Kindheit steht weiterhin im engen Kontext zur Umwelt bis hin zu konkreten politischen Vorgängen. Die Kindfiguren erhalten nun aber Freiräume für Spiel und für Kontakt zu Freunden, der nicht politisch motiviert ist. Nicht mehr die Gemeinschaft der Erwachsenen mit ihren gesellschaftlichen Aufgaben bildet den Hintergrund kindlichen Lebens. Aus dieser Gemeinschaft wird zuweilen einer herausgelöst, der zum Partner des Kindes wird.

Daneben gibt es aber auch ein Weiterschreiben im Stile der 1950er Jahre, wenn etwa in einer der populärsten Geschichten der 1960er Jahre (Horst Bastian *Die Moral der Banditen* 1964) die Bande in einem – durch eine ideale Lehrergestalt gelenkten – Umerziehungsprozess zum vorbildlichen Pionierkollektiv mutiert.

Unterschiedliche Tendenzen bestimmen die in den 1960er Jahren auffällig häufige Gestaltung des deutsch-deutschen Verhältnisses. Sie diente in jedem Fall der Bestätigung dessen, dass in der DDR der richtige Weg beschritten wird, der zugleich eine glückliche Kindheit garantiert. Gefährdungen, denen Kinder im anderen Staat ausgesetzt sind (Vereinsamung, ausschließliche Orientierung auf Konsumverhalten) werden ins Bild gerückt – in den meisten Fällen schablonenhaft und mit einer Verzeichnung der Tatsachen verbunden (vor allem bei Brigitte Birnbaum *Reise im August* 1967 und Gerhard Hardel *Treffen mit Paolo* 1967). In Werner Heiduczeks *Die Brüder* (1968) dient das Motiv der feindlichen Brüder dazu zu zeigen, wie Menschen unter schwierigen Umständen zueinander finden können. Aber auch in dieser Novelle wird deutlich, dass dieses Sich-Finden nur auf dem Boden der DDR vorstellbar war, obwohl Heiduczek in wesentlichen Elementen eine Schwarz-Weiß-Zeichnung vermeidet.

Karl Neumann *Frank und Irene* (1964)

Kinder- und Jugendromane von Karl Neumann (*Frank* 1958; *Frank und Irene* 1964; *Ulrike* 1974) gehörten zu den meistgelesenen Erscheinungen der KJL der DDR. Nach dem großen Erfolg von *Frank*, in dem ein Außenseiter gleichsam in die Gemeinschaft geführt wurde, schrieb der Autor auf Drängen von Lesern und Verlag die Fortsetzung *Frank und Irene*.

Die Handlung führt an einen Ort, an dem – nach Empfehlung des Verlages – Strittmatters *Tinko* an und für sich spielen sollte – in ein Pionierlager. Der Text verbindet in gelungener Weise eine abenteuerliche Handlung mit der Vermittlung von sinn- und wertorientierenden Momenten. Der fünfzehnjährige Frank, der seine Mutter verloren hat, befindet sich in einer schwierigen Situation: Der Vater arbeitet auf einer mehrere hundert Kilometer entfernten Baustelle. Diese Entfernung bedeutet zugleich Flucht vor allem, was ihn an seine verstorbene Frau erinnert. Auf diese Weise vernachlässigt er die Familie und überlässt die Sorge um seine zwei jüngeren Kinder Frank und der Mutter von Franks Freundin Irene. Diese Frau hat als Elternbeiratsvorsitzende die Patenschaft über die Kinder übernommen. Frank will die Schule ohne Abschluss beenden, um durch die Aufnahme einer Lehre sich und die Geschwister vom unzuverlässigen Vater unabhängig zu machen. In dieser Situation greift die Gemeinschaft ein: Durch Irene veranlasst, reist die Lehrerin nach Rostock, um mit Franks Vater zu sprechen. Sie erreicht ihr Ziel: Der Vater wird zurückkehren und sich seiner Familie widmen. Mit dieser Darstellung weist der Text eine bemerkenswerte Besonderheit auf, die ihn von anderen Erscheinungen der 1950er, aber auch der 1960er Jahre abhebt: Nicht das ausschließliche Engagement auf einer 'sozialistischen Großbaustelle' (in diesem Fall der Rostocker Hafen) wird gepriesen, sondern der Titel 'Aktivist' erfährt im Gespräch eine bitter-ironische Wendung, weil der Vater die Familie vernachlässigt.

Im Mittelpunkt der Handlung stehen die Abenteuer der jungen Menschen, die sich an der Schwelle zum Jugendalter befinden und im Pionierlager in die Jugendorganisation aufgenommen werden. Neumann vermeidet in diesem Kontext jegliches Pathos: Die jungen Menschen werden darauf verwiesen, nicht darauf zu warten, „bis etwas von oben kommt" (S. 93), sondern selbst zu handeln. Dass Neumann dieses Moment nicht nur nebenher erwähnt, wird auch darin sichtbar, dass sich jener von der FDJ-Kreisleitung kommende Instrukteur als aufgeblasener Wichtigtuer und Lügner präsentiert. Auf der anderen Seite akzentuiert der Erzähler eine politisch geprägte Wertorientierung, wenn er seinen Helden das Credo von Nikolai Ostrowskis Protagonisten Pawel Kortschagin in den Mund legt und die Jungengruppe als Partisanen apostrophiert. In diesem Sinne wird auch abenteuerliches Handeln mit einem Wirken für die Gemeinschaft verbunden: Die Jungen helfen bei der Bekämpfung eines Brandes im Dorf; sie legen ohne Wissen der Eltern die Prüfung als Traktorist ab und pflügen brachliegendes Land.

Nach der Rückkehr von Franks Vater packen schließlich alle mit an, als das Haus ausgebaut wird. Gemeinsames Wirken im Interesse des Einzelnen und einer größeren sozialen Gemeinschaft steht im Zentrum des Textes.

Für die Wirkung des Romans bei jungen Menschen war von nicht zu unterschätzender Bedeutung, dass auch die Gefühle zwischen Frank und Irene – wenn auch nur zurückhaltend angedeutet – eine Rolle spielten und schließlich eine 'vollkommene Familie' in Aussicht gestellt wurde.

4 Die siebziger und achtziger Jahre: Aufbrüche und Behinderung kindlichen Lebens – Der Traum vom Reisen und von einer Insel der Schwäne

Der entscheidende Einschnitt in der kinderliterarischen Entwicklung der DDR liegt an der Wende von den 1960er zu den 1970er Jahren. In dieser Zeit beginnen Wandlungen, die dann in den 1970er und 1980er Jahren ihre volle Ausprägung erfahren und einen Paradigmenwechsel bewirken (vgl. Richter 1991, S. 134–153). Bei einer Reihe namhafter Autoren (Edith Bergner, Christa Kožik, Benno Pludra, Alfred Wellm) erscheinen die Kindfiguren als gefährdete Wesen in einer Gemeinschaft, die gegen ihre einstigen Ideale lebt. Verbunden ist diese Veränderung mit einer für die Kinderliteratur bis dahin ungewöhnlichen Schärfe in der Konfliktgestaltung. Mit der Veränderung des Verhältnisses von Kindfigur und sozialem Umfeld wandeln sich auch der Gestus und der Adressatenbezug. Der optimistische Ton der 1950er und 1960er Jahre ist zurückgenommen. Viele Texte vermitteln die Einsicht, dass glückliches kindliches Leben nur möglich wird, wenn sich grundlegende Veränderungen in der Gesellschaft vollziehen. Damit verbunden sind zwei Richtungen innerhalb des Wirkungsspektrums, die von zwei unterschiedlichen Leserrollen getragen werden:

- Der kindliche Leser wird ermutigt, sich zu seinen Wünschen und Besonderheiten zu bekennen und diese auch gegen Widerstände zu behaupten.
- Der erwachsene Leser wird gleichsam dazu aufgefordert, soziale Beziehungen so zu gestalten, dass unverstelltes, glückliches Kindsein möglich wird.

Folgende Bücher sind Beispiele für diese Veränderungen, in denen die Kindfigur häufig als Opfer oder Erlöser (nicht zuletzt für die Erwachsenen) in dem Sinne angelegt ist, dass seine Vorstellungen vom Leben den humanistischen Idealen entsprechen und einen Gegenentwurf zur gefährdeten ‘Erwachsenenwelt’ bilden: Edith Bergner *Das Mädchen im roten Pullover* (1974); Gerhard Holtz-Baumert *Hasenjunge Dreiläufer* (1976); Gerti Tetzner *Maxi* (1979); Alfred Wellm *Karlchen Duckdich* (1979); Benno Pludra *Insel der Schwäne* (1980) und *Das Herz des Piraten* (1985); Christa Kožik *Der Engel mit dem goldenen Schnurrbart* (1983); Jürgen Leskien *Georg* (1984); Birgit Herkula *Manchmal weiß ich was vom Tag* (1987); Günter Saalmann *Umberto* (1987).

Christa Kožiks *Der Engel mit dem goldenen Schnurrbart* und Alfred Wellms *Das Mädchen mit der Katze* können als charakteristische Beispiele für diese beiden Arten des Bildes vom Kind gelten. Während in Kožiks Kinderroman Kindheit durch doktrinäre Haltungen Erwachsener eine schmerzliche Einschränkung erfährt und das Kind zum Opfer intoleranten Verhaltens wird, stilisiert Wellm ein behindertes Kind zum Träger der idealen Werte und konfrontiert es mit einer pervertierten Gesellschaft der Erwachsenen.

Unmittelbar verbunden mit der Wirkungsabsicht derart erzählten Lebens sind die Weite des Adressatenbezugs und die Offenheit der Texte. Es ist unverkennbar, dass gerade die interessantesten literarischen Erscheinungen zwei implizite Leser aufweisen; in einigen Texten ist die Leserrolle des Erwachsenen sogar favorisiert. Das Besondere dieses doppelten Adressatenbezuges liegt vor allem darin, dass sich der Autor nicht einfach an den 'privaten Leser' wendet, sondern auf eine Öffentlichkeit zielt und damit mehr erhofft als die individuelle Läuterung des Einzellesers. Einer sozialen Gemeinschaft sollte mit einer fiktiven Welt der Spiegel vorgehalten werden: zur Warnung und mit der Aufforderung verbunden, die reale Welt zu verändern.

Der damit verbundene Anspruch, gesellschaftlich einzugreifen und direkte Wirkungen auszulösen, bedeutet keine Einschränkung der Poetizität der Texte. Seit den 1970er Jahren werden die Darstellungstechniken moderner und nähern sich der Literatur für Erwachsene an (Spektrum der Erzählsituationen, Aufgabe linearen Erzählens, phantastische Mittel zur Spiegelung der Innenwelt der Figuren).

Die Offenheit der Erzählstrukturen bedeutet wohl einen der entscheidenden Wandlungsmomente in der KJL der DDR. Während in den 1950er und 1960er Jahren abgeschlossene 'literarische Vorgänge' dominierten, ein vornehmlich auktorialer Erzähler seine Kunstwelt souverän beherrschte, indem er schon die optimistische Lösung im Blick hatte, rücken nun Geschehnisse in den Mittelpunkt, für die der Autor keine schnelle 'Lösung' mehr kennt. Nicht zuletzt die Zunahme von Momenten personalen Erzählens widerspiegelt diese Veränderung.

Betrachtet man die Dichtungen für Kinder und Jugendliche, die in den 1970er und 1980er Jahren erschienen sind, in ihrem Zusammenhang, lassen sich bestimmte 'Vorgangsfiguren'[2] als zeittypische Figuren-Handlungsbeziehungen erkennen. Folgende Figuren-Handlungs-Modelle sind in der Darstellung von Gegenwart besonders auffällig[3]:

- Ankunft in neuen, komplizierteren Kommunikationsräumen (Edith Bergner, Günter Görlich, Lilo Hardel, Benno Pludra);
- Reise in die nähere Umwelt, um Menschen verschiedener Lebensalter und -erfahrungen kennenzulernen und dergestalt die 'Weltsicht' zu bereichern (Gerhard Holtz-Baumert, Uwe Kant, Joachim Nowotny, Bernd Wolff);

[2] Dieter Schlenstedt prägte den Begriff „Vorgangsfigur“ (bezogen auf die Literatur für erwachsene Leser) für die Strukturierungen der Darstellungswelten in der DDR-Literatur. Sie weisen eine ihnen typisch zugehörige stoffliche und thematische Orientierung auf, lassen eine bestimmte Beziehung zu den Vorgängen der Wirklichkeit erkennen und sind verbunden mit einer relativ festen Wirkungsabsicht (siehe dazu: Schlenstedt, Dieter: Wirkungsästhetische Analysen. Poetologie und Prosa der neueren DDR-Literatur. Berlin: Aufbau 1979).

[3] Zur genaueren Darstellung der Figuren-Handlungs-Modelle in der DDR-Kinderliteratur siehe: Richter, Karin: Zeitgenössische Kinder- und Jugendliteratur der DDR aus wirkungsästhetischer Sicht. Analysen und Interpretationen. Berlin: DDR-Zentrum für Kinderliteratur 1990.

- phantastische Figuren und Vorgänge erhellen Defizite in den sozialen Beziehungen (Peter Abraham, Christa Kožik, Benno Pludra, Gerti Tetzner, Alfred Wellm).

Trotz der Unterschiede, die zwischen den einzelnen Figuren-Handlungs-Modellen bestehen, weist das mit der Wirkungsabsicht verbundene Ideal vieler Erzähler große Ähnlichkeiten auf. Nicht mehr die Wirklichkeit wird idealisiert, sondern das Kind, dem die soziale Wirklichkeit Beschränkungen auferlegt, die zu Deformationen führen. Allerdings sind derartige Defizite in kinderliterarischen Texten oft eher als individuelles (erwachsenes) Versagen zu verstehen und weniger als globales gesellschaftliches Problem interpretierbar. Diese Problematik verweist auf Widersprüche innerhalb des Textes, die nicht auf einen Mangel an künstlerischer Gestaltungskraft, sondern eher auf eine selbst auferlegte oder zu erwartende offizielle Zensur verweisen. Die Texte lassen nicht selten die Anstrengungen der Autoren erkennen, eine resignative Gestik zu vermeiden und positive Lösungsangebote zu entwerfen (Edith Bergner *Das Mädchen im roten Pullover*; Benno Pludra *Insel der Schwäne*; Maria Seidemann *Neunfinger*).

Dieses Urteil trifft selbst auf einen Text zu, der in vielen ästhetischen Momenten an die Literatur der 1950er und 1960er Jahre erinnert: Günter Görlichs weitverbreiteter Roman *Den Wolken ein Stück näher* (1971), der als erfolgreichstes Kinder- und Jugendbuch der 1970er Jahre galt und auch durch seine Aufnahme in den verbindlichen Lektürekanon der Schule Wirkungen erzielte. Görlichs Roman dürfte zu den wenigen Texten gehören, bei denen sich das positive Urteil der offiziellen Kritik und eine breite Wirkung auf junge Leser vereinte. Auffällig war zudem, dass ein Kanontext von Jugendlichen mit bemerkenswerter Anteilnahme rezipiert wurde. Die Geschichte um einen idealen Lehrer und die Konflikte innerhalb eines Klassenkollektivs schien den Nerv junger Menschen aus unterschiedlichen Schichten zu treffen, weil sie ihrem Lebensgefühl und ihren Wünschen entsprach. Bedenkliche künstlerische Entscheidungen des Autors wurden kaum wahrgenommen: Der Erzähler steht in der Auseinandersetzung zwischen zwei Jugendlichen eindeutig auf der Seite der Hauptfigur und wertet den Gegenspieler mit verschiedenen Mitteln ab; damit wird aber dem Konflikt seine Brisanz genommen. Der Held Klaus Herper wirkt im Sinne des Kollektivs, während der Gegenspieler Mateja eher die Ausprägung der eigenen Individualität im Auge hat. Kennzeichnend ist der soziale Hintergrund, mit dem Görlich seine Protagonisten ausstattet: Die mit der Produktionssphäre verbundenen 'Elternhäuser' sind intakt und ermöglichen eine harmonische Entwicklung der Heranwachsenden, während die in wissenschaftlichen und künstlerischen Berufen tätigen Eltern diese Voraussetzungen nicht bieten. Andere Texte von Günter Görlich (und auch von Gerhard Holtz-Baumert) belegen, dass diesem 'Sozialmechanismus' ein bewusstes Kalkül zugrunde liegt.

Man kann Görlichs Text allerdings auch so lesen, dass mit dem Tod des von allen verehrten Lehrers der Untergang von Persönlichkeiten symbolisiert wird, die in der Lage sind, in Kollektiven sinnstiftend zu wirken. Die folgende Sinnkrise innerhalb der Klassengemeinschaft kann nur – so offenbart der Text – durch das Wirken aller zum Nutzen aller überwunden werden. Der Erzähler zeigt sich bemüht, die Lösbarkeit der Sinnkrise zu suggerieren, doch zugleich lässt auch dieser Roman keinen unverstellten Optimismus mehr erkennen, wie er in der Literatur der 1950er und frühen 1960er Jahre seinen Ausdruck fand.

Die skizzierten Veränderungen, die sich seit 1970 vollziehen, führen zu auffälligen Modifikationen innerhalb des Figurenensembles und zur 'Umdeutung' einzelner Figurentypen. Im Gegensatz zu den 1950er und 1960er Jahren, als die Gestalten aus der Großvätergeneration als Vertreter des zu überwindenden Alten angelegt waren (Horst Beseler *Käuzchenkuhle*; Erwin Strittmatter *Tinko*; Alfred Wellm *Die Kinder von Plieversdorf*), werden sie nun zu Idealgestalten. Ihre menschliche Größe basiert auf dem Wissen, welche Werte im Leben tatsächlich von Bedeutung sind (Uwe Kant *Die Reise von Neukuckow nach Nowosibirsk 1980; Christa Kožik Moritz in der Litfaßsäule* 1980; Klaus Beuchler *Jan Oppen* 1983).

Gleichzeitig rücken die Gestalten aus der Vätergeneration in den Hintergrund; ihnen wird alles Vorbildhafte genommen. Zumeist haben sie sich in einer eingeschränkten Lebensmöglichkeit 'eingerichtet'. Der zeitgleiche Vorgang in der Literatur für Erwachsene (Jurij Brězan *Bild des Vaters* 1982; Helmut Sakowski *Wie ein Vogel im Schwarm* 1984) verweist auf den gesellschaftlichen Hintergrund der Erscheinung. Hinter ihr verbirgt sich die kritische Sicht auf sich immer deutlicher ausprägende Lebensinhalte in verschiedenen sozialen Räumen, die im Widerspruch zu einer wirklichen Kultur menschlicher Beziehungen stehen. Zwischen den Figuren aus der Großväter- und der Enkelgeneration bestehen tiefe innere Bindungen, die mit der Vermittlung wesentlicher Lebensmaxime verbunden sind.

Auf Grund der Vielschichtigkeit der Texte, die in den 1970er und 1980er Jahren erschienen sind, soll im Folgenden jeweils ein literarisches Beispiel die Grundzüge der drei erwähnten Figuren-Handlungs-Muster beleuchten.

4.1 Ankunft in neuen Kommunikationsräumen

Benno Pludra *Insel der Schwäne* (1980)

Pludras Text zählt nicht nur zu jenen, die in ihrer Anlage und ihrer Rezeption durch kindliche Leser und die offizielle Kritik als charakteristische Beispiele zu bezeichnen sind. Er ist auch ein die Tendenzen beider Jahrzehnte verbindender Roman, weil er in den 1970er Jahren über einen langen Schaffensprozess hinweg entstand und mit seiner Wirkung in den 1980er Jahren die 'Literaturverhältnisse' kennzeichnet.

Der Junge Stefan muss wegen des Umzugs seiner Eltern von einer dörflich geprägten Welt Abschied nehmen, in der er sich heimisch fühlte. Er empfindet den Ortswechsel zunehmend als Verlust, weil es ihm nicht gelingt, in der Neubaustadt seinen Platz zu finden. Das kindliche Glück wird gefährdet durch gestörte Beziehungen innerhalb der Familie (der

Vater begreift nicht die Bemühungen des Sohnes, mit anderen in der Neubaustadt eine 'Insel der Schwäne' zu gestalten, sondern plädiert für einen betonierten Spielplatz), doktrinäre, oberflächliche Haltungen gegenüber kindlichen Sehnsüchten und Erscheinungen von Brutalität zwischen den Heranwachsenden. Stefan hat den Wunsch, seine neue Lebenssphäre mitzugestalten und zu verändern. Die Insel der Schwäne in seiner alten Heimat will er nicht nur in der Erinnerung bewahren, sondern in einem Spielplatz mit See verwirklicht sehen. Als ihm das verwehrt wird, flieht er in seine alte Heimat. Zugleich setzt der Text – trotz des offenen Schlusses – Zeichen dafür, dass Stefan zurückkehren und dass sein Wirken mit anderen letztlich erfolgreich sein wird. Die Problematik dieses interessanten und innovativen Kinderromans besteht darin, dass Pludra einerseits die Verflechtung familiärer Beziehungen mit größeren gesellschaftlichen Räumen zunächst sehr genau erzählt, andererseits aber diese Zusammenhänge reduziert, indem er den Konflikt des Jungen am Ende auf eine Vater-Sohn-Kontroverse festschreibt. Der Vater gerinnt allmählich zu einer Inkarnation aller Erscheinungen von Engstirnigkeit und Gedankenlosigkeit im Beurteilen kindlicher Entfaltungsmöglichkeiten. Damit verlieren die gesellschaftlichen Konturen der poetischen Welt an Schärfe. Dieses Resultat steht im Gegensatz zu anderen Strukturelementen des Kinderromans, die eindeutig markieren, dass Pludra auf gesellschaftliche Hemmnisse für die Persönlichkeitsentwicklung junger Menschen verweisen wollte. Der eher versöhnlerische Schluss, der dem Text nahezu gewaltsam angehängt erscheint, ergibt sich weniger aus der Geschichte selbst als aus der Rücksicht auf eine kindliche Leserschaft oder auf die 'Zensur'. Dass Letztere mit ins Kalkül gezogen werden muss, zeigt die Reaktion gegenüber der Verfilmung des Romans. Die von Ulrich Plenzdorf verantwortete Filmversion, die die gesellschaftskritischen Elemente des Kinderromans deutlich hervorhob, verschwand aus politischen Gründen für Jahre aus den Kinos.

4.2 Reisen in unbekanntes-bekanntes Land

Uwe Kant *Die Reise von Neukuckow nach Nowosibirsk* (1980)

Kants Jugendroman steht am Ende der Entfaltung eines Figuren-Handlungs-Modells, das darauf gerichtet war, einen jungen Menschen auf der Reise und seine damit verbundenen Wandlungen zu zeigen. Die Reise entfernte den Protagonisten zwar aus seiner alltäglichen Umwelt, beließ ihn aber in der Lebenswirklichkeit des eigenen Landes, das sich als Ort möglicher Abenteuer offenbarte, die den einzelnen dazu veranlassen, über das eigene Leben und Fragen seiner Sinngebung nachzudenken. Während in den Texten der 1970er Jahre (Bernd Wolff *Alwin auf der Landstraße* 1971; Gerhard Holtz-Baumert *Trampen nach Norden* 1975; Günter Ebert *Mein Vater Alfons* 1977; Siegfried Weinhold *Stelzenbeins Reise mit dem Onkel* 1978) eine Vielzahl von Begegnungen mit Figuren unterschiedlicher Profession und Herkunft kindliche Weltsicht verändert, bringt Kants Jugendroman den entscheidenden Wandel. Er bricht mit dem konventionalisierten Muster äußerer Reizüberflutung und des Zwanges zu schneller Individualitätsbereicherung und erzählt von einer Begegnung mit tiefer Wirkung. Die durch Kant bewirkte Neuerung der literarischen Grundsituation trägt den Charakter einer innerliterarischen Polemik gegen die beschriebene Tendenz in der Verwendung des Reisemotivs, das darauf gerichtet ist, aus der Wirkung vieler Begegnungen nahezu mechanistisch eine neue Weltsicht der Kindfigur abzuleiten. Kant erinnert zunächst in der Titelwahl an den bekannten literarischen Vorgang, um sich dann von ihm zu entfernen und einen Gegenentwurf zu schaffen, der nicht nur eine neue Strukturierung aufweist, sondern zudem auf eine neue Qualität in der Beteiligung des Lesers insistiert.

Die von seinem jungen Helden geplante und inszenierte Reise von Neukuckow nach Nowosibirsk findet nicht statt. Sie endet mit einer Mofa-Panne wenige Kilometer vom Ausgangsort entfernt, doch gerade hier kommt es zu einer Begegnung, die das Leben des Jugendlichen grundlegend ändert. Die Intensität einer überraschenden Begegnung wird zum Agens für sein weiteres Leben und führt zu Einsichten in den Wert und Sinn menschlichen Daseins. Das Problem des sechzehnjährigen Jürgen Rogge besteht darin, dass alle etwas mit ihm und durch ihn erreichen wollen, was ihnen selbst im Leben versagt geblieben ist. Doch keiner hat es bisher vermocht, ihm zu helfen, seinem Weg die Richtung zu geben und ihn erkennen zu lassen, wo seine spezifischen Möglichkeiten und Interessen liegen könnten. Erst das 'Gipfeltreffen' mit dem alten Lüttjohann bringt dem Jungen die Erlösung und lässt ihn erkennen, in welche Richtung er sein eigenes Leben lenken könnte.

Mit Augenzwinkern wird auch ein kritischer Blick auf die Schule geworfen: Unter äußerst eingeschränkten Bedingungen hat jener Lüttjohann einst in der Dorfschule Einblick in das Leben von Hauke Haien erhalten. Und nun erhofft der alte Mann in dem Jungen, der in allen Fächern die Note „Eins“ hat, einen Gesprächspartner gefunden zu haben, mit dem er über den Weg des 'Schimmelreiters' sprechen kann. Die Zwiesprache des Alten mit dem literarischen Text kontrastiert mit Jürgens phrasenhafter Erklärung, die nur einer dürren, noch dazu falschen Sachinformation zum poetischen Text gleichkommt. Der Junge lernt nicht in der Schule, sondern erst bei diesem einfachen Alten Hauke Haien tatsächlich kennen. Erst durch den weisen Alten, nicht durch die Schule, begreift Jürgen den Zusammenhang von gesellschaftlicher Determiniertheit und individueller Selbstverwirklichung.

Kants Jugendroman gehört zu den unterschätzten Texten der KJL der DDR – sicher auch, weil er sich einer gängigen Einordnung und Interpretation entzog. Vielleicht gelingt noch seine späte Entdeckung, die gerade wegen des geistreich-humorvollen Gestus lohnen würde.

4.3 Phantastische Geschichten als Warnbilder

Christa Kožik *Der Engel mit dem goldenen Schnurrbart* (1983)

Der Text, der zu den interessantesten Erscheinungen der KJL der DDR zählt, fügt eine phantastische Figur in einer Weise in eine Alltagswelt ein, dass diese als eine reale Erscheinung der Kunstwelt begriffen werden muss und nicht einfach in die Sphäre des kindlichen Traums verbannt werden kann – ein Vorgang, der für die Verwendung des Phantastischen in der KL der DDR nicht unwesentlich ist.

In die alltägliche, eintönige Welt des Mädchens Lilli tritt ein Engel, der nicht nur ihr Leben entscheidend verändert, sondern der die Atmosphäre von Lillis enger und weiter Umwelt erhellt. In diesem Kontext klingt die Frage an, die den ideellen Kern der Handlung bildet: Wie verhalten sich der Einzelne und eine soziale Gemeinschaft gegenüber einer anderen, ungewöhnlichen Individualität?

Zunächst wird mit komischen Mitteln ein wesentliches Moment sozialer Kommunikation berührt: In der privaten Sphäre empfindet Lilli das Anderssein des Engels als außergewöhnlichen Reiz und als Bereicherung ihres Lebens. Doch als Ambrosius das Mädchen überraschen will, um es 'fliegenderweise' von der Schule abzuholen, ist Lilli das Ganze wegen des ungewöhnlichen Aussehens des Engels peinlich. Bereits damit soll die Frage provoziert werden, ob die divergierenden Bewertungsmuster im privaten und öffentlichen Bereich nicht zu hinterfragen sind. Noch deutlicher wird der gesellschaftliche Hintergrund – und die mit dem Roman verbundene Gesellschaftskritik –, als der Schuldirektor zunächst den 'Umgang mit einem Engel' wegen dessen anderer Weltanschauung verbietet und schließlich die Bedingungen diktiert, unter denen das Leben des Engels in Lillis Nähe geduldet wird: Der Engel darf nicht mehr fliegen, seine Kleidung muss der anderer Schüler angepasst sein, er muss der Schulpflicht nachkommen. Die Forderung nach absoluter Unterordnung resultiert aus der Furcht vor der Auflösung der festgefügten Ordnung an seiner Schule (hinter der natürlich weitaus mehr steht).

Der zu einer Anpassung durchaus bereite Engel versagt sich einer Vergewaltigung seiner Individualität und verlässt die Erde wieder, nachdem Lilli den Versuch unternahm, ihm 'die Flügel zu beschneiden'. Damit wird nicht nur eine Chance zur Bereicherung 'irdischen Daseins' verspielt, sondern eine Gemeinschaft (die eindeutig ihren Bezug zu den DDR-Verhältnissen zu erkennen gibt) hat ihre Unreife und Intoleranz offenbart.

Diese Aussage reichte weit über den kindlichen Leser hinaus, aber sie schloss ihn mit ein: Die Aufmunterung zum Bekenntnis der eigenen Individualität und die Aufforderung zu Toleranz und Achtung der anderen (oder auch andersartigen) Individualität richtet sich auch an das Kind.

Gerade im Bereich des phantastischen Erzählens entfaltet sich in den späten 1970er und in den 1980er Jahren eine Fülle von ästhetischen Welten.

Während Peter Hacks' äußerst originelle Geschichte *Meta Morfoß* (1975) vor allem auf spielerische Verwandlungen und hedonistische Aspekte zielt und sich jeglicher politischer oder pädagogischer Indienstnahme entzieht, ist Peter Abrahams *Schulgespenst* (1978) zum einen ebenfalls Ausdruck eines Spiels. Zum anderen verbindet sich jenes Spiel, das die Kindfigur in phantastische Räume führt, auch mit der Erkenntnis, dass das individuell erlebte Abenteuer eine Entfernung von den Freunden bedeutete. Phantastisches Spiel, das dergestalt Freiheit und Alleinsein verbindet, führt letztlich nicht zur Erfüllung kindlicher Träume.

Eine Sonderstellung innerhalb der Texte, in denen Phantastisches und Reales verknüpft ist, nimmt Peter Abrahams Erzählung *Der Affenstern* (1985) ein. Sie gehört zu den wenigen Kindertexten, in denen Menschheitsfragen in einer weiten Dimension erfasst werden. Mit den Erlebnissen einer Kindergruppe, die einen Flug zu einem anderen Planeten unternimmt, sind grundlegende Fragen 'irdischen Daseins' verbunden. In der unheimlichen Welt des brennenden Affensterns erhalten die Kindfiguren den als moralischen Appell zu begreifenden Auftrag, das Geheimnis jenes Planeten und die Ursache seines Brandes zu entdecken. Glaubensfanatismus und -missbrauch für Machtkämpfe, Rassendiskriminierung, Menschenverachtung und Unterdrückung sowie pazifistische Haltungen rücken über poetische Bilder ins Zentrum: Die tote Stadt Ogathrak (Karthago) und der permanente Krieg zwischen den Langschwanzaffen Ethans (Athens) und den Kurzschwanzaffen von Partas (Sparta) sind nicht einfach historische Zitate, sondern insistieren darauf, wie aktuell scheinbar Vergangenes ist, wie anachronistisch bestimmte aktuelle Zustände sind und inwieweit alte Menschheitsfragen immer noch einer Lösung harren. Die Hoffnung der Affensternbewohner auf eine friedliche Welt knüpft sich an den Gedanken, dass auf einem anderen Planeten humane Lebensformen existieren. Die bewusste Lüge der Kindfiguren, dass es auf der Erde keine Kriege gibt, ist eine Provokation für den Leser, weil die mit ihr verbundene Täuschung Reaktion auf ein durchaus irdisches Sehnsuchtsbild ist. Für die KL der DDR bedeutete dieser Text eine neue, innovative Verknüpfung phantastischer und komischer Mittel und eine gelungene Verbindung von Elementen verschiedener Genres (Science-Fiction, Märchen, Sage, Nonsens). Abrahams *Affenstern* gestaltet nicht zuletzt die Krieg-Frieden-Problematik ohne ideologisch determinierte Vereinfachung und ohne Reduktion auf eine Problemerzählung.

Im selben Jahr erschien in der DDR ein Kinderroman von Benno Pludra, der eine neue 'Spielart' phantastischen Erzählens wählte: *Das Herz des Piraten* (1985) verbindet eine in der Alltagswelt angesiedelte Handlung auf eine Weise mit einer phantastischen Ebene, dass sie sich kaum in die bekannten Formen phantastischen Erzählens einordnen lässt. Die Verknüpfung von 'Realhandlung' und 'märchenhaft-phantastischer Ebene' verunsichert, weil die 'irreale Ebene' zunächst wie eine Empfindung der Protagonistin Jessika wirkt, andererseits aber durch die Eröffnungspassage des Kinderromans als tatsächliches Geschehen erzählt wird. Die phantastische Ebene trägt vor allem zur Erhellung der inneren Welt der Hauptfigur bei: Jessika findet am Strand einen Stein, den sie in ihren Träumen in das Herz des Piraten verwandelt, dessen Geschichte sie imaginiert. Die Kommunikation mit dem Stein ermöglicht Abenteuer und reizvolles Spiel, jedoch symbolisiert sie vor allem die Probleme des Kindes. Eine belastete soziale Beziehung führt zu einem Kontakt mit einem toten Gegenstand, der als eine Art Kommunikationsersatz fungiert. Durch kontrastiv angelegte Schlüsselwörter (Wärme, Leuchten, Wunder, Verwandlung – Kälte, Leere, Dunkelheit) erhält die imaginierte Welt eine positive und die reale Welt eine negative Konnotierung. Die Außenseiterposition des Mädchens in der eng begrenzten Dorfwelt basiert nicht nur auf ihrer Vaterlosigkeit. Doch auch das plötzliche Erscheinen des exotischen Vaters ist nur ein Wunder von kurzer Dauer. Am Ende bleiben die Sehnsüchte des Mädchens unerfüllt, und dennoch ist der schmerzvolle Abschied mit der Hoffnung auf eine gestärkte kindliche Persönlichkeit verbunden.

Völlig anders ist die romanhafte, phantastische Erzählung *Das Wildpferd unterm Kachelofen* (1984) von Christoph Hein strukturiert, die in einzelnen äußeren Elementen an Alan Alexander Milnes *Pu der Bär* erinnert. Im Unterschied zu diesem Kinderliteraturklassiker ist der Hintergrund der Belebung einer Spielzeugwelt weniger lustvoller Natur: Jakob belebt seine Spielzeugwelt und erlebt mit dem Falschen Prinzen, Kleine Adlerfeder, mit Panadel dem Clochard, mit Schnauz dem Esel und Katinka wunderschöne Geschichten, aber er belebt sie vor allem deshalb, weil er im Alltag Enttäuschungen und Misserfolge erlebt. Deshalb schafft sich Jakob seine Welt der Phantasie und des sozialen Reichtums, die auch den erwachsenen Erzähler fasziniert. Hein erfindet ein Ensemble interessanter Wesen, das nicht nur kindliche Sehnsüchte widerspiegelt, sondern auch die Wünsche Erwachsener nach einer Attackierung des 'erwachsenen Wertesystems' bedient.

Mit ihrem letzten, in der DDR entstandenen Kinderbuch *Kicki und der König* (1990) hat Christa Kożik zwar nicht die ästhetische Reife des *Engels mit dem goldenen Schnurrbart* erreicht, aber dieser phantastische Text kann als eine der mutigsten poetischen 'Wortmeldungen' der Kinderliteratur der DDR gelten. Die Geschichte, in der eine sprechende, intelligente Katze ins Zentrum der Macht vordringt, weist gleichnishafte, parabelartige Züge auf: Kicki kann die Wahrheit riechen und gefährdet auf diese Weise die herrschenden Machtstrukturen. Die weibliche Katze bricht in männliche Domänen ein und zerstört die bisher üblichen hohlen Rituale. Ihren König – der dem Märchentypus des ahnungslosen, von bösen Beratern verführten Monarchen gleicht – will sie davon überzeugen, dass er sein Maien-Land (das sich unverkennbar als DDR zu erkennen gibt) so umgestaltet, wie es der König des Oktober-Landes tut. Die sehr direkten Bezüge zur Wirklichkeit offenbaren, dass eine poetische Verschlüsselung nicht in der Absicht der Autorin lag. Mit ihrem Schreiben wollte sie durchaus – wie viele andere Kinder- und Jugendbuchautoren der DDR – Veränderungen evozieren. Dieser Anspruch mag heute befremden. Er wird nur begreifbar auf dem Hintergrund eines anderen Funktionsverständnisses von Literatur, als es in der westlichen Hemisphäre existierte.

Betrachtet man die poetischen Kindheitsbilder in den verschiedenen Jahrzehnten kinderliterarischer Entwicklung in der DDR, dann fallen neben den genannten Wandlungen auch Gemeinsamkeiten auf, die für den gesamten Zeitraum charakteristisch sind. Sie deuten zugleich auf eine grundlegende Differenz, die in der Auffassung von Kindheit und deren literarischer Widerspiegelung in der östlichen und der westlichen Kinderliteratur bestand. Kindheit erschien in der KJL der DDR zu keiner Zeit als ein von der 'Erwachsenenwelt' abgetrennter, separater Raum. Kindliches Tun stand immer im Kontext mit den dominanten gesellschaftlichen Bewegungen. Verschiebungen existierten nur in der Gestaltung des Verhältnisses zur 'Welt der Erwachsenen'. Selbst bei der Zunahme des kritischen Blicks auf gesellschaftliche Strukturen und einen bedenklichen Werteverlust ziehen sich die Kindfiguren nicht aus Enttäuschung in gesellschaftsfernere Räume zurück, denn sie wollen auch weiterhin Veränderungen bewirken. Dahinter wird der Anspruch ihrer 'Schöpfer' sichtbar, gestaltend in gesellschaftliche Prozesse eingreifen zu wollen.

Selbst der in der späten DDR-KL deutlichere Bezug zur Familie verliert nicht seine Einbettung in größere Räume. Oft sind die Elternfiguren als Träger gesellschaftlicher Defizite angelegt. Im Unterschied zur frühen DDR-Literatur spielt die Arbeitssphäre der Eltern allerdings eine vergleichsweise geringe Rolle.

Die Idealisierung von Kindfiguren in der Literatur der 1980er Jahre ist – wie jede Form des 'Mythos vom Kinde' – auch Ausdruck von Hoffnungslosigkeit und Resignation.

Viele Texte der Kinder- und Jugendliteratur der DDR sind sprechende Beispiele für die 'literarische Begleitung' eines gesellschaftlichen 'Experiments', das anfangs mit großen Hoffnungen verbunden war, dem man aber zunehmend kritischer gegenüberstand, ohne es allerdings abbrechen zu wollen – auch weil man glaubte, mit dem eigenen literarischen Wirken Änderungen evozieren zu können.

Auf diesem Hintergrund werden Brüche oder auch Abbrüche des literarischen Wirkens ostdeutscher Kinderbuchautoren nach der Wende erklärbar. Der Titel von Benno Pludras letztem bedeutenden Jugendroman *Jakob heimatlos* (1999) könnte auf den Autor und seine Empfindungen zurückverweisen, die er mit einer ganzen Reihe ostdeutscher Autoren teilt. Diese Erscheinung hat nichts mit 'Ostalgie' oder rückwärtsgewandter Sehnsucht zu tun. Nicht nur der äußere Handlungsrahmen (einschließlich der Verlagssituation und des Buchhandels), sondern auch der bisherige 'Erzählgegenstand' und das (kindliche) Lesepublikum wandelten sich. Insofern waren die Veränderungen für einen Autor, der für Kinder schrieb, von anderer Dimension als für Schriftsteller, die sich an ein erwachsenes Publikum wandten.

Dieser Problematik wird in einer größeren Arbeit ebenso nachzugehen sein wie der Frage nach den Erscheinungen und größeren Publikationsprojekten in der KJL der DDR, die auch im gegenwärtigen gesellschaftlichen Kontext eine Wahrnehmung verdienten.[4]

5 Historisches und Mythologisches in der Kinder- und Jugendliteratur der DDR

In der KJL der DDR haben Darstellungen historischer Prozesse und Ereignisse immer einen wichtigen Platz eingenommen. Nicht zu übersehen sind in dieser poetischen 'Aufarbeitung' von Geschichte Einseitigkeiten: die deutsche und internationale kommunistische Bewegung und deren Traditionen genossen Priorität. Die Geschichte wurde nicht selten als teleologischer Prozess dargestellt, der auf ein Ziel, den Kommunismus, ausgerichtet ist. Diese Einseitigkeiten sind allerdings nicht erst seit der Wende aufgefallen; sie wurden bereits Jahre zuvor in literaturkritischen Arbeiten benannt. In den Werken über historische Persönlichkeiten dominierten zunächst Männer und Frauen aus der kommunistischen Bewegung, aber es wurden auch Bücher über den Stauferkönig Friedrich Barbarossa (Waltraud Lewin *Federico*), über Friedrich II. (*Allergnädigster Vater*, hrsg. von Frank Schuhmann), über Marco Polo (Willi Meinck *Die wundersamen Abenteuer des Marco Polo* 1955 und *Die wundersamen Reisen des Marco Polo* 1957), über alte Kulturen (Willi Meinck *Der Untergang der Jaguarkrieger* 1968),

[4] Die Verfasserin des Handbuchartikels wird im nächsten Jahr eine größere Buchpublikation zur KJL der DDR vorlegen, die eine grundlegende Betrachtung dieser Fragen einschließt.

viele Künstlerpersönlichkeiten der Vergangenheit, über die Geschichte Roms und Griechenlands verlegt – um nur einige Beispiele zu nennen.

Angesichts der politisch motivierten Einseitigkeiten werden manche Themen erst sehr spät Gegenstände literarischer Darstellung. Das betrifft beispielsweise auch die Gestaltung des Holocaust in der KJL der DDR. Drei, in den 1980er Jahren erschienene Texte sind in ihrer ergreifenden Darstellung der Verfolgung und Vernichtung jüdischen Lebens bemerkenswert: Vera Friedländer *Späte Notizen* (1982), Peter Abraham *Fünkchen lebt* (1988) und Bodo Schulenburg *Markus und der Golem* (1988).

Von besonderer Bedeutung und ästhetischer Qualität war das Projekt der Kinder- und Jugendbuchverlage der DDR, Nach- und Neuerzählungen mythischer Stoffe und älterer deutscher und internationaler Literatur zu schaffen. Diese Dichtungen wurden von den bekanntesten Schriftstellern der DDR nacherzählt, auch um historische Dimensionen menschlicher Fragen deutlich zu machen, die ins Heute weisen. Es entstanden Adaptionen der *Ilias* und der *Odyssee* (unter dem Titel *Das hölzerne Pferd* 1968), der *Prometheussage* (1974) und des *Nibelungenliedes* (1971) von Franz Fühmannn. Werner Heiduczek erzählte die Geschichte von *Parsival* (1974), von Stephan Hermlin stammt eine Neuerzählung der *Argonautensage* (1974), Gerhard Holtz-Baumert schuf eine neue Fassung des *Daidalos und Ikaros* (1984), und Hannes Hüttner erzählte den *Herakles* (1979) und die *Beowulf*-Geschichte (1975) neu. Hinter den Bemühungen der genannten Schriftsteller stand nicht einfach eine bloße Nacherzählung mythischer Stoffe – sie waren vielmehr Ausdruck der Erkenntnis, dass jene Geschichten in der Jugend nicht mehr lebendig sind und dass damit ein großer Schatz der Weltkultur verschüttet wurde.

Auch die Verbindung von Familiengeschichte, Gesellschaftsdarstellung und Weltgeschichte gewinnt seit den 1960er Jahren in der KJL der DDR an Bedeutung. Hervorhebenswert sind folgende Texte:

- Horst Beselers Roman *Käuzchenkuhle* (1965), in dem die Verstrickung des Großvaters in der Nazi-Zeit den jugendlichen Protagonisten mit den Fragen von Schuld und Sühne, aber auch mit seinen Gefühlen für den Großvater in einen Konflikt stürzt;
- Hans-Ulrich Lüdemanns Erzählung *Plumpsack geht um* (1979), in der die 'Parteigeschichte' seines Vaters den jungen Helden Unehrlichkeit und amoralischem Verhalten in seinem Umfeld – nicht zuletzt auch im Staatsbürgerkundeunterricht – entdecken lässt;
- Klaus Beuchlers Roman *Jan Oppen* (1983), in dem in einer fesselnden Familiengeschichte die Opposition des jugendlichen Sprosses einer Berliner Arbeiterfamilie zur Suche nach Traditionen führt, so dass dieser den Zusammenhang von Familiengeschichte und Nationalgeschichte als etwas für ihn Bedeutsames begreift. Ostentativ wird hervorgehoben, dass diese Motivation vom Geschichtsunterricht nicht ausgegangen ist.

- Alfred Wellms Jugendbuch *Pugowitza* (1975) stellt ein herausragendes Beispiel der Darstellung der unmittelbaren Nachkriegszeit dar. Die meisterhaft erzählte Geschichte einer Individuation verbindet sich mit Krieg, Flucht, Vertreibung und Heimatlosigkeit. Während der Junge Heinrich nach vielen Wirren in der 'neuen Welt' seinen Platz findet, kehrt der alte Mann, der den Jungen ein Stück Menschlichkeit lehrte, in seine alte masurische Heimat zurück.

6 Bilderbuchgeschichten, Tiererzählungen und ein Klassiker

In den Nachauflagen, die Texte der KJL der DDR nach der Wende erfuhren, dominieren Bilderbucherzählungen für jüngere Kinder wie Fred Rodrian/Werner Klemke *Wolkenschaf* (1958), *Hirsch Heinrich* (1960) und *Die Schwalbenchristine* (1962), verschiedene Geschichten von Elisabeth Shaw sowie Gerhard Holtz-Baumerts *Alfons Zitterbacke* (1958/1962), die Geschichte eines Sonderlings, Spaßmachers und Pechvogels, der in der DDR höchste Bekanntheit hatte und dem in diesem Rahmen zu Recht der Status eines Kinderliteraturklassikers gebührte. Die Bilderbuchgeschichten von Rodrian (Autor) und Werner Klemke (Illustrator) gehörten zu den beliebtesten Bücherschätzen jüngerer Kinder (und Eltern), weil in ihnen eine einfache, spannende Geschichte erzählt wurde, in der sich poetische Gestaltungskraft mit einer meisterhaften, zurückhaltenden Illustrationskunst verband. Kindliche Aktivität, harmonische Beziehungen zwischen Kindern und Erwachsenen werden akzentuiert und die Achtung der natürlichen Umwelt verbindet sich mit dem Gefühl für den Wert einer Gemeinschaft. Während Edith Bergner in ihren Bilderbucherzählungen *Der Dackel Oskar* (1976) und *Schinschilla* (1979) von der Einförmigkeit der Neubaugebiete, von Natursehnsucht und den Möglichkeiten der Kunst erzählte, verbindet sich in Gerhard Holtz-Baumerts *Hasenjunge Dreiläufer* (1976) Komisch-Phantastisches mit einem kritischen Blick auf Normen einer autoritären Erziehungspraxis. Insgesamt ist gerade das Genre Bilderbucherzählung in der KJL der DDR in einer großen inhaltlichen Breite und beachtlichen ästhetischen Qualität erschienen, auch wenn es in den Bildergeschichten Erscheinungen gab, die didaktische Züge und ideologische Vordergründigkeit aufwiesen.

7 Die Ereignisse der 'Wende' im Spiegel ostdeutscher Kinder- und Jugendbuchautoren (1990 bis 1994)

> In den Texten ostdeutscher Kinder- und Jugendbuchautoren, die in den ersten Jahren nach der Wende erschienen sind, fallen folgende Aspekte auf:
>
> Es erfolgt eine Konzentration auf die Zeit unmittelbar vor und unmittelbar nach der Wende. Es interessiert im besonderen Maße die Bewegung, die zur Veränderung im Osten und zum Zusammenbruch des Gesellschaftssystems der DDR führte.
>
> Die Handlung konzentriert sich auf die Gegenwart im vereinten Deutschland und die Folgen der gesellschaftlichen Veränderungen, die nicht selten als Verlust begriffen werden.

Eine erste literarische Reaktion auf die gesellschaftlichen Veränderungen stellte der im Ravensburger Verlag erschienene Erzählband *Wahnsinn* (1990) dar, an dem sich viele der etablierten Kinder- und Jugendbuchautoren der DDR beteiligten. Einige Erzählungen versuchen – mit Blick auf junge Menschen – Momente zu erfassen, die den Untergang des Staates evozierten: Sie zeigen deren eingeengtes Dasein sowie ihren Schritt des Herauslösens aus den sie beengenden Zuständen und letztlich ihres Bekenntnisses zu ihren individuellen Ansichten (Peter Abraham *Der Traum*). In anderen Texten stehen Kindfiguren im Mittelpunkt, deren Väter zu den sogenannten Trägern des Systems gehörten und die nun für ihre Väter büßen müssen und ihre Freunde verlieren (Günter Görlich *Spuck vor ihr aus*; Gabriele Herzog *Meine beste Freundin*; Christa Grasmeyer *Was hast du getan?*). Das bedrückende Erlebnis des abrupten Abschieds von Freunden, weil deren Eltern das Land über Ungarn verlassen (Gerhard Holtz-Baumert *Das Zeichen*), wird in einer Weise erzählt, dass der Fall der Mauer in diesem Kontext als Erlösung aus dieser Situation erscheint. Andere Geschichten verbinden die Darstellung der bedrückenden und gespannten Atmosphäre vor dem Fall der Mauer mit ihren Demonstrationen und Verhaftungen mit einer Skizzierung der Lage danach, in der die Erwartungen nicht eingelöst werden, sondern die Macht des Geldes alles überdeckt.

Wie problematisch die schnellen literarischen Reaktionen auf aktuelle politische Ereignisse sind, offenbart nicht zuletzt Hannes Hüttners Erzählung *Ricardo*. In seinem Erzählgestus ist der Text einer der faszinierenden des Bandes, in seinem Sinnpotential einer der problematischsten. Ricardo stirbt an der Mauer, weil seine – im Text durchgehend negativ gezeichnete – Mutter die Aufsichtspflicht verletzt, um zur geöffneten Mauer zu eilen und sich mit ihrer sexuellen Anziehungskraft 'einen Mann aus dem Westen zu angeln'. Die Lust nach Freiheit und Verantwortungslosigkeit gegenüber dem Kind verbinden sich.

Gänzlich anders geartet ist die literarische Reaktion auf Wende und Nachwende bei einem jüdischen Autor, dessen Texte zu DDR-Zeiten nicht veröffentlicht wurden. Henning Pawel versucht in seinem Erzählband *Wie ich Großvater einschloß, um die deutsche Einheit zu retten. Die Enkel packen aus* (1991) mit einer Verbindung von Alltagsschilderung, Komik und Phantastik jene sich überstürzenden Ereignisse einzufangen. Auf einem 'gesamtdeutschen Enkelkongress' präsentieren die Enkel ihre Verdienste um die deutsche Einheit. Erzählt wird vom Stiefsohn des Stasigenerals, der auf der Seite der Oppositionellen steht und ihnen die Melodie leiht, die die Mauer zum Einstürzen bringt. In einer anderen Geschichte wird dem Leser eine mauer-kaufende Amerikanerin vorgeführt, die mit Schalk-Golodkowski verhandelt und schließlich dessen Enkel mit nach Amerika nimmt. Die Parallelen zwischen dem Stiefsohn des Stasigenerals und dem 'Balg vom alten Schalk' deuten auf eine Auffassung vom Kind als ein dem Erwachsenen überlegenes Wesen, das individuelle und gesellschaftliche Verwerfungen zu durchschauen vermag. Der 'Mythos vom Kinde' wird dergestalt mit Augenzwinkern erzählt, ohne den Ernst der Situation zu verdecken. Pawel vermischt den kritischen Blick auf die Vorwendezeit mit nachdenklichen Tönen zur Nachwendezeit, in der die „Kämpfer gegen die alte Macht" in der neu gewonnenen Machtposition ihre einstigen Ideale verlieren und in der Kolonialisten auftauchen, die ganz Thüringen aufkaufen wollen. Auch in dieser Erzählung entlarvt ein kindliches Wesen die Absichten der Erwachsenen und beendet deren trügerisches Spiel.

Die besonderen literarischen Qualitäten dieses Autors offenbaren sich auch in einer gleichnishaften Erzählung, die 1992 unter dem Titel *Katzenfest* im Rotfuchs-Lesebuch *Kinder, Katzen & Co.* veröffentlicht wurde. Die Probleme und Reize im Kontakt zwischen hessischen und thüringischen Katzen werden hier auf hintergründige Weise erzählt. Es geht nicht nur um Liebeslust und Liebesleid, wenn Pawel die Wege beschreibt, auf denen die Katzen beider Länder zueinander finden und voneinander getrennt werden. Die Schwierigkeiten innerhalb der 'Katzengesellschaft' verweisen auf Menschliches. Das offenbart nicht nur das Schicksal des thüringischen Katers Otfried, der unter lebensbedrohlichen Umständen zu seiner hessischen Angebeteten gelangt. Trotz großer Liebe möchte er wieder ins Thüringische fliehen, da die hessische Geliebte versucht, ihn ausschließlich mit ihrer Lebensart zu beglücken, und die in Thüringen geprägten Lebensmuster ihres Katers einfach ignoriert. Erst Otfrieds Weigerung führt zu Läuterung und gegenseitiger Akzeptanz und macht das hessisch-thüringische Katzenfest möglich.

Eine Leichtigkeit dieser Art wird man in der Mehrzahl der ostdeutschen Wende- und Nachwendetexte vergeblich suchen. Die bekannte Autorin Jutta Schlott versuchte in ihrem Jugendroman *Kalter Mai* (1993) die Atmosphäre der Wende- und Nachwendesituation einzufangen. Den positiven Gefühlen, die die Protagonistin Katharina gemeinsam mit ihren Eltern während der Herbstdemonstrationen erlebt, folgen die bedrückenden Ereignisse, die den Vater und die Mutter zunächst arbeitslos machen und schließlich zu einem Umzug führen, der Katharina in eine fremde Umgebung versetzt, in der sie eine Fremde bleibt.

Was bei Jutta Schlott nur den Ausgangspunkt der Geschichte bildet, ist in Gunter Preuß' Jugendroman *Vertauschte Bilder* (1991) das zentrale Thema. Trotz des Versuchs, der 'Gegenwartshandlung' durch eine Verbindung mit der Geschichte des Jungen Gavroche und der Pariser Ereignisse des frühen 19. Jahrhunderts eine tiefere Dimension zu verleihen und mit Tagebuchnotizen die innere Welt des Mädchens Isabell zu spiegeln, kann der Text ästhetisch nicht überzeugen. Preuß erzählt die Geschichte einer Individuation, die sich mit den Wendeereignissen verbindet: die Heldin findet zur oppositionellen Bewegung und erlebt Verfolgung und Befreiung, die bei ihr ein Bekenntnis zur eigenen Persönlichkeit auslösen.

Neben Gunter Preuß gehört Günter Saalmann zu den DDR-Autoren, die nach der Wende in den gesamtdeutschen Kinderbuchmarkt Aufnahme fanden.

In einer Geschichte für jüngere Leser, die 1991 unter dem Titel *Am Katzentisch* erschien, wird von Bastian, einem Jungen aus Leipzig und den Schwierigkeiten seiner 'Ankunft' im Westen erzählt. Gemeinsam mit einem türkischen Mädchen sitzt er in der Schule am Katzentisch. Die Geschichte, die sich mit einer vereinfachten Konfliktgestaltung und einer spannenden und komisch-unterhaltsamen Handlung präsentiert, endet mit einem Freundschaftsbund und damit einer Ankunft in der neuen Umwelt.

An ein jugendliches Lesepublikum richtet sich Günter Saalmann in seinem Roman *Zu keinem ein Wort* (1993). Die auf einem authentischen Vorfall beruhende Handlung führt zurück ins Jahr der Wende und konzentriert sich auf die Auswirkungen der politischen Vorgänge auf eine Abiturklasse. Saalmann erzählt spannend, erfasst dabei Momente der jugendlichen Subkultur und der jugendlichen Denk- und Verhaltensmuster. Wie Jutta Schlott verbindet er die Darstellung politischer Vorgänge mit einer Liebesgeschichte; anders als sie versteht er es, diese mit dem dominanten Thema zu verbinden. Die Hauptfigur des Textes ist der Oberschüler Alfred. Das Mädchen Kordula, dem seine Aufmerksamkeit gilt, wird nach einer Fete, die die Gruppe auf dem Friedhof veranstaltet, angefallen; ihr wird ein Hakenkreuz auf Hals- und Brustpartie eingeritzt. Dieser Vorgang, der ein Mädchen betrifft, deren Vater Pole ist, wird im privaten und öffentlichen Umfeld zunächst verschwiegen. Alfred erfährt von seiner betroffenen Mitschülerin Kordula die Wahrheit und notiert diese in Gedächtnisprotokollen. In diese Protokolle trägt er auch den Inhalt des Gesprächs ein, das er als Lauscher im Nebenzimmer mithört, als Kordula von einem Mitarbeiter der Staatssicherheit vernommen wird. Der kriminelle Vorfall soll auf eine Dummheit junger Menschen reduziert und das Opfer zur Täterin gemacht werden, die durch ihre erotische Anziehungskraft den Vorfall selbst provoziert habe. Die Situation in der Klasse und deren Umfeld ist äußerst angespannt; die Stasi ist in der Schule ständig anwesend, ein Schüler wird wegen einer Flugblattaktion von der Schule relegiert. Die Lehrerin versucht, ihre durchaus differenzierten Ansichten zu dem, was im gesellschaftlichen Umfeld geschieht, anzudeuten. Den Aufsatz von Alfred, der in seiner Zweideutigkeit eindeutig zu den politischen Vorgängen Stellung nimmt, wird von ihr akzeptiert und positiv bewertet; doch als das Ganze eine Öffentlichkeit erhält, zieht sie sich zurück. Im Zusammenhang mit den Demonstrationen wird Alfreds Tagebuch von der Stasi aus der Wohnung geholt; er wird vernommen, auch körperlich bedroht, aber er wird freigelassen. Als die Waage zugunsten der Demonstranten ausschlägt, wird der Stasimann, der Alfred und Kordula in der Schule verhörte, gejagt. Beide erfahren von ihm, der nur noch eine erbarmungswürdige Kreatur ist, dass man längst die Täter hatte und nur zur Vertuschung der neofaschistischen Tendenzen das Spiel mit ihnen getrieben hat. Der Brief von Kordula an Alfred, in dem sie auch von den Verstrickungen ihres Vater berichtet, offenbart, wie in einer Familie Täter, Mitläufer und Opfer nebeneinander leben und nicht leicht über Vorgänge und Verhaltensweisen zu rechten und richten ist. Diese Problematik wird auch am Beispiel der Lehrerin deutlich gemacht, die zwar einerseits angepasst lebte, aber andererseits ihren Schülern Freiräume gewährte und selbst unsicher war.

Interessant ist auch ein weiterer Titel von Günter Saalmann, der eine Fortsetzung des in der DDR und der BRD verlegten Romans *Umberto* (1987) darstellt. Der Anregung der Schriftstellerin Leonie Ossowski folgend, davon zu erzählen, was aus dem Helden Umberto unter bundesdeutschen Verhältnissen geworden wäre, schreibt Saalmann *Fernes Land Paisch* (1994): Mit seiner Mutter und Schwester landet Umberto in Hamburg. Er genießt die Freiheit und ist stolz, ein Deutscher zu sein. Als einer, der keine abgeschlossene Ausbildung aufzuweisen hat, bleibt er im 'Milieu'. Auch die häuslichen Verhältnisse haben sich nicht geändert; seine Mutter trinkt nach wie vor und vernachlässigt ihre Kinder. Umberto flieht mit seiner kleinen Schwester auf dem Motorrad, um in sein Traumland Pa-isch zu kommen, nach Afrika, wo der Vater seiner Schwester zu Hause ist. Nach einer abenteuerlichen Fahrt landen beide zunächst in Berlin. Merkwürdigerweise begegnet Umberto dort mehreren Bekannten aus Hamburg wieder, die alle im kriminellen und asozialen Milieu leben. Bei ihnen findet er Unterschlupf. Die anfangs fast friedlich erscheinende Atmosphäre offenbart sich als Welt der Brutalität, in der die großen Gangster die kleinen abkassieren. Der Junge kann sich durch seine Fähigkeiten als Überlebenskünstler immer wieder retten, doch auf der Fahrt nach Mittenwalde, wo er einst im Heim war, zündet er im Wald ein Feuer an, um seine Schwester und sich in die Wärme Afrikas zu versetzen. Der Roman besitzt einen offenen Schluss: Umberto sitzt im Feuerwehrauto, auf dem Schoß seine Schwester, die leblos scheint. Aleksandra, die Schulkameradin – einst selbst Heimkind wie er und für ihn immer die entscheidende Bezugsperson, die Hoffnung nach Geborgenheit verhieß – sieht vom Zug aus den Waldbrand. Damit wird die Szene aus dem Reich der Imagination in die Wirklichkeit gehoben. Für einen wie Umberto – das scheint der Roman sagen zu wollen – gibt es nirgends das ersehnte Land Pa-isch.

Der in der DDR bekannte Kinderbuchautor Uwe Kant erzählt in seiner 1993 veröffentlichten Geschichte *Heinrich verkauft Friedrich,* für die er mit einer Platzierung auf der Auswahlliste zum Deutschen Jugendliteraturpreis ausgezeichnet wurde, vom Leben eines ostdeutschen Jungen, der die durch Arbeitslosigkeit verursachten Konflikte seiner Eltern erlebt. Mit tragikomischen 'Tönen' wird die Gedanken- und Gefühlswelt des Jungen gespiegelt: Er fängt die Äußerung seines Vaters auf, dass ihnen der Vogel von Heinrich auch noch die Haare vom Kopf fressen werde. In seiner Not und um den Eltern zu helfen, sucht der Junge eine Kreuzung auf, an der die unterschiedlichsten Dinge zum Kauf angeboten werden, um seinen Vogel zu verkaufen. Lange findet sich kein Käufer, doch dann kommt der verkleidete Vater, um seinen Sohn zu erlösen. Beide betreiben das Verkaufsspiel, ehe sie vereint und erlöst nach Hause gehen. Kant entgeht einer larmoyanten Darstellung und neigt auch nicht dazu, den kindlichen Protagonisten mit erwachsenen Problemen zu belasten. Er banalisiert die Lage des arbeitslosen Vaters nicht, und doch findet er eine Form der Betrachtung der Vorgänge, die diese für den kindlichen Leser als lösbar erscheinen lassen.

Helmut Sakowskis Kinderroman *Prinzessin, wir machen die Fliege* (1993) ist in seiner literarischen Qualität einer ganzen Reihe der bisher erwähnten Nachwende-Geschichten überlegen. Auch Sakowski berührt das Thema rechtsradikaler Gewalt und die Frage der Arbeitslosigkeit der Eltern der kindlichen Figur, indes ist der Grundzug seines Erzählens nicht an diesen Themen festzumachen. Sakowski erzählt von einem kindlichen Helden, der ein Abenteuer gleichsam für sich inszeniert. Im Mittelpunkt stehen die Erlebnisse des dreizehnjährigen Ich-Erzählers, der ein kurdisches Mädchen rettet. Sein Blick auf Welt verbindet sich mit Märchenzitaten und mit einem kriminalistischen Gespür, das Anleihen an die Figur des Kommissar Colombo deutlich herausstellt. Der Text gewinnt an Reiz vor allem durch ironisierende Verfremdungen des Alltags. Damit wird dem Leser auch suggeriert, dass er die dargestellten Erlebnisse nicht allzu ernst zu nehmen hat.

Die Erzählung offenbart einen versierten Erzähler, der mit scheinbarer Leichtigkeit seine Figuren und deren Abenteuer vorführt. Durch die Wahl eines kindlichen Ich-Erzählers vermittelt er den Eindruck einer Unmittelbarkeit des Geschehens. Trotz der damit verbundenen Faszination des Erzählten ist der Eindruck, dass die Problematik der Ausländerfeindlichkeit zu banalisiert erscheint, nicht ganz abzuwehren. Andererseits liegt in dieser Art der Darstellung von Problemen eine Möglichkeit, junge Leser zu erreichen und sie nicht mit den Problemen Erwachsener zu 'erdrücken'.

Ganz gleich, welche Präferenzen die Autoren in ihrer Darstellung von Wende- und Nachwendekindheit setzen, nahezu allen Texten ist gemeinsam, dass Kindheit und Jugend als äußerst belastet erscheinen. Die Bedrohung trägt einen anderen Charakter als in den literarischen Geschichten zuvor: Sie ist nun in allen Erzählungen verbunden mit einem Wertewandel, einem Zusammenbruch von scheinbar Festgefügtem. Die kindlichen Figuren scheinen nun völlig auf sich gestellt zu sein. Sie müssen allein fertig werden mit den neuen Lebenszuständen. Die Erwachsenen können in dieser Phase keine Partner sein, da ihr Verhalten in der Vergangenheit sie fragwürdig gemacht hat. Diese Haltung wird selbst bei den Protagonisten erkennbar, die sich nicht abrupt von ihren Eltern gelöst haben. Die kindlichen Figuren wehren sich gegen die Hilflosigkeit und Larmoyanz der Erwachsenen, die ihre Suche nach einem neuen Weg belasten. Auffällig ist in vielen Texten die literarische Konstruktion, die häufig nicht überzeugt, weil eine ästhetische Verdichtung dem Handlungskonstrukt später unterlegt zu sein scheint. Dieses Bild wird vor allem durch Texte von Helmut Sakowski und Henning Pawel konterkariert. Die Erzählungen beider Autoren sind den meisten anderen Erscheinungen an Poetizität überlegen.

Die neuen Texte ostdeutscher Autoren spiegeln eine noch kritischere Sicht auf die Generation der Väter wider, als sie in vorangegangenen literarischen Perioden wahrnehmbar war, aber sie knüpfen nicht an der Idealisierung der Figuren aus der Großvätergeneration an. Großväter sind im Figurenensemble zumeist gar nicht mehr präsent (Gunter Preuß *Vertauschte Bilder*; Günter Saalmann *Zu keinem ein Wort*), oder sie sind eher gebrochene Persönlichkeiten, selbst wenn sie dem jungen Protagonisten zur Seite stehen (Gunter Preuß *Stein in meiner Faust*).

Die jungen Menschen scheinen – dieses Fazit legen zumindest die meisten Geschichten nahe – ihren Weg allein gehen müssen.

Literaturverzeichnis

Ebert, Günter: Ansichten zur Entwicklung der epischen Kinder- und Jugendliteratur in der DDR 1945 bis 1975. Berlin: Aufbau 1976.

Emmrich, Christian (Hrsg.): Literatur für Kinder und Jugendliche in der DDR. Berlin: Kinderbuchverlag 1981.

Ewers, Hans-Heino: Die Emanzipation der Kinderliteratur. Anmerkungen zum kinderliterarischen Formen- und Funktionswandel seit Ende der 60er Jahre. In: Raecke/Baumann 1995, S. 16–28.

Raecke, Renate/Baumann Ute D (Hrsg.): Zwischen Bullerbü und Schewenborn München: Arbeitskreis für Jugendliteratur 1995.

Richter, Karin: Zeitgenössische Kinder- und Jugendliteratur der DDR aus wirkungsästhetischer Sicht. Analysen und Interpretationen epischer Texte (1970–1985). Berlin: DDR-Zentrum für Kinderliteratur 1990 (= Schriftenreihe des DDR-Zentrums für Kinderliteratur).

Richter, Karin: Erzählen für Kinder. Zum Struktur- und Funktionswandel der Kinder- und Jugendliteratur in der DDR. In: Ewers, Hans-Heino (Hrsg.): Kindliches Erzählen, Erzählen für Kinder, Erzählerwerb, Erzählwirklichkeit und erzählende Kinderliteratur. Weinheim, Basel: Beltz 1991, S. 134–153.

Richter, Karin: Zur Darstellung geschichtlicher Themen in der Kinder- und Jugendliteratur der DDR. In: Der Evangelische Buchberater 1991, H. 1, S. 2–9.

Richter, Karin: Ein Blick ins Reich der Phantasie. Phantastische Texte in der Kinder- und Jugendliteratur der DDR. In: Havekost, Hermann/Langenhahn, Sandra/Wicklein, Anne (Hrsg.): Helden nach Plan? Kinder- und Jugendliteratur der DDR zwischen Wagnis und Zensur. Oldenburg: Bibliotheks- und Informationssystem der Universität Oldenburg 1993, S. 227–239.

Richter, Karin: Entwicklungslinien in der Kinder- und Jugendliteratur der DDR. Vorüberlegungen für eine neue literarhistorische Betrachtung des kinderliterarischen Schaffens von 1945–1989. In: Zeitschrift für Germanistik 1995, H. 2, S. 290–300.

Richter, Karin: Die andere Kinderwelt. Ein Blick ins Kinder- und Jugendbuch der DDR. In: Raecke/Baumann 1995, S. 29–46.

Richter, Karin: DDR-Kindheit – Wendekindheit. Der neue Alltag in ostdeutschen Kinder- und Jugendromanen. In: Daubert, Hannelore/Ewers, Hans-Heino (Hrsg.): Veränderte Kindheit in der aktuellen Kinderliteratur. Braunschweig: Westermann 1995, S. 134–150.

Richter, Karin: Kinderliteratur und Kinderliteraturforschung in der DDR. In: Dolle-Weinkauff, Bernd/Ewers, Hans-Heino (Hrsg.): Theorien der Jugendlektüre. Weinheim, München. Juventa 1996, S. 191–209.

Richter, Karin: Die Kinder- und Jugendliteratur der DDR – ein ernstzunehmender Forschungsgegenstand oder ein Objekt flüchtiger Betrachtung? Zur Interpretation von DDR-Kinderliteratur. In: Barthel, Henner [u. a.] (Hrsg.): Aus 'Wundertüte' und 'Zauberkasten'. Über die Kunst des Umgangs mit Kinder- und Jugendliteratur. Frankfurt/M. [u. a.]: Lang 2000, S. 377–394.

Richter, Karin: Ein ungewöhnlicher Anspruch an die Erziehung und Bildung junger Menschen: Der Schriftsteller Alfred Wellm. In: Cromme, Gabriele/Lange, Günter (Hrsg.): Kinder- und Jugendliteratur. Lesen – Verstehen – Vermitteln. Baltmannsweiler: Schneider 2001, S. 222–233.

Steinlein, Rüdiger/Strobel, Heidi/Kramer, Thomas (Hrsg.): Handbuch zur Kinder- und Jugendliteratur. SBZ/DDR. Von 1945 bis 1990. Stuttgart, Weimar: Metzler 2006.

Wallesch, Friedel (Hrsg.): Sozialistische Kinder- und Jugendliteratur der DDR. Ein Abriß zur Entwicklung von 1945 bis 1975. Berlin: Volk und Wissen 1977.

Wild, Reiner (Hrsg.): Geschichte der deutschen Kinder- und Jugendliteratur. Stuttgart, Weimar: Metzler [3]2008 (insb.: Dolle-Weinkauff, Bernd/Peltsch, Steffen: Kinder- und Jugendliteratur der DDR, S. 413–436 und Glasenapp, Gabriele von: Historische und zeitgeschichtliche Literatur, S. 358 f.).

Gattungen

HANNELORE DAUBERT

Moderne Kinderromane

Der Begriff 'Kinderroman' bezeichnet alle romanhaften Darstellungen der spezifischen Kinderliteratur, die sich an ein Lesepublikum von etwa acht bis zwölf Jahren wenden. Im Gegensatz zum traditionellen Kinderroman, wie ihn zum Beispiel Erich Kästner geschrieben hat, versteht man unter dem 'Modernen Kinderroman' eine neue Form des Romans, der thematisch und stilistisch große Unterschiede aufweist. Moderne Kinderromane spiegeln in ihrer Themenwahl die zeitbedingt veränderten Wirklichkeitserfahrungen und Kindheitsvorstellungen und verwenden – daraus resultierend – moderne literarästhetische Gestaltungsmittel, wie sie auch der moderne Roman für Erwachsene aufweist.

Der Begriff 'Moderner Kinderroman' hat sich seit den neunziger Jahren in der Kinder- und Jugendliteraturforschung etabliert (Ewers 1996/2003) und dokumentiert gleichzeitig auch den literaturwissenschaftlichen Blickwinkel, unter dem die KJL Forschung ihren Gegenstand betrachtet. Als Moderne Kinderromane werden in der Regel realistische Kinderromane bezeichnet, d. h. Romane, die ihre Themen aus der empirisch erfahrbaren Wirklichkeit der jungen Leser gewinnen und auf phantastische Elemente verzichten. Phantastische Kinderromane weisen eigene spezifische Merkmale und Typologien auf, was jedoch nicht bedeutet, dass darin auf thematische Aktualität und moderne Formen des Erzählens verzichtet wird. Der vorliegende Beitrag bezieht sich auf den modernen realistischen Kinderroman.

1 Forschungstheoretischer Hintergrund

Seit Beginn der 1990er Jahre etablierte sich in der KJL-Forschung ein neuer, interdisziplinärer Forschungsansatz, der die Ergebnisse der Jugend- und Sozialforschung auf die KJL bezieht und danach fragt, ob und in welcher Form gesellschaftliche Modernisierungsprozesse auch in der KJL ihren Niederschlag finden (Daubert/Ewers 1995). Diese KJL-Forschung (vertreten u. a. durch Hans-Heino Ewers, Wilhelm Steffens, Günter Lange, Heinrich Kaulen, Inge Wild, Carsten Gansel, Bettina Hurrelmann, Hannelore Daubert) sieht in den kulturgeschichtlichen Veränderungen von Kindheit und Jugend die entscheidende Grundlage für die Entstehung des modernen Kinderromans.

„Kinderliterarische Paradigmenwechsel" – so Ewers (1995, S. 17) – „pflegen sich parallel oder im Gefolge von epochalen Veränderungen der Kindheitsauffassung zu vollziehen: ja, sie sind hierdurch weitgehend bedingt und angestoßen." Ewers erklärt den kinderliterarischen Stilwandel seit Ende der 1960er Jahre aus einem

Wandel des Kindheitsparadigmas, das – im Zuge der Studenten-, Frauen und Emanzipationsbewegung – auf den Prinzipien der Gleichheit und Mündigkeit beruhte.

Diese Gleichberechtigung von Kindern schloss auch die uneingeschränkte Teilhabe an allen Informationen mit ein, wie sie bisher aus überwiegend pädagogischen Gründen den kindlichen Lesern nicht 'zugemutet' wurden. Doch Schonung bedeutet auch Entmündigung, denn Mündigkeit setzt Aufklärung voraus, ein Aufgeklärt-Sein über die gesellschaftliche Wirklichkeit als Ganzes, mit all ihren Defiziten und Ungerechtigkeiten. Der emanzipatorische Anspruch an die Kinderliteratur, wie er sich im kinderliterarischen Paradigmenwechsel nach 1968 niederschlug und bis heute gilt, impliziert das Recht, aber auch die Zumutung, über alles informiert zu sein.

Dies setzt voraus, dass die Autorinnen und Autoren der modernen KJL den durch die Kindheits- und Jugendforschung diagnostizierten Wandel der kulturellen Lebenswelten heute aufwachsender Kinder und Jugendlicher wahrgenommen und literarisch umgesetzt haben. Nur so kann die KJL für ihre jungen Leser eine zeitdiagnostische Funktion erfüllen. Gefragt ist nun ein Autor, der als sozialer Beobachter fungiert. Nicht mehr die Erinnerung an die eigene Kindheit liefert die Grundlage für sein Schreiben, vielmehr die genaue und unvoreingenommene Beobachtung zeitgemäßer sozialer und psychologischer Phänomene. Aktuelle KJL wird dann für ihre jungen Leser zum „Spiegel des Erfahrungsraums einer veränderten Kindheit“ (Steffens 1998a, S. 2), ihrer Kindheit, und damit zu einem Medium der Wirklichkeitserkundung von zeitdiagnostischer Qualität.

Die auf diesem Ansatz basierenden Forschungsergebnisse bestätigen und differenzieren (z.B. am Beispiel des gewandelten Familienbildes in der modernen KJL) die These von der Parallelität zwischen gesellschaftlicher und jugendliterarischer Modernisierung, zwischen dem Themen-, Formen- und Funktionswandel in der KJL und dem Wandel des Kindheitsbildes im Prozess der Modernisierung. Sie zeigen, dass die Ambivalenz des Modernisierungsprozesses, der Wirklichkeitserfahrungen heute aufwachsender Kinder, auch literarisch in der Akzentuierung der Themen und der Wahl der Erzählformen zum Ausdruck kommt: Zum einen im ernsten psychologischen Kinder- und Jugendroman, der überwiegend die Risiken der veränderten Kindheit thematisiert, zum anderen im komischen Kinder- und Jugendroman, bzw. im komischen Familienroman, der bevorzugt die sich bietenden Chancen betont. Dies wiederum führt zu neuen Kategorienbildungen und der Gewinnung neuer Subgenres innerhalb des Genres des modernen realistischen Kinder- und Jugendromans.

2 Die Entwicklung des modernen Kinderromans seit 1970

Bereits Erich Kästner bezeichnete einige seiner Werke für Kinder – etwa *Emil und die Detektive* (1929), *Pünktchen und Anton* (1930) oder *Das doppelte Lottchen* (1945) – als „Romane für Kinder“, doch unterscheiden sich diese Kinderromane noch grundlegend vom modernen Kinderroman.

> Gewiss, Kästner erzählt von Kindern der Gegenwart und wählt als Schauplatz teilweise das zeitgenössische Berlin; dennoch erzählt er „Geschichten“, lässt einen allwissenden auktorialen Erzähler auftreten, der die kindlichen Leser anspricht, der kommentiert und durchaus auch belehrt. Die Kästnerschen Kinderbücher sind stilbildend für das erzählende Kinderbuch bis Ende der 60er Jahre geworden (Ewers 1996, S. 7/8).

Die Entwicklung des modernen realistischen Kinder- und Jugendromans begann im Zuge der sogenannten KJL-Reform von 1970 und erfuhr im Verlauf der letzten vierzig Jahre durch eine Erweiterung des Themenarsenals und der literarästhetischen Gestaltungsmittel weitere Ausdifferenzierungen. Diese Ausdifferenzierungen führten zu neuer Kategorienbildung und zur Gewinnung neuer Subgenres (Daubert 1995, Armbröster-Groh 1997, Steffens 1998, Gansel 1999). Man unterscheidet:

1. Den sozialkritisch-problemorientierten Kinder- und Jugendroman mit einer Dominanz des sozialen Realismus. Er hat in den 1970er Jahren zunächst einen stofflich-thematischen Durchbruch eingeleitet.
2. Den psychologischen Kinder- und Jugendroman mit einer Dominanz des psychologischen Realismus. Er erweitert den sozialen Realismus um den Blick ins Innere der handelnden Figuren und nutzt zur Ausleuchtung der Innenwelten eine subjektivierte Erzählweise.
3. Den komischen bzw. tragikomischen Kinder- und Jugendroman, der in den meisten Fällen ein komischer Familienroman ist.

Diese Kategorien dienen als reine Beschreibungsmodelle, die Zuordnungen erlauben, dabei aber die Überschneidungen immer mit bedenken. Sie haben bis heute weitere thematische und stilistische Ausdifferenzierungen und eine Pluralisierung ihrer Darstellungsformen erfahren und dokumentieren gleichzeitig eine entwicklungsgeschichtliche Abfolge.

Der gesellschaftspolitische Umbruch nach 1968, die Studenten-, Frauen-, Friedensbewegung und die antiautoritären Erziehungskonzepte führten in der Kinder- und Jugendliteratur in Westdeutschland zu einem radikal veränderten Bild von Kindheit und Familie, von Erziehung und Autorität. Ein neuer emanzipatorischer Kindheitsbegriff, der auf den Prinzipien der Gleichheit und Mündigkeit beruhte, bewirkte einen tiefgreifenden Themen-, Formen- und Funktionswandel in der Kinder- und Jugendliteratur.

Die engagierten Autoren einer überwiegend realistischen problemorientierten und sozialkritischen KJL (wie Ursula Wölfel, Susanne Kilian, Peter Härtling,

Christine Nöstlinger etc.) verstanden sich in erster Linie als Anwälte der Kinder, deren Persönlichkeitsrechte von den Erwachsenen nur allzu oft missachtet wurden. Sie nahmen ihre jungen Leser ernst und sahen sie als mündige Partner an, denen man nicht länger nur die verharmlosenden Wirklichkeitsausschnitte einer 'heilen' Kinderwelt präsentieren durfte, die vielmehr das Recht hatten, ohne entmündigende Schonung auch über die ungeteilte harte Wirklichkeit mit all ihren Defiziten, sozialen Problemen, Ungerechtigkeiten und – oft unlösbaren – Problemen aufgeklärt zu werden.

In dieser sozialkritischen Phase der Kinderliteraturreform kam es zu einer thematischen Öffnung und zu einem Brechen mit bis dahin gültigen Tabus. Bedrückende Wirklichkeitserfahrungen wurden nun nicht länger ausgeblendet: Krieg, Tod, Gewalt, Krankheit und Behinderung, Alkohol- und Drogenprobleme, zerrüttete Familienverhältnisse, soziale Ungleichheit und Ungerechtigkeit, Probleme von Randgruppen, Intoleranz und Vorurteile. Es entwickelte sich die sogenannte problemorientierte Kinderliteratur, die zumeist einen sozialkritischen, emanzipatorischen Anspruch hatte. Dieser stofflich-thematische Durchbruch markiert einen ersten Schritt zur Entstehung des modernen Kinderromans.

Es war vor allem der Autor Peter Härtling, der die Kinderliteraturreform der 1970er Jahre entscheidend mitgeprägt hat: Durch die Wahl seiner Themen und Erzählformen sowie durch die veränderte Haltung, die er als Autor seinen jungen Lesern gegenüber einnimmt, hat er diesen kinderliterarischen Progressionsschub gefördert und ist somit an der Entstehung und Entwicklung des modernen Kinderromans maßgeblich beteiligt. Seine Kinderfiguren entstammen nicht mehr dem literarischen Schonraum, sondern müssen sich mit Problemen auseinandersetzen, die auch zur Wirklichkeit von Kindern gehören und die man ihnen bisher zwar in der Realität, nicht aber in der Literatur zugemutet hat. Dadurch wurde ihnen die Möglichkeit vorenthalten, die eigene Realität mit Hilfe von Literatur besser zu verstehen, die „törichte Schonung bedeutete zugleich auch einen Entzug an sozialem Reagieren“ (Härtling). Gleich in seinem ersten für Kinder geschriebenen Buch *Das war der Hirbel* (1973) bricht Härtling mit einem Tabu und erzählt von einem geistig behinderten Kind, das im Heim lebt. Auch die anderen Kinderfiguren in seinen Büchern erleben die Wirklichkeit oftmals als schwierig und belastend: Kalle in *Oma* (1975) hat bei einem Unfall seine Eltern verloren und wird nun von seiner Großmutter versorgt. Theo in *Theo haut ab* (1977) hält den Streit seiner Eltern nicht mehr aus und läuft von zu Hause weg. Jakob und Laura in *Alter John* (1981) erleben die altersbedingte Wesensveränderung und den Tod des Großvaters. Jakob in *Jakob hinter der blauen Tür* (1983) muss den Tod des Vaters verarbeiten. In seinem 1979 erschienenen Kinderroman *Ben liebt Anna* erzählt Härtling die Geschichte von Ben, der sich in das Aussiedlermädchen Anna verliebt und dabei auch erste schmerzhafte Erfahrungen macht. Härtling wählt in diesem Roman eine stark subjektivierte personale Erzählweise; die jungen Leser erfahren das Geschehen ganz aus dem Gefühls- und Erfahrungshorizont von Ben. Die Verwendung von inneren Monologen und erlebter Rede ermöglicht den Blick ins Innere des Protagonisten Ben. Damit wird *Ben liebt Anna* zu einem Prototyp des psychologischen Kinderromans, wie er sich seit den 1980er Jahren entwickelt und bis heute weiter ausdifferenziert hat.

3 Von der Sozialkritik zur Reflexion der Innenwelt: Der psychologische Kinderroman

So beschränkte sich das Angebot zur Wirklichkeitserkundung, das die Autoren des problemorientierten Kinderromans ihren jungen Lesern machten, bald nicht mehr nur auf die äußere soziale Wirklichkeit, sondern richtete zunehmend auch den Blick ins Innere. Die psychologischen Auswirkungen belastender Lebensumstände rückten dabei in den Mittelpunkt der literarischen Auseinandersetzung. Dieser Blick ins Innere war mit den herkömmlichen kinderliterarischen Erzählmitteln nicht zu leisten, sondern erforderte adäquate Darstellungstechniken wie das stark subjektivierte, oft mehrperspektivische personale Erzählen, die Verwendung von erlebter Rede oder innerem Monolog. Es entwickelte sich der psychologische Kinder- und Jugendroman. Dabei kam – wie so oft – der skandinavischen Kinderliteratur eine Vorreiterrolle zu. In seinem preisgekrönten Kinderroman *Die Nachtvögel* (1978/1993) gewährt der Norweger Tormod Haugen einen Einblick in die Psyche und das vielschichtige, zerrüttete Seelenleben des 8-jährigen Protagonisten, der – bedingt durch schwierige familiäre Umstände – von vielfältigen Ängsten und Wahnvorstellungen geplagt wird.

Abb. 1

In der deutschsprachigen Kinder- und Jugendliteratur gilt Peter Härtlings 1979 erschienener Kinderroman *Ben liebt Anna* als Prototyp des psychologischen Kinderromans, der mit dem Blick ins Innere der kindlichen Protagonisten eine Psychologisierung und Individualisierung der Figurendarstellung eingeleitet hat. Diese in der Kinderliteratur neue und literarisch treffende Verarbeitung der inneren Konflikte seiner Kinderfiguren lassen Peter Härtling zu einem der wichtigsten Autoren des neuen psychologischen Kinderromans werden. Härtling nimmt die Kinder in ihren subjektiven Empfindungen ernst und stattet seine Figuren mit einem reichen Innenleben aus. Dabei wählt er für seine Kinderbücher dieselben literarisch anspruchsvollen Darstellungsmittel, wie sie auch im modernen Roman für Erwachsene zu finden sind (z. B. mehrperspektivisches Erzählen mit inneren Monologen bei *Oma*, personale Erzählweise mit inneren Monologen und erlebter Rede bei *Ben liebt Anna*). Die 'emanzipatorische' Funktion der Kinderliteratur von Peter Härtling erweitert die soziale Wirklichkeitserkundung um die psychologische Dimension und damit um die Erkenntnis der psychologischen Hintergründe und Motive des menschlichen Handelns und der eigenen Subjektivität.

Dass Härtling seine jungen Leser ernst nimmt, zeigt sich auch in der Haltung, die er ihnen gegenüber einnimmt. Die jungen Leser treffen nun nicht mehr auf einen allwissenden Erzähler, der sich anmaßt und imstande sieht, für jedes Problem eine Lösung zu wissen, sondern auf einen Gesprächspartner in gleicher Augenhöhe. Härtling bietet seinen jungen Lesern keine glatten und einfachen Konfliktlösungen, kein unglaubwürdiges Happy-End, dafür sind die äußeren und inneren Konflikte, die seine Kinderfiguren lösen müssen, zu schwierig und zu ernst. Der fast ausnahmslos offene Schluss seiner Romane zeugt von seiner Scheu vor allzu billigem Lösungsoptimismus, die Frage nach möglichen Lösungen wird auch an die jungen Leser weiter gegeben.

> Der neue Kinderroman weist schließlich eine Erzählstruktur auf, die im kinderliterarischen Horizont bislang gar nicht oder nur in Ausnahmefällen anzutreffen war. Wir stoßen auf ein radikal subjektiviertes Erzählen, ein Erzählen streng aus der Perspektive des kindlichen Protagonisten. Der allwissende auktoriale Erzähler, der für die nötige Orientierung sorgt, der die Vorgänge zu erklären und einzuordnen weiß und dadurch den kindlichen Lesern ein Gefühl der Sicherheit vermittelt, ist verschwunden. Die Leser sind jetzt einbezogen in den Wissens- und Erlebnishorizont der Romanhelden, müssen deren Unsicherheiten und Zweifel teilen, deren Irritationen miterleben. (Ewers 1996/2003, S. 11)

Weitere Vertreter/innen dieses innovativen und literarisch anspruchsvollen Typs des psychologischen Kinderromans sind u. a. Gudrun Mebs *(Das Sonntagskind)*, Renate Welsh *(Eine Krone aus Papier; Drachenflügel; Das Gesicht im Spiegel)*, Kirsten Boie *(Mit Kindern redet ja keiner; Man darf mit dem Glück nicht drängelig sein; Nicht Chicago, nicht hier)*, Patricia MacLachlan *(Schere, Stein, Papier)*, Mirjam Pressler *(Wenn das Glück kommt, muss man ihm einen Stuhl hinstellen)*, Kevin Henkes *(… und dann kam Joselle)*, Angelique de Waard *(Die geheime Schachtel)*.

Ebenso wie der problemorientierte rückt auch der psychologische Kinderroman ernste Themen in den Mittelpunkt und konfrontiert die jungen Leser mit den psychologischen Auswirkungen problematischer Situationen. Psychologisierung und Individualisierung der handelnden Figuren sind Merkmale des psychologischen Kinderromans. Gleichzeitig ermöglicht es der in die Person des jugendlichen Protagonisten verlagerte Erzählerstandort, belastende Erfahrungen zu dosieren und sie dem Verständnishorizont der jungen Leser anzupassen, so dass – trotz der oftmals bedrückenden Inhalte – eine psychische Überforderung vermieden werden kann (so beispielsweise in Kirsten Boies Roman *Mit Kindern redet ja keiner*).

Dominierender Schauplatz des psychologischen Kinderromans ist die für Kinder zentrale Lebenswelt der Familie, weshalb – wie im Folgenden gezeigt wird – psychologische Kinderromane in den meisten Fällen psychologische Familienromane sind.

4 Renaissance kinderliterarischer Komik: Der komische Kinderroman

Im Laufe der 1980er und 1990er Jahre hat sich neben der „Literatur des Daseinsernstes" (Ewers), die überwiegend die Risiken und Krisen gegenwärtiger Kindheit thematisiert, eine neue komische KJL entwickelt, in der auf vergnüglich zu lesende Weise überwiegend die Chancen und Möglichkeiten heute aufwachsender Kinder zur Sprache gebracht werden. Eine Renaissance kinderliterarischer Komik seit den 1980er und 1990er Jahren lässt einen neuen – von Gelassenheit und Selbstironie bestimmten – Blick auf die Wirklichkeit deutlich werden. Eine skeptisch-ironische Grundhaltung der jugendlichen Protagonisten kennzeichnet den komischen (bzw. tragikomischen) Kinderroman.

Neben die Erkundung des Sozialen und die Erforschung der Psyche tritt nun eine auf Lesevergnügen abzielende Darstellung der komischen Seiten der Wirklichkeit und gewährt manchmal auch psychologische Entlastung, wenn ernste Themen zur Sprache kommen (im tragikomischen Kinderroman). Komische Kinderromane bewirken nicht mehr nur Betroffenheit beim jugendlichen Leser, sondern Gelöstheit, Gelassenheit, Erfolgszuversicht, Heiterkeit und Spaß.

Unangestrengt, augenzwinkernd und mit viel Sinn für die Spielarten des Komischen karikieren Autoren wie Christine Nöstlinger *(Einen Vater hab ich auch; Olfi Obermeier und der Ödipus; Man nennt mich Ameisenbär etc.)*, Kirsten Boie (*Nella Propella; Jeder Tag ein Happening; Krisensommer mit Ur-Otto; Moppel wär gern Romeo* etc.), Uwe Timm *(Rennschwein Rudi Rüssel)*, Anne Fine *(Der Neue; Madame Mirabilis)*, Marie-Aude Murail *(Babysitter Blues)* Zeitströmungen und Beziehungsmuster aller Art und tragen erheblich dazu bei, dass die KJL an Verbissenheit verliert und an Leichtigkeit und Komik hinzugewinnt.

Die Serie der Tagebuchromane um *Berts gesammelte Katastrophen,* worin der heranwachsende Bert in flapsig-lakonischer Art Tagebuch schreibend von seinen Alltagskatstrophen berichtet, erwies sich überraschend als höchst attraktiv für die 'Risikogruppe' der männlichen Nicht- und Wenig-Leser. Eher an Mädchen wendet sich Dagmar Geislers ansprechend gestalteter und witzig illustrierter Tagebuchroman *Wandas geheime Notizen,* wovon mittlerweile mehrere Bände vorliegen. Auch *Die fabelhaften Barker Girls* (von Jacqueline Wilson), ein zum Verwechseln ähnliches und dabei höchst ungleiches Zwillingspaar, kommen in einer Art Tagebuchform auf unterhaltsame und vergnügliche Weise abwechselnd zu Wort.

Auch komische Kinderromane sind zumeist – wie im Folgenden gezeigt wird – komische Familienromane, die veränderte familiäre Lebenswelten, Rollenbilder und Beziehungsmuster als ergiebige Folie für komische Darstellung nutzen.

5 Zwischen Daseinsernst und Komik: Familienromane für Kinder

Wie sehr kulturgeschichtliche Veränderungen von Kindheit im Rahmen eines Prozesses von Modernisierung die Wahl der Themen und Erzählformen im modernen Kinderroman bestimmen, wird besonders deutlich beim Blick auf die für Kinder zentrale Lebenswelt der Familie mit ihren veränderten Strukturen, Rollenbildern und Beziehungsmustern.

Die Parallelität zwischen gesellschaftlicher und jugendliterarischer Modernisierung wird in den modernen Familienromanen der letzten 25 Jahre besonders augenfällig.

Aktuelle Forschungsergebnisse der Gesellschaftswissenschaften – vor allem der Jugend- und Familiensoziologie – zeigen seit den 1980er Jahren eine Reihe von Strukturveränderungen innerhalb der für Kinder zentralen Lebenswelt Familie, die auch in der Kinder- und Jugendliteratur ihren Niederschlag finden.

Diese ambivalenten Familienerfahrungen der Heranwachsenden werden seit den späten 1980er Jahren auch in der Kinder- und Jugendliteratur variantenreich thematisiert und verleihen der modernen KJL eine kindheitsgeschichtliche Aktualität:
Hierzu gehören die Instabilität familiärer Gebilde (Trennung, Scheidung, Wiederverheiratung), die Pluralisierung der Familienformen ('unvollständige' Ein-Eltern-Familien, 'Patchworkfamilien', homoerotische Lebensgemeinschaften etc.); veränderte geschlechtsspezifische Rollenbilder („Neue Väter", „Neue Mütter"), ein gewandeltes Verhältnis zwischen den Generationen („Jugendliche Eltern", „Früherwachsene Kinder"), veränderte Erziehungsziele (zur Selbständigkeit und Autonomie), veränderte Erziehungsstile (von der „Befehlserziehung" zur „Verhandlungserziehung", die „Entdramatisierung" des Generationskonflikts) (Daubert 1995, 2000).

Dabei verlieren frühere Problemfelder als Thema der KJL an Bedeutung, neue kommen hinzu. So ist beispielsweise durch die „Entdramatisierung" des Generationenkonflikts die konfliktreiche Auseinandersetzung mit den Eltern oder die Auflehnung gegen Fremdbestimmung und autoritäre familiäre Strukturen kein Thema mehr für die moderne KJL. Dagegen wird die Problematik von Trennung und Scheidung oder die Auseinandersetzung mit neuen Lebens(abschnitts)partnern und Stiefgeschwistern häufig und variantenreich zur Sprache gebracht. Generell lässt sich beobachten, dass nicht mehr die Konflikte, wie sie sich aus den familiären Strukturen der (teilweise autoritär strukturierten) bürgerlichen Familie für die Heranwachsenden ergeben haben, zum Thema gemacht werden, als vielmehr die Probleme und Krisen, die aus der Auflösung der bürgerlichen Familie erwachsen. Auffällig ist hierbei das Ausmaß an Selbstverständlichkeit, mit der 'abweichende' Familienformen gesehen und dargestellt werden und die damit verbundene Tendenz zur Normalisierung und Liberalisierung. Allerdings hat es den Anschein, als spiegelten sich darin nur zu einem begrenzten Teil die Wirklichkeitserfahrungen heute aufwachsender Kinder, die noch immer überwiegend in 'vollständigen' traditionellen Familien aufwachsen, als vielmehr die vermeintlich 'liberalen' und 'progressiven' Utopien der Autoren. Auffällig ist auch, dass die rein quantitative Dominanz alternativer Familienformen und Lebensstile, wie man sie in der moderne KJL vorfindet, der empirischen Realität nicht entspricht (vgl. Daubert 2000).

Die Ambivalenz der Familienerfahrungen findet in unterschiedlichen thematischen Akzentuierungen und Erzählhaltungen der Autoren ihren Niederschlag. Ob die Autoren dabei eher die Risiken gegenwärtiger Kindheit in den Blick nehmen oder eher die Chancen heute aufwachsender Kinder zur Darstellung bringen, hängt von ihrem persönlichen Kindheitsbild ab und zeigt sich im Umgang mit den Themen ebenso wie in der Wahl der Erzählformen, die im Laufe der 1990er Jahre bis zum gegenwärtigen Zeitpunkt weitere Ausdifferenzierungen erfahren haben.

6 Der psychologische Familienroman als Spiegel familiärer Krisen

Ganz in der Tradition der 1970er Jahre wird die Familie im problemorientierten Familienroman auch weiterhin als Ort problematischer und krisenhafter Erfahrungen dargestellt. Dabei kommt es zu einer ständigen Erweiterung des Themenarsenals, weitere Tabus werden gebrochen (z. B. durch die Darstellung von Gewalt und sexuellem Missbrauch in der Familie).

Im psychologischen Familienroman stehen die Auswirkungen belastender Lebensumstände und familiärer Krisen auf die Psyche der kindlichen Protagonisten im Mittelpunkt der literarischen Auseinandersetzung. Dabei handelt es sich in erster Linie um die Risiken, wie sie sich durch die Auflösung herkömmlicher Familienstrukturen ergeben und die krisenhaften Erfahrungen der Instabilität und des Geborgenheitsverlustes. So beschreiben Peter Härtling in *Lena auf dem Dach* und Sigrid Zeevaert in *Schön und traurig und alles zugleich* die schmerzhaften Erfahrungen, die Kinder bei der Trennung ihrer Eltern durchleben. Kirsten Boie thematisiert in *Man darf mit dem Glück nicht drängelig sein* den krisenhaften Gewöhnungsprozess an neue Lebenspartner der Eltern und neue Stiefgeschwister.

Abb. 2

Doch nicht nur die Trennung der Eltern kann zu familiären Krisen führen, auch die psychische und soziale Überforderung der Erwachsenen selbst, eine Realitätserfahrung, die seit den 1980er Jahren nun auch in der Kinderliteratur thematisiert wird. So konfrontiert Kirsten Boie ihre Leser in *Mit Kindern redet ja keiner* mit einer 8-jährigen Protagonistin, die mit dem Selbstmordversuch ihrer psychisch instabilen Mutter umgehen muss. Ähnlich belastende Erfahrungen mit dem depressiven Krankheitsbild der Mutter macht auch die kindliche Protagonistin in Renate Welshs *Disteltage*. Auch die 11-jährige Protagonistin in dem Roman *Die geheime Schachtel* der Niederländerin Angelique de Waard ist durch die alkoholkranke Mutter bei der Bewältigung ihres Alltags völlig überfordert.

Abb. 3

Die Darstellung dieser Wirklichkeitserfahrungen führt zu einem Wandel in der Darstellung der Elternfiguren und ihrem Verhältnis zu den Kindern. So erscheinen die Elternfiguren im psychologischen Kinderroman nun nicht mehr als die starken, allwissenden Ratgeber, sondern sind selbst schwach, hilflos, ängstlich und ratlos, psychisch und sozial überfordert, oftmals krank und dabei nicht selten auf den Rat und die Hilfe ihrer notgedrungen „früherwachsenen Kinder" (Daubert 1995, S. 73) angewiesen. Die jugendlichen Protagonisten im ernsten psychologischen Familienroman kennen keine unbeschwerte Kindheit mehr, sie sind in mehrfacher Weise belastet. Die Eltern haben ihre Ratgeberfunktion eingebüßt, sind keine Garanten mehr für Wissen, Halt, Stärke, Orientierung und keine verlässlichen Lieferanten von gültigen Wertmaßstäben. Vielmehr müssen die Kinder selbst oft die Elternrolle übernehmen und damit auch die Verantwortung für ihre überforderten und psychisch labilen Eltern. Viele Autoren gestehen ihren jugendlichen Protagonisten eine wichtige Rolle bei der Bewältigung familiärer Lebenskrisen zu und lassen sie im Umgang mit familiären Krisenerfahrungen und Konflikten erfolgreicher sein als ihre Eltern. Dabei werden die psychologisch äußerst strapaziösen Auswirkungen familiärer Krisenerfahrungen und die Überforderung durch den

Zwang zur „Früherwachsenheit“ nicht verschwiegen, aber gleichzeitig werden auch optimistische und erfolgversprechende Strategien zur Krisenbewältigung aufgezeigt: Eine Zunahme an innerer Stärke und Erfolgszuversicht und die Bereitschaft, Verantwortung für sich und andere (eben auch die Erwachsenen) zu übernehmen (Tormod Haugen: *Die Nachtvögel*). Die Kinderfiguren schaffen es, ihr Leben auch unter schwierigen Bedingungen erfolgreich zu gestalten. Dabei kann die Freundschaft zu Gleichaltrigen eine wichtige Rolle spielen, z. B. in Anja Tuckermanns psychologischem Kinderroman *Das verschluckte Lachen*. Dabei hat sich der Tonfall in der Darstellung verändert: Der teilweise verbissene, aggressive und anklagende Ton der emanzipatorischen Kinderliteratur der 1970er Jahre, mit dem elterliches Fehlverhalten und elterliche Machtausübung angeprangert wurden, wird zurückgenommen. Die Autoren sind zurückhaltender geworden mit Schuldzuweisungen und Appellen zur offenen Auseinandersetzung. Ihr Modell für den Umgang zwischen Eltern und Kindern zielt auf Verständigung und Solidarität.

Auf weniger dramatische Weise, aber nicht weniger subtil werden im psychologischen Familienroman noch andere, bisher kaum beachtete Themen zur Darstellung gebracht: Hierzu gehört – neben der Auseinandersetzung mit Tod und Sterben von Familienmitgliedern – beispielsweise die Auseinandersetzung mit der beginnenden Alzheimerkrankung der Großmutter (Monika Feth: *Die blauen und die grauen Tage*), der (in der Regel) erfolgreiche Eingewöhnungsprozess in eine Pflegefamilie (Koos Meinderts: *Sag Leen zu mir*), das Zusammenleben mit einem geistig oder körperlich behinderten (Geschwister)Kind in der Familie (Renate Welsh: *Drachenflügel*; Marjaleena Lembcke: *Als die Steine Vögel waren*; Paula Fox: *Paul ohne Jakob*) oder der Identitätskonflikt eines adoptierten Kindes (Renate Welsh: *Das Gesicht im Spiegel*).

7 Der (tragi)komische Familienroman

Neben dieser „Literatur des Daseinsernstes“, die überwiegend die Risiken und Krisen gegenwärtiger Kindheit thematisiert, hat sich im Verlauf der 1980er und 1990er Jahre eine neue komische KJL entwickelt, in der auf vergnüglich zu lesende Weise überwiegend die Chancen und Möglichkeiten heute aufwachsender Kinder zur Sprache gebracht werden. Gerade die Auflösung herkömmlicher Familienstrukturen, die veränderten Beziehungsmuster zwischen Kindern und Eltern und die veränderten Familienrollen dienen als ergiebige Folie komischer Darstellung.

Locker, unangestrengt, gelassen, heiter, augenzwinkernd und ironisch ist der Blickwinkel, mit dem die Autoren des komischen Familienromans wir Kirsten Boie, Christine Nöstlinger, Doris Meißner-Johannknecht, Martina Dierks, Anne Fine, Marie-Aude Murail, Ulf Stark, Hakan Jaensson, Guus Kuijer die veränderten postmodernen Familienerfahrungen betrachten. Sie thematisieren überwiegend die Chancen, die sich – vor allem durch die veränderten Erziehungsstile und Erziehungsziele, durch ein verändertes Rollenverständnis und ein verändertes Verhältnis zwischen Kindern und Eltern – den Heranwachsenden bieten. Differenz statt Defizit – so könnte man ihre Sichtweise und Darstellungsart überschreiben. Ihre Sicht auf die Pluralität der Lebensstile und Familienformen ist entspannt und unbekümmert. Sie lassen ihre Figuren unverkrampft und gelassen mit Ironie und Selbstironie agieren und damit Zeitströmungen, Weltanschauungen und Rollenvorstellungen verschiedener Art parodieren. Die Pluralität der Familienformen ist im komischen Familienroman häufig zu finden. Allerdings gehen die Figuren hier anders damit um. So sind beispielsweise die allein erziehenden Mütter keine im Stich gelassenen beklagenswerten Geschöpfe, sondern Frauen, die ihre Entscheidung für diese Lebensform ganz bewusst getroffen haben. Veränderte familiäre Strukturen und Rollenbilder sind nicht das Ergebnis sozialer Benachteiligung, sondern bewusst gelebte Konsequenzen einer kulturell geprägten veränderten Einstellung. Kindliche Protagonisten in komischen Familienromanen leben in der Regel in demokratisch organisierten Verhandlungsfamilien und sind dabei als gleichberechtigte Partner ihren manchmal weltfremd gezeichneten Eltern überlegen. Die Situation kindlicher Protagonisten in Ein-Elternfamilien wird nicht mehr nur als eine benachteiligende, sondern zunächst einmal als eine andere Form des Zusammenlebens dargestellt, die für alle Beteiligten auch Vorteile haben kann. So machen Autorinnen wie Kirsten Boie *(Nella Propella)* und Christine Nöstlinger *(Einen Vater hab ich auch)* übereinstimmend deutlich, dass nicht die 'Vollständigkeit' einer Familie ausschlaggebend ist für das 'Kindeswohl' und ein gutes Eltern-Kind-Verhältnis, sondern ausschließlich die Qualität der Beziehung. Die Utopie von der vollständigen, heilen und harmonischen Familie wird hier abgelöst durch andere Werte für ein harmonisches Zusammenleben: Partnerschaft, Liberalität, Toleranz, Akzeptieren von persönlichen Freiräumen, emotionale Wärme und Solidarität, Hilfsbereitschaft und Engagement, das auch über die Grenzen der Familie hinausgeht. Die traditionelle Kleinfamilie fungiert in beiden genannten Beispielen nur noch als Karikatur, als rigides spießiges Gegenmodell zum toleranten, liberalen, kreativen, liebe- und verständnisvollen Familienklima der Ein-Elternfamilie. Trotz des hohen Unterhaltungswertes dieser äußerst komischen Darstellung zeichnet sich hier in Einzelfällen auch die Gefahr einer neuen Klischeebildung ab.

Aus 'Sorge' um den Vater (und um die eigene Bequemlichkeit) ergreifen Kinder von allein erziehenden Vätern manchmal die Initiative und machen sich – zumeist unterstützt von gleichaltrigen Freunden – einfallsreich und tatkräftig auf die Suche nach einer möglichen Lebenspartnerin für den Vater (Ulf Stark: *Als Vaters Waschmaschine streikte*; Malika Ferdjoukh: *Wie verliebt man seinen Vater?*).

Auch die Konfrontation mit neuen (noch) ungeliebten zukünftigen Lebenspartnern der Eltern bietet vielfältige Anlässe für komische Darstellungen (Anne Fine: *Der Neue*; Burkhard Spinnen: *Belgische Riesen*).

Der preisgekrönte niederländische Autor Guus Kuijer schildert in seinen *Polleke*-Büchern *(Wir alle für immer zusammen)* aus der Sicht der 11-jährigen Protagonistin auf tragikomische Weises den Alltag einer Patchworkfamilie, in der sich die Mutter in den Lehrer der Tochter verliebt und der leibliche Vater als Dealer unterwegs ist.

Ein großer Teil der Situationskomik in Hakan Jaenssons Familienkomödie *Bolles toller Trick* ergibt sich aus dem erfolgreichen Streich des Protagonisten Bolle, der es schafft, die Termine im Kalender seiner beruflich stark engagierten Mutter folgenreich und zu seinen Gunsten zu vertauschen. Der Vater hingegen ist ein wenig erfolgreicher, skurriler Erfinder und stellt damit – wie so oft im komischen Familienroman – eine eher tragikomische Figur dar.

Auch die Geschwisterthematik spielt im komischen Familienroman eine Rolle. So versucht Leo in Sébastien Joanniez' Roman *Ein Zwilling für Leo* sein Leben als Einzelkind zu verändern, während der irische Autor Eoin Colfer in seinen turbulenten und temporeich erzählten Familienkomödien um den Jungen Tim und seine vier Brüder (*Tim und das Geheimnis von Knolle Murphy, Tim und der schrecklichste Bruder der Welt* u. a.) eigene Familienerfahrungen in einer kinderreichen Familie zum Thema macht.

In der Kinderliteratur der letzten Jahre spielen Familienromane für Kinder eine zunehmende Rolle und haben als komische Familienromane teilweise bereits Seriencharakter. Gerade mit Blick auf die veränderten familiären Lebenswelten heute aufwachsender Kinder lassen sich Familienthemen auf vielfältige Weise variieren. Dabei haben moderne Familienromane nicht selten den Charakter von soziologischen Fallstudien und gewähren – als ein mehrfach adressiertes Genre – auch erwachsenen Lesern einen aufschlussreichen Einblick in die Auswirkungen familiärer Turbulenzen auf die davon betroffenen Heranwachsenden.

8 Kinderromane als sozialpsychologische Fallstudien

Viele Autoren des modernen Kinderromans erweisen sich als genaue und unvoreingenommene Beobachter zeitgemäßer sozialer und psychologischer Phänomene. In ihrer Darstellung beschränken sie sich darauf, diese Phänomene differenziert zu beschreiben, ohne sie zu erklären und zu bewerten. Sie bleiben als Autoren im Hintergrund und überlassen es ihren jungen Lesern, zu einem eigenen Urteil zu kommen.

Darin offenbart sich eine weitere Tendenz des modernen Kinderromans und ein weiterer emanzipatorischer Anspruch: Man traut und man gesteht den jungen

Lesern zu, selbst Erklärungen zu finden und zu einer eigenen Einschätzung zu kommen. So gelingt es Kirsten Boie, mit ihrem Roman *Der Prinz und der Bottelknabe* durch genaue Beobachtung und differenzierte Personenzeichnung eine Milieustudie vorzulegen, die trotz der Unwahrscheinlichkeit der Handlung quasi authentischen Charakter hat. Die gewissenhafte und sensible Zeichnung der Figuren und der sehr unterschiedlichen sozialen Milieus (der wohlhabenden Unternehmerfamilie ebenso wie der alleinerziehenden Mutter in einem sozialen Brennpunkt) geschieht mit Sympathie, Sensibilität und Respekt, die unterschiedlichen sozialen Lebenswelten werden nie gegeneinander ausgespielt.

Auch bei der literarischen Verarbeitung des Themas Gewalt geht sie neue Wege und weicht dabei wohltuend von den üblichen moralisierenden Themenbüchern ab. Ihr Kinder- und Jugendroman *Nicht Chicago. Nicht hier* handelt von alltäglicher Gewalt unter Schülern. Der 13-jährige Niklas wird von einem Mitschüler schikaniert und terrorisiert, ganz ohne Grund, mit immer abscheulicheren Methoden. Die Autorin wählt einen neuen Blickwinkel: Sie konfrontiert ihre Leser mit der Innensicht des Opfers und verzichtet auf die üblichen sozialpädagogischen Erklärungsmuster, die in der Regel dazu dienen, die Motive des Täters zu erklären und zu verstehen. Im Mittelpunkt stehen nicht der Täter und seine Motive für die Tat, sondern das Opfer und die psychologischen Auswirkungen des Geschehens. Die Autorin bleibt im Hintergrund, beurteilt und verurteilt nicht, beschreibt keine Gefühle, sondern erzeugt sie beim Lesen. So entsteht durch die subtile Zeichnung ihrer Figuren auch bei den Lesern ein Gefühl der Ohnmacht, des Ausgeliefertseins oder der Wut. Diese emotionale Betroffenheit mobilisiert die jungen Leser in hohem Maße und führt zu einer regen kognitiven und emotionalen Auseinandersetzung mit den Verhaltensweisen der beteiligten Figuren (Daubert 2001).

Abb. 4

Mit einer ähnlichen Thematik befasst sich die schwedische Autorin Annika Thor. *Ich hätte Nein sagen können* erzählt einen Fall von Mobbing und Ausgrenzung, geschrieben aus der Perspektive einer Mitläuferin. Auch hier bleibt die Autorin im Hintergrund, wertet und (ver)urteilt nicht, sondern lässt ihre Ich-Erzählerin in inneren Monologen das Geschehen und das eigenen Verhalten reflektieren.

Auch der Autor Andreas Steinhöfel versteht es meisterhaft, subtile Figurenzeichnungen mit überzeugenden Milieustudien zu verbinden. In seinem preisgekrönten tragikomischen Kinderroman *Rico, Oskar und die Tieferschatten*, für den er im Jahr 2009 den Deutschen Jugendliteraturpreis in der Sparte Kinderbuch erhielt, erzählt er die Geschichte einer Freundschaft zwischen einem hochbegabten und einem „tiefbegabten" Kind und siedelt das Geschehen im Mikrokosmos einer Hochhauses an. Rico, Sohn einer attraktiven, alleinerziehenden Bardame und sehr fürsorglichen Mutter, hat zwar ADS und ist „tiefbegabt", dabei aber wissbegierig und selbstbewusst. Sein Freund Oskar, Sohn eines alleinerziehenden Vaters, ist hochbegabt, und gemeinsam sind beide ein unschlagbares Team.

> Mithilfe von Ricos Erzählstimme gelingt Steinhöfel eine ganz besondere Milieuschilderung, die weder diskriminierend gegenüber den Figuren, noch überfürsorglich pädagogisierend gegenüber seinen jungen Lesern ist, sondern einfach nur treffend und liebevoll. [...] Steinhöfels Sprache schließlich vereint Figurendarstellung und Milieuschilderung zu einem modernen Sozialroman für Kinder. Um uns aus Perspektive Ricos erzählen zu können, schafft er ein umfassendes und sprachschöpferisch ausgeklügeltes Vokabular für dessen Wahrnehmung. Ohne Beschönigung taucht Steinhöfel ein in Ricos innere und äußere Welt, eröffnet uns einen neue literarische Maßstäbe setzenden Kosmos und legt so einen Roman für Kinder vor, der in Figurenzeichnung, Plotgestaltung, sprachlicher Gestaltung und Aussage nichts zu wünschen übrig lässt.

So heißt es in der Jurybegründung zum Jugendliteraturpreis (www.jugendliteratur.org).

9 Zur Didaktik des modernen Kinderromans

Die Einschätzung der didaktischen Relevanz des modernen Kinderromans lässt sich auch daran ablesen, dass viele Titel Eingang gefunden haben auf die Empfehlungslisten der Lehrpläne und gleichzeitig auch in die Unterrichtspraxis. Sobald ihre didaktische Relevanz erkannt wird, erscheinen Kinderromane sehr schnell als Taschenbuch, versehen mit vielfältigen unterrichtspraktischen Anregungen.

Moderne Kinderromane sind in mehrfacher Hinsicht von didaktischer Relevanz. Bereits Peter Härtlings moderne Klassiker wie *Das war der Hirbel, Oma, Ben liebt Anna, Alter John etc.* und später auch *Lena auf dem Dach* entsprechen den wichtigsten literaturdidaktischen Intentionen und haben sich nicht ohne Grund zu Klassikern der Unterrichtslektüre entwickelt, die auch heute noch zu den am häufigsten gelesenen Kinderromanen im Unterricht der Klassen 3–6 gehören. Mit Blick auf die Intention der Literaturdidaktik, ihre jungen Leser zu unterstützen im Prozess der Entwicklung von persönlicher und sozialer Identität, wird die didaktische Relevanz von Härtlings Kinderromanen besonders offensichtlich: Sie liegt in der mehrfach emanzipatorischen Funktion, die über die sozialkritische Aufklärung weit hinausgeht. Härtlings Kinderromane ermöglichen neben der Erkundung des Sozialen die Reflexion der Innenwelt, gleichzeitig korrespondieren sie von Inhalt und Struktur her mit den Intentionen eines handlungs- und produktionsorientierten Literaturunterrichts: Durch ihre offene Form und die zurückgenommene Position des Autors animieren sie die jungen

Leser zu einer aktiven kognitiven und emotionalen Selbsttätigkeit. „Denk weiter, rede weiter, erzähl weiter“ – dieser selbst formulierte Anspruch des Autors kann durch Inhalt und Form seiner Literatur für Kinder tatsächlich eingelöst werden. Die zahlreichen Briefe, die Peter Härtling seit Jahrzehnten von seinen jungen Lesern erhält, dokumentieren die Vielfalt dieser Rezeptionsaktivitäten. Obwohl ein Großteil seiner Kinderromane bereits seit Jahrzehnten auf dem Markt ist, so sind sie durch die Darstellung von zeitübergreifend relevanten Themen, die nie an Gültigkeit verlieren, auch heute noch aktuell.

Generell lässt sich sagen, dass die Existenz des literarisch anspruchsvollen und stilistisch innovativen Typs des psychologischen Kinderromans dazu führte, dass in den 1990er Jahren der Einsatz von KJL im Unterricht nun auch mit der Zielsetzung des literarischen Lernens und der Vermittlung von literarischer Kompetenz in Zusammenhang gebracht wurde (Steffens, Ewers, Daubert). Die literarisch avancierten Erzählformen, wie sie der psychologische Kinderroman aufweist, tragen ganz maßgeblich zu einer wachsenden Akzeptanz der modernen KJL in der allgemeinen Romandidaktik bei. Dazu schreibt Valentin Merkelbach in seinen romandidaktischen Überlegungen von 1999:

> Der Sinneswandel in der Romandidaktik gegenüber der KJL fällt umso leichter, je stärker diese Literatur in die Form traditionellen Erzählens Techniken des modernen Romans zu integrieren begonnen hat. (Merkelbach 1999, S. 5)

Psychologische Kinderromane erscheinen daher von besonderer didaktischer Relevanz: Das Angebot zur Wirklichkeitserkundung wird durch die psychologisch vertiefte und ausdifferenzierte Figurenzeichnung um den Blick in die Tiefe menschlicher Psyche erweitert und verhilft den jungen Lesern zur Entwicklung von psychologischem Verständnis. Zur Auseinandersetzung mit der sozialen Realität tritt nun die Auseinandersetzung mit einer komplexen und differenzierten Innenwelt. Die jungen Leser erhalten Einblick in die Gefühls- und Gedankenwelt der handelnden Figuren, ihr Blick wird geschärft und ihre Wahrnehmung wird für seelische Vorgänge und Motive des Handelns von anderen sensibilisiert. Psychologische Kinderromane fördern und vertiefen damit die Selbst- und Fremdwahrnehmung ebenso wie die Fähigkeit der Perspektivübernahme und die Entwicklung von Empathie. Zum sozialen Lernen tritt die Erkundung der Innenwelt und die Auseinandersetzung mit den psychologischen Phänomenen der eigenen Subjektivität. Der Prozess der Ich-Findung wird damit unterstützt.

Gleichzeitig spielt dieser literarisch anspruchsvolle Romantypus durch seine literarische Komplexität und den Gebrauch moderner Erzähltechniken (wie sie auch der moderne Roman für Erwachsene aufweist) auch für das literarische Lernen und den Erwerb von literarischer Kompetenz eine wichtige Rolle. Der psychologische Kinder- und Jugendroman kann damit eine literaturdidaktische Lücke schließen und neue Adressatengruppen (die Gymnasiasten) in den Blick nehmen. Neben ihrer inhaltlichen Attraktivität und dem für Schüler wichtigen Lebensweltbezug können psychologische Kinderromane auch einen Beitrag zur Entwicklung von literarischer Kompetenz leisten. Die Schüler lernen – ganz nebenbei – Texte von hoher Komplexität und Literarizität kennen und werden damit unmerklich mit literarisch anspruchsvollen Erzähltechniken vertraut gemacht, die den Zugang zu komplexer Literatur generell erleichtern.

Die modernen Formen des Erzählens tragen ganz wesentlich dazu bei, dass sich die von Kaspar H. Spinner herausgearbeiteten Aspekte des „Literarischen Lernens" (schon im Unterricht der Grundschule) realisieren lassen (Spinner 2006, S. 6–16). So fördern die zahlreichen Leerstellen und offenen Formen die Vorstellungsbildung, mehrperspektivisches Erzählen ermöglicht Perspektivübernahme, offene Formen und ein offener Schluss konfrontieren die jungen Leser mit der „Unabgeschlossenheit von Sinnbildungsprozessen", die alltags- und lebensnahe Thematik ermöglicht subjektivierte Involviertheit und emotionale Beteiligung, die mit genauer Textwahrnehmung ins Spiel zu bringen sind; die Verwendung von Symbolen und Metaphern im Text fördert das Verständnis einer symbolhaften und metaphorische Ausdrucksweise (weitere Aspekte des literarischen Lernens s. Spinner 2006).

Darüber hinaus sind auch Kinderromane in Form von sozialpsychologischen Fallstudien von besonderer didaktischer Relevanz: Inhaltlich sind sie für die jungen Leser ein Medium zur Wirklichkeitserkundung von zeitdiagnostischer Qualität. Stilistisch fördern Autoren, die sich mit Wertungen und Erklärungen zurückhalten und auf den 'pädagogischen Zeigefinger' verzichten, die autonome Urteilsfähigkeit ihrer jungen Leser.

Abb. 5

Komische Kinderromane spielen – wohl wegen ihrer überwiegend unterhaltenden Funktion – im Deutschunterricht bisher nur eine untergeordnete Rolle. Eine Ausnahme ist Uwe Timms preisgekrönter (und mehrfach verfilmter) Kinderroman *Rennschwein Rudi Rüssel.* Doch hat gerade dieses Genre – neben seiner zeitdiagnostischen Funktion – noch eine weitere didaktische Relevanz: Gerade im Medienzeitalter darf eine Literaturdidaktik, die sich am Prinzip der Leseförderung orientiert, die Funktion der Unterhaltung nicht allein den elektronischen Medien überlassen, sondern muss dem legitimen Unterhaltungsbedürfnis der Heranwachsenden Rechnung tragen und auch Texte in den Unterricht einbeziehen, die vielleicht nur unterhaltenden Charakter haben und dazu beitragen, dass Lesen als etwas Vergnügliches erfahren wird. Diese Literatur spielt beim Aufbau einer stabilen Lesemotivation eine entscheidende Rolle. Ergebnisse der Lesesozialisationsforschung haben gezeigt, dass offensichtlich nur diejenigen einen

Zugang zu Büchern finden, die in ihrer Kindheit eine Phase des lustvollen, faszinierenden, zweckfreien Unterhaltungslesens durchlaufen haben. Unabhängig von der Qualität der literarischen Texte haben sie damit einen ersten Einstieg in die Welt der Fiktion gefunden und eine Grundlage für die künftige Lektürepraxis gelegt.

> Unterhaltungsleser haben sich Zugang zu einer kulturellen Praxis verschafft, die sich fortan weitgehend selbst motiviert. Das ermöglicht Differenzierung und Ausbau, darin steckt ein produktives Moment für das literarische Lernen (Hurrelmann 1998, S. 16).

Hier besitzt der moderne komische Kinderroman ein vielfältiges, noch nicht hinreichend genutztes didaktisches Potential.

Literaturverzeichnis

Armbröster-Groh, Elvira: Der moderne realistische Kinderroman. Frankfurt/M.: Lang 1997.

Daubert, Hannelore/Ewers, Hans-Heino (Hrsg.): Veränderte Kindheit in der aktuellen Kinderliteratur. Braunschweig: Westermann 1995.

Daubert, Hannelore: Wandel familiärere Lebenswelten in der Kinderliteratur. In: Daubert/Ewers 1995, S. 60–81.

Daubert, Hannelore/Ewers, Hans-Heino (Hrsg.): Lesen in der Schule mit dtv junior. Moderne Kinderromane. Unterrichtsvorschläge für die Altersstufen 9 bis 12 Jahre. München: dtv 1996, 6. Aufl. 2003.

Daubert, Hannelore: Peter Härtling im Unterricht. Weinheim, Basel: Beltz 1996.

Daubert, Hannelore: Familie als Thema der Kinder- und Jugendliteratur. In: Lange, Günter (Hrsg.): Taschenbuch der Kinder- und Jugendliteratur. Bd. 2. Baltmannsweiler: Schneider 2000, 4. Aufl. 2005, S. 684–705.

Daubert, Hannelore: Von der moralisierenden Beispielgeschichte zur sozialpsychologischen Fallstudie: „Themenbücher“ über Fremdenfeindlichkeit und Gewalt aus didaktischer Sicht. In: Cromme, Gabriele/Lange, Günter (Hrsg.): Kinder- und Jugendliteratur. Lesen – Verstehen – Vermitteln. Baltmannsweiler: Schneider 2001, S. 105–116.

Ewers, Hans-Heino: Kinderliterarische Erzählformen im Modernisierungsprozess. Überlegungen zum Formenwandel westdeutscher epischer Kinderliteratur. In: Lange, Günter/Steffens, Wilhelm: Moderne Formen des Erzählens in der Kinder- und Jugendliteratur der Gegenwart unter literarischen und didaktischen Aspekten. Würzburg: Königshausen & Neumann 1995, S. 11–25.

Ewers, Hans-Heino: Veränderte kindliche Lebenswelten im Spiegel der Kinderliteratur der Gegenwart. In: Daubert/Ewers 1995, S. 35–49.

Ewers, Hans-Heino: Was ist der moderne Kinderroman? In: Daubert/Ewers 1996, 6. Aufl. 2003, S. 5–19.

Franz, Kurt/Lange, Günter/Payrhuber, Franz-Josef (Hrsg.): Kinder- und Jugendliteratur. Ein Lexikon. Meitingen: Corian 1995 ff.

Gansel, Carsten. Die moderne Kinder- und Jugendliteratur. Berlin: Cornelsen 1999.

Hurrelmann, Bettina: Unterhaltungsliteratur. Praxis Deutsch 1998, H. 150, S. 15–23.

Lange, Günter/Steffens, Wilhelm (Hrsg.): Moderne Formen des Erzählens in der Kinder- und Jugendliteratur der Gegenwart unter literarischen und didaktischen Aspekten. Würzburg: Königshausen & Neumann 1995.

Merkelbach, Valentin (Hrsg.): Romane im Unterricht. Lektürevorschläge für die Primarstufe. Baltmannsweiler: Schneider 1999.

Spinner, Kaspar H. Literarisches Lernen. In: Praxis Deutsch 2006, H. 200, S. 6–18.

Steffens, Wilhelm: Der psychologische Kinderroman. In: Franz/Lange/Payrhuber 1995ff. (5. Erg.-Lfg. 1998a, S. 1–21).

Steffens, Wilhelm: Der komische Familienroman für Kinder. In: Franz/Lange/Payerhuber 1995ff. (5. Erg.-Lfg. 1998b, S. 1–12).

Steffens, Wilhelm: Der psychologische Kinderroman. Entwicklung, Struktur, Funktion. In: Lange, Günter (Hrsg.): Taschenbuch der Kinder- und Jugendliteratur. Bd. 1. Baltmannsweiler: Schneider 2000, 4. Aufl. 2005, S. 308–331.

FRANZ-JOSEF PAYRHUBER

Moderne realistische Jugendliteratur

1 Begriffliches und Geschichtliches

Realismus (v. spätlat. realis = sachlich, zu lat. res = Sache, Wirklichkeit) kommt als literaturwissenschaftlicher Begriff in doppelter Bedeutung vor: zum einen als Bezeichnung einer historisch begrenzten Stilepoche in der zweiten Hälfte des 19. Jahrhunderts, zum anderen als Kennzeichnung eines Stilmerkmals, das die Art und Weise der Beziehung zwischen historischer oder empirischer Wirklichkeit und ihrem Nachvollzug in literarischen Werken betrifft. Dem ästhetischen Realismusbegriff ist stets das bereits in der aristotelischen Poetik thematisierte Verhältnis von Mimesis (Nachahmung der Wirklichkeit) und Poiesis (Prozess der freien künstlerischen Verarbeitung) inhärent. Denn Wirklichkeit an sich ist nicht abbildbar. Die Literatur bezieht sich zwar auf die 'wirkliche' Wirklichkeit, sie ist aber nicht selbst Wirklichkeit, sondern ästhetisch gestaltete Wirklichkeit.

Analog zum literaturwissenschaftlichen Gebrauch des Begriffs bezeichnet Realismus in der Kinder- und Jugendliteratur eine Darstellungsweise, welche die Welt ohne idealistische oder phantastische Überhöhungen zeigen möchte, nämlich so, wie sie ist. Obwohl sich realistische Elemente in fast allen Gattungen der Kinder- und Jugendliteratur finden, selbst dort, wo Phantastisches vorherrscht, charakterisiert Realismus eine Literatur für Kinder und Jugendliche, in der es um eine möglichst große Annäherung an die soziale Wirklichkeit und eine möglichst genaue Widerspiegelung der Lebenssituation und der Probleme von Kindern und Jugendlichen geht (vgl. Karst 1979, S. 135).

Der programmatische Anspruch des literarischen Realismus, mit Wirklichkeit zu konfrontieren, hat sich vornehmlich in der Erzählliteratur etabliert, wiewohl, zumal in jüngerer Zeit, auch realistische Gedichte, vor allem als Erzählgedichte, begegnen und sich auch eine realistische Dramatik für Kinder und Jugendliche herausgebildet hat. Die lyrischen und dramatischen Formen sind hier aber nicht Gegenstand.

Die verschiedenen Ausprägungen realistischen Erzählens in der Geschichte der Kinder- und Jugendliteratur verweisen darauf, dass Realismus kein überzeitliches Stilphänomen ist, dass Geschichten aus der Wirklichkeit der Kinder und Jugendlichen vielmehr an die je historisch vorfindbare gesellschaftlich-politische, ökonomische und kulturelle Realität gebunden sind.

Gleichzeitig mit der Entstehung der spezifischen Kinder- und Jugendliteratur in der Epoche der Aufklärung kam es auch zur Ausformung realistischer Alltagserzählungen, die von Kindern und Jugendlichen aus der Mitwelt der jungen Leser und Leserinnen handelten (vgl. Scheiner 2000, S. 158). Es waren aber keine authentischen Geschichten über den Lebensalltag, sondern „Exempel-, Beispiel- und Moralgeschichten“, die eine ethische, auf die Werte des aufsteigenden Bürgertums gegründete Beziehung der Kinder und Jugendlichen zur Welt herstellen sollten (ebd., S. 159).

In dem Maße, in dem sich nach dem Ende der bürgerlichen Aufklärung die politischen und sozialen Zeitumstände änderten, wuchs vom 19. Jahrhundert an auch das Bedürfnis nach veränderten Realismuskonzepten der Kinder- und Jugendliteratur: Im Bemühen um ästhetisch anspruchsvolle Jugendlektüre empfahl Heinrich Wolgast (1896) Erzählungen poetischer Realisten wie Theodor Storm, Wilhelm Raabe oder Peter Rosegger; die reformpädagogische Bewegung zu Beginn des 20. Jahrhunderts kreierte die realistische Umweltgeschichte. Autoren wie Franz Molnar, Wolf Durian oder Erich Kästner schärften in realistischen Romanen den Blick für die soziale Wirklichkeit der Großstadtkinder; und eine Kinder- und Jugendliteratur sozialistischer Provenienz, wie sie von Carl Dantz oder später von Alex Wedding, Lisa Tetzner und Kurt Held repräsentiert wurde, prägte das Erzählkonzept eines gegenwartsbezogenen ‘sozialen’ Realismus. Texte dieser Autoren waren, was ihre soziale Rolle betraf, Vorläufer für die spätere Entwicklung in der SBZ/DDR und ab Ende der 1960er Jahre auch in der Bundesrepublik (vgl. Gansel 2000, S. 8).

Eine Annäherung an die spezifisch jugendliche Lebenswirklichkeit begegnet exemplarisch im Umfeld ‘Schule’ in Wilhelm Speyers Schülerroman *Kampf der Tertia* (1927), obwohl darin keine existenzielle Krise dargestellt ist wie vergleichsweise in Hermann Hesses *Unterm Rad* (1905) oder in Robert Musils *Die Verwirrungen des Zöglings Törleß* (1906). An deren kritische Erzählhaltung schloss enger Friedrich Torberg mit dem Buch *Der Schüler Gerber hat absolviert* (1930) an, das die Existenzkrise eines jungen Menschen in einem autoritären Schulsystem thematisiert. Es war einer der ersten Romane, der von Jugend nicht vom Blickpunkt der Erwachsenen aus handelte, sondern aus dem Blickwinkel junger Menschen geschrieben war. Wie die Schulromane der Jahrhundertwende waren seine primär intendierten Leser zwar Erwachsene, wie diese wurde der Roman aber sofort auch von den Jugendlichen rezipiert.

In der unmittelbaren Nachkriegszeit bedingte der totale Zusammenbruch, in der Bundesrepublik zunächst auf die noch vor 1933 veröffentlichte Kinder- und Jugendliteratur oder auf ausländische Werke zurückzugreifen, bevor die Entwicklung einer neuen eigenständigen Literatur in Gang kam. Das brachte dieser Phase des – bedingten – Neuanfangs den im Nachhinein unschwer zu erhebenden Vorwurf ein, restaurativ gewesen zu sein. Zumal das vorherrschende Festhalten an Konzepten, nach denen insbesondere Kinder schonend und in Wahrung relativer Autonomie auf ihren Status als Erwachsene vorzubereiten seien, wurde als Darstellung einer unrealistischen ‘heilen Welt’ kritisiert. Zu wenig wurde dabei jedoch bedacht, dass nach dem durch das 'Dritte Reich' bewirkten Zivilisationsbruch das Bedürfnis nach Darstellung idyllisch-geschützen und behüteten Kindheitsräumen ausgeprägter war als nach gegenwartsbezogenen realistischen Geschichten. Auch in der Literatur für ältere Leser und Leserinnen gab es wenig Bezug auf zeitgenössische Realität. „Statt dessen dominierte in der Literatur für männliche Jugendliche bis weit in die fünfziger Jahre hinein die historische und historisch-abenteuerliche Erzählung mit einer gewissen Nähe zum Sachbuch" (Steinz/Weinmann 2000, S. 109), und auch im Mädchenbuch blieben zunächst die tradierten Stoffe und Rollenmuster vorherrschend, bevor der Blick literarisch erweitert wurde, beispielsweise, angestoßen durch Übersetzungen ausländischer Titel wie den *Kati*-Büchern Astrid Lindgrens, auf andere Länder hin. Insgesamt blieben in den Jugendbüchern Versuche einer Annäherung an aktuelle Lebenssituationen recht gering. Noch ganz in der Tradition der moralischen Beispielgeschichte stehend, zeigten die Bücher „weitgehend konfliktfreie Entwicklungen von Jugendlichen, die nur äußerst marginal an der Ausbildung einer eigenen Identität interessiert" waren. „Von Problemen jugendlicher Selbstfindung und von individuellen Charakteren" war in diesen Texten (noch) nicht die Rede (Steinz/Weinmann 2000, S. 118), und realistische, die politisch-soziale Wirklichkeit spiegelnde Geschichten waren (noch) selten.

Zu den wenigen Repräsentanten eines Realismus in der Jugendliteratur der 1950er und 1960er Jahre gehörte der österreichische Autor Karl Bruckner, auch wenn seine Erzählungen wie *Pablo der Indio* (1949) oder *Mein Bruder Ahual* (1952) stark auf abenteuerliche Elemente setzten und sich ihre Sozialkritik auf fremde Länder bezog. Dass die Bücher Karl Bruckners außer in Österreich auch in der DDR publiziert wurden – nicht zuletzt die pazifistische Erzählung *Sadako will leben* (1961) über die Spätfolgen des Atombombenabwurfs auf Hiroshima –, ist ein bezeichnendes Indiz für die unterschiedlich verlaufenden Entwicklungen in der Kinder- und Jugendliteratur der beiden deutschen Staaten. Die Literatur für junge Leser in der DDR hatte in den ersten Nachkriegsjahrzehnten einen ungleich größeren Realitätsbezug als die Literatur in der Bundesrepublik. Die Vision vom neuen sozialistischen Menschsein band auch den Alltag der Kinder und Jugendlichen unmittelbar in gesamtgesellschaftliche Entwicklungen ein – so zeigt es beispielsweise Benno Pludra in *Popp muss sich entscheiden* (1959). Insofern wurden in den für sie geschriebenen Erzählungen Kinder und Jugendliche einerseits und Erwachsene andererseits als gleichberechtigte Partner in einem gesellschaftlichen Entwicklungs- und Aufbauprozess dargestellt. Es vollzog sich eine Öffnung der jugendlichen Blickrichtung auf die aktuelle soziale Realität und ihrer Probleme, die der Kinder- und Jugendliteratur der Bundesrepublik in jenen Jahren noch weitgehend fern war.

Zu einer nachhaltigen Veränderung der Kinder- und Jugendliteratur und ihres Realismuskonzeptes kam es in der Bundesrepublik erst gegen Ende der 1960er

Jahre, ausgelöst durch den sich damals vollziehenden tiefgreifenden gesellschaftlichen Umbruch, der in der antiautoritären Studentenrebellion von 1969 besonderen Ausdruck fand, aber einen generellen Wandel darstellte. Im Zeichen einer zum Leitbild erhobenen 'Emanzipation', die aus einer Mischung von fortschrittsoptimistisch-liberalen wie systemkritisch-utopischen Motiven gespeist war, entstanden nun neuartige realistische Texte, die sich direkt mit der gegenwärtigen Wirklichkeit befassten. Fortan ist die realistische Kinder- und Jugendliteratur begrifflich sowohl durch ihren Bezug auf die aktuelle gesellschaftliche Wirklichkeit bestimmt, als auch durch ihre Intention, diese Wirklichkeit kritisch zu analysieren und gegebenenfalls 'eingreifend' (Bertolt Brecht) zu verändern. Die Begriffe 'realistische Kinderliteratur' und 'realistische Jugendliteratur' ersetzen Gattungsbezeichnungen wie Umwelterzählung, Jungen- oder Mädchenbuch.

2 Gattungen realistischer Jugendliteratur

Wirklichkeit ist in ihrer Totalität literarisch nicht darstellbar, dem steht, und dies keineswegs nur in der Kinder- und Jugendliteratur, ihre Komplexität entgegen – zeitgenössische Autoren sprechen in diesem Zusammenhang auch von der Undurchschaubarkeit und sogar vom Chaos unserer Welt. Literarisch kann Wirklichkeit – zumal für junge Leser und Leserinnen – nur ausschnittweise und in inhaltlicher oder thematischer Auswahl erfasst werden. Die realistische Kinder- und Jugendliteratur hat dafür in den 1970er Jahren das traditionelle Erzählmuster der Einzelfall- oder Beispielgeschichte wiederaufgenommen und zur Gattung der **modernen sozialkritischen Problemerzählung** bzw. des **Problemromans** weiterentwickelt (vgl. Ewers 1995, S. 19). Diese ist zu einem zentralen Paradigma einer sich 'progressiv' verstehenden realistischen Kinder- und Jugendliteratur geworden.

Problemorientierte Texte, wie sie in dem am Ende der 1960er Jahre in Gang gekommenen Veränderungsprozess entstanden, waren darauf ausgerichtet, jungen Lesern und Leserinnen ihre aktuelle Lebenswirklichkeit zu erhellen, sie über deren Bedingungen und „Wirkungsgesetze" (Bertolt Brecht) aufzuklären, Problembewusstsein wachzurufen, Kritikfähigkeit zu entwickeln, Einstellungen zu verändern und zur aktiven Teilhabe am gesellschaftlichen Leben zu motivieren, was auch hieß, für politische und soziale Forderungen zu mobilisieren. Die dominierende Wirkungsabsicht der Texte war pädagogisch-didaktisch, und selbst wenn in den Geschichten darauf geachtet wurde, dass Spannung und Unterhaltung nicht zu kurz kamen, wurden den jungen Lesern und Leserinnen zuerst Wissen und Strategien zur Gestaltung bzw. Bewältigung ihrer Lebensrealitäten in einer zunehmend als intransparent wahrgenommenen Welt angeboten.

In der Darstellungsabsicht sozialer Aufklärung und Emanzipation war sich die Problemliteratur für jugendliche Leser und Leserinnen mit der Literatur für Kinder einig. Diese Intention bewirkte – parallel zu den in der Kinderliteratur vorangetriebenen Veränderungen – in einer ersten Phase in den 1970er und 1980er Jahren eine signifikante Ausweitung des Themenspektrums. Dabei war die Tendenz vorherrschend, mit den bis dahin in der Kinder- und Jugendliteratur gültigen Tabus zu brechen und die sozialen, ökonomischen und politischen Probleme der Gegenwart ohne Einschränkung zu thematisieren, ob es um soziale Ungleichheit und Ungerechtigkeit, Probleme von sozialen Randgruppen und Minderheiten, Gastarbeitern und anderen Ausländern oder um Krankheit, Sterben, Tod, Behinderung ging, um Drogensucht und Alkoholismus oder Kriminalität, um Sexualität und ungewollte Schwangerschaft oder um zerrüttete Familienverhältnisse und Scheidung.

Den antiautoritären Trend der Zeit aufgreifend, protestieren jugendliche Buchfiguren nun gegen etablierte gesellschaftliche Strukturen und gegen geltende Werte und Normen. Ein augenfälliges Konfliktfeld ist die Familie, die bis dahin als besonders abgeschirmter und schützenswerter Raum galt. Die Autorität der Eltern wird hinterfragt, die Jugendlichen verweigern sich deren Erwartungen und den ihnen zugedachten Rollen – Dagmar Chidolue erzählt ein typisches Beispiel davon in *Aber ich werde alles anders machen* (1981). Offen werden innerfamiliäre Zustände angesprochen, in *Thoms Bericht* (1973) von Tilman Röhrig etwa die vergiftete Atmosphäre in einem Elternhaus, in dem, weil protestantisches Pfarrhaus, alle Lebendigkeit abgetötet ist. Christine Nöstlinger erzählt in *Ilse Janda, 14* (1974) vom konfliktreichen Familienleben und dem Ausbruchversuch der Protagonistin aus dem Elternhaus und in *Stundenplan* (1975) von den Problemen einer Fünfzehnjährigen, ihre eigenen Lebensvorstellungen durchzusetzen.

> Beide Bücher zeigen die schwierige Situation von heranwachsenden Mädchen auf, die an ihrer familiären Situation und dem Unverständnis ihrer Umgebung leiden, die nicht ernstgenommen werden, denen emotionale Wärme und Zuwendung fehlen, die dann letztlich [...] voller Verzweiflung einen falschen Weg einschlagen, weil sie sich nicht anders zu helfen wissen. (Lange 1996, S. 10)

Christine Nöstlingers Protagonistinnen sind mit ihren Problemen aber keineswegs singulär. Auch Mirjam Presslers Mädchenfiguren in *Bitterschokolade* (1980), *Nun red doch endlich* (1981) oder *Eis am Stiel* (1982) sind mit schwierigen Familienverhältnissen und familiärem Versagen konfrontiert, das sie mit Ersatzbefriedigungen wie Esssucht verdrängen. Andere Protagonistinnen suchen, wie die Negativ-Heldinnen in Ingeborg Bayers *Die vier Freiheiten der Hannah B.* (1974) und Dagmar Chidolues *Lady Punk* (1985), ihre Selbstverwirklichung im Rauschgiftkonsum oder im Ausstieg aus der Gesellschaft.

Der Weg vom Frust zum Aussteigertum und zur Sucht und von dort zur Kriminalität ist eines der Hauptthemen realistischer Jugendbücher zwischen 1970 und 1980. Über authentische Fälle straffällig gewordener Jugendlicher und deren Tathintergründe berichtet etwa Renate Welsh in dem Buch *Der Staatsanwalt klagt an* (1975). Zum beispielgebenden Modell für das Genre 'problemorientiertes Jugendbuch' wurde aber die Erzählung *Rolltreppe abwärts* (1970) von Hans-Georg Noack, die zeigt, wie ein Jugendlicher immer tiefer fällt, wie er durch schlechte Gesellschaft, kleinere Diebereien und Wohlstandsverwahrlosung in Fürsorge, Illegalität und Jugendgewahrsam gerät. „Das konsequenteste Beispiel der sozialen Anklage im realistischen Jugendbuch" (Dankert 1990, S. 102) ist Leonie Ossowskis *Die große Flatter* (1974). Das Buch schildert schonungslos das beschädigte Leben zweier Jugendlicher in einer Obdachlosensiedlung, denen es nicht gelingt, in der bürgerlichen Welt Fuß zu fassen. Weil sowieso „alles Mist" ist, wollen die beiden das ganz große Ding drehen und dann abhauen, sie landen jedoch im Gefängnis.

Die Trinkerkarriere einer Vierzehnjährigen, deren zur Mittelschicht gehörende Eltern das Problem verharmlosen und verdrängen, beschreibt Ann Ladiges in *„Hau ab, du Flasche!"* (1979). Das Buch führt vor, dass es nicht immer nur die Jugendlichen sind, die modellhaft 'den Weg nach unten' gehen. Anatol Feids dokumentarischer Roman mit dem programmatischen Titel *Hinter der Fassade* (1988) macht am Beispiel der Suchtkrankheit Erwachsener bewusst, dass sich in vielen Familien das Abgleiten heimlich und verheimlicht ereignet. Auch in Mirjam Pressler Buch *Stolperschritte* (1981) ist es der Vater, der Alkoholiker geworden ist, und in der Erzählung *Kratzer im Lack* (1981) treibt ein Vater seinen vierzehnjährigen Sohn zu einer Verzweiflungstat, weil er ihn 'stark' sehen möchte, obwohl er selbst ihn täglich mit Wutausbrüchen und Schlägen 'klein' macht.

Auch wenn im Einzelfall unsensible, autoritäre Erwachsene konfliktauslösend wirken oder Eltern sich als erziehungsunfähig oder zumindest überfordert erweisen, die eigentlichen Ursachen für das Aufbegehren und auch das Scheitern der jungen Menschen sehen die Autoren und Autorinnen sozialkritischer Problemerzählungen übereinstimmend in den allgemeinen gesellschaftlichen Bedingungen, die nur durch eine generelle Veränderung des Systems behoben werden können (vgl. Lange 1996, S. 10).

Diese Tendenz wird exemplarisch an der Problematik der Berufs- und Arbeitswelt deutlich. Klas Evert Everwyn befasst sich in *Die Entscheidung des Lehrlings Werner Blom* (1972) und *Achtung Baustelle* (1982) mit den durch soziale Herkunft beeinflussten unterschiedlichen Bildungs- und Aufstiegschancen, Hans-Georg Noack problematisiert in *Suche Lehrstelle, biete …* (1976) jugendliche Arbeitslosigkeit und ihre Folgen. Geschlechtsbedingte Benachteiligungen in der Ausbildung für Mädchen schildern Angelika Kutsch in *Man kriegt nichts geschenkt* (1975) oder Ann Ladiges in *Blaufrau* (1981), und Sigrid Schuster-

Schmah setzt sich in *Mädchen heiraten ja doch* (1975) mit überkommenen Rollenklischees auseinander.

In den angeführten Beispielen ist der Bezug der dargestellten Problemlagen und Konflikte jugendlicher Protagonisten zu aktuellen Wirklichkeitserfahrungen evident. Dieser bleibt über die 1970er Jahre hinaus ein wichtiges Merkmal problemorientierter Jugendbücher. Die Texte reagieren fortan auch ganz unmittelbar auf die teilweise rasanten Wirklichkeitsveränderungen und -erfahrungen, die sich im Rahmen eines Prozesses der gesamtgesellschaftlichen Modernisierung vollziehen (vgl. Gansel 1998, S. 8). „Stichworte wie Entdramatisierung des Generationenkonflikts, Früherwachsenheit, Pluralisierung der Lebensformen, Verwischen der Trennlinien zwischen [...] Jugend [... und] Erwachsenheit [... werden] Signalwörter zum Beschreiben der offensichtlichen Wandlungen." (Gansel 1998, S. 8)

Die soziale und politische Realität führte seit den 1980er Jahren zu einer ständigen Erweiterung des Themenspektrums problemorientierter Jugendbücher und auch zu neuen, zumal „intimere(n) Themenschwerpunkte(n)" (Mattenklott 1999a, S. 9) wie sexuellem Missbrauch oder Inzest in der Familie, Drogensucht in Verbindung mit der Aidsproblematik, Homosexualität und lesbische Beziehungen. Allgemein gesellschaftliche und politische Themen wie Arbeitslosigkeit, Aussteigertum, Umweltzerstörung, Atom- und Kriegskatastrophen blieben zwar virulent, stärker ins Blickfeld rückten jetzt aber Themen wie die Integration von Ausländern, Rassismus, Rechtsradikalismus und – allen voran und vielfach mit ihnen verwoben – das Thema Gewalt (vgl. auch Dolle-Weinkauff u. a. 2007) in allen möglichen sozialen Bereichen.

Seit sich die Jugendliteratur in den achtziger Jahren dieses Problems annahm, schenkte sie besonders dem Umstand Aufmerksamkeit, dass Gewalt unter Jugendlichen oft politisch mit einem Trend nach rechts und nach rechtsaußen verbunden ist. So erzählen Frederik Hetmann und Harald Tondern in *Die Nacht, die kein Ende nahm* (1994) davon, wie Skinheads eine Schulklasse überfallen und drangsalieren, die in einem abgelegenen Hotel ihre Sommerferien verbringt. Oder Dieter Bongartz schildert in *Makadam. Chronik eines Mordes* (1997), unter Verarbeitung tatsächlicher Ereignisse, die Brutalität einer Skin-Gruppe, die 'einfach so, aus einer Laune heraus' einen jüdisch-polnischen Arzt tötet, den die Ängste seiner KZ-Vergangenheit umtreiben. Über rechtsextremistische Jugendbewegungen und Gewalttaten von Neonazis in der (ehemaligen) DDR und in Ostdeutschland nach der Wiedervereinigung berichten Margret Steenfatt in *Hass im Herzen* (1992) und Günter Saalmann in *Zu keinem ein Wort* (1993), und auch Gunter Preuß beschäftigt sich in *Stein in meiner Faust* (1993) mit der dortigen rechtsradikal motivierten Gewalt unter Jugendlichen.

Jugendbücher zum Thema zeigen aber auch, dass Gewalt unabhängig von derart noch auszumachenden Ursachen existiert, sozusagen 'einfach da' ist. Peter Pohl erzählt ein Beispiel solcher grundlosen Gewalt unter Jugendlichen in *Nennen wir ihn Anna* (1991), Kirsten Boie thematisiert die Alltäglichkeit der Gewalt in *Nicht Chicago. Nicht hier* (1999) am Beispiel eines Dreizehnjährigen, der, von einem skrupellosen Mitschüler terrorisiert, zum Opfer von Mobbing und Aggression wird. Dass selbst eine zu große Nähe eine Form von Gewalt sein kann, zeigt Gabriele Vasak in ihrem Debütroman *sowieso allein* (2009), in dem eine anscheinend verschworene Gemeinschaft zweier Mädchen zum unlösbaren Konflikt gerät, weil diese von einer der Protagonistinnen zur Ausübung von Zwang und bedrohlicher Abhängigkeit missbraucht wird.

Das Thema Gewalt ist ein beispielhafter Beleg für die wechselnden Präferenzen bei der literarischen Aufarbeitung zeitgebundener Probleme. Der Umstand, dass in den Endsechziger- und 1970er Jahren grundsätzlich alle Themen einer literarischen Bearbeitung zugänglich geworden waren und keines mehr mit einem Tabu belegt war, bedeutete für die Folgezeit keinesfalls generelle Gleichgewichtigkeit in der Behandlung, es gab vielmehr Schwankungen, Wellenbewegungen vergleichbar, bei denen mal die einen, mal die anderen Themen nach oben kamen. Gemeinsames Merkmal aller problemorientierten Jugendbücher ist jedoch, dass sie nicht nur die Wirklichkeit wie in einem Spiegel zeigen und den Ist-Zustand der Welt erklären wollen; unübersehbar wollen sie den jungen Lesern und Leserinnen auch bewusst machen, dass sich an den herrschenden Zuständen etwas ändern müsse, und versuchen sie daher zu motivieren, sich für neuere, bessere, gerechtere Zustände einzusetzen – und diese Wirkungsabsicht gilt auch dann, wenn die Bücher, anders als in der ersten Hochphase der 1970er Jahre, die erwünschten Problemlösungen nicht mehr mitliefern. Insofern haben die problemorientierten Bücher nicht nur eine didaktische, im Engeren sogar moralische Wirkungsabsicht, sie sind implizit immer auch politisch. Als explizit „politisch“ wurden jedoch nur zeitweilig die in den 1970er Jahren neu aufgekommenen Darstellungen der ‘Dritten Welt’, der Gastarbeiter- bzw. Minderheitenproblematik und der Gefährdung der Welt durch Zerstörung der Umwelt und Risiken der Atomkraft bezeichnet (vgl. Kaminski/Haas 1984, S. 99 ff.). Als eigenes, klar bestimmbares jugendliterarisches Genre hat sich das **‘politische Jugendbuch’** begrifflich nicht etablieren können. Das *Lexikon der Kinder- und Jugendliteratur* (Doderer 1979) belegt diesen Befund, indem es zwar einen entsprechenden Eintrag verzeichnet, zu seiner inhaltlichen Explikation aber ausschließlich auf andere Stichworte verweist, unter anderem auf die Artikel „Realismus in der Kinder- und Jugendliteratur“, „antiautoritäre Kinder- und Jugendliteratur“ oder „geschichtliche Themen“ und „Zeitgeschichte im Kinder- und Jugendbuch“ (vgl. Ungenannter Verfasser 1979, S. 77). Die Reihe hätte noch um die nicht genannten Begriffe der (anti-)utopischen Erzählungen oder der Jeansliteratur und der emanzipatorischen Mädchenliteratur erweitert werden können.

Die verschiedenen im Lexikon vorfindlichen Termini machen noch einmal augenfällig, dass die gemeinsame politische Tendenz nicht auch zu einer die einzelnen Textgruppen verbindenden Begrifflichkeit führte; offensichtlich sind dafür die Unterschiede inhaltlicher bzw. stofflicher oder formaler Art zu ausgeprägt. Je differenzierter im Inhalt und je komplexer in der Form die Jugendbücher aber sind, um so fließender sind die Übergänge und um so schwieriger ist es, eindeutig bestimmte Typologien auszumachen und voneinander abgrenzen. Die zur Kategorisierung des Textangebots verwendeten Termini orientieren sich daher – zumindest in den meisten Fällen – an einem dominanten Merkmal, das einer bestimmten Gruppe von Texten gemeinsam ist bzw. diese von einer anderen unterscheidet. Unter der Perspektive grundsätzlich realistischen Erzählens als maßgebliches Bezugs- und Unterscheidungskriterium werden nachfolgend fünf Gattungen knapp umrissen.

So ist die realistische Kinder- und Jugendliteratur durch ihren Gegenwartsbezug von **zeitgeschichtlichen und historischen Texten** ebenso abgegrenzt wie von Erzählungen und Romanen mit **zukunftsgerichteten** Problemen, obwohl keines dieser Genres ohne realistische Darstellungselemente auskommt und sie vielfach auch eine aufklärerische Wirkung beabsichtigen, wie sie für das realistische Erzählen typisch ist. Realistisch strukturierte Geschichten, die von der Sorge um die Zukunft handeln, präsentieren modellhaft die Bücher Charlotte Kerners *Geboren 1999* (1989) und *Blueprint. Blaupause* (1999), in deren Zentrum Fragen der Gentechnologie und des Klonens stehen, oder Reinhold Zieglers Jugendroman *Version 5 Punkt 12* (1997), der vor der Gefahr umfassender Medialisierung warnt. Sozialkritische Exempel erzählen nicht zuletzt Gudrun Pausewangs Anti-Utopien *Die letzten Kinder von Schewenborn* (1983) und *Die Wolke* (1987) mit der prospektiven Darstellung der jederzeit möglichen ökologischen oder atomaren Katastrophe.

Die Erzählweisen und -absichten realistisch konzipierter historischer und zeitgeschichtlicher Jugendbücher werden beispielhaft evident an Romanzyklen wie Willi Fährmanns *Bienmann-Saga* (Gesamtausgabe 2009), bestehend aus *Der lange Weg des Lukas B.* (1980), *Zeit zu hassen, Zeit zu lieben* (1994), *Das Jahr der Wölfe* (1962) und *Christina, vergiss nicht...* (1974), und an der zeitgeschichtlichen Trilogie um die Figur des Christian Fink mit den Romanen *Der Mann im Feuer* (1989), *Unter der Asche die Glut* (1997) und *Sie weckten das Morgenrot* (1999); sie zeigen sich exemplarisch an Klaus Kordons Trilogie der 'Wendepunkte' mit den Romanen *Die roten Matrosen* (1984), *Mit dem Rücken zur Wand* (1990) und *Der erste Frühling* (1993) und an seiner zweiteiligen Familiensaga *1848* (1997) und *Fünf Finger hat die Hand* (2006) mit den Protagonisten Jette und Frieder sowie an seinem Berlin-Roman *Hundert Jahre und ein Sommer* (1999); nicht zuletzt zeigen sie sich auch an Waltraud Lewins Trilogie *Ein Haus in Berlin* (1999), die einzelne Abschnitte deutscher Geschichte ausschließlich aus weiblicher Perspektive erzählt. Frauenfiguren stehen auch mehrfach im Zentrum der historischen Jugendromane Mirjam Presslers: in *Shylocks Tochter* (1998, Neuausgabe 2008), der sich stofflich eng an Shakespeares Drama *Der Kaufmann von Venedig* anschließt, in *Nathan und seine Kinder* (2009), einer Adaption von Lessings Drama *Nathan der Weise*, oder in dem Roman *Die Zeit der schlafenden Hunde* (2003), der in die politisch-gesellschaftliche Realität der Nachkriegszeit zurückführt und das Verdrängen und Vergessen der unrechtmäßigen Aneignung jüdischen Eigentums während des Nationalsozialismus thematisiert.

Mehrere der hier genannten Jugendromane, ließen sich, über ihre historischen und zeitgeschichtlichen Inhalte hinaus, auch der modernen Gattung **Adoleszenzroman** zurechnen, die sich in den 1980er Jahren in verschiedenen Spielarten etabliert hat. Die Übergänge sind fließend, insbesondere die Romane Mirjam Presslers thematisieren jene jugendlichen Selbstfindungs- und Identitätsprobleme, die herausgehobene Merkmale des Adoleszenzromans darstellen.

> Die jugendlichen Hauptfiguren können in einer „existenziellen Erschütterung" oder einer „tiefgreifenden Identitätskrise" angetroffen werden; unter (post)modernen Bedingungen ist es aber ebenso möglich, dass die Adoleszenz lustvoll und offen erlebt wird, als Chance, sich zu erproben, und als Gewinn bei der Sinn- und Identitätssuche. Insofern geht es im Adoleszenzroman neben einer möglichen Identitätskrise grundsätzlich um das Spannungsverhältnis zwischen Individuation und sozialer Integration (Gansel 2008, S. 363).

Die akzentuierende Gestaltung dieses Wechselspiels von Innenwelt und Außenwelt, von Subjektivität und Sozialität entscheidet über das Ausmaß von Nähe oder Distanz zwischen Adoleszenzroman und anderen realistischen Erzählmustern, zumal dem problemorientierten Jugendbuch. In den 1980er Jahren stellten nicht wenige Jugendromane noch eine Mischung zwischen Problemorientierung und Adoleszenzthematik dar (vgl. Gansel 2008, S. 364), Texte wie Rudolf Herfurtners *Rita, Rita* (1984) oder Klaus Peter Wolfs *Neonfische* (1985) stehen exemplarisch für eine derartige Verfahrensweise.

Bevor der Begriff Adoleszenzliteratur zur Bezeichnung der Texte geprägt wurde, die sich in besonderer Weise der Jugendphase annehmen, wurde, gewissermaßen hilfsweise, mit dem Begriff **Jeansliteratur** operiert. Dieser Gattungsbegriff verdankt sich Ulrich Plenzdorfs jugendliterarischem Bestseller *Die neuen Leiden des jungen W.* (1973), in dem der Autor seinen Helden Edgar Wibeau den programmatischen Satz sagen lässt: „Ich meine, Jeans sind eine Einstellung und keine Hose." Die Jeans „standen dabei keineswegs nur als Metapher für eine Abgrenzung von der etablierten Generation im Outfit. Mit dem *Jungen W.* rebellierte ein Junger gegen das Establishment." (Gansel 2008, S. 360)

Der Protest gegen den herrschenden Lebensstil drückte sich in der Jeansliteratur prononciert im Motiv der Flucht aus: „Die Antihelden der Jeansliteratur sind

Flüchtlinge. Sie laufen der etablierten Gesellschaft in entwickelten Industriestaaten weg. Sie suchen dabei nach alternativen Lebensweisen, ja sie praktizieren diese." (Doderer 1992, S. 196) Über Ulrich Plenzdorfs in der DDR wie in der Bundesrepublik zum Kultbuch gewordenen Roman hinaus gelten Barbara Wersbas Jugendbuch mit dem ironisch gemeinten Titel *Ein nützliches Mitglied der Gesellschaft* (1972) und Leonie Ossowskis *Die große Flatter* als herausragende Beispiele der Gattung. Beide Bücher bestätigen das Fluchtmotiv als dominantes Verhaltensmodell ihrer nach Freiheit und Unabhängigkeit drängenden Protagonisten.

In der Jeansliteratur nicht anders als im 'klassischen' und frühen modernen Adoleszenzroman sind die Protagonisten überwiegend bis ausschließlich männliche Jugendliche. Bücher wie Dagmar Chidolues, *Lady Punk, London, Liebe und all das* (1989) und *Magic Müller* (1992) sowie Rudolf Herfurtners *Rita, Rita* oder Inger Edelfeldts *Kamalas Buch* (1988) markieren dann aber die Übergänge zum Adoleszenzroman mit weiblichen Hauptfiguren. Zugleich stehen diese Titel beispielhaft für eine **emanzipatorische Mädchenliteratur**, wie sie sich unter dem Einfluss der Frauenbewegung seit etwa Mitte der 1970er Jahre herausgebildet hat. Indem die emanzipatorische Mädchenliteratur sich kritisch mit sozialen, gesellschaftspolitischen Themen beschäftigt und Aufklärung, Bewusstmachung und Wissensvermittlung intendiert, ist sie weithin mit der problemorientierten Jugendliteratur identisch. Wie dieser geht es ihr „um die Ermutigung [der jungen Leserinnen], sich von überholten gesellschaftlichen Vorstellungen zu befreien und selbstbestimmt den eigenen Weg zu gehen sowie um die Weckung von Empathie mit sozial Benachteiligten und um die Sensibilisierung für gesellschaftliches Unrecht" (Grenz 2008, S. 383). Wie die sozialkritische Problemliteratur „ist die emanzipatorische Mädchenliteratur weitgehend eine eingreifende, auf Veränderung abzielende Literatur" (ebd.), anders als diese bezieht sie aber sowohl die historische wie die zeitgenössische Realität ein.

Im Kontext der problemorientierten Jugendliteratur wurden oben, insbesondere unter den Stichwörtern 'antiautoritäre Jugendbücher' oder Bücher zur 'Berufs- und Arbeitswelt', bereits eine Reihe einschlägiger Titel genannt. Über diese hinaus sind Liebe und Sexualität die wichtigsten Bereiche, in denen sich die literarischen Heldinnen im Protest gegen die etablierte Welt ihre Freiräume und ihre Selbstständigkeit erobern. Waren die erste Liebesbeziehung und erste sexuelle Erfahrungen schon immer Schlüsselerlebnisse im Prozess des Erwachsenwerdens, welche die Identität der jungen Menschen verwandelte und prägte, erleben die literarischen Figuren – auch im Zeichen einer gesamtgesellschaftlichen 'sexuellen Revolution' – in der emanzipatorischen Mädchenliteratur eine bisher nicht gekannte sexuelle Offenheit und Freizügigkeit. Dies schließt, wie etwa an *Amor kam in Leinenschuhen* (1993) von Doris Meißner-Johannknecht, an *Marsmädchen* (2003) von Tamara Bach oder an *Für Isabel war es Liebe* (2002) von Mirjam Pressler ersichtlich wird, gleichgeschlechtliche Liebesbeziehungen ausdrücklich ein. Das Besondere gegenüber anderen problemorientierten Jugendbüchern zum Thema Liebe, (Homo)Sexualität oder auch sexueller Missbrauch ist, dass in der emanzipatorischen Mädchenliteratur konsequent die weibliche Perspektive eingenommen wird. Ein eindrückliches neueres Beispiel dafür gibt Katarina von Bredow in *Verliebt um drei Ecken* (2005): „Selten [...] wird die Jugendliteratur in der Darstellung der sexuellen Erprobungsphase so explizit wie die schwedische Autorin – und selten sind es die Mädchen, die ihr Begehren so handfest formulieren." (Lexe 2010, S. 8)

Weniger eindeutig sind in dieser Hinsicht ein Text wie *Broken Wings – Gefährliche Liebe* (2005) von Martina Dierks oder ein Buch wie Alexa Hennig von Langes *Erste Liebe* (2004), das die erste erotische Begegnung ihrer Protagonistin mit der leichten und witzigen Darstellung problematischer Familienverhältnisse verknüpft (vgl. Grenz 2008, S. 392f.). Mädchenbücher dieser Art nähern sich der Gattung Liebesroman, die ob der ihr anhängenden (Vor)Urteile des Anachronismus und der Trivialität jedoch selbst in ihrer modernen Form nur eingeschränkte Akzeptanz findet. Eines der beachtenswerten Beispiele, wie heute gleichwohl über (erste) Liebe und Sexualität ohne falsche Sentimentalität erzählt werden kann, ist ein Roman wie *Liebeslinien* (2007) von Marjaleena Lembcke. Die Darstellung von adoleszenter Unsicherheit gegenüber dem anderen Geschlecht, von emotionaler Betroffenheit und Verletzbarkeit erfolgt hier auf vergleichbar differenzierte und sensible Art wie in dem 1996 in deutscher Übersetzung erschienenen Jugendroman *So lonely* des schwedischen Autors Per Nilsson. Dass darin in dem Bücherregal des Protagonisten ein Bändchen *Werthers Leiden* steht, ist symbolträchtig, verweist aber nicht auf einen gleichartigen Ausgang. Der Roman erzählt vielmehr davon, dass nach einer unglücklich verlaufenen Liebe das Leben weitergeht und dass die Liebe auch eine Möglichkeit ist, reifer zu werden. In *Nie wieder lonely* (2009), einer Art Fortsetzung, wird diese Einsicht des inzwischen siebzehnjährigen Protagonisten eindrücklich bestärkt. Als Ich-Erzähler offenbart er nicht nur seine wechselvollen Gefühle und seine Erschütterung angesichts einer unerwarteten Vaterschaft, eine reflektierende Rückschau zeigt ihn auch als zunehmend erwachsener Werdenden, der sich aus seiner Egozentrik löst, indem er Probleme und Empfindungen Anderer wahrnimmt. So wirkt denn auch die Schlussperspektive glaubwürdig, dass die neue Liebe des jungen Mannes eine Zukunft haben wird. Die Entwicklung seines Protagonisten wird vom Autor sehr realistisch, sehr authentisch geschildert, die Erzählabsicht der Wirklichkeits- und Lebenserkundung, wie sie für problemorientierte Jugendbücher charakteristisch ist, tritt aber gegenüber der Darstellung einer existenziellen Krise und tiefgehenden Identitätssuche in den Hintergrund. Damit ist die Grenze zum Adoleszenzroman erreicht, der eben derartige Sinn-, Identitäts- und Existenzfragen umfassend thematisiert.

3 Erzählweisen realistischer Jugendliteratur

Die durch einen sozialkritischen Realismus geprägten problemorientierten Jugendbücher der endsechziger und 1970er Jahre waren weithin einem instrumentellen beziehungsweise einem pädagogisch-didaktischen Literaturverständnis verpflichtet, das „in erster Linie der sozialen Aufklärung, der Wissensvermittlung, der Bildung eines kritischen Bewusstseins dienen" sollte (Ewers 2006, S. 5). Insofern hatten die Inhalte Priorität; es wurden Probleme aus der Lebenswelt der Jugendlichen thematisiert und Lösungen zu ihrer Bewältigung aufgezeigt. Fragen der literarischen Form spielten hingegen eine untergeordnete Rolle, sie waren wesentlich auf den Aspekt der wirkungsvollen Vermittlung der Stoffe und Handlungsmotive konzentriert. In den meisten Fällen führte die Fixierung auf ein bestimmtes Problem zu Geschichten mit einsträngigen, monokausal verlaufenden Handlungen und typisierenden Figurendarstellungen, die auktorial aus der Außensicht erzählt wurden.

Frühe Beispiele, dieses Darstellungsmuster zu durchbrechen, sind Irina Korschunows Jugendbücher *Ein Anruf von Sebastian* (1981) und insbesondere *Die Sache mit Christoph* (1978), das vom ungeklärten Unfalltod eines Schülers handelt, der auch ein Selbstmord gewesen sein könnte. Freunde, Mitschüler, Lehrer, Eltern sehen sich gezwungen ihre persönliche Beziehung und ihr Versagen dem Toten gegenüber zu überdenken. Dargestellt wird dieses Reflektieren durch das Stilmittel der sukzessiven Erinnerungen, in denen Christophs Freund, der als Erzähler fungiert, jeweils auf Gespräche mit anderen Betroffenen reagiert.

Das erkennbare Bemühen der Autorin, keine bloß monokausalen Erklärungen des dargestellten Falles zu geben, zeichnet auch die Mehrzahl der Bücher zu dem oben bereits exemplarisch herangezogenen Thema Gewalt aus. Die Wurzeln und Ursachen von Gewalttaten werden durchweg in ihrer Komplexität gesehen, in einer Reihe von Jugendbüchern über das soziale, kulturelle und politische Umfeld der Protagonisten hinaus auch in deren familiären Lebensbedingungen. So treibt in Jana Freys *Besinnungslos besessen* (1995) eine schwierige Mutter-Sohn-Beziehung einen jungen Menschen in die Nähe und in die offenen Arme rechtsradikaler Skinheads, weil er erst bei ihnen Anerkennung und Kameradschaft findet. Der Roman zeichnet folglich nicht das Bild eines Überzeugungstäters, sondern eines gegen die Mutter protestierenden Mitläufers. Ebenso motiviert in *Schwarzer, Wolf, Skin* (1993) von Marie Hagemann (d.i. Elisabeth Zöller) der Protest gegen die Eltern, genauer gegen den Vater, die Zugehörigkeit des Protagonisten zu einer rechtsradikalen Jugendclique der Skins, und auch in *Stein in meiner Faust* von Gunter Preuß (1993) spielt die familiäre Situation als Erklärungsansatz eine wichtige Rolle.

Mit derartigen Jugendbüchern treten seit den 1980er Jahren soziologische oder sozialpsychologische Fallstudien mit komplexeren Handlungssträngen und vielschichtigeren Motivationsstrukturen zu den sozialkritischen Beispielgeschichten hinzu. Anregend gewirkt haben dabei nicht wenig ausländische, insbesondere skandinavische Vorbilder, zumal Mats Wahls sozialrealistische Romane, in denen sich der Autor mit Themen wie Gewalt, sexuellem Missbrauch, Großstadtkriminalität, Verwahrlosung, Sucht, Rassismus, Mobbing und Tod befasst (vgl. Nix 2010). Die Werke schildern (Identitäts)Krisen und Ausbrüche jugendlicher Protagonisten, deren familiärer und sozialer Kontext zerbrochen ist. Am bekanntesten wurde der in der Großstadt Stockholm spielende Jugendroman *Winterbucht* (1993), dessen Protagonist in verschiedene Handlungsstränge, unter anderem auch mit rechtsradikalem Hintergrund, so verstrickt ist, dass er sich zunehmend bedrängt und isoliert fühlt (vgl. Nix 2010).

In der deutschen Jugendliteratur hat in den letzten Jahrzehnten neben Kirsten Boie insbesondere Karen Susan Fessel Sozialstudien publiziert, die das Problembuch literarisch weiterentwickelten. Ihre Erzählungen *Steingesicht* (2001), *Und wenn schon!* (2002), *Ausgerechnet du* (2003) und *Max in den Wolken* (2005) handeln von jungen Menschen, denen es nicht gut geht oder die es nicht besonders leicht haben, und „immer geht es für die jugendlichen Protagonisten auch darum, ihren Platz in der Familie, in der Welt und die Beziehungen zu den Menschen in ihrer nächsten Umgebung neu zu definieren“ (Pressler 2006, S. 98).

Die literarischen Figuren treten den Lesern und Leserinnen als Individuen entgegen – wie etwa im Roman *Und wenn schon!*, den der Protagonist als Ich-Erzähler mit der Aussage beginnt: „Wer heißt denn heute noch Manfred? Keiner. Nur Ich.“ Wie dieser Manfred legt auch der Protagonist Max in *Max in den Wolken* seine Gefühle derart offen dar, dass die Leser und Leserinnen unmittelbar Anteil an dem Reifeprozess während der für ihn belastenden Monate – bedingt durch den tragischen Tod des Vaters und einen Klinikaufenthalt der Mutter – nehmen können, die Inhalt des Buches sind. Die hier erkennbare Psychologisierung durch den „Blick ins Innere“ (Lypp 1989) korrespondiert in den neueren problemorientierten Romanen tendenziell, über die Ich-Erzählform hinaus, mit modernen Techniken psychologischen Erzählens: mit personalem Erzählverhalten oder innerem Monolog, Wechsel des Erzählerstandorts und in der Gestaltung der Sprechsituationen, erlebter Rede, Bewusstseinsstrom oder auch der Montage von Wirklichkeitsebenen. So konfrontiert, um an einem bereits erwähnten Textbeispiel anzuknüpfen, *Nicht Chicago. Nicht hier* von Kirsten Boie die Leser und Leserinnen konsequent mit der Innensicht des Opfers und den psychologischen Auswirkungen des Geschehens. In *Ich ganz cool* (1992, Neuausgabe 2009) wiederum schildert die Autorin mittels der fragmentarischen und assoziativen Sprache des inneren Monologs die Ich-Findung eines zwölfjährigen Hauptschülers aus Hamburger Unterschichtmilieu, seine vergebliche Suche nach Verständnis und Zuwendung, nach Freundschaft und Liebe. Oder der Blick richtet sich, wie in Marjaleena Lembckes Jugendroman *Der Schatten des Schmetterlings* (1998), dadurch nach Innen, dass die um Magersucht kreisende äußere Handlung abwechselnd von den beiden Hauptfiguren erzählt wird und dadurch ihre Lebensängste sichtbar werden. Mehr noch als hier liegt in weiteren Jugendromanen der Autorin „der Reiz der Erzählung [...] nicht im Handlungs- und Figurenreichtum, sondern in der Vergegenwärtigung von Empfindungen, Erfahrungen, Atmosphären" (Mattenklott 1999b, S. L 34). In *Und dahinter das Meer* (1999) wird eine missglückte Reise zum Katalysator eines Reifeprozesses, in *Abschied vom roten Haus* (2000) der Autounfall der Eltern und die daraus resultierende Selbsttötung der Mutter zum Auslöser, in einen neuen Lebensabschnitt aufzubrechen. Statt superlativischer Probleme zeichnet Marjaleena Lembcke „mit präzisen Linien alltäglich Krisen, Wunschträume und Hemmungen, wie sie Eltern und Kinder gleichermaßen erleben" (Mattenklott 1999b, S. L34). Die psychologisch gut motivierten Geschichten über das Erwachsenwerden überschreiten damit allerdings die Grenzen des für das Problembuch charakteristischen Erzählmusters der Fallbeispiele und nähern sich dem Erzählmodell des Adoleszenzromans.

Ein prägendes Strukturmerkmal, das mit den komplexeren und vielschichtiger motivierten Handlungen sowie psychologisch genauer gezeichneten Figuren einhergeht, ist die Zurückhaltung der Texte gegenüber einer mitgelieferten Problemlösung. Bereits in *Die Sache mit Christoph* tritt die Autorin Irina Korschunow hinter den Stoff zurück, um den Lesern und Leserinnen Gelegenheit zu eigener Meinungsbildung zu geben. Auch Kirsten Boie verfolgt konsequent eine derartige Erzählhaltung; in *Erwachsene reden, Marco hat etwas getan* (1994) präsentiert sie eine beklemmende Montage von Aussagen zum Brandanschlag eines jugendlichen Täters auf ein türkisches Wohnhaus, bei dem zwei Kinder ums Leben gekommen sind. Als literarisches Mittel wählt die Autorin „die quasiauthentische Form einer journalistischen Reportage; [...]. Diese innovative Form der Darstellung wird der Komplexität der Thematik gerecht und ermöglicht gleichzeitig den Lesern, Zusammenhänge zu erkennen und sich ein eigenes Urteil zu bilden." (Daubert 2001, S. 107) Lösungen der Probleme sind folglich dem Nachdenken und der Diskussion der Leser und Leserinnen überantwortet. In *Nicht Chicago. Nicht hier* beschränkt sich Kirsten Boie ebenfalls auf die Darstellung der Fakten und verzichtet ganz auf Deutungen. Auch der Schluss des Buches bietet keinen optimistischen Ausblick. „Es handelt sich um ein 'offenes konfliktgeladenes Ende': der Konflikt bleibt nämlich über das Ende des Textes erhalten. Die Autorin weiß keinen Ausweg und sie versucht nicht, die Brisanz des Dargestellten zu relativieren." (Gansel 1999, S. 35f.) Gleichermaßen wie Kirsten Boie verzichtet die niederländische Autorin Karlijn Stoffels in ihrem in einer Jugendpsychiatrie spielenden Roman *1:0 für die Idioten* (2009) auf jede Analyse der erzählten Geschehnisse. Sie gibt die Innenansicht einer extremen Seelenlage, indem sie ihre Protagonistin Luise, eine eigenartige, verängstigte

Patientin, in konsequent subjektiver Sicht von ihrer ungeheuren Anstrengung erzählen lässt, das Leben anzunehmen.

In solcher, hier nur knapp umrissenen Darstellungsweise stehen die Bücher exemplarisch für den Wandel, den die problemorientierte Jugendliteratur seit den 1980er Jahren vollzogen hat. Auch wenn grundsätzlich der aufklärerische, der Emanzipation dienende und die Wirklichkeit verändernde Impetus bestehen bleibt, favorisieren die neueren problemorientierten Jugendbücher die Diagnose und beabsichtigen, das Prinzip der Wirklichkeitserkundung verfolgend, „das Lebensgefühl, die Lebenslage, die Lebenssicht, die Lebensprobleme heutiger Jugendlicher literarisch zu erfassen" (Gansel 1998, S. 21). Sie sind Reflexions- und Diskussionsangebote, inhaltlich authentisch und psychologisch gut motiviert, literarisch anspruchsvoll und möglichst spannend erzählt, aber keine Modelle zu 'richtiger' Lebensgestaltung.

4 Didaktische Anmerkungen

Realistische Jugendliteratur hat im Unterricht aller Schulformen und -stufen einen hohen Stellenwert. Empirische Studien (vgl. Gattermeier 2003) weisen aus, dass sich vor allem die problemorientierten Gattungen didaktisch etabliert haben. Sie dienen dabei überwiegend als 'Themenlieferanten', d. h. als Impulsgeber für die Auseinandersetzung mit zeitaktuellen Themen aus der sozialen und politischen (jugend)kulturellen Wirklichkeit. Im Deutschunterricht und darüber hinaus in fächerverbindenden oder fächerübergreifenden Unterrichtszusammenhängen werden sie bis heute als Medium zum sozialen und politischen Lernen genutzt.

Die thematische Orientierung kommt den Erwartungen sehr entgegen, die junge Leser und Leserinnen an ihre Lektüre stellen. In einschlägigen Untersuchungen (vgl. u. a. Franz 2000) dominieren die Aussagen, dass sie das Thema eines Buches interessieren müsse, wenn sie es lesen sollen. Mit dem inhaltlichen Potenzial allein ist die didaktische Relevanz der realistischen Erzählungen und Romane jedoch nicht zu rechtfertigen, ihre didaktische Bedeutung liegt – mindestens – gleichermaßen darin, die Heranwachsenden im Prozess ihrer Selbstfindung und Selbstvergewisserung zu stützen und ihre Fähigkeit zum Fremdverstehen zu entwickeln. Die Jugendbücher sind – im besten Falle – sowohl Spiegel für persönliche Lebensfragen, Lebenserfahrungen und Handlungsmöglichkeiten als auch Medium dafür, fremde Erfahrungsperspektiven kennenzulernen. Der empathetische oder auch distanzierende Mitvollzug der Geschicke literarischer Figuren beispielsweise ist eine wichtige Entwicklungshilfe für das soziale Verstehen und die emotionale Entwicklung junger Leser und Leserinnen. Von didaktischer Bedeutung ist dabei allerdings, dass die Bücher Verhaltensmuster, Werturteile und Moralvorstellungen nicht vorgeben, sondern das eigene Nachdenken und die eigene Urteilskraft des jungen Lesers herausfordern und stärken. Dieser Hinweis ist insbesondere mit Blick auf jene problemorientierten 'Themenbücher' von Belang, die – mit welcher 'gutgemeinten' Absicht auch immer – moralisierende Beispielgeschichten erzählen. Eine solche, aus dem inhaltlichen Potenzial resultierende Wirkungsabsicht entspräche jedoch einer unangemessenen pädagogischen Instrumentalisierung.

Die beste Gewähr, einen didaktischen Gebrauch als bloße Sozialisationsliteratur zu verhindern, bieten die Texte selbst, wenn sie ihren Anspruch an Stoffe und Motive gleichermaßen durch literarische Qualität absichern. Dazu gehören eine vielschichtige Inhaltsstruktur ohne einfach-eindeutige Problemlösungen, eine differenzierte Figurenzeichnung und eine moderne Textstruktur, die sich zuvörderst in psychologisch gut motivierten Erzählweisen konstituiert. Seit den 1980er Jahren lösen, wie zu zeigen war, die meisten Gattungen diesen Anspruch zunehmend ein. Für den Literaturunterricht ist in diesem Kontext das Argument nicht unerheblich, dass das Moment der literarischen Qualität auch gewährleistet, die dort unverzichtbaren Aufgaben der literarischen Bildung zu erfüllen. Das literarische Angebot ist vorhanden, es muss nur unterrichtlich genutzt werden.

Literaturverzeichnis

Daubert, Hannelore: Von der moralisierenden Beispielgeschichte zur sozialpsychologischen Fallstudie: „Themenbücher" über Fremdenfeindlichkeit und Gewalt aus didaktischer Sicht. In: Cromme, Gabriele/Lange, Günter (Hrsg.): Kinder- und Jugendliteratur. Lesen – Verstehen – Vermitteln. Baltmannsweiler: Schneider 2001, S. 105–115.

Doderer, Klaus: Literarische Jugendkultur. Kulturelle und gesellschaftliche Aspekte der Kinder- und Jugendliteratur in Deutschland. Weinheim, München: Juventa 1992.

Doderer, Klaus: Jeansliteratur. In: Doderer Bd. 4, 1982, S. 319–320.

Doderer, Klaus (Hrsg.): Lexikon der Kinder- und Jugendliteratur. 4 Bde. Weinheim, Basel: Beltz 1975–1982.

Dolle-Weinkauff, Bernd/Ewers, Hans-Heino/Jaekel, Regina (Hrsg.): Gewalt in Kinder- und Jugendmedien. Von der Verherrlichung zur Ächtung eines gesellschaftlichen Phänomens. Weinheim, München: Juventa 2007.

Ewers, Hans-Heino: Kinderliterarische Erzählformen im Modernisierungsprozeß. Überlegungen zum Formenwandel westdeutscher epischer Kinderliteratur. In: Lange/Steffens 1995, S. 11–24.

Ewers, Hans-Heino: Zu unrecht verschmäht. Problemliteratur für Jugendliche und die Gattung der Problemerzählung. Vortrag auf der Kinder- und Jugendliteraturtagung in der Evangelischen Akademie Tutzing. 16. bis 18. Juni 2006.

Franz, Kurt: Lese- und Medienverhalten von Schülerinnen und Schülern der 8. Jahrgangsstufe. Ausgewählte Ergebnisse einer empirischen Untersuchung in vier Bundesländern. In: Franz, Kurt/Payrhuber, Franz-Josef (Hrsg.): Lesen heute. Leseverhalten von Kindern und Jugendlichen und Leseförderung im Kontext der PISA-Studie. Baltmannsweiler: Schneider 2002, S. 2–25 (Schriftenreihe der deutschen Akademie für Kinder- und Jugendliteratur Volkach; 28).

Franz, Kurt/Lange, Günter/Payrhuber, Franz-Josef (Hrsg.): Kinder- und Jugendliteratur. Ein Lexikon. Meitingen: Corian 1995ff.

Gansel, Carsten: Authentizität – Wirklichkeitserkundung – Wahrheitsfindung. Zu aktuellen Entwicklungslinien in der Literatur für Kinder und junge Erwachsene. In: Fundevogel 1998, Nr. 129, S. 5–25.

Gansel, Carsten: Literaturunterricht – Autor-Stereotype – Aktuelle Entwicklungen. In: Deutschunterricht (Berlin), 52. Jg. (1999), Sonderheft, S. 30–38.

Gansel, Carsten: Unendliche Geschichten und Pluralität der Formen. Literatur für Kinder und junge Leser im vergangenen Jahrhundert. In: Julit 2000, H. 1, S. 3–22.

Gansel, Carsten: Der Adoleszenzroman. In: Wild 2008, S. 359–379.

Gansel, Carsten/Korte, Hermann (Hrsg.): Kinder- und Jugendliteratur und Narratologie. Göttingen: V&R unipress 2009 (Deutschsprachige Gegenwartsliteratur und Medien; 2).

Gattermeier, Klaus: Literaturunterricht und Lesesozialisation. Eine empirische Untersuchung zum Lese- und Medienverhalten von Schülern und zur lesesozialisatorischen Wirkung ihrer Deutschlehrer. Regensburg: edition vulpes 2003.

Grenz, Dagmar: Mädchenliteratur. In: Wild 2008, S. 379–393.

Kaminski, Winfred/Haas, Gerhard: Zeitgeschichtliche und politische Kinder- und Jugendliteratur. In: Haas, Gerhard (Hrsg.): Kinder- und Jugendliteratur. Ein Handbuch. 3. Aufl. Stuttgart: Reclam 1984, S. 88–109.

Karst, Theodor: Realismus in der Kinder- und Jugendliteratur. In: Doderer Bd. 3, 1979, S. 135–136.

Kreuzer, Tillmann F.: König Kind? Literarische Figuren zu Beginn des 21. Jahrhunderts in der realistischen Kinder- und Jugendliteratur. Würzburg: Königshausen & Neumann 2009.

Lange, Günter: Christine Nöstlinger. In: Franz/Lange/Payrhuber 1995ff.(1. Erg.-Lfg. 1996, S. 1–28).

Lange, Günter (Hrsg.): Taschenbuch der Kinder- und Jugendliteratur. 2 Bde. Baltmannsweiler: Schneider 2000.

Lange, Günter/Steffens, Wilhelm (Hrsg.): Moderne Formen des Erzählens für Kinder- und Jugendliche der Gegenwart unter literarischen und didaktischen Aspekten. Würzburg: Königshausen und Neumann 1995, S. 51–62 (Schriftenreihe der Deutschen Akademie für Kinder- und Jugendliteratur Volkach; 15).

Lexe, Heidi: Zum Heulen. Der Liebesroman als jugendliterarische Gattung. In: Kinder-/Jugendliteratur und Medien 2010, H. 1, S. 3–9.

Lypp, Maria: Der Blick ins Innnere. 1989. In: Lypp, Maria: Vom Kasper zum König. Studien zur Kinderliteratur. Frankfurt/M. [u. a.]: Lang 2000, S. 79–86.

Mattenklott, Gundel: Stabilität im Umbruch. Kinder- und Jugendliteratur der neunziger Jahre. In: Deutschunterricht (Berlin), 52 Jg. (1999a), Sonderheft, S. 1–18.

Mattenklott, Gundel: Vaters Traumstadt. Eine Reise durch Finnland: Marjaleena Lembckes neue Erzählung [„Und dahinter das Meer"].In: FAZ Nr. 69 v. 23.3.1999b, S. L34.

Nix, Angelika: Mats Wahl. In: In: Franz/Lange/Payrhuber 1995ff. (39. Erg.-Lfg. 2010, S. 1–45).

Pressler, Mirjam: Vorstellung von: Karen-Susan Fessel. In: Franz. Kurt/Maar, Paul (Hrsg.): Leser treffen Autoren. Autorenporträts – Selbstcharakteristiken – Lesungen. Baltmannsweiler: Schneider 2006, S. 97–98 (Schriftenreihe der deutschen Akademie für Kinder- und Jugendliteratur Volkach; 35).

Scheiner, Peter: Realistische Kinder- und Jugendliteratur. In: Lange 2000, Bd. 1, S. 158–186.

Sperlich, Christine: Karen-Susan Fessel. In: Franz/Lange/Payrhuber 1995 ff. (33. Erg.-Lfg. 2008, S. 1–26).

Steinz, Jörg/Weinmann, Andrea: Kinder- und Jugendliteratur der Bundesrepublik nach 1945. In: Lange 2000, Bd. 1, S. 97–136.

Ungenannter Verfasser: Politisches Kinder- und Jugendbuch. In: Doderer Bd. 2, 1979, S. 77.

Wild, Reiner (Hrsg.): Geschichte der deutschen Kinder- und Jugendliteratur. 3. vollst. überarb. u. erw. Aufl. Stuttgart, Weimar: Metzler 2008.

Wolgast, Heinrich: Das Elend unserer Jugendliteratur. Hamburg 1896 u. ö.

ANITA SCHILCHER

Das aktuelle Mädchenbuch

Seit jeher gilt das 'Mädchenbuch' als klassische Sozialisationsliteratur (Dahrendorf 1978), denn es steht seit seiner Entstehungszeit in der Funktion der Vermittlung gesellschaftlich wünschenswerter Rollenbilder und Lebensformen und gliedert sich damit ein in einen Diskurs über die weibliche 'Bestimmung' und den weiblichen Geschlechtscharakter. Mit Aufkommen der Emanzipationsbewegung schien das 'emanzipatorische' Mädchenbuch mit der Tendenz zur Entpolarisierung der Geschlechterrollen ein neues Modell kinderliterarischen Erzählens zu etablieren (z.B. Schilcher 2001), denn ohne Zweifel lassen sich heute nicht mehr nur in Texten der von der Literaturkritik sanktionierten Kinderbücher emanzipierte Rollenmodelle finden.

Auf der anderen Seite fällt beim ersten Blick in größere Kinderbuchabteilungen der Blick zunächst auf zentral platzierte Verkaufstische mit Produkten (nicht nur Büchern) rund um *Prinzessin Lilifee* und *Captain Sharky* mit typischen Attributen wie Zauberstab, Glitzersternchen und rosa Feenflügel sowie Säbel, Hai und Totenkopf. Ähnliches lässt sich auch beim Blick in die Kinderbekleidungsabteilungen größerer Modeketten beobachten, in denen man kaum mehr auf geschlechtsneutrale Kleidungsstücke stößt. In Buchläden wie Bekleidungsketten werden Regale mit Hinweistafeln wie „Mädchen 8–12" gekennzeichnet, so dass hier von einer Auflösung der Geschlechtergrenzen keine Rede sein kann. Auch in Spielwarengeschäften präsentiert sich ein Bild, das den jahrelangen Kampf der Emanzipationsbewegung gegen Barbie & Co. als gescheitert erscheinen lässt. Immer dort, wo Produkte an Mädchen verkauft werden sollen, präsentieren sich ganze Ausstellungsflächen in Pink mit Glitzer, Herzchen und Tierbabys, während auf Seiten der Jungenprodukte wilde Tiere mit bedrohlich geöffneten Mäulern, PS-starke Fahrzeuge sowie Piraten, Wikinger und Ritter anscheinend die größten Verkaufserfolge erzielen. So verwundert es nicht, dass sich bereits eine britische Bürgerbewegung *(PinkStinks)* gegründet hat, die gegen die Pinkisierung der Mädchenwelt zu Felde zieht, mit dem Argument, die Prägung der Mädchen auf Kindchenschema, Verniedlichungen und Weiblichkeitsstereotype hemmten die Entwicklung des Statusstrebens und Durchsetzungsvermögens, während sie traditionelle Rollenbilder beförderten. Politische wie wissenschaftliche Diskurse, die sich um einen strukturellen Abbau von Geschlechterhierarchien und die Dekonstruktion von Geschlechterdifferenzen bemühen, müssen Entwicklungen wie diese beunruhigen. Doch inwieweit prägen Medienkonsum – inklusive Freizeitlektüre –, Bekleidungsstile und Spielverhalten Verhaltensdispositionen von Mädchen und Jungen? Ist der Junge, der sich in seiner

Kindheit mit *Captain Sharky* identifiziert und sich ein Totenkopf-Tatoo auf den Oberarm klebt, später wettbewerbsorientierter und durchsetzungsfähiger als das Mädchen, das mit Lilifee-Tüllröckchen zum Ballett geht? Wie Wardetzky (1992) zeigt, folgen Mädchen beim Schreiben von Märchen nur zum Teil den aus Lektüre bekannten Rollenstereotypen, statten ihre weiblichen Heldinnen aber durchaus auch mit emanzipativen Eigenschaften aus. Kinder übernehmen nicht bestimmte Rollenstereotype aus der literarischen Vorgabe, sondern konstruieren für ihre Imaginationen Geschlechtsrollenentwürfe, wie sie im kindlichen Alltag wirksam sind (Wardetzky 1992, S. 11). Dabei scheint die männliche Rolle sich in sehr viel engeren Grenzen zu bewegen als die Mädchenrolle. Wie in der Rezeptionsforschung gezeigt, prägen die Prädispositionen der Leser(innen) ganz entscheidend die Wahrnehmung der Rollenmodelle. Werden keine Gratifikationen geboten, sondern will ein Text in erster Linie zu einem neuen Bewusstsein 'erziehen', werden die Texte von Kindern und Jugendlichen nicht gelesen.

So zeigt Daubert (1987, S. 95), dass die in den 1970er und 1980er Jahren neu erscheinenden emanzipatorischen (Mädchen-)Bücher bei vielen Leserinnen auf Ablehnung stießen, da sie nicht dem Ideal der romantischen Liebe folgten. Auch das Jungenbild, das die Literatur der 1990er Jahre prägte, wurde von den lesenden Jungen nicht akzeptiert und damit meist nicht konsumiert (Elstner 2003, Schilcher 2004; vgl. zur Wirkung von medialen Rollenmodellen auch Stöger 2007, S. 162 ff.). Literatur wird nur dann freiwillig gelesen, wenn sie Lese-Gratifikationen bietet. Dies können Gratifikationen kognitiver, emotionaler oder sozialer Art sein. Gerade im Jugendalter spielt das Bedürfnis, 'mitreden' zu können, eine entscheidende Rolle bei der Wahl der Lesestoffe. Informiert man sich auf einer der diversen *Twilight*-Webseiten, wie Leserinnen zur Lektüre dieser Bücher gekommen sind, dann sind es in 80–90% der Fälle die Freundinnen, die das Buch zur Lektüre empfohlen haben.

1 Das Mädchen als Leserin

Die Lesesozialisationsforschung hat wiederholt belegt, dass Mädchen und Frauen insgesamt mehr lesen als Jungen und Männer (z. B. Hurrelmann/Hammer/Nieß 1993, Bonfadelli/Fritz 1993). Auch hinsichtlich ihrer Lesemotivation weisen die Mädchen schon in der Grundschule, aber besonders im Jugendalter höhere Werte auf (Richter/Plath 2004, IGLU, PISA). Der Leseknick während der Pubertät wirkt sich bei den pubertierenden Mädchen weit weniger stark aus als in der Gruppe der Jungen. Wie Philipp zeigen konnte, bietet gerade während der Pubertät die Mädchen-*Peergroup* oft ein Umfeld, das ein lesebezogenes Selbstkonzept unterstützt (Philipp 2008, 127 ff).

Auch wenn Mädchenliteratur auf dem Buchmarkt weit erfolgreicher ist als spezifische Jungenliteratur (etwa die im Thienemann-Verlag erscheinende Reihe *Für*

Mädchen verboten hat weit weniger Auflagen hat als die analoge Reihe für Mädchen), so stellt sie bei weitem nicht das beliebteste Genre bei den Mädchen dar (Plath/Richter 2004; Franz 2002). Wie die Studie Philipps (2008, S. 79) zeigt, wählen Mädchen und Jungen, wenn sie realistische oder humoristische Bücher lesen, jedoch hauptsächlich mädchen- bzw. jungenspezifische Texte *(Die wilden Hühner, Die wilden Fußballkerle, Conni*-Romane, *Hanni und Nanni, Lola*-Romane, *Emma*-Romane, *Alice*-Romane, *Bert*-Romane).

Frauen und Männer unterschieden sich schon immer im Hinblick auf ihre Leseinteressen und das hat sich auch durch die voranschreitende gesellschaftliche Gleichberechtigung nicht wesentlich geändert (z.B. Eggert/Garbe 1995, S. 78f.; Bonfadelli/Fritz 1993, S. 54f.). Während Mädchen und junge Frauen nach wie vor auf Genres wie Mädchenbücher sowie Schicksals- und Liebesromane zurückgreifen, meiden Jungen gerade diese Genres und wählen – wenn sie lesen – Formate, die strukturell an ihre Medienerfahrungen mit vielen aneinandergereihten, spannenden Höhepunkten und einer actionreichen Dramaturgie anknüpfen (Bischof/Heidtmann 2000, S. 257ff.). Wirft man einen Blick auf die bevorzugten Medienthemen von Heranwachsenden so zeigt sich, dass auch hier die Interessen von Jungen in Richtung Actionfilm, die der Mädchen in Richtung Liebesfilm gehen. In den jeweiligen Genres werden – so Barthelmes und Sanders (2001) – Medienerfahrungen gesucht, in denen es thematisch um Frauen- und Männerbilder geht.

Während es dabei für die Jungen eine eher untergeordnete Rolle spielt, ob die Handlung ‘gut ausgeht’, ist für weibliche Jugendliche ein guter Handlungsausgang wichtiger (m 38,8%; w 56,0%). Auch die Identifikationsmöglichkeit mit den Figuren spielt bei den Mädchen eine größere Rolle (m 70%; w 87,1%). Diametral entgegengesetzt antworten Jungen und Mädchen auf die Frage „Ein Buch muss so richtig meine Gefühle ansprechen“: Während 71% der Mädchen dieser Aussage zustimmen, beantworten 72% der Jungen diese Frage mit „nein“ (Franz 2002, S. 16f.).

Auf die schulische Leistungsfähigkeit und Leistungsbereitschaft von Mädchen scheinen sich die medialen Präferenzen jedoch nicht negativ auszuwirken. Vor dem Hintergrund internationaler wie nationaler Schulleistungsstudien zeigt sich, dass die Mädchen in ihren Leistungen die Jungen in vielen Bereichen überholt haben. Der prozentuale Anteil der Abiturientinnen liegt seit Jahren bei über 50%, die schulischen ‘Problemkinder’ sind statistisch gesehen die Jungen (vgl. Pinker 2009, S. 33ff.). Sind die Sorgen der Pinkiesierungs-Gegner damit nicht widerlegt? Bleiben die Träume in Rosarot nicht nur äußerliches Attribut oder regressiver Rückzugsraum? Ist *Prinzessin Lilifee* unter dem Krönchen gar eine Emanze? Unterscheiden sich *Prinzessin Lilifee* und *Captain Sharky* im Wesentlichen durch ihre Attribute? Zwar sorgt sich *Prinzessin Lilifee* um ihr Aussehen, wenn sie zum ersten Feenball fliegt, doch schließlich ist sowohl bei ihr als auch bei *Captain Sharky* die Rettung von Tieren (Delfine, Schildkröten) ein zentrales Motiv der Bilderbuchtexte.

Es stellt sich die Frage, ob die Kinder- und Jugendliteratur auch über die Schulzeit hinausgehende attraktive Rollenmodelle bietet. Inwiefern prägen mediale Rollenvorgaben Verhaltensweisen, die erwachsene Frauen an die sogenannte 'gläserne Decke' stoßen lassen? Oder bestätigen und befriedigen mediale Rollenentwürfe nur biologisch angelegte Dispositionen, wie dies etwa Susan Pinker (2009) behauptet?

Die Frage, welche sozialen und psychischen Funktionen die Rezeption alter wie neuer Mädchenliteratur befriedigt, ob sie eher affirmativ wirkt und jungen Mädchen bestimmte medial vorgefertigte Modelle aufdrängt oder als regressiver Rückzugsraum für das Ausleben vorhandener Dispositionen dient, kann auch in diesem Artikel über 'Mädchenliteratur' nicht beantwortet werden und bleibt somit weiterhin Desiderat der Forschung (vgl. Grenz 2000, S. 351). In jedem Fall ist es jedoch sinnvoll, die aktuell erscheinende und von den Verkaufszahlen her erfolgreiche Mädchenliteratur analytisch im Auge zu behalten, um zu wissen, welche Modelle von Mädchen- und Frauenleben darin angeboten werden.

2 Definition: Was ist 'Mädchenliteratur'?

Wie oben bereits erwähnt, lesen Mädchen nicht nur „intendierte Mädchenliteratur", also speziell für die Zielgruppe „Mädchen" entwickelte Kinder- und Jugendliteratur. Sie lesen unter anderem „Mädchenliteratur", die damit zu einem Teilbereich der „Mädchenlektüre" wird. (Zur Begrifflichkeit siehe Ewers 2000 und Grenz 1997)

Darüber hinaus teilen sich die Mädchen das Interesse an Abenteuerliteratur, Krimis und Phantastik mit den Jungen. Während zur Entstehungszeit der Backfischliteratur im 19. Jahrhundert das Mädchenbuch als eines der wenigen geeigneten Leseangebote für Mädchen galt, steht heute den Mädchen der gesamte Kinder- und Jugendliteraturbereich offen und wird von diesen auch gelesen, während Jungen tendenziell ein schmaleres Angebot des Sektors nutzen.

Darüber hinaus wird nicht-intendierte Mädchenliteratur, die auch von Seiten der Verlage und des Buchhandels als allgemeine (Jungen-)Literatur vermarktet wird, qua Lesergruppe zur reinen Mädchenlektüre etwa die äußerst erfolgreichen *Twilight*-Bände, die von Schülerinnen ab 12 sowie von Studentinnen und von Frauen im Erwachsenenalter in gleicher Weise gelesen werden, jedoch kaum von Jungen und Männern, obwohl die Genrezuordnung in den Bereich 'Phantastik', speziell 'Vampirgeschichte', auf der Oberfläche auch männliche Leseinteressen ansprechen könnte.

Ebenso existieren auf dem Buchmarkt intendierte Mädchenbücher, die von ihrer Genrezugehörigkeit jedoch primär einem anderen Genre entstammen, etwa spezielle 'Mädchenkrimiserien' wie *Die drei !!!* (Wich) oder *Risotto criminale* etc. (Fiedler). Das gilt auch für die immer noch beliebten Pferdebücher, die fast ausschließlich von Mädchen gelesen werden, etwa die *Sheltie*-Serie (Clover) und die *Sternenschweif*-Serie (Chapman) oder die neueren Serien um Elfen, Feen, Nixen und Hexen (z. B. Kessler, Schröder). Da im Kinder- und Jugendbuchbereich der größere Teil des Absatzes durch die Mädchen garantiert wird, entstehen immer neue Subgenres, die (scheinbare) Mädcheninteressen zu befriedigen suchen.

Allgemein gelten als Kennzeichen intentionaler Mädchenliteratur vor allem Elemente der paratextuellen Aufbereitung, also Titel und Titelbildgestaltung ebenso wie Hinweise, die eine bestimmte Leserinnengruppe ansprechen. Wie schon bei der traditionellen Mädchenliteratur geben bereits die Titel Aufschluss darüber, dass es sich bei den Protagonistinnen des Buches um Mädchen oder Mädchengruppen handelt, z. B. Lola, *Lola macht Schlagzeilen* (Isabel Abedi), *Svenja hat's erwischt* (Christian Bieniek), *Mira schwer verliebt* (Alexa Hennig von Lange), *Die wilden Hühner* (Cornelia Funke), *HexGirls* und *Die Pfeffermiezen* (Patricia Schröder). Mädchenbücher für jugendliche Mädchen enthalten gerne Hinweise darauf, dass es sich um Liebesbücher handelt, etwa *Superstars & Liebesstress, Liebestrank & Schokokuss* (Bianka Minte-König), *Liebe ist, was du draus machst* (Patricia Schröder), *Liebe ist das Paradies* (Dagmar Chidolue) oder *Die wilden Hühner und die Liebe* (Cornelia Funke). In vielen Fällen handelt es sich nicht um Einzeltexte, sondern um Serienliteratur, die sich um eine Protagonistin oder eine Mädchengruppe dreht.

Die Zuordnung zum Genre 'Mädchenliteratur' bedeutet heute nicht mehr, dass in diesen Büchern ein bestimmtes Mädchenbild, eine bestimmte Erzählweise oder Textsorte fortgeschrieben werden muss. „In Büchern, die das individuelle Leben eines Mädchens darstellen, verwischt sich deshalb das Geschlechtsspezifische des Adressantenbezugs; die Mädchenliteratur geht über in die allgemeine (Kinder- und Jugend-)Literatur" (Grenz 1997, S. 260). Somit wäre das weitest mögliche Genremerkmal des Mädchenbuchs die Frage, ob die zentrale Protagonistin oder Reflektorfigur weiblich ist. Damit müsste jedoch mindestens die Hälfte des kinder- und jungendliterarischen Angebots als 'Mädchenbuch' bezeichnet werden.

Grenz (1997, S. 243 ff.) unterscheidet in ihrer Betrachtung des Mädchenbuchs zwischen Trivial-, Unterhaltungs- und hoher Literatur. Trivialliteratur bestätigt nach ihrer Definition unter der Oberfläche einer trendigeren Aufmachung ein Wertemodell, wie es sich in den trivialen Backfischbüchern zeigt (Belohnung für Anpassung durch Liebe durch den Mann, abwartende Haltung ohne eigene Initiative, bürgerliches Glück). Die Unterhaltungsliteratur, so Grenz, stelle gelungene oder misslungene Sozialisations- und Selbstfindungsprozesse in den Mittelpunkt, komme aber trotz Darstellung einer Phase der Aufmüpfigkeit über eine letztendliche Anpassung an eine weibliche Geschlechterrolle nicht hinaus. Auf dem Weg zur hohen Literatur befinde sich das Mädchenbuch dann, wenn es die Figuren in ihrer Mehrschichtigkeit und Widersprüchlichkeit darstelle, eine gewisse Breite an Themen biete und auf einem anspruchsvollen Niveau stereotypes Alltagsbewusstsein in Frage stelle. Zweifellos lässt sich die von Grenz vorgeschlagene Kategorisierung auch auf die aktuelle Mädchenliteratur noch anwenden und die meisten der im Folgenden fokussierten Texte ließen sich einer der drei Kategorien zuordnen, zumal die romantische Liebe als Ziel meist nicht in Frage gestellt wird. Stellt man jedoch die Frage in den Mittelpunkt, welche Rollenmodelle die aktuelle Kinder- und Jugendliteratur ihren Leserinnen anbietet, so ist eine solche Kategorisierung eher hinderlich und verstellt den Blick darauf, dass auch triviale und unterhaltende Texte neue Modellbildungen integriert haben, die sich vor einigen Jahren nur in der anspruchsvollen Kinder- und Jugendliteratur finden ließen.

3 Zur historischen Entwicklung des Mädchenbuchs

Im Folgenden soll nur ein äußerst knapper Rückblick auf die historische Entwicklung des Mädchenbuchs gegeben werden. Die historische Entwicklung ist von ausgewiesenen Wissenschaftler(innen) (Grenz, Wilkending, Wild, Dahrendorf) detailreich aufgearbeitet worden und würde an dieser Stelle nur eine Wiederholung bedeuten. Deshalb sollen nur diejenigen Punkte Berücksichtigung finden, die als Folie für die Betrachtung aktueller Mädchenbücher von Bedeutung sind.

Mädchenliteratur bildet sich ab dem 18. Jahrhundert für das bürgerliche Mädchen in Form von moralischen Schriften, Sittenlehren, Hauswirtschaftslehren etc. heraus. Sie ist von Anfang an als Sozialisationsliteratur konzipiert, die die Frau auf die Rolle als Ehefrau und Mutter vorbereiten soll. In Joachim Campes *Väterlicher Rath für meine Tochter* (1789) ist von der „dreifache[n] Bestimmung zur Gattin, Mutter und zur Vorsteherin des Hauswesens" die Rede. Die narrativen Texte bestehen aus Vorbild-, Umkehr- oder Warn-Geschichten, die als Ziel der Erziehung der Mädchen den weiblichen Geschlechtscharakter hatten, dessen wesentliche Merkmale in Sanftmut, Selbstaufgabe und Passivität bestanden. (Zur Differenzierung zwischen Früh- und Spätaufklärung vgl. Grenz 2000)

Die Zeit der Backfischliteratur, die die Mädchenliteratur für mehr als hundert Jahre prägen sollte, beginnt in der 2. Hälfte des 19. Jahrhunderts. Im Gegensatz zu den bisherigen Ratgebern, Sittenbüchlein und Vorbildgeschichten war diese Pubertätslektüre in erster Linie unterhaltsam, was ihre Beliebtheit bis heute erklären dürfte. Nach Clementine Helms *Backfischchens Freuden und Leiden* (1863), das begriffs- und genrebildend wirkte, jedoch noch als Anstandsliteratur diente, folgte *Der Trotzkopf* (1885), der bis heute paradigmatisch für das Backfischbuch steht. Schon in seiner Entstehungszeit äußerst erfolgreich (schon 1891 erschien die 10. Auflage), bietet er ein variierbares Handlungsmuster, das inhaltlich leicht zu modernisieren ist, ohne die spezifische Struktur aufgeben zu müssen. Inhaltlich ist der in ihm dargestellte Wirklichkeitsausschnitt begrenzt. Es ist die Welt des bürgerlich wohlbehüteten jungen Mädchens bis zur Verlobung oder Verheiratung (vgl. Grenz 1983, S. 27f.). In der Folge entstehen bis in die 1950er und 1960er Jahre zahlreiche Mädchenbücher und Mädchenbuchserien in der Tradition des *Trotzkopfs*, etwa *Nesthäkchen* (1918–25) von Else Ury, *Pucki* (1934–41) von Magda Trott sowie *Hanni und Nanni* (1965ff.) oder *Dolly* (1966–79) von Enid Blyton. Gemeinsam sind diesen Bänden Geschichten von unangepassten Mädchen, die sich zunehmend zu angepassteren jungen Damen entwickeln, ohne dass sie ihre kindliche Fröhlichkeit, Naivität und Offenheit aufgeben, Eigenschaften, die sie in den Augen des Mannes erotisch erscheinen lassen (vgl. Grenz 1983, S. 27). Themen wie Freundschaft, das Leben im Pensionat, das Schulleben und die dazugehörenden Streiche stehen zunächst im Zentrum, oft angereichert um Themen wie die Pflege von Tieren, sportliche Leistungen oder schulisches Theaterspiel. Sobald jedoch das andere Geschlecht die Szene betritt, stehen die romantischen Gefühle und das Gespräch unter Freundinnen darüber im Vordergrund. Zum Teil entsentimentalisiert (z.B. *Pucki*) und in modernerer Aufmachung werden diese Texte in Buchhandlungen angeboten und nach wie vor von Mädchen gelesen, weit mehr als die sich seit den 1970er Jahren etablierende emanzipatorische Mädchenliteratur.

Ab den 1970er Jahren wurden im Rahmen der Emanzipationsdebatte geschlechtsspezifische Rollenangebote in der Mädchenliteratur unter die Lupe genommen und das traditionelle Mädchenbuch mit seinen stereotypen Rollenzuweisungen geriet zunehmend unter Kritik.

Dahrendorf (1978, S. 17ff.) nennt als Merkmale des ‘Mädchenbuchs’ etwa die Anpassung des Weltbildes an überholte Sozialstrukturen, in denen Frauen und Mädchen prinzipiell eine andere Rolle als Jungen und Männern zugewiesen wird, so dass es als Gegenbewegung zum Prozess der Emanzipation bezeichnet werden kann. Die unausgesprochene Geschlechterrollenideologie, die in den Texten transportiert wird, suggeriert, dass die gesellschaftlich etablierten Geschlechterrollen den natürlichen Wesensmerkmalen von Männern und Frauen entsprechen, ein Bild, das sich seit der Spätaufklärung unkritisch tradiert hatte. Hinzu kommt die Tabuisierung von gesellschaftlichem Konfliktstoff (Politik, Arbeit, Erotik und Sexualität), so dass das Mädchen weiterhin auf den sozial traditionell strukturierten Nahraum verwiesen wird und von gesellschaftlichen und politischen Fragestellungen in der ihm zugedachten Literatur nicht tangiert wird. Die Ich-Erzählerin, die eine rein identifikatorische Lektüre erleichtert, entstammt dem bürgerlich-mittelständischen Milieu und verweilt in diesem, so dass die soziale Realität ausgeblendet bleibt. Besonders augenscheinlich wird dies etwa bei den ersten *Nesthäkchen*-Bänden, die ein bürgerlich-wohlhabendes Leben zeichnen, das gerade in den ersten beiden Jahrzehnten des 20. Jahrhunderts nur einer verschwindend kleinen Schicht möglich war. In *Hanni und Nanni* wird zwar thematisiert, dass die Zwillinge eben nicht das elitäre Ringmeer-Internat besuchen sollen, sondern das deutlich bürgerlichere Lindenhof, trotzdem bilden die dort geschilderten Lebensumstände nicht annähernd die alltägliche Lebenssituation von Teenagern in den 1960er und 1970er Jahren ab, sondern stehen in der Tradition der Internatsgeschichte, wie sie sich seit dem *Trotzkopf* etabliert hatte.

Seit den 1970er Jahren tritt neben die klassische Mädchenliteratur ein neuer Typus von Jugendliteratur, in dem die dargestellten Mädchen neue Rollenmöglichkeiten erproben und traditionelles Rollenverhalten in Frage gestellt wird. Große Bekanntheit erlangen nun die Texte von Autorinnen wie Christine Nöstlinger (*Gretchen Sackmeier*-Trilogie, *Einen Vater hab ich auch*), Dagmar Chidolue *(Aber ich werde alles anders machen, Lady Punk, Der Schönste von allen)* und Renate Welsh *(Johanna, Eine Krone aus Papier)*, seit den späten 1980er Jahren auch Kirsten Boie *(Nella Propella, Mit Jakob wurde alles anders)*. Bisher ignorierte Themen wie Sexualität, politisches Engagement und die Arbeitswelt finden nun Eingang in die Texte. Mädchenbücher (und auch Frauenliteratur) werden zunehmend als Zeugnis und Instrument weiblicher Befreiung geschrieben, gelesen und bewertet, so dass sich Schnittstellen zwischen frauenemanzipatorischen Positionen und literarischen Formen des Mädchenbuchs ergeben (Dankert 1995, S. 29). Dazu gehören Selbstfindungsbemühungen von Müttern und Töchtern, androgynes Rollenverhalten und die Abwertung traditionell als typisch weiblich geltenden Verhaltens. Die starke Dissonanz, die diese Texte gerade zur eigenen Erfahrungswelt, zu den eigenen Einstellungen und Verhaltensweisen aufwiesen, veranlasste jedoch Leserinnen diese Texte abzuwehren, wie eine Befragung Dauberts (1987, S. 95) von Mädchen mit einem von den Texten abweichenden Sozialisationshintergrund ergab (als Folie diente *Aber ich werde alles anders machen* von Dagmar Chidolue). Besonders problematisch wird die Ablehnung des romantischen Bildes von Liebe von Schülerinnen empfunden (Pyerin 1989, S. 76).

Interessant für die Darstellung der weiblichen Rolle im Mädchenbuch ist die Analyse der Mutterfiguren. Hurrelmann (1987, S. 34) fasst die Darstellung der Mutter der ersten emanzipatorischen Mädchenbücher folgendermaßen zusammen:

> Es gibt aber das Gegenbild, ein Profil dessen, was man nicht sein will. Das Gegenbild ist die eigene Mutter. [...] Im ganzen aber zeigt der Befund literarisch so erschreckend geringe Variation, dass man von einem Trivialmythos im emanzipatorischen Mädchenbuch sprechen könnte. Weiblichkeit, wie sie von den Müttern verkörpert wird, das ist der Horror: eine Schürzen-, Staubtuch-, Dienstleistungsexistenz, längst ideenlos, wunschlos-resigniert.

Gerade hinsichtlich des Mutterbildes hat sich in den letzten beiden Jahrzehnten einiges verändert. Es scheint, als hätten die Autorinnen nicht mehr das Leben der eigenen Mutter als Muster vor Augen, sondern zunehmend die Lebensentwürfe, Probleme und Erziehungsphilosophien der eigenen Generation.

4 Aktuelle Mädchenliteratur

Da ausführliche Analysen von Einzeltexten in einem Überblicksartikel nicht geleistet werden können, möchte ich im Folgenden zentrale Themen fokussieren, die mir für die Beschreibung von Veränderungen im Bereich der Mädchenliteratur zentral erscheinen. Grundsätzlich wird dabei nicht zwischen trivialeren und sanktionierten Texten unterschieden, bei einzelnen Themengebieten jedoch auf das Vorkommen in bestimmten Subgenres verwiesen. Auch auf die unter verschiedenen Aspekten sinnvolle Trennung in Texte für vorpubertäre Leserinnen (8–12) und Leserinnen in der Pubertät wird aus verschiedenen Gründen verzichtet. Aus nahe liegenden Gründen spielen Themen wie Liebe und Sexualität in den Texten für Jüngere keine so große Rolle, nichtsdestotrotz tabuisieren Texte für Grundschülerinnen Themen wie Sexualität nicht. So stellt die Drittklässlerin *Lola* in der Rolle als 'Zeitungsreporterin' ihrem Vater folgende Fragen:

> Ich: Haben Sie eine Frau?
> Papai: Ja.
> Ich: Lieben Sie Ihre Frau?
> Papai: Und wie!
> Ich: Machen Sie Sex mit Ihrer Frau?
> Papai: Das geht die Zeitung nichts an. (Abedi: *Lola macht Schlagzeilen*, 2005, S. 26)

Auf diese Weise verwischen sich im Detail die Grenzen zwischen Kinder- und Jugendbuch, wenngleich sich die Schwerpunktthemen der Texte unterscheiden lassen.

4.1 Mädchenrollen: Tradierung oder Neuanfang?

4.1.1 Präadoleszente Mädchenrollen

Vor allem im präadoleszenten Alter lässt sich in den Mädchenbüchern verschiedener Epochen eine Tendenz zur Androgynität feststellen. Sowohl *Trotzkopf*, *Pippi Langstrumpf* wie auch *Ronja Räubertochter* sind gekennzeichnet durch ihre wilden, jungenhaften Wesenszüge. Auch in der aktuellen KJL weisen positiv besetzte, 'starke Mädchen' meist androgyne Charakterzüge auf, die sich auch in den Illustrationen niederschlagen. Oft lässt sich aus der bloßen Zeichnung nicht erschließen, ob ein Junge oder ein Mädchen dargestellt ist, etwa in *Lola* (Abedi), *Nella Propella* (Boie) oder *Tina ist eben so* (Steinwart). Werden die Mädchen wie in den typischen Pferdebüchern langhaarig und mädchentypisch dargestellt

(*Sheltie* oder *Sternenschweif*), werden trotzdem als 'typisch weiblich' geltende Verhaltensweisen wie 'Verwöhntheit' oder 'Affektiertheit' abgelehnt. Dies geschieht oft dadurch, dass negative Gegenmodelle zur Protagonistin dargestellt werden, die Äußeres zu hoch bewerten (z. B. will die Vorbesitzerin Sternenschweifs, Jana diesen verkaufen, weil er ihr nicht hübsch genug ist) oder zu empfindlich sind (z. B. *Prinzessin Rosenblüte*). So wird deutlich, dass traditionell dem Mädchen zugeschriebene Eigenschaften wie Ängstlichkeit, Niedlichkeit, Höflichkeit, Zurückhaltung, Ordentlichkeit usw. in der dargestellten modernen Lebenswelt nicht mehr als Normen gelten, da sie den Mädchen bestimmte Möglichkeiten der Selbstbestimmung verwehren. Oft zeigen gerade Bücher und Serien für jüngere Kinder wie *Conni,* dass den Mädchen alle Interessensgebiete und Hobbies offen stehen. So geht Conni zwar zum Ballett, backt Pizza und macht Musik, sie spielt aber auch Fußball, lernt Radfahren und geht zum Zelten.

Beobachten voradoleszente Mädchen erwachsene Frauen, die durch unpraktische, zu auffallend weibliche oder elegante Kleidung oder zu dick aufgetragenes Make-up auffallen, werden diese durch die Reflektorfigur negativ beurteilt. Frauen dieses Typs werden als oberflächlich dargestellt, geben nur Floskeln von sich, lachen und reden gekünstelt und ihr einziges Ziel – aus der Perspektive der Protagonistinnen – ist es, die Männerwelt zu beeindrucken. Insgesamt erscheint ihr Verhalten als nicht echt, sie spielen die Rolle des 'Weibchens' oder der 'Dame' und wirken in ihrer Umwelt deswegen oft deplatziert und lebensuntüchtig.

Durch die Negativwertung des Künstlichen erhalten 'Echtheit' und 'Natürlichkeit' einen hohen Stellenwert. Das offene Zeigen der eigenen Persönlichkeit wird zu einem zentralen Wert.

Gemeinsames Merkmal der positiv dargestellten Mädchen ist ihre aktive Haltung gegenüber der Umwelt, sie fühlen sich nicht als hilflose Opfer von Situationen, sondern versuchen die Umwelt ihren Bedürfnissen und Vorstellungen anzupassen, wie etwa Feli in *Einen Vater hab ich auch* (Nöstlinger), *Lola* (Abedi) oder *Svenja* (Bieniek). Dabei helfen den Mädchen ihre elaborierte Sprache, sicher beherrschte Argumentationsstrategien und ihre Schlagfertigkeit.

Ein Muster, das sich zum Teil in trivialeren Texten findet, ist das Verfügen der ansonsten realistisch dargestellten Mädchen über magische Kräfte *(Sternenschweif, HexGirls).* In diesen Texten erreichen die ansonsten in einer realistischen Welt lebenden Protagonistinnen ihre Ziele mit Hilfe von Zauberkräften. Dieses eher triviale Lösungsmuster dürfte dem aktuellen Fantasy-Boom geschuldet sein, die magischen Elemente bleiben modernistisches Ornament, ohne eine textuelle Funktion zu erfüllen. Dies zeigt, dass das Genre der Mädchenliteratur ohne größere Schwierigkeiten bedarfsgerecht an Trends und Rezeptionsbedürfnisse angepasst werden kann. Umgekehrt können auch andere Genres wie etwa der Krimi mit mädchenbuchtypischen Elementen angereichert werden, etwa bei der Serie *Die drei !!!* (Wich), in der die erfolgreiche Serie *Die drei ???* an Rezeptionsbedürfnisse von Mädchen angepasst wird: Die Jungen werden ausgetauscht durch Mädchen, Romanzen lenken kurzzeitig von der Lösung des Falls ab und vor den Clubtreffen kümmert sich das tierliebe Mädchen noch schnell um ein krankes Huhn. Ansonsten sind die Protagonistinnen wie ihre männlichen Kollegen mutig, clever und abenteuerlustig. Weniger stereotyp in der Figurendarstellung, aber strukturell ähnlich funktionieren die Mädchenkrimis von Christamaria Fiedler (z. B. *Risotto criminale*, 2009)

Ein Text, der die phantastische Welt geschickt nutzt, um das moderne Werte- und Normensystem in Bezug auf Mädchenrollen exemplarisch abzubilden, ist Kirsten Boies *Prinzessin Rosenblüte*. Hier wird die fantastische Märchenwelt zur negativen Folie, vor deren Hintergrund die positiven Aspekte einer zeitgemäßen Mädchenrolle vorgeführt werden:

> Prinzessinnen sind eigentlich immer nur dazu da, gekriegt zu werden, oder sie schlucken giftige Äpfel oder stechen sich an einer Spindel mit Schlafmittel. (Boie 1995, S. 44f.)
>
> „Die Fee soll den Prinzen schicken, dass er mich erlöst!" hat sie geschluchzt. „Sie soll ihn schicken! Sofort!" „Sag mal, bist du blöde?" hab ich sie angeschnauzt. Ich war mir ziemlich sicher, dass die Fee nun nicht auch noch den Prinzen auf den Fahrradständer vor dem Supermarkt setzen würde. Ein bisschen musste Rosi wohl schon selber tun. Wahrscheinlich können nicht mal Prinzessinnen heutzutage mehr darauf warten, dass immer irgendein Prinz kommt und ihre Probleme wegküsst. (Ebd., S. 49)

Während in den Texten für Jüngere die Ausstattung der Mädchen mit androgynen Eigenschaften unproblematisch ist und auch durchaus an traditionelle Konventionen des Genres anknüpft, ändert sich dies, sobald die Themen 'Liebe' und 'Erotik' eine gewichtigere Rolle spielen.

4.1.2 Mädchenbücher für Teenager

Das Mädchenbild in Texten für Teenager weist quer durch die verschiedenen Subgenres eine größere Variationsbreite auf, so dass zum Teil die in der klassischen Pubertätslektüre tradierten Rollenbilder aufgegriffen werden, zum Teil jedoch erheblich davon abgewichen wird. Allen Texten gemeinsam ist, dass 'Liebe' und 'Erotik' zu zentralen Themen der Texte werden.

Auch in Texten der traditionellen Mädchenliteratur *(Hanni und Nanni)* finden sich schon Attribute wie Sportlichkeit, schulische Leistungsfähigkeit oder Offenheit, die sich weiterhin in zahlreichen Texten finden lassen (Minte-König, Creech). Gerade in Creechs *Herznah* ist die Begeisterung der Ich-Erzählerin konkurrenz- und leistungsvermeidend, das Laufen dient der inneren Balance während ihr Laufpartner Max dezidiert konkurrenz- und leistungsorientiert ist (ein ähnliches Muster findet sich in Minte-Königs *Superstars und Liebesstress*). Doch dieses Muster wird in manchen Texten auch durchbrochen. Gerade in dem sonst eher trivialen Text *1000 Gründe, keinen Liebeskummer zu haben* (Ullrich

2005) zeigt sich, dass Mädchen auch in Konkurrenzsituationen mit Jungen die Stärkeren sein können und dafür von diesen bewundert und als erotisch attraktiv bewertet werden.

> Kai überlegte: „Und sie hat sogar Felix im Schwimmen besiegt." „Blödsinn, ich hab einfach 'nen Krampf bekommen, deshalb hat sie gewonnen. Ich verliere doch nicht gegen ein Mädchen", murmelte Felix. „Sarah ist eben nicht irgendein Mädchen", tröstete ich Felix voller Stolz. „Und es hat bestimmt auch kaum einer mitbekommen, dass du verloren hast." (Ullrich 2005, S. 43)

Doch Sarah kann bei den Jungen auch in anderen Bereichen durch ihr mädchenuntypisches Verhalten punkten.

> Ich verlor langsam die Nerven, ich wollte meine Sensation loswerden, also blökte ich an Ort und Stelle: „Sarah hat mich geküsst!" „Waaaas?!", Kai konnte es nicht fassen. „Dich? Einfach so?", fragte Felix. (Ullrich 2005, S. 19)
>
> Also ich finde sie total super. Sie kennt sich bei Alien-Filmen aus und ist auch total witzig", meldete sich Kai wieder zu Wort. (Ullrich 2005, S. 44)

Der Text wechselt zwischen den Perspektiven der Zwillinge Konny und Sanny. Während der männliche Ich-Erzähler geküsst wird, übernimmt die weibliche Ich-Erzählerin Sanny die Initiative beim ersten Kuss: „Und plötzlich war ich ganz mutig und küsste Hubertus auf den Mund." (Ullrich 2005, S. 148) Die Initiative beim ersten Kuss ist ein häufiger zu findendes Muster (Schröder *Die Pfefferminzen*, Minte-König *Liebestrank & Schokokuss*), wenngleich es bei weitem noch nicht die Regel innerhalb des untersuchten Textkorpus ist. In der Mehrzahl der Texte gilt nach wie vor, dass das Mädchen als Liebesobjekt entdeckt wird und nach einer ersten Initiative des Jungen plötzlich erkennt, dass dieser genau derjenige ist, auf den sie gewartet hat, während oft die zunächst begehrten, weil äußerlich anziehenden Jungen, als die 'falschen' identifiziert werden (wiederkehrendes Muster in den Bänden von Minte-König, aber auch Bienieks *Svenja hat's erwischt*). Nicht selten erweist sich der Junge ganz traditionellen Mustern folgend als Retter in einer gefährlichen Situation, etwa Branko, der die Skianfängerin Hanna im Nebel auf der Schwarzen Piste aufspürt (Minte-König *Handy-Liebe*), Tobias, der Kati an der Bushaltestelle gegen einen Betrunkenen verteidigt (Minte-König *Liebestrank & Schokokuss*) oder Tim, der Svenja nach einem Beinbruch zur Seite steht (Bieniek *Svenja hat's erwischt*). Besonders auffällig, da konstituierend für die Erzählstruktur, ist dieses Muster in den *Twilight*-Bänden. Ein Großteil der Erzählstruktur besteht hier aus einer Aneinanderreihung von Rettungsaktionen, in denen Edward oder Jacob Bella aus gefährlichen Situationen in letzter Minute retten (Autounfall, Überfall, feindliche Vampire, Ertrinken, Selbstaufgabe etc.). Derart traditionelle Geschlechterverhältnisse werden in keinem der deutschen Liebesromane dargestellt.

Insgesamt hat sich der Idealtyp des „authentischen, individuellen Mädchens" auch in der Lektüre für Pubertierende etabliert. Die Protagonistinnen, die sich –

typisch weiblich – im Vergleich zur besten Freundin, Feindin oder Cousine zunächst als unattraktiv, zu wenig weiblich oder zu langweilig einschätzen, sind am Ende diejenigen, die glücklich verliebt sind, während die auf ihr Äußeres zu sehr bedachten Nebenfiguren leer ausgehen (z. B. Schröder *Die Pfeffermiezen im Karaokefieber*, Düwel *Julie und Schneewitchen*, Minte-König *Liebestrank & Schokokuss*, Bieniek *15, Jungfrau, Schlampe*). Als Kati (*Liebestrank & Schokokuss*) sich von ihren Freundinnen überreden lässt, sich bei Zeitschrift *Sweet 16* für den Vorher-Nachher-Wettbewerb „Du bist schöner als du denkst" anzumelden und eingeladen wird, erscheint sie zwar den meisten in der Klasse als „neue, trendigere" Kati, enttäuscht jedoch den in sie verliebten Tobias, der ihr das Versprechen abnimmt, dass sie sich die Haare wieder wachsen lässt und damit die „alte" Kati wird. Trotz der hohen Bewertung von Authentizität durch die Texte (Belohnung durch Handlungsverlauf, Anerkennung durch Andere) durchziehen Fragen nach der eigenen Attraktivität fast alle diese Texte. Die Angst davor, zu dick, zu langweilig oder zu durchschnittlich zu sein, der Vergleich mit anderen Mädchen und der Neid auf attraktivere Mädchen ist fester Bestandteil der dargestellten Innenwelten, wenn auch in den ambitionierten Texten oft ironisch gebrochen (Boie *Kerle mieten*, Düwel *Jule und Schneewittchen*, Funke *Die wilden Hühner*).

Gerade die Serienliteratur greift Elemente der Massen-Jugendkultur auf und zeigt, wie ihre Protagonistinnen im Rahmen dieser Jugendkultur so etwas wie einen Star-Status erwerben. So siegen die *Pfeffermiezen* in einem Karaoke-Wettbewerb, Hanna (Minte-König: *Superstars & Liebesstress*) gewinnt mehrere Castings von *Eurostars* und Kati schafft es in die *Sweet 16.* Auch hier dürfte die Anpassung an jugendkulturelle Trends die Verkaufzahlen steigern und Gratifikationsbedürfnisse einer identifikatorischen Lektüre erfüllen.

> Was für eine geniale *Pfeffermiezen*-Aktion! Sollten die JEMAYUS sich ruhig die Augen aus den Höhlen staunen. In diesem Moment lagen Emily, Ratze, Lou und Maleen die halbe Stadt zu Füßen. Das würde ihnen garantiert so schnell keiner nachmachen. (Schröder 2006, S. 207)

Ähnliche Funktionen dürfte die Darstellung verschiedener esoterischer Praktiken haben: Die Protagonistinnen legen Karten, flüstern Hexensprüche, kaufen Glückskekse, fragen nach Sternzeichen und lesen aus Sternen, Kaffeetassen und Ähnlichem den Lauf ihres Liebesschicksals heraus. Insgesamt lässt sich deshalb konstatieren, dass trotz neuer Ansätze in der Gestaltung der Mädchenrolle der dargestellte Interessenshorizont der Mädchen triviale, massenmediale Muster aufgreift und deren Gratifikationsangebote perpetuiert, ohne sie zu hinterfragen.

Besonders problematisch scheint mir dies bei der Darstellung weiblicher Kämpfe um soziale Anerkennung bis hin zum Mobbing zu sein, die gerade in der Serienliteratur nicht kritisch beleuchtet werden, sondern als quasi normale Strategien weiblicher Auseinandersetzung dargestellt werden. So intrigieren die Pfeffermiezen gegen die Comtessen-Zicken (Schröder), Hanna, Mila und Kati gegen Vanessa und Carmen (Minte-König) und Gloria und ihre Clique gegen Mira und Astrid (Hennig von Lange). Die Protagonistinnen gewinnen die Schlachten um soziale Anerkennung und Liebe der Jungen; es stellt sich die Frage, ob sie damit nicht die Lesart verstärken, dass es bei solchen Auseinandersetzungen mit gegenseitigen Erniedrigungen letztlich nur darum gehe zu gewinnen.

In psychologisch facettenreicheren Texten werden weibliches Mobbing und Cliquendruck als Mittel der Anpassung an Gruppennormen in ihren Auswirkungen gezeigt (Boie: *Kerle mieten*; Düwel: *Jule und Schneewittchen*) und von den Texten durch die Sicht auf das Leiden der Protagonistinnen implizit abgelehnt.

4.1.3 Begabung und Leistungsfähigkeit als zentrale Mädchenmerkmale

Ob nun Prinzessinnen-Rosa oder Emanzen-Lila: Die Rollenmodelle, die in der 'Mädchenliteratur' (sowohl in der sanktionierten wie nicht-sanktionierten) angeboten werden, unterstützen Mädchen eher darin, ihre Intelligenz und ihre Talente im schulischen Rahmen zu entfalten, so dass gute schulische Leistungen als Paradigma der Mädchenliteratur gelten können. Ob *Der Trotzkopf, Nesthäkchen* oder aktuell *Bella in Twilight*: Wenn auch das 'Betragen' nicht immer tadellos ist, so doch wenigstens die Zensuren. Das soll nicht heißen, dass sich in der Mädchenliteratur nicht auch schulisch weniger erfolgreiche Mädchen finden lassen, sie stellen jedoch eher die Ausnahme als die Regel dar, ihr schulisches Scheitern wird durch soziale Einflüsse und Schwierigkeiten erklärt, also von den Texten extern attribuiert. Die meisten dargestellten Mädchen bewältigen die schulischen Anforderungen ohne große Anstrengungen. Fast beiläufig, in einzelnen Sätzen oder Abschnitten, thematisieren die Texte die schulischen Kontexte, erheben 'Schule' aber nie zum Hauptthema. Mädchen – so suggerieren die Texte – interessieren sich für schulische Inhalte und klassische Bildung, was automatisch dazu führt, dass sie die Schule an sich nicht besonders ernst nehmen müssen und Zeit haben, sich anderen Interessen zu widmen:

> Isy kannte sich aus. Sie war gern in Museen. (Fiedler 2009, S. 87)
>
> Ich bin traurig, weil ich nicht in die Schule gehen kann. Ich gehe doch so gerne zur Schule, und ich weiß, daß ich in der Schule gut sein muß, wenn ich später so sein will wie der Lehrer. (Siege 1990, S. 32)
>
> Tina geht gerne zur Schule. Das Lernen fällt ihr leicht. (Steinwart 1995, S. 30)
>
> Obwohl Mathe neben Kunst und Biologie eigentlich mein Lieblingsfach ist. (Schröder 2006, S. 31)
>
> Am Zeugnistag war ich schrecklich nervös. Nicht wegen der Noten. War eh klar, was ich zu erwarten hatte. Nichts Übles übrigens. Nicht einmal die Meise und der Hollander, das muß man gerechterweise sagen, ließen ihren Groll gegen mich in der Wissensbewertung aus. (Nöstlinger 1981, S. 85)

„In letzter Zeit“, begann sie (die Lehrerin – A.S.) ohne Umschweife, „haben sich deine Leistungen auffallend gebessert. Ich würde dich gerne auf dem Gymnasium sehen.“ (de Cesco 1994, S. 8)

Kati gibt sogar ihrem Schwarm Brian Mathe-Nachhilfe (Minte-König *Liebestrank & Schokokuss,* 2003), und auch in anderen Texten wird explizit auf die naturwissenschaftlichen Begabungen der Mädchen verwiesen (z.B. Bella in *Bis(s) zum Morgengrauen*, Astrid in *Mira schwer verliebt*), so dass traditionelle geschlechtsspezifische Interessens- und Begabungsmuster von den Texten in Frage gestellt werden.

4.2 Frauen- und Männerbilder der Elterngeneration

Die Frage der Gleichberechtigung, der geteilten Hausarbeit und der gleichen Freiheiten in der Elterngeneration hat alle Subgenres des Mädchenbuchs erreicht. Im Gegensatz zu den Texten der 1970er und 1980er Jahre lassen sich kaum mehr mürrische und unzufriedene Nur-Hausfrauen in den Texten finden, sondern Frauen, die Beruf, Familie und Haushalt meistern müssen und dies nicht immer klaglos und selbstverständlich tun, zum Teil aber auch schon Lebensmodelle, die den Rollentausch als selbstverständlich erscheinen lassen:

„Merk dir eins: Als Frau zieht man immer den Kürzeren. Egal, wie emanzipiert man ist.“ (Henning von Lange *Mira*, 2006, S. 48)

„Nur Hausfrau sein?“, schreit sie. „Dass ich verblöde?“ Ich weiß nicht genau, wieso die Arbeit am Versicherungscomputer sie am Verblöden hindern soll, so besonders geistig fordernd scheint die nach allem, was man hört, nicht zu sein; weil Mama in ihrem kämpferisch durchgesetzten Teilzeitmodell eben keine Karriere machen konnte, das kann man bei Teilzeit nie, sagt sie. Und darum hat sie nun eine Arbeit, die sie nicht so prickelnd findet, und einen Haushalt, den sie nicht schafft, und zwei Kinder, die sie fertigmachen und um die sie sich viel zu wenig kümmern kann, und darum ein Dauerschlechtes-Gewissen und Dauer-Stress sowieso, und das alles, obwohl sie in grauer ferner Vergangenheit mal ein Studium abgeschlossen hat. (Boie *Kerl mieten*, 2008, S. 45)
Entweder Kind oder Job. So machen wie Mama würde ich es jedenfalls nicht. (Ebd., S. 46)

„Sind halt chronisch überlastet. Familie und Beruf und Haushalt und so. Also, ich werde bestimmt nie Mutter!“ „Nicht?“ „Nee!“ Ich kann mir Besseres vorstellen als Kinder, Küche und Kerle!“ (Minte-König *Superstars & Liebesstress* 2003, S. 32)

Als Tobias geboren wurde, hat er seinen Dozentenjob aufgegeben und Mama den Vortritt gelassen mit der Karriere und so. (Schröder *Liebe ist …*, 2000, S. 16)
„Findest du es wirklich so schlimm, wenn er wieder arbeitet?“ Mama guckt mich zögernd an. „Ehrlich gesagt, ja.“ „Und wieso?“ „Ach, weißt du, ich habe mich einfach daran gewöhnt, mit dem Haushalt nichts mehr zu tun zu haben.“ Sie seufzt. (Schröder *Liebe ist …*, 2000, S. 159)

Für mein Empfinden war mein Vater absolut nicht für diesen Hausfrauenjob geeignet. Aber meine Mutter bestand darauf, die Sache so lange durchzuziehen, bis mein Vater zugab, dass er sich geirrt hatte und das Hausfrauendasein durchaus echte Knochenarbeit war. (Ullrich *1000 Gründe …*, 2005, S. 25)

Die Beispiele zeigen, dass quer durch die Texte das Thema Gleichberechtigung in der Elterngeneration eine wichtige Rolle spielt. In der Auseinandersetzung mit der eigenen Mutter spielen die jugendlichen Mädchen Rollenentwürfe durch, lehnen die Lebensmodelle der Mütter zunächst oft ab, zeigen am Ende jedoch Verständnis. Nur wenige Texte ignorieren das soziale Konfliktpotential, das in der gerechten Verteilung der Familien- und Berufslasten liegt.

Die Texte führen auch ganz unterschiedliche Lebensentwürfe der Mütter in Bezug auf ihre Lebenssituation vor. Die Regel ist zwar noch immer das Zusammenleben von Eltern und Kindern, jedoch nicht zwingend als verheiratete Eltern (Abedi *Lola*), und es finden sich auch viele allein erziehende Mütter in den Texten (Milas Mutter in den Texten von Minte-König, Funke *Die wilden Hühner*, Boie *Nella Propella*, Abedi: *Whisper* etc.) In *Mira schwer verliebt* (Henning von Lange) und *Monis Jahr* (Boie) gibt es Patchworkfamilien. Auch die alleinerziehenden Mütter leben wegen ihrer Kinder nicht zwangsläufig enthaltsam, sondern betonen ihr Recht auf ein sexuell aktives Leben, z. T. mit unterschiedlichen Partnern:

> Wie viele Männer in Noas sechzehnjährigem Leben durch Kats Schlafzimmer aus- und eingegangen waren, konnte Noa nicht mehr zählen. Und wollte es auch nicht. (Abedi *Whisper*, 2005, S. 19)

Auch Chloës Mutter verheimlicht ihrer Tochter ihre zahlreichen Liebesaffären nicht, sondern thematisiert ausdrücklich ihr Recht auf ein erfülltes Liebes- und Sexualleben, ebenso Bellas Mutter in *Twilight*. Gerade in *Whisper* (Abedi, 2005) wird jedoch die Ablehnung der Promiskuität der Mütter durch die Protagonistin deutlich, so dass eine solche Lebensweise zwar als gesellschaftlich möglich thematisiert wird, von den Reflektorfiguren gleichzeitig jedoch als unangemessenes Verhalten abgewertet wird. Gerade die Töchter Noa und Chloë stehen dem Thema 'Sexualität' tendenziell abwartend gegenüber, eine Einstellung, die sich im Textverlauf als die richtige erweist, während das rastlose Leben der Mütter als neurotisches Verhalten dargestellt wird.

Die Texte zeichnen damit ein bunteres Bild der Mutterrolle als in den 1970er und 1990er Jahren, lassen Schwierigkeiten nicht ausgespart, thematisieren somit gesellschaftlich relevante Fragen nach neuen Lebensmodellen, vertreten jedoch im Bereich der Sexualität ein eher traditionelles Wertemodell.

Die Töchter empfinden in vielen Fällen die Rolle der Mutter als wenig attraktiv und stellen ihre eigenen Vorstellungen dagegen. Das bedeutet, dass die Töchter eine weniger progressive Einstellung vertreten als ihre Mütter. Zum Teil sind die Mütter ihren Kindern zu emanzipiert, und erst im Laufe des Textes wächst das Verständnis für die eigene Mutter und die Schwierigkeiten, die die Mutterrolle mit sich bringt.

In den Kinderbuchtexten spielen Konflikte um Rollenentwürfe durchaus auch eine Rolle (Boie *Nella Propella*, Funke *Die wilden Hühner*), die Identifikation mit der Mutter ist hier jedoch wesentlich stärker sowie auch das Verständnis für die Bedürfnisse der Mutter.

Auch das Rollenbild des Vaters in der KJL verändert sich langsam, aber stetig. Waren Väter noch in der Literatur der 1990er Jahre (Schilcher 2001) in den allermeisten Fällen dem traditionellen Rollenbild verhaftet, so wird in den neuen Texten die Beteiligung des Vaters an Haushalt und Erziehung mehr und mehr zur Normalität (Abedi *Lola*, Düwel *Jule und Schneewittchen*). Oft trifft man jedoch noch auf das Bild eines im Haushalt komplett versagenden Mannes, der dadurch zunächst zur 'komischen Nummer' wird (Ullrich *1000 Gründe ...*, Boie *Kerle mieten*), sich jedoch zunehmend in die neue Rollenverteilung schickt.

4.3 Normen und Werte in Bezug auf Liebe und Sexualität

Mit Blick auf die traditionelle Mädchenliteratur, die Mädchen auch noch Ende des 20. Jahrhunderts suggerierte, dass sich das Warten auf den Richtigen lohne (Grenz 2000), ist es besonders interessant, moderne Texte hinsichtlich ihrer Liebes- und Sexualkonzeptionen zu analysieren.

Grundsätzlich werden die Themen 'Liebe', 'Erotik', 'Sexualität' auch in der Kinderliteratur nicht mehr komplett ausgespart, sondern spielen, wenn auch in Nebenhandlungen, eine gewisse Rolle (s. Abedi *Lola macht Schlagzeilen* 2005).

> „Drei Euro", hörten wir Annalisa sagen. „Wenn es mit Zunge ist, will ich drei Euro." „Zwei Euro und 50 Cent", sagte die Kussmaschine. „Nö", sagte Annalisa. Ihre blonden Haare glänzten im Sonnenlicht. [...] „Bäääh", sagte sie. „Die ist glitschig und schmeckt nach Käsekuchen." „Ich hab bezahlt", sagte die Kussmaschine." (Ebd., S. 95)

Sexualität ist – zumindest als Redegegenstand – schon in der Kinderliteratur kein Tabu mehr.

Doch wie verändert sich die Darstellung von Sexualität im Jugendbuch? Auch hier reden die Protagonistinnen zwar gerade mit ihren Freundinnen viel und oft über Liebe und über sexuelle Erfahrungen, die Texte stellen jedoch selten gelebte Sexualität dar. Oft wird rückblickend von ersten Erfahrungen berichtet, eher selten sind es jedoch die sexuellen Erfahrungen der Protagonistinnen selbst, sondern die ihrer Freundinnen und diese geben eher verschämt Einblick in ihr 'erstes Mal' (z. B. Bieniek *Svenja hat's erwischt* 2008).

Während das Warten auf den Richtigen im traditionellen Mädchenbuch auch auf der Textoberfläche eine nicht hinterfragte Norm ist, wird diese Norm sowohl von Jugendlichen, aber vor allem von den Eltern in den aktuellen Texten – außer in *Twilight* – hinterfragt. So erklärt Hannas Mutter in *SMS & Liebesstress* (Minte-König 2006, S. 58), dass man deshalb von der ersten Liebe spreche, weil in der Regel noch weitere folgten, eine Einsicht, die sich am Ende des Textes auch aus Sicht der Protagonistin bewahrheitet. Von Seiten der Jugendlichen wird zwar das

Experimentieren mit verschiedenen Beziehungen thematisiert, davon jedoch sexuelle Erfahrungen ausgenommen, wie sich in den Textverläufen zeigt:

> „Suchst du 'nen Typen zum Heiraten oder willst du Spaß? (Minte-König *Superstars* 2004, S. 173)
>
> Im August wirst du sechzehn, mein Schatz. Sechzehn! Und bis jetzt hattest du noch nie einen Freund. Du warst noch nie verliebt. Du hattest noch nie Sex. [...] Als ich so alt war wie du ..." „Ich weiß, Mutti!" unterbreche ich sie genervt. „Da gingst du mit zwei Brüdern gleichzeitig und wusstest nicht einmal, wer von den beiden gerade auf dir lag." „Unter mir, Chloë! Unter mir! Früher habe ich mich wahnsinnig unterlegen gefühlt, wenn beim Sex jemand auf mir lag. Hörst du mir eigentlich nie zu, wenn ich dir Geschichten aus meiner Jugend erzähle?" (Bieniek *Jungfrau, Schlampe* 2006, S. 41)
>
> „Unsere Mütter müssen einfach lernen, mit diesen Dingen umzugehen. Nur weil wir einen Freund haben, brauchen Sie doch nicht total die Ängste haben. Stell dir vor, nachdem ich Tobi dreimal hintereinander mit nach Hause gebracht hatte, lag ganz zufällig 'ne Verhütungsbroschüre bei mir im Zimmer und meine Mutter meinte, ob es nicht mal Zeit wäre, zum Frauenarzt zu gehen." (Minte-König: *Superstars & Liebesstress* 2004, S. 48)

Während die Eltern in den meisten Texten liberal dargestellt werden und sich ihre Gedanken machen, haben die Jugendlichen wenig sexuelle Bedürfnisse. In den meisten Fällen ist der intensive Kuss die Grenze, die nicht überschritten wird und das auch dann, wenn wie bei Branko und Hannah die Beziehung schon ein Dreivierteljahr dauert. Besonders augenscheinlich wird diese imaginäre Grenze an Textstellen wie folgender:

> Er küsst meine Augenlider, die Wangen, biss mir spielerisch in die Nase, knabberte am Ohr ... Dann fanden sich unsere Lippen erneut und ich schloss die Augen wieder, um ganz in diesem wundervollen Augenblick zu versinken.
> Eine Weile lagen wir nebeneinander auf dem Rücken im Gras und der Himmel über uns war blau und klar. [...] „Schade", sagte Branko. „Schade, dass der Sommer schon vorbei ist. Am Boden ist es richtig kühl." (Minte-König *Superstars & Liebesstress* 2004, S. 78)

In den meisten Texten zeigt sich, dass eine moralische Instanz im sozialen Umfeld der Mädchen nicht mehr existiert, sie hat sich nach innen verlagert, artikuliert sich jedoch nicht als moralisches Über-Ich, sondern manifestiert sich in sexueller Bedürfnislosigkeit.

Berichten Mädchen aus dem sozialen Umfeld von ihrem 'ersten Mal', sind die Erlebnisse in vielen Fällen eher negativ besetzt. Auch wenn die Texte sich auf der Oberfläche liberal und aufgeklärt geben, zeigt sich deshalb doch auf der Ebene der dargestellten Handlungsverläufe ein konservatives Wertemodell. Besonders ausgeprägt ist dies in *Twilight:* Der Text ist in der Darstellung von Liebe und Sexualität äußerst konservativ. Bellas schmachtenden, erotischen und sexuellen Wünsche können jedoch dargestellt werden, da eine Grenzziehung durch die Konstruktion eines „lebensgefährlichen" Vampirs erfolgt, der bei Überschreiten der Grenze seine tierische Natur nicht mehr kontrollieren könnte. Sexuelle

Wunscherfüllung wird vom Text damit implizit mit „Lebensgefahr" gleichgesetzt. Textuell unbegründet bleibt die Frage, warum nach der Eheschließung weniger Gefahr von Edward ausgeht, da er ja nach wie vor ein Vampir ist. Ähnliche Konstrukte „gefährdender, vorehelicher" und „nicht-gefährdender, ehelicher Sexualität" lassen sich geschichtlich schon bei dem Arzt und Aufklärer Christoph Wilhelm Hufeland (1796) finden. Dieser versucht nach Wegfall der Theologie als normsetzender Instanz, die Biologie („Vis vitalis", die durch Sexualität schwindet) als normbegründende Instanz zu etablieren. In *Twilight* übernimmt der phantastische Figuren- und Weltentwurf die Normbegründung. Dass gerade ein solch konservativer Text – sowohl in der Darstellung der Geschlechterrollen als auch von Erotik und Sexualität – weltweit eine solche Euphorie auslöst, lässt vermuten, dass dieser durchaus Gratifikationsbedürfnisse 'moderner' junger Frauen erfüllt.

Eine Ausnahme bilden zwei Texte, die weibliche homosexuelle Liebe darstellen (homosexuelle Paare finden sich in den Textkorpora – ebenso wie in Soap-Operas – immer häufiger). Hier gehen die Texte deutlich über die Schilderungen der heterosexuellen Sexualität hinaus:

> Die Knutscherei macht mich nach einer Weile so verrückt, dass ich nicht warten kann, bis sie mal wieder bei mir schläft. Kurzerhand ziehe ich ihr das T-Shirt aus und streichle ihre Brüste. Es dauert nicht besonders lang und wir sind nackt. In meinem Kopf kreist wieder die Achterbahn und mir wird durch und durch heiß. Wir streicheln uns überall und ich sauge mich an einer ihrer Brustwarzen fest. Wahrscheinlich sind wir so ineinander vertieft, dass wir das Klopfen an meiner Zimmertür nicht hören. Denn als ich während unserer Schmuserei zufällig einen Blick dort hinüberschmeiße, sehe ich so gerade eben noch, wie hinter der sich langsam wieder schließenden Tür das Grinseface meines Vaters verschwindet. (Schröder *Liebe ist, was du draus machst* 2000, S. 206)

> Wenn ich mich selbst streichle, den Bauch, dann das T-Shirt hochschiebe und meine Haut zur Hügellandschaft wird, und ich mich fühle, meinen Atem höre, wenn ich das T-Shirt dann ausziehe und die Hand in den Schlüpfer wandert, wenn mir warm wird und wärmer und in meinem Bauch ein Gefühl wie 'Was jetzt wohl passiert?' auftaucht, meine Haare zwischen den Beinen, die Musik den Rhythmus gibt. (Bach *Marsmädchen* 2003, S. 179)

In den untersuchten Texten sind diese beiden Beschreibungen diejenigen, die Sexualität am explizitesten darstellen. Gerade beim ersten Text zeigt sich, dass eine angemessene sprachliche Umsetzung nicht immer gelingt. 'Selbstbefriedigung' als Thema, wie sie im zweiten Text dargestellt wird, bildet eine große Ausnahme. Obwohl in Zeitschriften wie *Bravo*, der Aufklärungsliteratur (Pautsch *Reine Mädchensache* 2010) und auch der Entwicklungspsychologie als wichtiges Thema dargestellt, bleibt es in der Mädchenliteratur ausgespart.

Die Texte bleiben damit trotz des ständigen Redens über Liebe und Sexualität in ihren Darstellungen konservativer, als dies in anderen Genres der Jugendliteratur der Fall ist. Texte wie *Doing it* (Melvin Burgess, 2004), die Sexualität aus Jungensicht explizit thematisieren, finden sich innerhalb der Mädchenliteratur nicht. Die Texte implizieren, dass es 'normal' ist, auch nach einer längeren Zeit des Zusammenseins mit einem Partner keine über den Kuss hinausgehenden sexuellen Bedürfnisse zu entwickeln, eine Erfahrung, die nur wenige Mädchen im dargestellten Alter teilen dürften. Während auf der expliziten Ebene damit Sexualität eine wichtige Rolle spielt und die Texte vorgeben, eine progressive, aufgeklärte Position zu vertreten, zeigt sich bei genauerer Analyse, dass sie implizit durchaus eine konservative Haltung gegenüber Sexualität vertreten und dies vor allem für Texte der Mädchenliteratur gilt.

Literaturverzeichnis

Barthelmes, Jürgen/Sander, Ekkehard: Erst die Freunde, dann die Medien. Medien als Begleiter in der Pubertät und Adoleszenz. München: Deutsches Jugendinstitut 2001.

Bischof, Ulrike/Heidtmann, Horst: Leseverhalten in der Erlebnisgesellschaft. Eine Untersuchung zu den Leseinteressen und Lektüregratifikationen von Jungen. Weinheim, München: Juventa 2000, S. 241–267.

Bonfadelli, Heinz/Fritz, Angela: Lesesozialisation, Leseerfahrungen und Lesekarrieren. Gütersloh: Bertelsmann 1993.

Dahrendorf, Malte: Das Mädchenbuch und seine jugendliche Leserin. Weinheim, Basel: Beltz ^{3}1978.

Dahrendorf, Malte: Das Mädchenbuch in der Bundesrepublik seit 1945. In: Mädchenbücher aus drei Jahrhunderten. Ausstellungskatalog. Oldenburg: Bibliotheks- und Informationszentrum der Universität Oldenburg 1983, S. 34–39.

Dankert, Birgit: Entwicklungen in der gegenwärtigen Kinder- und Jugendliteratur. In: Mitteilungen des Deutschen Germanistenverbandes 42 (1995), H. 3, S. 27–35.

Daubert, Hannelore: Probleme bei der Rezeption „emanzipatorischer" Mädchenliteratur. Ein Diskussionsbeitrag. In: Grossmann, Wilma/Naumann, Britta (Hrsg.): Frauen- und Mädchenrollen in Kinder- und Schulbüchern. Frankfurt/M.: Selbstverlag der Max-Traeger-Stiftung 1987.

Daubert, Hannelore: Familie als Thema der Kinder- und Jugendliteratur. In: Lange, Günter (Hrsg.): Taschenbuch der Kinder- und Jugendliteratur. Baltmannsweiler: Schneider 2000, S. 684–705.

Diehring, Silke: Die Entwicklung vom „Trotzkopf" bis zu den „Wilden Hühnern". Saarbrücken: VDM 2008.

Eggert, Hartmut/Garbe, Christine: Literarische Sozialisation. Stuttgart: Metzler 1995.

Elstner, Robert: Leset ihr Knaben! In: JuLit 2003, H. 2, S. 37–39.

Ewers, Hans-Heino: Literatur für Kinder und Jugendliche. Eine Einführung. München: Juventa 2000.

Franz, Kurt: Lese- und Medienverhalten von Schülern und Schülerinnen der 8. Jahrgangsstufe. In: Franz, Kurt/Payrhuber, Franz-Josef (Hrsg.): Lesen heute. Leseverhalten und Leseförderung im Kontext der PISA-Studie. Baltmannsweiler: Schneider 2002, S. 2–25.

Garbe, Christine: Mädchen lesen ander(e)s. In: JuLit 2003, H. 2, S. 14–29.

Grenz, Dagmar: Zur Geschichte der Mädchenliteratur vom 18. Jahrhundert bis 1945. In: Mädchenbücher aus drei Jahrhunderten. Ausstellungskatalog. Oldenburg: Bibliotheks- und Informationszentrum der Universität Oldenburg 1983, S. 22–33.

Grenz, Dagmar: Mädchenliteratur. In: Lange Günter (Hrsg.): Taschenbuch der Kinder- und Jugendliteratur. Baltmannsweiler: Schneider 2000, S. 332–358.

Grenz, Dagmar: „Der Trotzkopf" – ein Bestseller damals und heute. In: Grenz, Dagmar/ Wilkending, Gisela (Hrsg.): Geschichte der Mädchenlektüre. Mädchenliteratur und die gesellschaftliche Situation der Frauen. Weinheim, München: Juventa 1997, S. 115–122.

Hufeland, Christoph Wilhelm: Makrobiotik oder Die Kunst, das menschliche Leben zu verlängern. Berlin: Reimer [8]1860 (1. Auflage: 1796).

Hurrelmann, Bettina: Mädchen und Mütter. Signaturen des Weiblichen im neueren Mädchenbuch. In: Cordes, Roswitha (Hrsg.): Vater, Mutter, Schwestern, Brüder – Familie, wie sie im Buche steht. Schwerte: Katholische Akademie 1987, S. 28–47.

Hurrelmann Bettina/Hammer, Michael/Nieß, Ferdinand: Leseklima in der Familie. Gütersloh: Bertelsmann 1993.

Kehlenbeck, Corinna: Auf der Suche nach der abenteuerlichen Heldin: weibliche Identifikationsfigur im Jugendalter. Frankfurt/M.: Campus 1996.

Keiner, Sabine: Emanzipatorische Mädchenliteratur 1980–1990. Entpolarisierung der Geschlechterbeziehungen und die Suche nach weiblicher Identität. Frankfurt/M. [u. a.]: Lang 1994.

Lehnert, Gertrud (Hrsg.): Inszenierungen von Weiblichkeit. Weibliche Kindheit und Adoleszenz in der Literatur des 20. Jahrhunderts. Opladen: Westdeutscher Verlag 1996.

Lehnert, Gertrud: Mädchenliteraturforschung. In: Ewers, Hans-Heino u. a. (Hrsg.): Kinder- und Jugendliteraturforschung 1994/95. Stuttgart, Weimar: Metzler 1996a, S. 111–126.

Mayr-Kleffel, Verena: Mädchenbücher: Leitbilder für Weiblichkeit. Opladen: Leske + Budrich 1984 (Alltag und Biographie von Mädchen, Bd. 6).

Philipp, Maik: Lesen, wenn anderes und andere wichtiger werden. Berlin [u. a.]: Lit-Verlag 2008.

Pinker, Susan: Begabte Mädchen, schwierige Jungs. Der wahre Unterschied zwischen Männern und Frauen. München: Pantheon 2008.

Plath, Monika/Richter, Karin: Lesen im Grundschulalter unter geschlechtsspezifischen Aspekten. In: Groeben, Norbert/Hurrelmann, Bettina (Hrsg.): Geschlecht und Lesen/ Mediennutzung. SPIEL 23 (2004), H. 1, S. 80–93.

Pyerin, Brigitte: Zwischen Emanzipation und Tradition: Pippi und ihre Schwestern. In: Fundevogel. Kritisches Kinder-Medien-Magazin 1989, H. 62, S. 7–8.

Pyerin, Brigitte: Frau kriegt nichts geschenkt. Kritische Anmerkungen zur emanzipatorischen Mädchenliteratur. Fundevogel. Kritisches Kinder-Medien-Magazin 1990, H. 81, S. 4–10.

Schilcher, Anita: Geschlechtsrollen, Familie, Freundschaft und Liebe in der Kinderliteratur der 90er Jahre. Frankfurt/M. [u. a.]: Lang 2001.

Schilcher, Anita: „Du bist wie alle Weiber, gehorsam und unterwürfig, ängstlich und feige" – Geschlechterrollen im Kinderbuch der 90er Jahre. In: Kliewer, Anette/Schilcher, Anita (Hrsg.): Neue Leser braucht das Land. Baltmannsweiler: Schneider 2004.

Stöger, Heidrun: Förderung von Selbstvertrauen, selbst wahrgenommener Eignung für verschiedene Studienfächer, Interessen und Wahlverhalten durch Rollenmodelle. In: Ludwig, Peter H./Ludwig, Heidrun: Erwartungen in himmelblau und rosarot – Auslöser lebenslanger Geschlechterdifferenzen im Lernen? Weinheim: Juventa 2007, S. 157–175.

Wardetzky, Kristin: Märchen – Lesarten von Kindern. Eine empirische Studie. Frankfurt/M. [u. a.]: Lang 1992.

Wild, Inge: „In Zukunft wollte sie alles anders als ihre Mutter machen." Zum weiblichen Generationskonflikt in der zeitgenössischen Mädchenliteratur. In: Ewers, Hans-Heino (Hrsg.): Jugendkultur im Adoleszenzroman. Jugendliteratur der 80er und 90er Jahre. Weinheim: Juventa 1994, S. 165–190.

Wild, Inge: Zum Wandel kultureller und jugendliterarischer Bilder weiblicher Adoleszenz. In: Kinder- und Jugendliteraturforschung 1995/96. Stuttgart, Weimar: Metzler 1996, S. 78–96.

Wilkending, Gisela: Man sollte den *Trotzkopf* noch einmal lesen. Anmerkungen zu einer anderen Lesart. In: Grenz, Dagmar/Wilkending, Gisela (Hrsg.): Geschichte der Mädchenlektüre. Mädchenliteratur und die gesellschaftliche Situation der Frauen. Weinheim, München: Juventa 1997, S. 123–138.

GÜNTER LANGE

Adoleszenzroman

1 Definition und Abgrenzungen

'Adoleszenzroman' ist ein relativ neuer Gattungsbegriff, der erst seit Ende der 1980er Jahre in den Forschungen zur Kinder- und Jugendliteratur Verwendung findet und der sich erst Anfang der 1990er Jahre durchgesetzt hat. Trotzdem ist dieser Begriff heute weder in der jüngsten Auflage des *Sachwörterbuchs der Literatur* (Wilpert 2001) noch in den 1996 erschienenen *Grundzügen der Literaturwissenschaft* von Arnold/Detering, dem im selben Jahr von Ulfert Ricklefs herausgegebenen dreibändigen *Fischer Lexikon Literatur*, der Neubearbeitung des *Reallexikons der deutschen Literaturwissenschaft* von Weimar (2007) oder dem *Handbuch der literarischen Gattungen* von Lamping (2009) zu finden; lediglich in der 3. völlig neu bearbeiteten Auflage des *Metzler Lexikon[s] Literatur*, die 2007 von Dieter Burdorf, Christoph Fasbender und Burkhard Moennighoff herausgegeben worden ist, gibt es einen Artikel *Adoleszenzliteratur* von Rainer Kolk.

Der Begriff 'Adoleszenzroman' ist in Anlehnung an die angloamerikanische 'adolescent novel' gebildet worden und findet hauptsächlich Anwendung auf Romane des 20. und 21. Jahrhunderts, die sich mit dem Thema des Erwachsenwerdens beschäftigen (Ewers 1989, 1991). Allerdings gibt es den Adoleszenzroman literaturhistorisch gesehen schon früher; in der wissenschaftlichen Diskussion wird diesbezüglich meist auf *Die Leiden des jungen Werthers* von Goethe (1774) und den *Anton Reiser* von Karl Philipp Moritz (1785–1790) als seine frühesten und zugleich klassischen Ausprägungen verwiesen (Ewers 1991/1992). Die Forschungen zum Adoleszenzroman sind seit Anfang der 1990er Jahre vor allem vom Frankfurter 'Institut für Jugendbuchforschung' unter Hans-Heino Ewers angeregt und mit nachhaltiger Wirkung betrieben worden.

Eine Auseinandersetzung mit dem Adoleszenzroman macht es erforderlich, eine Abgrenzung gegenüber benachbarten Gattungen vorzunehmen, um ihm einen adäquaten Platz im Gefüge der literarischen Gattungen zuzuweisen.

Als unmittelbare 'Nachbarn' können der Bildungsroman, der Erziehungsroman, der Entwicklungsroman sowie die jugendliterarischen Gattungen der problemorientierten Jugendliteratur, der Jeansliteratur und der emanzipatorischen Mädchenliteratur gelten.

Das wesentliche Unterscheidungsmerkmal zwischen Bildungs-, Erziehungs- und Entwicklungsroman zum Adoleszenzroman könnte auf den ersten Blick im erwachsenen bzw. jugendlichen Adressaten zu suchen sein, aber die genannten klassischen Beispiele von Goethe und Moritz lassen dieses Argument nicht generell zu. Zweifellos müssen die Adoleszenzromane, die seit den 1980er Jahren erschienen sind, als intentionale Jugendliteratur bezeichnet werden. Hier hat sich also eine eindeutige Veränderung der Adressaten vollzogen.

Bildungs-, Erziehungs- und Entwicklungsroman werden in der Gattungsdiskussion und in den einschlägigen literaturwissenschaftlichen Lexika zwar voneinander abgegrenzt, aber alle wesentlichen Definitionsversuche kommen letztlich zu dem Ergebnis, dass die Grenzen zwischen ihnen nicht scharf zu ziehen, sondern fließend sind. Prämisse des Bildungsromans ist nach Gerhart Mayer die Idee von der Bildsamkeit des Individuums, sich im Verlaufe seines Lebens in „Auseinandersetzung mit den Anforderungen der Umwelt zur personalen Identität, zum Bewusstsein der Konsistenz und Kontinuität des Ichs zu entwickeln." (Mayer 1992, S. 19) Unverwechselbare Identität des Protagonisten, didaktische Intention des Erzählers und ein humanes Menschenbild nennt er als weitere Merkmale. Die Entwicklung des Protagonisten stellt sich im Bildungsroman als ein gesetzmäßiger Prozess dar. Geht man davon aus, dass der Bildungsroman die gesellschaftliche, religiöse und kosmische Übereinstimmung von Ich-Welt-Gott zum Ziel hat, also von einem 'klassischen' Bildungsbegriff bestimmt ist, wird der Bildungsroman zu einem historischen Epochenphänomen, dem nur wenige Beispiele vor allem der deutschen Klassik zuzurechnen sind. Rolf Selbmann versucht daher, diese historische Einengung durch epochenübergreifende Aspekte aufzuheben und alle die Texte dieser Gattung zuzurechnen, in denen „'Bildung' als zentraler Diskurs thematisiert wird". Seiner Ansicht nach muss der Bildungsprozess auch nicht bruchlos verlaufen, ja, er kann sogar misslingen (Selbmann 1994, S. 32f.). Damit weitet sich das Spektrum des Bildungsromans, und es können auch moderne Beispiele wie *Die Blechtrommel* von Günter Grass dieser Gattung zugerechnet werden.

Der 'Entwicklungsroman' stellt im Gegensatz zum Bildungsroman kein historisch festgelegtes Genre dar; er ist vielmehr ein übernational verwendeter, „quasi-überhistorischer Aufbautypus" (Mayer 1992, S. 411). Ziel und Weg der Entwicklung des Protagonisten sind epochen- und kulturunabhängig, aber jeweils zeittypisch. Er ist nicht wie der Bildungsroman auf einen bestimmten Lebensabschnitt festgelegt, sondern kann die gesamte Lebensgeschichte einer Person umfassen, während der Bildungsroman spätestens im 4. Jahrzehnt des Protagonisten endet. Die didaktische Dimension ist im Entwicklungsroman im Vergleich zu den beiden anderen Romanformen am wenigsten ausgeprägt.

Sie steht dagegen im Zentrum des 'Erziehungsromans'. Er hat seinen Ursprung in der aufklärerischen Vorstellung von der Erziehbarkeit des Menschen durch die Ratio. Daraus ergibt sich auch sein stets optimistischer Schluss (vgl. Mayer 1992, S. 412). Der Erziehungsroman gestaltet einen durch einen Mentor geleiteten Erziehungsprozess und beschreibt dabei die Wirkung pädagogischer Maßnahmen und Grundsätze am exemplarischen Beispiel. Damit unterscheidet sich dieser Typus auch strukturell von den beiden anderen, denn es gibt in ihm keinen im Zentrum der Handlung stehenden Protagonisten, sondern hier sind Zögling und Erzieherfigur(en) als gleichgewichtige Personen bipolar angeordnet. Während Goethes *Wilhelm Meister* unbestreitbar den Typus des Bildungsromans verkörpert, gilt Rousseaus *Émile* als klassischer Erziehungsroman und der *Simplizissimus* von Grimmelshausen als Beispiel für den Entwicklungsroman.

Die beiden oben genannten jugendliterarischen Gattungen der problemorientierten Jugendliteratur und der emanzipatorischen Mädchenliteratur haben mit dem Adoleszenzroman und der Jeansliteratur gemeinsam, dass sie sich auf die Entwicklungsphase der Adoleszenz beschränken. Das unterscheidet sie vom Bildungs-, Erziehungs- und Entwicklungsroman sehr deutlich. Sie haben zudem Jugendliche als Adressaten, während – wie oben angemerkt – der Adoleszenzroman, aber auch die Jeansliteratur bis in die 1970er Jahre als intentionale Erwachsenenliteratur galten und erst in den 1970er Jahren ihren Adressatenbezug geändert haben. Alle vier Gattungsbegriffe und die durch sie bezeichneten Jugendromane sind aber letztlich nur im Zusammenhang des kinder- und jugendliterarischen Paradigmenwechsels um 1970 zu verstehen.

Der Gattungsbegriff 'Jeansliteratur' fand vornehmlich in den 1970er Jahren Verwendung und bezog sich auf lyrische, dramatische und epische Texte. Angewendet wurde der Begriff auf Literatur, die in der Nachfolge von Salingers *Der Fänger im Roggen* (1951, dt. 1954) und von Plenzdorfs *Die neuen Leiden des jungen W.* (1973) stand. Der Jeansroman war ursprünglich Erwachsenenliteratur, wurde aber sehr schnell von den Jugendlichen als Identifikationsliteratur adaptiert. Sein zentrales Thema ist der Ausstieg der Jugendlichen aus der Erwachsenenwelt, d. h. ihr Protest gegen ihre Normen und Zwänge, gegen ihr Leistungsdenken und die Fremdbestimmtheit (vgl. Doderer 1982, S. 320). Charakteristisch für ihn ist ein dichotomisches Gesellschaftsbild: einer festgefügten Welt der Erwachsenen steht die zwanglose, spontane, kreative Welt der Jugendlichen gegenüber, die sich aber letztlich nicht durchsetzen lässt. Das Scheitern des Protagonisten wird darum geradezu zum Gattungsmerkmal. Neu an dieser Literatur ist vor allem ihre Sprache, die vom Jargon der jugendlichen Alltagssprache geprägt ist. Der postmoderne Adoleszenzroman der 1990er Jahre kann in diesem Punkt als Fortsetzung der Jeansliteratur gesehen werden. Als Beispiel sei *Relax* von Alexa Hennig von Lange (1998) genannt. Eine Suche nach der eigenen Identität und dem Sinn des Lebens findet hier allerdings nicht mehr statt, vielmehr geht es um intensiven Drogenkonsum und eine permanente Erlebnissucht.

Etwas anders stellt sich die Abgrenzung gegenüber der problemorientierten Jugendliteratur dar. Dieser Begriff fand nach 1970 Verwendung für die neue Jugendliteratur, die versuchte, die aktuellen gesellschaftlichen Probleme zum

Gegenstand von Jugendliteratur zu machen. Es handelt sich um 'realistische Jugendliteratur', die keine globale Wirklichkeits- und Gesellschaftsanalyse zum Ziel hat, sondern sich begrenzt mit ganz konkreten sozialen Problemen auseinandersetzt. Scheiner formuliert, diese Literatur habe den „Trend zur Segmentierung der Realität in einzelne Problemfelder". (Scheiner 1984, S. 55) Die Protagonisten besitzen weniger Individualität, sie sind geradezu austauschbar. Die problemorientierte Jugendliteratur ist eine engagierte Literatur, die gesellschaftlich etwas bewegen und über einzelne Probleme gezielt aufklären will. Gegen Ende der 1970er Jahre ist bei verschiedenen Autoren dieser Literatur der Trend festzustellen, dass sie sich dem Adoleszenzroman als Gattung annähern. Insofern werden auch hier die Gattungs-Grenzen fließend.

Für die emanzipatorische Mädchenliteratur lässt sich eine ähnliche Entwicklung konstatieren (vgl. Grenz 2008). Ewers führt in seinen Thesen zum Adoleszenzroman (1991/1992) aus, dass sich die emanzipatorische Frauenliteratur der 1970er Jahre nicht vorrangig auf dem Gebiet des Adoleszenzromans vollzogen habe, sondern dass sich ihr Autonomieanspruch eher auf Ehe, Mutterschaft und Beruf richte und damit auf ältere Leserinnen als Adressatinnen ziele. Der Vorbehalt aber, dass der Adoleszenzroman auf Grund der historischen Entwicklung in erster Linie als typisch männliche Gattung zu bezeichnen sei, lässt sich schon Ende der 1980er Jahren nicht mehr aufrecht erhalten, denn anhand jüngerer jugendliterarischer Textbeispiele kann Ewers nachweisen, dass diese Literatur eine „emanzipatorische Wendung" genommen habe, dass aus dem Liebes- ein „Entwicklungs- bzw. Adoleszenzroman mit weiblichen Protagonisten geworden" sei. (Ewers 1991, S 11) Dass sich diese Tendenz seit Anfang der 1990er Jahre noch verstärkt hat, machen vor allem die Untersuchungen von Inge Wild (1996) und Gertrud Lehnert (1995, 1996) deutlich.

> Die Mädchenliteratur ist nach wie vor die wichtigste Textart, die weibliche Adoleszenz nicht nur nebenbei, sondern zentral als wesentliche Epoche der weiblichen Identitätssuche und neuer Weiblichkeitsbilder thematisiert. Sie erweist sich damit in ihren innovativsten Beispielen [...] als bedeutendes Genre einer aktuellen Literatur. (Lehnert 1995, S. 24f.)

Dass dieses tatsächlich der Fall ist und dass der weibliche Adoleszenzroman durchaus andere, eigenständige Definitionsmerkmale besitzt, die auf „zeitlosen" geschlechtsspezifischen Prinzipien beruhen, macht der Roman *Östlich der Sonne – Westlich des Monds* von Torill Eide (1994) deutlich. Dieses Buch wird zu Recht als spezifisch 'weiblicher Adoleszenzroman' bezeichnet.

Die bisherigen Ausführungen und Abgrenzungsversuche lassen abschließend eine zusammenfassende Definition des Adoleszenzromans zu:

Der Adoleszenzroman ist eine Gattung, die erst seit Ende der 1980er Jahre zum Gegenstand jugendliterarischer Forschung geworden ist. Eine Abgrenzung gegenüber Bildungs-, Erziehungs- und Entwicklungsroman lässt sich eindeutig vollziehen; hingegen sind die Übergänge zum problemorientierten Jugendbuch fließend. Die emanzipatorische Mädchenliteratur wie auch der Jeansroman können heute als integrative Bestandteile des Adoleszenzromans gelten.

Thematisch handelt der Adoleszenzroman von den Problemen des Erwachsenwerdens; dabei ist er aber nicht auf einige wenige Aspekte wie die problemorientierte Jugendliteratur begrenzt, sondern er hat den Anspruch, die Zeit der Adoleszenz möglichst umfassend darzustellen. Seine Protagonisten befinden sich im Alter zwischen Vorpubertät und Postadoleszenz; sie erscheinen in den Romanen als unverwechselbare Individuen, äußerst differenziert dargestellt. Beschrieben wird die existentielle Erschütterung, die tiefgreifende Identitätskrise des Jugendlichen, der auf der Suche nach einem eigenen Weg in der Gesellschaft und zu sich selbst ist. Der Adoleszenzroman ist problemorientiert und problemoffen, insofern wird auch gerade das Scheitern des Jugendlichen in seinem Entwicklungsprozess thematisiert.

Weitere Merkmale sind die „Schnoddrigkeit" des Protagonisten, die als rauhe Schale eine „zartbesaitete Psyche" überdecken soll. Vor allem die männliche Hauptfigur des Adoleszenzromans erscheint nach außen hin „großmäulig, vulgär, ironisch bis zynisch". Damit verbunden sind ein „Zurschaustellen der eigenen Sexualität", ein „Sich-in-Szene-Setzen und Sich-selbst-wichtig-Fühlen. Kurz: das typisch männliche Grandiositätsgefühl" (Ewers 1991, S. 11).

Der weibliche Adoleszenzroman kann ebenfalls dieses „Grandiositätsgefühl" aufweisen, er setzt sich aber auf Grund der spezifischen weiblichen Identität in seinen gelungenen Beispielen durchaus davon ab und arbeitet die Besonderheiten einer weiblichen Geschlechtsidentität heraus (vgl. Grenz 2008).

Schließlich: Der Adoleszenzroman der Gegenwart ist eine internationale Gattung. Zahlreiche Beispiele aus den englischsprachigen und skandinavischen Ländern liegen in Deutschland in Übersetzungen vor und haben die Diskussion intensiv belebt. Das ist auch an der Vergabe des Deutschen Jugendliteraturpreises deutlich ablesbar: 1990 Peter Pohl *Jan, mein Freund* (schwed.) 1993 A.M. Homes *Jack* (amerik.), 1995 Peter Pohl/Kinna Gieth *Du fehlst mir, du fehlst mir!* (schwed.), 1996 *Die Reise in den Norden* von Karla Schneider (dt.), 1997 *So lonely* von Per Nilsson (schwed.), 1999 *Bruder* von Ted van Lieshout (niederl.), 2000 *Blueprint.Blaupause* von Charlotte Kerner (dt.), 2001 *Die ohne Segen sind* von Richard Van Camp (engl.), 2002 *Ich habe einfach nur Glück* von Alexa Hennig von Lange (dt.), 2004 *Marsmädchen* von Tamara Bach (dt.), 2005 *Schneeweiß und Rosenrot* von Dorota Maslowska (poln.) und 2008 *was wäre wenn* von Meg Rosoff (engl.).

2 Entwicklungspsychologische und jugendsoziologische Grundlagen

'Adoleszenz' ist ein Begriff der modernen Entwicklungspsychologie und Jugendsoziologie, der mehr beinhaltet als das, was alltagssprachlich unter 'Pubertät' verstanden wird. Pubertät bezeichnet den biologischen Prozess, der schon relativ früh in der Entwicklung des Jugendlichen abgeschlossen ist. Der Begriff Adoleszenz ist sehr viel weiter gefasst; er meint den langwierigen Prozess der Integration des Jugendlichen in die Welt der Erwachsenen, einen Prozess, der vorwiegend soziokulturell determiniert ist. Je höher der kulturelle Status einer Gesellschaft ist, desto ausgeprägter wird diese Problematik. Es handelt sich hier um ein Wechselspiel zwischen dem Verhalten und den Reaktionen des Jugendlichen und der ihn umgebenden Gesellschaft. Seine Rolle in der Gesellschaft, die sozioökonomischen und erzieherischen Faktoren, die Anforderungen, die an ihn gestellt werden, wirken in diesem Wechselspiel mit. Ebenso auch das Ausmaß an Anerkennung und an Statusunsicherheit, das die jeweilige Erwachsenengesellschaft in unterschiedlicher Art und Weise dem Jugendlichen zuteil werden lässt. Nickel (1975, S. 317) betont, dass sich beim Heranwachsenden im Wesentlichen zwei Grundtendenzen erkennen lassen: „eine mehr nach innen, auf das eigene Selbst gerichtete, und eine nach außen, auf die Auseinandersetzung mit der soziokulturellen Umwelt bezogene". Die mehr nach innen gerichtete ist auf die psychische Verarbeitung der an sich selbst beobachteten körperlichen Veränderungen und den damit einhergehenden inneren Verunsicherungen bezogen: eine Rollen- und Statusunsicherheit, ein Streben nach Selbständigkeit und damit verbunden die Ablösung von der Familie, vor allem von den Eltern und ihrer Autorität. Die allgemeine Verunsicherung führt zu verstärkter Selbstreflexion, einem Nachdenken über sich selbst und seine Position in der Gesellschaft; immer stärker wird das Interesse an psychischen Vorgängen bei sich und bei anderen, die Suche nach einem neuen Ich-Ideal, schließlich dessen Entwurf und der Versuch seiner Realisierung. In diesem Zusammenhang spielt die Beziehung zu Altersgenossen beiderlei Geschlechts eine große Rolle; die Peergroup übernimmt eine wichtige Funktion bei der Ablösung von den Eltern und der gesellschaftlichen Rollen- und Selbstfindung.

Während die nach innen gerichtete Auseinandersetzung ihr Schwergewicht im ersten Teil der Adoleszenz besitzt, wird die nach außen gerichtete Auseinandersetzung mit der soziokulturellen Umwelt im Verlaufe dieser Entwicklungszeit immer stärker und ausgeprägter. Es findet eine zunehmend intensivere Auseinandersetzung mit gesellschaftlichen Normen, Werten und Institutionen statt. Die Verarbeitung der Sexualproblematik führt zu ersten Erfahrungen mit Sexualpartnern; diese wiederum bilden die Grundlage für die spätere Partnerwahl. Schließlich rücken die Fragen nach der Lebens- und Zukunftssicherung (Beruf,

Arbeit usw.) mehr und mehr in den Vordergrund und werden gegen Ende der Adoleszenzzeit beherrschend.

Die Entwicklungspsychologen Eva Dreher und Rolf Oerter (1998) gehen in ihrer Darstellung von Adoleszenz auf die „Entwicklungsaufgaben" nach Havighurst ein, die von Dreher/Dreher folgendermaßen spezifiziert worden sind:

> - Aufbau eines Freundeskreises: Zu Altersgenossen beiderlei Geschlechts werden neue, tiefere Beziehungen hergestellt.
> - Akzeptieren der eigenen körperlichen Erscheinung: Veränderung des Körpers und des eigenen Aussehens annehmen.
> - Sich das Verhalten aneignen, das man in unserer Gesellschaft von einem Mann bzw. einer Frau erwartet.
> - Aufnahme intimer Beziehungen zum Partner (Freund/Freundin).
> - Von den Eltern unabhängig werden bzw. sich vom Elternhaus loslösen.
> - Wissen, was man werden will und was man dafür können (lernen) muss.
> - Vorstellungen entwickeln, wie der Partner und die zukünftige Familie sein sollen.
> - Über sich selbst im Bild sein: Wissen, wer man ist und was man will.
> - Entwicklung einer eigenen Weltanschauung: Sich darüber klar werden, welche Werte man hoch hält und als Richtschnur für eigenes Verhalten akzeptiert.
> - Entwicklung einer Zukunftsperspektive: Sein Leben planen und Ziele ansteuern, von denen man glaubt, dass man sie erreichen kann. (Oerter/Dreher 1998, S. 329)

Diese „speziellen Entwicklungsaufgaben" besitzen nach Dreher/Dreher bei Jugendlichen, wie deren Selbstaussagen bestätigen, eine hohe Akzeptanz (zit. in: Oerter/Dreher 1998, S. 329)

Die moderne Jugendsoziologie stellt auf Grund ihrer Untersuchungen fest, dass die Adoleszenzzeit in der gegenwärtigen Gesellschaft zunehmend problematischer und schwieriger geworden ist, da der einzelne Jugendliche mehr und mehr auf sich allein gestellt ist. Die Familie bildet nicht mehr die soziale Schutzzone, die sie einmal war; sie steht nunmehr neben den verschiedenen Bildungs- und Erziehungs-, Konsum- und Freizeiteinrichtungen; vor allem haben die Informations- und Unterhaltungsangebote der Massenmedien ihre Funktion wesentlich geschwächt.

> Letztlich trägt jede Jugendliche und jeder Jugendliche die Last und die Verantwortung der Koordination der divergierenden Handlungsanforderungen mit ihrer breiten Vielfalt von Optionen und den damit notwendigerweise einhergehenden Entscheidungsschritten ganz für sich allein. (Hurrelmann 1994, S. 291)

Das zeitliche Muster der Adoleszenz hat sich auf Grund der gesellschaftlichen Entwicklungen ebenfalls deutlich verändert. Die Adoleszenz nimmt auf der einen Seite einen viel größeren Lebenszeitraum ein; ihre Ausdehnung erstreckt sich inzwischen vom 12. bis fast zum 30. Lebensjahr, und zwar abhängig von den Ausbildungsgängen, die der Einzelne durchläuft. Auf der anderen Seite hat sich ein neuer Rhythmus und „eine nicht immer aufeinander abstimmbare Abfolge von einzelnen 'Statuspassagen'" ergeben, „die jeweils anderen sozialen und zeitlichen Mustern folgen." (Hurrelmann 1994, S. 291): Schon im Alter von etwa 10 Jahren erwerben die Kinder Statusmerkmale der Erwachsenen im Freizeit- und Konsumbereich wie auch in der Nutzung von Medien. Im Politik- und Kulturbereich werden Erwachsenenmerkmale etwa bis zum 18., z. T. auch schon mit dem 16. Lebensjahr erworben. Man denke z. B. an das kommunale Wahlrecht. Der Bereich der Partnerschaft und Familiengründung und der Bereich schulischer und vor allem beruflicher Qualifikationen klaffen heute z. T. weit auseinander. Die berufliche Sicherung erfolgt oft erst zwischen dem 25. und 30. Lebensjahr, während das partnerschaftliche Zusammenleben durchaus unabhängig davon ist.

Mit dieser Entwicklung geht eine Verlängerung der Abhängigkeit von elterlicher Unterstützung einher, was den eigenen Status und die gesellschaftliche Rolle relativiert. Zwar gelingt – trotz der gezeigten Schwierigkeiten – einer Mehrzahl der Jugendlichen eine relativ problemlose Integration in die Welt der Erwachsenen; aber die Anzahl derer, die den Entwicklungs- und Entfaltungsnormen nicht gerecht wird, ist in den letzten Jahren deutlich gewachsen. Klaus Hurrelmann schätzt sie auf ein Fünftel, evtl. sogar auf ein Viertel eines Jahrgangs. Ihnen „droht die soziale Desintegration und die Gefährdung einer psychisch-gesundheitlich befriedigenden Persönlichkeitsentwicklung" (Hurrelmann 1994, S. 293). Auf Grund der hier aufgeführten zeitlichen Diskrepanz im Erwerb der verschiedenen Erwachsenenmerkmale spricht Thomas Ziehe von „unterstrukturierter Früherwachsenheit" (Ziehe, in: Helsper 1991, S. 64).

Diese Ausführungen zu den entwicklungspsychologischen und jugendsoziologischen Aspekten der Adoleszenz bilden das Bezugsfeld für den Adoleszenzroman der Gegenwart.

Die Frage ist, welche dieser Merkmale von Adoleszenz werden in den Adoleszenzromanen von ca. 1980 bis 2010 dargestellt und problematisiert? Entsprechen also die Adoleszenzromane für Jugendliche in der Gegenwart unserer gesellschaftlichen Realität? Oder gibt es Veränderungen im Adoleszenzroman, die ein anderes gesellschaftliches Bild der Jugendlichen entwerfen?

Bevor dieser Frage aber weiter nachgegangen wird, soll ein knapper literaturhistorischer Überblick die Geschichte des Adoleszenzromans aufhellen und seine Entwicklungslinien ansatzweise deutlich machen.

3 Zur Geschichte des Adoleszenzromans in Deutschland

Eine genauere Aufarbeitung der Literaturgeschichte des deutschen Adoleszenzromans liegt bisher nicht vor. Die Untersuchungen, die vor allem von Hans-Heino Ewers (1991/1992) und Carsten Gansel (2000 und 2008) durchgeführt worden sind und auf denen diese Ausführungen basieren, haben daher einen vorläufigen Charakter.

Wie oben schon angesprochen, liegt der Ursprung des deutschen Adoleszenzromans im 18. Jahrhundert. Goethe *Werther* und der *Anton Reiser* von Karl Philipp Moritz können als die frühesten und zugleich klassischen Beispiele dieses Genres gelten. Mit *dem Wilhelm Meister* setzt sich aber zu Beginn des 19. Jahrhunderts in Deutschland der 'Bildungsroman' als neue Gattung durch, die dann beispielgebend für das ganze 19. Jahrhundert geworden ist. Der Adoleszenzroman vollzieht eine 'phantastische Wende', indem er in der romantischen Novelle neue Ausprägungen findet, und zwar in den phantastischen Novellen eines E.T.A. Hoffmann (*Der Sandmann* und *Das Bergwerk zu Falun*) und in den Märchennovellen Hoffmanns *Der goldene Topf*, Tiecks *Runenberg*, Eichendorffs *Marmorbild.*

Das 19. Jahrhundert bringt keine weiteren Adoleszenzromane hervor. Seine zweite Blütezeit erlebt diese Gattung erst zu Beginn des 20. Jahrhunderts in den Texten von Emil Strauss (*Freund Hein* 1902), Robert Musil (*Die Verwirrungen des Zöglings Törleß* 1906), Hermann Hesse (*Unterm Rad* 1906 und *Demian* 1919) sowie Friedrich Huch (*Mao* 1907). Während der Epoche des Expressionismus und der Neuen Sachlichkeit lassen sich keine Adoleszenzromane nachweisen.

Erst die 1950er Jahre bringen einen wichtigen Neuanfang, und zwar durch Jerome D. Salingers *Der Fänger im Roggen*, einen ungewöhnlichen Adoleszenzroman, der 1951 in den USA erschien, deutsch erstmals 1954; seit 1958 lag nur eine durch ihre Verharmlosung verfälschende Überarbeitung von Heinrich Böll auf dem deutschen Markt vor, die erst 2003 durch eine neue Übersetzung von Eike Schönefeld (Kiepenheuer & Witsch, seit 2004 bei Rowohlt als TB) abgelöst wurde. Ein sehr viel geringeres Echo erlebte der Roman *Das Mädchen Frankie* von Carson McCullers (1951, dt. 1951 bzw. 1965). Salingers *Fänger im Roggen* stellte eine ungewöhnliche, neue Erfahrung für das deutsche Lesepublikum dar und führte sehr schnell zu einer Adaption durch jugendliche Leser, obwohl der Roman ursprünglich für Erwachsene geschrieben war. Die Rezeption dieser beiden amerikanischen Adoleszenzromane führte zu einer Rückbesinnung auf die deutschen Adoleszenzromane der Jahrhundertwende, die Mitte der 1960er Jahre durch den jungen deutschen Film (Schlöndorff 1965) einer breiteren Öffentlichkeit bekannt gemacht wurden. Neben Salingers Buch wurden nun auch die Adoleszenzromane von Hesse und Musil und die 1961 erschienene Adoleszenz-Novelle *Katz und Maus* von Günter Grass zur Kanonliteratur an den Gymnasien. Dieses Interesse an Adoleszenzromanen übertrug sich Anfang der 1970er Jahre auch auf Ulrich Plenzdorfs *Die neuen Leiden des jungen W.* (1973), einen DDR-Roman, der in der Bundesrepublik allerdings vor allem unter dem Blickwinkel des Ost-West-Gegensatzes und im Vergleich mit Goethes *Werther* gelesen wurde, und auf Peter Schneiders *Lenz* (1973) sowie auf Volker Brauns *Unvollendete Geschichte* (1977).

In den 1970er Jahren wurden verstärkt Adoleszenzromane aus den USA in Übersetzungen auf den deutschen Markt gebracht. Ewers (1991, S. 9) nennt hier u. a. die Bücher von Barbara Wersba, Susan A. Hinton und Warren Miller. Angeboten wurden diese Romane – und das war das 'Revolutionäre' – von deutschen Jugendbuchverlagen.

Abb. 1

Durch diesen Schritt entwickelte sich der ursprünglich und bis zu Salinger, Grass und Plenzdorf lediglich für den erwachsenen Leser konzipierte 'Adoleszenzroman' zu einem jugendliterarischen Genre. Damit kam die Jugendliteratur zugleich das erste Mal in Berührung mit den modernen Formen literarischen Erzählens der Erwachsenenliteratur, die alsbald von den deutschen Jugendbuchautorinnen und -autoren übernommen und angewendet wurden. Die Grenze zwischen Erwachsenen- und Jugendliteratur wurde dadurch fließend. Allerdings muss einschränkend gesagt werden, dass die jugendlichen Adoleszenzromane nicht die realistische Härte der Romane für Erwachsene aufwies, die die psychische Ver- und Zerstörung ihrer Protagonisten und ihr Scheitern in unverblümter Deutlichkeit und Härte schilderte. Zum anderen wiesen die Erwachsenenromane durchweg eine intensivere literarische Verdichtung auf, die nur in wenigen Ausnahmen auch von den Jugendromanen erreicht wurde und wird. Dagmar Grenz formulierte daher zu Recht: „Der jugendspezifische Adoleszenzroman erreicht trotz seiner Annäherung an den Adoleszenzroman der Erwachsenenliteratur nicht dessen Polyvalenz und Radikalität [...] Seine Modernität ist im Vergleich zu jenem immer nur eine gemäßigte." (Grenz 1990, S. 199)

Abb. 2

Der Paradigmenwechsel in der Kinder- und Jugendliteratur in Deutschland um 1970 brachte neue Gattungen hervor, die sich kritisch mit der Gesellschaft und ihren Problemen auseinandersetzten und deren Autorinnen und Autoren es als ihre Aufgabe ansahen, das Bewusstsein der Heranwachsenden mit Hilfe der Kinder- und Jugendliteratur zu verändern; es entstanden u. a. das problemorientierte Jugendbuch und die emanzipatorische Mädchenliteratur. Wie oben schon erwähnt, näherten sich beide Gattungen seit Ende der 1970er Jahre mehr und mehr dem Adoleszenzroman an, so dass durchaus von der Entstehung eines eigenständigen jugendliterarischen Adoleszenzromans in Deutschland gesprochen werden kann. Als Beispiele für diese Entwicklung können u. a.

folgende Jugendromane gelten: Renate Welsh *Einmal sechzehn und nie wieder* (1975), Dagmar Chidolue *Das Fleisch im Bauch der Katze* (1980), *Aber ich werde alles anders machen* (1981) und *Lady Punk* (1985), Christine Nöstlinger *Stundenplan* (1975) und *Pfui, Spinne!* (1990), Leonie Ossowski *Die große Flatter* (1977), Irina Korschunow *Die Sache mit Christoph* (1978) und *Ein Anruf von Sebastian* (1981), Kirsten Boie *Ich ganz cool* (1992), Rainer M. Schröder *Die wundersame Weltreise des Jonathan Blum* (1995), Karla Schneider *Die Reise in den Norden* (1995), Charlotte Kerner *Geboren 1999* (1989) und *Blueprint* (1999), Irma Krauß *Kurz vor morgen* (1999), Klaus Kordon *Hundert Jahre und ein Sommer* (1999); erwähnt werden sollten auch von Siegfried Lenz *Arnes Nachlaß* (1999) und seine Novelle *Schweigeminute* (2008), die zwar intentionale Erwachsenenliteratur sind, aber oft von Jugendlichen gelesen werden und als Schullektüre Verwendung finden.

Dass der Adoleszenzroman nicht allein ein bundesrepublikanisches Phänomen darstellte, sondern auch eine wichtige Gattung der DDR-Literatur für Erwachsene und Jugendliche war, bestätigen die schon genannten Romane von Ulrich Plenzdorf und Volker Braun sowie Jurij Kochs *Schattenrisse* (1990), ein Roman, der 1988 in der DDR unter dem Titel *Augenoperation* erschienen ist; ihnen sind noch andere an die Seite zu stellen: Fritz Rudolf Fries *Der Weg nach Oobliadooh* (1966), Uwe Saeger *Das Überschreiten einer Grenze bei Nacht* (1988) und *Aus einem Herbst jagdbaren Wildes* (1988). Dazu kann man wohl auch den posthum erschienenen Roman *Ingrid Babendererde, Reifeprüfung 1953* (1985) von Uwe Johnson oder Reiner Kunzes Erzählungenband *Die wunderbaren Jahre* (1976) zählen (vgl. Gansel 2000, S. 385f. und 2008, S. 373ff.).

Abb. 3

Dass sich der jugendliterarische Adoleszenzroman der Gegenwart auch in anderen Genres ausgebreitet hat, soll hier noch kurz angesprochen werden. Wie in der Phantastik (*Krabat* von Otfried Preußler (1971), *Der weiße Wolf* von Käthe Recheis (1982), *Die unendliche Geschichte* von Michael Ende (1979) oder *Geboren 1999* und *Blueprint.Blaupause* von Charlotte Kerner) findet man auch in der Abenteuerliteratur und in den geschichtlichen/zeitgeschichtlichen Jugendbüchern Beispiele für Adoleszenzromane, denn das Erwachsenwerden kann auch in diesen beiden Gattungen zum zentralen Gegenstand des Erzählens werden. Für den Abenteuerroman sind Karla Schneiders *Die Reise in den Norden* (1995), Rainer M. Schröders *Die wundersame Weltreise des Jonathan Blum* (1995) oder Sigrid Heucks *Mondjäger* (1983) zu nennen und für das geschichtliche/zeitgeschichtliche Jugendbuch Willi Fährmanns *Der lange Weg des Lukas B.* (1980) und *Unter der Glut die Glut* (1997), Irina Korschunows *Er hieß Jan* (1979),

Arnulf Zitelmanns *Paule Pizolka oder Eine Flucht durch Deutschland* (1991). Sehr häufig findet man eine Kombination von historisch/zeitgeschichtlichen Themen und dem Adoleszenzroman bei Klaus Kordon, z. B. seine zeitgeschichtliche Trilogie *Die roten Matrosen oder Ein vergessener Winter* (1984), *Mit dem Rücken zur Wand* (1990) und *1848. Die Geschichte von Jette und Frieder* (1997).

Als Ergebnis dieses historischen Überblicks kann man zusammenfassen, dass es gegenwärtig in Deutschland ein großes Angebot an Adoleszenzromanen gibt, zumal seit Anfang der 1990er Jahre noch zahlreiche Übersetzungen vor allem aus dem Amerikanischen und Skandinavischen hinzugekommen sind. Der Adoleszenzroman hat sich damit zu einer bedeutenden jugendliterarischen Gattung entwickelt, dessen Entwicklung aber noch nicht zu einem Ende gekommen ist. Das wird in der folgenden Typologie deutlich.

4 Typologie

Den historischen Überblick über den Adoleszenzroman, den Carsten Gansel in seinem Artikel in der *Geschichte der deutschen Kinder- und Jugendliteratur* von Reiner Wild (2008, S. 367–373) vorgelegt hat, kann man durchaus als eine Typologie lesen. Nach seinen Ausführungen hat der Adoleszenzroman seit dem Beginn des 20. Jahrhunderts vier verschiedene 'Typen' hervorgebracht, wobei die Übergänge fließend sind. Es wird sich in der folgenden Darstellung zeigen, dass es hier nicht allein um eine Chronologie geht, sondern dass in der Gegenwart zumindest die drei jüngeren Typen parallel nebeneinander existieren und dass fortlaufend neue Texte zu ihnen erscheinen.

Gansel unterscheidet:

(1) den „klassischen Adoleszenzroman",
(2) den „modernen Adoleszenzroman",
(3) den „postmodernen Adoleszenzroman" und
(4) die Adoleszenz- und Popliteratur.

4.1 Der „klassische Adoleszenzroman"

Die oben aufgeführten, sogenannten 'Schulromane' von Emil Strauss, Robert Musil, Hermann Hesse und Friedrich Huch stellen Heranwachsende in den Mittelpunkt ihrer Texte, die letztlich an den hochgesteckten Zielen einer Integration in die Erwachsenenwelt scheitern, weil das bürgerliche System ihnen keine Möglichkeit bietet, ihre Identität zu entfalten. Sie geraten vor allem im und mit dem Schulsystem der Kaiserzeit in unlösbare Konflikte, an denen sie letztlich zerbrechen. Eine Analyse dieser Schul-Romane lässt eine Reihe charakteristischer Merkmale erkennen, die Gansel (2000, S. 374) zusammengestellt hat:

- Bei den Protagonisten handelt es sich ausschließlich um Heranwachsende männlichen Geschlechts.
- Die Schule ist eine „Zwangsanstalt, die die Schüler peinigt, schikaniert, diszipliniert und mitunter zu Tode quält."
- Die Schule und ihre Lehrer verbreiten bei den 'Zöglingen' Furcht und Schrecken.
- Der Unterricht verläuft stupide und ist langweilig.
- Schüler und Lehrer stehen sich als „Feinde" gegenüber. Die Lehrer sind brutal, autoritär und verhalten sich oft unmenschlich.
- Schule und Unterricht vollziehen sich in Form von Ritualen, deren Einhaltung die Lehrer rücksichtslos durchsetzen.
- Militärischer Drill, der das besondere gesellschaftliche Kennzeichen des Kaiserreichs war, wird konkret auf die Schulen übertragen.
- Alle Formen der Erniedrigung bis hin zum Zerbrechen der Persönlichkeit werden von den Lehrern praktiziert.
- Lehrer, die von den Schülern verlacht und verspottet werden, rächen sich oft auf brutale und hinterhältige Weise.
- Vor allem sensible Schüler sind diesen Praktiken der Lehrer nicht gewachsen und gehen an ihnen zugrunde. Oft bleibt nur der Selbstmord als Ausweg aus der seelischen Not.
- Die Autoren stellen den sensiblen Jugendlichen häufiger Freunde an die Seite, die robuster sind und sie zu beschützen versuchen, aber sie können sie nicht vor dem Untergang bewahren.
- Die Schulromane werden meistens aus dem Blickwinkel der gepeinigten Schüler erzählt, so dass die Willkür und Unmenschlichkeit dieses Systems für den Leser in besonderer Weise nachempfunden werden kann.

Der 'klassische Adoleszenzroman', wie er hier beschrieben worden ist, ist keine intentionale Jugendliteratur, sondern Literatur für erwachsene Leser. In den 1960er Jahren wurden diese Texte 'wiederentdeckt' und zunehmend häufiger als Lektüre im Deutschunterricht eingesetzt.

4.2 Der „moderne Adoleszenzroman"

Die 'klassischen Adoleszenzromane' und dann nach dem Zweiten Weltkrieg Jerome D, Salingers *Der Fänger im Roggen* (1951/dt. 1965), Carson McCullers *Das Mädchen Frankie* (1951/dt. 1951), die Novelle *Katz und Maus* von Günter Grass (1961) u. a. bilden das Fundament für den modernen Adoleszenzroman. Zwar sind die zuletzt genannten Texte ebenfalls noch für Erwachsene geschrieben, aber sie werden nach ihrem Erscheinen sehr schnell von den jugendlichen Lesern adaptiert. In den 1970er Jahren erscheinen dann zunehmend mehr moderne Adoleszenzromane, vor allem aus dem Amerikanischen, die von den Verlagen – obwohl es sich mehrfach um intentionale Erwachsenenliteratur handelt – als Jugendbücher verlegt und von jugendlichen Lesern gelesen werden.

Geht man von den oben im Kapitel 2 aufgeführten Charakteristika der Adoleszenzzeit aus, wie sie die moderne Entwicklungspsychologie und die Jugendsoziologie herausgearbeitet haben, kann man feststellen, dass nicht alle dort genannten Entwicklungsaufgaben relevant für die modernen Adoleszenzromane der Gegenwart sind. Die seit den 1970er Jahren erscheinenden Adoleszenzromane behandeln vor allem drei Schwerpunkte: Liebe/Sexualität, die Suche nach der eigenen Identität und die Beziehung zwischen Jugendlichen und ihren Eltern.

Eindeutig im Vordergrund stehen die Themen Liebe, Partnerschaft, Sexualität, Eifersucht und die im Umfeld dieser Begriffe liegenden Phänomene. Homosexualität bildet einen Aspekt, der in den Jugendbüchern durchaus eine Rolle spielt, ebenso wird Aids vergleichbar oft abgehandelt. Ungewollte Schwangerschaft, Vergewaltigung und sexueller Missbrauch gehören ebenfalls in das Umfeld dieser Thematik. Über Sexualität wird in den Jugendbüchern mit großer Offenheit gesprochen, trotzdem wird von der Unsicherheit der Jugendlichen gegenüber dem anderen Geschlecht erzählt, von emotionaler Betroffenheit und Verletzbarkeit, und das meist auf sehr differenzierte und sensible Art.

Den zweiten großen Bereich bildet das Thema 'Identität'. In den modernen Adoleszenzromanen geht es vor allem um existentielle Orientierungsprobleme, Identitätssuche und Ichfindung um die Auseinandersetzung mit dem Selbstbild, mit der eigenen Unsicherheit, Schüchternheit, um die Auseinandersetzung mit dem eigenen Körper und das Aussehen. Häufig wird auch die Suche nach der eigenen Rolle in der Peergroup und in der Schule thematisiert. Dabei macht der Protagonist durchaus Grenzerfahrungen, durchlebt Untergangs- und Sinnlosigkeitsgefühle, aber ein totales Scheitern oder gar Selbstmord als Lösung unerträglicher Ich-Konflikte bleiben in diesen Jugendromanen Randphänomene – ganz im Gegensatz zu den Adoleszenzromanen für Erwachsene.

Als Drittes werden in den modernen Adoleszenzromanen die Eltern-Kind-Beziehungen, die Ablösung von den Eltern, aber auch die Sehnsucht nach Kindheit und Geborgenheit häufig thematisiert. Wenig Bedeutung wird dem 'Autoritätskonflikt' eingeräumt, der die problemorientierten Jugendbücher der 1970er und 1980er Jahre sehr stark beherrscht hat. In diesen Büchern steht vielmehr die Partnerschaft zwischen Eltern und Kindern im Vordergrund. Hannelore Daubert (1994, S. 44) spricht von einer „Entdramatisierung des Generationskonflikts". Kinder und Jugendliche müssen sich daher nicht mehr ständig von ihren Eltern und Erwachsenen abgrenzen. Statt dessen entstehen – zeitbedingt – neue Probleme: zum einen die unvollständige Familie mit einem alleinerziehenden Elternteil, zum anderen die Verwischung der Grenzen zwischen den Generationen, da Eltern und Kinder die gleichen kulturellen und medialen Erfahrungen machen und mit ähnlich gelagerten Problemen konfrontiert sind. Die Familie verliert dadurch immer mehr ihre Rolle als beschützende Institution; in ihr gibt es kaum noch einen Halt oder eine Rückzugsmöglichkeit. Diese „Gleichberechtigung" führt nach Ewers zu „Überforderungssyndromen": „Die Mündigkeitserklärung fordert und belastet die Kinder (respektive die Jugendlichen – GL) in erheblichem Maße, und so nimmt es nicht Wunder, dass deren Innenleben unausgeglichen, angespannt und zerklüftet wird." (Ewers 1991)

Deutlich weniger als die drei genannten Themen wird die Peergroup behandelt: die Zusammengehörigkeit in einer Gruppe, die Gruppenrituale, der gemeinsame Drogen- und Alkoholkonsum, Straffälligkeit, Gefährdungen durch andere Delikte, das Leben am Rande der Gesellschaft bis hin zu gemeinsam unternommenen Gewalttaten und Rechtsextremismus.

Nur sehr am Rande spielt in der modernen Adoleszenzliteratur für Jugendliche das Thema 'Beruf, Arbeit, Arbeitslosigkeit' eine Rolle. Das hat seine Ursache darin, dass auf Grund der „unterstrukturierten Früherwachsenheit" (Ziehe, in: Helsper 1991, S. 64) diese Themen im Leben der 13–17-Jährigen kaum eine Relevanz besitzen, denn Berufswahl und Ausbildung sind durch die ausgedehnte Adoleszenzzeit in unserer Gesellschaft, wie die Jugendsoziologie zeigt, auf das dritte Lebensjahrzehnt hinausgeschoben worden. Und da die Angehörigen dieser Altersstufen keine Adoleszenzromane für Jugendliche mehr lesen, ist dieser sehr wichtige Themenkomplex des Erwachsenwerdens aus dem Blickfeld der Autoren geraten.

Randständig sind ebenso Themen wie Ökologie, multikulturelle Gesellschaft, Geschwister, Mode, Religion und Sekten, Behinderung, Krankheit und Tod, Politik, Wirtschaft und Gesellschaft, Medien und Probleme der Mediengesellschaft.

Zusammenfassend kann man also feststellen, dass sich der moderne jugendliterarische Adoleszenzroman nur auf wenige zentrale Themenkomplexe konzentriert, die für die 13–17-Jährigen von Bedeutung sind; Themen, die den Horizont dieser Altersstufe überschreiten, spielen folglich keine oder nur eine geringe Rolle.

Betont werden sollte aber, dass im modernen Adoleszenzroman eine auffällige Literarisierung stattgefunden hat, indem charakteristische Formen des modernen Erzählens aus der Erwachsenenliteratur aufgegriffen worden sind. Es liegt natürlich nahe, dass sich die Jugendbuchautoren an den Erzählmustern Salingers oder Plenzdorfs orientiert und diese in ihren Werken angewendet haben. Einen besonderen Aspekt nimmt die Darstellung des Innenlebens der jugendlichen Protagonisten ein, da sie zum Ausdruck seiner Welterfahrung und seiner analytischen Sicht auf die Wirklichkeit geworden ist. Alle wesentlichen erzählerischen Möglichkeiten des modernen Ich-Romans werden von Autoren wie Kirsten Boie, Dagmar Chidolue, Inger Edelfeldt, Jurij Koch u. a. angewendet. Ebenso finden die differenzierten Formen des personalen Erzählens Verwendung, innere Monologe mit Übergängen zum stream of consciousness, häufige Wechsel des Erzählerstandortes, Rückblenden, das Erzählen auf verschiedenen Zeitebenen, Variationen in den Tempusformen oder collage- und montageartige Formen des Erzählens (vgl. Steffens 2000). Auf Grund derartig komplexer Literarizität stellt sich die Frage nach dem Leser, nach dem jugendlichen Leser. Werden in diesen literarisch dichten Texten nicht die Grenzen zum Erwachsenenroman überschritten, und ist ihre jugendliterarische Adressierung nicht Fiktion?

4.3 Der „postmoderne Adoleszenzroman"

Eine neue Entwicklung im jugendliterarischen Adoleszenzroman begann sich in den 1990er Jahren abzuzeichnen, die Heinrich Kaulen (1999a) als „postmodern" bezeichnete. Als seine typischen Merkmale gelten:

> die Aufhebung des Bruchs zwischen (esoterischer) Hochliteratur und (populärer) Massen- und Unterhaltungsliteratur, das zitathafte Spiel mit unterschiedlichsten literarischen Motiven und Konventionen (Collagetechnik, Intertextualität), der Verzicht auf kohärente Sinnkonstruktion, die Aufsprengung einer linearen Handlungsfolge in zahlreiche mehr oder weniger fragmentarische Einzelepisoden, die oft noch aus der Perspektive unterschiedlicher Figuren erzählt werden. (Kaulen 1999a, S. 9f.)

Inhaltlich lässt sich eine völlig tabulose Darstellung von Sexualität, Alkoholismus und Drogenexessen und die Verklärung einer offenbar zeittypischen Coolness mit fortlaufenden jugendlichen Normverstößen erkennen. Die traditionellen Vorstellungen von Identitätsfindung, Autonomie und Persönlichkeitsentwicklung werden dabei total in Frage gestellt. Kaulen bezeichnet sie deswegen als medien- und werbeabhängige „prekäre und bei Bedarf variable Bastelidentität" (Kaulen 1999a, S. 10). Als Beispiele für diesen Trend gelten die Bücher von Dagmar Chidolue *Lady Punk* (1985) und *Magic Müller* (1992), die Bücher von Bret Easton Ellis, *Cool Girl* (1997) von Blake Nelson und *Relax* (1997) von Alexa Hennig von Lange, *Celine oder Welche Farbe hat das Leben* (1989/dt. 1996) von Brock Cole.

> Zu authentischen Zeugnissen postmoderner Adoleszenz werden diese Romane [...] vor allem deshalb, weil sie für das durch die Medien- und Erlebnisgesellschaft geprägte Lebensgefühl adäquate erzählerische Formen finden: Die Autoren treten hinter ihre Figuren zurück, auf Kommentierung wird verzichtet, der 'implizierte Autor' ist mit den Jugendfiguren identisch; Oberflächen spielen eine entscheidende Rolle. (Gansel 2008, S. 37)

Ob diese Art des jugendliterarischen Adoleszenzromans eine Zukunft hat, sei dahingestellt. Kaulen (1999a, S. 10) konstatiert, dass nicht wenige Leser die dargestellte Adoleszenz als konstruiert, befremdlich, fragwürdig und als Angriff auf die eigenen Lebensprinzipien empfinden, da letztlich das Ziel einer Identitätsgewinnung aufgegeben ist. Wie weit die Leser der oben beschriebenen Art des

Erzählens zudem folgen wollen und können, ist eine weitere Frage. Trotzdem bilde diese Art des jugendliterarischen Adoleszenzromans Aspekte gegenwärtiger Jugendlichkeit ab und könne sowohl formal wie inhaltlich innovativ wirken.

Andererseits muss man sich fragen, ob hier der Adoleszenzroman in seiner bisher dargestellten Form und Intention nicht aufgehoben wird, da sein Ziel, das Erwachsenwerden darzustellen, praktisch ad absurdum geführt wird, denn das 'Erwachsenwerden' als gesellschaftlich definierter Zustand wird von den Protagonisten gar nicht mehr akzeptiert und daher auch nicht angestrebt.

4.4 Adoleszenz- und Popliteratur

Der Übergang vom postmodernen Adoleszenzroman zu dem neuesten Typus, dem popliterarischen, der Mitte der 1990er Jahre entstand, ist fließend. Das wird an der Beschreibung von Carsten Gansel (2008, S. 370ff.) sehr deutlich und an der Tatsache, dass der Roman *Relax* von Alexa Hennig von Lange (1997) beiden Typen zugeschrieben wird. Zu diesem neuen Typus zählt er weiterhin die erfolgreichen Texte *Soloalbum* (1998) und *Livealbum* (1999) von Benjamin Stuckrad-Barre, *Crazy* (1999), *Der Vogel ist ein Rabe* (2003) und *Kannst Du* (2006) von Benjamin Lebert und *Ich bin's* (2000) und *Ich habe einfach Glück* (2001) von Alexa Hennig von Lange.

Seinen Namen erhält dieser Typ des Adoleszenzromans von der Popmusik, die in ihm eine besondere Rolle spielt. „Es geht dabei nicht nur um Anspielungen, intertextuelle Bezüge, Referenzen; vielmehr erhält Pop(Musik) symbolische Bedeutung und wird zum Wertungsraster, mit dem der Protagonist (mediale) 'Wirklichkeit' kategorisiert und deutet." (Gansel 2008, S. 373) Sie ist Spiegelbild der Stimmungslage und der Werthaltung seiner Protagonisten.

Abb. 4

Die Merkmale dieses Typs von Adoleszenzroman kann man am besten anhand von *Relax* von Alexa Hennig von Lange verdeutlichen. Erzählt wird von Chris und seiner Freundin, die namenlos bleibt und nur als „die Kleine" bezeichnet wird. Beide sind etwa 20 Jahre alt. Es geht um ein einziges Wochenende, das im Buch in einem ständigen Wechsel von Figurenrede und inneren Monologen besteht, die wie in einem modernen Film in schnellen Schnittfolgen einander abwechseln. „Ein rationaler Diskurs findet nicht statt, die Protagonisten reflektieren zwar durchgängig, aber ihre Gedanken kreisen in ständigen Wiederholungen und Schleifen ausschließlich um die Banalitäten des Alltags." (Gansel 2008, S. 372) Das, was den 'modernen Adoleszenzroman' ausmacht, findet man hier nicht mehr. Es gibt keine Suche nach der eigenen Identität, nach einer Lebensperspektive, nach einem Ziel. Beruf, Politik, Freundschaften sind unwichtig und finden kaum Erwähnung. Es geht an dem Wochenende, von dem der Roman handelt, nur um Drogen, unmäßigen Alkoholkonsum, Sex und Rumhängen in verschiedenen Kneipen und auf wechselnden Partys. Aber selbst der Sex beschert keinerlei Befriedigung. Und die Abhängigkeit „der Kleinen" von Chris führt zu fortlaufenden seelischen Verletzungen bei ihr, die Chris aber gar nicht wahrnimmt und die ihn deshalb auch nicht berühren. Während Chris immer wieder aufbricht zu irgendwelchen Partys, sitzt „die Kleine" zu Hause und erträumt sich ihre eigene Welt, die durchaus bürgerliche Züge trägt, aber im Eigentlichen aus zahllosen Symbolen, Klischees, Bildern aus Filmen und Comics sowie Elementen der Popmusik besteht.

Gansel (2008, S. 370) resümiert:

> Die neue deutsche Popliteratur ist in ihrem Kern Adoleszenzliteratur, eine Reihe von Texten steht geradezu exemplarisch für den (post)modernen Adoleszenzroman. Mit Inhalten wie Jungsein, Marginalisiertsein, alltäglichen Machtkämpfen, politischen Auseinandersetzungen, sexuellen Konflikten, schließlich der ganzen Palette von Pubertäts-, Jugend- und Lebensbewältigungen thematisieren die Popromane die Probleme eben jener Phase des ‘Abschieds von der Kindheit', der Adoleszenz.

5 Didaktische Überlegungen zum Umgang mit Adoleszenzromanen im Unterricht

Das Erwachsenwerden mit seinen körperlichen, geistigen und seelischen Veränderungen und seiner Einführung in die Gesellschaft der Erwachsenen gilt sowohl entwicklungspsychologisch wie jugendsoziologisch als schwierige Phase, da unsere Gesellschaft so komplex geworden ist und da die Eltern aus verschiedenen Gründen ihre unterstützende Funktion während dieser Phase oft nicht mehr wahrnehmen können oder wollen.

Die Entwicklungsaufgaben, wie sie die moderne Entwicklungspsychologie definiert, sind oben in Kap. 2 beschrieben worden.

Dass die Bewältigung dieser Entwicklungsaufgaben nicht ohne Störungen und Konflikte abläuft, lehrt die Erfahrung, die jeder Erwachsene selbst gemacht hat. Früher, als es noch ein festes und allgemein gültiges soziales Werte- und Normensystem gab und überschaubare Verhältnisse herrschten, war das Erwachsenwerden einfacher und daher konfliktfreier.

Die ‘modernen Adoleszenzromane', die seit den 1980er Jahre in Deutschland erschienen sind, haben diesen oben beschriebenen Prozess des Erwachsenwerdens zum Thema. In ihnen agieren Jugendliche, die im Alter der heranwachsenden Leser sind, die ihnen also auf fiktionale Weise ihre Probleme vorleben und am verfremdeten literarischen Modell bewusst machen. Das verfremdete Modell hat den Vorteil, dass Leserin und Leser das Dargestellte auf sich beziehen können, und zwar durch Identifikation, dass aber die dargestellten Probleme nicht so dicht an sie heranrücken, dass eine kognitive Auseinandersetzung nicht mehr möglich ist.

Die Gleichaltrigkeit von Protagonisten und Lesern führt weiterhin zu der Erkenntnis, dass die behandelten Probleme stellvertretend durchlebt werden. Das Sich-Hineindenken in die Protagonisten wird also erleichtert. Da das Erwachsenwerden ganz realistisch dargestellt wird, wirkt diese Literatur authentisch. Die 'modernen Adoleszenzromane' haben also den Vorteil, dass sie aktuell sind, dass das Dargestellte der Wirklichkeit der Leser und ihren Erfahrungen entspricht. Hier liegen erhebliche Vorteile gegenüber Texten aus der Literaturgeschichte des 19. und frühen 20. Jahrhunderts.

Die 'modernen Adoleszenzromane' für Jugendliche sind zudem in einer Sprache verfasst, die der Jugendlichen sehr ähnlich ist. Auch das erleichtert den Zugang zu ihnen. Andererseits haben die Autorinnen und Autoren in den vergangenen zwanzig Jahren oft ein literarisches Niveau erreicht, das sich dem der Erwachsenenliteratur angenähert hat. Moderne Formen des Erzählens, Redeformen wie innere Monologe, erlebte Rede oder stream of consciousness, Ich- und personale Erzählsituationen, Perspektivenwechsel, Erzählen auf verschiedenen Ebenen, intensivierte Metaphorik und Symbolik finden Verwendung (vgl. Steffens 2000). Die Konsequenz beim schulischen Umgang mit dieser Literatur ist, dass man nicht allein bei der Thematik stehen bleiben darf, sondern dass in den Verstehensprozess die literarischen Darstellungsformen unmittelbar mit einbezogen werden müssen. Der Unterricht mit 'modernen Adoleszenzromanen' dient folglich auch der literarischen Erziehung, d. h. der Einübung in das Entschlüsseln komplexer literarischer Texte.

Die 'modernen Adoleszenzromane' liefern für den schwierigen Prozess des Erwachsenwerdens keine Lösungen oder fertige Antworten. Sie enden meist problemoffen und können durchaus auch das Scheitern des Protagonisten zeigen. Die jugendlichen Leser lernen dadurch am literarischen Modell, Problemoffenheit auszuhalten und mit ihr umzugehen. Andererseits wollen die 'modernen Adoleszenzromane' das Erwachsenwerden in seinen verschiedenen Facetten den jugendlichen Lesern vor Augen führen, wollen sie für sie sensibilisieren, wollen Entwicklungsstörungen und Schwierigkeiten im Vorgriff auf die eigene Realität zum Gegenstand der Reflexion machen. Dadurch werden die Erfahrungsräume der jugendlichen Leser erweitert und vertieft.

In den 'modernen Adoleszenzromanen' für Jugendliche werden schließlich die Normen und Wertvorstellungen der gegenwärtigen Gesellschaft auf den Prüfstand gestellt, indem sich die Protagonisten stellvertretend für die Leser mit ihnen auseinandersetzen, sie in Frage stellen oder provozierend gegen sie verstoßen. Die Jugendlichen lernen folglich, dass gesellschaftliche Normen und Werte keine feststehenden Größen sind, sondern dass ihre Bedeutung und Funktion in der Gesellschaft immer wieder überprüft werden müssen. Jeder Jugendliche sollte diesbezüglich seine eigenen Erfahrungen machen und sich nicht voreilig anpassen. Die 'modernen Adoleszenzromane' helfen dabei.

Das hier Ausgeführte gilt nicht für die 'postmodernen' und 'popliterarischen Adoleszenzromane', da sie lediglich das chaotische Lebensgefühl von Jugendlichen widerspiegeln, ihre absolute Ich- und Gegenwartsbezogenheit, in der „das Leben als Endlosparty und die Welt als Erlebnispark" betrachtet wird (Gansel 2008, S. 369), in denen eine Zukunftsperspektive keine Rolle spielt und das Erwachsenwerden mit seinen Entwicklungsaufgaben schon gar nicht. Derartige Texte mit Jugendlichen in der Schule zu lesen, kann sich als ausgesprochen schwierig erweisen, da schon bei Studierenden heftiger Widerstand gegen ihre Inhalte, Darstellungsweisen und Sprache artikuliert wurde. Trotzdem sollte man die Schülerinnen und Schüler mit diesen Texten konfrontieren, denn sie sind auch Beispiele jugendlicher Gegenwartsliteratur.

Literaturverzeichnis

Daubert, Hannelore: Von „jugendlichen" Eltern und „erwachsenen" Jugendlichen. Familienstrukturen und Geschlechterrollen in Schülerromanen der 80er und 90er Jahre. In: Ewers 1994, S. 43–62.

Doderer, Klaus: Jeansliteratur. In: Doderer, Klaus (Hrsg.): Lexikon der Kinder- und Jugendliteratur. Bd. 4. Weinheim, Basel: Beltz 1982, S. 319–320.

Ewers, Hans-Heino: Zwischen Problemliteratur und Adoleszenzroman. Aktuelle Tendenzen in der Belletristik für Jugendliche und junge Erwachsene. In: Informationen des Arbeitskreises für Jugendliteratur 15 (1989), H. 2, S. 4–23.

Ewers, Hans-Heino: Adoleszenzroman und Jugendliteratur – einige grundlegende Überlegungen in geschichtlicher Perspektive. In: Mitteilungen des Instituts für Jugendbuchforschung 1991, H. 1, S. 6–11. Dieser Aufsatz ist identisch mit:

Ewers, Hans-Heino: Der Adoleszenzroman als jugendliterarisches Erzählmuster. In: Deutschunterricht 1992, H. 6, S. 291–298.

Ewers, Hans-Heino (Hrsg.): Jugendkultur im Adoleszenzroman. Jugendliteratur der 80er und 90er Jahre zwischen Moderne und Postmoderne. Weinheim, München: Juventa 1994.

Gansel, Carsten: Die Suche nach dem Ich. Adoleszenz. In: Dahrendorf, Malte (Hrsg.): Kinder- und Jugendliteratur. Material. Berlin: Volk und Wissen 1995, S. 28–35.

Gansel, Carsten: Der Adoleszenzroman. Zwischen Moderne und Postmoderne. In: Lange ^{4}2005, Bd. 1, S. 359–398.

Gansel, Carsten: Adoleszenz, Ritual und Inszenierung in der Popliteratur. In: Arnold, Heinz Ludwig/Schäfer, Jörgen (Hrsg.): Text + Kritik Sonderband: Popliteratur. München: text + kritik 2003, S. 234–257.

Gansel, Carsten: Der Adoleszenzroman. In: Wild, Reiner (Hrsg.): Geschichte der deutschen Kinder- und Jugendliteratur. Stuttgart, Weimar: Metzler ^{3}2008, S. 359–379.

Grenz, Dagmar: Jugendliteratur und Adoleszenzroman. In: Ewers, Hans-Heino/Lypp, Maria/Nassen, Ulrich (Hrsg.): Kinderliteratur und Moderne. Ästhetische Herausforderungen der Kinderliteratur im 20. Jahrhundert. Weinheim, München: Juventa 1990, S. 197–212.

Grenz, Dagmar: Mädchenliteratur. In: Wild 2008, S. 379–393.

Helsper, Werner (Hrsg.): Jugend zwischen Moderne und Postmoderne. Opladen: Leske + Budrich 1991.

Hurrelmann, Klaus: Lebensphase Jugend. München: Juventa 1994.

Kaulen, Heinrich: Jugend und Adoleszenzromane zwischen Moderne und Postmoderne. In: 1000 und 1 Buch 1999a, H. 1, S. 4–12.

Kaulen, Heinrich: Fun, Coolness und Spaßkultur. Adoleszenzromane der 90er Jahre zwischen Tradition und Postmoderne. In: Deutschunterricht (Berlin) 1999b, H. 5, S. 325–336.

King, Vera/Flaake, Karin (Hrsg.): Männliche Adoleszenz. Sozialisation und Bildungsprozesse zwischen Kindheit und Erwachsensein. Frankfurt/M., New York: Lang 2005.

Kolk, Rainer: Adoleszenzliteratur. In: Burgdorf, Dieter [u. a.] (Hrsg.): Metzler Lexikon Literatur. Begriffe und Definitionen. Stuttgart, Weimar: Metzler [3]2007.

Lange, Günter: Adoleszenzroman. In: Franz, Kurt/Lange, Günter/Payrhuber, Franz-Josef (Hrsg.): Kinder- und Jugendliteratur. Ein Lexikon. Meitingen: Corian 1995 ff. (3. Erg.-Lfg. 1997, S. 1–22).

Lange, Günter: Erwachsen werden. Jugendliterarische Adoleszenzromane im Deutschunterricht. Grundlagen – Didaktik – Unterrichtsmodelle. Baltmannsweiler: Schneider 2000 (Der vorliegende Artikel basiert zu einem großen Teil auf diesem Buch.).

Lange, Günter (Hrsg.): Taschenbuch der Kinder- und Jugendliteratur. 2 Bände. Baltmannsweiler: Schneider [4]2005.

Lehnert, Gertrud: Literarische Gestaltung weiblicher Adoleszenz. In: Mitteilungen des Deutschen Germanistenverbandes 1995, H. 3, S. 19–26.

Lehnert, Gertrud (Hrsg.): Inszenierungen von Weiblichkeit. Weibliche Kindheit und Adoleszenz in der Literatur des 20. Jahrhunderts. Opladen: Westdeutscher Verlag 1996.

Metzler Lexikon Literatur. Hrsg. von Dieter Burgdorf, Christoph Fasbender und Burkhard Moennighoff. Stuttgart, Weimar: 3., völlig neu bearbeitete Auflage 2007.

Mayer, Gerhart: Der deutsche Bildungsroman. Von der Aufklärung bis zur Gegenwart. Stuttgart: Metzler 1992.

Nickel, Horst: Reifezeit und Jugend. In: Nickel, Horst: Entwicklungspsychologie des Kindes- und Jugendalters. Bd. 2: Schulkind und Jugendlicher. Bern, Stuttgart, Wien: Huber 1975, S. 265–463.

Oerter, Rolf/Dreher, Eva: Jugendalter. In: Oerter, Rolf/Montada, Leo (Hrsg.): Entwicklungspsychologie. Weinheim: Psychologische Verlags Union [4]1998.

Scheiner, Peter: Realistische Kinder- und Jugendliteratur. In: Haas, Gerhard (Hrsg.): Kinder- und Jugendliteratur. Ein Handbuch. Stuttgart: Reclam [3]1984, S. 37–62.

Scheiner, Peter: Realistische Kinder- und Jugendliteratur. In: Lange [4]2005, Bd. 1, S. 158–186.

Selbmann, Rolf: Der deutsche Bildungsroman. Stuttgart, Weimar: Metzler [2]1994 (SM 214).

Steffens, Wilhelm: Moderne Formen des Erzählens in der Kinder- und Jugendliteratur der Gegenwart. In: Lange [4]2005, Bd. 2, S. 844–861.

Wild, Inge: Zum Wandel kultureller und jugendliterarischer Bilder weiblicher Adoleszenz. In: Ewers, Hans-Heino [u. a.] (Hrsg.): Kinder- und Jugendliteraturforschung 1995/96. Stuttgart: Juventa 1996, S. 78–93.

BERNHARD RANK

Phantastische Kinder- und Jugendliteratur

Seit den 1980er Jahren setzen sich Bestseller der phantastischen Kinder- und Jugendliteratur auch auf dem Markt für Erwachsene durch und erobern Spitzenplätze auf den Verkaufslisten. Was mit der *Unendlichen Geschichte* von Michael Ende begann, setzte sich fort mit der *Harry Potter*-Serie, Cornelia Funkes *Tintenherz*-Trilogie und den Vampir-Romanen Stephenie Meyers (*Bis(s) zum Morgengrauen* usw.). Zu diesen Erfolgen haben die medialen Adaptionen in Film, Hörspiel und Hörbuch einiges beigetragen. Der Hauptgrund liegt aber in der ungebrochenen Faszination phantastischer Literatur nicht nur bei Kindern, wo dies schon lange so ist, sondern auch bei Jugendlichen und Erwachsenen. Einen Beleg dafür hat die vom Carlsen-Verlag zusammen mit dem Magazin *Focus* im August 2003 durchgeführte Umfrage bei Buchhandlungen nach „Favoriten" für spannende Lesestunden geliefert: 14 der insgesamt 15 Titel stammten aus dem Bereich der Phantastik.

Für die anhaltende Faszination phantastischer Kinder- und Jugendliteratur und für ihre Ausstrahlung auf die Literatur für Erwachsene ist ein komplexes Gefüge unterschiedlicher Faktoren verantwortlich. Nach der problemorientiert-realistischen Dominanz der 1970er Jahre avancierten Michael Endes Romane – um nur das prominenteste Beispiel zu nennen – zum notwendig ausgleichenden Gegenpol. Irmgard Nickel-Bacon führt ergänzend an, dass sich der psychologische Kinderroman nicht durchsetzen konnte, weil sein Identitätskonzept und seine modern gebrochenen Erzählweisen viele Leser überfordern. Erzählungen wie z. B. Astrid Lindgrens *Mio, mein Mio* (1954) oder Christine Nöstlingers *Feuerrote Friederike* (1970) könnten dagegen im Raum des Phantastischen Lösungsmöglichkeiten anbieten und so eine Trost- und Entlastungsfunktion übernehmen (vgl. Nickel-Bacon 2008, 393 f.). Dazu kommt, dass phantastische Literatur generell die weit verbreiteten Lesebedürfnisse nach dem 'Abtauchen' in eine andere Welt, nach der Identifikation mit bewundernswerten Heldenfiguren und nach einer spannungsgeladenen Handlung leichter befriedigen kann als realistische, weil sie sich über die Bindung an die Wahrscheinlichkeits-Konvention hinwegsetzt. Zusammen mit der zunehmend dominierenden Unterhaltungsfunktion von (Kinder- und Jugend-)Literatur im Medienzeitalter (vgl. Ewers 2000) und mit dem Verlangen nach einer imaginativen Entlastung angesichts der problemgeladenen Unübersichtlichkeit der postmodernen Welt erklärt das die meisten Aspekte dieses Erfolgs-Phänomens. Bei der Euphorie für *Harry Potter* wurde es im Einzelnen nachgewiesen (vgl. Spinner 2001). Der Philosoph Peter Sloterdijk hält ihn für den eigentlichen „Helden des Neoliberalismus". Warum?

> Weil die Potter-Romane die Fibel einer Welt ohne Realitätsgrenze darstellen. Sie überredeten eine ganze Generation, den Zauberer in sich zu entdecken. Das englische Wort Potter bedeutet übrigens „Töpfer“, einen Handwerker, der Hohlkörper verfertigt. Nur Verlierer glauben heute noch an die Arbeit, die Übrigen betreiben magische Töpferei und lassen ihre strukturierten Produkte fliegen. (Süddeutsche Zeitung vom 3./4. Januar 2009, S. VIII)

Mit dieser gesellschafts- und kulturkritischen Anmerkung sind Wertungsfragen angesprochen, wie sie von Beginn an zur Diskussion um phantastische Literatur gehören. Vor allem Texte, die der sogenannten Fantasy zugeordnet werden, gelten vielen Kritikern nicht nur als trivial, sondern stehen auch unter Ideologieverdacht. Dieser Einschätzung *(Texte für Flüchtlinge aus der Republik der Vernunft?)* setzt Gerhard Haas sein Plädoyer für lesenswerte Fantasy entgegen. Zwar lasse sich nicht bestreiten, dass unter Fantasy literarisch Misslungenes und Problematisches angeboten wird, aber nur das einzelne Werk, nicht das Genre an sich könne ‘falsch’ oder ‘richtig’, trivial oder bedeutende Literatur sein (vgl. Haas 1990, S. 22). So wurden etwa die erzählerischen Qualitäten von *Harry Potter und der Stein der Weisen* durch Michael Maar zu Recht eingehend gewürdigt (Maar 2002), während man im Falle von Cornelia Funkes *Tintenherz* die Bedenken von Hans-Joachim Gelberg (2004) teilen kann: Trotz seines Erfolgs halte das Buch einer gründlichen literarischen Wertungsanalyse nicht stand. Unterscheidung tut also Not im weiten Feld der Phantastik und Fantasy: bei der literarischen Wertung wie bei der Begrifflichkeit.

1 Begriffliche Unterscheidungen: Phantasie, Fiktionalität, Phantastisches, Phantastik, Fantasy

Was die grundlegenden Begriffe angeht, so herrscht beachtliche Verwirrung. Oft werden Phantasie, Fiktionalität, und Phantastik nicht klar voneinander unterschieden, werden Probleme der Definition mit Fragen der Wertung vermengt. „Schenken Sie Fantasie – Bestellen Sie jetzt“ – so suggeriert es die Werbung der Süddeutschen Zeitung für ihre *Junge Bibliothek Fantasy.* Dass es zwischen Phantasie, Fiktionalität und Phantastik Beziehungen gibt, heißt aber noch nicht, dass die Begriffe dasselbe meinen. Bevor man sie miteinander in Verbindung bringt, muss man sich darüber klar werden, dass sie aus verschiedenen Bezugssystemen stammen: Phantasie hat ihren Ort im Kontext der Erkenntnistheorie und der Psychologie, Fiktionalität gehört zur Dichtungstheorie allgemein, Phantastik zur literaturwissenschaftlichen Charakterisierung von Gattungen und Genres.

Der Begriff der **Phantasie** bezeichnet Verschiedenes. In der Philosophie die menschliche Einbildungs- oder Vorstellungskraft; nach Kant ist sie das „geistige Vermögen, einen Gegenstand auch ohne dessen Gegenwart in der Anschauung vorzustellen". Vertreter der kognitiven Psychologie beziehen sich auf diese Bedeutungskomponente, wenn sie von **Imagination** sprechen. Eine weitere produktive Fähigkeit des Menschen ist seine **Kreativität**. Als „schöpferisches Vermögen, Voraussetzung für Kreativität und innovatives Verhalten" hat Phantasie mit Phantastik aber nicht mehr zu tun als mit irgendeiner anderen intellektuellen Fähigkeit, denn jede Art wissenschaftlicher, technischer, sozialer oder künstlerischer Betätigung ist ohne kreatives Vorstellungsvermögen nicht denkbar.

Zusammensetzungen wie **Wunschphantasie** oder Tagtraum bezeichnen eine imaginativ vorgestellte innere Welt als Gegenentwurf zur vorfindlichen Wirklichkeit. In diesem Sinne schließt Phantasie sowohl den Rückgriff auf die „ursprüngliche Wahrnehmung" (C. G. Jung) als auch den zukunftsorientierten „Möglichkeitssinn" (Robert Musil) mit ein; beides gewinne, so Gerhard Haas, in der Literatur vornehmlich als Phantastik Gestalt. Diese Funktion werde aber nicht per definitionem in jedem Text realisiert, den man der Phantastik zurechnet, sondern nur in den literarisch „gelungenen" Fällen. Dass auf diese Weise ein Wertungskriterium in die Definition mit einfließt, lässt sich nicht vermeiden, wenn man nicht die Struktur, sondern die Funktion phantastischer Texte in den Vordergrund stellt (vgl. Haas 1982 und 2006).

Der Begriff der **Fiktionalität** wird in der Poetik verwendet, um Gebrauchstexte (= pragmatische) und literarische (= fiktionale) Texte voneinander zu unterscheiden. Das Unterscheidungskriterium liegt nicht im Verhältnis zwischen Sprache und Wirklichkeit, sondern in der Art und Weise der Kommunikation: Pragmatische Texte verpflichten Sprecher und Hörer auf Wahrheit und Aufrichtigkeit. Die Sachverhalte, die behauptet oder erwähnt werden, müssen gegebenenfalls nach dem Kriterium richtig/falsch beurteilt werden können. Die Rezeption fiktionaler Texte (i. d. R. Erzähltexte) ist bestimmt durch den sog. „Fiktionsvertrag". Er beinhaltet nach den Worten von S. T. Coleridge (englischer Dichter und Kritiker, 1772–1834) „the „willing suspension of disbelief": den willentlichen Verzicht auf „Ungläubigkeit" in Bezug auf die Als-ob-Welt, in die uns ein fiktionaler Text versetzt. Diese fiktive (erfundene) Welt darf nicht mit dem Phantastischen gleichgesetzt werden, denn Fiktionalität ist ein Merkmal sowohl realistischer wie phantastischer Literatur und macht die Unterscheidung zwischen beiden Textgruppen keineswegs überflüssig.

Um die Beziehungen zwischen der außerliterarischen Wirklichkeit und der literarisch-fiktiven Realität zu klären, sollte man auf den Begriff des **Wirklichkeitsmodells** zurückgreifen (vgl. Rank 2002). Auch außerhalb der Literatur erfassen wir die Wirklichkeit nur im Rahmen von historisch und individuell unterschiedlichen Wahrnehmungs- und Deutungsmodellen. Literatur ist eine der Möglichkeiten, diesen erkenntnistheoretischen „Normalfall" implizit oder explizit zu thematisieren und mit ihm zu experimentieren – indem sie eine erzählte Welt entwirft und dabei festlegt, nach welchem „Wirklichkeitsmodell" diese funktioniert: nach Regeln, die strukturell den Prinzipien der empirisch-rationalen Kausalität und den daraus ableitbaren Wahrscheinlichkeiten entsprechen (= literarischer Realismus) und/oder nach erzählerischen Gesetzmäßigkeiten, in denen diese Prinzipien außer Kraft gesetzt werden können. Phantastische Texte wie *Peter Pan* oder *Momo* sind dadurch charakterisiert, dass dort beide Wirklichkeitsmodelle aufeinander treffen.

Um den Begriff der Phantastik literaturwissenschaftlich genauer zu bestimmen, muss zwischen dem Phantastischen als einem Darstellungsmittel und der Phantastik als Bezeichnung für ein ganzes Genre unterschieden werden. Das hat zur Folge, dass nicht jeder Text, der Phantastisches enthält, automatisch auch zur Phantastik gezählt werden darf.

Beim **Phantastischen** als Darstellungsmittel geht es um die stofflich-motivliche Komponente literarischer Texte: um inhaltliche Elemente, die dadurch gekennzeichnet sind, dass sie von den Wahrscheinlichkeiten einer bestimmten historisch-sozialen Erfahrungswirklichkeit abweichen. Auf der Ebene der Darstellung werden Figuren, Handlungsschritte, Requisiten, und/oder Orte so miteinander in Verbindung gesetzt, wie das in der Alltagswelt nicht oder noch nicht möglich ist. Dadurch wird eine Zweitwelt aufgebaut, die die Grenzen der empirischen Wirklichkeit überschreitet. Ein so definierter Begriff des Unmöglichen kann als charakteristisch für die inhaltliche Bestimmung des Phantastischen angesehen werden. Nicht unerheblich ist allerdings, dass es auch vom historischen und kulturellen Kontext und von individuellen Überzeugungen abhängt, ob das im literarischen Text Dargestellte der Erfahrungswelt des Möglichen zugeordnet werden kann oder nicht.

Von **Phantastik** als literarischem Genre sollte man sinnvollerweise erst dann sprechen, wenn phantastische Elemente zu einem dominanten, die Gesamtstruktur eines literarischen Textes prägenden Merkmal werden. Es handelt sich ohne Zweifel um ein phantastisches Element, wenn Tiere zu sprechen beginnen: in der allegorisch gemeinten Fabel (z. B. *Der überaus starke Willibald* von Willi Fährmann) oder in der auf die Personifikation menschlicher Eigenschaften ausgerichteten Tiergeschichte (z. B. *Oh, wie schön ist Panama* von Janosch). Ebenso gilt das für die psychologisch motivierte Darstellung von Träumen in einer insgesamt realistischen Erzählung (extensiv z. B. in *Lippels Traum* von Paul Maar). In Texten, die zur literarischen Phantastik gehören, dürfen solche Elemente kein sekundäres, der Intention des gesamten Textes untergeordnetes Merkmal sein; sie müssen sein Wirklichkeitsmodell, seine Komposition, seine Figuren und/oder seine Handlung zentral bestimmen. Phantastik in diesem weiten, phänomenologisch beschreibenden Sinn ist, so gesehen, keine eigene literarische Gattung, sondern dient als Oberbegriff für die einzelnen Genres, die – je nach der Reichweite des zugrunde gelegten Erklärungsmodells – durch die Dominanz phantastischer Darstellungsmittel und eine dem entsprechende

Intention charakterisiert werden können: Mythos, Volksmärchen, Kunstmärchen, Sage, Legende, Fantasy, Science-Fiction, (Anti-)Utopie, Schauerroman und phantastische Erzählung. Nach dieser Definition gehören zur phantastischen Kinder- und Jugendliteratur nicht nur epische, sondern auch **lyrische und dramatische Formen**: Erzählgedichte und Theaterstücke, die durch übernatürliche Figuren und Ereignisse geprägt sind. Auch das **Bilderbuch** stellt häufig phantastische Welten sprachlich und visuell dar (vgl. Tabbert 2006). Aus Gründen der Übersichtlichkeit beschränkt sich die folgende Darstellung auf den engeren Bereich der Erzähltexte.

Es gibt Theoretiker und Verlage, die **Fantasy** als Oberbegriff verwenden und ihn mit Phantastik gleichsetzen. Das entspricht dem Sprachgebrauch in der angelsächsischen Forschung (vgl. Nikolajeva 1988). In Deutschland fand 'Fantasy' zunächst als abwertende Kategorie der Literaturkritik Verwendung: als Bezeichnung für triviale Produkte der Phantastik, die durch Heldenverehrung, Schwarzweiß-Malerei und Realitätsflucht geprägt sind. Ohne Zweifel ist Fantasy die dominante Gattung der aktuellen Unterhaltungsliteratur für Jugendliche wie für Erwachsene (vgl. Friedrich 2004, S. 4). Dass mit diesem Phänomen Fragen der Wertung eng verbunden sind, zeigt sich bereits früh im angelsächsischen Sprachraum, wo die „High Fantasy" nach dem Vorbild von J.R-R. Tolkiens *Herr der Ringe* (1954/55) von anderen Spielarten (z.B. von der kampfbetonten „sword and sorcery" oder der horrorähnlichen „dark fantasy") abgegrenzt wurde. Die traditionelle High Fantasy weist Bezüge zur Artus-Epik auf und verwendet vermehrt Motive aus der Mythologie, aus Märchen und Sagen. Sie erhebt den Anspruch, dass die heroischen Taten der Heldinnen und Helden mit einem höheren Ziel in Einklang stehen. Auch hier kommt es zu Kampf und Gewalt, allerdings ohne die Handlung zu dominieren und vor allem nicht ohne Sinn und Zweck. In der Regel durchläuft die Heldenfigur im Laufe der Abenteuer, die durch das Motiv der (Bildungs-)Reise miteinander verknüpft sind, einen Lern- und Reifungsprozess. Dem kann man, der englischen Kinderbuchkritik folgend, die „domestic fantasy" gegenüberstellen: die Darstellung phantastischer Welten oder ihrer Repräsentanten in einem Nahbereich (so Nöstlingers *Gurkenkönig* – vgl. Tabbert 2000, S. 191).

Solche Unterteilungen sind angesichts der neueren Entwicklung weder trennscharf noch umfassend genug. Durch den Rückgriff auf Mythen, Märchen und Sagen anderer Kulturkreise und durch die Integration von Elementen aus Science-Fiction und Computer-Novel hat sich der Motivkreis der Fantasy erheblich erweitert. Dabei wurden die traditionellen Muster intertextuell aufgelöst, miteinander vermischt oder (gekonnt in Terry Pratchetts *Scheibenwelt-Romanen*) ironisch gebrochen. Dennoch ist es sinnvoll, Fantasy nicht als Oberbegriff, sondern als Sub-Genre der Phantastik aufzufassen. In diesem engeren Verständnis handelt es sich um Erzählungen, die ausschließlich oder zum überwiegenden

Teil in einer Sekundärwelt spielen, deren übernatürliche Gesetzmäßigkeiten aber weder bei den Figuren noch bei den Lesern das für eine phantastische Erzählung charakteristische Wundern hervorrufen (vgl. Bonacker 2006). Dazu kommt, dass sich Fantasy zu einem Musterfall der **All-Age-Literatur** entwickelt hat. Gemeint sind damit Texte, die zunächst für jüngere Leser gedacht waren, in der Rezeption aber diese Altersgrenze übersprungen haben (zum ersten Mal Endes *Unendliche Geschichte*, danach Rowlings *Harry Potter und der Stein der Weisen*), oder die bewusst auf alle Altersgruppen zielen – wie die Bestseller der bekannten Fantasy-Autoren Wolfgang und Heike Hohlbein (z. B. *Midgard*, 1987 oder *Das Buch*, 2003), Ralf Isau (z. B. *Die Träume des Jonathan Nabbok*, 1995 oder *Der Schattendieb*, 2009), Philip Pullman (*Der goldene Kompass*, dt. 1996) oder Christopher Paolini (*Eragon. Das Vermächtnis der Drachenreiter*, dt. 2004).

2 Phantastik im engeren Sinn – Phantastik im weiteren Sinn: Merkmale, Strukturen und Erklärungsmodelle

Die literaturwissenschaftliche Diskussion über Strukturen und Merkmale phantastischer Literatur begann mit der Abgrenzung der Phantastik vom Märchen. Für den französischen Theoretiker Roger Caillois ist das Märchen ein Reich des Wunderbaren, das den Zusammenhang unserer Alltagswelt nicht infrage stellt. Das Phantastische dagegen offenbare einen Riss, einen befremdenden, fast unerträglichen Einbruch in die wirkliche Welt. Diese Definition bezieht sich auf das Wirklichkeitsmodell, das der Handlung eines Textes zugrunde liegt: Haben wir es mit einer Welt zu tun, deren Figuren und Ereignisse von widerspruchsfrei gültigen Gesetzmäßigkeiten geleitet werden (was im Märchen zur fraglosen Anerkennung des Wunderbaren führt), oder stoßen zwei Welten aufeinander, deren Kausalitäts-Modelle nicht miteinander zu vereinbaren sind?

In seiner *Einführung in die phantastische Literatur* (1972) geht Tzvetan Todorov bei der Ausgrenzung nicht genuin phantastischer Genres noch einen Schritt weiter. Das entscheidende Kriterium ist für ihn nicht das Wirklichkeitsmodell selbst, sondern dessen Wirkung auf den „impliziten Leser“ des Textes. Auf der Basis hochliterarischer Texte des 19. Jahrhunderts kommt er zu einer sehr engen Definition: „Das Fantastische ist die Unschlüssigkeit, die ein Mensch empfindet, der nur die natürlichen Gesetze kennt und sich einem Ereignis gegenübersieht, das den Augenschein des Übernatürlichen hat“ (Todorov 1972, S. 26). Für ihn ist das ein „Grenzphänomen“, das nur selten in reiner Form auftritt. Häufiger sind Texte, die er den benachbarten Textgruppen zuschlägt: auf der einen Seite dem Bereich des „Wunderbaren“, auf der anderen Seite dem Bereich des „Unheimlichen“. Beim Wunderbaren (z. B. in *Die kleine Hexe* von Otfried Preußler) muss der Leser übernatürliche Gesetzmäßigkeiten (in diesem Beispiel die Wirkung von Zaubersprüchen) anerkennen, um die Ereignisse in sein Weltbild einordnen zu können, beim „Unheimlichen" finden sie eine natürliche Erklärung (z. B. Sinnestäuschung oder Traum, aber auch Betrug oder Zufälle). Einer der bekanntesten kinderliterarischen Texte des 19. Jahrhunderts, Lewis Carrolls *Alice's Adventures in Wonderland* (1865), würde dieser Einteilung gemäß nicht der Phantastik, sondern dem Unheimlichen zuzuordnen sein, weil der Leser am Schluss erfährt, dass Alice aufwacht und alles Phantastische nur geträumt hat.

Für Gerhard Haas ergibt sich daraus eines der gewichtigsten Argumente gegen Todorovs minimalistische Definition: Sie mache viele Texte, die durch Phantastisches geprägt sind, gewissermaßen „heimatlos", vor allem die der Kinder- und Jugendliteratur. Weil er die Funktionen des Phantastischen in den Mittelpunkt seiner Interpretationen stellt, plädiert er für eine sehr weite Bestimmung des Genres. In seinem Aufsatz über *Struktur und Funktion der phantastischen Literatur* hat er vorgeschlagen, das für das Genre Typische als eine „Form des Erkenntnisgewinns" eine „Weltsicht" oder eine „Denkform" zu bestimmen, die, anders als die realistische Sicht der Welt, nicht auf rational-logisches, dem Prinzip der Kausalität verpflichtetes Ordnen und Argumentieren beschränkt bleibt, sondern anderen, komplexeren Prinzipien folgt. Er findet diese anderen Prinzipien bei dem Ethnologen Claude Lévi-Strauss und formuliert sie in Anlehnung an das in 'primitiven' Kulturen vorherrschende Prinzip des „Wilden Denkens": Es setzt einen globalen und integralen Determinismus voraus (alles steht mit allem auf rational nicht aufhellbare Weise in Zusammenhang), es ist ein Denken in komplexen Bildern und es ist eine Art „intellektueller Bastelei" mit einem begrenzten Bestand von Material, das prinzipiell heterogen ist und immer neu geordnet wird (vgl. Haas 1978, S. 349).

Mit diesen Strukturmerkmalen kann Haas zufolge das gesamte Gattungsspektrum charakterisiert werden, das sich in diesem Segment seit der Romantik entwickelt hat: die Phantastik des Grauens und Science-Fiction, Märchen, Sage und Fantasy, phantastische Texte der Erwachsenenliteratur und der Kinderliteratur. Diese sehr weite Definition ist für den Bereich der Kinder- und Jugendliteratur von besonderer Bedeutung, weil sie das Märchenhaft-Phantastische integriert, das dort eine zentrale Rolle spielt. Zu fragen ist jedoch, ob sie auch der Vielfalt gerecht werden kann, die sich in der phantastischen Kinder- und Jugendliteratur seit 1945 herausgebildet hat. Zwischen dem Märchen und der Discworld-Novel liegen zwar nicht Welten, aber doch entscheidende Unterschiede, die auch die Frage nach der Funktion dieser Sub-Genres betreffen.

In der Kinder- und Jugendliteraturforschung haben sich Erklärungsmodelle durchgesetzt, die eine mittlere Position zwischen engeren und weiteren Definitionen einnehmen. In ihren Ausführungen zur kinderliterarischen Phantastik bezieht sich Maria Lypp zunächst zustimmend auf Todorovs Grundidee der „Irritation", die für die Kinderliteratur aber adressatenspezifisch modifiziert werden müsse, weil für diese Lesergruppe das Phantastische ohne verunsichernde Widersprüche neben dem Märchenhaften existieren kann. „Das Fantastische wirkt hier weniger als Beunruhigung, die auf klare Distinktion drängt, denn als reizvolle Vermischung der realen und irrealen Sphäre, als ein Offenhalten und Verschweben der Grenzen“. Typisch für die Kinderliteratur ist demnach die sogenannte „Phantastik des Übergangs“, die den Bruch mit der Wirklichkeit unspektakulär realisiert und die verwirrende Konfrontation vermeidet. Stattdessen gestaltet sie den gleitenden Übergang, die „nicht befremdliche, sondern wie selbstverständlich erscheinende Verflechtung des Realen und Irrealen“ (Lypp 1984, S. 104f.).

Eine zweite Modifikation betrifft die Funktion allegorischer Darstellungen. Nach Todorov kann Unschlüssigkeit nur dann entstehen, wenn der Leser nicht dazu angehalten wird, hinter dem Dargestellten konsequent nach einer übertragenen Bedeutung zu suchen (wie im Musterbeispiel der Fabel). Weil Unschlüssigkeit eine wirkungsästhetische, leserabhängige Kategorie ist, wird, so Lypp, eine phantastische Erzählung mit allegorischer Funktion auf literatur- und lebenserfahrene Leser nicht irritierend wirken. Derselbe Text kann aber vom kindlichen Leser rein fantastisch gelesen werden, wenn für ihn das Gemeinte in „ahnungsvollem Halbdunkel“ liegt. Dagmar Grenz hat dafür einen empirischen Beleg geliefert: Während Erwachsene die phantastische Welt des Gurkenkönigs in Christine Nöstlingers Erzählung *Wir pfeifen auf den Gurkenkönig* (1972) als Allegorie auf die veralteten Prinzipien patriarchalischer Herrschaft verstehen können, ist Kindern im Alter von 10-12 Jahren diese Lesart fremd. Sie lesen wörtlich und reagieren fasziniert, erschrocken und irritiert (vgl. Grenz 1986).

Maria Lypp kommt so zu einem engeren Phantastik-Modell, das an die Erfahrung eines Kontrasts zwischen dem Realen und dem Irrealen und an die Möglichkeit von „Unschlüssigkeit“ gebunden bleibt. In der angelsächsischen Forschungstradition hat das sog. ‘Zwei-Welten-Modell’ zu einem wesentlich weiteren Begriff von Phantastik geführt. Beispielhaft dafür ist die russisch-schwedische Anglistin Maria Nikolajeva. Sie hat dieses Erklärungsmodell, das auf Tolkiens Vortrag *On Fairy-Stories* von 1939 zurückgeht, zu einem Interpretationsrahmen ausdifferenziert, der speziell auf Texte der Kinder- und Jugendliteratur zugeschnitten ist (vgl. Nikolajeva 1988 und Tabbert 2000). Sie verwendet als Gattungsbezeichnung für Phantastik den im Englischen üblichen Begriff „fantasy“ und bestimmt ihn durch drei einander bedingende Merkmale: die Anwesenheit von Magie, die Verletzung von Naturgesetzen und das Gespür für das unerklärliche Wunder. Das wesentliche Charakteristikum der „fantasy“ sei das Vorhandensein von zwei Welten: einer primären und einer sekundären; diese Welten müssen nach klaren Gesetzmäßigkeiten aufeinander bezogen sein. Sie unterscheidet drei Arten von Sekundärwelten:

- Die „geschlossene Welt“ ist strukturell eine Sekundärwelt ohne jeglichen Kontakt mit der Primärwelt. In Büchern wie z. B. Tolkiens *Der kleine Hobbit*, Endes *Jim Knopf* oder in W. und H. Hohlbeins *Midgard* kommt die Primärwelt nicht ausdrücklich im Text vor, sie existiert aber dennoch, weil aus dem Erzählkonzept (in *Der kleine Hobbit* etwa durch erläuternde oder ironische Kommentare) deutlich wird, dass Erzähler und Leser in ihr leben und das Übernatürliche aus dieser Perspektive auf sich wirken lassen.
- Bei der „offenen Welt“ handelt es sich um eine ausformulierte, räumlich-zeitlich abgetrennte Sekundärwelt, die auf irgendeine Art und Weise Kontakt zur Primärwelt hat; beide Welten kommen im Text vor. In der Regel wird auch der Übergang zwischen der primären und der sekundären Welt dargestellt. Typische Beispiele sind *Nußknacker und Mausekönig* von E. T. A. Hoffmann, *Alice im Wunderland* von Lewis Carroll, die *Unendliche Geschichte* von Michael Ende, *Der durch den Spiegel kommt* von Kirsten Boie oder *Der mechanische Prinz* von Andreas Steinhöfel.
- Im Modell der „implizierten Welt“ wird die Sekundärwelt im Text nicht als solche dargestellt, ist aber in der Primärwelt präsent, zum Beispiel in Form einer einzelnen Figur (wie das Sams in Paul Maars *Eine Woche voller Samstage* oder Edward, der Vampir, in Stephenie Meyers *Bis(s) zum Morgengrauen*) oder eines magischen Gegenstandes bzw. Motivs (wie das Motiv der Zeitreise in Hans Magnus Enzensbergers *Wo warst du, Robert*).

Nikolajevas Deutungsansatz hat Konsequenzen für die Eingrenzung der Textgruppen, die zum Genre der phantastischen Literatur gerechnet werden können: Ausgeschlossen bleibt das eindimensionale Volksmärchen, obwohl man sein Wirklichkeitsmodell als „geschlossene sekundäre Welt“ auffassen könnte. Vom Erzählkonzept des Volksmärchens unterscheiden sich „geschlossene“ Sekundärwelten aber dadurch, dass dem Leser das Bewusstsein vermittelt wird, er blicke aus seiner primären Welt, die außerhalb des Textes existiert, auf die sekundäre. Daher erscheinen die sekundären Welten der Phantastik dem Leser nicht, wie im Märchen, als selbstverständlich, sondern verlangen immer den literarischen „Sekundärglauben“ (Tolkien). Unter einem anderen Aspekt gehören auch Texte der Science-Fiction für Nikolajeva nicht zur Phantastik: Sie stellen den Kontakt zwischen primärer und sekundärer Welt nicht durch eine Form von Magie, sondern durch Prinzipien wissenschaftlich-rationalen Denkens her.

Die Streitfrage um eine enge oder weite Phantastik-Definition spitzt sich demnach zu auf die Einordnung des Volksmärchens und der Science-Fiction. Gegen die von Nikolajeva herausgearbeitete Sonderstellung des Volksmärchens ist eigentlich nichts einzuwenden. In diesem Handbuch wird es folglich in einem eigenen Artikel thematisiert. Reduziert man die Gesetzmäßigkeiten, nach denen eine sekundäre Welt konstituiert wird, auf Magie und Zauberei, muss auch die Science-Fiction ausgesondert werden. Es geht hier aber nicht um ein strukturelles Problem, sondern um eine Entscheidung darüber, wie eng man sich an die Vorgaben der Tolkien-Schule hält und nur das Magisch-Wunderbare als „unmöglich" gelten lässt, nicht aber das Naturwissenschaftlich- oder Technisch-Wunderbare.

Angesichts der Entwicklung seit den 1990er Jahren ist eine solche Ausgrenzung nicht angebracht. Erzählungen vom Typ der **Computer-Novel** (auch „Virtual Reality-Novel" oder „Discworld-Novel") realisieren mit Hilfe moderner Kommunikationstechniken und Medien eine „zweite" Welt, deren künstlich erzeugte „Virtualität" zur phantastischen Gegenwirklichkeit ausgestaltet wird. Diese Texte (z. B. Andreas Schlüter *Level 4 – Die Stadt der Kinder* oder die *Artemis Fowl*-Serie von Eoin Colfer) nutzen traditionelle Motive des Phantastischen wie Verwandlung, Zeitreise, Sprung in andere Welten, Gedankenlesen, motivieren diese aber durch den Einsatz von AV-Medien bzw. Computern. „Die scheinbar gegen Gesetze der Kausalität verstoßenden Vorkommnisse erhalten auf diese Weise – wie schon in der Sciencefiction – eine rational-logische Erklärung" (Gansel 1998, S. 78).

Auch Texte vom Typ der **Anti-Utopie** – wie Gudrun Pausewangs *Die letzten Kinder von Schewenborn* (1983) und *Die Wolke* (1987) oder Charlotte Kerners *Geboren 1999* (1989) und *Blueprint* (1999) – werden oft zur Phantastik gerechnet. Das ist problematisch, weil sie zwar Irreales darstellen (den Abwurf einer Atombombe, die Explosion eines Kernkraftwerks, die In-vitro-Fertilisation, das Klonen von Menschen), nicht aber Phantastisches im Sinne des naturwissenschaftlich Unmöglichen. Ihre Funktion besteht gerade darin zu demonstrieren, dass solche Ereignisse prinzipiell möglich wären, und vor einem solchen Ernstfall zu warnen. Damit ist aber die Grenze des Spektrums der phantastischen Kinder- und Jugendliteratur ebenso überschritten wie auf der anderen Seite beim Volksmärchen.

Eine letzte Anmerkung zur Gattungstypologie betrifft die These von Carsten Gansel, Jürg Schubigers Erzählungen aus den Geschichtensammlungen *Dieser Hund heißt Himmel* (1978), *Das Löwengebrüll* (1988) und *Als die Welt noch jung war* (1995) stünden „prototypisch für eine moderne Phantastik für Kinder und Erwachsene" (Gansel 1998, S. 82). Dabei wird aber übersehen, dass der durch seine Dissertation über Kafka literaturwissenschaftlich ausgewiesene Autor der Kennzeichnung seiner Texte als „phantastisch" mehr als zurückhaltend gegenübersteht:

> Dieser Begriff gilt ja nur, wenn wir von einer Realität ausgehen, über die wir uns einig sind: Das ist eine Abmachung, das soll als real gelten. Alles andere ist entweder Wahn, Wahnsinn oder eben 'phantastisch'. Mir liegt schon etwas daran, diese Grenzen – ich weiß nicht, ob 'aufzuweichen' richtig ist, der Ausdruck 'weich' ist mir etwas zu 'sumpfig' – eher luftiger zu machen, durchlässiger, etwas Durchzug zu ermöglichen. (Schubiger 1999, S. 25)

Dieses Zitat macht nochmals darauf aufmerksam, dass die Interpretation phantastischer Elemente in literarischen Texten damit zusammenhängt, auf welches außerliterarische „Wirklichkeitsmodell“ man sich bezieht. Phantastik bleibt deshalb unvermeidlich an erkenntnistheoretische Voraussetzungen gebunden. Diese Voraussetzungen bewusst zu machen und denkbare Alternativen durchzuspielen, ist die primäre Funktion der kurzen Prosa Schubigers. Sie hat daher eher heuristisch-philosophische Funktion als verunsichernd-phantastische.

Neben der Diskussion um die Grenzen der Gattung werden in der Forschung Fragen nach den **Funktionen** und der **Wertung** phantastischer Literatur für Kinder und Jugendliche thematisiert.

> Fördert sie nicht eine problematische Flucht vor der Gegenwart und eine Wiederbelebung längst überholter hierarchischer Ordnungen und Wertesysteme? Ist sie nicht oft militant und verherrlicht Krieg, Kampf und Gewalt? Neigt sie nicht einerseits zu einem fragwürdigen männlichen Heroismus und andererseits zu nicht weniger bedenklichen Klischees von Weiblichkeit? Und ist sie nicht oft hemmungslos trivial, epigonal und kitschig und bleibt künstlerisch weit hinter den Errungenschaften der Moderne zurück? (Kaulen 2004, S. 19)

Für viele Texte, die Jahr für Jahr auf den Markt geworfen werden und sich dort nur kurzfristig behaupten oder auch für manch allzu trivialen Bestseller mag dies zutreffen, nicht aber für das Genre generell. Vor allem Gerhard Haas hat mehrfach auf positive Funktionen der Phantastik hingewiesen: „Öffnung der Vorstellungskraft im Bild, provokative Anfrage an das selbstsichere Wirklichkeitsverständnis des Lesers und Herausforderung zum aktiv-produktiven und Freiräume eröffnenden Spiel: elementare Grundfunktionen phantastischer Literatur für junge wie für erwachsene Leser“ (Haas 2006, S. 38). Werden diese Grundfunktionen weiter ausdifferenziert, ergibt sich eine lange Aufzählung, aus der hervorgeht, wie vielfältig die Intentionen und Wirkungen von Texten sein können, die das Phantastische als Darstellungsmittel nutzen und welches didaktische Potential sich daraus ergibt: für die Leseförderung wie für das literarische Lernen. Bei aller Diskussion um Wirklichkeitsmodelle, Grundstrukturen, Erzählformen und Adressatenkonzepte darf also nicht vergessen werden, dass bei der Analyse auch die Inhaltsebene der Texte betrachtet werden muss: ihr konkretes Thema, ihre spezifische Problemstellung, die Figuren mit ihren charakteristischen Eigenschaften, die Erzählräume mit ihrer Symbolik, der historisch-gesellschaftliche Kontext ihrer Handlung und ihre argumentativ nachvollziehbaren (oder kritisierbaren) Lösungsangebote. Was man allerdings vermeiden sollte: Funktion und Struktur gegeneinander auszuspielen. Beides ist wechselseitig voneinander abhängig: Die abstrakteren Grundstrukturen haben Auswirkungen auf die konkrete Funktion eins Textes und diese Funktion ergibt sich auch aus ihrem Wirklichkeitsmodell und ihrem Erzählkonzept. Auf jeden Fall muss man den einzelnen Text unter all diesen Gesichtspunkten in den Blick nehmen, wenn man ihn systematisch und historisch einordnen, interpretieren und didaktisch nutzen möchte. Ausgehend von den dargestellten begrifflichen Unterscheidungen und Erklärungsansätzen wird im folgenden Abschnitt dargestellt, wie sich die große Fülle und Vielfalt phantastischer Texte im Feld der Kinder- und Jugendliteratur seit 1945 unter strukturellen und funktionalen Gesichtspunkten verorten lässt.

3 Typologie und Geschichte

Bei zahlreichen Texten der phantastischen Kinder- und Jugendliteratur ist eine eindeutige Zuordnung zu einem klar umrissenen Genre nicht möglich. „Gerade viele erfolgreiche Werke kümmern sich wenig um starre Gattungsgrenzen und stellen eine gewagte und manchmal sogar bizarre Mischung aus ganz unterschiedlichen Genres und Prätexten dar" (Kaulen 2004, S. 16). In der zunehmenden Vielfalt lassen sich aber einige „Grundtypen" ausmachen, an denen man sich bei einem Überblick orientieren kann (vgl. Rank 2006). Für die Bestimmung dieser Grundtypen stehen zwei Kategorien zur Verfügung: die inhaltlich bestimmbare der „zwei Welten" und die leserbezogene des „Kontrasts". Beide Kriterien können weiter ausdifferenziert werden: die zuerst genannte Kategorie nach der Typologie von Nikolajeva (Varianten der geschlossenen, offenen oder implizierten sekundären Welt), die Kategorie des Kontrasts nach dem Spannungsverhältnis, in das die beiden Welten mit Blick auf den Leser zueinander gesetzt werden. Die Pole, zwischen denen sich das Spannungsverhältnis graduell abstuft, kann man mit Maria Lypp zum einen als „Phantastik des Übergangs", zum Anderen als „Phantastik der Abgrenzung" bezeichnen. Beispielhaft für die Phantastik des Übergangs sind Texte nach dem Muster von Otfried Preußlers *Der kleine Wassermann*, Michael Endes *Momo* oder Jutta Richters *Der Hund mit dem gelben Herzen*. Phantastik der Abgrenzung liegt z.B. vor bei Paul Maars *Der Aufzug*, Tonke Dragts *Die Türme des Februar* (1983) oder Paul Biegels *Nachts kommen sie* (1997). Weil die Unvereinbarkeit der unterschiedlichen Wirklichkeitsmodelle in diesen Texten bestehen bleibt, lösen sie beim Leser Irritation und Zweifel hinsichtlich der Möglichkeit des Unmöglichen aus. Man kann sie deshalb zu Recht als „phantastische Erzählungen" (im engeren Sinn) bezeichnen. Auch Texte wie Zoran Drvenkars *Sag mir, was du siehst* (2002), die in der Tradition des **Schauerromans** stehen, sind der Phantastik der Abgrenzung zuzuordnen, wenn sie vom Kontrast zwischen dem Alltäglichen und dem Schrecklichen dominiert werden und dadurch auf irritierende Angstlust setzen. Von der Phantastik im engeren Sinn unterscheiden sie sich durch ein Leserkonzept, das nicht primär auf das Wirklichkeitsmodell des Textes, sondern auf das Außergewöhnliche der dargestellten Ereignisse zielt.

Merkmal „komisch-phantastischer Erzählungen" sind Kontraste zwischen zwei Welten, die sich humoristisch-heiter auflösen oder satirisch zugespitzt werden. Reinbert Tabbert hat einen wichtigen Beitrag zur genaueren Bestimmung dieser

Textgruppe geleistet (vgl. Tabbert 2004) und dabei herausgearbeitet, dass sich Nikolajevas Typologie für die Analyse struktureller und funktionaler Unterschiede nutzbar machen lässt: Es gibt komisch-phantastische Erzählungen des Typs „geschlossene sekundäre Welt" (z. B. *Jim Knopf* von Michael Ende), des Typs „offene sekundäre Welt" (z. B. Lewis Carroll: *Alice im Wunderland* oder Christine Nöstlinger: *Wir pfeifen auf den Gurkenkönig*) und des Typs „implizierte sekundäre Welt" (z. B. Paul Maar: *Am Samstag kam das Sams zurück* oder Andreas Steinhöfel: *Es ist ein Elch entsprungen*). Gemeinsam ist allen, dass die Kontraste zwischen der alltäglichen und der phantastischen Wirklichkeitsebene komisch-befreiende beziehungsweise satirisch verfremdende Wirkung haben (wie im Beispiel des *Gurkenkönigs*).

Eine solche Untergliederung nach Typen und Abstufungen des Kontrasts zielt nicht primär auf eine gattungsbezogene, sondern auf eine phänomenologisch-heuristische Betrachtungsweise, die es erlaubt, dem spezifischen Charakter eines konkreten Textes besser gerecht zu werden als durch die Einordnung in die Schublade eines bestimmten Genres. Das ist auch deshalb sinnvoll, weil sich viele Texte nicht an textsortenbezogenen Abgrenzungen ausrichten. Die *Harry-Potter*-Bände z. B. sind „Querbücher", zusammengesetzt aus Elementen der High Fantasy, der Satire, der Sage, des Schauerromans und der phantastischen Erzählung. Zu charakterisieren wären sie nach der hier vorgeschlagenen Vorgehensweise durch ein Wirklichkeitsmodell, in dem sich eine „offene" sekundäre Welt (das Zauber-Internat Hogwarts mit seinem direkten Kontakt zu phantastischen Wesen und Erscheinungen) mit der wirklichen Welt der „Muggles" überlappt, und als eine Spielart der „Phantastik der Abgrenzung" mit von Band zu Band stärkeren Kontrasten auch innerhalb der phantastischen Welt selbst – mit den entsprechenden inhaltlichen und leserbezogenen Funktionen.

Eine **Geschichte** der phantastischen Kinder- und Jugendliteratur unter primär poetologischen Gesichtspunkten muss erst noch geschrieben werden; in den bisher vorliegenden Darstellungen (z. B. Kirchhoff 2002; Nickel-Bacon 2008) stehen inhaltliche Aspekte, Veränderungen im Kindheitsbild, Phänomene der „Modernität", gesellschaftlich-kulturelle Trends und (lese)pädagogische Intentionen im Vordergrund. Das hat zur Folge, dass nicht präzise genug nach den spezifischen Funktionen der phantastischen Elemente in den Texten gefragt wird und dass der Begriff der Phantastik immer wieder seine klaren Konturen verliert. Die erforderliche Ergänzung kann hier nicht in der notwendigen Ausführlichkeit, sondern nur exemplarisch geleistet werden: in der Konzentration auf Schlüsseltexte und wichtige Veränderungen im Gattungsspektrum.

Beginnen wir mit einer Konstante der geschichtlichen Entwicklung: Nach wie vor gehören die **Klassiker** der phantastischen Kinder- und Jugendliteratur zu den Präferenzen in der Lektüre, auch wenn ihre Stoffe in vielen Fällen zuerst über mediale Adaptionen in Umlauf kommen. Nicht nur aktuell Marktgängiges findet

Beachtung, sondern auch Editionen wie die ZEIT-Bibliothek *Fantastische Geschichten für junge Leser* (2008), in der ausnahmslos Texte neu aufgelegt wurden, die sich in der Geschichte der phantastischen Kinder- und Jugendliteratur einen festen Platz erobert haben. *Peter Pan* von James M. Barrie gehört ganz sicher dazu. Das englische Original erschien erstmals 1911 und hat seither viele Übersetzungen, Medienadaptionen und Nachahmer gefunden: in jüngster Zeit die *Peter-Pan-Trilogie* von Dave Barry und Riddley Pearson (dt. 2006-2008: *Peter und die Sternenfänger; Peter und die Schattendiebe; Peter und das Geheimnis von Rundoon*) und *Der mechanische Prinz* von Andreas Steinhöfel mit seinen intertextuellen Verweisen auf Peter Pans Schwester Wendy, auf den Verlust des Schattens, auf die „verlorenen Kinder" und ihr „Never-Land" (im Roman: „Tanelorn"). Zum Klassiker wurde *Peter Pan* nicht nur wegen der Bezüge auf den Mythos vom „ewigen Kind", wegen der Integration von Elementen aus dem Abenteuerroman (mit Geschichten von Seefahrern und Piraten) und der Familiengeschichte für Kinder, sondern auch wegen der klaren Grundstruktur, aus der sich die Funktion des Phantastischen unmittelbar ergibt. Bereits die primäre Welt impliziert Phantastisches (der Verlust des Schattens), die sekundäre Welt ist klar davon getrennt; der innere Zusammenhang beider Welten, die Bedingungen für die Hin- und Rückreise und die Wirkungen des Phantastischen ergeben sich logisch aus dem Handlungsablauf. Daraus kann man folgern, dass phantastische Texte nur dann länger anhaltenden Erfolg haben, wenn ihre Gesetzmäßigkeiten in sich stimmig und gut nachvollziehbar sind und wenn sie zugleich die Wirkung des Phantastischen auf die Figuren und auf den Leser erzählerisch überzeugend motivieren. Außerdem: Für Kinder ist das hier realisierte Modell der „Phantastik des Übergangs" ansprechender als die „Phantastik der Abgrenzung" mit ihren Rätseln und Irritationen.

Der Freiraum, den das Phantastische ermöglicht, wird zwischen 1950 und 1970 in der Regel als märchenhafte Spiel- und Spiegelwelt konzipiert. Die Texte knüpfen damit direkt an die Tradition der märchenhaft-phantastischen Kinderliteratur der Romantik an. Am Werk Otfried Preußlers lässt sich das gut verdeutlichen:

> Niemand soll angesichts dieser Anderswelt erschrecken; deshalb betont der Erzähler [in *Der kleine Wassermann*, B.R.] die Parallelität zu den Erfahrungen und zu der Welt des Lesers: 'Aber sonst war es genauso wie andere Häuser auch, nur viel kleiner.' Im gleichen Sinne ist der Übergang zur normalen Menschenwelt jederzeit und ohne Probleme möglich; es gibt letztlich keine Grenze. (Haas 1983, S. 35)

Keine Grenze, kein Kontrast zwischen den beiden Welten: dafür Ähnlichkeiten und Parallelen. Auch im Gegenstück zu *Der kleine Wassermann* (1956), in *Die kleine Hexe* (1957), ist das so. Anders wird es erst in *Krabat* (1970), dessen Erscheinungsdatum mit dem Paradigmenwechsel zur problemorientierten Kinder- und Jugendliteratur zusammenfällt. Literarisches Vorbild ist nicht mehr das eindimensionale Märchen, sondern die zweidimensionale Sage mit ihrem ausgeprägten Kontrast zwischen der primären und der sekundären Welt.

> Hier bricht im Sinne von Caillois ein Bedrohliches, Bedrückendes, Bannhaftes in die Alltagswelt des 'gesunden Menschenverstandes' ein und droht diese Welt und ihre Menschen zu verschlingen. Keine Spiel- und phantastische Spiegelwelt also, sondern eine düstere und bedrohliche Gegenwelt, eine Alptraumwelt, bannhaft und quälend. (Haas 1983, S. 38)

Märchenhaft, leicht, hell, heiter, aber nicht harmlos und ohne pädagogische Tendenz: das waren bis zu diesem Wendepunkt die gewohnten Erwartungen an kinderliterarische Phantastik. James Krüss mit *Die glücklichen Inseln hinter dem Winde* (1959) wird ihnen ebenso gerecht wie Peter Hacks mit seinen humorvoll erzählten *Geschichten von Henriette und Onkel Titus* (*Das Windloch* – 1956). Es gibt aber auch Texte, die aus dem Rahmen des Märchenhaft-Kontrastfreien fallen; *Tim Thaler oder das verkaufte Lachen* (James Krüss, 1962) ist dafür das wohl bekannteste Beispiel. Mit Anspielungen auf die hochliterarische Phantastik (etwa an das *Volksbuch von Dr. Faustus* oder das romantische Kunstmärchen), mit Parallelen zum Entwicklungsroman und mit subversiver Kritik an der kapitalistischen Gesellschaft nimmt er Entwicklungen vorweg, die erst ein Jahrzehnt später zum Tragen kamen. Malte Dahrendorf hat für solche Texte später den Terminus „Phantastik in 'realistischer' Absicht" geprägt.

Die Entwicklung der kinderliterarischen Phantastik von den 1960er bis zum Ende der 1980er Jahre lässt sich mustergültig an Michael Endes Erzählungen ablesen. Die beiden *Jim Knopf*-Bände (1960/1962) entwerfen eine in sich geschlossene sekundäre Welt, in der ein cleverer kleiner Junge mit Unterstützung einer verständnisvollen Vaterfigur durch gefährliche Abenteuer ins Paradies der Kindheit zurückfinden kann. Außergewöhnlich ist, dass sich die „magischen Gesetze" des Wunderbaren in vielen Fällen mit technisch funktionierenden Phänomenen in Einklang bringen lassen. Hinter dem „Märchen-Roman" *Momo* (1973) steht eine „realistische" Intention, die den Zeitgeist der 1970er Jahre widerspiegelt: Kritik an entfremdeter Arbeit, an ökonomischen Zwängen, an unmenschlicher Herrschaft. Dagegen wird das Ideal des einfachen, ursprünglichen Lebens gesetzt und märchenhaft überhöht: Kindliches Denken kann sich mit magisch-mythischen Kräften verbünden und so die Welt retten. Das Phantastische ist der antik stilisierten primären Welt immanent. In sich ist es kontrastiv angelegt; nach dem Muster von Gut und Böse widersteht Meister Hora mit seiner Botin, der Schildkröte Kassiopeia, der lebensbedrohlichen Kraft der „grauen Herren". Das Kind Momo ist prädestiniert für die Rolle der Grenzgängerin zwischen beiden Welten.

In der *Unendlichen Geschichte* (1979) übernimmt Bastian Balthasar Bux diese Funktion. Sein Übergang nach Phantásien, das Land der Mythen, Sagen, Märchen und Symbole, ist realistisch motiviert: Er ereignet sich im Akt des Lesens, der Bastian aus seiner problembeladenen Alltagswelt in eine sekundären Wunderwelt versetzen kann. Die Reise ist mit Bewährungsproben nach dem Muster der „High Fantasy“ verbunden und steht allegorisch für einen individuellen Reifungsprozess. Die Botschaft lautet: Man darf sich nicht im Grenzenlosen einer omnipotenten Phantasie verlieren und einfach tun, was man will. Der Weg zurück in die Realität erfordert zweckgebunden-authentische Phantasie, die zur Einsicht in die Wünsche, Verletzungen, Träume und Projektionen des eigenen Inneren führt. Das ist „Phantastik in ‘psychologischer’ Absicht“ und fügt sich bruchlos ein in den „Blick nach innen“, den der psychologische Kinderroman der 1980er Jahre in „realistischer“ Schreibweise weiter ausgestalten wird.

Der damit verbundene Verzicht auf globalere Utopien verändert auch die Struktur und die Funktion phantastischer Kinder- und Jugendliteratur. Michael Endes letztes Buch für Kinder, *Der satanarchäolügenialkohöllische Wunschpunsch* (1989), spielt in einer geschlossenen sekundären Welt. Tiere, Zauberer und irrwitzige Mächte haben dort das Sagen. Die Erzählung endet in Betroffenheit und Resignation, weil die Menschen nicht mehr in der Lage dazu sind, die katastrophale Zerstörung der Umwelt aufzuhalten. Der Schlusssatz lautet zwar: „Ende gut, alles gut“, aber das ist nicht mehr erzählte Realität wie in *Jim Knopf* oder *Momo*, sondern bittere Ironie. Was bleibt, sind schwarzer Humor, Spiel mit der Sprache und eine bunt-unverbindliche Mischung aus dem Fundus phantastischer Figuren und Motive – ein Spiegelbild dessen, was Ulrich Beck die „Kehrseite der Moderne“ genannt hat.

Den größten Erfolg hatte Michael Ende mit seiner *Unendlichen Geschichte*. Elemente daraus wurden von anderen Autorinnen und Autoren aufgegriffen und variiert. Cornelia Funke bestreitet ihre gesamte *Tintenherz-Trilogie* mit dem Motiv von einer lebendig werdenden Buchwelt, in die man sich hineinlesen und aus der man auch etwas herauslesen kann – was ihr bereits im Jahr 1900 die kindliche Hauptfigur Leon in Edith Nesbits Erzählung *Das verbotene Buch* vorgemacht hat. Auch Wolfgang und Heike Hohlbeins Fantasy-Roman *Das Buch* (2003) lebt von dem magischen Einfall, man könnte Geschichten umschreiben, um die Realität direkt zu beeinflussen. Ähnliche Motive verwenden Walter Moers in seinem Roman *Die Stadt der träumenden Bücher* (2004) und Jasper Fforde, der seine Protagonistin Thursday Next in eine unerschöpfliche Buchwelt eintauchen lässt: *Der Fall Jane Eyre* (dt. 2004), *In einem anderen Buch* (dt. 2004), *Im Brunnen der Manuskripte* (dt. 2005), *Es ist was faul* (dt. 2006), *Irgendwo ganz anders* (dt. 2009).

Auch Andreas Steinhöfel nutzt das literarische Erbe der Phantastik für ein beziehungsreiches intertextuelles Spiel. In *Der mechanische Prinz* gibt es eine Anderswelt mit „Refugien“, in denen der Protagonist Max sich mit seinen Ängsten und seinem Alter Ego auseinandersetzen muss. Damit bezieht Steinhöfel sich auf die Stationen, die Bastian bei seiner Reise durch Phantásien durchläuft, bis er endlich bei sich selber ankommt. Intertextuell erfasst die Identitätskrise sogar den Erzähler selbst: Ist er identisch mit der phantastischen Figur Peter Pan oder nicht? Auf diese Weise realisiert der Roman auf der Ebene des Erzählkonzepts die „verunsichernde“ Wirkung des Phantastischen, die er auf der inhaltlichen Ebene allegorisch aufgelöst hatte.

Postmoderne Erzählformen wie Unbestimmtheit, Intertextualität, Polyphonie, Metafiktion oder Leserbeteiligung finden sich in der phantastischen Kinder- und Jugendliteratur seit den 1990er Jahren immer wieder. Martina Seifert hat darauf aufmerksam gemacht, dass das phantastische Bilderbuch – z.B. Jörg Müller/ Jörg Steiner: *Aufstand der Tiere oder Die neuen Stadtmusikanten* (1989) – hier eine Vorreiterrolle einnimmt (vgl. Seifert 1999). Als Vorläufer kann aber schon Michael Ende gelten. Gertrud Lehnert entdeckt in der *Unendlichen Geschichte* (1979) Parallelen zum Werk von J.L. Borges:

> Woher kommt die Heilung der kranken Realität, wenn nicht durch die Phantasie – oder, anders ausgedrückt: durch die Literatur? So scheint letztendlich die Bibliothek von Babel als Grundmuster der *Unendlichen Geschichte* durch. Die Welt wird zu einer Welt aus Büchern, das reale Leben wird substituiert durch Lektüre und Schreiben, und das Schreiben wiederum rekurriert ständig auf andere Bücher, auf Prätexte und Präbilder. Der neue Mythos, den Ende mit seinem Buch über die Heilung der Welt durch die Phantasie zu schaffen versucht, desavouiert sich selbst, indem er nur vorgegebene Muster neu zu kombinieren vermag. Und darin ist der Roman doch wieder sehr postmodern. (Lehnert 1990, S. 187)

Die Diskussion um Moderne oder Postmoderne in der phantastischen Kinder- und Jugendliteratur hat zu dem Ergebnis geführt, dass ein einzelnes Werk nie das gesamte Spektrum der literarischen Techniken realisiert, die diesen kulturellen Strömungen korrespondieren. Das Gesamtbild bleibt widersprüchlich. Bei Texten, die man der ambitionierten Kinder- und Jugendliteratur zuschlägt, liegt die Schnittstelle zwischen Phantastik und Postmoderne im Infrage-Stellen festgefügter Realitätsvorstellungen. Texte, die primär der Unterhaltung dienen, halten sich im Zeitalter der Postmoderne nicht mehr an herkömmliche Grenzziehungen: zwischen den einzelnen Genres, zwischen ‘hoher’ und ‘trivialer’ Literatur, zwischen Literatur für Kinder, für Jugendliche und für Erwachsene, reduzieren aber die weltanschaulichen Funktionen des Phantastischen auf ein unverbindliches Spiel mit Versatzstücken.

Der Modernisierungsschub, der in den 1970er Jahren einsetzt, beschränkt sich zunächst auf Inhaltliches: „Ich sehe die Welt der Kinder nicht mehr von Laubfröschen, Kälbchen, Mägden, Oberförstern umgeben, sondern von Weltraumschiffen, Fernsehapparaten, Düsenflugzeugen, Westernhelden, Autos, Stereoanlagen“ (Herburger 1971, S. 9). So begründet Günter Herburger seine Entscheidung für einen außergewöhnlichen phantastischen Helden: eine Glühbirne. Sie ist klug, kann mit jedem sprechen, mit Tieren, Maschinen, Steinen, Todesstrahlen, hat kleine Düsenmotoren, ausklappbare Hubschrauberflügel und eine winzige Atombatterie an Bord ihrer Fassung. *Birne kann alles*: nicht nur Verletzte eines Verkehrsunfalls, bedrohte Tiere oder ein Flugzeug retten, sondern auch Herrschaftsverhältnisse und Normen spielerisch in Frage stellen oder Einsichten in wirtschaftliche Mechanismen vermitteln. Erzählt wird das alles ganz traditionell: in 26 kurzen Geschichten nach dem Modell der „implizierten sekundären Welt“, in der sich der eine oder andere Erwachsene über eine sprechende Glühbirne irritiert zeigt, in der sich das Wunderbare (und damit die kindliche Wunschphantasie) aber am Ende fraglos durchsetzt. Diesen aufmüpfigen Geist lassen viele der Virtual Reality-Novels der 1990er Jahre vermissen. Gansels Analysen zufolge sind sie charakteristisch für eine lediglich stoffliche Adaption des Phantastischen an die realen technischen Möglichkeiten in einer Mediengesellschaft. Doch als „modern“ im literarischen Sinn könne man diesen Texttyp nicht bezeichnen: „Das ‘Wie’ der literarischen Darstellung bleibt letztlich weitgehend traditionell, die schnelle Schnittfolge, das Auflösen narrativer Strukturen, Montageformen oder Multiperspektivik finden sich nur in Ansätzen“ (Gansel 1998, S. 79). Ein Text wie Geraldine McCaughreans *Lauter Lügen* (1991) ist da schon weitaus moderner.

Die literarische ‘Modernisierung’, die mit dem psychologischen Kinderroman der 1980er Jahre einhergeht, erfasst auch den phantastischen Kinderroman. Ein besonders gelungenes Beispiel: *Das Herz des Piraten* (1985) von Benno Pludra. Es ist ein Text, der seine Leser mit Nachdenklichkeit und Ernst an die psychische Realität des Phantastischen glauben lässt. Er erweitert damit – und das im Sinne psychologischer Genauigkeit – das Realismus-Konzept der damaligen DDR um die nicht-realistische, aber reale Dimension des Unvernünftig-Imaginären. Dabei verwischen sich auch die Unterschiede zwischen den Gattungskonventionen realistischen und phantastischen Erzählens. Die Geschichte beginnt im Erzählduktus der Sage: „Lange schon her, da lebte ein Pirat, der hatte viele Schiffe beraubt [...].“ Was erzählt wird, ist aber nicht längst vergangen, sondern reicht in die Gegenwart hinein. Nach dreihundert Jahren findet ein Mädchen am Strand einen Stein, der leuchtet wie die Sonne am Abend. Von diesem Berührungspunkt an bleiben Phantastisches und Realistisches eng miteinander verwoben. Ob es den wärmenden und redenden Stein wirklich gibt oder ob Jessika sich alles nur einbildet – diese Frage nach der Grenze des vernünftig Erklärbaren wird mehrmals und aus ganz unterschiedlicher Perspektive gestellt. Der Erzähler ergreift weder Partei für die eine, noch für die andere Seite. Für diesen Text trifft zu, was Maria Lypp (1984) zur Funktion des Allegorischen in phantastischen Texten für Kinder ausgeführt hat: Sie lassen das Gemeinte im „ahnungsvollen Halbdunkel“, während es literaturkundige Erwachsene als psychologisch interpretierbares Symbol für die Sehnsucht des Mädchens nach seinem abwesenden Vater lesen können. Damit gelingt Pludra eine literarisch innovative Integration des Phantastischen in das Erzählkonzept des psychologischen Realismus.

Für die Kinder- und Jugendliteratur nach der Jahrtausendwende hat Hans-Heino Ewers eine zunehmende Dominanz des Unterhaltsamen gegenüber dem literarisch Anspruchsvollen prognostiziert (vgl. Ewers 2000). Angesichts der Phantastik-Bestseller der letzten Jahre lässt sich dieser Trend bestätigen. Cornelia Funkes *Tintenherz*-Trilogie erreicht im ersten Band (*Tintenherz*, 2003) durch die kontrastreich-spannende Integration einer phantastischen Buchwelt in eine realistische Abenteuerwelt noch eine gewisse Originalität. Die Folgebände (*Tintenblut*, 2005; *Tintentod*, 2007) entwickeln sich aber zu einer Anhäufung von lose miteinander verwobenen, in einer mittelalterlichen Märchen- und Sagenwelt angesiedelten Fantasy-Geschichten nach geläufigem, aber publikums- und medienwirksamem Muster: Heldin mit Helferinnen und Helfern (gut), Gegenspieler mit Gefolge (böse), viel Action bis zum lange hinausgezögerten finalen Showdown und trotz extremer Gefährdung ein einigermaßen glückliches Ende. Dasselbe verdoppelt sich auf der Meta-Ebene: Ein Autor und ein Gegenautor liegen im Kampf um die Herrschaft über den Ausgang der Geschichte. Das gibt dem Ganzen ebenso einen Anflug von Postmoderne in der Jugendliteratur wie die bedeutsamen Zitate aus der Weltliteratur, die jedem Kapitel vorangestellt sind – allerdings ohne erkennbaren Zusammenhang mit dessen Inhalt.

Das Erfolgsrezept der amerikanischen *Bis(s)-Serie* von Stephenie Meyer – (*Bis(s) zum Morgengrauen* (dt. 2006), *Bis(s) zur Mittagsstunde* (dt. 2007), *Bis(s) zum Abendrot* (dt. 2008), *Bis(s) zum Ende der Nacht* (dt. 2009) – beruht auf der Mischung von Figuren und Motiven aus unterschiedlichen Erzähltraditionen: dem Schulroman, der Liebesgeschichte, dem Thriller und der phantastischen Horrorgeschichte. Das führt auf den insgesamt über 2500 Seiten aber nur ganz vereinzelt zum Bruch zwischen den beiden, nach dem Modell der „implizierten sekundären Welt" miteinander verwobenen Welten, sondern zu deren sentimentaler Versöhnung: Edward ist ein domestizierter Vampir, der seine übernatürlichen Kräfte nur dann einsetzt, wenn es die geliebte Bella zu retten oder etwas Gutes zu tun gibt, und Bella bringt diese positiven Seiten durch ihre teenagerhaft-schwärmerische, auch masochistische Anteile auslebende Liebe erst richtig zur Geltung. Tiefenpsychologisch und kulturkritisch ist das sicher interessanter als literarisch.

Immer wieder gibt es aber Bücher, die sich von diesen eingängigen, stereotypen Erzählmustern abheben und phantastische Elemente innovativ nutzen. Erzähltechnisch komplex verknüpft Jutta Richter in *Der Hund mit dem gelben Herzen* (1998) ihre modernisierte, märchenhaft stilisierte Fassung der biblischen Erzählungen vom Paradies, von der Schöpfung und vom Sündenfall mit einer Tiergeschichte, die von der Freundschaft zwischen den kindlichen Protagonisten und einem sprechenden Hund handelt. Und der erzählt ihnen nach und nach die phantastische, spannende, nachdenkliche Geschichte von Lobkowitz, dem ehemaligen Freund von G. Ott, der damals das Schöpfungsprinzip des Gegenteils erfunden hatte und wegen seines Übermuts aus dem Paradies gewiesen wurde. Die allegorischen Bezüge bleiben auch hier in der Schwebe und das Phantastische wirkt so anziehend, dass die Kinder am Ende aufbrechen wollen, um die geheimnisvolle Pforte des paradiesischen Gartens wiederzufinden.

Switcher. Du bist mehr als du weißt von Kate Thompson (2002) ist ein Adoleszenzroman, der das Phantastische als „Übergangsphänomen" nutzt: auf der Ebene der Handlung durch die übernatürliche Fähigkeit der jugendlichen Protagonisten Tess und Kevin, sich durch „Switchen" in Tiere zu verwandeln, auf der Ebene der Symbolik als fiktiv-spielerische Möglichkeit, sich bei der Identitätsfindung und beim Erwachsenwerden an großen Aufgaben zu bewähren. In Kate Thompsons Roman wird diese Reifeprüfung phantastisch überhöht zu einer Auseinandersetzung mit den Groken, urzeitlichen Monstern, die alles Leben einzufrieren und zu vernichten drohen. Spannend wird das nicht nur, weil sich Tess und Kevin zusätzlich gegen das schießwütige amerikanische Militär behaupten müssen, das die beiden anstatt der Groken verfolgt, sondern weil Kevins fünfzehnter Geburtstag naht, an dem er seine gerade gewählte Existenzform als Phönix nicht mehr wird wechseln können. Beim Übergang in die Welt der Erwachsenen werden die Jugendlichen so auch vor die Frage gestellt, ob sie weiter als Phantasiewesen leben oder sich ihrer realen Sozial- und Umweltproblematik stellen wollen.

Dass ein neunjähriger Junge die ägyptischen Plagen des Alten Testamens heraufbeschwören oder sich mit Jesus unterhalten kann, ist wahrlich phantastisch. Dass er aber auch seinen bigotten, gewalttätigen Vater in die Schranken weisen und eine als Hexe verschrieene, aber politisch engagierte, verständnisvolle, von Literatur und Musik begeisterte, einfallsreiche alte Dame in seine zerrüttete Familie integrieren kann, ist harter sozialer Realismus. Guus Kuijer gelingt diese schwierige Mischung in das *Buch von allen Dingen* (2004) mit Humor und Leichtigkeit; seine Erzählung bringt kindliche wie erwachsene Leser zum Nachdenken: betroffen und zuversichtlich zugleich. Ob das Phantastische real ist oder lediglich den kindlichen Wunschphantasien entspringt, kann dabei getrost offen bleiben.

Zoran Drvenkars Geschichte von *Zarah* mit dem Untertitel *Du hast doch keine Angst, oder?* (2007), von Martin Baltscheit kongenial illustriert, beginnt wie eine Problemgeschichte über Beziehungen in einer Mädchengruppe: vier sind befreundet, eine gibt den Ton an und Zarah, wahrscheinlich die Außenseiterin, muss das fünfte Rad am Wagen spielen. Als sie zusammen durch den Räuberwald stromern, kippt die Geschichte ins Sagenhaft-Phantastische: Aus harmlosen Tieren werden schaurige Monster, die Zarah Angst einjagen sollen. Die aber zeigt sich unbeeindruckt. Nicht ihr, sondern den vier Freundinnen wird es zu viel und sie können sich vor ihren Phantasiegebilden nur durch eine überstürzte Flucht retten. „Sie rannten mal wieder wie wild davon. Sie rannten und rannten, und wenn sie nicht angehalten haben, dann rennen sie jetzt wahrscheinlich noch immer.“ Die Formulierung deutet es an: Jetzt sind wir in der Welt des (modernen) Märchens. „Ende gut, alles gut“: Im Volksmärchen meint das die wunderbare Erlösung von bösen Mächten und das beeindruckende Hereinbrechen unerwarteten Glücks. In Drvenkars Erzählung ist es ein Bild, zusammengesetzt aus Idylle und Phantastik: Zarah Arm in Arm mit dem Räuber Raddek und den ach so schrecklichen Monstern, die bei ihr zu Hause wohnen und liebevoll für sie sorgen. „Ich war mit meinen Freundinnen im Wald“, erzählt Zarah ihren Monstern, als sie mit ihnen zusammen am Küchentisch sitzt:

> „Waren sie wieder gemein zu dir?“, fragte Lappowick. Zarah zuckte mit den Schultern. „Sie haben versucht, mir Angst zu machen“, sagte sie, „aber das kenne ich ja schon.“ Zarah und die Ungeheuer kicherten. (Drvenkar 2007, o. S.)

Für immer abgeschlossen ist die mit ironischem Augenzwinkern erzählte Geschichte damit übrigens nicht, denn wer weiß, ob die vier im Grunde ängstlichen Freundinnen und die eine mutige dazu bei ihrem nächsten Ausflug in den Wald nicht doch auf den Räuber Raddek treffen?

Ein Buch, das für kindliche und erwachsene Leser so viel Überraschendes bereit hält, das so kreativ mit literarischen Figuren und literarischen Mustern spielt, das handwerklich so gut erzählt und illustriert ist und die Phantastik um eine neue, originelle Spielart bereichert, hat eine besondere Erwähnung wahrlich verdient und lässt darauf hoffen, dass die phantastische Kinder- und Jugendliteratur ihr Entwicklungspotential auch in Zukunft weiter entfalten wird.

4 Erfahrungs- und Lernmöglichkeiten mit phantastischer Kinder- und Jugendliteratur

Seit sich die Unterscheidung zwischen unterhaltsamer und anspruchsvoller Kinder- und Jugendliteratur eingebürgert hat, liegt ein didaktischer Kurzschluss recht nahe: Die als unterhaltsam eingestuften Texte werden der Leseförderung nutzbar gemacht, die anspruchsvollen dem literarischen Lernen. Um Lesemotivation und Leselust zu stärken, sollte man für die schulische Lektüre demnach die Bestseller von Cornelia Funke auswählen, um Analysefähigkeit, Textsortenunterscheidung und Bewusstsein für Intertextualität auszubilden, ein Buch wie *Der mechanische Prinz* oder *Der Hund mit dem gelben Herzen*. Bei Entscheidungen nach diesen Prämissen werden drei didaktisch relevante Zusammenhänge übersehen. Zum einen das Spannungsverhältnis, in dem die Freizeitlektüre von Kindern und Jugendlichen zum schulischen Lernkontext und den dort zu lesenden Büchern steht: Um es mit den Worten von Bettina Hurrelmann zu sagen: Die Schule profitiert von einer Grenzüberschreitung, wenn sie *Harry Potter*, *Tintenherz* oder *Bis(s) zum Morgengrauen* in den Unterricht aufnimmt.

> Sie partizipiert gleichsam an der „Lebensbedeutsamkeit“ des Gegenstandes und versucht diese in eine „Bildungsbedeutsamkeit“ nach ihren eigenen Begriffen und didaktischen Zielen umzumünzen. Dies kann erfolgreich sein – es sollte aber nicht naiv geschehen. Denn die Spannung zwischen der alltagskulturellen Wertigkeit von KJL und der Bedeutung, die sie im schulischen Kontext für die Lernenden gewinnt, bleibt bestehen – wie sensibel und problembewusst auch immer mit den möglichen Vermittlungs- und Verarbeitungsformen umgegangen wird. (Hurrelmann 2002, S. 134)

Es spricht also nichts dagegen, Bücher, die Kinder und Jugendliche zu Hause lesen (und das auch ohne zusätzliche Unterweisung können!), nach individueller Auswahl für Buchvorstellungen und für die Anschlusskommunikation zu nutzen, die sich zwanglos aus solchen Präsentationsformen ergibt. Das vermittelt Anregungen für die eigene Lektüre und kann bei Unklarheiten oder Meinungsverschiedenheiten in eine zweite, reflektiertere Lektüre münden. Wenn mit Belegen aus dem Text ausgeführt werden muss, welche Aspekte der Thematik oder der Handlung, welche Figuren und speziell welche phantastischen Elemente einen angesprochen haben und welche nicht, werden dabei auch Kriterien für die literarische Wertung entwickelt, die in diesem Feld von besonderer Bedeutung sind und ein intensiveres Interesse finden. Bei der Pflichtlektüre für alle sollte man aber andere Maßstäbe anlegen und andere methodische Verfahren wählen.

Ein zweites Argument: Positionen der 1990er Jahre, die Konzepte der Leseförderung nach dem Schema von „Entweder – Oder“ gegeneinander ausspielen, sind inzwischen überholt: durch den weiteren Gang der literaturdidaktischen Diskussion und durch die Orientierung an ‘Kompetenzmodellen’, die solche Polarisierungen überflüssig gemacht haben. Dazu kommt, dass auch die Unterscheidung zwischen unterhaltsamer und anspruchsvoller Phantastik für die meisten didaktisch relevanten Texte nicht zutrifft. Gerade die klassischen und die erfolgreichen Bücher, die in den vorangegangenen Abschnitten vorgestellt wurden, verbinden Leseanreize (Spannung, Identifikationsangebote und/oder Komik) mit Problembewusstsein, literarischer Qualität und Bildungsanspruch.

Unproduktive Alternativen lassen sich vermeiden, wenn man nicht von einer vorgängigen Rubrizierung und Wertung der Texte ausgeht, sondern von einem didaktischen Konzept, das den Begriff der literarischen Erfahrung in den Mittelpunkt stellt (vgl. Rank 2010). Literarische Erfahrungen sind geprägt durch ihren Gegenstand: das Erfahrungs- und Lernpotential der konkreten literarischen Texte, die mit unterschiedlicher Intensität gelesen und verarbeitet werden können. Sie sind nicht abhängig von ästhetischer Qualität, können sie aber zunehmend mit einbeziehen. Daher reicht das Spektrum bei der Textauswahl auch von der Unterhaltungs- und Serienliteratur bis zur anspruchsvollen Kinder- und Jugendliteratur.

Literarische Erfahrung ist sowohl ein Prozess („Erfahrungen machen“) als auch dessen Ergebnis: Einsichten, Kenntnisse, Fähigkeiten und Einstellungen, die man sich durch unmittelbaren und intensiven Umgang mit Literatur erwirbt. Die Zielsetzung lesefördernder Konzepte lässt sich folglich umschreiben durch die Kurzformel: Ermöglichung und Erweiterung literarischer Erfahrungen. Prozesse literarischen Lernens schließen daran an und erweitern diese 'primären' Erfahrungen um das Moment der Bewusstheit und Reflexion. Sie zielen auf die Erweiterung und Reflexion literarischer Erfahrungen. Bei der konkreten Umsetzung dieses Konzepts kann man, den Grundlagen der literarischen Textanalyse folgend, fünf Erfahrungsbereiche voneinander unterscheiden: Erfahrungen mit dem Wirklichkeitsmodell der Texte (realistisch, phantastisch, vertraut, fremd ...), mit ihrer Thematik (Erfahrungs- und Weltwissen, Problembewusstsein, Auseinandersetzung mit Normen ...), mit ihren Figuren (Eigenschaften, Konstellationen, Identifikationsprozesse ...), mit ihrer Sprache (Klang, Rhythmus, Wortwahl, Stil, Bildlichkeit, Mehrdeutigkeit ...) und mit ihrer Form (Aufbau, Spannung, Gattungsmerkmale, literaturgeschichtliche Zusammenhänge, Intertextualität ...).

Welche Konsequenzen hat dieses didaktische Konzept für den schulischen Umgang mit phantastischer Kinder- und Jugendliteratur? Im Feld der 'primären literarischen Erfahrungen' eignen sich märchenhafte Texte besonders gut dazu, in die Welt der literarischen Fiktionen einzuführen und prototypische Figurenkonstellationen vorzuführen. Komisch-phantastische Erzählungen eröffnen den Blick für die spielerischen und befreienden Funktionen der Literatur. Fantasy macht darüber hinaus Möglichkeiten des Aufbaus von Spannung zugänglich und erleichtert den Überblick über komplexere Formen des Handlungsaufbaus. Die „Phantastik des Übergangs" weckt das Verständnis für symbolische und allegorische Darstellungsformen und für literarische Variationen des Übergangs von der Welt des Alltags in fremde Welten. Die „Phantastik der Abgrenzung" mit ihrem verfremdenden Blick auf die Wirklichkeit, auf Weltwissen und Normen bahnt Alteritätserfahrungen an: auf der Ebene der dargestellten Probleme ebenso wie bei Sprache und literarischer Form. Insgesamt ist die phantastische Literatur aufgrund ihrer „intellektuellen Bastelei" mit einem überschaubaren Repertoire von Figuren und Motiven (vgl. Haas 1978) ein weites Erfahrungsfeld für intertextuelle (und zunehmend auch intermediale) Anspielungen und Beziehungen.

Je umfangreicher der Fundus literarischer Erfahrungen, desto besser die Voraussetzungen für explizites literarisches Lernen. Im Feld dieser „sekundären Erfahrungen' sind phantastische Texte aufgrund ihrer spezifischen Strukturen und Funktionen prädestiniert dazu, das Fiktionalitätsbewusstsein weiterzuentwickeln, Wirklichkeitsmodelle miteinander zu vergleichen, Eigenschaften und Konstellationen von literarischen Figuren zu erkennen und zu problematisieren, bildliche, symbolische, allegorische, komische oder satirische Darstellungen zu entschlüsseln und sich mit einer verfremdenden Sicht auf Probleme der Persönlichkeitsentwicklung, der natürlichen und sozialen Umwelt mit ihren Lösungsmöglichkeiten und Zukunftsperspektiven auseinanderzusetzen.

Ein weites Feld an didaktischen Möglichkeiten, für dessen Konkretisierung der einzelne Text genau in den Blick genommen werden muss: sein je spezifisches Erfahrungspotential, das sich aus seiner formalen Grundstruktur und seinen inhaltlichen Funktionen herleiten lässt. Geeignete Beispiele stellt die phantastische Kinder- und Jugendliteratur mehr als genügend und in einer großen Formen- und Funktionsvielfalt zur Verfügung.

Literaturverzeichnis

Bonacker, Maren: Eskapismus, Schmutz und Schund?! Fantasy als besonders umstrittene fantastische Literatur. In: Knobloch/Stenzel 2006, S. 64–70.

Ewers, Hans-Heino: Auf der Suche nach den Umrissen einer zukünftigen Kinder- und Jugendliteratur. Ein Versuch, die gegenwärtigen kinder- und jugendliterarischen Veränderungen einzuschätzen. In: Franz, Kurt/Lange, Günter/Payrhuber, Franz-Josef (Hrsg.): Kinder- und Jugendliteratur zur Jahrtausendwende. Autoren – Themen – Vermittlung. Baltmannsweiler: Schneider 2000, S. 2–21.

Friedrich, Hans-Edwin: Was ist Fantasy? Begriff – Geschichte – Trends. In: Tausend und ein Buch 2004, H. 1, S. 4–8.

Gansel, Carsten: Phantastisches und moderne Literatur für Kinder und Erwachsene. In: Der Deutschunterricht 50 (1998), H. 6, S. 78–82.

Gelberg, Hans-Joachim: „Tintenherz" – Ein Herz voller Tinte. In: Eselsohr 22 (2004), H. 8.

Grenz, Dagmar: Die Abwehr des Verdrängten. Zur Rezeption von Christine Nöstlingers phantastischer Erzählung 'Wir pfeifen auf den Gurkenkönig'. In: Wirkendes Wort 36 (1986), H. 6, S. 455–467.

Haas, Gerhard: Struktur und Funktion der phantastischen Literatur. In: Wirkendes Wort 28 (1978), H. 5, S. 340–356.

Haas, Gerhard: Phantasie und Phantastik. In: Praxis Deutsch 10 (1982), H. 54, S. 15–23.

Haas, Gerhard: Spielwelten – Spiegelwelten – Gegenwelten. Das Phantastische im Werk Otfried Preußlers. In: Pleticha, Heinrich (Hrsg.): Otfried Preußler. Werk und Wirkung. Stuttgart: Thienemann 1983, S. 33–40.

Haas, Gerhard: Fantasy. Texte für Flüchtlinge aus der Republik der Vernunft? In: Der Deutschunterricht 42 (1990), H. 6, S. 14–30.

Haas, Gerhard: Funktionen von Phantastik. In: Knobloch/Stenzel 2006, S. 26–38 [= Haas 2006].

Hurrelmann, Bettina: Kinder- und Jugendliteratur im Unterricht. In: Bogdal, Klaus-Michael/ Korte, Hermann (Hrsg.): Grundzüge der Literaturdidaktik. München: dtv 2002, S. 134–146.

Kaulen, Heinrich: Wunder und Wirklichkeit. Zur Definition, Funktionsvielfalt und Gattungsgeschichte phantastischer Kinder- und Jugendliteratur. In: Julit. Informationen des Arbeitskreises für Jugendliteratur 30 (2004), H. 1, S. 12–20.

Kirchhoff, Ursula: Die Achtziger Jahre. In: Wild, Reiner (Hrsg.): Geschichte der deutschen Kinder- und Jugendliteratur. Stuttgart, Weimar: Metzler, 2. ergänzte Aufl. 2002, S. 354–371.

Knobloch, Jörg/Stenzel, Gudrun (Hrsg.): Zauberland und Tintenwelt. Fantastik in der Kinder- und Jugendliteratur. Weinheim: Juventa 2006 (= Beiträge Jugendliteratur und Medien, 17. Beiheft).

Lehnert, Gertrud: Moderne und postmoderne Elemente in der „phantastischen" Kinderliteratur des 20. Jahrhundert. In: Ewers, Hans-Heino/Nassen, Ulrich (Hrsg.): Kinderliteratur und Moderne. Weinheim, München: Juventa 1990, S. 175–195.

Lypp, Maria: Einfachheit als Kategorie der Kinderliteratur. Frankfurt/M.: dipa 1984.

Maar, Michael: Warum Nabokov Harry Potter gemocht hätte. Berlin: Berlin 2002.

Nickel-Bacon, Irmgard: Fantastische Literatur. In: Wild, Reiner (Hrsg.): Geschichte der deutschen Kinder- und Jugendliteratur. 3., vollständig überarbeitete und erweiterte Auflage. Stuttgart; Weimar: Metzler 2008, S. 393–405.

Nikolajeva, Maria: The Magic Code. The use of magical patterns in fantasy for children. Göteburg: Almquist & Wiksell International 1988.

Rank, Bernhard: Phantastik im Spannungsfeld zwischen literarischer Moderne und Unterhaltung. Ein Überblick über die Forschungsgeschichte der 90er Jahre. In: Ewers, Hans-Heino [u. a.] (Hrsg.).: Kinder- und Jugendliteraturforschung 2001/2002. Stuttgart, Weimar: Metzler 2002, S. 101–125.

Rank, Bernhard: Phantastik in der Kinder- und Jugendliteratur. In: Knobloch/Stenzel 2006, S. 10–27.

Rank, Bernhard: Kinder- und Jugendliteratur im Spannungsfeld zwischen Leseförderung und literarischer Bildung. In: Grenz, Dagmar (Hrsg.): Kinder- und Jugendliteratur – Geschichte, Theorie, Didaktik. Baltmannsweiler: Schneider 2010, S. 127–141.

Schubiger, Jürg: Kinderliteratur im Gespräch. In: Lesezeichen. Mitteilungen des Lesezentrums der Pädagogischen Hochschule Heidelberg 3 (1999), H. 3, S. 9–31.

Seifert, Martina: „Perhaps it is only a game". Postmoderne und Phantastik im Kinderbuch. In: Inklings. Jahrbuch für Literatur und Ästhetik 17 (1999), S. 105–137.

Spinner, Kaspar H. (Hrsg.): Im Bann des Zauberlehrlings? Zur Faszination von Harry Potter. Regensburg: Pustet 2001.

Tabbert, Reinbert: Phantastische Kinder- und Jugendliteratur. In: Lange, Günter (Hrsg.): Taschenbuch der Kinder- und Jugendliteratur. Baltmannsweiler: Schneider 2000, Bd. 1, S. 187–200.

Tabbert, Reinbert: Komisch-phantastische Kindererzählungen. In: Tabbert, Reinbert: Kinderliteratur kreativ. Analysen und Unterrichtsvorschläge. Baltmannsweiler: Schneider 2004, S. 31–39.

Tabbert, Reinbert: Fantastische Bilderbücher. In: Knobloch/Stenzel 2006, S. 119–128.

Todorov, Tzvetan: Einführung in die phantastische Literatur. München: Hanser 1972.

KURT FRANZ

Kinderlyrik

Es gibt zahlreiche Gedichte, die einen Titel wie *Kinderreim* oder *Kinderlied* tragen. Das müssen noch längst keine Texte sein, die für Kinder gedacht sind oder von ihnen verstanden werden. Meist geht es motivlich oder thematisch um Kinder, Kindheit, Kindheitserinnerungen, und davon gibt es unglaublich viele Gedichte – die größte Sammlung dazu stammt von Dieter Richter (*Kindheit im Gedicht. Deutsche Verse aus acht Jahrhunderten.* Frankfurt/M.: Fischer 1992) –, denn die Aufarbeitung der eigenen Kindheit spielt letztlich für jeden Menschen eine entscheidende Rolle, und der Poet kleidet seine Gedanken in eine entsprechende Form. Man könnte hier eine Fülle von Autorennamen auflisten, von Goethe über Paul Celan bis Günter Grass.

Ein neueres Beispiel, das zur Veranschaulichung dienen soll, stammt von Erich Jooß (*Denn das Herz ist eine Vogelfeder. Gedichte.* München: St. Michaelsbund 2010, S. 110):

Kinderlied

Ihr Raben, liebe Vettern,
fürchtet euch nicht,
in die Sonne zu fliegen.

Denn das Herz
Ist eine Vogelfeder.

Das kurze Gedicht scheint mit seiner Anrede an die Raben als Verwandte und seinem beruhigenden, biblisch klingenden Imperativ leicht verständlich, aber das ist es natürlich nicht, vor allem nicht mit der zweizeiligen abschließenden Metapher, die für den ganzen Gedichtband titelgebend wurde und die für Deutungen viel Raum lässt: Ist dem Herzen und der Vogelfeder das Leichte, Lockere, das Freiheitliche gemeinsam oder die weiße Farbe der Reinheit? Wir denken aber vielleicht auch an den unheilvollen Flug des Ikarus mit seinen künstlichen Vogelflügeln nahe an die Sonne. Und warum heißt das Gedicht *Kinderlied*? Natürlich können wir auch mit Kindern über ein solches sprachliches Gebilde reden und eine Menge an Assoziationen aus ihnen herausholen, aber 'kindgemäß' im eigentlichen Sinn ist das Gedicht trotzdem nicht und vom Verfasser auch nicht so gewollt, obwohl er expressis verbis nicht hermetisch schreiben, sondern „auf poetische Weise das Leben erzählen" will (ebd., S. 130).

1 Begriffe und Formen

1.1 'Kinderlyrik' als Oberbegriff

Der lyrische Bereich, 'Kinderlyrik', scheint – ähnlich wie Bilderbuch oder Comic – innerhalb der Kinderliteratur von seiner Form her als Gattung am leichtesten fassbar und abgrenzbar zu sein. Bei näherer Betrachtung zeigt sich aber die besondere Komplexität, und zwar im Hinblick auf die Entstehung (volkstümlich/anonym – bekannter Verfasser), die Produzenten (Kinder – Erwachsene) und die Überlieferung (mündlich – schriftlich), die Zielgruppe (Kinder auf verschiedenen Altersstufen – in bestimmten Formen auch für Erwachsene), die sprachlich-formale, inhaltlich-thematische und funktional-pragmatische Seite. Als Oberbegriff für den Kinderreim, das Kindergedicht, das Kinderlied und verwandte Formen sollte man den relativ jungen, aber inzwischen eingeführten Terminus 'Kinderlyrik' gelten lassen, auch wenn die Ausprägungen im einzelnen oft sehr stark divergieren (vgl. Franz 1979 u. a.).

Die semantische Spanne des Begriffs 'Kinderlyrik' reicht formal und intentional vom einfachsten Fingerspiel oder Krabbelreim über Wiegenlieder, Spiellieder, Gebete, ABC-Verse, antiautoritäre oder obszöne Sprachspiele von Kindern selbst und Nonsens-Texten bis zu anspruchsvoll durchkomponierten Kindergedichten und Kinderliedern sowie zu visuellen (visuelle Poesie) und akustischen Texten (akustische Poesie). Damit sind alle Formen sinnlichen Wahrnehmens und Handelns – stärker als im Erwachsenenbereich – eingeschlossen: Sprechen, Hören, Sehen, Spielen, Greifen, Fühlen, Singen, Musizieren, Sich-Bewegen.

> *Definition 'Kinderlyrik':* Sämtliche in gebundener, großenteils gereimter Sprache und in einer bestimmten Form von Kindern oder Erwachsenen für Kinder vom Kleinkindalter bis etwa 12 Jahren verfassten und von diesen rezipierten sprech-, les- und zum Teil auch sing- und spielbaren Texte

Eine Gemeinsamkeit der kinderlyrischen Erscheinungen liegt im Spielerisch-Lockeren, begrenzt durch eine gewisse rhythmische, formale, sprachliche und thematische Gebundenheit. Trotzdem fällt es schwer, bei der Komplexität der Verfasserschaft, der Entstehungsbedingungen, der Verbreitungsprozesse, der Textkonstituenten, der Formen und Genres, der Anwendungsbereiche und des Gebrauchswertes den Oberbegriff 'Kinderlyrik' klar zu bestimmen. Die teilweise, vor allem von volkskundlicher Seite geforderte Einschränkung des Begriffs auf die allein von Kindern produzierten Texte ist zu eng und damit irrelevant, weil man damit ein völlig neues Begriffsinstrumentarium entwickeln müsste. Auch die schon von James Krüss (1959) vorgeschlagene Abgrenzung, nämlich 'Kindergedichte' als Bezeichnung für die von Kindern selbst verfassten Texte und 'Gedichte für Kinder', hat sich aus verschiedenen Gründen nicht durchsetzen können.

Hans-Heino Ewers schlägt anstelle der lange gebräuchlichen Begriffe 'Kindervolks-' (daneben auch 'Volkskinderlied' bzw. 'Volkskinderreim') und 'Kinderkunstlied', die neuen Bezeichnungen 'lyrische Kinderfolklore' und 'literarische Kinderlyrik' vor (1993, S. 43). Günstig ist auf jeden Fall, dass hiermit die in ihrer einseitigen Ausrichtung irreführende Bezeichnung 'Lied' vermieden wird, wie sie aus einer langen intensiven Volksliedforschung entstanden und übernommen ist. 'Folklore' mit seiner umfassenden Bedeutung – im üblichen Gebrauch im deutschsprachigen Raum inhaltlich ohnehin eher pejorativ besetzt – scheint als Ersatz für das Grundwort 'Lyrik' weniger geeignet, deshalb sollte man, bei aller Problematik des Begriffs 'volkstümlich', in Anknüpfung an Ewers anstelle von 'Kindervolkslied' und 'Kinderkunstlied' besser die Bezeichnungen 'literarische Kinderlyrik' vs. 'volkstümliche Kinderlyrik' bzw. 'folkloristische Kinderlyrik' verwenden, wobei die beiden letztgenannten Epitheta natürlich als wertneutral zu gelten haben.

Die fließenden Übergänge, wie sie im Bereich der 'literarischen Kinderlyrik' allzu häufig gegeben sind, etwa in der bewussten Nachahmung einfacher, volkstümlicher Formen, konkret z. B. in der Nachfolge von *Des Knaben Wunderhorn*, lassen sich in einem systematisierenden oppositionellen Begriffspaar allein sowieso nicht verdeutlichen. Dafür wird man entsprechende Subtermini einsetzen müssen.

Den Oberbegriff 'Kinderlyrik' aufzugeben empfiehlt sich bei aller Problematik nicht, da dieser bisher durch keinen treffenderen Terminus ersetzt wurde. Argumente, dass er den Gegenbegriff 'Erwachsenenlyrik' und damit relative Minderwertigkeit intendiere, sind nicht stichhaltig, da man dann terminologisch andere weitreichende Konsequenzen ziehen müsste und alle gebräuchlichen Kategorisierungsmöglichkeiten ausschlösse (man müsste alle Begriffe wie 'Kinderroman', 'Kindertheater' usw. ersetzen). Diese sind aber notwendig, da sich Kinderlyrik und 'Erwachsenenlyrik' zwar nicht grundsätzlich vom Kunstcharakter her, aber meist ganz eindeutig in Bezug auf die intendierten Adressaten, die tatsächlichen Rezipienten und die Funktionalität unterscheiden (vgl. die angeführten Beispiele).

Kinderlyrik ist nicht nur sprachlich-formal in einen weiten Rahmen gespannt, auch intentional treten große Unterschiede zutage; da reicht die Skala von der penetrantesten Vermittlung moralisch-ethischer Normen im Lehr- und Moralgedicht bis zum anscheinend aussagefreien scherzhaften Sprachgebilde im Nonsens-Gedicht. Man sollte sich allerdings darüber im Klaren sein, dass es bei allen Unterschieden keine zweckfreie Literatur gibt. Auch das sogenannte Unsinn-Gedicht hat einen 'Sinn' und eine Intention, wie etwa auch dadaistische 'Wortstammeleien' etwas bezwecken, nämlich zu provozieren, zu schockieren, zum Nachdenken zu zwingen oder zu amüsieren, zu unterhalten oder Freude am Spiel mit der Sprache zu vermitteln. Und so befindet sich Kinderlyrik in seiner Formenvielfalt – nicht anders als 'Erwachsenenlylrik' – wertungsmäßig ebenfalls immer auf einer Gratwanderung zwischen gesellschaftlicher Normativität und Abweichung, zwischen Regelgebundenheit und spielerischer Regellosigkeit, zwischen ästhetischer Anerkennung und Ablehnung.

1.2 Genres und Formen der Kinderlyrik

Unter den Oberbegriff 'Kinderlyrik' lassen sich verschiedene Genres mit unterschiedlichen Ausprägungen subsumieren:

(1) Kinderreim, Kindervers
(2) Kindergedicht (Kinderballade, 'Versgeschichte', 'Erzählchen', Kindergebet u. a.)
(3) Kinderlied
(4) Kinderspiel bzw. Spielvers, Spiellied u. ä.
(5) Sprachspiel (u. a. Konkrete Poesie, Nonsense, Verfremdung, Parodie)

1.2.1 Kinderreim

Beim Kinderreim – 'Kindervers' wird meist synonym verwendet (Franz 2000a) – handelt es sich um eine einfache literarische Form in gebundener Sprache. Die Texte stammen, formal und inhaltlich meist an Erwachsenenvorbilder angelehnt, von Kindern selbst ('eigentliche' Kinderreime) oder als intentionale Dichtung auch von Erwachsenen (z. B. Abzählverse von Janosch u. a.) und werden vom Kleinkindalter bis ins Grundschulalter und teilweise darüber hinaus bei verschiedensten Gelegenheiten, auf der Straße, beim Spiel, in Kindergarten und Schule, als wichtiges Vehikel der sprachlichen, psychischen und sozialen Entwicklung verwendet.

Kinderreime zeigen gemeinsame strukturelle Merkmale, die einerseits in einer gewissen Begrenztheit und Einförmigkeit, andererseits in einem unbegrenzten Variantenreichtum liegen. Die überwiegend unstrophigen Gebilde bestehen häufig aus drei- oder vierhebigen, paarweise gereimten Verszeilen. Besonders häufig sind, nicht zuletzt wegen des Paarreims, Zwei- und Vierzeiler, aber relativ oft auch Drei- und Fünfzeiler wie überhaupt Texte mit unregelmäßiger Zeilenzahl, da ein Anruf, eine Anrede vorangestellt oder eine Waise, also eine nichtreimende Verszeile (x), eingeschoben oder angehängt ist oder eine Zeile refrainartig wiederholt wird. 'Unreine' Reime finden sich in Versen von Kindern selbst relativ häufig.

Spottverse, Abzählreime, Spielverse u. ä. sind im Allgemeinen kurz, während Kettenreime, früher oft in der Form der 'Kinderpredigt', durch das Prinzip der

Reihung fast beliebig lang sein können, oft um die 20 Zeilen. Im märchenhaft einsetzenden Beispiel „Es war einmal ein Mann,/der hatte einen Schwamm./ Der Schwamm war ..." wird im nächsten Reimpaar immer das letzte Reimwort wieder aufgenommen, so dass sich eine feste 'Kette' ergibt, die in ihrer engen Bindung, durch das inhaltliche Übergreifen von einem Reimpaar in das nächste, das Merken und Aufsagen sehr erleichtert. Dazu kommen noch kunstvoller verschlungene Formen, etwa mit jeweils chiastischer Umstellung in den Reimpaaren: „Eins zwei drei,/alt ist nicht neu,/neu ist nicht alt,/warm ist nicht kalt,/kalt ist nicht warm ..." Diese mnemotechnischen Hilfen sind kindgemäß, und sie sind auch notwendig, vor allem in noch komplizierteren Gedichtformen wie dem Lawinen- oder Schwellgedicht: „Der Herr, der schickt den Jockel aus./Er soll ..." Hier ist nicht mehr der Endreim das entscheidende Kriterium, sondern die jeweilige inhaltliche Wiederholung und etappenweise Erweiterung, so dass der anfangs kurze Ausgangstext lawinenartig anschwillt und es zu ganz extremen Gebilden kommen kann.

Neben das faszinierende Grundelement der regelmäßigen Wiederkehr von Betonung und Nichtbetonung, der rhythmischen Wiederholung, tritt der spielerische Einsatz von Sprache. Aus dem Bedürfnis des Kindes nach Komik und seiner Freude an der Eroberung der Sprache wird mit Klängen experimentiert, was sich in den vielfältigen Varianten des Reims (Endreim, Stabreim oder Alliteration, meist konstitutiv im Zungenbrecher, Assonanz, Schüttelreim u. a.), der veranschaulichenden Lautmalerei und den unbegrenzten Buchstaben-, Silben- und Wortspielereien zeigt, etwa im Vokalspiel (z. B. „Dri Chinisi ..."), im gehäuften Binnenreim („Eene meene muh ..."), im Verzögerungsreim („Meine Mu-, meine Mu-, meine Mutter schickt mich her ...").

Die Aussage ist, dem noch beschränkten kindlichen Sprach- und Denkvermögen entsprechend, lakonisch, hat aber je nach Verwendungszweck eine entscheidende Funktion. Das Schwergewicht des Kinderreims liegt primär weniger im Narrativen als vielmehr in seinem unmittelbaren Gebrauchswert.

Eine stringente Klassifizierung liegt nicht vor, doch lassen sich einige funktionale Typen, wenngleich mit Überschneidungen, nennen: Kitzel-, Krabbelvers, Fingerreim und -spiel, Kosereim, Beruhigungsvers, Trostvers, Heilsegen, Kniereiter, Schaukelreim, Wiegenlied, Zuchtreim, Heischelied, Spott-, Neck-, Ulk- und Scherzreim, Nachahme- und Deutereim, Tierreim, Rätselvers, Lügen-, Verkehrte-Welt-Gedicht, Parodie, Nonsens, Abzählreim, ABC-Vers, Kettenreim, Endlos-Gedicht, Lawinengedicht, Schnellsprechvers/Zungenbrecher, Kinderpredigt, Bastlösereim, Gebet, Wetterspruch, Reigen- und Tanzlied, Spielvers, Albumvers u. a. m. Alle diese Formen haben, auch wenn nicht immer unter den alten Benennungen, selbst in der unmittelbaren Gegenwart große Bedeutung.

1.2.2 Kindergedicht

Die Übergänge zum Kinderreim sind gerade für die Produkte von Erwachsenen oft fließend, denn zunächst gilt das über Rhythmus, Klang, Reim und die formale und sprachliche Einfachheit Gesagte auch für das Kindergedicht, doch steigert sich dieses umfangmäßig (Zeilen-, Strophenzahl), formal (komplizierteres Versmaß und Reimschema, z. B. Kreuzreim; reimlos, freirhythmisch), sprachlich (Wortgebrauch, Satzbau) und inhaltlich (breitere Thematik) gerade mit zunehmendem Alter der Rezipienten. Den wesentlichen Unterschied aber sieht man vor allem darin, dass das Kindergedicht inhaltlich planmäßig verfasst ist, abgeschlossene Geschehnisse thematisiert bzw. Sachverhalte schildert, also ein in sich abgerundetes Ganzes bildet, weshalb sich relativ viele erzählende Gedichte ('Geschehnislyrik') finden.

An Klassifikationsversuchen, die für didaktische Überlegungen wichtig sein können, hat es auch da nicht gefehlt, obwohl man sich über die Kriterien und die Terminologie nie ganz einig wurde. So unterteilen Helmers u. a. in 'Naturlyrik' *(Trariro, der Sommer, der ist do ...)*, 'Geschehnislyrik' (Erzählgedichte, Kinderballaden, z. B. *Ballade vom großen Hut* von Peter Hacks) und 'lyrischen Humor' (Klanglyrik wie Zungenbrecher und Lautgedichte; Reimspiele wie Kettenreime und Buchstabenspiele; verkehrte Welt; Lügengedichte; lachende Moral; komische Erzählgedichte). Andere Einteilungen sind Stimmungs-, Klang- und Erzähllyrik (u. a. mit dem Begriff 'Erzählchen'), Erlebnis-/Stimmungslyrik, Reflexionslyrik, Geschehenslyrik, Sprachspiele (Motté 1992) oder erzählende, lehrhafte und liedhafte Gedichte; dazu kommen noch unter anderem Bild- und Rätselgedichte sowie Gebete, die von Intention und Funktion her eindeutig festgelegt sind und die man von daher durchaus auch als eigenes Genre klassifizieren könnte.

Andere als thematische und intentionale Kriterien ergeben sich aus der im Folgenden homogen zu verstehenden Verfasserschaft, nämlich Erwachsene, und der eventuell ursprünglich anderen Zielgruppe. Deshalb wird – anders als im Vorschlag von Krüss – gelegentlich unterteilt in 'Kindergedichte', d. h. speziell für Kinder geschrieben, z. B. von Guggenmos, und 'Gedichte für Kinder', d. h. zwar genuin für Erwachsene geschrieben, aber auch für Kinder geeignet, z. B. *Advent* von Rilke, so dass sich konsequenterweise als dritte Gruppe die nicht mehr für Kinder geeigneten und von diesen erfassbaren 'Erwachsenengedichte' anschließen, wie etwa Goethes *Prometheus* (doch wird heute mit Kindern selbst über solche Gedichte, oft mit erstaunlichen Erkenntnissen, gesprochen).

Diese subtilen Begriffsunterscheidungen haben sich nicht allgemein durchgesetzt, so dass man im Terminus 'Kindergedicht' den umfassenden Begriff sehen und, falls notwendig, im Einzelnen differenzieren sollte. Den Unterschied des Kindergedichts zum 'Erwachsenengedicht' sieht man außer in der beschränkten Anzahl der Motive vor allem darin, dass der Dichter immer sich selbst ausspricht, sein Lebensgefühl, seine Weltschau, wie schon das einleitende Beispiel angedeutet hat, der 'Kinderlyriker' dagegen in einer asymmetrischen oder komplementären Kommunikationssituation zum Kind und stellvertretend für das Kind spricht. Das zeigt sich besonders in den vielen Ich- und Wir-Gedichten, in denen der Verfasser die Kinder selbst sprechen lässt, und den Du- und Ihr-Gedichten, in denen er die Kinder direkt anredet, fragt, auffordert, also in den verschiedenen Arten von Rollen- oder Dialoggedichten (dazu auch Motté 1992).

Die meisten Kindergedichte stammen von Erwachsenen, deren Name allerdings oft in Vergessenheit geraten ist – ein typisches Beispiel dafür ist Heinrich Hoffmann von Fallersleben, der Verfasser unserer bekanntesten Kindergedichte und -lieder (vgl. u.). Allerdings darf man die zunehmende schulische und auch außerschulische – nicht nur mündliche – Textproduktion von Kindern, vor allem Jugendlichen, nicht unterschätzen, doch werden die wenigsten davon im eigentlichen Sinn publiziert, als Anthologie ohnehin ganz selten. Vereinzelt werden solche Texte in didaktische Werke, Lesebücher, Gedichtsammlungen oder Zeitschriften bzw. Zeitungen, eventuell im Kontext eines Wettbewerbs oder auf der Kinderseite, aufgenommen. Doch spielen diese, außer im schulischen Raum, innerhalb der gesamten Gedichtrezeption eine verhältnismäßig untergeordnete Rolle, wobei man in Bezug auf das 'Jugendgedicht' ohnehin differenzieren müsste (dazu Kratschmer 1996). 'Jugendlyrik', wie sie von Jugendlichen bzw. für Jugendliche geschrieben wird, müsste eigens betrachtet werden, da der Übergang zur 'Erwachsenenlyrik' fließend und damit oft nicht mehr auszumachen ist. Für sie sind Elemente der modernen Lyrik bedeutend stärker konstitutiv.

1.2.3 Kinderlied

Der Begriff 'Kinderlied' hatte neben 'Kinderreim' im 19. und auch noch im 20. Jahrhundert eine überragende Bedeutung, da er teilweise die Funktion eines Oberbegriffs für Kinderlyrik innehatte. Allerdings ist – vom literarischen Standpunkt aus gesehen – das Kinderlied insofern keine eigenständige Gattung, da es sich genuin um Sprachgebilde wie Kinderreime und -gedichte handelt, die mit einer Melodie versehen oder vertont wurden, also singbar sind. Manchmal wurde aber auch der umgekehrte Weg beschritten, indem man nämlich, wie etwa Hoffmann von Fallersleben, auf vorhandene Melodien einen Text geschaffen hat. Der musikalische Aspekt darf ohnehin auf keinen Fall unberücksichtigt bleiben, da er für das Wesen der Kinderlyrik konstitutiv ist. Kinderreime werden sowieso meist rezitativ geleiert (Sprechgesang), und viele Texte der Kinderlyrik fordern von ihrer sprachlichen und formalen Gestaltung her einen liedhaften Vortrag geradezu heraus. Das gilt auch für die meisten spielbegleitenden Texte (z.B. „Ist die schwarze Köchin da?“).

Hinzu kommt, dass nicht nur in den Anfängen intentionaler Kinderlyrik die Texte sehr häufig, manchmal sogar von verschiedenen Komponisten, vertont wurden, z. B. Weißes *Lieder für Kinder* (1766/67), sondern dass dies heute wieder in zunehmendem Maße der Fall ist, da die technischen Möglichkeiten für eine entsprechende Distribution gegeben sind. So werden der gedruckten Gedicht- bzw. Liedausgabe die vertonten Fassungen in Form von Hörkassetten, Hörbüchern, CDs u. a. beigelegt. Dies gilt für Einzelausgaben ebenso (etwa Josef Guggenmos: *O Verzeihung, sagte die Ameise*, 1990ff.) wie für Anthologien (Norbert Daum: *Kinder singen überall. Kinderlieder aus aller Welt*, 1997). Zum anderen gibt es eine vorher nie gekannte Vielfältigkeit an medialen Angeboten wie etwa die zwei Musik-CDs mit Karaoke-Version *Musik, die schlau macht – Klassische Gedichte als Rap* (2007), die Texte von Fontane, Goethe, Ringelnatz, Morgenstern, Busch u. a. bieten.

1.2.4 Kinderspiel

Der bis heute verwendete volkskundliche Begriff 'Kinderspiel' ist irreführend, da er nicht Textualität intendiert, deshalb sind Begriffe wie 'Spielvers', 'Spiellied', 'spielbegleitendes Lied/Gedicht' o. ä. unter dem literarischen Aspekt eindeutiger, doch muss man hier nicht unbedingt von einem eigenen literarisches Genre sprechen, da die performative Funktion weite Teile der Kinderlyrik bestimmt. Wenn Kinder einem Urtrieb, ihrem 'Spieltrieb' und Spielbedürfnis, nachkommen, benutzen oder produzieren sie häufig selbst entsprechende Texte, die fester Bestandteil des Spiels sind (anschauliche Beispiele bei Fischer 1996). Man denke an Abzählreime, Reigenlieder oder spielbegleitende Sprechgesänge wie „Ich und du ...“, „Häschen in der Grube ...“, „Fürchtet ihr den schwarzen Mann ...?“.

1.2.5 Sprachspiel

Sprachspiele kann man nur bedingt als eigene Untergruppe der Kinderlyrik sehen; sie sind gattungstypologisch nicht in diesem Maße fassbar, da sie als Stilelement der Kinderlyrik überhaupt, aber auch anderen Textsorten wie erzählerischen Prosatexten, Witzen, Rätseln usw. eigen sind. In dieser stiltypologischen Eigenschaft sind sie allerdings schon immer auch ein wesentliches Merkmal von Kinderreim und Kindergedicht. Heute hat die experimentelle Lyrik (Konkrete Poesie, akustische und visuelle Gedichte u. ä.) die Kinderdichtung stark beeinflusst. Sammlungen von Sprachspielen für Kinder gibt es zahlreiche, doch ist 'gebundene Sprache' im traditionellen Sinn nur jeweils für einen Teil der Texte konstitutiv.

2 Entstehung und Geschichte

Der einfache Kinderreim (volkstümliche/folkloristische Kinderlyrik) und das komplexere Kindergedicht (literarische Kinderlyrik) unterscheiden sich üblicherweise in Bezug auf ihre Entstehung und Entwicklung, wie sich dies analog auch in ihrer verschiedenartigen sprachlichen und formalen Struktur äußert.

2.1 Entstehung und Weiterleben der volkstümlichen Kinderlyrik

Volkstümliche Kinderlyrik – vor allem der Kinderreim im engeren Sinn – stammt üblicherweise von Kindern, die sich an verschiedene Vorbilder (z. B. Volkslieder, Gedichte, Schlager, Werbung) angelehnt haben; sie hat normalerweise keinen bestimmten, zumindest nicht greifbaren Verfasser, ist also anonym. Durch die mündliche Weitergabe – ihre Strukturmerkmale sind dem adäquat – ist sie einem dauernden Veränderungsprozess (‘Zersingeprozess’) unterworfen, so dass es heute von manchen Reimen zahlreiche, z. T. landschaftlich gebundene Varianten gibt. Obwohl im spiel-, parodier- und spottfreudigen Kindermund immer wieder neue Reime entstehen, ist die starke Tradierung alter Motive und Formen in diesem literarischen Genre besonders auffällig, da jede Kindergarten- und Schülergeneration ihr Literaturgut an die nächste weitergibt (allgemein dazu Fischer 2000).

Man kann annehmen, dass manche Kinderreime (z. B. „Es tanzt ein Bi-Ba-Butzemann …“) sehr alt sind, wenngleich im 19. Jahrhundert in der volkskundlich-mythologischen Deutung oft weit über das Nachweisbare hinausgegangen wird. In Deutschland wurde im Anschluss an Johann Gottfried Herders Wirken der Sammeleifer der Romantiker entscheidend, denn in *Des Knaben Wunderhorn* (1806/1808), von Achim von Arnim (1781–1831) und Clemens Brentano (1778–1824) herausgegeben, ist im Anhang zum 3. Band die erste Sammlung deutscher volkstümlicher Kinderreime und -gedichte unter dem Titel *Kinderlieder* abgedruckt. Das 19. Jahrhundert wurde dann die große Zeit des Sammelns, wobei man allerdings unter purgatorischen und nostalgischen Intentionen Tabubereiche, vor allem sexueller Art, ausgeklammert und so einen Teil der tatsächlichen Produktion nicht erfasst hat. Dies änderte sich erst entscheidend mit den Sammlungen *Über das Volksvermögen – Exkurse in den literarischen Untergrund* von Peter Rühmkorf (1969) und den umfassenden dreibändigen Studien des Sexualforscher Ernest Borneman zum ‘verbotenen Kinderreim’ (1973–1976).

Einen Stammbaum des Kinderreims, hier noch unter dem inzwischen modifizierten Oberbegriff ‘Kinderlied’, der systematisch die entscheidenden Wurzeln und Entwicklungslinien jeweils vom greifbaren Verfasser bis zur anonymen Existenz zeigen soll, hat Ruth Lorbe entworfen (s. u. a. die Grafik in Lorbe 1984, S. 342). Sie unterteilt zunächst in ‘Kinderkunstlied’ (bekannte Verfasser) und ‘Kindervolkslied’, wobei hier verschiedene Möglichkeiten angedeutet werden:

a) Aus der Erwachsenenwelt übernommen:
   Erwachsenenkunstlied ➔ Erwachsenenvolkslied ➔ Kinderlied
   Erwachsenenkunstlied ➔ Kinderlied
   Erwachsenenvolkslied ➔ Kinderlied

b) In der Kinderschicht entstanden: Kinderlied

Der Kinderreim lebt in einem dauernden Erneuerungs- und Veränderungsprozess weiter. Dabei werden die alten Raster, aber selbst Sprachmuster („Safran macht den Kuchen gehl …“; „nudeldicke Dirn“ noch in der Bedeutung von ‘Mädchen’ allgemein) tradiert, während Aktualisierungen eher auf inhaltlicher Ebene vorgenommen werden, so dass sich für eine Charakterisierung hier durchaus das umgekehrte Bild vom ‘neuen Wein in alten Schläuchen’ anbietet.

2.2 Die historische Entwicklung der ‘literarischen Kinderlyrik’

Die Anfänge der ‘literarischen Kinderlyrik’, des Kindergedichts, des ‘Kinderlieds’ mit bekanntem Verfasser, liegen – abgesehen von lehrhaften und religiösen Gedichten des Mittelalters – in der bildungsbewussten und verstandesbeherrschten Periode der Aufklärung im 18. Jahrhundert, in der überhaupt erst eine spezifische oder intentionale, also an die jungen Adressaten gerichtete Kinder- und Jugendliteratur entstand, und zwar aus einem Erziehungs- und Bildungsstreben, aus dem heraus sich die traditionellen bürgerlichen Moral- und Tugendvorstellungen etablierten, die für das Kind speziell thematisiert wurden. Solche Lyrik – stark an das traditonelle ‘Erwachsenengedicht’ angelehnt – erweist sich als starr und nützt damit – im Unterschied zur volkstümlichen Kinderlyrik in *Des Knaben Wunderhorn* – weder inhaltlich noch formal und sprachlich die Spielräume des Lyrischen und damit das lyrische Potential des Kindes.

Neben Christian Felix Weiße (1726–1804) mit seinen mehrfach vertonten *Kinderliedern* von 1766/67 an der Spitze verfasste, manchmal explizit gegen die vorherrschenden seichten Ammenreime gerichtet, eine große Schar heute weniger bekannter Dichter gereimte Sozialisationsliteratur, wozu letztlich auch die Fabelgedichte von Gellert, Lichtwer, Pfeffel u. a. zählen. Sie taucht neben den moralischen Beispielgeschichten als wesentliche didaktische Gebrauchsliteratur in den frühen Lesebüchern auf und bleibt auch die vorherrschende intentionale Lyrik für Kinder über die kindferne Klassik hinweg bis weit ins 19. Jahrhundert hinein; als eine Strömung, als moralisch-belehrende, setzt sie sich bis in die Gegenwart fort.

Einen echten Einbruch in die allmächtige pädagogische Tradition bedeutet die Romantik, die an die Volksliedtheorie Herders und des Sturm und Drang anknüpft. Hier erhält die volkstümlich-traditionelle, eher spielerische und weniger explizit pädagogisch intendierte Kinderlyrik ihren hohen Stellenwert. Hauptauslöser dafür wird Arnims und Brentanos dreibändige Sammlung *Des Knaben Wunderhorn* (1806, 1808) mit dem Anhang *Kinderlieder* im dritten Band. Diese aus verschiedensten Quellen stammenden und besonders auch von Brentano bearbeiteten rund 140 Texte treffen in ihrer teilweise landschaftlich-regionalen Gebundenheit und mit ihrer sprachlichen Wärme, gerade durch die vielen Diminutive, den „Kinderton“ in idealer Weise (vgl. Vahle 1992, S. 47–49). Zu den bekanntesten Texten zählen neben dem *Butzemann* das *Abendgebet* („Abends wenn ich schlafen geh ...“), das *Sommertagslied* („Tra, ri, ro,/Der Sommer, der ist do! ....“) und vor allem das viel gedeutete geheimnisvolle *Bucklige Männlein*.

Zum fruchtbarsten und bis heute folgenreichsten Kinderlieddichter wird der Verfasser des *Deutschlandliedes* August Heinrich Hoffmann von Fallersleben (1798–1874), etwa mit seinem *Lied vom Monde* („Wer hat die schönsten Schäfchen ...“; 1835), das am meisten verbreitet war, das auch oft für sein schönstes gehalten und gerne neben das *Abendlied* von Matthias Claudius gestellt wird. Insgesamt verfasste er, häufig auf alte Melodien, fast 400 Liedtexte, von denen mehrere noch heute zum Grundbestand im Bereich der vorschulischen und schulischen Musikerziehung zählen: *Der Kuckuck und der Esel; Auf unsrer Wiese gehet was; Ein Männlein steht im Walde; Alle Vögel sind schon da; Winter, ade; Sum, sum, sum; Kuckuck, Kuckuck ruft aus dem Wald* u. a.

Seit der Romantik fließen zwei Strömungen nebeneinander, die eher pädagogisch-lehrhafte, mit dem Ursprung in der Aufklärung, und die mehr volkstümlich-lyrische. Allerdings kommt es im Folgenden zu starken Überschneidungen, wobei die Prioritäten jeweils unterschiedlich gesetzt werden, was selbst bis in die Konzeption unterschiedlicher Lesebuchtypen hinein auffällt.

Auf jeden Fall gelangt erst im Anschluss an die so fruchtbare Sammelleidenschaft der Romantik das Kindergedicht im 19. Jahrhundert zu einer ersten großen Blüte. Viele Gedichte haben die Zeit in Anthologien und Lesebüchern bis in unsere Zeit unbeschadet überdauert, manches lebt als fester Bestandteil in Anthologien und im schulischen Kanon der Kindergedichte weiter, anderes wird erst heute allmählich durch neuere Dichtung ersetzt.

Größte Wirkung für das Kindergedicht des 19. Jahrhunderts, speziell für die Entwicklung der 'Fabel' als gereimte Kinderliteratur, hatte Wilhelm Hey (1789–1854) mit seinen *Funfzig Fabeln für Kinder* (1833) und *Noch funfzig Fabeln für Kinder* (1837) mit den anerkannten Illustrationen von Otto Speckter. Gedichte wie *Rabe, Vogel am Fenster* oder *Kind und Buch* tauchen auch gegenwärtig vereinzelt auf, Lieder wie *Alle Jahre wieder* oder *Weißt du, wie viel Sterne stehen* sind volkstümliches Allgemeingut geworden. Friedrich Güll (1812–1879) wird mit seiner Sammlung *Kinderheimath in Liedern und Bildern* (1836), die in der stark erweiterten zweiten Auflage 1846 von Franz Pocci illustriert wurde, mindestens ebenso erfolgreich. Einiges von ihm lebt im Kindermund, in Kindergarten und Schule noch stärker bis in die Gegenwart fort: *Kletterbüblein, Vom Büblein auf dem Eis*.

Dies trifft im Einzelfall auch auf andere Autoren zu, etwa auf Robert Reinick (1805–1852), der das von bekannten Dresdner Künstlern illustrierte *ABC-Buch für kleine und große Kinder* (1845) geliefert hat, oder auf August Kopisch (1799–

1853), der mit seinen *Heinzelmännchen zu Köln* ein Paradigma der Lautmalerei geschaffen hat und damit heute fortlebt (nicht nur im Kontext der allbekannten 'Mainzelmännchen').

Biedermeier und Realismus sind in der Kinder- und Jugendliteratur keine fest abgrenzbaren literarhistorischen Größen. Im Kindergedicht des 19. Jahrhunderts setzt sich die in der Aufklärung begonnene Moraltendenz fort, wenn auch teilweise stark gemildert durch den adaptierten sprachlichen und formalen Reichtum der romantisch-volkstümlichen Kinderlyrik. Ein sprachspielerisches Gedicht wie *Das Huhn und der Karpfen* von Heinrich Seidel (1842–1906) ist heute noch bevorzugtes Paradigma für Onomatopöie in zahlreichen Lesebüchern der Primarstufe.

Für die äußerst produktive zweite Hälfte des 19. Jahrhunderts und die Zeit über die Jahrhundertwende hinweg stehen für das Kindergedicht vor allem Namen wie Hermann Kletke, Julius Sturm, Rudolf Löwenstein, Georg Christian Dieffenbach, Julius Lohmeyer, Johannes Trojan, Victor Blüthgen und Gustav Falke. In die erste Hälfte des 20. Jahrhunderts hinein wirken Albert Sergel, Adolf Holst und Frida Schanz, besonders mit ihrem unverwüstlichen 'Unfuggeist' im Gedicht *Niemand.*

So konstitutiv sie alle für ihre Zeit auch waren, so sporadisch werden Gedichte von ihnen bis Ende des 20. Jahrhunderts und bis heute noch gelesen, wie etwa Rudolf Baumbachs *Die Gäste der Buche.* Sie setzen in typischer Weise die Tradition des bürgerlichen Kindergedichts fort. Dabei muss man sich im Klaren darüber sein, dass in zahlreichen Texten des ausgehenden 19. Jahrhunderts immer stärker auch ein großes nationales und militantes Potential wirksam wird, denn es ist in Deutschland die Zeit des überbordenden Nationalbewusstseins und des Hasses gegen den Erzfeind, die Franzosen. Kriegserziehung beginnt ganz spielerisch, schon beim Kleinkind, gerade mit der positiven Betonung des Kriegsspielzeugs für die Knaben.

Am Ende des Jahrhunderts haben sich ziemlich eindeutig einige Namen als klassifikatorisch herauskristallisiert, nämlich vor allem Hoffmann von Fallersleben, Hey, Güll und Reinick. Diese 'Kinderliederdichter' werden nicht nur gelesen, sie gelangen auch als literaturkundlich-biographisches Thema in den Deutschunterricht des späten 19. Jahrhunderts.

In der illustrationsfreudigen Zeit um 1900 sind Paula Dehmel (1862–1918) und Richard Dehmel (1863–1920) wichtige, wenn auch nicht unumstrittene Vertreter der Kinderlyrik. Sie bringen eine neue, kritische Note ins Kindergedicht. Dies ist ähnlich der Fall bei Christian Morgenstern (1871–1914) und dann bei Joachim Ringelnatz (d.i. Hans Bötticher; 1883–1934). Diese beiden gelten vor allem als Vorläufer und zugleich als ein Höhepunkt des Nonsens-Gedichts in Deutschland. Ein bekanntes Beispiel für Morgenstern-Ausgaben ist das 'Kinderliederbuch' *Liebe Sonne, liebe Erde* (1943; Bilder von Elsa Eisgruber) mit dem

'Klassiker' *Die drei Spatzen*. Ähnlich oft wird heute *Das große Lalula* aus den *Galgenliedern* (1905) produktiv rezipiert.

Von Ringelnatz stammen die Bände *Geheimes Kinder-Spiel-Buch* (1924) und das *Kinderverwirrbuch* (1931). Bekannte Gedichte, die ob ihrer sprachlichen Progressivität erst viel später zum Tragen kommen, sind *Die Ameisen* und *Im Park*. Sie zählen heute zum festen Bestand in Kinderanthologien und Lesebüchern. Überhaupt sind es vor allem die Gedichte von Morgenstern und Ringelnatz, die heute neu illustriert in kindgemäßen Neuausgaben erscheinen. Von den relativ wenigen Kindergedichten Erich Kästners (1899–1974) ist das humorvolle, sprachspielerische *Verhexte Telefon*, 1931 als Bilderbuch mit Illustrationen von Walter Trier erschienen, am bekanntesten geblieben.

Abb. 1 Christian Morgenstern

Auf jeden Fall muss man jetzt verschiedene Entwicklungsstränge unterscheiden, die parallel oder gegeneinander laufen, sich überschneiden und ergänzen und die somit, gerade auch chronologisch, nicht mehr klar voneinander zu trennen sind. Am ehesten ist dies noch bei der spezifischen gemeinschafts- und gesinnungsbildenden Kinderlyrik des 'Dritten Reiches', vor allem den Liedern für die Hitlerjugend, möglich.

2.3 Kinderlyrik in der zweiten Hälfte des 20. Jahrhunderts

Trotz einiger Monographien (Vahle 1992, Vogdt 1998) ist eine umfassende und systematische historische Darstellung der Kinderlyrik bis in die Gegenwart wissenschaftliches Desiderat geblieben. Dem Wandel in der zweiten Hälfte des 20. Jahrhunderts wurde inzwischen größere Aufmerksamkeit zuteil.

Die Autoren der DDR knüpfen an die Vorläufer einer sozialistischen und pazifistischen Kinderlyrik in der Zeit vor 1900 an, in der in agitatorischen Versen Missstände wie Ausbeutung, Kinderarbeit, Bildungsnotstand, Krieg u. ä. angeprangert werden. Zum großen Vorbild wird – wie später auch im Westen – Bertolt Brecht (1898–1956) mit seinen *Kinderliedern* und anderen Gedichten. Die Entwicklung der DDR-Kinderlyrik (dazu besonders Schulz 2006) muss allerdings noch differenzierter als bisher gesehen werden, da naturgemäß neben den eigentlichen Parteidichtern im Dienste des Klassenkampfes, wie Paul Wiens und

Helmut Preißler in der Frühzeit, auch solche aus einer allgemein humanistischen Sicht schreibenden Kinderlyriker und solche, die Kritik einbrachten und sogar verbalen Widerstand leisteten, nebeneinander wirkten. Schließlich äußert sich dies auch in den Einzelschicksalen, mit innerer oder äußerer Emigration, mit Schikanen und Haft, mit Umzug oder Ausbürgerung in den Westen.

Am bekanntesten und teilweise bis heute erfolgreichsten wurden, meist mit einzelnen Gedichten, gerade diejenigen im Westen, die in allgemeinerer Form ausgediente Autoritäten bloßstellten, veraltete Moralvorstellungen relativierten oder verkrustete gesellschaftliche Strukturen aufzubrechen versuchten, wie z. B. Franz Fühmann (1922–1984) mit seinem Gedicht *Lob des Ungehorsams*, einer literarischen Kontrafaktur zum Märchen von den sieben Geißlein, oder Günter Kunert mit Gedichten wie *Kinderlied vom raschen Reichwerden*.

Trotz oder auch wegen ihrer sozialkritischen Haltung überleben also heute vor allem die Autoren, die in ihrer Lyrik in den siebziger Jahren die vorgegebenen Normen überschritten. Bekannte Namen sind Dieter Mucke mit seinem Gedichtband *Freche Vögel* (1977), Eva Strittmatter, Günter Saalmann, Volker Braun, Walther Petri u. a.

Sie greifen alle möglichen Missstände auf, wie dies etwa Mucke eindrucksvoll im traditionellen Raster des Kinderreims (Wiederholung, Reihung, Parellismus) in seinem Gedicht *Umweltverschmutzung* tut:

In Flüssen, die stinken,
Kann man nicht schwimmen.
An Flüssen, die stinken,
Kann man nicht singen.
In Flüssen, die stinken,
Kann man nicht fischen.
Die die Flüsse versauen,
Kann man erwischen.

Allerdings hatten es die meisten Autoren, trotz ihres Wirkens auch nach der Wende, sehr schwer, ins bundesrepublikanische Bewusstsein vorzudringen, so dass sie, vor allem in Lesebüchern, mit wenigen Ausnahmen kaum präsent sind. Die große Ausnahme bildet Peter Hacks (geb. 1928), denn seine Gedichtsammlung *Der Flohmarkt* (1965) erregte großes Aufsehen, und mehrere Gedichte wie *Ladislaus und Komkarlinchen, Ballade vom schweren Leben des Ritters Kauz vom Rabensee, Der Herbst steht auf der Leiter, Der Walfisch* sind seit langem fester Bestandteil von Anthologien und Lesebüchern.

Besinnt man sich im übrigen deutschsprachigen Raum nach 1945 zunächst gezwungenermaßen auf traditionelles Reimgut – eine Tendenz, die unverkennbar anhält –, so setzt doch relativ bald auch die bis heute währende Phase der großen Kinderlyriker ein. Entscheidende Werke von James Krüss (1926–1997) und Josef Guggenmos (1922–2003), bei denen die Dominanz des Kindergedichts am größten ist, erscheinen schon in den fünfziger und sechziger Jahren. Beide knüpfen stark an Traditionelles an, finden jedoch zu einem jeweils unverkennbaren individuellen Stil, was nicht zuletzt ihren außerordentlichen Erfolg erklärt.

Die sprachspielerischen Gedichte und Kinderballaden von Krüss wie *Das Feuer, Der Zauberer Korinthe, Die knipsverrückte Dorothee* sind inzwischen fast literarisches Allgemeingut und damit bereits 'Klassiker' der neueren Kinderlyrik. Dies gilt ebenso für Guggenmos, dessen Name geradezu klassifikatorisch für 'Kindergedicht' steht. Er ist der Meister der kleinen, oft freirhythmischen pointierten Form. Kein Gedichtband ist so bekannt geworden wie der 1968 mit dem Sonderpreis des Deutschen Jugendliteraturpreises prämierte *Was denkt die Maus am Donnerstag?* (1967).

Hier schließt sich als dritter 'Grundschullesebuch-Klassiker' Hans Baumann (1914–1988) an, dessen Wurzeln im 'Dritten Reich' liegen („Es zittern die morschen Knochen ..." u. a.) und dem bei aller Kritik mit einigen späteren Texten wie *Kinderhände* und *Spuren im Sand* eindrucksvolle kindgemäße Metaphern von menschlicher Gleichheit und Toleranz gelingen.

Abb. 2 Josef Guggenmos

In den siebziger Jahren stellen die antizipatorischen und antiautoritären Kindergedichte eine echte – manchmal schockierende – Neuerung dar, auch wenn es vereinzelte Vorläufer gibt. Typisches und inzwischen klassisches Beispiel ist Susanne Kilians an Brecht angelehntes *Kindsein ist süß?* mit der lakonischen Schlusszeile „Kindsein ist mies" (vgl. überhaupt ihr *Nein-Buch für Kinder*, 1972).

Von einer Wende zu sprechen wäre allerdings irreführend, da es im Folgenden nicht zu einer Dominanz in der Gesamtentwicklung, wohl aber zu entscheidendem Einfluss auf die neue Kinderlyrik kommt, denn das idealisierte Kind-Erwachsenen-Verhältnis wird jetzt häufig relativiert. Dies zeigt sich weniger in der Form als vielmehr in der Fülle aufgegriffener Themen, Stoffe und Motive, deren Spektrum sich im Kindergedicht in den letzten 30 Jahren sehr stark erweitert.

Selbst existienzielle und philosophische Probleme werden im kindgemäßen Ton berührt, wie etwa in Frantz Wittkamps *Gestern*:

Gestern hab ich mir vorgestellt,
ich wär der einzige Mensch auf der Welt.
Ganz einsam war ich und weinte schon,
da klingelte leider das Telefon.

Insgesamt aber hat moderne Kinderlyrik die extreme Wende der modernen Lyrik mit weitgehender Aufgabe des Endreims und der extremen Tendenz zum schwer Verständlichen oder gar zur 'Negativität' nicht mitvollzogen, auch wenn man dies an einigen Extrem- oder Übergangsbeispielen gerne zu demonstrieren versucht. Natürlich zeigt sie sich knapper, lakonischer, sachlicher, humorvoller, manchmal aggressiver und mit einer weniger aufdringlichen 'Moral' als traditionelle Kinderlyrik.

Der Abstand zur neueren 'Erwachsenenlyrik' hat sich allerdings noch vergrößert; am ehesten kommt es zu Annäherungen im Sprachspiel, speziell etwa in konkreter Poesie, so dass einzelne Gedichte von deren bekanntesten Vertretern, wie Eugen Gomringer und Ernst Jandl *(ottos mops)*, auch Kindern – vor allem im Kontext des Deutschunterrichts – angeboten werden. Geradezu beispielhaft für diese Art neuerer Kinderlyrik sind zahlreiche Texte des Schweizers Hans Manz (geb. 1931; vgl. u. a. *Die Welt der Wörter. Sprachbuch für Kinder und Neugierige*, 1991).

Bezieht man die Verfasser von Bilderbuchversen und Gelegenheitsgedichten im engeren Sinn (Geburtstag, Weihnachten usw.) mit ein, dann ist die Zahl der Kinderlyriker auch heute Legion. Autorinnen und Autoren, die teils der älteren Generation angehören und manchmal nur mit einem Gedichtband wirkungsvoll hervorgetreten sind, die aber doch als Hauptvertreter heutiger Kinderlyrik gesehen werden, sind Christine Busta, Erich Fried, Reiner Kunze, Peter Härtling, Hans Adolf Halbey, Vera Ferra-Mikura, Elisabeth Borchers, Michael Ende, Eva Rechlin, Max Bolliger, Christine Nöstlinger, Jürgen Spohn, Paul Maar, Frantz Wittkamp, Robert Gernhardt, Erwin Grosche, Regina Schwarz, Martin Auer, Georg Bydlinski, Lutz Rathenow, Heinz Janisch und viele andere. Um die Entdeckung und Förderung jüngerer Talente hat sich vor allem der Verleger Hans-Joachim Gelberg verdient gemacht, nicht zuletzt mit seinen jeweils paradigmatischen Sammlungen *Die Stadt der Kinder* (1969, 1999 u. öfter), *Überall und neben dir* (1986, 2000, mit Hörkassette) und *Großer Ozean – Gedichte für alle* (2000) mit der bewusst weiten Adressatenorientierung im Untertitel.

3 Formen, Stellenwert und Rezeption in der Gegenwart

3.1 Neuere Tendenzen und Formen

Entscheidende neue Einflüsse innerhalb der Kinderlyrik gab es in den 1970er Jahren, weniger in den 1990er Jahren und am Anfang des 21. Jahrhunderts. Geht man vom Wortsinn 'Tendenz' aus, als „gemeinsames Streben in eine Richtung", dann wird man sich heute bei der Suche nach Neuem etwas schwer tun. Trotzdem lassen sich für die Gegenwart einige gemeinsame konstitutive Züge erkennen, wenngleich diese weniger auf innovativer Neuproduktion als auf dominierenden Formen der Intertextualität, der Anthologisierung, der Illustration und der Medialisierung basieren (vgl. zum Folgenden Franz 2005a, dazu 2005b, 2000b).

Intertextuelles Vorgehen heißt, dass ganz bewusst und meist auch offensichtlich Altes, Bekanntes aufgegriffen und verarbeitet wird, wobei der Begriff 'literarisches Zitat' im Großteil der Fälle fast zu kurz greift. Besonders auffällig verwendet man, auch in der 'Erwachsenenlyrik', in jüngerer Zeit Märchenstoffe und -motive, als Parodie oder Kontrafaktur. Das bekannte Fühmann-Beispiel *Lob des Ungehorsams* wurde genannt. Märchenversatzstücke werden im Gesamtbereich Lyrik als allgemein leicht zu erkennende Signale mit breiter Akzeptanz nicht nur als Verstärkung poetischen Ausdrucks, sondern auch als ironisch-parodistisches Transportmittel verwendet. Bei Märchen handelt es sich doch um Erzählstoffe, Sprachelemente und Figuren, die Kindern – aber ebenso Erwachsenen – noch immer am meisten vertraut sind, so dass ein motivierender Bezug zum Rezipienten sehr schnell hergestellt ist.

In Gelbergs *Großem Ozean* (2000) etwa finden sich u. a. das Gedicht *Rumpelstilz sucht Freunde* von Gerald Jatzek, das bereits „klassische" *Hänsel und Gretel* von Josef Wittmann (eines gibt es auch von Michael Ende), das ebenfalls sozialkritische *Ruckediguh* („Mir reicht's,/sprach Aschenputtel") von Inge Meyer-Dietrich, Norbert C. Kasers Gedicht *was du nicht tun sollst* mit der Anspielung auf *Rotkäppchen* („laß keinen wolf das rotkäppchen fressen") oder Gerhard Meiers Widmungsgedicht *Einem Kind* mit dem exemplarischen Verweis auf *Hans im Glück*.

Hinzu kommt eine Fülle von neuen Kindergedichten mit Anspielungen auf alte Kinderreime wie „Eene meene muh", „Zehn kleine Negerlein", „Backe, backe Kuchen" (mit der geheimnisvollen Schlusszeile „Safran macht den Kuchen gehl"). Hier zeigt sich der spielerische Charakter von Kinderlyrik besonders stark, was für die jungen Leser/Hörer äußerst motivierend ist, auch als Anregung zum eigenen Tun, zum Sprachhandeln in allen möglichen Formen.

Einesteils bleibt Kinderlyrik stark gekennzeichnet von Requisiterstarrung; allein die Liste der immer beliebten und in allen Zeiten beibehaltenen Tiere von der Maus bis zum Elefanten ist typisch (zu entsprechenden Ausgaben s. u.). Aber auch die dem Kind vertrauten Dinge gehören ebenso wie Naturerscheinungen dazu. Die sich abzeichnenden gesellschaftlichen und technischen Veränderungen bedingen andererseits eine Requisiterneuerung und dringen allmählich auch in das Kindergedicht ein, wie dies etwa mit der Raumfahrt schon relativ früh der Fall war.

Ist es bei Guggenmos noch die „unberachenbere Schreibmischane“, so tritt an die Stelle dieses Schreibgeräts der Computer, der in den anderen Genres der Kinder- und Jugendliteratur schon früher breiteren Eingang gefunden hat. Eines der noch wenigen Gedichtbeispiele ist Harald Braems *Computer-Lied* (Gelberg 2000), das als überschwängliche Eloge auf das elektronische Medium erscheint („Du mein allerliebster guter/Personal-Computer“), bis es mit der Klage „Eines macht mir noch Verdruß –/daß ich selber denken muß ...“ endet und damit das Lob relativiert. Öfter hat man sich schon dem Thema Fernsehen gewidmet, dabei meist in sehr kritischer und konträrer Haltung diesem Medium gegenüber.

Hervorstechende Züge des Kindergedichts, die großenteils aber auch schon eine längere Inkubationszeit hinter sich haben, sind heute – nachdem man entsprechende Kompetenzen bei Kindern nachgewiesen hat – Fragen philosophischer Art, nach dem Ich, nach dem Leben, nach Tod und Vergänglichkeit. Gedankliche Anklänge, die mit ihrem Carpe-diem-Motiv trotz aller Wiederholungen, des „Refrains“ und der reihenden Struktur wenig kindgemäß scheinen, finden sich in Gerhard Schönes vierstrophigem Gedicht *Irgendwann* (Gelberg 2000, S. 93):

> Irgendwann siehst du zum letzten Mal Schnee.
> Irgendwann trinkst du den letzten Kaffee,
> streichelst den Hund, tanzt durch den Saal,
> alles, alles gibt's ein letztes Mal.

Auffällig häufige Themen sind Natur und Umwelt, wobei die Skala von der Verschmutzung der Flüsse und Meere (vgl. oben das Beispiel von Mucke) über das Sterben der Pflanzen und Tiere bis zur Vernichtung unseres Planeten reicht. Zu einer Art Sinnbild ist dabei der Baum geworden.

Öfter widmen sich auch Kindergedichte der Wirtschaftswerbung, einem Bereich, der den Kinderalltag stark mitbestimmt und Kinder von klein an mit prägt. Hier liegen allerdings die Wurzeln ebenfalls weiter zurück; man denkt natürlich sofort an Ingeborg Bachmanns frühes Gedicht *Reklame*, das sich zum Schulklassiker par excellence entwickelt hat. Im kinderliterarischen Bereich hatte Max Kruses gleichnamiges Gedicht („Es wirrt in mir/ein Wirbeltier/ O-DENT-A ist sein Name“) wichtige Vorbildfunktion, es folgen etliche meist ironische und entlarvende Gedichte wie Gudrun Pausewangs *Werbung* oder Michail Krausnicks *Werbespott* (beide in: Gelberg 2000).

Die Erziehung zu einer im Allgemeinen kritischen Bewusstseinshaltung im neueren Kindergedicht zeigt sich in den zahlreichen Texten, die sich – außer mit den schon angerissenen Bereichen – mit elterlicher Erziehung, Außenseitertum, Behinderung, Freundschaft, Gewalt, Kinderschutz, -rechten, Gleichberechtigung, sozialer Gerechtigkeit, Zivilcourage, Toleranz, Dritte Welt, Krieg, Weltfrieden/Pazifismus, Selbsterkenntnis, Lebenssinn, Tod usw. beschäftigen (dazu auch Vogdt 1998, S. 187ff.).

Ingesamt lässt sich heute in der Lyrik für Kinder abermals eine Ausweitung ins Lockere und Spielerische feststellen, dafür werden starre Gedicht- und Strophenformen aufgegeben; mit Sprache spielen – wie es weitgehend methodisches Grundprinzip im Deutschunterricht geworden ist – wird zur Maxime erhoben. Dies passt auch zum Trend der gegenwärtigen Unterhaltungs- und Spaßgesellschaft und zu den entsprechenden Erwartungshaltungen der Kinder. Dabei werden, fast in synästhetischer Manier, bewusst alle Sinne des Lesers, Hörers und Betrachters von Gedichten angesprochen.

Sprachspielerisches verbindet sich gleichzeitig oft mit der pädagogischen Tendenz zur Sprachreflexion. Viele Gedichte haben Lesen, Sprache, speziell Rechtschreibung, einzelne grammatische Fälle und Kommunikationsprobleme oder eben das 'Gedicht' selbst zum Thema. Hier wird ebenfalls eine längere Tradition fortgesetzt; diese wird aber heute verstärkt und thematisch sehr ausgeweitet.

Neuere Kinderlyrik bleibt – und das soll nicht negativ gemeint sein – in weitesten Teilen lehrhaft, nicht moralisierend, aber ethische Normen vermittelnd, und zwar nicht vordergründig, sondern möglichst latent. Natürlich heißt es, wie in Kasers Gedicht, auch einmal ganz deutlich: *was du nicht tun sollst*, doch wird dann die Ernsthaftigkeit des Imperativs durch die sonderbaren Befehle relativiert: „laß keine fliege in der Milch baden [...]".

Der heute dargebotene Textfundus vor allem schwankt zwischen der noch nicht aufgegebenen Darbietung einer heilen Kindheitsidylle, der nachdenklich machenden Erheiterung durch humorvolles Sprachspiel und der harten Konfrontation mit einer gar nicht mehr heilen Welt. So wie es scheint, brauchen Kinder – und auch Erwachsene – diese Gegenpole.

Wirklich neue Töne sind gegenwärtig selten, auch wenn es an Experimenten nicht mangelt. Und doch haben etliche Autoren ihren eigenen individuellen Stil gefunden. Beispielhaft für diese Art der Lyrik ist ein sentenzhafter, gleichzeitig spielerischer, lakonischer und doch vielsagender Vierzeiler von Lutz Rathenow: „Der Himmel ist heut blau,/ganz blau, kein bisschen grau./Wär er jeden Tag so blau,/wünschten wir den Himmel grau".

Im Bereich der 'Jugendlyrik' zeigen sich heute ganz andere Entwicklungstendenzen, die Autoren und Herausgeber wie Jo Pestum oder Joachim Fuhrmann in den 70er und 80er Jahren des vorigen Jahrhunderts eingeleitet haben. Die Abgrenzung zur Kinderlyrik im engeren Sinn fällt leicht, die zur 'Erwachsenenlyrik' um so schwerer, da die Übergänge nach oben hin völlig fließend geworden sind. Im Unterschied zum Kindergedicht nehmen in neueren Sammlungen erotisch-sexuelle Bereiche immer breiteren Raum ein, vor allem natürlich in themenzentrierten.

3.2 Stellenwert und Rezeption

Wenn Peter Rühmkorf vor langem schon die Meinung äußerte, dass die Krise der Lyrik auch damit zusammenhänge, weil diese Art von Literatur nicht verfilmt werden könne, ist das – selbst wenn es inzwischen verschiedene Experimente mit visuellen und elektronischen Medien gibt – zumindest eine Begründung für die heute praktisch fehlende Lyrikrezeption im engeren Sinn bei den meisten erwachsenen Menschen (sieht man davon ab, dass sie täglich mit Songtexten und Werbereimen konfrontiert werden und die Tendenz, eigene 'Gedichte' zu allen möglichen Anlässen zu verfassen, eher wieder zunimmt; vgl. dazu die zahlreichen Gratulationstexte in der Presse, im Internet etc.).

Auch wenn sich die Rezeptionssituation bei Kindern anders darstellt, da diese noch besonders aufgeschlossen für diesen literarischen Bereich sind und mehr oder weniger latent ihre Reime benützen, so sind Kindergedichte aus verschiedenen Gründen ebenfalls eine unterprivilegierte Literaturgattung. Bei der Vergabe des 'Deutschen Jugendliteraturpreises' passiert es – wie bei anderen Auszeichnungen von Kinder- und Jugendliteratur auch – nur ganz selten, dass Lyrik berücksichtigt wird. Eine Ausnahme war 1968 Josef Guggenmos, der die Sonderprämie für seine 123 Gedichte *Was denkt die Maus am Donnerstag?* erhielt; Gelbergs *Großer Ozean* stand 2001 auf der Auswahlliste. 1993 wurde im Zusammenhang mit dem jährlich vergebenen 'Deutschen Jugendliteraturpreis' erstmals ein 'Sonderpreis Lyrik' für das Gesamtwerk eines deutschsprachigen Autors ausgeschrieben und an Josef Guggenmos verliehen. In Österreich wird seit längerem ein Preis für Kinderlyrik vergeben, so dass damit in der Öffentlichkeit ganz bestimmt eine gewisse Aufwertung dieser literarischen 'Kleinform' erreicht wird.

Wenn wir uns fragen, welchen Stellenwert Kindergedichte innerhalb der Gattungen der Kinder- und Jugendliteratur haben, dann ergibt sich aus Befragungen von Kindern, wie auch von Erwachsenen, zunächst ein düsteres Bild. Erwachsene setzen im Durchschnitt Lyrik bei Angabe ihrer Leseinteressen mit Abstand auf die hintersten Plätze, was ähnlich auch bei Befragungen von Kindern geschieht.

Derartige Ergebnisse sind auf jeden Fall irreführend, da man Lyrik nicht mit anderen präferierten Lesestoffen vergleichen kann. Natürlich liegt es in der Natur der Gattung, dass diese kleinen Poeme eher spontan und situativ, also in kleinen Portionen, konsumiert und somit weniger als eigentlicher Lesestoff identifiziert werden. Das Orale oder Mündliche ist eine wesentliche Komponente von Kinderlyrik im weitesten Sinn, und kaum ein Kind wird, ebenso wie kaum ein Erwachsener, eine Gedicht-Anthologie wie ein erzählendes Buch von vorne bis hinten in einem Zug durchzulesen.

Trotzdem kommen Kinder täglich mehr oder weniger intensiv mit dieser Art von Literatur in Berührung, beim Vortrag durch die Mutter, im Kindergarten, beim spontanen Spielen mit Sprache untereinander, beim Anhören von Schlagern, beim Anschauen von Werbespots – für viele Kinder ohnehin die 'Märchensendung' schlechthin –, beim Gedichtelesen und -lernen im Deutschunterricht, beim Benützen des Lesebuchs, beim Lesen von narrativer Literatur, in die mehr oder weniger intensiv lyrische Elemente eingebaut sind (etwa schon in Krüss' *Mein Urgroßvater und ich* oder in den *Sams*-Büchern von Paul Maar) usw.

Selbst für Erwachsene spielen kinderlyrische Reminiszenzen, meist unbewusst, eine bedeutende Rolle, nicht nur im eigenen usuellen Sprachgebrauch (Papperlapapp, Holterdiepolter, Hokuspokus usw.), sondern vor allem in den unterschiedlichsten Rezeptionssituationen, beim Zeitunglesen ebenso wie bei der Fernsehwerbung. Da wimmelt es nur so von „Alle Jahre wieder ... die günstigen Preise", „Zehn kleine Lehrerlein ...", denn der Sender vertraut mit Recht auf das feste geistige Band in die Kindheit beim erwachsenen Adressaten, auf das internalisierte frühe kindliche Literaturgut, das lebenslang positiv emotional stimuliert (dazu Franz 1996).

Verfremdung von Kinderlyrik als Form produktiver Rezeption findet aber auch relativ häufig im Werk moderner Autoren statt, da sich diese ebenfalls nicht einem so prägenden Teil ihrer Biographie entziehen können und weil sie bewusst mit dem allgemein bekannten Material 'spielen', etwa auch im Titel größerer Werke – der 'Schwarze Mann' taucht öfter auf. Die vielfältigen phraseologischen Anspielungen wurden in ihrer Extensität bisher gar nicht angemessen gewürdigt, sie finden sich vor allem natürlich in der Lyrik selbst, in die Begriffe und Phrasen einfließen und der ganze sprachliche und formale Raster unterlegt werden. So verwendet Jandl in seinem *Immer höher* die spielerische Form des Lawinengedichts. Geradezu klassifikatorisch, zumindest für Teile ihres Werks, sind solche Stilelemente für Lyriker und Lyrikerinnen wie Borchers, Busta, Bachmann, Brecht, Celan, Härtling, Grass, Hacks, Rühmkorf, Enszensberger u. a. (vgl. Franz 1979, S. 95ff., u. a.).

Wir wissen zwar, dass gerade Kinder dauernd produktiv mit Kinderlyrik im weitesten Sinn umgehen, aber ein bisher wenig beachtetes Phänomen ist, dass dies auch Kinderlyriker tun, indem sie – in der Art, wie vorher angedeutet – Kindergedichte mit mehr oder weniger starkem Bezug auf volkstümliche und damit schon dem kindlichen Adressaten bekannte Formen der Kinderlyrik verfassen. Das Strukturraster von Richard Bletschachers Kindergedicht *Selbstbedienung* („Kommt ein Truthahn geflogen,/setzt sich nieder in mein Topf ...") beruht leicht erkenntlich auf einem Kinderlied.

Ein Problem stellt – wie im Bereich Lyrik überhaupt – das Übersetzen von Kindergedichten dar; deshalb ist Kinderlyrik insgesamt, nicht nur der volkstümliche Teil, stärker 'national' gebunden als andere Gattungen. Bei der Übersetzung von

Kindergedichten ergeben sich – wie bei Lyrik überhaupt und bei moderner in höchstem Maße – ganz spezifische Probleme. Kinder wollen in jedem Fall eine sie ansprechende Form, nicht eine Fassung, die vielleicht nur als Hilfe für das Verständnis des Originals dient. Deshalb müssen 'Übersetzungen' von Kindergedichten in jedem Fall mehr oder weniger freie Nachdichtungen sein, von denen Kinder ebenso angesprochen werden, selbst wenn sie sich vom Original stärker gelöst haben.

Auch wenn das Bild insgesamt bunter geworden ist, lässt sich leicht feststellen, dass die neueren Klassiker der Kinderlyrik, also Krüss, Guggenmos, Baumann, Manz, Busta, Maar u. a., auch gegenwärtig in den schulischen Vorschlagslisten und entsprechend in Lesebüchern relativ oft vertreten sind. Im Anschluss an den Kindergarten fordern auch die Lehrpläne der Grundschulen ohnehin spezifische Formen der Kinderlyrik wie Rätsel, Lieder, Reime und Gedichte als Lesestoffe.

Trotz aller scheinbarer Lyrikabstinenz sind heute zahlreiche künstlerisch illustrierte und bibliophil gestaltete Kinderlyrikausgaben einzelner Autoren und vermischte oder themenzentrierte Anthologien gerade in den letzen 10 Jahren erschienen, wobei es sich freilich öfter um Neuausgaben älterer Anthologien, eventuell als Taschenbuch, oder um die Tradierung bewährter Kinderlyrik handelt, heute aber immer stärker vermischt auch mit neueren Autorennamen.

Ist die Anthologie *Die Wundertüte* von Heinz-Jürgen Kliewer (Neuausgabe 2005) mit dem Untertitel *Alte und neue Kindergedichte*, bewusst chronologisch-literarhistorisch angelegt, so ist dies in den meisten Anthologien, auch der jüngsten Zeit, wenn auch eher latent, ebenso der Fall, denn bei keiner anderen kinderliterarischen Gattung greift man so sehr auf Traditionelles zurück wie bei der Kinderlyrik. Ein typisches Beispiel ist die bibliophile Ausgabe *Zauberwort* von Rita Harenski (2004), deren Untertitel *Die schönsten Gedichte für Kinder aus vier Jahrhunderten* ganz eindeutig ist.

Abb. 3 Reinhard Michl

Traditionelles spielt aber auch die Hauptrolle in Sammlungen wie *Dunkel war's, der Mond schien helle* von Edmund Jacoby (15. Aufl. 2009, auch als Hörbuch), *Die schönsten Kindergedichte* von Max Kruse (2003), *12 Tonnen wiegt die Hochseekuh. Gedichte für Landratten, Seemänner, Kinder und andere Erwachsene* (2004) von Dorothea Cerpnjak und Christine Paxmann, *Ich liebe dich wie Apfelmus. Die schönsten Gedichte für Kleine und Große* von Amelie Fried (2006) oder in der seit 2003 erscheinenden preisgünstigen Reihe *Gedichte für Kinder* von Ursula Remmers und Ursula Warmbold, die mit dem Bändchen *Allerlei Getier* eröffnet wurde. Damit kommt man hier – heute ebenso wie früher – einem genuinen Bedürfnis des Kindes entgegen, der Affinität zum Tier. Beispiele dafür sind die bibliophilen Ausgaben *Marabu und Känguruh – Die schönsten Tiergedichte*, mit Bildern von Reinhard Michl (2006), und *Hör zu, es ist kein Tier so klein, das nicht von dir ein Bruder könnte sein*, herausgegeben von Armin Abmeier (2006), in dem 62 deutsche Künstler jeweils ein Gedicht illustriert haben.

Abb. 4 Armin Abmeier (Hrsg.)

Abb. 5 Amelie Fried (Hrsg.)

Andere Ausgaben wenden sich direkt an den Spieltrieb und die Kreativität von Kindern, etwa Manfred Mais *Es hüpft in meinem Kopf herum – Gedichte für Kinder* (2007), wo im Anhang eine kleine Anleitung zum Gedichteschreiben mit anregenden Rätseln und Fragen zu den Texten für Kinder gegeben wird.

Es fällt auf, dass relativ viele Ausgaben im Bereich Kinderlyrik sich an Kinder und Erwachsene, natürlich auch als nostalgische Käufer und Vorleser, wenden und ein zweifaches Ziel verfolgen. Der Charakter der Primärliteratur (Texte, Bilder) wird durch einen informativen oder wissenschaftlichen Einschlag in Form chronologischer Darstellung, beigegebener Erläuterungen, kurzer Autorenbiographien, Register usw. erweitert (vgl. schon Krüss: *So viele Tage wie das Jahr hat*, 1959; Kliewer: *Die Wundertüte* 1989/2005, Gelberg: *Großer Ozean*, 2000 u. a.).

Am wichtigsten für die Rezeption literarischer Kinderlyrik bleibt freilich weiterhin die Erziehung und Bildung im vorschulischen und schulischen Bereich, also im Kindergarten und vor allem in der Grundschule, da man die Bedeutung gebundener Sprache in allen möglichen Formen wieder voll erkannt hat.

Literaturverzeichnis

Ewers, Hans-Heino: Kinderlyrik im bürgerlichen Zeitalter. Ein Rückblick auf die Ära des Kindergedichts. Alfred Clemens Baumgärtner zum 16. Juli 1993. In: JuLit 19 (1993), H. 2, S. 32–46.

Fischer, Helmut: Mündliche Kinderliteratur. Über eine vernachlässigte literarische Gattung. Baltmannsweiler: Schneider 2006 (Schriftenreihe der Deutschen Akademie für Kinder- und Jugendliteratur; 32).

Franz, Kurt: Kinderlyrik. Struktur, Rezeption, Didaktik. München: Fink 1979 (UTB 855).

Franz, Kurt: „Kommt ein Kühlschrank geflogen ...“. Verfremdung von Kinderlyrik in der Sprache der Gegenwart. In: Franz/Gärtner 1996, S. 111–147.

Franz, Kurt: Kinderverse. In: Reallexikon der deutschen Literaturwissenschaft. 3., neubearb. Aufl. Bd. 2. Berlin, New York: de Gruyter 2000a, S. 258–260.

Franz, Kurt: Maja, Rap und Guggenmos – Kinderlyrik an der Schwelle zum neuen Jahrtausend. In: Franz, Kurt/Lange, Günter/Payrhuber, Franz-Josef (Hrsg.): Kinder- und Jugendliteratur zur Jahrtausendwende. Baltmannsweiler: Schneider 2000b, S. 22–43.

Franz, Kurt: Neuere Tendenzen in der Kinderlyrik. In: Beiträge Jugendliteratur und Medien 57 (2005a), H. 1, S. 3–13.

Franz, Kurt: Kyrilrednik – Kinderlyrik. Zum aktuellen Stand einer literarischen Gattung. In: Leitner, Anton G. (Hrsg.): Das Gedicht Nr. 13, 2005b: Alle meine Kinder. Die Poesie der ersten Jahre, S. 125–133.

Franz, Kurt/Gärtner, Hans (Hrsg.): Kinderlyrik zwischen Tradition und Moderne. Baltmannsweiler: Schneider 1996 (Schriftenreihe der Deutschen Akademie für Kinder- u. Jugendliteratur Volkach; 17).

Helmers, Hermann: Lyrischer Humor. Strukturanalyse und Didaktik der komischen Versliteratur. Stuttgart: Klett 1971.

Kratschmer, Edwin: Poetologie des Jugendgedichts. Ein Beitrag zur Poetogenese. Frankfurt/M. [u. a.]: Lang 1996.

Krüss, James: Gedichte für Kinder und Kindergedichte (Nachwort). In: So viele Tage wie das Jahr hat. 365 Gedichte für Kinder und Kenner. Ill. u. Gestaltung v. Eberhard Binder-Staßfurt. München: Bertelsmann 1959 (Neuaufl. Gütersloh, München, Wien: Bertelsmann 1971; neu 1998).

Lorbe, Ruth: Kinderlyrik. In: Haas, Gerhard (Hrsg.): Kinder- und Jugendliteratur. Ein Handbuch. 3., völlig neu bearb. Aufl. Stuttgart: Reclam 1984, S. 339–368.

Motté, Magda: Kinderlyrik. In: Internationales Institut für Jugendliteratur und Leseforschung (Hrsg.): Einführung in die Kinder- und Jugendliteratur der Gegenwart. Wien: Jugend u. Volk 1992, S. 25–40.

Schulz, Gudrun: Kinderlyrik. In: Steinlein, Rüdiger/Strobel, Heidi/Kramer, Thomas: Handbuch zur Kinder- und Jugendliteratur. SBZ/DDR. Von 1945 bis 1990. Stuttgart, Weimar: Metzler 2006, Sp. 759–827.

Vahle, Fredrik: Kinderlied. Erkundungen zu einer frühen Form der Poesie im Menschenleben. Weinheim, Basel: Beltz 1992.

Vogdt, Ines-Bianca: Wunderhorn und Sprachgitter. Geschichte der intentionalen Kinderlyrik seit dem 18. Jahrhundert. München: Fink 1998.

Wild, Reiner (Hrsg.): Geschichte der deutschen Kinder- und Jugendliteratur. Unter Mitarbeit v. Otto Brunken [u. a.]. 3., vollständig überarb. u. erweiterte Aufl. Stuttgart: Metzler 2008.

JENS THIELE

Das Bilderbuch

1 Definitionsversuche über eine sich wandelnde Buchgattung

Wie alle Medien unterliegt auch das Bilderbuch Entwicklungen und Veränderungen, die eindimensionale Definitionen problematisch erscheinen lassen und differenziert zu betrachten sind. Grundsätzlich lässt sich das Bilderbuch im Unterschied zum erzählenden Kinderbuch durch seine besondere Wechselbeziehung von Bild und Text charakterisieren (Schwarcz/Schwarcz 1982, Nodelman 1988, Roxburgh 1983/84, Thiele 2003 u. a.). Die beiden unterschiedlichen, aber doch untrennbaren Ebenen ergeben zusammen ein komplexes Wechselspiel von Darstellen und Erzählen. In der Regel bestimmt der (meist kurze) Text die Handlung, während das (meist seitenfüllende) Bild Stimmungen setzt, Figuren charakterisiert, Handlungsräume konkretisiert und die Handlung vertieft oder erweitert. Da auch Bilder immer erzählerische Anteile in sich tragen, gilt das Bilderbuch primär als narrative Gattung, erweitert um bildästhetische Qualitäten. Neben dem Comic (und der Graphic Novel) ist das Bilderbuch das einzige literarische Medium, in dem die Bildwahrnehmung neben dem Lesen eine zentrale Rolle spielt. Verallgemeinernd gilt, dass das Bilderbuch aufgrund seiner Orientierung am frühkindlichen Adressaten meist auf einen geringen Seitenumfang beschränkt ist.

Solche generellen Merkmale sind unter gegenwärtiger Perspektive zu differenzieren. Heute ist das Bilderbuch, in seiner gesamten Erscheinungsbreite betrachtet, ein vielschichtiges Medium, das nicht mehr ausschließlich am Adressatenbezug, also an seiner Hinwendung zum Kind, gemessen werden kann. Thematisch, erzähldramaturgisch und bildnerisch hat es sich von einem ehemals geschlossenen Erscheinungsbild (mit erkennbarem pädagogischem Duktus) zu einem komplexen, offenen Bild-Text-Medium entwickelt. Es erfüllt nicht mehr uneingeschränkt die traditionellen Normen des Bilderbuchmarktes wie Kürze, bildnerische Einfachheit, Buntfarbigkeit und Fröhlichkeit, sondern steht in vielfältigen Wechselbeziehungen zu Comic, Film, Fotografie, Theater und Computer, zu deren Stilen und Themen. Hierfür sind mehrere ineinander greifende Gründe zu nennen. Da sind zum einen die veränderten Rahmenbedingungen der Illustratoren, deren Ausbildung in einem deutlicheren Dialog mit anderen Künsten erfolgt, und zum anderen die veränderten Strukturen der visuellen Kultur, die ihrerseits durch Entgrenzung und Intermedialität gekennzeichnet sind. Durch eine veränderte Sicht auf Kindheit haben sich auch die engen pädagogischen Vorstellungen vom 'kindgemäßen' Bilderbuch gelockert. Es ist ästhetisch seiner jahrzehntelangen Sonderrolle entwachsen und damit anschlussfähig an die Entwicklungen der visuellen Kultur insgesamt geworden. Das Bilderbuch hat die Chance erkannt, Kinder an vielfältige Formen literarisch-bildnerischer Erzählmodi heranzuführen und sie teilhaben zu lassen an kulturellen Entwicklungsprozessen der Gesellschaft. Das Bilderbuch, so verstanden, ist nicht länger eine Spezialkunst für Kinder; auch erwachsene Leser und Betrachter sind längst Konsumenten von Bilderbüchern geworden. Diese Entwicklung hat das Medium auch für solche Illustratoren interessant gemacht, die das Bilderbuch als Experimentierfeld für neue Bildformen und veränderte Erzählstile verstehen. Die hier beschriebenen Entgrenzungen haben sich freilich hauptsächlich an den Rändern des Bilderbuchmarktes vollzogen und sind in den Buchläden, wenn überhaupt, unter der Rubrik 'das besondere Bilderbuch' zu entdecken. Im Zentrum des Marktes dominieren weiterhin traditionelle Bild- und Text-Konzepte, eine thematische Redundanz und eine spürbar pädagogische Intention.

So ergibt sich ein heterogenes Gesamtbild des gegenwärtigen Bilderbuchmarktes: einerseits bedient er weiterhin die Erwartungen an thematische, sprachliche und bildnerische Redundanz, andererseits sucht er Anschluss an künstlerische und mediale Entwicklungen und öffnet sich damit den angrenzenden ästhetischen Erfahrungsbereichen.

Eine erweiterte theoretische Bestimmung des Bilderbuchs müsste angesichts der Veränderungen und Neuorientierungen dieser Buchgattung im Rahmen solcher Bezugswissenschaften erfolgen, die die narrativen Formen sprachlicher, bildnerisch-medialer und dramatischer Künste erforschen. Literaturwissenschaftliche Ansätze wären daher notwendigerweise mit medien-, kunst- und dramentheoretischen Ansätzen zu verknüpfen. Eine übergreifende Gattungsbestimmung, die das Bilderbuch im Kontext von Literatur, Kunst, Comic, Medien und Theater erfasst, steht noch aus.

2 Historische Entwicklungslinien des Bilderbuchs

2.1 Die Erfindung des kommerziellen Bilderbuchtypus

Zur Entwicklungsgeschichte des Bilderbuchs von den Anfängen bis zur Mitte des 20. Jahrhunderts liegen einige grundlegende Werke vor (Doderer/Müller 1973; Ries 1992; Hoffmann/Thiele 1986). Die gegenwärtigen Erscheinungsformen des Bilderbuchs weisen in wesentlichen Merkmalen noch immer auf die Vorläufer des 19. Jahrhunderts zurück. Eine wachsende Bilder- und Schaulust, aber auch ein zunehmender Wissens- und Bildungsbedarf, machte das illustrierte Buch (u. a. Märchen-, Familien- und Liederbuch, Volkssagen, Dichtung) damals zu einem Massenartikel, für den nun Spezialisten erforderlich wurden. Berufsillustratoren, die den Geschmack des breiten Publikums trafen (z.B. Ludwig Richter, Oscar Pletsch), arbeiteten thematische und bildnerische Standards heraus, die zum Inbegriff der leicht fassbaren, oft auch gefälligen Buchillustration wurden. Die typischen Bilderbücher dieser Zeit waren gekennzeichnet durch eine Verklärung der Kindheit sowie eine enge Verknüpfung von Kind und Natur. Die Bilder zeichneten sich durch einen bühnenhaften Aufbau, die Anhäufung des Bildraumes mit detailhaften, pittoresken Attributen und eine verniedlichende, typisierende Darstellung der Figuren aus. Daneben belegten erfolgreiche Außenseiter wie Heinrich Hoffmanns *Struwwelpeter* (ab 1845) oder Wilhelm Buschs *Max und Moritz* (1865) aber auch, dass ein Bedürfnis nach unkonventionellen Bildergeschichten mit nicht angepassten Helden bestand. Das beginnende 20. Jahrhundert prägte dann mit Bilderbuchklassikern wie *Hänschen im Blaubeerenwald* von Elsa Beskow (1903) und *Etwas von den Wurzelkindern* (Sibylle von Olfers, 1906) den Typus der fantastischen Bilderbucherzählung, die den Naturraum als Erlebnisraum definierte.

2.2 Entwicklungen nach 1945

Bis in die 50er Jahre des 20. Jahrhunderts hinein spiegelte das Bilderbuch weniger die kindliche Perspektive als vielmehr wünschenswerte Verhaltensweisen, die die Erwachsenen den Kindern zuschrieben. Auch die Themen, die Bildsprache und die Erzählform orientierten sich noch an den traditionellen Normen der Vorkriegszeit. Erst danach wurden im Bilderbuch differenziertere Kinderfiguren entwickelt, die Einblicke in die kindliche Psyche boten. So übernahm der amerikanische Bilderbuchkünstler Maurice Sendak in seinem Buch *Wo die wilden Kerle wohnen* (1967) die Innensicht des Kindes und führte Lesern und Betrachtern die Bedeutung psychischer Prozesse des Kindes vor Augen. Wurden kindliche Aggressionen in Bilderbüchern üblicherweise deswegen vorgeführt, um sie Kindern (ganz im Stile der Warn- und Moralgeschichten) auszutreiben, so nahm Sendak die Perspektive seines Helden Max ein und gestattete ihm, destruktive Fantasien auszuleben. Diese zeigten sich nicht nur in Gestalt des kleinen aggressiven Helden, sondern auch in der furchterregenden Physiognomie der wilden Kerle. Sowohl psychologisch als auch pädagogisch befreiten die *Wilden Kerle* die Bilderbuchkinder vom Zwang, brav und angepasst zu sein.

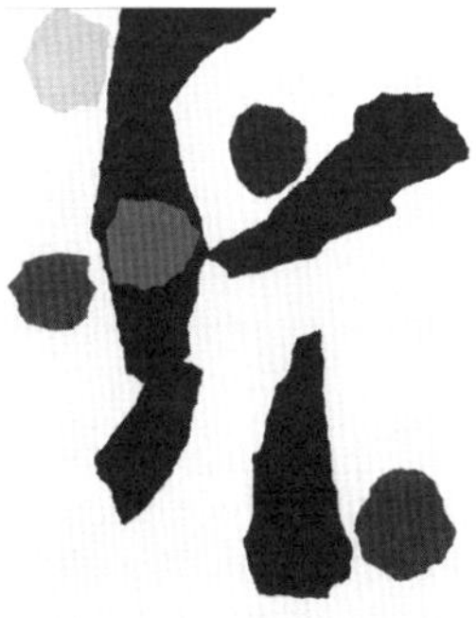

Abb. 1 Leo Lionni: Das kleine Blau und das kleine Gelb. Hamburg: Oetinger 1962

Auch die Bildsprache der Bilderbücher veränderte sich, z. T. durch Einflüsse der freien Kunst. Leo Lionnis abstrakte, aus Farbflecken und bemalten Papieren collagierte Geschichte (*Das kleine Blau und das kleine Gelb*, 1962) stellte dem bundesdeutschen Bilderbuch und dessen Neigung zu einer dekorativen, fantastischen Grafik die Möglichkeit einer radikal reduzierten Bildsprache gegenüber. Lionnis abstrakte Farbflächen waren spürbar von der amerikanischen Farbfeldmalerei inspiriert. Ähnliche künstlerische Erfahrungen haben sich auch in Eric Carles *Die kleine Raupe Nimmerstatt* (1969) niedergeschlagen. Carle gestaltete seine Formen aus malerisch bearbeiteten Papieren, auf denen Pinselspuren, gespritzte Farbflecke und übermalte Farbschichten eine eigene Aufmerksamkeit forderten. Dass das Bilderbuch nach 1960 auf zeitgenössische Entwicklungen von Kunst, Massenmedien und Design reagierte, muss aus heutiger Sicht als Emanzipationsschritt gedeutet werden, da die engen pädagogischen Vorstellungen vom 'guten Bilderbuch' stets dazu neigten, Einflüsse von Außen abzuwehren.

Mit den 70er Jahren des 20. Jahrhunderts wirkten sich die unterschiedlichen künstlerischen und medialen Strömungen noch sichtbarer auf das Bilderbuch aus. So erreichten einige Ausläufer der amerikanischen Popart über den Umweg der europäischen Kunstszene auch die Bilderbuchästhetik. Werbegrafiker wie Jürgen Spohn und Heinz Edelmann interessierten sich fürs Bilderbuch und trugen Tendenzen des Alltagsdesigns an Kinder heran. Ähnlich wie Lionni waren sie Grenzgänger zwischen verschiedenen Künsten und nutzten das Bilderbuch als Forum für ihre Ideen. Ihre plakativen, an Comic, Werbung und Film orientierten Bilder (Jürgen Spohn: *Der Spielbaum* 1970; Heinz Edelmann u. a.: *Andromedar SR1* und *Maicki Astromaus*, 1970) standen bildnerisch der Gebrauchsgrafik näher als der Bilderbuchtradition.

Abb. 2 Friedrich K. Waechter: Der Anti-Struwwelpeter oder listige Geschichten und knallige Bilder. Darmstadt: Melzer 1970

Die Politisierung gesellschaftlicher Diskurse nach 1968 hatte das Erziehungssystem in der Bundesrepublik nachhaltig erschüttert und zur Forderung nach offeneren und demokratischeren Konzepten des Lernens geführt. Die Emanzipation des Kindes wurde zu einem zentralen Begriff der einsetzenden Vorschulerziehung. Auch im Bilderbuch tauchten nun veränderte Themen und Erzählungen auf, die sich einmal gegen tradierte Werte richteten und zum anderen Partei für das Kind ergriffen. Ergebnis solcher Zielsetzungen waren Bilderbücher, die mit den Mitteln der Parodie und Karikatur auf die 'alten Zöpfe' reagierten: Friedrich Karl Waechters *Anti-Struwwelpeter* von 1970 rebellierte auf humorvoll-kritische Weise gegen Autoritäten und Abhängigkeiten, ermunterte Kinder zum Widerstand und ließ eine subversive Lust durchblitzen. In zahlreichen Parodien wurde das klassische literarische Bildungsgut für Kinder par excellence aufs Korn genommen: die *Kinder- und Haus-*

märchen der Brüder Grimm wurden von Horst Janssen (*Paul Wolf + die 7 Zicklein*, 1969), Janosch (*Janosch erzählt Grimms Märchen*, 1972) und Tomi Ungerer (*Zeraldas Riese*, 1974) karikiert und ironisiert, um die vermeintlich falschen Werte aufzudecken. Mit der Hinwendung zu den gesellschaftlichen Bedingungen von Kind und Kindheit rückten aktuelle Probleme ins Blickfeld des Bilderbuchs. Der Schweizer Jörg Müller dokumentierte in fotorealistischen Bildern *Die Veränderung der Landschaft* (so der Untertitel seiner Bildermappe *Alle Jahre wieder saust der Presslufthammer nieder*, 1973). Müller nahm einen Perspektivwechsel vor: im Gegensatz zu den verbreiteten Naturidyllen des traditionellen Bilderbuchs, die die Einheit von Mensch und Natur beschworen, führten die sieben Bildertafeln ohne Worte Naturzerstörung und ökologischen Raubbau vor Augen.

Ab den 80er Jahren wurden Alltagsthemen im Bilderbuch sichtbar, die bislang verdrängt worden waren: Trennung der Eltern (Anthony Browne: *Mein Papi, nur meiner! Oder Besucher, die zum bleiben kamen*, 1984; Nele Maar/Verena Ballhaus: *Papa wohnt jetzt in der Heinrichstraße*, 1989), Kinderarmut (Jaume Escala/Carme Solé Vendrell: *Die Kinder vom Meer*, 1994), Tod und Sterben (Jutta Bauer: *Opas Engel*, 2001; Wolf Erlbruch: *Ente, Tod und Tulpe*, 2007) oder Gewalt (Armin Greder: *Die Insel. Eine tägliche Geschichte*, 2002). Wenige Bilderbücher thematisierten nun auch den Holocaust (Roberto Innocenti: *Rosa Weiß*, 1986; Roberto Innocenti/Ruth Vander Zee: *Erikas Geschichte*, 2002).

Abb. 3 Armin Greder: Die Insel. Eine tägliche Geschichte. Düsseldorf: Sauerländer 2002

Seit den 1990er Jahren ist das Bilderbuch zumindest in Ansätzen eingebunden in die Entwicklungen der Medienkultur (vgl. Oetken 2008). Postmoderne Phänomene wie Entgrenzung und Durchmischung vormals von einander getrennter Stile und Genres haben das Bilderbuch für neue Bildstile, veränderte Erzählkonzepte und eine neue Wahrnehmung des Materials geöffnet. Yvan Pommaux spielt in *Detektiv John Chatterton (*1994) mit Film- und Comicsprache, David Wiesner (*Die drei Schweine*, 2002) unterläuft lineare Erzählformen und Wolf Erlbruch lenkt in seinen Collagen den Blick auf Material und Materialverbindungen (*Die Menschenfresserin*, 1996; Text von Valérie Dayre). So verfügen Bilderbücher zu Beginn des 21. Jahrhunderts über eine breite bildnerisch-stilistische Vielfalt, von gegenständlich-naiven Bildlösungen (Janosch) über realistische Malweisen (Jörg Müller) und surreal-phantastische Stile (Binette Schroeder) bis zur bildnerischen Abstraktion (Květa Pacovská).

Seit den 1990er Jahren sind auch die unterschiedlichen Strömungen der Buchillustration in Ost- und Westdeutschland auf dem Buchmarkt sichtbarer geworden; als Beispiele können Klaus Ensikats betont grafischer Illustrationsstil in der Tradition osteuropäischer Grafik und Wolf Erlbruchs collagierte Bildwelten genannt werden, die an Konzepte der Postmoderne westlicher Prägung anknüpfen.

3 Typologie

Auf einer allgemeinen, formalen Ebene lässt sich das Bilderbuch in erzählendes Bilderbuch und Sachbilderbuch unterscheiden. Während das erzählende Bilderbuch Fragen, Themen und Probleme der kindlichen Lebenswelt in fiktionaler Form aufgreift, veranschaulichen Bild und Text im Sachbilderbuch vor allem Themen aus Natur, Technik und Umwelt. Z.T. sind die Grenzen zwischen den Kategorien jedoch unscharf; es gibt Sachbilderbücher aus betont subjektiver Sicht (Willy Puchner: *Das Tagebuch des Zeichners, 2001*) und erzählende Bücher mit Lernanteilen (Květa Pacovská: *Rotrothorn* (1999). Auch der Typus des textlosen Bilderbuchs beinhaltet häufig sowohl erzählerische als auch sachvermittelnde Aspekte (Katy Couprie/Antonin Louchard: *Die ganze Welt*, 2001).

Nicht im Sinne einer zwingenden Typologie, sondern eher als pragmatische Unterscheidung lässt sich das erzählende Bilderbuch je nach Realitätsbezug nach fantastischen und 'realistischen' Erzählungen gliedern. Letztere umfassen u.a. so genannte Problembilderbücher, in denen soziale Konflikte oder tabuisierte Themen (Krieg, Tod, Armut, Sexualität) aufgegriffen werden (Elzbieta: *Floris & Maja*, 1994). Mit Blick auf die kindliche Weltsicht vermischen sich im erzählenden Bilderbuch realitätsbezogene und fantastische Ebenen auffallend häufig (Raymond Briggs: *Der Mann*, 1994; Jürg Schubiger/Eva Muggenthaler: *Der weiße und der schwarze Bär*, 2007).

Ries listet in seiner historischen Untersuchung der Kinderbuchillustration gestalterische Sondertypen des Bilderbuchs auf, die auch heute noch (bzw. wieder) anzutreffen sind (Ries 1992, S. 46–68): Malbücher, Verwandlungsbilderbücher, Bewegungsbilderbücher u.a., die unter den Oberbegriff des Spielbilderbuchs gefasst werden können. Im Gegensatz zum traditionellen Buchtypus ermöglichen Spielbilderbücher haptisch-spielerische Erfahrungen am Buch (z.B. Aufklappen, Drehen, Ziehen). Als historische Vorläufer sind Lothar Meggendorfers Ziehbilderbücher zu nennen (*Allerlei für Jung und Alt*, 1889); aktuelle Beispiele sind die so genannten Pop-up-Bücher (Maurice Sendak: *Mummy?*, 2007; David A. Carter: *1 roter Punkt*, 2007). Spielbilderbücher wollen die Selbsttätigkeit des Kindes auf vielfältige Weise fördern, z. B. durch Aufforderung zur eigenen bildnerischen Gestaltung. Sie können auch die Grenzen zum Ausschneidebogen überschreiten (Manfred Bofinger: *Graf Tüpo, Lina Tschornaja und die anderen*, 1991) oder die Buchgattung verlassen, indem sie wie ein Bastel- oder Werkkasten konzipiert sind (Pierre Marchand: *Zerrbilder. Forschen, Spielen, Experimentieren*, 1996). Diese Kategorie wird man auf einer allgemeinen Definitionsebene bereits wieder dem Sachbilderbuch zuordnen müssen.

In Bilderbüchern auf CD-Rom werden interaktive Formen des Lesens und Betrachtens erprobt; hier steht der spielerische Umgang mit Bilderbuchgeschichten im Mittelpunkt (Květa Pacovská: *Mitternachtsspiel*, 1998).

4 Merkmale und Strukturen des Bilderbucherzählens

Erzählformen des Bilderbuchs ergeben sich durch das dialogische Verhältnis von Bild und Text. Das Bild, verstanden als Illustration, galt lange Zeit als Zugabe, Ergänzung, Pointierung oder Kommentierung eines vorliegenden Textes (Märchen, Fabel, Erzählung, Gedicht, Sachtext). Im Verlauf des 20. Jahrhunderts hat sich dieses nur am Text orientierte Bildverständnis erweitert: Illustrationen haben sich neben dem Text zu einer eigenständigen, gleichberechtigten Erzählform entwickelt, so dass hierfür der offenere Begriff des 'Bildes' angemessener erscheint, da er alle Formen bildnerischer Spielarten einschließt und das hierarchische Verhältnis zwischen Bild und Text überwindet. Bilder, verstanden als Interferenz zwischen Realität und Imaginärem, stellen auf eine besondere Weise, die weder sprachlich, begrifflich noch materiell vorgeben ist, eine „aktive, erkenntnisbildende, schöpferische Leistung" dar (Martin Schulz 2007, S. 68). Diese Aussage gilt auch für das Bilderbuch, in dem das Bild eine dominante Rolle spielt.

In der Regel entfaltet der Text den Ablauf der Erzählung wie auf einer voranschreitenden zeitlichen Leiste, während die Bilder einzelne Momente und Szenen der Handlung darstellen und veranschaulichen (vgl. Langer 1965). Die Bilder selbst können aber auch narrative Qualitäten aufweisen, wie textlose Bilderbücher belegen (Rotraut Susanne Berner: *Nacht-Wimmelbuch*, 2008; Shaun Tan: *Ein neues Land*, 2008). Dabei ist zwischen 'monoszenischer' (ein einzelnes Bild erzählt) und 'pluriszenischer' bildnerischer Narration (ein Bild erzählt in mehreren Szenen) zu unterscheiden (vgl. Varga 1990).

Üblicherweise folgen Bild und Text im Bilderbuch einem einfachen, geradlinigen Verlauf, in dem sich Handlungselemente additiv aneinanderfügen (Hans Traxler: *Der Junge, der ein Murmeltier sein wollte*, 2008); sie können sich aber auch zu mehrsträngigen Handlungsverläufen auf unterschiedlichen Zeitebenen verzweigen (Roberto Innocenti/Patrick Lewis: *Das Hotel zur Sehnsucht*, 2002). Da Bilder nicht nur etwas darstellen, sondern auch narrative Qualitäten haben, ergeben sich im Bilderbuch sowohl textliche als auch bildliche Formen des Erzählens, die sich auf komplexe Weise zu einer Gesamtaussage miteinander verbinden; erst in der Verzahnung und Durchdringung beider Ebenen entwickelt sich die spezifische 'Sprache' des Bilderbuchs.

4.1 Bild-Text-Interdependenzen

Bild und Text können ihre dialogische Beziehung in Form paralleler Linien, eines geflochtenen Zopfes oder in kontrapunktischer Spannung entfalten; am häufigsten treten die genannten Möglichkeiten in Vermischungen und Durchdringungen auf. Daneben gibt es weitere, im Prinzip unbegrenzte Kombinationen und Variationen.

4.1.1 Parallelität von Bild und Text

Abb. 4 Maurice Sendak: Wo die wilden Kerle wohnen. Zürich: Diogenes 1967

Es ist ein gängiges Vorstellungsbild, dass Bild und Text im Bilderbuch parallel erzählen. Parallelität bedeutet aber nicht einfache Doppelung der Aussage im Sinne einer gegenseitigen Schwächung, sondern ist als produktive Korrespondenz beider Erzählschichten zu begreifen. Ein Beispiel für die 'Parallelität' der Bild- und Textebene bietet Maurice Sendak in *Wo die wilden Kerle wohnen* (1967). Max, die Hauptfigur, phantasiert sich aufgrund seiner Frustration, die er durch die Mutter erfahren hat, auf eine andere Realitätsebene. „Genau in dieser Nacht wuchs ein Baum in seinem Zimmer". Das Zimmer, in dem er steht, verwandelt sich in seiner Imagination allmählich in einen Wald – „der wuchs und wuchs bis die Decke voll Laub hing und die Wände so weit wie die ganze Welt waren." Die Bildidee, die der Text entfaltet, erhält durch die Illustrationensfolge, die auch in ihren Bildformaten 'anschwillt', eine konkrete Form. Die 'Parallelität' der Bilder zur Textaussage ist dabei viel mehr als eine direkte Umsetzung, denn die Gegenständlichkeit der Farbzeichnungen ergänzt und erweitert die Textebene um eine sich auflösende Räumlichkeit des Zimmers, um die Dimension der Farbe und des Farbwandels sowie um etliche Details.

4.1.2 Der geflochtene Zopf

Eine definitorisch komplexere Form der Bild-Text-Korrespondenz liegt vor, wenn beide narrativen Ebenen ineinander greifen und abwechselnd das Erzählen übernehmen. In Nikolaus Heidelbachs *Ein Buch für Bruno* (2000) ist ein solcher Zopf aus Bild- und Textsträngen geflochten.

Ulla stieg auf die Leiter und holte aus dem letzten Regalbrett das Buch. Sie legte es auf den Boden und schlug vorsichtig den Buchdeckel um. Das Buch war jetzt so breit, dass beide nebeneinander hineinsehen konnten.
»Das kann man ja gar nicht lesen«, sagte Bruno und zeigte auf die fremde Schrift.
»Ich schon«, sagte Ulla. »Hör zu.«
Und sie fing an leise vorzulesen ...

Abb. 5 Nikolaus Heidelbach: Ein Buch für Bruno. Weinheim, Basel: Beltz & Gelberg 2000

Zu Beginn erzählen Bild und Text in weitgehender Parallelität vom Besuch Brunos bei seiner Freundin Ulla; beide Ebenen verschlingen sich miteinander. Mit der Einführung eines magischen Buches übernimmt der Bildstrang dann die Führung, zunächst in einer Abfolge von Bildphasen (pluriszenisch), dann in Format füllenden Einzelbildern (monoszenisch). Am Ende greifen Bild und Text wieder direkt ineinander.

4.1.3 Kontrapunktische Beziehung von Bild und Text

Kontrapunktische Inszenierungen von Bild und Text entwickeln Valérie Larrondo und Claudine Desmarteau in *Als Mama noch ein braves Mädchen war* (2000) sowie Wolf Erlbruch in *Nachts* (1999). In diesen Büchern ergibt sich die eigentliche Botschaft im Zusammenprall beider Ebenen.

Abb. 6 Valérie Larrondo/Laudine Desmarteau: Als Mama noch ein braves Mädchen war. Zürich: Bajazzo 2000

Auf den Doppelseiten von *Als Mama noch ein braves Mädchen war* werden Szenen aus einer Kindheit vorgestellt, auf der jeweils linken Seite durch Text, auf den rechten Seiten durch Bilder. Die Erzählerin behauptet auf der Textebene, sie sei als Kind stets brav, folgsam und freundlich gewesen. Die Bilder aber belehren den Betrachter eines Besseren, denn sie zeigen genau das Gegenteil. Die kontrapunktische Anlage zwingt zur Auseinandersetzung mit beiden Standpunkten. Aus der Unvereinbarkeit von Bild und Text ergeben sich Spannung und Spaß. Auch in Wolf Erlbruchs *Nachts* (1999) verhalten sich Bild und Text über weite Strecken der Erzählung kontrapunktisch, obwohl sie gestalterisch nebeneinander herlaufen.

Wie andere narrative Künste (Theater, Film, Literatur) verfügt auch das Bilderbuch über Formen dramaturgischer Gliederung von Realität, Zeit und Raum. Im Bilderbuch hat zwar der chronologische Ablauf der Ereignisse (von der Exposition bis zur Auflösung) eine lange Tradition, doch das gegenwärtige Bilderbuch weist durch Einflüsse von Kunst, Medien und Theater eine dynamischere und komplexere Dramaturgie auf und erzählt auch in achronologischen Segmenten, z.B. in Zeitsprüngen, Rückblenden, Erinnerungs- und Vorstellungsbildern (Maurice Sendak: *Als Papa fort war*, 1984; Friedrich Karl Waechter: *Der rote Wolf*, 1998; Shaun Tan: *Geschichten aus der Vorstadt des Universums*, 2008).

5 Didaktische Aspekte

Dem Bilderbuch wird einerseits eine wichtige Rolle in der frühkindlichen Bildungs- und Vermittlungsarbeit zugewiesen (vgl. ide 2002, H. 2), andererseits erschwert das Fehlen einer empirischen Bilderbuchforschung, genauere Aussagen über die Prozesse der Wahrnehmung und Verarbeitung von Bilderbuchangeboten bei Kindern zu formulieren (vgl. Thiele 2007). Eine systematische didaktische Forschung zum Bilderbuch, in der das Medium mit seiner besonderen Bild-Text-Beziehung als fächerübergreifender Lerngegenstand steht, existiert nicht, wenngleich interessante Ansätze vorhanden sind (Doonan 1993; Hollstein/Sonnenmoser 2006; Plath/Richter 2006, Richter/Plath 2007).

Unstrittig ist, dass Bilderbücher Teil der frühen ästhetischen Erfahrungen des Kindes sind. Sie schaffen eine besondere Form der Kommunikation zwischen den Generationen, denn das gemeinsame Betrachten eines Bilderbuchs gehört nicht nur zu den elementaren bildnerisch-literarischen, sondern auch zu den frühen emotionalen Erfahrungen des Kindes. Das Bilderbuch ist aufgrund seiner stehenden Bilder und der verweilenden Wahrnehmung, die es bietet, geeignet, das Kind in die symbolischen Formen fiktionaler Bild- und Textwelten einzuführen und ihm narrative Schemata anzubieten. Bilderbücher leisten damit einen elementaren Beitrag zur „Visual Literacy" (vgl. Doonan 1993). Doonan (1997) hat über einen begrenzten Zeitraum eine unterrichtlich motivierte Rezeptionsforschung betrieben, indem sie gemeinsam mit Schülern jenseits des Bilderbuchalters (13–14 Jahre) verbale und textliche Annäherungen an Bilderbücher erprobte. In offener Unterrichtsorganisation ließ sie den Jugendlichen Raum für eigene Entscheidungen bei der Auswahl und ermutigte sie zu freien Assoziationen in Bezug auf das ästhetische Material.

5.1 Das Bilderbuch im Unterricht

„Bilderbücher sind die ersten Bücher, zu denen Kinder eine intensive Beziehung entwickeln und durch die sie zur Literatur hingeführt werden" (Spinner 1992, S. 17). Angesichts der Bedeutung des Lesenlernens in der Grundschule als einer zentralen Kulturtechnik werden Bilderbücher in der Grundschule immer wieder als Brücke zwischen vorschulischer literarischer Erfahrung des Kindes und den Ansprüchen des Leseunterrichts verwendet. Eine Leseförderung durch Bilderbücher wird oft mit dem Verweis auf die Einfachheit der Bilderbuchtexte begründet. Daneben beinhaltet das Bilderbuch auch die Chance, eine „Grundschule der Künste" (Mattenklott 2002, S. 33) zu sein, also bildästhetische Kompetenzen des Kindes zu entwickeln und zu differenzieren. Es eignet sich somit als Gegenstand einer umfassenden, fächerübergreifenden ästhetischen Erziehung. Angesichts einer zunehmenden Mediatisierung des Kinderalltags lässt das Bilderbuch als 'einfaches' Medium Lernprozesse ohne zeitliche Vorgaben und mit einer besonderen Wahrnehmungsintensität zu.

Eine ästhetische Erziehung mit Bilderbüchern findet im Grundschulunterricht in vielfältiger Form dort statt, wo die Praxis des Malens, Zeichnens und anderer bildnerischer Verfahren in Verbindung mit einem Bilderbuch entwickelt werden kann. Einen Schwerpunkt bildet in diesem praxisorientierten Unterricht der

Arbeitsbereich des szenischen Spiels, des Theaterspiels, des Rollenspiels sowie des Figuren- und Schattenspiels (vgl. Tabbert 2004). Aus kunstpädagogischer Perspektive bietet das Bilderbuch Kindern eine Reihe zentraler ästhetischer Erfahrungen: Bilder und Texte in Ruhe wahrzunehmen, sie zum Gegenstand von Neugier, Genuss und Kritik zu machen, eigene Wege der Annäherung an Bilder und Texte zu finden und sich auf den fiktionalen Charakter des Buches einzulassen. So könnten elementare ästhetische Erfahrungen an bzw. mit Bilderbüchern gewonnen werden. Bilderbücher stellen auch symbolisches Material für die sprachlich-visuelle Kommunikation der Schüler dar. In der Wahrnehmung und Deutung der Bild-Text-Konzepte werden Formen literarisch-bildnerischen Verstehens und Interpretierens geübt, die die Bedeutung des Bilder- und Textlesens als kommunikative, symbolische Tätigkeit nutzen.

Um genauere Aussagen über Bedingungen und Voraussetzungen des Lernens am Bilderbuch zu erlangen, müsste das Bilderbuch stärker als bisher als Teil der Medienkultur und nicht länger als 'ästhetischer Sonderfall' wahrgenommen werden. Didaktische Bilderbuchforschung müsste sich als Teil der Medienforschung verstehen, z. B. im Rahmen eines umfassenden medienbiografischen Ansatzes. Charlton und Neumann haben das Bilderbuch in eine individualpsychologisch und handlungstheoretisch orientierte Medienrezeptionsforschung einbezogen, die die Medienangebote als Material zur Einordnung und Bewältigung kindlicher Entwicklungsprobleme versteht (vgl. Charlton/Neumann 1990).

5.2 Rezeptionsforschung als Teil einer Didaktik des Bilderbuchs

Kunstpädagogische Ansätze stellen die Bedeutung der kindlichen Bildwahrnehmung heraus; eine gesicherte Rezeptionsforschung zum Bilderbuch gibt es aber bislang nicht. Vor allem in Bezug auf die Bilderbuchrezeption der frühen Lebensjahre gibt es kaum gesicherte Aussagen (vgl. Blei 2002). Hier wäre es wichtig, vorliegende Studien der Entwicklungspsychologie zum frühkindlichen Symbolverständnis in die Bilderbuchforschung einzubinden, um die Wahrnehmungs- und Verarbeitungsprozesse des kleinen Kindes (kognitive Fähigkeiten sowie sozial-emotionale Faktoren in der Bild-Text-Wahrnehmung) verlässlicher zu bewerten (Koerber 2007). In Erweiterung der entwicklungspsychologischen Forschung wäre zu untersuchen, welche neurobiologischen Prozesse die kindliche Wahrnehmung von Bildern und Texten beeinflussen und steuern. Hierzu liegen, so scheint es, in Bezug auf die Bild- und Textrezeption, kaum greifbare Ergebnisse vor.

Rezeptionsforschung schließt auch die Untersuchung der Rolle des Erwachsenen als Vermittler zwischen Kind und Bilderbuch ein. Kaum ein frühkindliches Medium unterliegt so deutlichen Einflüssen der Erwachsenen wie das Bilderbuch, implizit durch die Tatsache, dass das Bilderbuch ein Erwachsenenformat darstellt und somit bereits Projektionen erwachsener Autoren und Illustratoren auf Kindheit beinhaltet, explizit durch die im weitesten Sinne erzieherische und pädagogische Wertung der Erwachsenen im Umgang mit Bilderbüchern. Petra Wieler hat in ihrer Studie über das Vorlesen von Bilderbüchern in der Familie (Wieler 1997) zum einen die Bedeutung der dialogischen Situation zwischen Mutter und Kind beim Vorlesen eines Bilderbuchs dokumentiert, zum anderen den stark lenkenden und wertenden Einfluss der Erwachsenen in der Kommunikationssituation sichtbar gemacht. Blickt man in die Alltagspraxis von Erzieherinnen, die sich professionell mit der Vermittlung von Bilderbüchern befassen, so zeigt sich auch hier der vielschichtige Einfluss der Erwachsenen auf die Bilderbuchkultur und ihre Nutzung durch Kinder (Blei 2007).

Literaturverzeichnis

Blei, Claudia: „Komm, lass uns doch ein Bilderbuch anschauen…“ Einblick in den Forschungsstand zur Rezeption von Bilderbüchern. In: ide. Informationen zur Deutschdidaktik 2002, H. 2, S. 65–75.

Blei, Claudia: Soziokulturelle Handlungen von Erziehern bei der Bilderbuchrezeption. In: Thiele, Jens (Hrsg.): Neue Impulse der Bilderbuchforschung. Unter Mitarbeit von Elisabeth Hohmeister. Baltmannsweiler: Schneider 2007, S. 153–156.

Charlton, Michael/Neumann, Klaus: Medienrezeption und Identitätsbildung. Kulturpsychologische und kultursoziologische Befunde zum Gebrauch von Massenmedien im Vorschulalter. Tübingen: Narr 1990.

Doderer, Klaus /Müller, Helmut (Hrsg.): Das Bilderbuch. Geschichte und Entwicklung des Bilderbuchs in Deutschland von den Anfängen bis zur Gegenwart. Weinheim, Basel: Beltz 1973.

Doonan, Jane: Looking at Pictures in Picture Books. South Woodchester: Thimble Press 1993.

Doonan, Jane: Sharing picture books with adolescent students. In: Schweizerisches Jugendbuch-Institut (Hrsg): Siehst Du das? Die Wahrnehmung von Bildern in Kinderbüchern – Visual Literacy. Zürich: Chronos 1997, S. 53–72.

Hoffmann, Detlef /Thiele, Jens (Hrsg): Künstler illustrieren Bilderbücher. Ausstellungskatalog. Oldenburg: BIS-Verlag 1986.

Hollstein, Gudrun/Sonnenmoser, Marion: Werkstatt Bilderbuch. Allgemeine Grundlagen. Vorschläge und Materialien für den Unterricht in der Grundschule. Baltmannsweiler: Schneider 2006.

Jahn, Leonore/Richter, Karin: Bildwelten zu E.T.A. Hoffmann „Nussknacker und Mauskönig“. Modelle und Materialien für den Literaturunterricht (Klasse 3 bis Klasse 6). Baltmannsweiler: Schneider 2006 (Bilder erzählen Geschichten, Geschichten erzählen zu Bildern, Bd. 2).

Koerber, Susanne: Welche Rolle spielt das Bildersehen des Kindes aus der Sicht der Entwicklungspsychologie? In: Thiele, Jens (Hrsg.): Neue Impulse der Bilderbuchforschung. Unter Mitarbeit von Elisabeth Hohmeister. Baltmannsweiler: Schneider 2007, S. 31–47.

Langer, Susanne K.: Philosophie auf neuem Weg. Das Symbol im Denken, im Ritus und in der Kunst. Frankfurt/M.: Fischer 1965.

Mattenklott, Gundel: Das Bilderbuch als Grundschule der Künste. Ein Abecedarius. In: ide. Informationen zur Deutschdidaktik 2002, H. 2, S. 33–43.

Nodelman, Perry: Words About Pictures. The Narrative Art of Children's Picture Books. Athens/Georgia: University 1988.

Oetken, Mareile: Bilderbücher der 1990er Jahre: Kontinuität und Diskontinuität in Produktion und Rezeption. Dissertation Uni Oldenburg 2008 (http://www.ibit.uni-oldenburg.de/opus.php).

Plath, Monika/ Richter, Karin: Die Bildwelten der Warja Lavater „Schneewitchen". Modelle und Materialien für den Literaturunterricht (Klasse 1 bis Klasse 5). Baltmannsweiler: Schneider 2006 (Bilder erzählen Geschichten, Geschichten erzählen zu Bildern, Bd. 1).

Ries, Hans: Illustration und Illustratoren des Kinder- und Jugendbuchs im deutschsprachigen Raum 1871-1914. Osnabrück: Wenner 1992.

Richter, Karin/Plath, Monika: Märchenhafte Bildwelten. Klaus Ensikats „Die Bremer Stadtmusikanten" und „Kieselchen". Modelle und Materialien für den Literaturunterricht. Baltmannsweiler: Schneider 2007 (Bilder erzählen Geschichten, Geschichten erzählen zu Bildern, Bd. 3).

Roxburgh, Stephen: A Picture Equals How Many Words? Narrative Theory and Picture Books for Children. In: The Lion and the Unicorn 1983/84, H. 7/8, S. 20–33.

Schulz, Martin: Ordnungen der Bilder. Eine Einführung in die Bildwissenschaft. München: Fink 2007.

Schwarcz, Joseph H./Schwarcz, Chava: Ways of the Illustrator. Visual Communication in Children's Literature. Chicago, London: American Library Association 1982.

Spinner, Kaspar H.: Schreiben zu Bilderbüchern. Unterrichtsanregungen. In: Praxis Deutsch 1992, H. 113, S. 17–20.

Tabbert, Reinbert: Kinderliteratur kreativ. Analysen und Unterrichtsvorschläge. Baltmannsweiler: Schneider 2004 (Didaktik der Kinder- und Jugendliteratur, Bd. 2).

Thiele, Jens (Hrsg.): Experiment Bilderbuch. Impulse zur künstlerischen Neubestimmung der Kinderbuchillustration. Unter Mitarbeit von Mareile Oetken. Oldenburg: BIS-Verlag 1997.

Thiele, Jens: Das Bilderbuch. Ästhetik, Theorie, Analyse, Didaktik, Rezeption. Oldenburg: Isensee ²2003.

Thiele, Jens (Hrsg.): Neue Impulse der Bilderbuchforschung. Unter Mitarbeit von Elisabeth Hohmeister, Baltmannsweiler: Schneider 2007.

Varga, Aron Kibédi: Visuelle Argumentation und visuelle Narrativität. In: Harms, Wolfgang (Hrsg.): Text und Bild. Bild und Text. DFG-Symposion 1988. Stuttgart: Metzler 1990, S. 356–367.

Wieler, Petra: Vorlesen in der Familie. Fallstudien zur literarisch-kulturellen Sozialisation von Vierjährigen. Weinheim, München: Juventa 1997.

GÜNTER LANGE / WERNER ZIESENIS

Märchen

1 Das Märchen – Gattungsfragen

1.1 Definition

Das Wort 'Märchen', so kann man im *Grimmschen Wörterbuch* nachlesen, ist eine Verkleinerungsform zu „Mär". Dieses Wort, das heute nicht mehr gebräuchlich ist, kennen viele aus dem Weihnachtslied:

> „Vom Himmel hoch da komm ich her,
> ich bring euch gute neue Mär [...]."

Im Mittelhochdeutschen bedeutete das Wort „diu maere" Kunde, Bericht, Erzählung, aber auch Gerücht. Es bezeichnet also ursprünglich eine kleine, kurze Erzählung. Im Verlaufe der Sprachgeschichte unterlagen Diminutiva einer Bedeutungsverschlechterung, so dass das Wort 'Märchen' die Bedeutung von Lügengeschichte erhielt, wie wir es aus der Formulierung kennen: Erzähl mir doch keine Märchen!

Als gegen Ende des 18. Jahrhunderts unter französischem Einfluss in Deutschland die Volksmärchen eine immer größere Bedeutung erlangten und die Romantiker anfingen, Märchen zu sammeln, trat wiederum ein Bedeutungswandel des Wortes ein, dieses Mal in positiver Hinsicht. Unter Märchen verstand man nun eine phantastische Erzählung, die mündlich überliefert war und von der die Brüder Grimm annahmen, dass sie vor allem im „niederen Volk" erzählt wurde.

Als die Brüder Grimm – von Achim von Arnim und Clemens Brentano angeregt – zu Beginn des 19. Jahrhunderts anfingen, Märchen zu sammeln, war das Märchen noch keine klar definierte Gattung wie heute. Ihre Gattungsmerkmale mussten erst langsam herausgearbeitet werden. Erst 1816 in ihrer Vorrede zum 1. Band ihrer *Deutschen Sagen* unterscheiden die Brüder Grimm Märchen und Sagen voneinander; dort findet man die schon klassisch zu nennende Definition: „Das Märchen ist poetischer, die Sage ist historischer." (Grimm 1999, S. 11)

Sieht man sich die *Kinder- und Hausmärchen* (KHM) genauer an, findet man daher eine ganze Reihe von Texten, die nach unserem heutigen Verständnis gar keine Märchen sind: Es gibt in der Sammlung zahlreiche Legenden, wie z. B. *Der Arme und der Reiche* (KHM 87), Schwänke, wie z. B. *Der Bauer und der Teufel* (KHM 189), Sagen, wie z. B. *Der Zaunkönig* (KHM 171) oder novellenartige Märchen. Im Zentrum der KHM stehen nach unserem heutigen Märchenverständnis die Zaubermärchen, die – wenn man sich z. B. die Untersuchungen von Max Lüthi (1985/2005) zu den Wesensmerkmalen des europäischen Volksmärchens anschaut – als die „eigentlichen" Märchen gelten. Sie sind es auch, durch die die KHM erst allseits bekannt und zum bürgerlichen Erziehungsbuch wurden, denn nicht die 1. Ausgabe der KHM, deren 1. Band 1812 und deren 2. Band 1815 erschien, oder die einbändige Ausgabe von 1819 begründeten den Ruhm der Grimmschen Märchen, sondern die sogenannte *Kleine Ausgabe* von 1825, die nur 50 Märchen enthält, und zwar vor allem die bekannten Zaubermärchen. Sie erlebte von 1825 bis 1858 zehn Auflagen – was ihre überragende Bedeutung unterstreicht.

1.2 Wesensmerkmale, Themen und Motive des europäischen Volksmärchens

Der Schweizer Märchenforscher Max Lüthi (1985) hat in seiner heute noch immer grundlegenden Untersuchung folgende fünf Wesensmerkmale des europäischen Volksmärchens herausgearbeitet: Eindimensionalität, Flächenhaftigkeit, abstrakter Stil, Isolation und Allverbundenheit, Sublimation und Welthaltigkeit.

Mit dem Begriff „Eindimensionalität" ist das zentrale Merkmal des Märchens angesprochen: Er besagt, dass im Märchen phantastische und realistische Welt wie selbstverständlich ineinander übergehen. Die „Flächenhaftigkeit" meint das Fehlen jeglicher Tiefendimension, d.h., es gibt keine psychologische Schilderung der Charaktere. Der „abstrakte Stil" ist vor allem gekennzeichnet durch das kompositorische Prinzip des Kontrasts: gut – böse, reich – arm, klug – dumm usw. „Isolation" bedeutet, dass die Episoden des Märchens in sich verkapselt sind und für sich „isoliert" stehen. Daher handeln die Personen nur punktuell von Episode zu Episode und können folglich aus vorhergehenden Situationen nichts lernen. Dafür sind sie aber in der Lage, mit allen Dingen in Kontakt zu treten, zu Tieren, Menschen, Fabelwesen usw. Lüthi bezeichnet das als „Allverbundenheit". Unter „Sublimation" versteht er die Entwirklichung der Dinge: Grausamkeiten vollziehen sich ohne Schmerz, Mord und Gewalttaten werden ohne tragischen Ton dargestellt. Zudem haben die meisten Symbole des Märchens ihre ursprüngliche Bedeutung verloren, wie z.B. die Schuhprobe in *Aschenputtel* (KHM 21).

Themen und Motive des Volksmärchens – so führt Lüthi z.B. unter seinem Begriff „Welthaltigkeit" aus – spiegeln die ganze Fülle menschlicher und zwischenmenschlicher Beziehungen wider. Dabei stehen die Motive des Wunderbaren und die Darstellungen menschlicher Wünsche im Vordergrund. Lüthi ordnet das Wunder dem „abstrakten Stil" zu. Die Erzählkonstruktion der Märchen ist einfach, aber konsequent. In seiner Untersuchung zur Morphologie des Märchens hat Vladimir Propp (1975) herausgearbeitet, dass alle Märchen eine Drei- oder Fünfgliedrigkeit besitzen. Sie beginnen mit einer Mangel- oder Konfliktsituation, die dazu führt, dass der Märchenheld von zu Hause ausziehen muss, um in der Fremde den Mangel zu beheben oder den Konflikt zu lösen. Er begibt sich also auf eine ausgedehnte Wanderschaft, die ihn in fremde Reiche und in dunkle Wälder führt und großen Gefahren aussetzt, die er aber alle glücklich überwindet. Lüthi bezeichnet diese Wanderung als „Suchwanderung“ (Lüthi 1973, S. 108), die letztlich eine Suche nach sich selbst ist. Das Gesagte wird deutlich, wenn man sich an das Märchen *Die sieben Raben* (KHM 25) erinnert. Der Märchenheld bedarf, um seine Probleme zu lösen, der Hilfe der Jenseitigen, indem sie entweder unmittelbar ins Geschehen eingreifen oder ihm eine Gabe schenken, die ihm in allen gefährlichen Situationen hilft. So bekommt im Märchen *Die sieben Raben* die Schwester, die ihre Brüder erlösen will, vom Morgenstern ein Hinkelbeinchen, mit dem sie den Glasberg aufschließen kann.

Der Märchenheld muss sich bewähren, will er seine Aufgabe lösen. Er muss seine Angst überwinden, Opferbereitschaft oder Hilfsbereitschaft zeigen, er muss mitmenschlich, tolerant und tierlieb, klug und gescheit sein, er kann aber auch der Dummling, das Eselein oder der Schweinehirt sein. Die Lösung der Aufgabe führt den Märchenhelden zur Läuterung und zur Reifung seiner Persönlichkeit. Am Ende erwartet ihn das Glück, das charakteristisch für den Ausgang der meisten Märchen ist. Dieses Glück kann ihm zuteil werden in Form einer Braut oder eines sozialen Aufstiegs. An dieser Stelle klinkt sich der Erzähler prinzipiell aus der Handlung aus, und es heißt ganz lapidar: „Und wenn sie nicht gestorben sind, dann leben sie noch heut.“

Als konstitutives Merkmal des Volksmärchens lässt sich weiterhin festhalten, dass es keinen namentlich bekannten Verfasser hat. Deswegen hat sich im Vergleich zum Kunstmärchen, das einen Verfasser besitzt und durch dessen individuelle Handschrift geprägt ist, die Bezeichnung ‘Volksmärchen’ in der Forschung durchgesetzt. Dieser Begriff zielt auf die mündliche Erzähltradition in den unteren sozialen Schichten. Dass das Volksmärchen in den Jahrzehnten der mündlichen Tradition Veränderungen unterworfen war, Varianten gebildet hat oder mit anderen Märchenmotiven in Verbindung gebracht worden ist, muss man berücksichtigen. Stilistisch ist das Volksmärchen geprägt durch einen parataktischen Satzbau, formelhafte Wendungen (z. B. Eingangs- und Schlussformeln), direkte Rede, Verse, durch Typisierung der Personen und Schwarzweißmalerei, durch Kontrastierung und Polarisierung (schön – hässlich, gut – böse), durch Symbolik (z. B. Zahlen- und Farbsymbolik) und schließlich durch das Happy End – alles Merkmale, die man in Lüthis Wesensmerkmalen wiederfindet.

Die *Kinder- und Hausmärchen* sind aber nicht mehr von der Mündlichkeit geprägt; sie wurden – wie im Folgenden deutlich wird – auf Grund der intensiven Bearbeitungen durch Wilhelm Grimm zu „Buchmärchen“.

2 Die Brüder Grimm und ihre *Kinder- und Hausmärchen*

Die Forschung der letzten Jahrzehnte hat durch die Erschließung des Nachlasses der Brüder Grimm eine ganze Reihe von Korrekturen vornehmen können, und zwar hinsichtlich einiger grundlegender Aussagen, die bis dahin als Grundpfeiler der Grimm-Forschung galten, zumal sie auf den eigenen Aussagen der Brüder Grimm beruhten. Im Folgenden werden an zwei Beispielen diese Korrekturen aufgezeigt, und zwar in Bezug auf die Sammeltätigkeit der Grimms und ihre Eingriffe in die ursprünglichen Märchentexte.

2.1 Die Sammeltätigkeit der Brüder Grimm

Die erste Aussage, die es zu korrigieren gilt, betrifft die Sammeltätigkeit. Die Brüder Grimm haben in ihrer Vorrede zu ihren KHM den Eindruck zu erwecken versucht, als seien sie mit Block und Bleistift durch die hessischen Lande gezogen und hätten den alten Leuten ihre Märchen abgelauscht.

Die Grimm-Forschung der Gegenwart und hier vor allem Heinz Rölleke sind der Frage nachgegangen, woher die Brüder Grimm ihre Märchentexte tatsächlich bekommen haben. In seiner gründlichen Untersuchung *Grimms Märchen und ihre Quellen. Die literarischen Vorlagen der Grimmschen Märchen synoptisch vorgestellt und kommentiert* aus dem Jahre 1998 arbeitet Heinz Rölleke heraus, dass von den 200 Märchen der KHM insgesamt 63, also etwa ein Drittel, aus 'literarischen' Vorlagen und nicht aus der mündlichen Erzähltradition stammen. Die genaue Identifikation der Quellen konnte Rölleke deswegen vornehmen, weil er erstmals das Verzeichnis der Grimmschen Bibliothek in Berlin benutzen durfte. Einige Beispiele sollen das verdeutlichen: *Strohhalm, Kohle und Bohne* (KHM 18) geht auf Burkard Waldis' Textsammlung *Esopus* (1548) zurück, *Das tapfere Schneiderlein* (KHM 20) auf Martin Montanus' *Schwankbücher* (1557–1566), das Märchen *Von dem Mäuschen, Vögelchen und der Bratwurst* (KHM 23) stammt von Moscherosch (1601–1669), *Die Bienenkönigin* (KHM 62) ist aus der Sammlung von Albert Ludwig Grimm übernommen, *Jorinde und Joringel* (KHM 69) kommt aus Johann Heinrich Jung-Stillings *Lebensgeschichte* (1777-1817), ebenso *Der alte Großvater und sein Enkel* (KHM 78); *Hans im Glück* (KHM 83) fanden die Brüder Grimm in der literarischen Zeitschrift *Wünschelruthe*; andere Märchen gehen zurück auf Achim von Arnim, Martin Luther, Grimmelshausen, Jörg Wickram, Hans Sachs, auf Zeitungen, Zeitschriften und sonstige Publikationen der Epoche.

Hinzu kommt, dass die Gewährsleute, auf die sich die Grimms in ihrer Vorrede zur 1. Auflage beriefen, keineswegs Märchenerzähler aus dem einfachen Volke waren, sondern es handelte sich durchweg um gebildete junge Frauen aus der Bürgerschicht: Friederike Mannel (geb. 1783) z.B. war die Tochter eines Pfarrers und arbeitete an einer Privatschule. Die Kasseler Apothekersgattin

Dorothea Wild (geb. 1752) stammte aus Basel; ihr Vater war der bedeutende Göttinger Philologieprofessor Gesner; ihre vier Töchter steuerten ebenfalls zahlreiche Texte zu den KHM bei, und Wilhelm Grimm heiratete 1825 eine von ihnen, nämlich Dortchen, ebenfalls eine eifrige Beiträgerin von Märchen. Die drei Schwestern Hassenpflug, ihr Vater war kurhessischer Amtmann, die Mutter entstammte einer Hugenottenfamilie, brachten vor allem französische Märchen in die Sammlung ein, von denen die Brüder Grimm den *Gestiefelten Kater* in der 2. Auflage als zu französisch wieder aus den KHM entfernten.

Für den 2. Band kamen zahlreiche Märchentexte von der Familie Haxthausen; zu dieser Familie gehörte auch die bekannte Autorin der *Judenbuche* Annette von Droste-Hülshoff, die die Grimms ebenfalls belieferte.

Man kann also keineswegs sagen, dass die Brüder Grimm sammelnd und notierend über Land gezogen sind, sondern dass ihnen aus der gedruckten Literatur und den schriftlich übermittelten Märchen ihrer bürgerlichen Beiträgerinnen und Beiträger der größte Teil der KHM zugeflossen ist. Und selbst die von den Brüdern Grimm in die Forschung eingebrachte legendäre Märchenerzählerin, die „alte Marie", ist inzwischen von Ingeborg Weber-Kellermann als Marie Hassenpflug (geb. 1788) identifiziert worden, also eine junge gebildete Frau und keineswegs eine alte unverbildete dörfliche Märchenerzählerin (vgl. Rölleke 2000, S. 8–22). Die legendäre „Viehmännin", auf die die Brüder Grimm in ihrer Vorrede zur 1. Auflage der KHM so ausführlich eingehen und die sie als „urhessische" Beiträgerin von zahlreichen Märchen hervorgehoben haben, ist inzwischen als Frau eines Schneiders identifiziert, eine geborene Pierson aus einer Hugenottenfamilie, die Französisch sprach und die die bekannten Märchensammlungen Frankreichs aus dem 18. Jahrhundert durchaus kannte (Rölleke 2000, S. 37–44). Die Brüder Grimm haben – so formuliert Rölleke sehr zurückhaltend – diese Zusammenhänge zwar gekannt, aber verschwiegen und ihre früheren Aussagen nirgendwo explizit korrigiert, so dass bis in die Gegenwart die Grimm-Forschung in diesem Punkt von falschen Vorstellungen ausgegangen ist.

2.2 Die Bearbeitungen der KHM durch Wilhelm Grimm

Die Brüder Grimm haben ihre KHM von Auflage zu Auflage bearbeitet und verändert. Wilhelm war von der 2. Auflage von 1819 an für die KHM verantwortlich, während sich Jakob mit seinen thematisch weit gestreuten anderen germanistischen Forschungen beschäftigte. Diese Veränderungen kann man erkennen, wenn man die einzelnen Auflagen miteinander vergleicht. Es ist zudem ein Glück der Grimm-Forschung, dass die Handschrift der Brüder Grimm mit 46 Märchen, die sie 1810 an Clemens Brentano schickten, zu Beginn des 20. Jahrhunderts im elsässischen Kloster Ölenberg wiederentdeckt wurde und heute in einer sehr sorgfältigen synoptischen Edition von Heinz Rölleke (1975) vorliegt. Synoptisch heißt, dass Rölleke die Texte der Ölenberger Handschrift parallel zu den entsprechenden Märchen der 1. Ausgabe von 1812 abgedruckt hat, so dass man anhand des Paralleldrucks deutlich erkennen kann, wie stark die Brüder Grimm die Urfassungen verändert haben.

Mit den Veränderungen der KHM durch Wilhelm Grimm sprechen wir einen Zentralaspekt der Forschung an, den die Brüder Grimm in ihrer Vorrede zur 2. Auflage von 1819 ihren Lesern ganz anders dargestellt haben. Sie formulieren dort:

> Was die Weise betrifft, in der wir hier gesammelt haben, so ist es uns zuerst auf Treu und Wahrheit angekommen. Wir haben nämlich aus eigenen Mitteln nichts hinzugesetzt, keinen Umstand und Zug der Sage [hier verwenden die Brüder noch den Begriff Sage für alle Texte der KHM – GL] selbst verschönert, sondern ihren Inhalt so wiedergegeben, wie wir ihn empfangen hatten. (Grimm 1999, S. 18)

Wenn man sich z. B. das Märchen *Hänsel und Gretel* etwas genauer ansieht, stellt man fest, dass die Fassung der Ölenberger Handschrift im Vergleich zur Fassung von 1857, der Ausgabe letzter Hand, sehr viel kürzer ist; das Märchen in der Ausgabe letzter Hand ist auf mehr als den doppelten Umfang angewachsen. Diese Umfangserweiterung hat mehrere Ursachen:

1. Wilhelm Grimm hat das Märchen sehr stark mit Dialogen ausgestattet.
2. Die Personen werden genauer beschrieben, so vor allem die Hexe.
3. Es sind zwei Episoden hinzugekommen: Ein schneeweißer Vogel führt die Kinder zum Hexenhaus. Auf ihrem Heimweg muss eine Ente die Kinder über das große Wasser tragen.
4. Gretel wird anfangs als ängstliches Mädchen dargestellt, das aber im Verlauf des Märchens immer selbstbewusster wird: Sie stößt die Hexe in den Backofen und befreit Hänsel. Auf dem Heimweg ist sie die Führende.
5. Wilhelm Grimm hat fast allen Märchen Formeln wie „Es war einmal ...“ und die zahlreichen Verse eingefügt.
6. Aus der Mutter, die mit Hänsel und Gretel so böse umgeht, macht Wilhelm in den späteren Ausgaben eine „Stiefmutter“.
7. Der Vater in *Hänsel und Gretel* wird am Ende moralisch entlastet, denn er hatte sich gegen die bösen Pläne seiner Frau – wenn auch vergebens – gewehrt.
8. In allen Märchen – so auch in *Hänsel und Gretel* – hat Wilhelm christliches Gedankengut eingefügt. So tröstet Hänsel seine Schwester mit den Worten: „Schlaf nur ruhig ein, Gott wird uns nicht verlassen“.
9. Wilhelm hat sehr intensive sprachliche Veränderungen vorgenommen. Er formuliert anschaulich, entwickelt einen eigenen Märchenton, fügt zahlreiche Diminutiv-Formen ein und macht so die Märchen kindgerechter.
10. Das geschieht auch durch die Entsexualisierungen der Märchen und durch die Reduzierung von Grausamkeiten und die Entschärfung von Konflikt- und Angstsituationen.

Zusammenfassend kann man sagen, dass Wilhelm Grimm durch seine Märchenbearbeitungen erst die Gattung geschaffen hat, die wir heute als „Märchen' bezeichnen. Die KHM sind keine Volksmärchen im ursprünglichen Sinne mehr, die sehen viel holzschnittartiger aus; sie sind vielmehr Buchmärchen, weil sie viele Züge der mündlichen Erzähltradition verloren haben. Das, was in den KHM vorliegt, ist die 'Gattung Grimm'.

3 Zur Märchenforschung

Weil das Märchen eine bei den Kindern so beliebte Literaturform ist, weil es andererseits in seiner Darstellungs- und Erzählweise so interessant und vielfältig verschlüsselt und weil es nicht so einfach entschlüsselbar ist, hat es Forscher zahlreicher Wissenschaften geradezu magisch angezogen:

Die **Volkskunde** interessiert sich für das Märchen als einer im Volk ehemals mündlich überlieferten Literatur; sie fragt nach Herkunft, Entwicklung und Überlieferung; sie sucht nach den Urtypen der Märchen und nach Motivzusammenhängen; sie betreibt Märchengeographie und Märchenbiologie.

Die **Literaturwissenschaft** interessiert sich für das Märchen als eine besondere literarische Gattung: Welche Merkmale hat es, wie unterscheidet es sich von den benachbarten Gattungen; welche Darstellungs- und Erzählformen und welche Symbole benutzt es; wie stellt es die Welt dar, und welche Intentionen lassen sich erkennen? Und weiter: Wie ist das intertextuelle Verhältnis des Märchens zu anderen literarischen Gattungen?

In der **Psychologie** gibt es mehrere Teildisziplinen, die sich mit dem Märchen beschäftigen:

1. Die kindorientierte Entwicklungspsychologie fragt nach dem Verhältnis von Kind und Märchen, und Charlotte Bühler entwickelte in diesem Zusammenhang 1918 den Begriff des „Märchenalters", der in der Deutschdidaktik bis in die Gegenwart eine Rolle spielt.
2. Nach den Erkenntnissen der entwicklungspsychologischen Forschung zum Jugendalter erzählen die Märchen weniger von den Problemen des Kindseins, sondern vielmehr von denen des Erwachsenwerdens; es sind zum großen Teil Adoleszenzmärchen.
3. Die Tiefenpsychologie in der Nachfolge von C. G. Jung stellt fest, dass sich in den Märchen Archetypen des kollektiven Unbewussten abbilden, die als menschheitsgeschichtliche Symbole gedeutet werden müssen.
4. Sigmund Freud und seine Schule betrachten die Märchen als Manifestationen von Träumen, die einen Zugang zum Unbewussten des Menschen eröffnen und die sexualsymbolisch gedeutet werden müssen.

Die **Literatursoziologie** untersucht die Abbildung von Gesellschaft in den Märchen; sie erkennt, dass bestimmte Formen von Herrschaft, Gesellschaft und Moral in den Märchen dargestellt werden, die auf die Hörer bzw. Leser wirken und sie beeinflussen.

1. Märchen werden daher von einer der beiden soziologischen Forschungsrichtungen als Transportmittel von Ideologien kritisiert (Gmelin),
2. von der anderen aber als dichterische Gestaltung sozialer Wunschträume der armen, ausgebeuteten Volksmassen positiv gedeutet (Bürger, Wollenweber, Woeller u. a.).

Die **Märchenarchäologie** schließlich ist eine ganz junge wissenschaftliche Disziplin. Ihre Vertreter Mazenauer und Perrig verfolgen die Spuren einzelner Märchen bis in die Antike zurück; sie zeigen auf, dass eine mündliche Überlieferung über Jahrhunderte, wie sie oft noch in der Erzählforschung vertreten wird, maßlos überschätzt wird, dass die Märchen vielmehr durch periodische schriftliche Fixierungen und Bearbeitungen tradiert wurden. In ihrem Wandel thematisieren die Märchen die zentralen Fragen der jeweiligen Zeit, in der sie fixiert wurden.

Alle diese Märchenforschungsansätze tragen dazu bei, Märchen besser zu verstehen und mit ihnen im Unterricht sachgerecht umzugehen. Deswegen müssen sich zukünftige Deutschlehrer mit ihnen auseinandersetzen und ihre Forschungsergebnisse aufarbeiten und didaktisch umsetzen.

4 Märchen aktuell

Im 19. und 20. Jahrhundert entwickelte sich das Märchen, vor allem natürlich die KHM der Brüder Grimm, zur außerordentlich beliebten Literatur der bürgerlichen Gesellschaft. In keinem Haushalt mit Kindern durfte eine Ausgabe der Grimmschen Märchen fehlen. Diese Entwicklung intensivierte sich noch, nachdem die Entwicklungspsychologin Charlotte Bühler in ihrer bis heute oft zitierten Untersuchung *Das Märchen und die Phantasie des Kindes* (EA 1918, 1977) darstellte, dass es zwischen dieser Gattung und der kindlichen Phantasietätigkeit eine enge Beziehung gebe und dass Märchen als Entwicklungshilfe für Kinder von nicht zu unterschätzender Bedeutung seien.

Aus diesem Grunde prägte Charlotte Bühler in ihrer Theorie der Lesealter den Begriff „Märchenalter", da diese literarische Gattung von vier- bis achtjährigen Kindern als ihre Lieblingslektüre bezeichnet wurde. Die Folge war, dass die Märchen vor allem im Kindergarten und in der Grundschule von Erziehern und Lehrern zur bevorzugten Lektüre wurde. Und selbst in den beiden ersten Jahrgängen der weiterführenden Schulen galten und gelten die Märchen als wichtiger Lesestoff. Eine weitere Konsequenz der hohen gesellschaftlichen Akzeptanz der Märchen war, dass von Seiten der Verlage zunehmend mehr Märchenbücher aller Art auf den Markt gebracht wurden: Märchensammlungen, Bände zu einzelnen Märchen, Bilderbücher, nach 1945 schließlich auch Comics; die Märchenillustrationen entwickelten sich in diesem Kontext von trivialen Produkten bis hin zu höchst künstlerischen Darstellungen, wobei man an die bedeutenden Märchenillustrationen des 19. Jahrhunderts und des neuen Bilderbuchs zwischen 1900 und 1920 anknüpfte. Andererseits schlossen sich nach 1945 zunehmend auch die alten und neuen Medien diesem Trend an, so dass zuerst im Hörfunk den Märchensendungen für Kinder mehr Platz eingeräumt wurde; dann erschienen Märchenschallplatten, Märchenfilme in immer größerer Anzahl und in immer besserer Qualität, und zwar in Ost und West, in der DDR und der Tschechoslowakei wie in der Bundesrepublik; auch für die neuesten Medien wie Hörkassetten und DVDs bildeten die Märchen einen gesuchten Stoff. Die Folge ist, dass heute der Bücher- und Medienmarkt auf Grund der Fülle an verschiedensten Produkten für einen einzelnen nicht mehr überschaubar ist. Im Folgenden sollen die Märchenproduktionen in den verschiedenen Medien seit 1945 im Überblick vorgestellt werden.

4.1 Märchenbücher

In den ersten Jahren nach 1945 war es nicht leicht, Märchenbücher in Deutschland, d. h. in den vier Besatzungszonen, auf den Markt zu bringen, denn von Seiten der Besatzungsmächte wurden sie als Mitverursacher der nationalsozialistischen Verbrechen angesehen. Bereits im September 1946 erhielten die Berliner Schulämter eine Denkschrift der Britischen Militärregierung, die zu einem Verbot der deutschen Märchen, Sagen und Legenden als Unterrichtsstoff führte. Erst 1949 konnten sich die Stimmen in der Öffentlichkeit durchsetzen, die die Verwendung von Märchen im Unterricht und den Nachdruck der Grimmschen und anderer Märchen befürworteten (vgl. Kaminski 1988, S. 80ff. und Wardetzky 2006, Sp. 555ff.).

In der Folge wurden die ersten neuen Ausgaben der KHM in Deutschland gedruckt. In der SBZ (der sowjetisch besetzten Zone) kam schon 1948 bei Reclam in Leipzig eine vollständige Ausgabe in drei Bänden heraus. Bis 1978 registrierte Heinz Wegehaupt in der DDR bereits 107 Ausgaben der Grimmschen Märchen als Gesamtausgaben oder als Einzeldrucke (vgl. Wardetzky 2006, Sp 571).

Günther Dittrich verzeichnet in seinem Gesamtverzeichnis *Das deutsche Jugendbuch* (1952) für die Bundesrepublik bis zum 15. Februar 1952 insgesamt 90 Neuausgaben deutscher Märchen, wobei die Märchen Bechsteins mit 11 und die der Brüder Grimm mit 39 Bänden mehr als die Hälfte aller Neuerscheinungen ausmachten. Unter den Verlagen waren meistens die vertreten, die auch heute noch zu den bekanntesten KJL-Verlagen zählen: Ueberreuter, Thienemann, Loewe, Ensslin & Laiblin u. a. Des weiteren verzeichnete Dittrich auch

47 Ausgaben „Ausländischer Märchen“, u. a. *Märchen aus tausendundeiner Nacht*, Märchen aus Dänemark, Schweden, Norwegen, Irland, Russland usw. Aber auch „Kunstmärchen“ werden in dem Gesamtverzeichnis aufgeführt, und zwar 194 Ausgaben, unter denen Hans Christian Andersen mit 13 Bänden am häufigsten vertreten ist; daneben finden sich Märchen von Stefan Andres, Clemens Brentano, Lewis Carroll (5-mal), Wilhelm Hauff (17-mal), Erich Kästner, Selma Lagerlöf, Wilhelm Mathiessen (3-mal), Eduard Mörike, Charles Perrault, Luise Rinser, Antoine de Saint-Exupéry, Ina Seidel, Lisa Tetzner und Ernst Wiechert.

In der DDR waren – wie Kristin Wardetzky ausführt – internationale Märchenbücher außerordentlich beliebt. Die starke Nachfrage konnte durch die Verlage – auf Grund der Politik – nicht befriedigt werden. Sie galten als Raritäten und wurden unter dem Ladentisch gehandelt. Bis 1988 konnten Heinz Wegehaupt und Patricia Block 321 internationale Sammlungen von Volksmärchen nachweisen (vgl. Wardetzky 2006, Sp. 570).

Der Anteil der Märchenausgaben an den Neuerscheinungen in der BRD und DDR ist in den folgenden Jahrzehnten außerordentlich hoch.

> Eine einmalig erstellte Statistik der Jahre 1970/71 für die BRD und DDR, wobei allerdings seriell erscheinende geheftete Lit. wegen unzureichender Erfassung nur lückenhaft berücksichtigt wurde, gibt einen Überblick zum Anteil von M.n innerhalb der dt.sprachigen Kinder- und Jugendliteraturproduktion: Innerhalb der von der Dt. Bibl. (Ffm.) und der Dt. Bücherei (Lpz.) registrierten Titel (BRD: 1970/71 2077 bzw. 2034 Titel; DDR: 1970/71 590 bzw. 525 Titel) nahm das Märchenbuch in der BRD mit 94 bzw. 65 Titeln (4,5% bzw. 3,2%) den 6. bzw. 8. Platz und in der DDR mit 34 bzw. 29 Titeln (5,8% bzw. 5,5%) den 6. bzw. 7 Platz in der Gesamtproduktion ein. (Verweyen 1999, Sp. 282)

Susanne Jahn stellt in ihrem Artikel *Märchenbücher im Literaturbetrieb und in den Kinderbibliotheken der DDR* (1993) abschließend fest, dass in der DDR auf dem Gebiet der Märchenliteratur eine große und vielfältige Auswahl zur Verfügung stand, die auch vom Lesepublikum intensiv genutzt wurde. Der Schwerpunkt der Ausgaben lag aber – den politischen und erzieherischen Vorgaben gemäß – bei Märchen der „Sozialistischen Brudervölker“. Auf Grund der Ähnlichkeiten der Märchen und Märchenmotive auf der ganzen Welt könne man aber festhalten, dass es den Kindern in der DDR auf dem Sektor dieser Literatur an nichts gefehlt habe.

Die weitaus größte Verbreitung finden Märchenbücher in der Bundesrepublik allerdings seit vielen Jahren in den Kaufhäusern, deren Auflagen um das Zehnfache höher liegen als die Märchenbücher, die in den Buchhandlungen vertrieben werden, und durch Heftchenserien im Kleinformat, die z. B. wie die *Pixi-Bücher* vom Carlsen-Verlag in Millionenhöhe verkauft werden (vgl. Verweyen 1999, Sp. 282).

Die Deutsche Nationalbibliothek verzeichnet Ende 2009 für das Jahre 2010 schon ca. 200 Verlagsanmeldungen bzw. Ankündigungen von Märchenbüchern. Für die Zeit von 1945 bis Anfang 2010 findet man im Katalog der Nationalbibliothek 30111 Einträge zu Märchen, davon 25801 zu Büchern, 1683 zu elektronischen Datenträgern und 254 zu Filmen und Hörbüchern. Zu den Brüder Grimm findet man 6956 Einträge, davon 6516 Bücher, 203 elektronische Datenträger und 20 Filme und Hörbücher.

Man kann daraus folgern, dass der Markt nach wie vor außerordentlich aufnahmefähig ist. Vor allem die Zunahme der elektronischen Medien (Hörbücher und Hörspiele) ist inzwischen – auf Grund der zahlreichen Verlage – unüberschaubar geworden. Selbst die Deutsche Nationalbibliothek verzeichnet nicht alle Neuerscheinungen.

4.2 Märchenbilderbücher

Bilder zu Märchen reichen bis weit in das 19. Jahrhundert zurück. Ihr Anfang ist in den Illustrationen von Märchenbüchern zu sehen, angefangen bei Ludwig Richter (1803–1884), Moritz von Schwind (1804–1871) bis hin zu Heinrich Vogeler (1872–1942).

Im 20. Jahrhundert werden Märchenbilderbücher immer bedeutungsvoller. Ihre Zahl nahm erheblich zu, zumal nach 1945 in den Kaufhäusern Massenprodukte in äußerst billiger Aufmachung und zu niedrigen Preisen angeboten wurden und werden. Es handelt sich um Produkte, die nach kurzer Zeit aus dem Angebot wieder verschwinden und durch neue, der Marktsituation und dem Geschmack des Publikums (Eltern und Kinder) angepasste ersetzt werden. Es ist unmöglich, diese massenhaften Produkte einigermaßen zu überschauen. Das ist bei den anspruchsvolleren Bilderbüchern zu den Märchen anders. Vor allem dank des Deutschen Jugendliteraturpreises (bis 1981 Deutscher Jugendbuchpreis) kann sich der Interessierte anhand der Preisbücher und der Märchenbilderbücher auf den Auswahllisten einen guten Überblick verschaffen.

Von 1956 bis 2009 wurden insgesamt 17 Märchenbilderbücher auf die Auswahlliste gesetzt. Dabei handelt es sich meistens um Grimmsche Märchen, die als Bilderbücher gestaltet wurden, z.B. 1970 von Lilo Fromm *Sechse kommen durch die ganze Welt*, 1979 von Paula Schmidt *Jorinde und Joringel*, 1980 von Sabine Friedrichson *Fundevogel*, 1983 von P. Ch. Asbjørnsen und J. Moe *Die Geschichte vom dicken, fetten Pfannkuchen*, 1985 von Roland Topor *Schneeweißchen und Rosenrot*, 1988 von Montserrat Ginesta *Die goldene Gans*, 1990 von Binette Schroeder *Der Froschkönig*, 1995 von Klaus Ensikat *Die Bremer Stadtmusikanten*, 1998 von Henriette Sauvant *Allerleirauh* und 2002 von Susanne Janssen *Rotkäppchen*. Außergewöhnlich ist 2001 das Märchenbilderbuch *Steinsuppe* der Französin Anais Vaugelade, in dem sie mit Märchenmotiven spielt und in dem sich der Wolf am Ende als friedlich erweist, die anderen Tiere aber lange

Zeit im Zweifel sind, ob nicht doch der 'märchentypische' Wolf bei ihnen eingekehrt ist.

Mit dem Deutschen Jugendliteraturpreis ausgezeichnet wurden bisher fünf Märchenbilderbücher: 1967 von Lilo Fromm *Der goldene Vogel* und 1968 von Katrin Brandt *Die Wichtelmänner.*

Aufstand der Tiere oder Die neuen Stadtmusikanten von Jörg Steiner und Jörg Müller bekam 1990 den Bilderbuchpreis. Es handelt sich hier um ein verändertes Märchen, denn die Protagonisten sind Eule, Pinguin, Krokodil und Panda, die es satt haben, immer wieder für Sonnenbrillen, Sportpullover, Kühlschränke und Umweltschutz Werbung zu machen. Die Eule schlägt vor, nach Disneyland zu gehen und hier ihre Träume vom Glück zu verwirklichen. In ihrer neuen Umgebung verändern sich die Tiere, schließlich ziehen sie durch die nächtliche Großstadt, bis sie statt in dem Bremer Räuberhaus in einem Fernsehstudio landen, wo sie ihren Part bei einer Fernsehshow übernehmen – bis auf den Panda, der seinem Traum von einem frei umherziehenden Folkloresänger nicht aufgeben will. Seine Rolle übernimmt der rosarote Panther. Mit raffinierten Mitteln wird hier eine überzeugende Märchenparodie präsentiert, bei der allerdings nicht sicher ist, ob Kinder sie verstehen.

1995 bekam ebenfalls ein ungewöhnliches Märchenbilderbuch den Deutschen Jugendliteraturpreis: Yvan Pommauxs *Detektiv John Chatterton* (aus dem Französischen von Anima Kröger). Der Detektiv John Chatterton, ein schwarzer Kater, der sehr stark an Philipp Marlowe, den Protagonisten der Krimis von Raymond Chandler, erinnert und dessen Name eine Anspielung auf den Erfinder der Pater-Brown-Krimis Gilbert Keith Chesterton (1874–1936) ist, wird mit der Aufklärung einer Entführung beauftragt. Bei der Beschreibung des verschwundenen Mädchens stutzt der Detektiv, denn ihre rote Kleidung erinnert ihn an das Märchen *Rotkäppchen.* Er verfolgt die Spur der roten Kleidungsstücke bis zu einem Keller, in dem ein kunstbegeisterter Wolf Wolfsbilder aus verschiedenen Epochen sammelt, der das Mädchen gefangen hält. John Chatterton setzt den Wolf mit einem gezielten Steinwurf außer Gefecht und befreit das Mädchen. Pommaux hat sein Bilderbuch im Stil des 'Ligne Clair' gestaltet, verschiedene Stile miteinander montiert und zahlreiche Märchenmotive verarbeitet, deren Wiedererkennung schon Schülern aus einem vierten Schuljahr große Freude bereitete.

2008 ging der Deutsche Jugendliteraturpreis der Sparte „Bilderbücher" an Susanne Janssen, die das bekannte Grimm-Märchen *Hänsel und Gretel* auf besondere Weise gestaltet hat. Der Text von Mareile Oetken im Empfehlungskatalog *Das Bilderbuch* vom Arbeitskreis für Jugendliteratur (2008, Nr. 89) charakterisiert das Märchenbilderbuch so:

> [...] „Vor einem großen Walde" steht in großen Lettern auf der ersten Seite, sparsamer und großzügiger ist wohl nie ein Märchenanfang gestaltet worden. Doch bereits auf der

> folgenden Doppelseite entfaltet die Illustratorin ihr ganzes künstlerisches Spektrum. Ein mit pastosem Farbauftrag altmeisterlich gemalter Hirsch sprengt durch den Wald, dessen Bäume dunkel in die Höhe streben und das Bild nach Magritte-Manier surrealistisch zerschneiden. „Wohnte ein armer Holzhacker“, erst auf der nächsten Seite wird der erste Satz beendet. Susanne Janssen dramatisiert und psychologisiert ihr tragisch miteinander verstricktes Personal und fügt dem bekannten Kanon von Märchenillustrationen eine neue, sensible, beeindruckende Interpretation hinzu. Ein großer Gewinn für ältere und geübtere Betrachter.

Dieses Bilderbuch wie auch andere, die in jüngster Zeit erschienen, wurden in der Öffentlichkeit und von Fachleuten kontrovers diskutiert. Während viele Bilderbuchexperten wie z. B. Renate Raecke voll des Lobes sind und dieses Bilderbuch als künstlerisch herausragend bewerten, halten vor allem erwachsene Vermittler und auch einige Rezensenten mit ihrer Kritik nicht zurück und geben ihrem Zweifel Ausdruck, ob dieses Bilderbuch von Kindern überhaupt akzeptiert wird (vgl. Blei-Hoch 2008, S. 151–153).

In dieser Kontroverse zeigt sich – verallgemeinernd gesagt – ein generelles Problem der Beurteilung von Märchenbilderbüchern durch erwachsene Rezensenten. Diese beurteilen größtenteils aus ihrem künstlerischen Verständnis heraus die Innovationskraft eines Buches im Kontext der modernen Illustrationskunst, vernachlässigen bei ihrer Beurteilung aber die mögliche Wirkung der Bilderbücher auf Kinder.

In den vergangenen Jahrzehnten lässt sich ein deutlicher Einfluss der Comics auf die modernen und zeitgenössischen Bilderbücher feststellen. Das lässt sich nach Maria Linsmann und Bernhard Schmitz an drei Bereichen festmachen: der Verwendung von Sprech- und Denkblasen, von Onomatopoietika und Speedlines, weiterhin an der Aufgliederung der einzelnen Bilderbuchseiten in Panels und schließlich an der Verwendung von filmspezifischen Bildeinstellungen, die von den Comics auf die Bilderbücher übertragen wurden, wie Totale, Halbtotale, amerikanische Einstellung, Nah- und Großaufnahme. Das gilt beispielhaft für Rotraut Susanne Berners *Märchencomics* (2008). In diesem Bilderbuch erzählt die Autorin acht Grimmsche Märchen: *Froschkönig, Frau Holle, Daumesdick, Rapunzel, Jorinde und Joringel, Hans im Glück, Hans mein Igel* und *Rotkäppchen*. Der werbende Text auf der Rückseite des Bilderbuchs macht die Intention dieses Buches deutlich: „Kinder brauchen Märchen, und Kinder lieben Comics. Rotraut Susanne Berner erzählt in diesem Buch einige der schönsten Märchen der Brüder Grimm auf ganz neue Art und bewahrt doch ihren alten Zauber.“

4.3 Märchenstoffe in anderen Medien

Mit der Entstehung literarischer Massenproduktionen Ende des 19. Jahrhunderts kommen – wie ausgeführt – immer mehr Märchenbilderbücher auf den Markt; es folgen im 20. Jahrhundert Märchencomics. Das Weihnachtsmärchen begründet die Tradition des Märchentheaters, die dann durch die Verfilmungen von Märchen aufgenommen und weitergeführt wird. Die auditiven und audiovisuellen Medien wie Fernsehen, Hörfunk, Schallplatte, Hörspiel und Hörbuch adaptieren Märchenstoffe, um sie massenhaft zu verbreiten. Jan-Uwe Rogge nennt in seinem Beitrag *Märchen in den Medien. Über Möglichkeiten medialer Märchenadaptionen* drei verschiedene Positionen der Medienkritik in Bezug auf märchenhafte Produkte:

> [...] die eine lehnt mediale Bearbeitungen schlichtweg als dem Märchen unangemessen ab; die zweite versucht, sich mit den Märchen in den Medien mehr schlecht als recht zu arrangieren; die dritte Position, ausgehend von einer kritischen Bestandsaufnahme vorhandener Produktionen, strebt an, Märchenfilm und Märchenplatte als eigenständige, künstlerische Möglichkeit des Märchen gelten zu lassen und zu etablieren. (Rogge 1983, S. 133f.)

Diese Positionen sind auch gegenwärtig noch zu erkennen, allerdings haben sich die Einstellungen der Kritiker zugunsten der dritten Position verschoben. Das wird vor allem in den Beiträgen zu den medialen Märchenadaptionen in den neun Bänden der *Schriftenreihe Ringvorlesungen der Märchen-Stiftung Walter Kahn* deutlich, die von 2004–2009 erschienen und in denen sich Experten wie Jens Thiele, Friedrich K. Waechter, Horst Heidtmann, Hans Dieter Erlinger, Bernd Dolle-Weinkauff oder Christoph Schmitt zu Märchenillustrationen, -Bilderbüchern, -Verfilmungen und zum Kindertheater sachkundig äußern. In seinem Beitrag *Medienadaptionen von Volksmärchen* (2000) geht Horst Heidtmann auf die gegenwärtige Entwicklung aller wichtigen Medien im Umgang mit Märchen ein. Sein Resümee ist ernüchternd hinsichtlich der Bedeutung der Märchen. Zwar habe sich in den vergangenen Jahrzehnten weltweit das Medienangebot, die Mediennutzung und die Medienpräferenzen verändert, und Kinder werden heute praktisch in das Medien- und Kommunikationsnetz hineingeboren und wachsen multimedial auf, aber Märchen spielen in all diesen Medien eine recht untergeordnete Rolle. Eine Befragung, die Heidtmann 1997 durchführte, macht deutlich, dass die Kinder den literarischen Figuren, die sie kennen, ausschließlich in den AV-Medien begegnet sind. Unter den zehn am häufigsten genannten Figuren befand sich keine aus den Grimmschen Märchen. Heidtmanns Schlussfolgerung: „In den auditiven Medien, im Kinderfunk wie auf Tonträgern, haben Märchenstoffe mittlerweile [...] drastisch an Bedeutung eingebüßt“ (Heidtmann 2000, S. 91), während auf dem Kindervideomarkt, der vor allem vom Zeichentrick beherrscht wird, ein „facettenreiches Angebot an Märchenvideos“ zu finden ist. In den öffentlich-rechtlichen wie in den privaten Fernsehprogrammen hingegen sind Adaptionen von Volksmärchen selten geworden, wenn man mal von *SimsalaGrimm* absieht. Diese deutsche Zeichentrickserie aus dem Jahre 1999 behandelt in jeder Folge ein populäres Märchen der Brüder Grimm. Die Märchen werden aber verfremdet und von zwei Phantasiewesen präsentiert, die in das Märchengeschehen eingreifen können, um z. B. dem jeweiligen Märchenhelden beizustehen. Produziert wurde *SimsalaGrimm* von der Greenlight Media, Hahn Film und dem Sender NDR; die Erstausstrahlung erfolgte am 1. November 1999 im *Kinderkanal*. Es entstanden zwei Staffeln mit jeweils 13 Trickfilmen. Nach Angaben der Produktionsfirma wurde die Serie inzwischen in mehr als 120 Länder exportiert.

Diese Trickfilmserie hat in der Fachwelt heftige Reaktionen hervorgerufen. Während sie von der Brüder-Grimm-Gesellschaft, dem Goethe-Institut und der Stiftung Lesen ein „Gütesiegel“ bekam, gab es heftige Kritik von der Märchen-Stiftung Walter Kahn und der Europäischen Märchengesellschaft. Seitens der Kritiker fand im Mai 2000 in Volkach ein Symposion statt, auf dem sich zahlreiche bekannte Märchenforscher kritisch mit der Trickfilmserie auseinandersetzten: „Die Volksmärchen sind mehr als ein billiger Unterhaltungsstoff für Kinder, der verantwortungslos nach Belieben verändert werden kann.“ Auch Adaptionen müssen den kulturellen Wert der Märchen erhalten und dürfen ihren psychologisch-pädagogischen Einfluss auf die Kinder nicht amputieren (Märchen-Stiftung Walter Kahn 2000, S. 3).

4.4 Veränderte Märchen

In den 1970er Jahren war in der Bundesrepublik in zunehmenden Maße eine Aktualisierungswelle von Märchentexten zu beobachten; sie stellt eine besonders interessante Zuwendung zum Märchen, der damaligen Märchenrezeption und Märchendidaktik dar. Die in der Fassung der Brüder Grimm ‘erstarrten’ Märchentexte wurden einerseits als verstaubte, wirklichkeitsfremde Museumsstücke betrachtet, die es galt von einer „Überdosis Grimm“ (Gelberg, in: Janosch 1972, S. 249) zu befreien. Andererseits ging aber für die Märchenkritiker so viel Reiz von ihnen aus, dass sie sich auf ihre Weise mit den traditionellen Märchen auseinandersetzen wollten. Als gemeinsamen Nenner der veränderten Märchen hat Kaiser (1975) die Requisiterneuerung erkannt. Die Autoren versuchten, durch Einbeziehung zeitgemäßer Wirklichkeitselemente die alten Texte auf gegenwärtige Bedingungen und Probleme zu beziehen: „moderne Berufe, Technik, Weltraumfahrt, heutige Verkehrsmittel, die Arbeitswelt, das Geld- und Wirtschaftswesen, die Massenmedien, die Wohlstandsgesellschaft“ usw. (Kaiser 1975, S. 450) Kaiser unterscheidet zwischen „pädagogischen Bearbeitungen“, d. h. zu einem vermeintlich autoritären Text der Brüder Grimm wird z. B. ein antiautoritärer Gegentext geschrieben; das gilt für die Umformungen von Gmelin (1973); „sozialkritisch-politischen Bearbeitungen“ können wie bei Waechters *Tischlein deck dich* zu totaler Ideologisierung führen; für die „parodierten Märchen“ sind die Verwirrspiele von Fetscher (1974), mit denen er die wissenschaftliche Märchenforschung attackiert, Musterbeispiele, und in den „freien dichterischen Variationen“ leitet die Autoren nicht primär die Absicht, Märchen umzufunktionieren, sondern neue literarische Möglichkeiten auszuprobieren. Mit *Jorinde und Joringel* und *Fundevogel* sind Janosch (1972), der ansonsten parodiert und gesellschaftskritische Gegenentwürfe liefert (z.B. *Vom tapferen Schneiderlein*) und sprachspielerisch experimentiert (z.B. *Das elektrische Rotkäppchen*), neue märchenhafte Gebilde gelungen, die in ihrer märchenhaften und volkstümlichen Sprache eher noch verfeinert, in ihrem strukturellen Aufbau (im Sinne des „abstrakten Stils" nach Lüthi) eher noch präziser sind.

Diese umfunktionierten und aktualisierten Märchen haben in den 1970er und 1980er Jahren in der Literaturwissenschaft und in der Literaturdidaktik ebenso viel Ablehnung wie Zustimmung erfahren, spielen aber in der Gegenwart nur noch eine geringe Rolle (vgl. Psaar/Klein 1976, S. 86ff.; eine umfangreiche Bibliographie veränderter Märchen findet man bei Offele-Aden 1986, S. 132–137).

Erwähnen muss man noch eine Gruppe von Autorinnen und Autoren, die in ihren Texten eine „Erneuerung des Märchendenkens, eine Neuerweckung der aktiven und gegenwartsbezogenen Märchenlektüre jenseits ideologischer Festlegungen, aber diesseits rationaler Ansprüche" (Haas 1984, S. 313) versuchte. Als charakteristisches Beispiel gilt *Die Geschichte vom bösen Hänsel, der bösen Gretel und der Hexe* von Paul Maar (1977), der in seiner Version des Grimmschen Märchens das gängige Muster der braven Kinder und der bösen Hexe vertauscht und damit bei dem zuhörenden Hund, aber auch bei den kindlichen Lesern großes Erstaunen hervorruft. Die Reaktion des Hundes ist zu verallgemeinern: „Wenn das so ist [...], dann möchte ich gerne einmal 'Rotkäppchen' von einem Wolf erzählt bekommen!" (Maar 1977, S. 34) Eine ähnliche Veränderung nimmt auch Otfried Preußler in *Die kleine Hexe* vor, worin er die Vorstellung von „alt gleich böse" und „jung gleich gut" in ihr Gegenteil verkehrt (Haas 1984, S. 313).

Lutz Röhrich (1983) hat die Veränderungen der Märchen als „Metamorphosen" bezeichnet, aber diesen Begriff nicht allein auf die veränderten Märchen in der KJL beschränkt, sondern erheblich ausgeweitet. Der allgemeine Bekanntheitsgrad vor allem der Grimmschen Märchen macht es möglich, Märchen in Theater, Film, auf Schallplatte, Hörkassette, im Fernsehen, im Kinderbuch oder im Comic darzustellen und in Cartoons, Märchenwitzen, Parodien sowie Satiren, aber auch in der Werbung und sogar in der politischen Karikatur in humorvoller Weise zu verwenden, da man davon ausgehen kann, dass die entsprechenden Anspielungen verstanden werden und die Darstellungen ihre gewünschte Wirkung erzielen. Darüber hinaus sind Märchen auch immer wieder in der Literatur von Autoren intertextuell benutzt worden, d.h., auf sie wird in der Literatur angespielt, sie werden zitiert, ihre Figuren und Motive werden in die Handlung integriert, oder Märchen dienen als Ausgangstext für ein ganz neues literarisches Werk. Wenn Goethe im *Faust I* in der Kerkerszene Gretchen das Lied vom *Machandelboom* singen lässt, wird dieser intertextuelle Bezug von vielen Lesern bzw. Theaterbesuchern erkannt. Wenn Günter Grass in seinem Roman *Der Butt* mit dem Märchen *Von dem Fischer un syner Fru* literarisch spielt und gegen das die Welt zerstörende Patriarchat ein Matriarchat aufrichtet, versteht das jeder einigermaßen Belesene. Wenn in der Zeitung während des Wahlkampfes Karikaturen auftauchen, die mit dem Märchen vom *Froschkönig* den Wähler auffordern, den „grünen Frosch" zu küssen, dann würde sich dieser auch in einen schönen Prinzen verwandeln, und der Wähler findet sich nach der Wahl neben Jürgen Trittin wieder, dann versteht diese Anspielung ebenfalls jeder. Das Märchen als Kulturgut lässt auch derartige Möglichkeiten zu, auch wenn sie vielleicht nicht jedem Märchenfreund gefallen.

5 Märchendidaktik

Die Situation der Märchendidaktik ist durch den kontinuierlichen Wechsel von Ablehnung und Zuwendung, von positiver und negativer Beurteilung gekennzeichnet. Eine Zusammenfassung der „Argumente für und gegen das Märchen" hat Lutz Röhrich (1976, S. 21f.) zusammengestellt. Die Einwände gegen das Märchen lauten: es sei „weltfern und anachronistisch", „unwahr und kitschig", es zeige „antiquierte gesellschaftliche Verhältnisse" sowie „Rollenzwänge aus der patriarchalischen Welt"; gegen die „Grausamkeit des Märchens" seien immer wieder pädagogische Bedenken vorgetragen worden, es diszipliniere die Kinder und sei „Ausdruck repressiver und autoritärer Erziehung". Dagegen führt Röhrich die Positiva auf, die er selbst vertritt: Märchen sind immer „didaktisch", sie haben „Modellcharakter"; das Märchen „schildert Wege der Emanzipation"; es zeigt „psychische Möglichkeiten der Angstüberwindung auf"; es bedeutet oft „eine Befreiung im weitesten Sinne" und sei ein Modell der „Glücksverwirklichung" (ebd., S. 23f.)

Diese Argumente für und gegen das Märchen sind in den 1970er und 1980er Jahren heftig diskutiert worden; die umfassendste Apologie lieferte damals Bettelheim mit seinem Buch *Kinder brauchen Märchen* (1977). Sie wirkt bis heute nach.

Unter dem Primat der Erlebnis- und Gesinnungspädagogik nach 1945 sollten Märchen im Primarbereich nur erzählt oder vorgelesen werden. Die Mitte der 1960er Jahre einsetzende strukturelle Literaturdidaktik bedeutete einen totalen Umschwung. Sie verlangte die detaillierte Arbeit am Text. Die strukturellen Märchenanalysen wurde als Hinführung der Primarschüler zur Literatur allgemein verstanden. Als man Anfang der 1970er Jahre die Frage nach der Legitimation einzelner literarischer Gattungen aufwarf, blieb für die „weltfremden Märchen" kaum noch ein Platz im Literaturunterricht. Sie standen unter Ideologieverdacht, aus dem sie die ideologiekritischen Didaktiker z.T. selbst wieder befreiten. Unter literaturästhetischen Gesichtspunkten erlangte das Märchen erneut an Bedeutung.

Die weitgehende Zuschreibung des Märchens auf die Primarstufe wurde überwunden, als die Diskussion um das Lesealter in Gang kam und Charlotte Bühlers Begriff „Märchenalter" in Frage gestellt wurde. Dass der Deutschunterricht den eigentlichen Adressaten zahlreicher Märchen gar nicht trifft, wenn er auf den Primarbereich beschränkt bliebe, wurden durch Untersuchungen zur Frage „Märchen und Adoleszenz" erkannt; zudem forderte die feministische Literaturdidaktik, die Märchen hinsichtlich der männlichen und weiblichen Rollen und ihres Gesellschaftsbildes zu untersuchen.

Die technische Entwicklung der Medien (Schallplatte, Hörfunk, Hörspiel, Hörbuch, Verfilmung, Comic, DVD, Computerspiel usw.) nahm sich, weil Märchen vor allem in der frühkindlichen Erziehung gefragt waren, dieser Textart zunehmend an. Der mediale Markt wurde bald unüberschaubar. Eltern, Erzieherinnen sowie Lehrerinnen und Lehrer müssen lernen, diese Produkte kritisch zu überprüfen und ihre Einsatzmöglichkeiten in Kindergärten und Schulen didaktisch zu reflektieren.

Die Ausweitung der Märchendidaktik auf die Fantasy-Literatur führte zu neuen didaktischen Fragestellungen. Gerhard Haas (1983 u.ö.) mit seinem Konzept eines „erkenntnisstrukturellen Angebots" dieser Literatur löste die Märchendidaktik aus ihrer inhaltlichen Vereinnahmung aus soziologischer, psychologischer und pädagogischer Sicht. Haas, der mit einem „weiten" Phantastikbegriff arbeitet, der Märchen, Sage, Fantasy, Science-Fiction usw. einschließt, stellt die spezifische Form der Bildlichkeit dieser Gattung heraus, die Lévi-Strauss als „wildes Denken" beschreibt. Bestimmend für die Aussage eines Textes ist danach nicht der schlussfolgernde Gedanke, sondern „das unvermittelte, komplexe, vieldeutige Bild" (Haas 1983, S. 166). Ihm geht es darum, diese Bildlichkeit der phantastischen Texte als Gegensatz zur rationalen Weltsicht zu verstehen, um eine „Verfestigung von Denk- und Verhaltensgewohnheiten" (ebd., S. 172) zu verhindern. Eine Didaktik des Märchens wird folgerichtig zu einer umfassenden Didaktik der phantastischen Literatur.

Seit dem Ende der 1980er Jahre hat sich die handlungs- und produktionsorientierte Literaturdidaktik durchgesetzt. In diesem Ansatz wird eine deutliche Abkehr von einem „verkopften" Literaturunterricht, der immer durch den Lehrer in Form eines hermeneutischen Gesprächs gesteuert wird, gefordert und der Versuch unternommen, die Schülerinnen und Schüler zu einem produktiven und kreativen Umgang mit Literatur zu führen. Durch den selbsttätigen Umgang mit Märchen gewinnen die Schüler einen Einblick in die Struktur und die Bildlichkeit des Textes und durch das Schreiben, das Sich-Hineinversetzen in einzelne Personen, durch das Spielen einzelner Szenen einen individuellen Zugang zu den Märchen und ihrer Bedeutung.

Literaturverzeichnis

Arbeitskreis für Jugendliteratur: 40 Jahre Deutscher Jugendliteraturpreis. Eine Dokumentation über 40 Jahre. Hrsg. von Heide Peetz und Dorothea Liesenhoff. München: Arbeitskreis für Jugendliteratur 1996.

Arbeitskreis für Jugendliteratur: Das Bilderbuch. Ein Empfehlungskatalog. Hrsg. von Doris Breitmoser und Kristina Bernd. München: Arbeitskreis für Jugendliteratur 2008.

Bastian, Ulrike: Märchen. In: Doderer, Klaus (Hrsg.): Lexikon der Kinder- und Jugendliteratur. Bd. 2. Weinheim, Basel: Beltz 1977, S. 422–426.

Bettelheim, Bruno: Kinder brauchen Märchen. Stuttgart: DVA 1977 u. ö.

Blei-Hoch, Claudia: Zwischen Tradition und Innovation. Zur Bildsprache moderner Märchenillustrationen und ihrer Rezeption. In: Beisbart, Ortwin/Kerkhoff-Hader, Bärbel (Hrsg.): Märchen. Geschichte – Psychologie – Medien. Baltmannsweiler: Schneider 2008, S. 140–155 (Schriftenreihe Ringvorlesungen, Bd. 7).

Bühler, Charlotte/Bilz, Josefine: Das Märchen und die Phantasie des Kindes. Berlin [u. a.]: Springer 4. Aufl. 1977.

Dinges, Ottilie u. a. (Hrsg.): Märchen in Erziehung und Unterricht. Kassel: Röth 1986.

Dittrich, Günther: Das deutsche Jugendbuch. Gesamtverzeichnis einschließlich der Übersetzungen ins Deutsche. Rheinhausen: Verlagsanstalt Rheinhausen 1952.

Doderer, Klaus (Hrsg.): Über Märchen für Kinder von heute. Essays zu ihrem Wandel und ihrer Funktion. Weinheim, Basel: Beltz 1983.

Fetscher, Iring: Wer hat Dornröschen wachgeküßt? Das Märchen-Verwirrbuch. Frankfurt/M.: Fischer TB 1974.

Franz, Kurt/Kahn, Walter (Hrsg.): Märchen – Kinder – Medien. Beiträge zur medialen Adaption von Märchen und zum didaktischen Umgang. Baltmannsweiler: Schneider 2000 (Schriftenreihe der Deutschen Akademie für Kinder- und Jugendliteratur, Bd. 25).

Gmelin, Otto F.: Böses kommt aus Märchen und ein roter Elefant. Frankfurt/M.: Haag + Herchen 1973 (wesentlich erweitert: ^{2}1977).

Grimm, Brüder: Kinder- und Hausmärchen. Gesammelt durch die Brüder Grimm. Vollständige Ausgabe auf der Grundlage der dritten Auflage (1837). Hrsg. von Heinz Rölleke. Darmstadt: Wiss. Buchgesellschaft 1999.

Grimm, Brüder: Deutsche Sagen. Herausgegeben von den Brüdern Grimm. Ausgabe auf der Grundlage der ersten Auflage. Ediert und kommentiert von Heinz Rölleke. Darmstadt: Wiss. Buchgesellschaft 1999.

Grimm, Brüder: Kinder- und Hausmärchen gesammelt durch die Brüder Grimm. Kleine Ausgabe von 1858. Mit Illustrationen von Ludwig Pietsch und einem Nachwort von Heinz Rölleke. Frankfurt/M.: Insel 1985.

Haas, Gerhard: Wozu Märchen gut sind. Überlegungen zur zeitgenössischen Märchendiskussion und Märchendidaktik. In: Doderer 1983, S. 157–174.

Haas, Gerhard: Märchen und Sage. In: Haas, Gerhard (Hrsg.): Kinder- und Jugendliteratur. Ein Handbuch. Stuttgart: Reclam ^{3}1984, S. 296–323.

Heidtmann, Horst: Medienadaptionen von Volksmärchen. In: Franz, Kurt/Kahn, Walter (Hrsg.): Märchen – Kinder – Medien. Beiträge zur medialen Adaption von Märchen und zum didaktischen Umgang. Baltmannsweiler: Schneider 2000, S. 82–98.

Heidtmann, Horst: Von Dornröschen zum Shrek. Wandlungen des Märchenfilms. In: Barsch, Achim/Seibert, Peter (Hrsg.): Märchen und Medien. Baltmannsweiler: Schneider 2007, S. 90–107.

Jahn, Susanne: Märchenbücher im Literaturbetrieb und in den Kinderbibliotheken der DDR. In: Havekost, Hermann [u. a.] (Hrsg.): Helden nach Plan? Kinder- und Jugendliteratur der DDR zwischen Wagnis und Zensur. Oldenburg: Universität Oldenburg 1993, S. 215–225.

Janosch erzählt Grimms Märchen und zeichnet für Kinder von heute. 50 ausgewählte Märchen. Mit einem Nachwort von Hans-Joachim Gelberg. Weinheim: Beltz & Gelberg 1972.

Kaiser, Erich: „Ent-Grimm-te" Märchen. In: Westermanns Pädagogische Beiträge 1975, H. 8, S. 448–459.

Kaminski, Winfred: Kinder- und Jugendliteratur in der Zeit von 1945 bis 1960. In: Doderer, Klaus (Hrsg.): Zwischen Trümmern und Wohlstand. Literatur der Jugend 1945–1960. Weinheim, Basel: Beltz 1988, S. 17–207.

Lange, Günter (Hrsg.): Märchen, Märchenforschung, Märchendidaktik. Baltmannsweiler: Schneider ^{3}2008 (Schriftenreihe Ringvorlesungen, Bd. 2).

Linsmann, Maria/Schmitz, Bernhard: Struwwelpeter begegnet Monsieur Cryptogame. Einflüsse der Bildgeschichte und des Comics auf die Bilderbuchillustration. In: kjl & m 2009, H. 3, S. 3–15.

Lüthi, Max: Es war einmal. Vom Wesen der Volksmärchen. Göttingen: Vandenhoeck 4. Aufl. 1973 (8. Aufl. 1988; 1. geb. Aufl. 2008).

Lüthi. Max: Das europäische Volksmärchen. München: Dalp 8. Aufl. 1985 (Stuttgart: UTB 11. Aufl. 2005).

Lüthi, Max: Märchen. Stuttgart: Metzler 10. Aufl. 2004 (Hrsg. Heinz Rölleke).

Maar, Paul: Der tätowierte Hund. Hamburg: Rowohlt TB 1977.

Märchenstiftung-Walter Kahn: SimsalaGrimm – Klimbim? Volkach: Märchen-Stiftung Walter Kahn 2000 (Umgang mit Märchen, H. 6).

Mazenauer, Beat/Perrig, Severin: Wie Dornröschen seine Unschuld gewann. Archäologie der Märchen. München: dtv 1998.

Offele-Aden, Hildegard: Literarischer Unterricht mit veränderten Märchen. Intentionen, Textformen und Einsatzmöglichkeiten. In: Dinges 1986, S. 114–137.

Pischke, Hildegard: Das veränderte Märchen. Untersuchungen zu einer neuen Gattung der Kinderliteratur. In: Lypp, Maria (Hrsg.): Literatur für Kinder. Zeitschrift für Literaturwissenschaft und Linguistik. 7. Beiheft. Göttingen: Vandenhoeck 1977, S. 94–113.

Preußler, Otfried: Die kleine Hexe. Stuttgart: Thienemann 1957.

Propp, Vladimir: Morphologie des Märchens. Frankfurt/M.: Suhrkamp 1975 (stw).

Psaar, Werner/ Klein, Manfred: Wer hat Angst vor der bösen Geiß? Zur Märchendidaktik und Märchenrezeption. Braunschweig: Westermann 1976.

Röhrich, Lutz: Sage und Märchen. Erzählforschung heute. Freiburg, Basel, Wien: Herder 1976.

Röhrich, Lutz: Metamorphosen des Märchens. In: Doderer 1983, S. 97–115.

Röhrich, Lutz: Wage es, den Frosch zu küssen. Das Grimmsche Märchen Nummer Eins in seinen Wandlungen. Köln: Diederich 1987.

Rölleke, Heinz (Hrsg.): Die älteste Märchensammlung der Brüder Grimm. Synopse der handschriftlichen Urfassung von 1810 und der Erstdrucke von 1812. Cologny-Genève: Bodmer 1975.

Rölleke, Heinz: Grimms Märchen und ihre Quellen. Die literarischen Vorlagen der Grimmschen Märchen synoptisch vorgestellt und kommentiert von Heinz Rölleke. Trier: Wissenschaftlicher Verlag Trier 1998 (Schriftenreihe Literaturwissenschaft, Bd. 35).

Rölleke, Heinz: Die Märchen der Brüder Grimm. Quellen und Studien. Gesammelte Aufsätze. Trier: Wissenschaftlicher Verlag Trier 2000 (Schriftenreihe Literaturwissenschaft, Bd. 50).

Rogge, Jan-Uwe: Märchen in den Medien. Über Möglichkeiten medialer Märchenadaptionen. In: Doderer, Klaus (Hrsg.): Über Märchen für Kinder von heute. Essays zu ihrem Wandel und ihrer Funktion. Weinheim, Basel: Beltz 1983, S. 129–154.

Spinner, Kaspar H.: Märchendidaktik heute. In: Wardetzky/Zitlsperger 1997, Bd. 1, S. 48–65.

Uther, Hans Jörg (Hrsg.): Märchen in unserer Zeit. Zur Erscheinungsform eines populären Erzählgenres. München: Diederichs 1990.

Verweyen, Annemarie: Märchenbücher. In: Brednich, Wilhelm (Hrsg.): Enzyklopädie des Märchens. Handwörterbuch zur historischen und vergleichenden Erzählforschung. Bd. 9. Berlin, New York: de Gruyter 1999, Sp. 278–284.

Waechter, Karl Friedrich: Tischlein deck dich und Knüppel aus dem Sack. Ein neues Märchen. Farbbilderbuch. Reinbek: Rowohlt 1972.

Wardetzky, Kristin: Märchen. In: Steinlein, Rüdiger [u. a.] (Hrsg.): Handbuch zur Kinder- und Jugendliteratur. SBZ/DDR. Von 1945 bis 1990. Stuttgart, Weimar: Metzler 2006, Sp. 555–628.

Wardetzky, Kristin/Zitzlsperger, Helga (Hrsg.): Märchen in Erziehung und Unterricht heute. Bd. 1: Beiträge zu Bildung und Lehre. Rheine: Europäische Märchengesellschaft 1997. Bd. 2: Didaktische Perspektiven. Baltmannsweiler: Schneider 1997.

Ziesenis, Werner: Märchen und Sage. In: Lange, Günter [u. a.] (Hrsg.): Taschenbuch des Deutschunterrichts. Bd. 2. Baltmannsweiler: Schneider 8. Aufl. 2003, S. 532–553.

GÜNTER LANGE

Abenteuerliteratur

1 Begriff und Geschichte

'Abenteuer' geht auf das mittelhochdeutsche Wort 'aventiure' zurück, das seinerseits vom französischen 'aventure' stammt. Im Ursprung beider Wörter steht das lateinische Verb 'advenire', das die Bedeutung von 'geschehen, sich ereignen' hat: „etwas, das dem Menschen zustößt, also nicht von ihm selbst, etwa aufgrund zielbewußten, planmäßigen Handelns herbeigeführt wird" (Baumgärtner 1993, S. 24). Ein Abenteurer ist demzufolge ein Mensch, der sich aus freien Stücken in eine Situation begibt, in der ihm Gefahren drohen, die er unter Anspannung aller seiner Kräfte überwinden muss. Dabei ist nicht von vornherein sicher, ob ihm das auch gelingt. Sein Scheitern ist durchaus möglich.

Abenteuerliteratur findet man schon in den frühesten literarischen Zeugnissen. Dazu gehört das babylonische *Gilgamesch-Epos* aus dem 2. Jahrtausend vor Christus ebenso wie der um 1900 v. Chr. entstandene ägyptische Roman *Sinuhe*; abenteuerliche Züge findet man sowohl in der biblischen Geschichte von Joseph als auch in der homerischen *Odyssee*. Ein großer Teil der Märchen aus *Tausendundeiner Nacht*, die im Orient entstanden und eine lange Überlieferungsgeschichte hinter sich hatten, ehe sie im 12. Jahrhundert zu einer Sammlung zusammengefügt und im 18. Jahrhundert über Frankreich nach Deutschland kamen, enthalten eine Fülle von Abenteuergeschichten (z. B. *Sindbad, der Seefahrer*) wie auch die europäischen Märchensammlungen von den Italienern Straparola (um 1480–1557) und Basile (1575–1632) oder dem Franzosen Perrault (1628–1703) bis hin zu den *Kinder- und Hausmärchen* (Erstausgabe 1812/15) der Brüder Grimm. In vielen Märchentexten spielt der Auszug des Helden aus der vertrauten Umgebung eine zentrale Rolle, der durch familiäre oder gesellschaftliche Umstände erzwungen oder aus freien Stücken vollzogen wird. Der Aufenthalt in der Fremde bewirkt eine Veränderung des Märchenhelden, denn er löst die ihm aufgetragenen Aufgaben und entwickelt seine Persönlichkeit, so dass er am Ende als Erwachsener zurückkehrt und die Aufgaben eines Königs und Ehegemahls erfüllen kann.

Ein anderer Entwicklungsstrang der Abenteuerliteratur ist in den mittelhochdeutschen Ritterepen zu sehen, die auf eine arturisch-keltisch-walisische und eine altfranzösische Tradition zurückgehen. Die Entwicklung eines ritterlichen Ideals und eines höfischen Tugendkatalogs forderte von den Rittern der Tafelrunde wie von den Protagonisten der berühmten Epen wie *Erec* (um 1180), *Lanzelot* (nach 1194), *Iwein* (um 1200) oder *Parzival* (1200–1210), dass sie ausziehen und sich in der Fremde bewähren, dass sie die ihnen gestellten Aufgaben bewältigen. Was alle bisher genannten Texte von der Abenteuerliteratur im heutigen Sinne allerdings unterscheidet, ist, dass es in ihnen einen magischen-mythischen beziehungsweise religiösen Bezug gibt, wie er in der biblischen Geschichte von Joseph und seinen Brüdern oder im *Parzival* sehr deutlich zu Tage tritt.

Die Herausbildung der Abenteuerliteratur nach unserem heutigen Verständnis erfolgte sehr viel später. Es mussten erst eine Reihe von Veränderungen eintreten, um sie zu ermöglichen. Dazu gehörte einmal die Entmythologisierung; es mussten die Beziehungen zum Mythos oder zur religiösen Offenbarung, die die frühe Abenteuerliteratur prägte, aufgegeben werden. Die gesellschaftlichen Bedingungen mussten sich ändern und mit ihnen auch der Held der Abenteuerliteratur. Er war nun nicht mehr der überragende Held, sondern der ganz normale Mensch mit allen seinen Schwächen, der auf Abenteuer auszog. In der spanischen Literatur eines Cervantes (1547–1616) und in den Schelmenromanen der Folgezeit wurde er sogar zum Antihelden (Baumgärtner 1993, S. 26). Diese Entwicklung setzt sich fort bis zu Grimmelshausens (um 1620–1667) bedeutendem Barockroman *Der abenteuerliche Simplicissimus Teutsch* (1668).

Eine differenzierte literaturhistorische Darstellung der modernen Abenteuerliteratur, wie sie Baumgärtner in seinen Aufsätzen (1993 und 2005) vorgelegt hat, soll hier nicht erfolgen. Die Darstellung beschränkt sich vielmehr auf die jeweiligen ‘Prototypen der Abenteuerliteratur’ und ihre Schöpfer.

Einen besonderen Prototyp des modernen Abenteuerromans und zugleich einen ersten Höhepunkt in der Entwicklung dieses Genres schuf ohne jeden Zweifel Daniel Defoe (1660–1731) mit seinem *Robinson Crusoe* (1719), der eine Flut von sogenannten ‘Robinsonaden’ auslöste. Ihr Handlungskern ist, dass ein einzelner Mensch durch ein Unglück fernab von seiner Heimat auf eine einsame Insel verschlagen wird und dort überleben muss. Dass sich diese Art Literatur damals in so kurzer Zeit ausbreiten konnte und ein begeistertes Leserpublikum fand, hat vor allem mit ihrer Exotik zu tun, aber auch mit der Alphabetisierung der Bevölkerung, die in der zweiten Hälfte des 18. Jahrhunderts einsetzte.

Das 19. Jahrhundert bringt dann zahlreiche der berühmtesten Abenteuerbücher hervor. Es lässt sich hier eine amerikanische, englische und französische Tradition unterscheiden (Baumgärtner 2005, S. 420f.).

An erster Stelle sind die Indianerromane von James Fenimore Cooper (1789–1851) zu nennen. Mit seinen fünf *Lederstrumpf*-Romanen (1821–1841) hat er den Indianer in die Literatur eingeführt und ist dadurch zum Begründer der Indianerliteratur geworden.

Mit *Der rote Freibeuter* (1827) hat er zusammen mit Herman Melvilles (1819–1891) *Moby Dick* (1851) den Seeroman als Prototyp entwickelt. Bei Melville liegt der besondere Fall vor, dass der Autor beim Schreiben seiner Bücher auf eigene Erlebnisse zurückgreifen konnte. Er ist viele Jahre zur See gefahren, hat auf Walfangschiffen angeheuert, wurde wegen Meuterei bestraft und war Gefangener bei den Südsee-Insulanern. Authentisch kann auch Jack London (1876–1916) erzählen, da er z. B. den Goldrausch in Alaska miterlebt hat. Seine über fünfzig Romane und Kurzgeschichtenbände zählen zur besten Abenteuerliteratur. Sie haben zahlreiche Autoren inspiriert und dienten ihnen als Vorbild; auch einige deutsche Schriftsteller, wie Alfred C. Baumgärtner (1928–2009) oder Wolfgang Bittner (geb. 1941), berufen sich ausdrücklich auf ihn.

In der englischen Abenteuerliteratur ist Frederick Marryat (1792–1848) hervorzuheben, der ähnlich wie Herman Melville mehr als zwei Jahrzehnte zur See fuhr und viele gefährliche Situationen erlebte. Erst, nachdem er sich zur Ruhe gesetzt hatte, begann er zu schreiben. Sein berühmtester Seeroman, eine Robinsonade, ist *Masterman Ready or The Wreck of the Pacific* (1841/42). Diese abenteuerliche Erzählung war die erste, die explizit für ein jugendliches Publikum geschrieben wurde. In zahlreichen Bearbeitungen mit z. T. problematischen Kürzungen erlebte dieses Jugendbuch auch in Deutschland zahlreiche Auflagen. Erstmals erschien es schon 1843 unter dem Titel *Der neue Robinson oder Schiffbruch der Pacific*; unter dem Titel *Sigismund Rüstig* wurde es zur geschätzten Lektüre vieler Jungengenerationen.

Aus Frankreich muss neben Gabriel Ferry (1809–1852) vor allem Jules Verne (1828–1905) hervorgehoben werden. Mit seinen Reiseromanen wie *Reise um die Erde in achtzig Tagen* (1873, dt. 1874) und *Michael Strogoff, der Kurier des Czar* (1876, dt. 1876) steht er ganz in der Tradition der klassischen Abenteuerliteratur. Viel bedeutender aber ist er als Begründer der modernen Science-Fiction-Literatur, die er zusammen mit dem Engländer Herbert George Wells (1866–1946) maßgeblich geprägt hat. Abenteuerliteratur dieser Art verlegt das Ziel ihrer außergewöhnlichen Reisen hinaus in den Weltraum oder in die unerforschten Tiefen der Ozeane. Vernes Romane über die Reisen zum Mond (*Von der Erde zum Mond*, 1865, dt. 1873; *Reise um den Mond*, 1870, dt. 1873) gehen ebenso über das damals technisch Mögliche hinaus wie seine *Reise nach dem Mittelpunkt der Erde* (1864, dt. 1874), *20 000 Meilen unter dem Meer* (1870, dt. 1873) oder *Fünf Wochen im Ballon* (1863, dt. 1874). Im Mittelpunkt der Verneschen Darstellung stehen Technik, Wissenschaft und wissenschaftlich-technische Prognostik. Vermutlich ist es vor allem das Abenteuerliche, angereichert mit modernster Technik und Zukunftsprognosen, die seine große Popularität auch heute noch beim Lesepublikum ausmacht.

Wirft man einen Blick auf die deutschsprachige Abenteuerliteratur, tauchen einige Autoren auf, deren Werke eine besondere Bedeutung erlangten. Dazu gehört der Österreicher Karl Postl (1793–1864), der unter dem Pseudonym Charles Sealsfield als Abenteuerschriftsteller bekannt wurde. Als bedeutend gilt auch Friedrich Gerstäcker (1816–1872); der nach ihm benannte Abenteuerliteraturpreis der Stadt Braunschweig gilt heute als wertvollste Auszeichnung der

Abenteuerliteratur. Beide Autoren haben sich in den damals noch wenig erforschten Weiten der USA gründlich umgesehen, haben zahlreiche Reisen unternommen und gefährliche Situationen erlebt, über die sie in ihren Büchern authentisch berichten.

Einen großen Namen unter Lesern von Abenteuerbüchern aller Altersstufen hat sich Karl May (1842–1912) erworben. Obwohl er erst nach dem Verfassen seiner berühmten Bücher (z. B. der *Winnetou*-Trilogie, 1893) die Handlungsorte seiner Abenteuerbücher besuchte, wirken seine Werke authentisch, da er sich über die jeweiligen Länder umfangreich informiert hat.

Erwähnung verdient auch der Autor B. Traven (1882/1890–1969), dessen Identität viele Jahrzehnte im Dunkeln lag und erst durch die Nachforschungen des Germanisten Karl S. Guthke (1990) aufgedeckt werden konnte. Der umtriebige Ret Marut, so sein von seiner Frau kurz nach seinem Tode bestätigter Name, lebte unter verschiedenen Pseudonymen in Mexiko und versuchte immer wieder, seine Identität zu verschleiern. Er arbeitete viele Jahre in Mittelamerika u. a. als Baumwollpflücker und befuhr als Matrose die Ozeane, so dass seine bedeutendsten Romane *Das Totenschiff* (1926), *Die Baumwollpflücker* (1931) und *Der Schatz der Sierra Madre* (1927) ebenfalls authentische Romane sind und seinen Ruhm als Schriftsteller begründeten.

2 Abenteuerliteratur für Kinder und Jugendliche

Hier nun wird der Bogen von der Erwachsenen- zur Kinder- und Jugendliteratur geschlagen, denn viele der im letzten Kapitel aufgeführten Werke gehörten ursprünglich nicht in die Kinder- und Jugendliteratur. Baumgärtner (1993 u. 2005) hat deswegen den Vorschlag gemacht, wie in der KJL-Literaturforschung allgemein auch die Abenteuerliteratur nach ihrem Adressatenbezug einzuteilen:

Eine Gruppe bilden folglich die Abenteuerbücher, die für Erwachsene geschrieben wurden, aber von Jugendlichen adaptiert und gelesen werden. Hierunter fallen die meisten der oben erwähnten Bücher, die vor dem *Robinson Crusoe* geschrieben worden sind.

Mit Daniel Defoes Bestseller ändert sich das Bild. Die durch die allgemeine Schulpflicht wachsende Lesefähigkeit der Bevölkerung führte dazu, dass mehr und mehr Abenteuerbücher der Erwachsenenliteratur für Kinder- und Jugendliche bearbeitet wurden. Der *Robinson Crusoe* selbst gilt hier als klassisches Beispiel, denn seine Bearbeitung von Joachim Heinrich Campe (1746–1818) unter dem Titel *Robinson der Jüngere. Ein Lesebuch für Kinder* (1779) wurde zum berühmtesten Kinderbuch der Aufklärung. Der *Robinson* wurde von Campe zu einem pädagogischen Modell des philanthropistischen Erziehungsdenkens umfunktioniert. Er gab die ursprüngliche Erzählform des Buches auf und ließ unter der Anleitung eines Vaters die zuhörenden Kinder in Rede und Gegenrede am Verlauf der Handlung teilnehmen, um sie gleichzeitig praktisch und moralisch zu belehren. Dieser pädagogisierten Form des *Robinson* folgten im 19. Jahrhundert zahlreiche erzählende *Robinson*-Bücher für Kinder und Jugendliche, was bei der außerordentlichen Spannung des Originals nicht verwundert.

Im Verlaufe des 19. und 20. Jahrhunderts erschienen zahlreiche Bearbeitungen klassischer Abenteuerbücher für die Jugend. Der Katalog *Spannung, Traum und Abenteuer* (2000/2001) der Deutschen Akademie für Kinder- und Jugendliteratur listet unter dem Sonderthema *Klassiker der Abenteuerliteratur* folgende, gegenwärtig auf dem Markt befindliche Bearbeitungen auf: James Fenimore Cooper *Der letzte der Mohikaner*, Daniel Defoe *Robinson Crusoe*, William Golding *Herr der Fliegen*, Karl May *Winnetou I*, Herman Melville *Moby Dick*, Robert L. Stevenson *Die Schatzinsel*, Jonathan Swift *Gullivers Reisen*, Jules Verne *Reise um die Welt in 80 Tagen*.

Als dritte Gruppe bezeichnet Baumgärtner (2005, S. 428) die Abenteuerbücher, die von ihren Autoren als Kinder- und Jugendbücher geschrieben worden sind; er bezeichnet sie als 'intentionale' Jugendliteratur. Sie bildet die Masse der Abenteuerbücher, die gegenwärtig für junge Leser angeboten werden. Interessant ist dabei der Fall der *Schatzinsel* (1883) von Robert Louis Stevenson (1850–1894). Dieser Roman war ursprünglich von seinem Autor als Jugendbuch konzipiert, wurde aber sehr schnell von den Erwachsenen adaptiert und gilt heute als Klassiker der Abenteuerliteratur für Jung und Alt.

2.1 Abenteuerliteratur für Kinder und Jugendliche nach 1945

Nach 1945 knüpften die Verlage, die Abenteuerliteratur für junge Leser verlegten, an die Traditionen vor 1933 an. Da anfangs keine neuen Texte vorlagen, wurden die bewährten 'Klassiker' unverändert auf den Markt gebracht. Das waren vor allem die Texte, die im vorhergehenden Kapitel aufgeführt worden sind. In den 1950er Jahren änderte sich das, denn es gab nun eine Reihe, z.T. schon bekannter Autoren, die sich dieses Genres annahmen und neue Abenteuerbücher publizierten. Die Abenteuerbücher, die in den 1950er und 1960er Jahren den Deutschen Jugendbuchpreis erhielten oder auf der Auswahlliste standen, sind ein guter Beleg für diese Entwicklung: 1955 erhielt Kurt Lütgens *Kein Winter für Wölfe* den Jugendbuchpreis, auf der Auswahlliste standen: Heinz Hartmann *Pelztierjäger in Kanada*, Heinz Heigen *Diamantensucher in Tanganjika*, Herbert Kaufmann *Der verlorene Karawanenweg* und Anna Müller-Tannewitz *Die weißen Kundschafter*. 1961 standen auf der Auswahlliste folgende Abenteuerbücher: Ellen Bromfield-Geld *Am Diamantenfluß* (amerik.); Sonderpreis Neubearbeitung: James Fenimore Coopers *Der Wildtöter* (zweimal); *Der Lederstrumpf* und *Lederstrumpferzählungen*, dreimal Daniel Defoes *Robinson Crusoe* aus verschiedenen Verlagen sowie die beiden berühmten Bücher von Mark Twain: *Huckleberry Finn und Tom Sawyers Abenteuer*. 1962 wurden vornehmlich deutsche Abenteuerbücher auf die Auswahlliste „Sonderpreis" gesetzt: Barbara Bartos-Höppners *Rettet den großen Khan*, Hans Baumanns *Die Höhlen der großen Jäger, Der Sohn des Columbus* und *Steppensöhne* sowie Fritz Steubens *Mississippi-Saga* und *Tragödie am Mississippi*. Bis 1970 findet man in jedem Jahr gleich mehrere Abenteuerbücher auf den Auswahllisten, und zwar vor allem von Barbara Bartos-Höppner und Karl Rolf Seufert. 1963 erhielt das Abenteuerbuch von Scott O'Dell *Insel der blauen Delphine* den Deutschen Jugendbuchpreis. In den 1970er und 1980er Jahren verschwanden die Abenteuerbücher dann fast vollständig von den Preis-Listen; lediglich 1975 bekam *Julie von den Wölfen* von Jean Craighead George noch einmal den Jugendbuchpreis zuerkannt, und 1984 findet man *Jenseits der Berge* von Alfred C. Baumgärtner auf der Auswahlliste.

Die Erklärung für diese für die Abenteuerbücher negative Entwicklung könnte darin zu suchen sein, dass in den 1970er Jahren Science-Fiction-Bücher die Abenteuerbücher ganz offenbar ablösten. Es gab kaum noch unerforschte Regionen auf der Erde; deswegen wich man verstärkt in den Weltraum aus, wo noch Abenteuer denkbar waren, jetzt aber unter utopischen Aspekten. In den folgenden Jahren und Jahrzehnten bis in die Gegenwart wurde dann die SF-Literatur von der phantastischen und Fantasy-Literatur abgelöst, die fast über Nacht den Markt eroberte. Den Anstoß zu dieser Veränderung gaben ganz ohne Frage die Bestseller von Michael Ende: *Momo* (1973) und *Die unendliche Geschichte* (1979). Dieses neue Genre fand nicht nur unter Kindern und Jugendlichen ihre große Leserschaft, sondern auch unter den Erwachsenen. Den Gipfelpunkt erreichte die Fantasy-Welle mit der *Harry-Potter*-Heptalogie von Joanne K. Rawling (1997–2007) und der *Tintenblut*-Trilogie von Cornelia Funke (2003–2007). Erst Mitte der 1990er Jahre erschienen vereinzelt wieder Abenteuerbücher auf den Auswahllisten: z. B. Karla Schneiders *Reise in den Norden* und Mats Wahls *Därvarns Reise* (beide 1996), 1999 *Abschied von Cheyenne* von Peter Carter, 2003 *Hatheway Jones* von Katja Behrens, 2007 *Steppenwind und Adlerflügel* von Xavier-Laurent Petit und 2009 *Alabama Moon* von Watt Key. Andererseits haben die Juroren 1996 einen so bedeutenden Abenteuerroman wie *Die wundersame Weltreise des Jonathan Blum* von Rainer M. Schröder gar nicht auf die Auswahlliste gesetzt. An diesem Beispiel zeigt sich, dass die Auswahllisten nur bedingt ein Gradmesser für die gesellschaftliche Bedeutung einzelner Genres sein können, zumal die Auswahllisten grundsätzlich dem Geschmack der Juroren und damit dem Zeitgeschmack unterworfen sind.

Diese stark zurückgehende Produktion und Beliebtheit von Abenteuerbüchern für junge Leser wird bestätigt, wenn man die bekanntesten Kataloge zur Jugendliteratur zu Rate zieht. So weist die Empfehlungsliste des Arbeitskreises für Jugendliteratur *Das Jugendbuch* (Breitmoser/Klinge 2007) lediglich fünf Abenteuerbücher aus; im Katalog *Spannung, Traum und Abenteuer*, Ausgabe 2000/

2001, der von der Deutschen Akademie für Kinder- und Jugendliteratur in Volkach herausgegeben wird, findet man immerhin elf Abenteuerbücher, die seit Mitte der 1990er Jahre erschienen sind, und sieben 'Klassiker' (Cooper, Defoe, May, Melville, Stevenson, Twain und Verne).

Ist die Abenteuerliteratur also am Ende? Alfred Clemens Baumgärtner, der 2009 verstorbene, wohl beste Kenner dieses Genres, widersprach dem in seinem Einführungsreferat bei der Frühjahrstagung der Deutschen Akademie am 23.4.1993 mit Nachdruck, denn „[e]s kann wohl nicht untergehen, was so unmißverständlich auf die Grundbefindlichkeiten der menschlichen Existenz hindeutet. [...] Leben [...] heißt nun einmal immer wieder aufbrechen aus der scheinbaren Geborgenheit des Vertrauten, Geordneten, Gedeuteten, heißt, sich dem Fremden, Unbekannten und Bedrohlichen aussetzen, auch dem Schrecklichen begegnen, und heißt, all das durchzustehen oder ihm ohne Selbstaufgabe zu erliegen" (Baumgärtner 1993, S. 2).

2.2 Ausgewählte Autoren der Gegenwart und ihre Werke

Im Folgenden sollen einzelne wichtige Autoren der Abenteuerliteratur und ihre Werke vorgestellt werden, die nach 1945 bis in die Gegenwart eine besondere Bedeutung erlangt haben:

Abb. 1

So schrieben u.a. Autoren wie Hans Baumann (1914–1988), der in der Nazi-Zeit durch seine Fahrten- und Kampflieder für die Hitlerjugend bekannt geworden war, nach dem Kriege neue Abenteuerbücher; er gehörte bald zu den bekanntesten Autoren in Deutschland, obwohl er durch seine Vergangenheit sehr belastet war. Ihn interessierten vor allem historische Stoffe, die er durchaus spannend zu erzählen wusste. *Der Sohn des Columbus* (1951) ist eine Mischung aus Abenteuerliteratur und kulturhistorischer Darstellung. Intention dieses Buches ist das Eintreten für Verständigung und Freundschaft zwischen Menschen verschiedener Kulturkreise. Ähnliches versucht er in *Steppensöhne* (1954), worin er Leben und Kampf des Reitervolkes der Mongolen unter Dschingis-Khan beschreibt. Ein anderes, oft wieder aufgelegtes Abenteuerbuch ist *Ich zog mit Hannibal* (1960), in dem aus der Perspektive eines jungen Elefantentreibers der berühmte Kriegszug Hannibals über die Alpen und die Kämpfe zwischen Karthagern und Römern geschildert werden.

Nach dem Zweiten Weltkrieg erlangte auch Fritz Mühlenweg (1898–1961) als Autor von Abenteuerbüchern eine große Bedeutung. Er hatte zwischen 1927 und 1932 Sven Hedin auf mehreren Expeditionen ins Innere Asiens begleitet und sich profunde Kenntnisse über Land und Leute angeeignet, die er nach 1945 zur Grundlage seiner Abenteuerbücher machte: *In geheimer Mission durch die Wüste Gobi* (1950; 1963 unter dem Titel *Großer Tiger und Christian* neu aufgelegt), *Großer-Tiger und Kompaß-Berg* (1950), *Null Uhr fünf in Urumtschi* (1950), sie alle sind mit einem Nachwort von Sven Hedin versehen, und *Das Tal ohne Wiederkehr oder Die Reise von Magog nach Gog* (1952).

Zu den wichtigsten Autoren der jugendliterarischen Abenteuerliteratur der Zeit nach 1945 zählt ohne Zweifel Kurt Lütgen (1911–1992). Nach Buchhändlerlehre und Teilnahme am Krieg als Sanitätssoldat etablierte er sich als freier Schriftsteller mit seinem Abenteuerroman *Der große Kapitän* (1950) über James Cook. Sein Hauptinteresse galt der Arktis; das wird in seinen Büchern *Kein Winter für Wölfe* (1955), *Das Rätsel der Nordwestpassage* (1966), *Hinter den Bergen das Gold* (1971) und *Wächter der Wildnis* (1986) deutlich. In seiner dreibändigen „Südland-Saga", die zwischen 1977 und 1979 erschien, erzählt Kurt Lütgen von der Entdeckung, Erforschung und Kolonisation Australiens; in seiner „Amerika-Saga" *Feuer in der Prärie* (1982), *Ein Leben für die Rocky Mountains* (1983) und *Wächter der Wildnis* (1985) wendet er sich der Landnahme des nordamerikanischen Kontinents durch die weißen Siedler zu und schildert den verzweifelten Kampf der Indianer um ihre Stammesgebiete.

Herbert Kaufmann (1920–1976) hat mit seinen abenteuerlichen Jugendromanen über Afrika entscheidend dazu beigetragen, dass die exotische und kolonialistische Abenteuergeschichte durch aktuelle und die Welt Afrikas angemessen darstellende Jugendliteratur abgelöst wurde. Seine Bücher zeigen die politischen Veränderungen in Afrika und die Ablösung der europäischen Vorherrschaft: *Der verlorene Karawanenweg* (1955), *Der Teufel tanzt im Ju-Ju-Busch* (1956) und *Roter Mond und heiße Zeit* (1957). Winfred Kaminski urteilt: „Es sind Geschichten voller Sympathie für das Fremde und mit Respekt für das alte Recht der Wüstenvölker Afrikas" (Kaminski 1988, S. 132).

Karl Rolf Seufert (1923–1992) unternahm mehrere ausgedehnte Reisen nach Afrika, in den Orient und den Fernen Osten. Dadurch lernte er die Schauplätze seiner Abenteuerbücher persönlich kennen und konnte über sie aus eigener Anschauung erzählen. 1961 erschien als sein erstes Buch *Die Karawane der weißen Männer,* in dem die Saharadurchquerung des deutschen Afrikaforschers Heinrich Barth geschildert wird. In *Türme von Mekka* (1963) und *Neunzig Tage bis Harrar* (1973) folgte er den Spuren des englischen Forschers F.R. Burton. Mehrere seiner Abenteuerbücher spielen in China; genannt werden sollte *Das Jahr in der Steppe* (1967), das die Erlebnisse eines Chinesenjungen in mongolischer Gefangenschaft schildert. In *Die Schätze von Copan* (1972) schließlich geht es um die Entdeckung der alten Mayastadt im Dschungel Mittelamerikas durch den Archäologen J.L. Stephans.

Barbara Bartos-Höppner (1923–2006) ist eine der ersten Autorinnen, die sich nach 1945 in Deutschland der Abenteuerliteratur zuwendet. Der historische Abenteuerroman ist über Jahre hinweg ihr bevorzugtes literarisches Genre. Die ersten Romane sind in den Steppen Asiens angesiedelt und gelten dem Freiheitskampf der asiatischen Reitervölker: *Kosaken gegen Kutschum Khan* (1959), *Rettet den großen Khan* (1961) und *Sturm über dem Kaukasus* (1963). Diese Romane entfalten ein anschauliches Bild der asiatischen Völker. Die Überblickskarten am Anfang der Bücher geben den Lesern die nötige geographische Orientierung, und die historisch abgesicherten Handlungen lassen sie an den Geschehnissen des 16. Jahrhunderts voller Spannung teilhaben. Zugleich sind diese Romane aber auch gelungene Adoleszenzromane, in denen die Jugend der jeweiligen Protagonisten einfühlsam, aber durchaus kritisch beschrieben wird.

Einige Jahre später gilt das Interesse der Autorin den Prärien des amerikanischen Westens. In der „Silvermoon"-Trilogie mit den Bänden *Weißer Hengst aus der Prärie* (1977), *Zwischen Cowboys und Comanchen* (1979) und *Geschichten am Lagerfeuer* (1981) propagiert sie das friedliche Zusammenleben zwischen Weißen und Indianern, indem sie die Geschichte von dem Hengst Silvermoon erzählt. Im Rahmen dieser Abenteuerromane werden soziale und politische Zustände in der Mitte des 19. Jahrhunderts „packend und einfühlsam geschildert", wie es in der Begründung der Jury zur Verleihung des 'Friedrich-Gerstäcker-Preises' 1978 heißt.

Abb. 2

Alfred Clemens Baumgärtner (1928–2009) hat sich als Literaturwissenschaftler, Didaktiker und Jugendbuchforscher intensiv mit der historischen Abenteuerliteratur beschäftigt und einschlägige Untersuchungen zu ihr vorgelegt, ehe er sich entschloss, selbst Abenteuerbücher zu schreiben. Beeinflusst wurde er von den Abenteuerbüchern Jack Londons und stilistisch geprägt durch seine intensive Beschäftigung mit dem Werk Ernest Hemingways. Gedanklich verpflichtet fühlte er sich der Existenzphilosophie. Das zeigt sich in seinen Abenteuerbüchern *Jenseits der Berge* (1983), *Der Tag des Löwen* (1985) und *Milans Entscheidung* (1987), in denen es neben dem philosophischen Gehalt um eine exakte Erfassung der Wirklichkeit geht, für die seine Reisen zu den Schauplätzen eine wesentliche Voraussetzung waren. Sein bedeutendster Abenteuerroman ist und bleibt aber *Sinuhe der Mann aus der Wüste* (1995), worin Baumgärtner eine der ersten

Abenteuergeschichten der Weltliteratur aus dem alten Ägypten neu erzählt und seine eigenen Lebenserfahrungen in nachdenklicher Weise verarbeitet.

Neben der österreichischen Autorin Käthe Recheis (geb. 1928) sollte vor allem noch Sigrid Heuck (geb. 1928) erwähnt werden, die in ihrem hervorragenden Abenteuerroman *Mondjäger* (1983) eine Expedition in den südamerikanischen Urwald zu einem bis dahin völlig unbekannten Indianerstamm schildert. Erzählt wird aus der Sicht der 16-jährigen Sheba, die ihren Vater auf dieser Expedition begleitet und die in ihren Tagebuchaufzeichnungen ein authentisches Bild dieser Unternehmung liefert. Nach einem abenteuerlichen und strapaziösen Marsch erreicht die Expedition doch noch den Indianerstamm. Sheba freundet sich mit einem jungen Indianer an und bekommt durch ihn Einblick in die Sitten und Gebräuche. Da die Europäer die von den Indianern gesteckten Grenzen überschreiten, kommt es zu einer Katastrophe. Neben seiner Qualität als Abenteuerroman ist dieser Roman zugleich ein vorzügliches Beispiel für einen Adoleszenzroman.

Zum Schluss soll noch genauer auf einen Autor eingegangen werden, der wie A.C. Baumgärtner im Realismus der Handlung das wichtigste Moment der Abenteuerliteratur sieht und der aus diesem Grunde ausgedehnte Reisen und monatelange Aufenthalte in den nördlichen Breiten Kanadas zur Grundlage seiner Bücher gemacht hat. Von Haus aus Jurist wandte sich Wolfgang Bittner (geb. 1941) schon früh der Literatur zu und publizierte Gedichte, Geschichten, Satiren, Essays, Rundfunkbeiträge sowie Zeitungs- und Zeitschriftenartikel. Vor allem seine Abenteuerromane haben ein intensives Echo gefunden und zahlreiche Auflagen erlebt: *Die Fährte des Grauen Bären* (1986), *Wo die Berge namenlos sind* (1989), *Die Lachsfischer am Yukon* (1991), *Narrengold. Unter Goldsuchern und Indianern in Kanada* (1992) und *Flucht nach Kanada* (2007). Bittner gelingt es nicht nur, die Freundschaft zwischen den Weißen und den Indianern glaubhaft zu machen, sondern er setzt sich zugleich für ökologische Belange ein, um den Indianern ihren Lebensraum zu erhalten. Der Leser merkt, wie groß das Engagement des Autors für die Urbewohner Kanadas ist, das von Mitmenschlichkeit und Engagement für sie geprägt ist. Der Leser soll durch Bittners Abenteuerromane sensibilisiert und zum intensiven Nachdenken über das Schicksal der Indianer Kanadas angeregt werden.

Abb. 3

Auf Grund ihrer Bedeutung sollten wenigstens noch erwähnt werden: Klaus Kordon mit seinen Indienbüchern und Arnulf Zitelmann mit seinen historischen Abenteuerromanen.

3 Typologien zur Abenteuerliteratur

In der KJL-Forschung sind seit Ende der 1960er Jahre mehrere Versuche gemacht worden, das weite Feld der Abenteuerliteratur durch Gliederungsversuche überschaubarer zu machen.

Den erste Versuch unternahm Anneliese Hölder mit ihrer Dissertation *Das Abenteuerbuch im Spiegel männlicher Reifezeit* (1967). Sie geht dabei von den Inhalten aus und unterscheidet acht verschiedene „Erlebnisgruppen": 1. der *Robinson* als Vorstufe zur Abenteuerlektüre, 2. das Jagdabenteuer, 3. das Seeabenteuer, 4. das Indianerabenteuer, 5. das Kriegsabenteuer, 6. das Forscher- und Reiseabenteuer, 7. das Detektivabenteuer und 8. das technische-utopische Abenteuer. Zusätzlich hat die Autorin dem Märchen, das sie als „Übergang [...] zum Abenteuer" (ebd., S. 83) betrachtet, und Karl May und seiner Abenteuerliteratur jeweils ein eigenes Kapitel gewidmet (ebd., S. 130–137).

Karl Ernst Maier hat in seinem Handbuch *Jugendliteratur. Formen, Inhalte, pädagogische Bedeutung*, das 1993 in der zehnten Auflage herauskam und 1965 unter dem Titel *Jugendschrifttum* erstmals erschien, einen Katalog mit ebenfalls acht „Buchgruppen" nach *„inhaltlichen Kategorien"* (Maier 1993, S. 162) vorgelegt. Sie lauten: 1. völkerkundlich-geographisch orientierte Abenteuerbücher, 2. Robinsonaden, 3. Seegeschichten, 4. historisch orientierte Abenteuerbücher, 5. Indianergeschichten, 6. abenteuerliche Erzählungen mit Tieren, 7. Detektivgeschichten und 8. utopische und phantastische Abenteuergeschichten (Science Fiction und Fantasy).

Ein dritter Gliederungsversuch stammt von Peter Hasubek. Er unterscheidet in seinem Artikel *Abenteuerbuch* in Doderers *Lexikon der Kinder- und Jugendliteratur* (Bd. 1, 1975, S. 7–10) fünf „Themengruppen" voneinander: 1. das Jagd- und See-Abenteuer, 2. das Indianer-Abenteuer, 3. das Kriegs-Abenteuer, 4. das technisch-utopische Abenteuer und 5. das Detektiv-Abenteuer.

In seinen Beiträgen zur Abenteuerliteratur hat sich Baumgärtner (1993 u. 2005) mit diesen Kategorisierungsversuchen auseinandergesetzt. Aus heuristischen Gründen hält er derartige Versuche für sinnvoll, schränkt jedoch ein, dass es sich bei einigen dieser Kategorien um idealtypische Konstrukte handle und dass einige nicht recht in den Zusammenhang der Abenteuerliteratur passten. So fragt er zu Recht, ob sich nicht die Detektivliteratur auf Grund ihres analytischen Charakters deutlich von der Abenteuerliteratur mit ihrer episodischen Reihung unterscheide. Sie solle besser als eigenständige Gattung gelten. Sie hat zwar, so ist die Argumentation von Baumgärtner zu ergänzen, ebenfalls einen realistischen Charakter, aber es fehlen ihr wesentliche Charakteristika der Abenteuerliteratur, wie sie oben (S. 1–2) herausgestellt worden sind. Ebenfalls gehört die Utopie nicht zur Abenteuerliteratur, da sie einen Idealstaat oder eine ideale Gesellschaft darstellt, die zudem nicht in der Realität, sondern im 'Nirgendwo' angesiedelt ist. Das Gleiche gilt für die Fantasy als literarische Gattung. Anders dagegen verhält es sich bei der Science-Fiction-Literatur. Sie besitzt zahlreiche Züge der Abenteuerliteratur: den freiwilligen Auszug aus der Heimat in eine fremde, oft interstellare Welt; die Auseinandersetzung mit den Problemen, die dem Reisenden in dieser fremden Welt begegnen; der Held muss besondere Eigenschaften besitzen, um sie zu bewältigen; die SF-Literatur hat zudem einen realistischen Anspruch, weil sie sich als eine Projektion der Gegenwart in die Zukunft versteht.

Auch hinsichtlich der Kategorie 'Kriegsabenteuer' äußert Baumgärtner Bedenken, denn hier fehle beim Auszug der freie Entschluss des Menschen. Hinzu komme, dass das Kriegsabenteuer eher ein Massenunternehmen sei und kein Abenteuer eines einzelnen oder einer kleinen Gruppe.

Widerspruch ist auch gegenüber der Kategorie des 'abenteuerlichen Tierbuchs' angebracht, da ihm ebenfalls alle wesentlichen Merkmale der Abenteuerliteratur fehlen.

4 Merkmale

Zusammenfassend lässt sich also festhalten, dass die Abenteuerliteratur auf Grund der bisherigen Darstellung mit Hilfe folgender Merkmale beschrieben werden kann:

- realistische Darstellungsweise
- Spannung als Grundelement
- episodische Erzählweise
- einen oder mehrere Protagonisten, der seine bzw. die ihre Heimat freiwillig verlassen
- eine fremde Welt als Ziel
- Intentionen der Reisenden: Erkundung, Forschung, Hoffnung auf Reichtum, Erkenntnisgewinn usw.
- Auseinandersetzung mit der unbekannten Welt, die große Fähigkeiten und starkes Durchhaltevermögen von den Protagonisten verlangen und bis an den Rand ihrer Existenz führen können
- bei jüngeren Protagonisten, d. h. in der Jugendliteratur, bedeutet die abenteuerliche Reise eine Reise zu sich selbst, den beschwerlichen Weg zum Erwachsensein (Adoleszenz).

Realisiert werden diese Merkmale in den Robinsonaden, in den Reiseabenteuern zu Indianern, fremden Völkern, in See- und Fliegerabenteuern, in Forschungsreisen in eine unbekannte Welt, in historisch orientierten Abenteuern. Inwiefern auch Jagdabenteuer zur Abenteuerliteratur im hier definierten Sinn gehören, muss im Einzelfall entschieden werden.

Ein wichtiger Aspekt sollte zum Abschluss dieses Kapitels noch angesprochen werden, nämlich dass es in der bisherigen Abenteuerliteratur, das ist oben schon angesprochen worden, nur wenige Frauen als Autorinnen und Protagonistinnen gab und gibt. Die traditionelle Abenteuerliteratur galt und gilt als reine Männerdomäne. Offensichtlich traute man Frauen oder Mädchen die Bewältigung der ungeheuren Strapazen einer abenteuerlichen Reise nicht zu. Hier hat sich in den vergangenen Jahrzehnten eine Veränderung angebahnt. Unter den Autoren von Abenteuerliteratur tauchen seit den 1960er Jahren auch Frauen auf. Eine der ersten war Barbara Bartos-Höppner mit ihren historischen Sibirien- und Indianerbüchern; Sigrid Heuck hat mehrere Abenteuerbücher verfasst, darunter das vorzügliche und sehr kritische Jugendbuch *Mondjäger.* Zu nennen ist auch Liselotte Welskopf-Henrich mit ihren sehr gut recherchierten Indianerbüchern über den Häuptlingssohn Harka; hinzuweisen ist ferner auf die Abenteuerbücher von Käthe Recheis.

Abb. 4

Einen besonderen Platz nimmt freilich der historische Abenteuerroman *Die Reise in den Norden* von Karla Schneider ein, der 1995 erschien. Er erzählt von der abenteuerlichen Reise des 25-jährigen Mediziners und Biologen Isak Zettervall in den am Anfang des 18. Jahrhunderts noch reichlich unbekannten Norden Skandinaviens, um im Auftrag der Königlichen Sozietät der Wissenschaften die dortige Pflanzen- und Tierwelt zu erforschen. Zugleich bekommt er vom König und seiner Gemahlin den heimlichen Auftrag, zwei in den Norden eingewanderte fremde Nomadenvölker aufzusuchen, um deren Absichten und Lebensbedingungen zu erkunden, da über sie im Volk bösartige Vorurteile umlaufen, die von der Adelspartei als politische Argumente gegen den König verwendet werden, der den Fremden positiv gegenübersteht und ihnen Aufenthalt gewähren will.

Isak unternimmt seine abenteuerliche Reise aber nicht allein, sondern ihm wird von der todkranken Mutter die 14-jährige Stemma Dannhauser, Tochter eines wegen Landesverrats in Sachsen inhaftierten Mannes, als Begleiterin aufgenötigt, damit sie auf diese Weise vor den sächsischen Nachstellungen sicher ist.

Diese beiden äußerst gegensätzlichen Charaktere sind nun während dieser Forschungsreise aufeinander angewiesen und müssen lernen, miteinander auszukommen. Isak kann das 14-jährige Mädchen nicht ernst nehmen und behandelt es von oben herab; Stemma, die in Männerkleidern reist, lässt sich das nicht gefallen und opponiert immer wieder gegen Isak. Erst allmählich lernen sie sich besser kennen und sich gegenseitig zu akzeptieren.

Zusätzliche Spannung gewinnt dieser Roman dadurch, dass die Adelspartei mit allen Mitteln verhindern will, dass Isak zu den beiden Nomadenvölkern gelangt und positive Nachrichten über sie mitbringt. Zwischen den Verfolgern und Verfolgten kommt es zu einem Entscheidungskampf, den Isak und Stemma mit Hilfe ihrer Freunde, die sie im Norden gefunden haben, erfolgreich bestehen.

Am Ende, nach all den Strapazen der Forschungsreise, empfinden Isak und Stemma nicht nur Hochachtung voreinander, sondern tiefe Zuneigung füreinander.

5 Didaktische Überlegungen

Der letzte Abschnitt enthält indirekt schon ein oft vorgebrachtes Argument gegen den Einsatz von Abenteuerliteratur im Unterricht: Sie wird von vielen Didaktikern und Lehrenden als männliches Genre angesehen, in der das weibliche Geschlecht keinerlei Bedeutung besitzt. Dass es inzwischen positive Gegenbeispiele gibt, soll hier mit Nachdruck betont werden.

In den Befragungen von Schülerinnen und Schülern nach ihren Lesepräferenzen wird zwar immer wieder auch die Abenteuerliteratur genannt, aber sie spielt nicht mehr die große Rolle wie vor Jahrzehnten, als man auf Grund der Untersuchung von Charlotte Bühler vom „Robinsonalter" sprach.

Bei Befragungen von Lehrerinnen und Lehrern hinsichtlich der Lektüre, die sie in ihrem Deutschunterricht eingesetzt haben, schneidet die Abenteuerliteratur mit 15% eher bescheiden ab (vgl. Oskamp 1993, S. 51). Auch neuere Untersuchungen kommen hinsichtlich der Abenteuerliteratur zu keinem positiveren Ergebnis (vgl. Runge 1997). Als Schullektüre wird von Lehrerinnen und Lehrern die realistische, problemorientierte KJL favorisiert, da nach ihrer einhelligen Meinung über diese Bücher besser diskutiert werden kann und bei den Schülern ein größerer Lernerfolg hinsichtlich ihres Problembewusstseins und ihrer sozialen Kompetenz zu erwarten sei.

Die jüngsten didaktischen Überlegungen zur Abenteuerliteratur im Unterricht stammen von Christoph Launer im *Taschenbuch der Kinder- und Jugendliteratur* (2005, S. 432–440). Im Zentrum seiner Überlegungen steht das „interkulturelle Lernen', das er folgendermaßen ausfächert:

- Förderung von Selbst- und Fremdverstehen
- Vorstellungslernen
- Entwicklung von Empathiefähigkeit
- Fähigkeit zur Perspektivenübernahme
- Aufbau einer toleranten und verantwortungsbewussten Haltung gegenüber jeder Form von Leben (Launer, in: Baumgärtner/Launer 2005, S. 436)

Dieser Katalog soll hier noch um einige andere Lernziele erweitert werden:

Bei zahlreichen jugendliterarischen Abenteuerbüchern handelt es sich um Adoleszenzromane; daher ist die Auseinandersetzung mit den Problemen des eigenen Erwachsenwerdens ein weiteres, außerordentlich wichtiges Ziel.

Da inzwischen mehr und mehr auch weibliche Protagonisten in der Abenteuerliteratur eine Rolle spielen, können die weibliche und die männliche Rolle in extremen Situationen untersucht und miteinander verglichen werden. Eine neue Sicht auf Mädchen und junge Frauen in abenteuerlichen Situationen könnte zu einer anderen Wahrnehmung der Geschlechterrollen in unserer Gesellschaft führen.

Zudem erweitert die Auseinandersetzung mit den fremden Welten in der Abenteuerliteratur den eigenen Erfahrungshorizont.

Schließlich sollten die Lehrerinnen und Lehrer die Literarizität der neuen Abenteuerliteratur nicht unterschätzen. Mit ihrer Hilfe können die Schülerinnen und Schüler Erfahrungen mit der Spannungsliteratur und ihren Ausdrucksmöglichkeiten machen, sie können am Beispiel von Karla Schneiders Roman z. B. lernen, wie man mit Hilfe metaphorischer und symbolischer Sprache unbekannte Situationen erfassen und für den Leser transparent machen kann. Dabei kommt das spannende und episodische Erzählen der Lesefähigkeit der Schülerinnen und Schüler entgegen. Ein Abenteuerbuch muss keine Trivialliteratur sein – das erfährt man am Beispiel von Karla Schneiders *Reise in den Norden*. Und auch mit Abenteuerliteratur kann man einen anspruchsvollen Literaturunterricht durchführen, in dem literarästhetische Aspekte ihren angemessenen Platz haben.

Literaturverzeichnis

Baumgärtner, Alfred Clemens: „Dem Traum folgen ...“ Das Abenteuer in der neueren Kinder- und Jugendliteratur. In: Schober, Otto (Hrsg.): Abenteuer Buch. Bochum: Kamp, 1993, S. 20–47.

Baumgärtner, Alfred Clemens: Immer noch das Abenteuer? Zur Situation der Abenteuerliteratur für Kinder und Jugendliche. Einführungsreferat bei der Frühjahrstagung der Akademie am 23.4.1993 in Volkach. In: Volkacher Bote 1993, H. 49, S. 1–3.

Baumgärtner, Alfred Clemens: Das Abenteuerbuch. In: Franz/Lange/Payrhuber 1995 ff. (Grundwerk 1995, S. 1–18).

Baumgärtner, Alfred Clemens/Christoph Launer: Abenteuerliteratur. In: Lange, Günter (Hrsg.): Taschenbuch der Kinder- und Jugendliteratur. 4. Aufl. Baltmannsweiler: Schneider 2005, S. 415–444.

Best, Otto F.: Abenteuer – Wonnetraum aus Flucht und Ferne. Geschichte und Deutung. Frankfurt/M.: Fischer 1980.

Biesterfeld, Wolfgang: Spannungen. Zur Adaption überlieferter Stoffe in der Abenteuerliteratur für Jugendliche und Erwachsene. Studien zu Daniel Defoe, René Caillé, Richard Wagner und Karl May. Frankfurt/M. [u. a.]: Lang 2009.

Breitmoser, Doris/Linge, Kristina (Hrsg.): Das Jugendbuch. Ein Empfehlungskatalog. 2. Aufl. München: Arbeitskreis für Jugendliteratur 2007.

Deutsche Akademie für Kinder- und Jugendliteratur: Spannung, Traum und Abenteuer. Abenteuerliches und Phantastisches für Kinder und Jugendliche, Ausgabe 2000/2001. Volkach: Deutsche Akademie [2001].

Doderer, Klaus (Hrsg.): Lexikon der Kinder- und Jugendliteratur. 4 Bde. Weinheim, Basel: Beltz 1975–1982.

Franz, Kurt/ Günter Lange/Franz-Josef Payrhuber (Hrsg.): Kinder- und Jugendliteratur. Ein Lexikon. Meitingen: Corian, 1995 ff.

Freytag, Veronika: Helden nah und fern. Abenteuerbücher der Kinder- und Jugendliteratur 1945–1955. In: Tausend und 1 Buch 1996, H. 2, S. 18–29.

Guthke, Karl S.: B. Traven. Biographie eines Rätsels. Frankfurt/M. [u. a.]: Büchergilde Gutenberg 1990.

Hasubek, Peter: Abenteuerbuch. In: Doderer Bd. 1. Weinheim [u. a.]: Beltz, 1975, S. 7–10.

Hölder, Anneliese: Das Abenteuerbuch im Spiegel der männlichen Reifezeit. Die Entwicklung des literarischen Interesses beim männlichen Jugendlichen. Ratingen: Henn 1967.

Kaminski, Winfred: Kinder- und Jugendliteratur in der Zeit von 1945–1960. In: Doderer, Klaus (Hrsg.): Zwischen Trümmer und Wohlstand. Literatur der Jugend 1945–1960. Weinheim, Basel: Beltz 1988, S. 17–207 (besonders wichtig das Kapitel: Macht und Abenteuer – Einblicke in historisch-abenteuerliche Texte, S. 99–124).

Kehlenbeck, Corinna: Auf der Suche nach der abenteuerlichen Heldin. Weibliche Identifikationsfiguren im Jugendalter. Frankfurt/M.[u. a.]: Lang 1996.

Knobloch, Jörg: Abenteuer in der Kinder- und Jugendliteratur der BRD. In: Dahrendorf, Malte (Hrsg.): Kinder- und Jugendliteratur. Material. Berlin: Volk und Wissen 1995, S. 128–137.

Knobloch, Jörg (Hrsg.): Thema: Abenteuer als Kinder- und Jugendliteratur. kjl & m 2008, H. 1.

Klotz, Volker: Abenteuer-Romane. München, Wien: Hanser 1979.

Lange, Günter: Erwachsen werden. Jugendliterarische Adoleszenzromane im Deutschunterricht. Grundlagen – Didaktik – Unterrichtsmodelle. 2. Aufl. Baltmannsweiler: Schneider 2004 (Deutschdidaktik aktuell, Bd. 6).

Lange, Günter: Abenteuerliteratur für junge Leser – Definitionen, Merkmale, Geschichte und Didaktik. In: kjl & m 2008, H. 1, S. 3–14 (Der Handbuch-Artikel ist eine überarbeitete Fassung dieses Textes.).

Lütgen, Kurt: Der Autor, der in die Kälte ging. In: Das große Kurt-Lütgen-Buch. Bayreuth: Loewes 1980.

Maier, Karl Ernst: Jugendliteratur. Formen, Inhalte, pädagogische Bedeutung. 10. Aufl. Bad Heilbrunn: Klinkhardt 1993.

Oskamp, Irmtraud M.: „Der Realität folgen…?“ Zur Lektüre von Abenteuerbüchern im Deutschunterricht. In: Schober 1993, 48–55.

Oskamp, Irmtraud M.: Jugendliteratur im Lehrerurteil. Historische Aspekte und didaktische Perspektiven. Würzburg: Königshausen & Neumann 1996.

Peetz, Heide/Liesenhoff, Dorothea (Hrsg.): 40 Jahre Deutscher Jugendliteraturpreis. Eine Dokumentation über 40 Jahre. München: Arbeitskreis für Jugendliteratur 1996 (dazu die Auswahlverzeichnisse *Deutscher Jugendliteraturpreis: Nominierungen* 1996–2009).

Pleticha, Heinrich (Hrsg.): Abenteuer Lexikon. Alles über Motive, Inhalte und Autoren alter und neuer Abenteuerbücher. Würzburg: Arena 1978.

Pleticha, Heinrich: Das Abenteuerbuch. In: Haas, Gerhard (Hrsg.): Kinder und Jugendliteratur. Ein Handbuch. 3. Aufl. Stuttgart: Reclam 1984, S. 206–228.

Pleticha, Heinrich/Augustin, Siegfried (Hrsg.): Lexikon der Abenteuer- und Reiseliteratur von Afrika bis Winnetou. Stuttgart [u. a.]: Erdmann 1999.

Runge, Gabriele: Lesesozialisation in der Schule. Untersuchungen zum Einsatz von Kinder- und Jugendliteratur im Unterricht. Würzburg: Königshausen & Neumann 1997.

Schober, Otto (Hrsg.): Abenteuer Buch. Festschrift für Alfred Clemens Baumgärtner zur Vollendung seines 65. Lebensjahres. Bochum: Kamp 1993.

Sichtermann, Barbara: Die Mayschen Reiseerzählungen als Jugendlektüre. Überlegungen aus feministischer Sicht. In: Eggebrecht, Harald (Hrsg.): Karl May, der sächsische Phantast. Studien zu Leben und Werk. Frankfurt/M.: Fischer 1987.

GABRIELE VON GLASENAPP

Geschichtliche und zeitgeschichtliche Kinder- und Jugendliteratur

> Aus dem Gesagten erhellt, dass nicht die Erzählung des Geschehenen Aufgabe des Dichters ist, sondern Erzählung der Begebenheiten, wie sie geschehen sein könnten, und des Möglichen nach der Wahrscheinlichkeit oder Notwendigkeit. Denn der Geschichtsschreiber und Dichter unterscheiden sich [...] dadurch [...], dass der eine erzählt, was geschehen ist, der andere, wie es hätte geschehen können." (Aristoteles, Poetik, 4. Jh. v.d.Z.)
>
> [Die Geschichte] „steht nämlich der Poesie sehr nahe, ist in gewisser Weise ein Gedicht in ungebundener Form und will erzählen, nicht beweisen; ihr ganzes Werk dient nicht der Verhandlung und dem Wortstreit des Augenblicks, sondern der Erinnerung der Nachwelt [...]" (Quintilian, Institutio Oratoria, 95 n.d.Z.)
>
> „Jeder historische Roman vermittelt ein ausgezeichnetes Bild von der Epoche des Verfassers." (Peter Panter d.i. Kurt Tucholsky, Schnipsel, 1932)
>
> „Mit Historie will man etwas." (Alfred Döblin, Der historische Roman und wir, 1936)

1 Einleitung und Gattungsdefinition

Geschichtserzählende Literatur kann in zwei große Subgenres unterteilt werden: historische und zeitgeschichtliche Romane. Beide behandeln den gleichen Gegenstand: die Erzählung von historischen Ereignissen in fiktionalisierter Form. Beide Varianten geschichtserzählender Literatur sind sowohl im Handlungs- und Symbolsystem der allgemeinen wie auch der Kinder- und Jugendliteratur vertreten. Doch bereits hinsichtlich der Gattungsgeschichte manifestieren sich zwischen historischen und zeitgeschichtlichen Romane starke Unterschiede: Während das Genre des 'modernen' historischen Romans bereits seit dem Ende des 18. Jahrhunderts auf dem (jugend)literarischen Markt präsent ist, gibt es zeitgeschichtliche Literatur erst seit gut sechzig Jahren, d. h. seit dem Ende des Zweiten Weltkrieges. Diese stark von einander abweichenden Gattungsgeschichten schlagen sich auch in höchst unterschiedlichen Definitionen nieder, mit denen versucht wird, die genrekonstituierenden Merkmale dieser beiden Ausprägungen geschichtserzählender Literatur zu fassen. So handelt es sich bei historischen Romanen um einen Romantypus, in dem geschichtliche Personen, Ereignisse und Lebensverhältnisse narrativ in fiktionalen Konstruktionen dargestellt werden (Eggert 2000, S. 53ff.). Im Zusammenhang mit dieser Definition gilt es zu beachten, dass das Synonym für die Genrebezeichnung historischer Roman in dem Begriff 'geschichtserzählende Literatur' besteht und anders als im Englischen, wo sich die Bezeichnung 'historical fiction' durchgesetzt hat

(Fisher 2004, S. 490), nicht in dem Begriff 'historische Literatur'. Dieser Begriff, vor allem aber die Bezeichnung 'historische Kinder- und Jugendliteratur', unterliegt missverständlichen Deutungen, wird darunter doch oftmals Kinder- und Jugendliteratur älteren Datums, d. h. früherer Epochen, subsumiert, gleichgültig, ob die Texte von historischen Stoffen handeln oder nicht (Zimmermann 2004, S. 23).

Gegenüber der Definition des historischen Romans erscheint die Begriffsbestimmung für zeitgeschichtliche Literatur bzw. Romane deutlich präziser gefasst zu sein. Die Forschung, die den Begriff 'zeitgeschichtliche' der Geschichtswissenschaft entlehnt hatte, versteht nämlich unter dieser Ausprägung geschichtserzählender Literatur:

> Mit 'Zeitgeschichte' ist die jüngste oder jüngere Vergangenheit gemeint, eine Vergangenheit, in deren unmittelbarer Auswirkung wir heute noch leben, zum Beispiel: Drittes Reich und seine Vorgeschichte, Zweiter Weltkrieg, Ost-West-Spannungen, Konflikte der Dekolonialisierung und der Dritten Welt, Rassismus (zum Beispiel in Südafrika und den Vereinigten Staaten). (Dahrendorf 1997, S. 205)

Deutlich wird an dieser Definition, dass Vergangenheit und Gegenwart nicht nur gleichrangig behandelt, sondern auch in eins gesetzt werden, anders gesprochen, dass zwischen den Feldern geschichtserzählender und politischer Literatur nicht differenziert wird, oder zugespitzt formuliert, dass es vorrangig die politischen Befindlichkeiten der Gegenwart sind, die das Interesse an der Vergangenheit bestimmen. Weiterhin kann in den letzten Jahren eine deutliche Engführung des Begriffes konstatiert werden, wie an der Definition von Günter Lange abzulesen ist: Für Lange bezieht sich der Begriff zeitgeschichtliche Kinder- und Jugendliteratur ausschließlich auf jene Texte, „die sich mit dem Nationalsozialismus und seinen Folgen beschäftig[en]" (2000, S. 462); darin eingeschlossen sein sollen jedoch auch solche Werke, die den „Neonazismus, Antisemitismus und Rassismus der Gegenwart [...] und seine politischen und gesellschaftlichen Folgen" thematisieren (ebd.).

Obwohl auch nach Langes Definition die politische, gesellschaftskritische und geschichtserzählende Literatur durch einen engen Konnex miteinander verbunden sind, erhält die Orientierung auf eine (nicht abgeschlossene und für die eigene Gegenwart nach wie vor relevante) Vergangenheit ein deutlich stärkeres Gewicht zugesprochen. Zeitgeschichtliche Literatur meint nun in erster Linie, bezogen auf die geschichtserzählende Literatur, eine thematisch eng begrenzte (nämlich auf die Ereignisse in den Jahren zwischen 1933 und 1945) Spielart des historischen Romans. Zur Zeit der Begriffsprägung Anfang der 1950er Jahre bezeichnete 'Zeitgeschichte' tatsächlich die jüngste Vergangenheit, die Geschichte der Mitlebenden und ihre wissenschaftliche Behandlung (Becher 1985, S. 197f.), d. h. eine Epoche, die von der eigenen Gegenwart kaum zu trennen war. Heute, zu einem Zeitpunkt, an dem der Beginn dieser Epoche, die

Machtübertragung auf die Nationalsozialisten im Jahr 1933, bald achtzig Jahre zurückliegt, kann von jüngster Vergangenheit längst schon nicht mehr gesprochen werden, und es erschiene durchaus legitim, jene Texte, die unter dem Begriff 'zeitgeschichtliche Literatur' subsumiert werden, auch als jene geschichtserzählende Literatur zu bezeichnen, die sich auf inhaltlicher Ebene mit dem Nationalsozialismus, seiner Vorgeschichte und den unmittelbaren Folgen beschäftigt. Der Begriff 'zeitgeschichtliche Kinder- und Jugendliteratur' soll hier dennoch beibehalten werden, da die ihr zugerechneten Texte sich in vielerlei Hinsicht von der neueren und neuesten (allgemeinen) geschichtserzählenden Kinder- und Jugendliteratur unterscheiden.

Eine differenzierte Betrachtungsweise beider Genres ergibt weiterhin gravierende Differenzen hinsichtlich der den Texten eingeschriebenen Intentionen, ihren Umgang mit historischen Stoffen bzw. mit 'der Geschichte' sowie hinsichtlich ihrer vielfältigen Berührungspunkte mit anderen literarischen Gattungen. Diese Differenzen, auf die im Folgenden näher eingegangen wird, rechtfertigen durchaus, dass zeitgeschichtliche Literatur als ein zwar der geschichtserzählenden Literatur verwandtes, dabei jedoch gänzlich eigenständiges, mittlerweile allerdings auch ausschließlich kinder- und jugendliterarisches Genre angesehen wird: In neueren allgemein-literarischen Nachschlagewerken (Burdorf 2007, Müller 2007, Lamping 2009) findet sich diese Gattungsbezeichnung nicht mehr.

2 Zur Gattungsgeschichte des historischen Romans

2.1 Der historische Roman vor 1945

Bei der Betrachtung der genrekonstituierenden Merkmale beider Textsorten soll zunächst auf die unterschiedlichen Gattungsgeschichten eingegangen werden, beginnend mit der Geschichte des historischen Romans – zunächst in Deutschland vor 1945, dann anschließend in der Bundesrepublik sowie in der DDR nach dem Zweiten Weltkrieg. Auf Grund des sehr umfangreichen Korpus von Texten, deren Marktgängigkeit und damit Zugänglichkeit jedoch großen Schwankungen unterworfen ist, wird in diesem Beitrag auf die Nennung von Beispieltexten grundsätzlich verzichtet.

Analog zur allgemeinen Literatur wird der historische Roman zu Beginn des 19. Jahrhunderts zu einem der populärsten und zugleich auflagenstärksten Genres innerhalb der sich mehr und mehr ausdifferenzierenden Jugendliteratur. Im Verlauf der nächsten einhundert Jahre ist das Genre maßgeblich von drei Tendenzen geprägt: Zum ersten besteht von Beginn an ein sehr enges Verhältnis zwischen geschichtserzählender Literatur für jugendliche und für erwachsene Leser. So existierten schon zu einem vergleichsweise frühen Zeitpunkt zahlreiche, vielfach bearbeitete Jugendausgaben von erfolgreichen historischen Erzählungen, gleichzeitig fanden – mit Billigung der Vermittler – zahlreiche 'unbearbeitete' historische Romane als Jugendlektüre Eingang in den jugendliterarischen Kanon.

Weiterhin wurden auch von Seiten der Vermittler immer wieder Versuche gemacht, von ihnen sanktionierte historische Romane für Jugendliche zu publizieren – gleichsam als literarische Ergänzung für den Geschichtsunterricht, dem im Verlauf des 19. Jahrhunderts innerhalb des Curriculums eine immer größere Bedeutung beigemessen wurde. Die in diesen Texten mitunter auf Kosten der Unterhaltungselemente stark dominierenden belehrenden Passagen machten es den Werken allerdings schwer, auf dem literarischen Markt zu bestehen.

Schließlich wurde der jugendliterarische Markt im 19. Jahrhundert vor allem nach der Reichsgründung im Jahre 1871 geradezu überschwemmt von geschichtserzählenden Texten, die fast ausschließlich unterhaltenden Charakter trugen und vorrangig an Jungen, mitunter jedoch auch an Mädchen adressiert waren (vgl. Wilkending 2003). Nicht selten gingen diese Vergangenheitsdarstellungen – vorzugsweise aus der deutschen Geschichte – einher mit einem sukzessiv militanter auftretenden Nationalismus. Schaut man auf die Vielfalt der Titel, die unterschiedlichen Verlage und Reihen sowie die Auflagenstärke – so ist offensichtlich, dass es gerade diese historische Unterhaltungsliteratur war, die bei den jugendlichen Lesern den größten Erfolg verzeichnen konnte.

Die Dominanz dieser 'Spielart' geschichtserzählender Jugendliteratur rief am Ende des Jahrhunderts schließlich die Reformpädagogen auf den Plan. Bekannt geworden ist Heinrich Wolgasts berühmtes Verdikt von der „Hochflut" historischer Jugendliteratur, die für ihn – analog zu der an Mädchen adressierten Backfischliteratur – Schundliteratur darstellte, die es vom literarischen Markt im Sinne einer guten literarischen Erziehung zu tilgen gelte.

Die Attacken Wolgasts und seiner Anhänger richteten sich nicht gegen die historische Literatur in toto, wohl aber gegen jene Spielart des Genres, in denen die national-patriotische Gesinnung dominierte. Auch Wolgast wusste um die Faszination, die die geschichtserzählende Literatur auf jugendliche Leser gewisser Altersgruppen ausübte; diese Leser verwies er auf historische Literatur, die seinen ästhetischen Ansprüchen genügte – die entsprechenden Klassiker der Erwachsenenliteratur, die von ihm auf diese Weise einen gleichsam präskriptiven Charakter zugeschrieben bekamen, wie 'gute' historische Romane zu sein hätten: Ohne nationalistische Tendenzen sowie mit einem deutlich ausgewogeneren Verhältnis zwischen Unterhaltungselementen und der Darstellung historischer Ereignisse. Wolgasts Forderungen stießen auf breite Resonanz – vorrangig allerdings innerhalb der Reformpädagogik und ihrer Anhänger; die Vorlieben der Leser sowie die Gegebenheiten des literarischen Marktes blieben davon weitgehend unberührt. Erst mit dem Ende des Kaiserreichs brachen die Auflagen ein, und in den Epochen der Weimarer Republik sowie des Nationalsozialismus flaute – von prominenten Ausnahmen abgesehen – das Interesse an geschichtserzählender Literatur merklich ab, was sich nicht zuletzt darin manifestiert, dass weitaus mehr Wiederauflagen älterer Werke als Neuerscheinungen publiziert wurden.

2.2 Der historische Roman in der Bundesrepublik

Das Ende des Zweiten Weltkrieges, die Gründung der Bundesrepublik Deutschland und der DDR, markiert für die nun existierenden beiden Kinder- und Jugendliteraturen und damit auch für die geschichtserzählende Literatur beider Staaten einen grundlegenden Neuanfang. Im Gegensatz zur DDR ist die in der Bundesrepublik veröffentlichte geschichtserzählenden Literatur geprägt von Kontinuitäten wie Brüchen gleichermaßen. Während sich die geschichtserzählende Literatur zuvor in beiden Adressatenkreisen der gleichen Beliebtheit erfreut hatte, lassen sich nun deutliche Differenzen konstatieren. So wurden zwar im jugendliterarischen Bereich durchaus noch bzw. wieder historische Romane publiziert (vgl. dazu Glasenapp 2000/2001, S. 101ff.), im Feld der Erwachsenenliteratur erlebte das Genre jedoch einen deutlichen Einbruch, ja, einen Niedergang. In der Folge des verlorenen Krieges und der sich sehr bald anschließenden literarischen 'Aufarbeitung' der politischen Ereignisse während des 'Dritten Reiches' konzentrierte sich das Interesse der erwachsenen Leser in den folgenden Jahrzehnten vordringlich auf die Gegenwartsliteratur.

Im jugendliterarischen Bereich hingegen sind andere Tendenzen zu konstatieren. So kommt es hier zunächst zu vereinzelten Wiederauflagen älterer, gleichsam 'unverdächtiger' Werke; gleichzeitig tritt jedoch eine neue Generation deutscher Autoren auf den Plan. Diese Autoren wenden sich in ihren Texten zwar auch neuen Gegenständen in der Geschichte zu, knüpfen dabei jedoch zugleich an eine alte Tradition geschichtserzählender Literatur an: In ostentativer Abkehr von den unterhaltungsbetonten historischen Erzählungen des 19. und frühen 20. Jahrhunderts kommt es nun zu einem Wiederaufleben einer vornehmlich von pädagogisch-didaktischen Intentionen geprägten historischen Literatur, die sich zudem sowohl hinsichtlich der inhaltlichen Gewichtung historischer Ereignisse als auch auf der Erzählebene deutlich an den Klassikern historischen Erzählens der allgemeinen Literatur orientiert. Die Stoßrichtung dieser auflagestarken, z. T. bis heute marktgängigen Texte ist offensichtlich: Sie möchten weniger unterhalten als vielmehr belehren, und zwar in erster Linie nicht über die auf der inhaltlichen Ebene dargestellten historischen Ereignisse und Personen, sondern über die Ereignisse der jüngsten Vergangenheit. Es sind in hohem Maße moralische Erzählungen, die allerdings, und hierin sind sie wiederum überaus modern, ihre jugendlichen Leser indirekt aufrufen zur Auseinandersetzung mit dem Nationalsozialismus; ihnen eingeschrieben sind Warnungen vor den Auswirkungen des Führerkults sowie mit dem ihm einhergehenden moralisch-sittlichen Verfall im Angesicht der Katastrophe.

Seit dem Ende der 1960er Jahre kommt es schließlich auch im Feld der Kinder- und Jugendliteratur zu einem deutlichen Niedergang geschichtserzählender Literatur, die ganz offensichtlich von 'moderneren' Genres wie der zeitgeschichtlichen Literatur sowie von der mit Macht aufkommenden sog. problemorientierten Literatur in eine randständige Position gedrängt wird. Erst im Zuge von Umberto Ecos Weltbestseller *Der Name der Rose* (1982) erlebt der historische Roman in der Bundesrepublik eine Renaissance sowohl in der allgemeinen wie auch in der Kinder- und Jugendliteratur, die bis heute unvermindert anhält.

2.3 Der historische Roman in der DDR

Gegenüber diesem sehr wechselhaften Interesse an der geschichtserzählenden Kinder- und Jugendliteratur in der Bundesrepublik wurde dem Genre in der DDR durchgängig große Beachtung geschenkt, eine Tatsache, die sich nicht zuletzt in der vergleichsweise hohen Anzahl entsprechender Werke (vgl. Steinlein 2005, S. 78f.; Strewe 2007, S. 13) manifestierte.

Eine zentrale Ursache für die durchgängige Popularität geschichtserzählender Literatur ist in der Funktion und Bedeutung von Geschichte zu sehen, die im Selbstverständnis der DDR von Beginn an eine zentrale Rolle spielte. Von entscheidender Bedeutung war dabei die dem eigenen Selbstbild inhärente Geschichtsauffassung, wonach ihr vordringlich die Aufgabe eingeschrieben war, explizite Bezüge zwischen Geschichte und eigener Gegenwart herzustellen. Diese Auffassung schlug sich zunächst in den herrschenden, vom Staat kontrollierten und von der Ideologie des Marxismus-Leninismus dominierten historischen Diskursen nieder, die immer auch auf die Gegenwart (und Zukünftiges) gerichtet zu sein hatten. In expliziter Abgrenzung zur Bundesrepublik sollte Geschichte nun die Aufgabe übernehmen, der Öffentlichkeit der DDR unter Fokussierung ausgewählter historischer Ereignisse wie Sklavenaufstände, Freiheitskämpfe, antifaschistische Widerstandsaktionen die Notwendigkeit der Begründung eines zweiten (und zugleich besseren) deutschen Staates ins Bewusstsein zu rufen. Intention war, den Bürgern auf diese Weise zum einen die Integration in den sozialistischen Staat zu erleichtern und ihnen zum anderen überhaupt erst zu einem kollektiven historischen Bewusstsein zu verhelfen. Aus der historischen war damit endgültig eine politische, staatlich gelenkte Wissenschaft geworden.

Diese Grundüberzeugung von der Geschichtswissenschaft als genuin politischer Wissenschaft, die es für die eigene Ideologie nutzbar zu machen galt, eine Überzeugung, die bis 1990 nie endgültig außer Kraft gesetzt wurde, lässt sich auch an der geschichtserzählenden sowie zeitgeschichtlichen Kinder- und Jugendliteratur ablesen. Sie wird damit, ähnlich wie die in der Bundesrepublik erscheinenden problemorientierten Werke, durchgängig zu einem zeitdiagnostischen Mittel, das in letzter Konsequenz immer für die Darstellung, den Transport staatlicher Ideologie instrumentalisiert wird. Nicht zuletzt aus diesen Gründen bilden geschichtserzählende Romane ein Genre, dem in der DDR vor allem von Seiten der Vermittler, anders als in der Bundesrepublik, grundsätzlich und vor allem durchgängig große Aufmerksamkeit geschenkt wird.

2.4 Merkmale, Typologien, Strukturen geschichtserzählender Literatur

2.4.1 In der Bundesrepublik

Kennzeichnend für die in der Bundesrepublik erschienenen historischen Romane ist, dass hier nicht von überzeitlichen Merkmalen, Typologien und Strukturen gesprochen werden kann, sondern dass diese vorrangig von Diskontinuitäten und tiefgreifenden Brüchen geprägt sind.

So waren die historischen Kinder- und Jugendromane seit dem 19. Jahrhundert zunächst auf lange Zeit eine vordringlich deutsch(-national) ausgerichtete Textsorte, d. h. mehrheitlich deutsche Autoren erzählten auch mehrheitlich über deutsche Vergangenheiten. Seit den 1980er Jahren hingegen trägt die geschichtserzählende Literatur einen überwiegend transnationalen Charakter, d. h. Autorinnen und Autoren unterschiedlichster Nationalitäten verhandeln nun auch die Vergangenheit anderer Nationen, Kulturkreise, Ethnien und Minderheiten. Aus Geschichte sind 'Geschichten' geworden, die den Lesern aus verschiedenen, sich überlagernden, mitunter sich widersprechenden Perspektiven entgegentreten.

Deutliche Veränderungen dominieren auch auf inhaltlicher Ebene: Basierend auf einem Geschichtsverständnis, nach dem Geschichte nicht mehr wie bisher als das Produkt einzelner, 'großer' Persönlichkeiten angesehen werden sollte, sondern das die historischen Zusammenhänge aus den sozialen, politischen und ökonomischen Bedingungen einer Epoche zu erklären suchte, lässt sich in den Romanen der letzten Jahrzehnte eine eindeutige Hinwendung zur Alltagsgeschichte erkennen.

In diesem Kontext wird erstmals auch der Geschichte von Frauen und Mädchen eine größere Aufmerksamkeit zuteil. So steigt zum einen der Anteil der Verfasserinnen von geschichtserzählender Literatur deutlich an, zum anderen sperrte sich die Gattung entgegen der Tradition nicht mehr gegen die Wahl weiblicher Protagonisten; mit großer Selbstverständlichkeit agieren weibliche Figuren in allen historischen Kontexten. Ein zentrales Element dieser neuesten Geschichtserzählungen ist die Tatsache, dass Mädchen hier nicht mehr als unterdrückte Minderheit dargestellt werden, sondern als selbstbewusste Akteure, wie es im übrigen auch im Feld der allgemeinen geschichtserzählenden Literatur zu beobachten ist. Bereits daran wird deutlich, dass auch die geschichtserzählende Kinder- und Jugendliteratur zunehmend die Aufgabe übernahm, zu einem Mittel von 'Zeitdiagnostik', von gesellschaftlichen Konfliktfeldern, zu werden.

Diese Veränderungen haben in den historischen Jugendromanen der letzten Jahrzehnte unübersehbare Spuren hinterlassen. Die Auffassung von der Geschichte als einem Ort gesellschaftspolitischer Prozesse erlaubte dem historischen Roman nun auch die Hinwendung zu den bisherigen Randgruppen der Geschichte: neben den Frauen zu den Außenseitern wie Hexen (vgl. Kilian 2010), 'Zigeunern', 'Ketzern' sowie zu den Unterdrückten anderer Völker wie den Indianern oder den Sklaven.

Besondere Aufmerksamkeit schenkten vor allem deutsche Autoren dem Schicksal jüdischer Figuren in einer von antijüdischer Gewalt geprägten deutschen Geschichte. Mehrheitlich steht die Epoche des Mittelalters im Zentrum dieser Romane, die die interreligiösen Spannungen vielfach in Form von interkonfessionellen Freundschafts- bzw. Liebensgeschichten inszenieren (vgl. Zimmermann 2004, S. 154ff.).

Als weitere Innovation der neueren geschichtserzählenden Literatur muss auf die sich nun offen manifestierende Hybridität des Genres verwiesen werden. Zu den traditionellen Verbindungen mit anderen Genres wie dem des Abenteuerromans oder der Reiseerzählung treten nun Verbindungen mit modernen jugendliterarischen Gattungen wie der des problemorientierten Romans, des Kriminal- oder des Adoleszenzromans.

Hinzu kommen Verbindungen mit Genres, die auf lange Zeit als nicht vereinbar galten mit einer Gattung wie der des historischen Romans, dessen oberstes Prinzip in einer Orientierung an historischen und damit realen, überprüfbaren Fakten bestanden hatte. Gemeint sind die non-realistischen Genres der sog. Speculative Fiction wie Phantastik, Fantasy, Alternative History, Zeitreiseromane. Die Bandbreite dieser Formen von Gattungstransgression ist groß und reicht von Romanen, die eindeutig in der Vergangenheit spielen, jedoch an geographisch nicht zu lokalisierenden Orten, über die zahlreichen Varianten der Zeitreiseerzählungen, bis hin zu Romanen, in denen die Geschichtserzählung von fantastisch/magischen Elementen durchsetzt ist.

Neu an der geschichtserzählenden Kinder- und Jugendliteratur der letzten Jahrzehnte ist weiterhin der hohe Anteil an Übersetzungen, vor allem aus dem angloamerikanischen und skandinavischen Raum. Stärker noch als in den fünfziger und sechziger Jahren wird durch die große Anzahl ausländischer Autoren auch die Vergangenheit anderer Länder und anderer Epochen literarisch vergegenwärtigt, wobei dennoch gewisse Schwerpunktsetzungen nicht zu übersehen sind: So erfreut sich nach wie vor allem die römische Antike, meist am Übergang von der Demokratie zum Kaiserreich, besonderer Beliebtheit bei den Autoren, ebenso wie die Epoche der Pharaonen und der Wikinger, die Entdeckungsreisen Marco Polos und die Französische Revolution. In den letzten Jahren ist es vor allem die komplexe Geschichte des europäischen Mittelalters, die zunehmend ins Blickfeld der Autoren geraten ist (vgl. Rossi 2010).

Ein weiteres Merkmal der neueren geschichtserzählenden Literatur für Jugendliche besteht in ihrer auf unterschiedlichen Ebenen engen Verbindung zu Geschichtsromanen für Erwachsene. Das betrifft zum einen die Verfasser: Viele Autoren verfassen historische Romane für Erwachsene und Jugendliche bzw. ihre Romane werden in Ausgaben für beide Zielgruppen verlegt. Der grenzüberschreitende Charakter manifestiert sich jedoch auch auf thematischer Ebene, etwa in der Vorliebe beider Literaturen für (oftmals mehrbändige) Familiengeschichten und -schicksale, die eng mit den Ereignissen der Geschichte verbunden werden.

Die Veränderungen betreffen aber auch die Rolle der historischen Kinder- und Jugendliteratur als geschichtserinnerndes Medium. Zählte die geschichtserzählende Kinder- und Jugendliteratur vor 1945 fast ohne Ausnahme zu dem „jeder Gesellschaft und jeder Epoche eigentümliche[n] Bestand an Wiedergebrauchs-Texten, -Bildern etc., in deren Pflege sie ihr Selbstbild stabilisiert und vermittelt", und bildete damit einen wichtigen Teil des „kollektiv geteilte[n] Wissen[s] über die Vergangenheit, auf das die Gruppe ihr Bewusstsein von Einheit und Eigenart stützt" (Assmann 1988, S. 15), so werden die seit den 1980er Jahren veröffentlichten Texte in ihrer überwiegenden Mehrheit nicht mehr als geschichtserinnernde Zeugnisse rezipiert. Es findet demnach keine identitäts- und damit für die eigene Gegenwart sinnstiftende Aneignung der in diesen Erzählungen abgebildeten Geschichte statt, wiewohl auf der Ebene der Figuren und der Handlung sehr wohl explizite Bezüge zur Lesergegenwart hergestellt werden.

Deutliche Veränderungen sind auch auf narrativer Ebene zu konstatieren. Anstelle der früher dominierenden auktorialen Erzählhaltung, die darauf abzielte, die Authentizitätsfiktion: „So ist es wirklich gewesen" zu stützen, sind sukzessive auch subjektive Erzählformen, vor allem die Ich-Form getreten. Brief- und Tagebuchromane, erzählte Lebensgeschichten, lassen Geschichte als etwas individuell Erfahrbares erscheinen. Anstelle der früher postulierten, historischen 'Wahrheit' tritt die Erfahrung des einzelnen, handelnden Subjekts. Dabei darf jedoch nicht übersehen werden, dass auch jene narrativen Formen, wie sie bereits während des 19. Jahrhunderts im Zuge des Historismus entwickelt worden waren, nicht nur weiter fortbestehen, sondern auch einen nicht unbeträchtlichen Teil der geschichtserzählenden Kinder- und Jugendliteratur bis heute in entscheidender Weise prägen. Im Unterschied zur allgemeinen lassen sich in der Kinder- und Jugendliteratur bislang allerdings, von Ausnahmen abgesehen, kaum Ansätze metafiktionalen Erzählens, von Geschichtskritik oder aber eine Abbildung von Geschichte, in der der Konstruktcharakter des vermeintlich Realen manifest wird, erkennen (Zimmermann 2004, S. 261 ff.).

2.4.2 In der DDR

> Die historische Erzählung entspricht dann wissenschaftlichen Forderungen, wenn sie die Gesetzmäßigkeiten bei der Entwicklung der Gesellschaft erkennen läßt, Zusammenhänge zwischen verschiedenen historischen Ereignissen zeigt und sprunghafte Veränderungen marxistisch deutet. [...] Unter einer wahrheitsgetreuen Darstellung verstehen wir nicht eine objektive Verarbeitung historischer Fakten, sondern im Sinne des Marxismus parteiliche Gestaltung der historischen Wirklichkeit. (Zit. nach Langenhahn 1993, S. 138)

Diese Ausführungen der Kulturfunktionärin Marianne Lange über die geschichtserzählende Kinder- und Jugendliteratur haben in den erzählenden wie (Sach-)Texten unübersehbare Spuren hinterlassen. Themen wie Erzählverfahren des Genres lassen dies deutlich erkennen. Wenngleich in geschichtserzählenden Werken der DDR insgesamt eine große thematische Vielfalt erkennbar ist, lassen sich dennoch deutliche Schwerpunktsetzungen erkennen. Behandelt wurden vorrangig die Epochen der deutschen Geschichte, darunter das Mittelalter, die Frühe Neuzeit – mit einem eindeutigen Fokus auf den Bauernkriegen und der Reformation –, die Revolutionen von 1848 und 1918, die Industrialisierung und die damit beginnende Geschichte der Arbeiterbewegung in der zweiten Hälfte des 19. Jahrhunderts. Bei der Behandlung von Themen bzw. Epochen aus der außerdeutschen Geschichte lässt sich eine ähnliche Vielfalt, allerdings auch eine analoge Schwerpunktsetzung erkennen: Im Zentrum standen u. a. Stoffe aus der Antike, meist in Verbindung mit Sklavenaufständen, aus der süd- und nordamerikanischen Geschichte des 18. und 19. Jahrhunderts mit dem Überlebenskampf der indianischen Ureinwohner, aus der französischen Geschichte mit den Revolutionen von 1789 und 1848, aus der russischen Geschichte mit der Oktoberrevolution von 1917. Von zentraler Bedeutung war, dass bei allen historischen Ereignissen nicht nur der Bezug auf die eigene Gegenwart herausgestellt werden, sondern auch der revolutionäre bzw. klassenkämpferische Charakter offensichtlich sein musste (Steinlein 2005, S. 76f.; Strewe 2007, S. 122).

Ähnlich wie zunächst in der Bundesrepublik dominiert auch in der geschichtserzählenden Kinder- und Jugendliteratur der DDR (hier jedoch durchgehend) eine Geschichtsauffassung, wonach Geschichte von bedeutenden Persönlichkeiten gleichsam 'gemacht' wird. So finden sich eine Vielzahl von fiktionalen wie faktualen Werken, in deren Zentrum das Leben bedeutender Persönlichkeiten steht, die die Geschichte der Arbeiterbewegung auf entscheidende Weise geprägt haben bzw. als direkte Vorläufer dieser Geschichte angesehen werden konnten. Rekurriert wurde in diesem Kontext u. a. auf die Lebensgeschichten von Spartakus, Thomas Müntzer, Friedrich Engels, Georg Weerth, Wladimir I. Lenin, Rosa Luxemburg und Karl Liebknecht, Ernst Thälmann und vor allem auf die Biographie von Karl Marx, dem mit Abstand die meisten biografisch basierten Werke gewidmet waren. Die große Anzahl gerade dieser Ausprägung geschichtserzählender Werke ist aber nicht nur Indikator einer noch aus dem

19. Jahrhundert stammenden Geschichtsauffassung, sie ist ebenso sehr Ausdruck der spezifischen Geschichtsauffassung der DDR, wonach neben Gedenkveranstaltungen vor allem die Verehrung bestimmter Helden der Errichtung eines kollektiven historischen Bewusstseins dienen sollte.

Anders als in der Bundesrepublik blieben in der geschichtserzählenden Kinder- und Jugendliteratur der DDR sowohl das Geschichtsverständnis, die daraus resultierende Fokussierung bestimmter Epochen sowie die Darstellung einzelner Persönlichkeiten als Wegbereiter bzw. Helden der Arbeiterklasse von Ausnahmen abgesehen weitgehend unverändert. Nur selten wurde von einer eindimensionalen Figurendarstellung abgewichen, lediglich in Einzelfällen auf die klassische Dichotomie von Gut und Böse verzichtet. In bewusster Abgrenzung zu den historischen Romanen der Bundesrepublik (von denen nur wenige auch in der DDR publiziert wurden) wurde weder eine grundsätzliche Erweiterung des Themenspektrums vorgenommen, noch lässt sich den Texten jenes Phänomen der Gattungstransgression nachweisen (die Verbindung zwischen historischem Roman und anderen Genres), wie sie für die in der Bundesrepublik verlegten, modernen Werke als typisch gilt. Ebenso wenig konnten sich subjektive Erzählformen an Stelle der traditionellen auktorialen Erzähler grundlegend durchsetzen.

Wie sehr die geschichtserzählende Kinder- und Jugendliteratur der DDR der dort herrschenden Ideologie verpflichtet und zugleich von ihr geprägt war, lässt sich nicht zuletzt an der Tatsache ablesen, dass gut zwei Jahrzehnte nach der Wende kaum noch einer dieser Texte im Buchhandel erhältlich ist.

3 Zur Gattungsgeschichte der zeitgeschichtlichen Kinder- und Jugendliteratur

3.1 Zeitgeschichtliche Kinder- und Jugendliteratur in der Bundesrepublik

Die ersten zeitgeschichtlichen, explizit an Jugendliche adressierten Erzählungen erschienen bereits in den 1950er Jahren, fokussierten jedoch vorrangig die Auswirkungen des gerade vergangenen Krieges auf die deutsche Bevölkerung, d. h. das Elend der ersten Nachkriegsjahre, die versehrten Familien durch Tod oder Gefangenschaft der Väter sowie die Vertreibung aus den ehemals deutschen [Ost]Gebieten. Mit dieser zunächst ebenso eindeutigen wie einseitigen Gewichtung auf ‘ein’ Narrativ der Epoche zwischen 1933 und 1945 wird von Beginn an deutlich, dass die in der Bundesrepublik erscheinende zeitgeschichtlichen Literatur begleitet wird von einer zunächst implizit, später auch offen geführten Auseinandersetzung darüber, welche Aspekte des Nationalsozialismus überhaupt behandelt werden (sollen).

So werden die nationalsozialistischen Verbrechen auf lange Zeit gar nicht oder nur, wie bereits ausgeführt, indirekt thematisiert, und zwar in historischen Erzählungen, in denen entweder sogenannte 'Führerpersönlichkeiten' oder die Verführbarkeit des Einzelnen kritisch hinterfragt wurden, in Erzählungen, in denen zwar jüdische Figuren, aber andere historische Epochen im Zentrum stehen sowie in einigen wenigen Gegenwartserzählungen über andere Minderheiten. Die einzige Ausnahme dieser Zeit bildet das *Tagebuch der Anne Frank* (1950), das als Jugendlektüre sehr schnell auch Eingang in die deutschen Lehrpläne fand. Doch auch der große Erfolg des *Tagebuchs* konnte keine grundlegende Auseinandersetzung mit den vielfältigen Facetten des Nationalsozialismus in der Jugendliteratur initiieren.

Erst die Veröffentlichung der Erzählung *Damals war es Friedrich* (1961) von Hans Peter Richter (1925–1993), dem bis heute erfolgreichsten jugendliterarischen Werk über die Judenverfolgung während des Nationalsozialismus, machte dieser offenkundigen Vermeidungsstrategie ein Ende und initiierte eine direkte Auseinandersetzung mit den Ereignissen in dieser Epoche. Obwohl Richters Werk mittlerweile heftiger Kritik ausgesetzt ist, u. a. wegen der verzerrenden Darstellung jüdischen Lebens, der Nicht-Thematisierung der Vernichtungspolitik, der nicht-repräsentativen Darstellung einer Freundschafts- und Helfergeschichte, der Stilisierung maßgeblicher deutscher Bevölkerungsgruppen zu heimlichen Unterstützern der Verfolgten, hat Richters Erzählung einen wichtigen Anteil an der Tatsache, dass sich die Jugend- und später auch die Kinderliteratur seit dem Ende der 1960er Jahre verstärkt der Epoche des Nationalsozialismus angenommen hat und zwar 'all' seiner Aspekte – wiewohl dies unter den Vermittlern nicht unumstritten war und bis heute von kontroversen Debatten begleitet wird (vgl. Glasenapp 1998/99).

Seit dem Ende der 1960er Jahre ist die Anzahl der Kinder- und Jugendromane, der Bilder- und Sachbücher, die sich mit der Epoche des Nationalsozialismus beschäftigen, kontinuierlich angewachsen, zeitgleich beginnt sich auch die Forschung des Gegenstandes anzunehmen: Zwar dominiert bis heute eine vorrangig literatur- bzw. geschichts- und religionspädagogisch ausgerichtete Perspektive auf diese Texte (vgl. u. a. Wermke 1999; Kokemüller 2003), doch seit den späten 1980er Jahren ist die zeitgeschichtliche Kinder- und Jugendliteratur auch in den Fokus der Literatur- und Kulturwissenschaftler geraten, von denen zunehmend Bezüge hergestellt werden zu anderen wissenschaftlichen und Erinnerungsdiskursen (vgl. Glasenapp 1998/99; Betz 2001).

3.2 Zeitgeschichtliche Kinder- und Jugendliteratur in der DDR

Sehr viel stärker als in der Bundesrepublik waren in der DDR die kinder- und jugendliterarischen Narrative an die ideologisch überformten, staatlich gelenkten geschichtspolitischen Diskurse gebunden – dies galt in besonderem Maße für die zeitgeschichtliche Kinder- und Jugendliteratur über die Epoche des Nationalsozialismus. Innerhalb der geschichtserzählenden Kinder- und Jugendliteratur bildete die Darstellung des Nationalsozialismus daher anders als in der Bundesrepublik von Beginn an einen der zentralen Themenschwerpunkte. Dies lag nicht zuletzt daran, dass sich die Verantwortlichen in der DDR nach 1945 durch ihre Identifizierung mit der Sowjetunion bzw. mit der Roten Armee wie diese als Sieger der Geschichte betrachteten. Eine Verantwortung für die deutschen Verbrechen zwischen 1933 und 1945 wurde mit der Begründung abgelehnt, es seien doch deutsche Antifaschisten gewesen, die zunächst mit Hilfe der Sowjetunion die Hitler-Diktatur besiegt und danach den zweiten deutschen Staat aufgebaut hätten. Die nach dem Kriegsende (1945) sofort eingeleitete Entnazifizierung ermöglichte der neuen Staatsführung, die Epoche des Nationalsozialismus aus der eigenen Geschichte gleichsam 'herauszuschreiben'. Sie gehörte ab diesem Zeitpunkt endgültig zum Erbe der Bundesrepublik und bot damit zugleich eines der wirkungsmächtigsten Distinktionsmerkmale zwischen ost- und westdeutschem Staat.

Diese Auffassung prägte auch die zeitgeschichtliche Kinder- und Jugendliteratur, der von Beginn an große Aufmerksamkeit geschenkt wurde; stärker noch als im westdeutschen Staat zeichnete sich die zeitgeschichtliche Literatur der DDR zusätzlich dadurch aus, dass ihr ein dauerhaft hoher Stellenwert zuerkannt wurde, der sich einerseits in einem sehr umfangreichen Textkorpus (Steinlein 2005; Strewe 2007) manifestiert, und zum anderen darin, dass gerade diesen Texten bis zum Ende der DDR im Kontext einer proletarisch-revolutionären bzw. antifaschistisch-demokratischen Erziehung eine besondere Bedeutung zugeschrieben wurde.

3.4 Merkmale, Typologien und Strukturen zeitgeschichtlicher Kinder- und Jugendliteratur

3.4.1 In der Bundesrepublik

Die Anzahl der in den letzten, knapp sechs Jahrzehnten erschienenen Werke hat mittlerweile einen solchen Umfang angenommen, dass hier lediglich auf einige maßgebliche Tendenzen verwiesen werden kann.

Aufgrund des großen Umfangs von zeitgeschichtlichen Werken wurde seit den 1980er Jahren von der Forschung mehrfach der Versuch unternommen, die Werke zur besseren Übersicht einzelnen Untergruppen zuzuordnen (Glasenapp 1998/99, Lange 2000). Dabei haben sich – unter Berücksichtigung individueller Unterschiede – folgende Kategorien herauskristallisiert: Alltag im Nationalsozialismus, Judenverfolgung/Holocaust, Verfolgung von Minderheiten, Widerstand, Emigration und Exil, Zweiter Weltkrieg, Kriegsende und Nachkriegszeit, Flucht und Vertreibung. Dabei lassen sich im Verlauf der Jahrzehnte deutliche

Akzentverschiebungen hinsichtlich der Gewichtung dieser Kategorien konstatieren: Konzentrierte sich in den 1960er, 70er und 80er Jahren die Mehrheit der Erzählungen noch auf die deutsche, d.h. nichtjüdische Geschichte, gewann in den letzten Jahrzehnten die Darstellung und Erinnerung des Holocaust immer mehr an Bedeutung, eine Tatsache, die zum einen auf einem verstärkten Interesse gerade an diesen Ereignissen resultiert, zum anderen aber auch darauf zurückzuführen ist, dass der Anteil an Übersetzungen auch bei der zeitgeschichtlichen Kinder- und Jugendliteratur kontinuierlich zunahm. Gerade in diesen übersetzten Texten, von denen viele einen offen markierten biographischen bzw. autobiographischen Hintergrund aufweisen, stehen mehrheitlich die Ereignisse des Holocaust im Zentrum der Darstellung.

Ins Blickfeld der zeitgeschichtlichen Literatur sind aber mittlerweile auch andere von den Nationalsozialisten verfolgte Minderheiten geraten, darunter das Schicksal der Fremdarbeiter, die Verfolgung von Sinti und Roma, die Existenz der jüdischen Partisanen, die Verfolgung männlicher Homosexueller, die Vernichtung behinderter Menschen. Die neuesten Werke über den Nationalsozialismus thematisieren in unterschiedlichen Variationen, u.a. in Form von Familien- und Generationenromanen, den Prozess des Erinnerns, etwa in Form von Kindheitsschilderungen, in denen die Bewältigung der traumatischen Ereignisse während des Holocaust bzw. während des Krieges als ein auch die eigene Gegenwart vielfältig berührender Prozess evoziert wird.

Weitaus weniger als das 'Dritte Reich' und der Holocaust ist hingegen die unmittelbare Nachkriegsgeschichte ins Blickfeld der Kinder- und Jugendliteratur geraten. Akzentuiert wird zwar in allen neueren Romanen, dass es in dieser Epoche weniger um die deutsche Niederlage als um die Chance eines Neuanfangs geht, im Zentrum steht jedoch das durch die Wirren der letzten Kriegstage, durch die Unsicherheit der politischen Situation sowie der ungewissen Zukunft hervorgerufene Gefühl, einer Zeit des Übergangs und des Umbruchs beizuwohnen. Von diesem Gefühl der äußeren, aber auch der inneren Unsicherheit sind die kindlichen wie jugendlichen Protagonisten in besonderem Maße betroffen.

Sehr viel häufiger werden Kriegsende und Nachkriegszeit bis heute in einen direkten historischen Kontext gebracht mit Flucht und Vertreibung. Zwar geschieht dies in den Romanen und Erzählungen der letzten beiden Jahrzehnte nicht mehr wie in den 1950er und 60er Jahren losgelöst von der nationalsozialistischen Vorgeschichte. Doch eine Akzentsetzung, meist ebenfalls mit autobiographischem Hintergrund, auf das genuin deutsche Leid, für das ausnahmslos andere verantwortlich zeichnen und 'die Deutschen' nicht selten als Verführte und Opfer des eigentlichen Verbrechers Adolf Hitlers erscheinen, lässt sich in vielen dieser Texte nicht übersehen. Nicht selten kollidiert hier die unbestrittene Notwendigkeit, sich durch historische Literatur auch an diesen Teil der deutschen Geschichte zu erinnern, mit einer gewissen Eindimensionalität in der Darstellung.

Kennzeichnend für die neuere zeitgeschichtliche Kinder- und Jugendliteratur ist auch ein neues Verhältnis zwischen den Generationen, wobei das klassische Eltern-Kind-Verhältnis mit zunehmender zeitlicher Distanz zu den beschriebenen Ereignissen oftmals durch ein Verhältnis zwischen Großeltern und Enkeln abgelöst wurde. An zentraler Stelle steht dabei die Vielfältigkeit des Erinnerns, der Blick auf die in vieler Hinsicht divergierenden Vergangenheiten sowie die Frage, was von diesen Vergangenheiten den kommenden Generationen übermittelt wird. Dabei wurden in früheren Erzählungen bei der Darstellung von Mehr-Generationen-Verhältnissen meist die Interessen der Elterngeneration ins Zentrum der Handlung gerückt, während die Interessen der jugendlichen Akteure oftmals dahinter zurücktraten. Neuere Erzählungen weisen auch hier andere Akzentsetzungen auf: Im Mittelpunkt stehen nun jugendliche Figuren der Autorgegenwart, die bestrebt sind, den Verstrickungen der Eltern- und Großelterngeneration in die Verbrechen des 'Dritten Reiches' auf den Grund zu gehen.

Zum anderen – und dies markiert eine weitere, aktuelle Schwerpunktsetzung zeitgeschichtlicher Kinder- und Jugendliteratur – werden in meist autobiografisch basierten Erzählungen die Ereignisse aus der Perspektive von Akteuren betrachtet, die, wie die Verfasser, die Epoche des 'Dritten Reiches' selbst als Kinder bzw. Jugendliche erlebt haben und erlitten haben. Diese Erinnerungsliteratur der sog. Kriegkinder-Generation zeichnet sich, anders als die Werke, die die Auseinandersetzungen zwischen den Generationen thematisieren, durch einen explizit transnationalen, ja globalen Charakter aus und trägt auf diese Weise dazu bei, das Bewusstsein für die Tatsache zu schärfen, dass den Ereignissen während und in unmittelbarer Folge des 'Dritten Reiches' eben nicht nur ein transnationaler, sondern auch ein transgenerationaler Charakter eingeschrieben ist (Glasenapp/Ewers 2008).

3.4.2 In der DDR

Neben dem frühen Interesse an zeitgeschichtlichen Stoffen sind es vor allem die thematischen Schwerpunktsetzungen, die die antifaschistische (so der offizielle Sprachgebrauch) von der zeitgeschichtlichen Kinder- und Jugendliteratur der Bundesrepublik unterscheiden. Standen dort zunächst Flucht und Vertreibung sowie das eigene (Kriegs-)Leiden im Zentrum der Handlung, so wurde die Darstellung des Nationalsozialismus in der DDR auf lange Zeit reduziert auf eine antagonistisch angelegte Konfrontation zwischen Antifaschisten und Nationalsozialisten. Da auch die antifaschistische Literatur auf die Darstellung von Vorbildern angelegt war, handelt es sich zunächst durchweg um heroisierende Darstellungen, die für die Fronten durchbrechende 'Grautöne' kaum Platz ließen. Dieses erst in den letzten Jahren des Bestehens der DDR aufgebrochene Antifaschismus-Modell bot sowohl den Opfern wie auch den Tätern eine Sinnkonstruktion, denn alle konnten auf diese Weise unter die Opfer, wo nicht des nationalsozialistischen Regimes, so doch eines kapitalistischen Systems subsumiert werden. Nicht zuletzt aus diesem Grund gab es keine Notwendigkeit, sich in kinder- und jugendliterarischen Texten mit irgendeiner Form von Schuld auseinanderzusetzen – davor stand das Selbstbild, dem Nationalsozialismus als ein Volk von Widerstandskämpfern gegenübergestanden zu haben. Gleichzeitig sind damit auch die grundlegenden Defizite des in den Texten immer wieder aufgerufenen Antifaschismus-Modells benannt. Alle Themen, die in direktem oder implizitem Widerspruch dazu standen, wurden zunächst nur in Ausnahmefällen aufgegriffen. Dazu zählen neben der Alltagsgeschichte des 'Dritten Reiches' die Verbrechen der Vertreibung sowie des Stalinismus, vor allem jedoch der Genozid an den europäischen Juden und anderen Minderheiten. Angehörige dieser Minderheiten wurden verfolgt (und ermordet), so stellten es die Texte dar, da sie entweder Kommunisten bzw. Widerstandskämpfer waren – ihre Zugehörigkeit zu einer ethnischen bzw. religiösen Minderheit stellte dabei wenig mehr als einen Zufall dar. Erst im Verlauf der 1960er Jahre begann man damit, von diesen Deutungsmustern abzuweichen; verantwortlich dafür waren u. a. ein Generationenwechsel bei Autoren und Vermittlern sowie der Reformkurs der Partei in den 1970er Jahren. In den 1980er Jahren schließlich begünstigte ein neuer außenpolitischer Kurs, der in letzter Konsequenz auf eine Aufwertung der DDR seitens der USA abzielte, auch eine neue Sicht auf die Geschichte der Juden während des Nationalsozialismus, die sich allerdings – wiederum von Ausnahmen abgesehen – erst seit Mitte der 1980er Jahre auch in kinder- und jugendliterarischen Werken auf sichtbare Weise niederzuschlagen begann. Im Zuge dieser Neuorientierung thematisierten die Werke nun auch individuelle Vergangenheitsbewältigung, persönliche Täterschaft, Alltagsgeschichte des 'Dritten Reiches', den Widerstand nichtkommunistischer Gruppierungen. Obwohl der antifaschistische Mythos auf diese Weise deutliche Risse erhielt, kann von einem Paradigmenwechsel nicht gesprochen werden, denn „das Dogma des kommunistischen antifaschistischen Widerstands" (Strewe 2007, S. 126) wurde nun zwar genauer kontextualisiert und damit auch differenzierter betrachtet, als wichtigster Antagonist des nationalsozialistischen Regimes allerdings bis zum Ende der DDR nicht außer Kraft gesetzt. Insgesamt muss daher festgehalten werden, dass die Deutung des Nationalsozialismus, anders als in der Bundesrepublik, im Verlauf der vierzigjährigen Geschichte der DDR nur wenigen Veränderungen unterlag und als direkte Folge davon auch die zeitgeschichtliche/antifaschistische Kinder- und Jugendliteratur zwar durchaus eine große Bandbreite an Themen aufzuweisen hatte, die jedoch nur innerhalb vergleichsweise eng gesteckter Vorgaben behandelt werden konnten. Analog zur geschichtserzählenden Kinder- und Jugendliteratur der DDR resultiert aus diesem Umstand, dieser Gebundenheit der Literatur an die kommunistische Ideologie, dass die überwiegende Mehrheit der Werke die Wende nicht oder nur um wenige Jahre überlebt hat.

4 Didaktische Aspekte

„Mit Historie will man etwas." „Jeder historische Roman vermittelt ein ausgezeichnetes Bild von der Epoche des Verfassers" – mit ihren Sentenzen verweisen sowohl Döblin wie Tucholsky implizit auf den genuin didaktischen Charakter jeglicher geschichtserzählenden Literatur, der sich jedoch – so wäre zu ergänzen – auf unterschiedliche Weise und in unterschiedlicher Intensität manifestieren kann. Stärker als andere kinder- und jugendliterarische Gattungen unterliegt geschichtserzählende Literatur daher von Beginn an einem spezifischen Spannungsverhältnis zwischen wissensvermittelnden Elemente über die jeweiligen historischen Sachverhalte und unterhaltenden Anteilen, denen sich wiederum die Popularität des Genres in hohem Maße verdankt.

Die Auseinandersetzung darüber, wieviel und welches Wissen geschichtserzählende Literatur transportieren 'muss' bzw. wieviel Unterhaltung damit einhergehen 'darf', gehört seit dem Ende des 18. Jahrhunderts zu den prominentesten Reflexionsgegenständen der Vermittler. Analog dazu erfolgte auch die Gewichtung seitens der Autoren äußerst unterschiedlich, wiewohl kein Werk des 19. und 20. Jahrhunderts auf den Zusatz „zur Belehrung und Unterhaltung" verzichten wollte, konnte auf diese Weise doch der Anschein erweckt werden, den Interessen von Lesern und Vermittlern gleichermaßen gerecht zu werden.

Ungeachtet dieser paratextuellen Rahmung waren geschichtserzählende Romane auf textueller Ebene mehrheitlich historische Abenteuerromane, d.h. es dominierten auf weite Strecken die unterhaltenden Romane. Erst zu Beginn der 1950er Jahre und erneut Anfang der 1980er Jahre, Zeitpunkte, die jeweils einen 'Neubeginn' für das Genre des historischen Romans markierten, wurden Versuche unternommen, geschichtserzählende Literatur wieder verstärkt als Erziehungsliteratur zu konzipieren. Vorrangig sollten die Werke nun Wissen über historische Prozesse, Epochen, Persönlichkeiten und Minderheiten vermitteln. Diese Ansprüche an historische Romane haben ihren Niederschlag auch in den kinder- und jugendliterarischen Debatten der jeweiligen Epochen gefunden, in denen geschichtserzählende Texte zuerst darauf hin befragt wurden, inwieweit sie welche historischen Ereignisse korrekt wiedergaben und inwiefern sie daher für didaktische Zwecke nutzbar gemacht werden konnten. Historische Abenteuerromane sahen sich demgegenüber einer verstärkten Kritik ausgesetzt: zu viele unterhaltende, zu wenige wissensvermittelnde Elemente.

In den 1990er Jahren schließlich, im Zuge einer weitreichenden Gattungstransgression wird die in den Texten abgebildete 'Geschichte' längst nicht mehr als historisches Ereignis gelesen und auch nicht mehr wie zuvor in einem auf die eigene Gegenwart orientierten Ablauf historischer Prozesse verortet. Geschichtsdarstellungen werden heute vordringlich als Darstellungen von so genannten 'Anderswelten' rezipiert – die zeitliche Distanz legitimiert nun das in den Augen der Leser exotisch anmutende Aussehen und Agieren der Figuren. Endgültig ist damit in geschichtserzählenden Texten an die Stelle eines teleologischen Geschichtsmodells, dessen Inhalte die Leser vordem unübersehbar auf die eigene Gegenwart verweisen bzw. ihm Erklärungen für das So-Sein der eigenen Gegenwart liefern sollten, das Angebot getreten, sich mit einzelnen Figuren und ihrer Handlungsweise zu identifizieren – eine Tendenz, die sowohl für die allgemeine wie auch für die Kinder- und Jugendliteratur zu konstatieren ist. An Stelle jener durch die je spezifischen historischen Umstände bedingten Konflikte sind auf inhaltlicher Ebene Problemstellungen getreten, deren Auslöser und Hintergründe globale Dimensionen haben, d. h. die auch für jedes Individuum in jeder Kultur nachvollziehbar sind. Der Hiatus zwischen Gegenwart und Vergangenheit, die Alterität vergangener Zeiten scheint hier endgültig zugunsten global kompatibler Konflikte und Problemstellungen aufgehoben.

Von Seiten der Geschichts- wie auch der Literaturdidaktik hat diese Entwicklung sehr kontroverse Reaktionen hervorgerufen. So gab es kritische Stimmen, die angesichts dieser Entwicklungen und der damit einhergehenden Dominanz unterhaltender Elemente eine Rückkehr zur 'klassischen Geschichtserzählung' fordern bzw. das Ende jeglicher geschichtserzählender Literatur überhaupt postulieren (vgl. u. a. Ladenthin 1994). Diesen Einwänden wurde entgegengehalten, dass es 'die' klassische Geschichtserzählung nie gegeben habe und es daher im Gegenteil darauf ankäme, das innovative Potential der neuen Gattungsvarianten – und hier vor allem die Verbindung zwischen geschichtserzählender Literatur und Genres der Speculative Fiction – für didaktische Zwecke nutzbar zu machen.

Mittlerweile, gut drei Jahrzehnte nach der letzten Wiederentdeckung historischer Kinder- und Jugendromane, existiert eine Vielfalt didaktischer Konzepte, die der Heterogenität und Modernität des Genres durchaus gerecht wird. Der Grund hierfür liegt nicht zuletzt in der Tatsache begründet, dass heute Konzepte des Umgangs mit Kinder- und Jugendliteratur im Unterricht vorherrschend sind, die nicht mehr auf normativen Gattungsbegriffen beruhen, sondern die literarisches Lernen und Vorstellungsbildung im Medium der Literatur als fächerübergreifende Herausforderung begreifen, die Anschlussfähigkeit von Kinder- und Jugendmedien an Ziele und Inhalte der Sachfächer und damit an den beiläufigen Erwerb von Weltwissen ins Zentrum ihrer Überlegungen stellen (vgl. Abraham/ Kepser 2009, S. 149).

Demgegenüber war (und ist) der zeitgeschichtlichen Kinder- und Jugendliteratur von Beginn an ein sehr viel stärkerer wissensvermittelnder, aufklärerischer Charakter eingeschrieben, der von Seiten der Vermittler bis heute auch explizit eingefordert wird (Glasenapp 1998/99; Kliewer 2002; Kokemüller 2003). Dieser Charakter und diese Forderungen resultieren in hohem Maße aus der Tatsache, dass 'zeitgeschichtliche Kinder- und Jugendliteratur' anders als 'historische

Romane' bereits zu einem sehr frühen Zeitpunkt einen festen Bestandteil des Unterrichts bildete und daher auch vorrangig auf ihre Unterrichtstauglichkeit hin befragt wurde. Erst seit den 1990er Jahren wurde versucht, die Texte auch auf ihre ästhetischen, religionspädagogischen und erinnerungskulturellen Implikationen zu befragen und diese für einen (fächerübergreifenden) Unterricht fruchtbar zu machen. Auch in den Texten selbst tritt mittlerweile der didaktische Charakter weniger offen zutage: Analog zur geschichtserzählenden Literatur ist mittlerweile auch hier eine Dominanz subjektiver Erzählformen festzustellen, die oftmals gekoppelt sind mit einer Darstellung, die nicht mehr 'das Ganze' erzählen will, sondern deren Kennzeichen vielmehr in vielfältigen Ellipsen besteht, die auf einen aktiven, interessierten Leser abzielen, der allerdings bereit (und fähig) sein muss, diese Auslassungen selbst zu füllen. Dennoch wollen bis heute nur wenige Texte auf die paratextuellen Authentizitätsbeteuerungen verzichten und manifestieren dabei zugleich eine deutliche 'Scheu', Verbindungen mit anderen Textsorten als Lebensgeschichten und Adoleszenzromane einzugehen. Zugleich muss aber festgehalten werden, dass genau diese Eigenschaften auch die Erwachsenenliteratur (hier über den Holocaust) kennzeichnen – auch hier hat, anders als in der geschichtserzählenden Literatur, die ansonsten längst außer Kraft gesetzt Übereinstimmung zwischen literarischer Fiktion und historischer Wirklichkeit bis heute oberste Priorität. Wiewohl also zeitgeschichtliche Kinder- und Jugendliteratur bis heute einen festen Platz im Unterricht fast aller Altersstufen und Schulformen hat und auf Grund des identitätsstiftenden Charakters der hier verhandelten Inhalte auf didaktische Implikationen offensichtlich nicht verzichtet werden kann, zeichnen sich die Texte heute ebenfalls sowohl durch eine Offenheit der Erzählformen als auch durch eine deutliche Annäherung an die Erwachsenenliteratur aus.

Literaturverzeichnis

Abraham, Ulf/Kepser, Matthis: Literaturdidaktik Deutsch. Eine Einführung. 3., neu bearb. und erw. Aufl. Berlin: Erich Schmidt 2009 (Grundlagen der Germanistik; 42).

Assmann, Jan: Kollektives Gedächtnis und kulturelle Identität. In: Assmann, Jan/Hölscher, Tonio (Hrsg.): Kultur und Gedächtnis. Frankfurt/M.: Suhrkamp 1988, S. 9–19.

Aust, Hugo: Der historische Roman. Stuttgart: Metzler 1994.

Becher, Ursula A.J.: Zeitgeschichte. In: Bergmann, Klaus [u. a.] (Hrsg.): Handbuch der Geschichtsdidaktik. 3., völlig überarb. und bedeutend erw. Aufl. Düsseldorf: Schwann 1985, S. 197–201.

Betz, Dagmar: Vergegenwärtigte Geschichte. Konstruktionen des Erinnerns an die Shoah in der zeitgenössischen Kinder- und Jugendliteratur. Baltmannsweiler: Schneider 2001.

Burdorf, Dieter (Hrsg.): Metzler-Lexikon Literatur. Begriff und Definitionen. 3., völlig neu bearb. Aufl. Stuttgart, Weimar: Metzler 2007.

Cloer, Ernst (Hrsg.): Das Dritte Reich im Jugendbuch. Fünfzig Jugendbuch-Analysen und ein theoretischer Bezugsrahmen. Braunschweig: Westermann 1983.

Dahrendorf, Malte [u. a.]: Antisemitismus und Holocaust. Ihre Darstellung und Verarbeitung in der deutschen Kinder- und Jugendliteratur. Oldenburg: Bibliothek Universität Oldenburg 1988.

Dahrendorf, Malte: Das zeitgeschichtliche Jugendbuch zum Thema Faschismus/ Nationalsozialismus. Überlegungen zum gesellschaftlichen Stellenwert, zur Eigenart und zur Didaktik. In: Rank, Bernhard/Rosebrock, Cornelia (Hrsg.): Kinderliteratur, literarische Sozialisation und Schule. Weinheim: Juventa 1997, S. 201–226.

Dahrendorf, Malte/ Shavit, Zohar (Hrsg.): Die Darstellung des Dritten Reiches im Kinder- und Jugendbuch. Frankfurt/M.: dipa 1988 (Jugend und Medien; 15).

Eggert, Hartmut: Historischer Roman. In: Fricke, Harald (Hrsg.): Reallexikon der deutschen Literaturwissenschaft. Bd. 2. Berlin [u. a.]: de Gruyter 2000, S. 53–55.

Franz, Kurt/Lange, Günter (Hrsg.): Archäologie, Ur- und Frühgeschichte im Kinder- und Jugendbuch. Baltmannsweiler: Schneider 2003 (Schriftenreihe der Deutschen Akademie für Kinder- und Jugendliteratur; 29).

Fisher, Janet: Historical Fiction. In: Hunt, Peter (Hrsg.): International Companion Encyclopedia of Children's Literature. 2. Aufl., Erster Band. London, New York: Routledge 2004, S. 490–498.

GeschichtsBilder. Historische Jugendbücher aus vier Jahrhunderten. Ausstellung der Staatsbibliothek zu Berlin – Preußischer Kulturbesitz. Katalog: Carola Pohlmann und Rüdiger Steinlein. Wiesbaden: Staatsbibliothek zu Berlin 2000.

Glasenapp, Gabriele von: Ansichten und Kontroversen über Kinder- und Jugendliteratur zum Thema Nationalsozialismus und Holocaust. In: Jahrbuch Kinder- und Jugendliteraturforschung 1998/99, S. 141–181.

Glasenapp, Gabriele: Die Zeitalter werden besichtigt. Zur Inszenierung von Geschichte in der neueren Kinder- und Jugendliteratur. In: Jahrbuch Kinder- und Jugendliteraturforschung 2000/2001, S. 99–115.

Glasenapp, Gabriele von: „Was ist Historie? Mit Historie will man was". Geschichtsdarstellungen in der neueren Kinder- und Jugendliteratur. In: Glasenapp/Wilkending 2005, S. 15–40.

Glasenapp, Gabriele von/Wilkending, Gisela (Hrsg.): Geschichte und Geschichten. Die Kinder- und Jugendliteratur und das kulturelle und politische Gedächtnis. Frankfurt/M. [u. a.]: Lang 2005 (Kinder- und Jugendkultur, -literatur und -medien; 41).

Glasenapp, Gabriele von/Ewers, Hans-Heino (Hrsg.): Kriegs- und Nachkriegskindheiten. Studien zur literarischen Erinnerungskultur für junge Leser. Frankfurt/M. [u. a.]: Lang 2008 (Kinder- und Jugendkultur, -literatur und -medien; 57).

Kaminski, Winfred: Macht und Abenteuer – Einblicke in historisch-abenteuerliche Texte. Die Zeit nach der Währungsreform. In: Doderer, Klaus (Hrsg.): Zwischen Trümmern und Wohlstand. Literatur der Jugend 1945–1960. Weinheim, Basel: Beltz 1988, S. 99–132.

Kilian, Heinke: Von Hexen, Zauberern und magischen Gestalten. Hexenverfolgung in der Jugendliteratur der Gegenwart – ein Thema mit aktuellen Bezügen. Frankfurt/M. [u. a.]: Lang 2010 (Kinder- und Jugendkultur, -literatur und -medien; 63).

Kliewer, Ursula: Wie unterhaltsam darf Jugendliteratur zum Thema Holocaust sein? Didaktische Überlegungen zum ästhetischen Prozess. In: Fundevogel. Kritisches Kinder-Medien-Magazin 19 (2002), H. 144, S. 51–64.

Kokemüller, Birgitt: Jüdische Identität nach der Shoah als Thema in ausgewählten Kinder- und Jugendbüchern. Frankfurt/M. [u. a.]: Lang 2003 (Übergänge. Studien zur Evangelischen und Katholischen Theologie/Religionspädagogik; 4).

Ladenthin, Volker: Abenteuergeschichten vor historischer Kulisse: Kritisch betrachtet. In: Bulletin Jugend und Literatur 25 (1994), H. 6, S. 15–22.

Lamping, Dieter (Hrsg.): Handbuch der literarischen Gattungen. Stuttgart: Kröner 2009.

Lange, Günter: Das geschichtliche Jugendbuch. Überlegungen zu seiner Entwicklung, Funktion und Didaktik. In: Neue Sammlung 28 (1988), H. 1, S. 327–344.

Lange, Günter: Zeitgeschichtliche Kinder- und Jugendliteratur. In: Lange, Günter (Hrsg.): Taschenbuch der Kinder- und Jugendliteratur. Bd. 1. Baltmannsweiler: Schneider 2000, S. 462–494.

Langenhahn, Sandra: Thälmann und Thälmann vor allem. Anmerkungen zur personifizierten Geschichtsvermittlung im Kinder- und Jugendbuch der DDR. In: Havekost, Hermann [u. a.] (Hrsg.): Helden nach Plan? Kinder- und Jugendliteratur der DDR zwischen Wagnis und Zensur. Oldenburg: Bibliothek Universität Oldenburg 1993, S. 137–159.

Müller, Jan-Dirk (Hrsg.): Reallexikon der deutschen Literaturwissenschaft. Bd. 3. Berlin [u. a.]: de Gruyter 2007.

Pleticha, Heinrich: Geschichtliche Kinder- und Jugendliteratur. In: Lange, Günter (Hrsg.): Taschenbuch der Kinder- und Jugendliteratur. Bd. 1. Baltmannsweiler: Schneider 2000, S. 445–461.

Pretzl, Christine: Sprache der Angst. Narrative Darstellung eines psychischen Phänomens in Kinder- und Jugendbüchern zum Holocaust. Frankfurt/M. [u. a.]: Lang 2005 (Regensburger Beiträge zur deutschen Sprach- und Literaturwissenschaft; 91).

Rossi, Melanie: Das Mittelalter in Romanen für Jugendliche. Historische Jugendliteratur und Identitätsbildung. Frankfurt/M. [u. a.]: Lang 2010 (Kinder- und Jugendkultur, -literatur und -medien; 64).

Rutenfranz, Maria: Götter, Helden, Menschen. Rezeption und Adaption antiker Mythologie in der deutschen Kinder- und Jugendliteratur. Frankfurt/M. [u. a.]: Lang 2004 (Kinder- und Jugendkultur, -literatur und -medien; 26).

Scherf, Walter: Die zeitgeschichtliche und politische Jugendliteratur. In: Haas, Gerhard (Hrsg.): Kinder- und Jugendliteratur. Zur Typologie und Funktion einer literarischen Gattung. Stuttgart: Reclam 1974, S. 392–414.

Steinlein, Rüdiger: Die Geschichtserzählung in der Kinder- und Jugendliteratur der SBZ/DDR. Zur Programmatik und literarischen Praxis. In: Glasenapp/Wilkending 2005, S. 73–96.

Strewe, Uta: *Bücher von heute sind morgen Taten* – Geschichtsdarstellung im Kinder- und Jugendbuch der DDR. Frankfurt/M. [u. a.]: Lang 2007 (Kinder- und Jugendkultur, -literatur und -medien; 49).

Weinkauff, Gina: Die Darstellung der Französischen Revolution in der deutschsprachigen Jugendliteratur. In: Beiträge zur Kinder- und Jugendliteratur 1990, H. 95, S. 5–22.

Wermke, Michael: Jugendliteratur und Holocaust. Eine religionspädagogische, gedächtnissoziologische und literaturtheoretische Untersuchung. Göttingen: Vandenhoeck & Ruprecht 1999 (Arbeiten zur Religionspädagogik; 17).

Wilkending, Gisela (Hrsg.): Mädchenliteratur der Kaiserzeit. Zwischen weiblicher Identifizierung und Grenzüberschreitung. In Verbindung mit Silke Kirch, Birte Förster, Gabriele von Glasenapp und Petra Volkmann-Valkysers. Stuttgart: Metzler 2003.

Young, James E.: Beschreiben des Holocaust. Darstellung und Folgen der Interpretation. A. d. Amerik. von Christa Schuenke. Frankfurt/M.: Suhrkamp 1997.

Zimmermann, Holger: Geschichte(n) erzählen. Geschichtliche Kinder- und Jugendliteratur und ihre Didaktik. Frankfurt/M. [u. a.]: Lang 2004 (Kinder- und Jugendkultur, -literatur und -medien; 32).

GERD TAUBE

Kinder- und Jugendtheater der Gegenwart

1 Definition

Der Begriff ‘Kinder- und Jugendtheater’ bezeichnet nicht nur das Theater für Kinder und Jugendliche, sondern auch alle Theaterformen, bei denen Kinder und Jugendliche selbst zu Akteuren werden. Diese doppelte Bedeutung des Begriffs verweist auf die historische Praxis des Kinder- und Jugendtheaters im 20. Jahrhundert als eine Theaterform mit erwachsenen Schauspielern und Kindern und Jugendlichen als Laiendarstellern. Mit der Entstehung eines speziellen Theaters für junge Zuschauer ab den siebziger Jahren im Westen Deutschlands wurde der Begriff professionelles Kinder- und Jugendtheater etabliert, um den besonderen künstlerischen Wert dieser Theaterkunst hervorzuheben und vom Laientheater abzugrenzen. Mit der zunehmenden ästhetischen Ausdifferenzierung des Kinder- und Jugendtheaters als einerseits Theater für Kinder und Jugendliche und andererseits Theater der Kinder und Jugendlichen hat sich im ersten Jahrzehnt des 21. Jahrhunderts ein neuer Begriff für diese Theaterformen etabliert: Junges Theater.[1] Dieser Begriff ist mehr als ein neues Label für das Kinder- und Jugendtheater, denn mit ihm verbindet sich die Programmatik eines gesellschaftlich kritischen Theaters. Die sprichwörtliche Widerständigkeit und Unangepasstheit der Jugend wird damit zur Programmatik des Jungen Theaters, das gewissermaßen ein dialektischer Gegenentwurf zum Kinder- und Jugendtheater in der Tradition des emanzipatorischen Kinder- und Jugendtheaters ist. Das Junge Theater will heute auf der Bühne Alternativen zu den Konventionen und Anforderungen der Gesellschaft zeigen und in der eigenen und der künstlerischen Arbeit mit Kindern und Jugendlichen solche Alternativen auch leben.

2 Geschichte

Das Kinder- und Jugendtheater in seiner heutigen Gestalt hat sich nach dem Ende des Zweiten Weltkriegs im Osten und Westen Deutschlands aufgrund verschiedener gesellschaftlicher Grundlagen unterschiedlich entwickelt. Die Gründungsphase eigenständiger Kinder- und Jugendtheater, die in der Folge auch einen eigenen Spielplan und eine spezielle Ästhetik ausgeprägt haben, begann

[1] Allerdings wies Ingrid Hentschel schon 1996 darauf hin, dass Kinder- und Jugendtheater „sich jetzt ‘Junge Theater’ nennen“ (Hentschel 1996, S. 42). Der Trend zu diesem neuen Begriff begann also schon Mitte der neunziger Jahre.

im Osten Deutschlands bereits kurz nach dem Zweiten Weltkrieg. Im Westen gab es nach dem Zweiten Weltkrieg und in den fünfziger und sechziger Jahren einige Bemühungen um ein Theater der Jugend, das als Märchen- und Literaturtheater weitestgehend den Konventionen des bürgerlichen Theaters folgte. Erst Ende der Sechziger begann sich das emanzipatorische Kindertheater zu entwickeln, auf dessen Wirken in den siebziger Jahren die große Gründungswelle von Kinder- und Jugendtheater-Sparten an Stadt- und Landestheatern der Bundesrepublik in den achtziger Jahren zurückzuführen ist. Zu der Zeit hatte sich in der DDR das Kinder- und Jugendtheater zu einer Theaterform entwickelt, die an allen Theatern der Republik gepflegt wurde. Mit der deutschen Vereinigung und dem Aufeinandertreffen der unterschiedlich gewachsenen Theaterauffassungen sind viele Gemeinsamkeiten des Kinder- und Jugendtheaters in Ost und West deutlich geworden und an den unterschiedlichen Auffassungen haben sich produktive künstlerische Auseinandersetzungen entzündet, die dazu beigetragen haben, das Kinder- und Jugendtheater in den beiden Jahrzehnten der deutschen Einheit grundlegend zu verändern.

2.1 Die Entwicklung des Kinder- und Jugendtheaters im Osten Deutschlands bis 1990

2.1.1 Die fünfziger und sechziger Jahre

Bereits anderthalb Jahre nach der bedingungslosen Kapitulation Deutschlands hatte der Rat der Stadt Leipzig mit Unterstützung der sowjetischen Militäradministration im November 1946 das Theater der jungen Welt eingerichtet, das mit einer Bühnenadaption von Erich Kästners *Emil und die Detektive* eröffnet wurde und heute als das älteste deutsche Kinder- und Jugendtheater gilt. Im Oktober 1950 folgte die Eröffnung des Theaters der jungen Generation in Dresden. Im selben Jahr hatte die Volkskammer der DDR im *Gesetz zur Förderung der Jugend* festgelegt, dass in Berlin ein zentrales Kindertheater zu schaffen sei, das für die gesamte Republik vorbildhaft sein sollte. Der 1948 aus dem sowjetischen Exil zurückgekehrte Schauspieler und Regisseur Hans Rodenberg wurde als Gründungsintendant mit dem Aufbau und der Leitung des Theaters der Freundschaft beauftragt, das im November 1950 mit Gustav von Wangenheims Zeitstück *Du bist der Richtige* im Berliner Bezirk Lichtenberg eröffnet wurde. Weil es sich künstlerisch mit Themen der Zeit auseinandersetzte und den gesellschaftlichen Auftrag übernommen hatte, dem Publikum den Platz zeigen, „an dem es aktiv an den revolutionären Veränderungen der Gesellschaft mitwirken konnte“ (Hoffmann 1972, S. 81), war das Kinder- und Jugendtheater in der DDR gesellschaftlich hoch angesehen. Es war nicht nur künstlerischer Teil des staatlichen Bildungs- und Erziehungssystems, sondern auch eine gleichberechtigte Sparte im Theatersystem der DDR. Wie das Berliner Theater der Freundschaft wurden auch die anderen Kinder- und Jugendtheater in Leipzig, Dresden, Halle und Magdeburg nach sowjetischem Vorbild als Stadttheaterbetriebe mit personalintensiver Arbeitsteilung betrieben. Die Stadttheater und Landesbühnen waren ebenfalls verpflichtet, Aufführungen für das junge Publikum anzubieten. Das künstlerische Profil der Theaterkunst für junge Zuschauer bestimmten jedoch die großen eigenständigen Kinder- und Jugendtheater.

2.1.2 Die siebziger Jahre

Die Theaterarbeit für junge Zuschauer in der DDR entwickelte sich zu einer eigenständigen Theaterform mit hohem künstlerischem und pädagogischem Anspruch. Der junge Zuschauer war der wichtigste Bezugspunkt für diese Theaterkunst und galt dem Theater nicht als Objekt der Erziehung, sondern sollte im gemeinsamen Prozess der Aufführung aktiv und damit als Subjekt souverän werden. (Vgl. Hoffmann 2006) Und folglich wurde der souveräne Zuschauer im Theater zunehmend auch mit einem künstlerischen Blick auf die gesellschaftliche Wirklichkeit konfrontiert, der die gültigen Prinzipien des sozialistischen Realismus unterlief. Das Kinder- und Jugendtheater legte das Menschenbild der allseits entwickelten sozialistischen Persönlichkeit neu aus, das sich angesichts autoritärer Strukturen des real existierenden Sozialismus in der Wirklichkeit kaum entfalten konnte. Die Künstler begriffen das Theater im Sinne des Philosophen Wolfgang Heise als „Laboratorium sozialer Phantasie“ und als ein Organ zur Entdeckung der eigenen Möglichkeiten. Märchen, Fabeln und Mythen, historische Stoffe und Gegenwartsstücke sollten den jungen Zuschauern Gelegenheit geben, „das Menschenmögliche in der Dimension der Menschheitsgeschichte für sich“ durchzuspielen. (Hoffmann 2006, S. 134) Ein künstlerischer Protagonist dieses kritischen Kindertheaters war der Autor und Regisseur Horst Hawemann. Er entwickelte unter anderem als Oberspielleiter am Theater der Freundschaft (1966–1973) seinen Entwurf eines auf Wahrheit und Partnerschaft mit dem Zuschauer gründenden Theaters für junge Zuschauer. Und mit der Uraufführung von Ulrich Plenzdorfs *Die neuen Leiden des jungen W.* in Halle an der Saale hatte Hawemann 1972 ein Stück inszeniert, das bereits vor seiner Uraufführung wegen der Betonung der Selbstverwirklichung des Individuums in einer auf Kollektivität gründenden Gesellschaft stark umstritten war.

2.1.3 Die achtziger Jahre

In den achtziger Jahren verstand sich das Kinder- und Jugendtheaters in der DDR zunehmend nicht mehr als Teil des staatlichen Bildungs- und Erziehungssystems, sondern als künstlerischer Partner von Volksbildung und Schule. Ein Konzeptionspapier des Theaters der jungen Generation Dresden brachte 1989 die neue Haltung zum Publikum als gleichberechtigtem Partner der Theaterkünstler auf die Formel „Beziehung statt Erziehung“ (Fischer et al. 2008,

S. 177). Dieser Paradigmenwechsel äußerte sich auch im Spielplan und den Stücken, die dem Publikum kritische Wahrheiten über die Wirklichkeit nicht vorenthielten. 1982 hat der Autor Albert Wendt das Stück *Der Sauwetterwind* geschrieben, in dem der Junge Hermann von seinen Mitschülern und seiner Lehrerin gekränkt wird und der Tod, den er sich im Moment der größten Scham herbeiwünscht, ihm den Mantel des Schweigens umlegt. War es bei Wangenheims *Du bist der Richtige* von 1950 noch das Individuum, das sich ändern musste, um im Kollektiv Anerkennung zu finden, verweist Wendts Stück darauf, dass auch das Kollektiv eine Verantwortung gegenüber dem Einzelnen hat. In seinem Stück *Der Vogelkopp* von 1985 erzählt Albert Wendt die Parabel über das Verhältnis des kindlich-naiven Holzfällers Vogelkopp zur staatlichen Macht. Eine ähnliche Geschichte über die naive Weltsicht eines Kindes und seine Konfrontation mit der Autorität seines königlichen Vaters erzählt der schwedische Autor Torsten Letser in seinem Stück *Der kleine Prinz von Dänemark,* das 1986 am Theater der jungen Generation Dresden zum ersten Mal in der DDR inszeniert wurde, womit die schrittweise Aneignung von Stücken aus Westeuropa begann.

2.2 Die Entwicklung des Kinder- und Jugendtheaters im Westen Deutschlands bis 1990

2.2.1 Die fünfziger und sechziger Jahre

In den Jahren nach Ende des Zweiten Weltkriegs spielten die Theater in den westlichen Besatzungszonen für Kinder vor allem Märchenstücke und Bühnenfassungen von Kinderbüchern wie Erich Kästners *Emil und die Detektive* oder Mark Twains *Tom Sawyers Abenteuer.* 1949 begann mit der Gründung des Theaters der Jugend an den Städtischen Bühnen Nürnberg/Fürth unter der Leitung von Hanswalter Gossmann die Institutionalisierung des Kinder- und Jugendtheaters in der im gleichen Jahr gegründeten Bundesrepublik Deutschland. Theater der Jugend wurde zu einem Synonym für ein kulturkritisches Kinder- und Jugendtheater, das als moralische Anstalt mit „wertvoller Unterhaltung" den Kampf gegen Kitsch, Schund und Schmutz führte, um sein Publikum zu guten, gerechten und vernünftigen Menschen zu erziehen. 1953 gründete der Schauspieler und Tänzer Sigfrid Jobst die Münchner Märchenbühne, die seit 1958 Theater der Jugend heißt und heute das größte kommunale Kinder- und Jugendtheater im Westen Deutschlands ist. Weitere Spezialtheater für Kinder und Jugendliche entstanden 1953 mit dem Kinder- und Jugendtheater an den Städtischen Bühnen Dortmund oder 1960 mit den Berliner Kammerspielen. Wie die Einrichtung einer speziellen Besucherorganisation für Schüler in Westberlin (1949) oder die Aufnahme von Theaterbesuchen in den bayerischen Bildungsplan (1951) zeigen, ist die symbiotische Verbindung von Theater und Schule Ausdruck des gesellschaftlichen Verständnisses für das Kinder- und Jugendtheater in der alten Bundesrepublik bis zum Ende der sechziger Jahre. Das Theater versuchte seinen pädagogischen Auftrag mit Kinder- und Jugendbuchadaptionen und hausbackenen Märchendramatisierungen zu erfüllen, und predigte in seinen Stücken ein Leben in Genügsamkeit und moralischer Sauberkeit. Die jungen Zuschauer, die so zu guten Bürgern erzogen werden sollten, mussten dieses Theater per se als Lehranstalt empfinden, zumal mit dem Theaterbesuch auch ein angemessenes gesellschaftliches Benehmen eingeübt werden sollte.

2.2.2 Die siebziger Jahre

Mit Protesten der Studenten gegen die autoritären Strukturen des deutschen Bildungssystems war Ende der sechziger Jahre eine gesellschaftliche Debatte über die repressive Pädagogik des deutschen Bildungssystems ausgelöst worden. Um die als autoritär empfundene Gesellschaft zu verändern, musste die Erziehung der Kinder verändert werden. Das antiautoritäre Kindertheater vollzog in seiner künstlerischen Praxis den grundlegenden Paradigmenwechsel zu einem radikal neuen Kindertheater, das seit den siebziger Jahren allgemein als emanzipatorisches Kindertheater bezeichnet wird. Protagonisten dieser Bewegung waren die Künstlerinnen und Künstler des Westberliner GRIPS Theaters, das 1972 aus dem Theater für Kinder im Reichskabarett entstanden war. Künstlerischer Kopf und wichtigster Autor des Theaters, das auf der Grundlage der Prinzipien kollektiver Selbstbestimmung arbeitete, war Volker Ludwig. Seine Stücke, die er oft mit Kollegen aus dem Ensemble schrieb, stellten selbstbewusste und selbständige Kinderfiguren in den Mittelpunkt, die ihre eigenen Interessen und Ansprüche mit Schlagfertigkeit, Witz und List durchzusetzen versuchen. Das emanzipatorische Kindertheater war dem politischen Kabarett und dem epischen Theater Bertolt Brechts verpflichtet und näherte sich der sozialen Realität seiner Zuschauer mit einer für das bundesdeutsche Theater bis dahin ungewohnten, realistischen Spielweise an. Die jungen Zuschauer sollten ihre Lebenswirklichkeit auf der Bühne wiedererkennen und ihre konkrete Lebenssituation als veränderbar begreifen. Neben dem GRIPS Theater werden das Westberliner Birne Theater, Hoffmanns Comic Theater und das Theater Rote Grütze zum emanzipatorischen Kindertheater gerechnet. Paul Maars clowneskes Kinderstück *Kikerikiste* von 1972 und Friedrich K. Waechters *Schule mit Clowns* von 1975 entwickelten eine neue Spielart des emanzipatorischen Kindertheaters und setzten dem sozialkritischen Realismus die Anarchie einer verkehrten Bühnenwelt mit clownesken Kunstfiguren entgegen. Ebenfalls 1975 entstand mit *Das hältste ja im Kopf nicht aus* von Volker Ludwig und Detlef Michel das erste emanzipatorische Jugendstück. Die Rezeption der Stücke und der Spielweise des GRIPS Theaters veränderte in den siebziger Jahren die Ästhetik des Kinder- und Jugendtheaters in der Bundesrepublik grundlegend.

2.2.3 Die achtziger Jahre

Angeregt durch den Erfolg des emanzipatorischen Kinder- und Jugendtheaters erlebte das Kinder- und Jugendtheater in der Bundesrepublik in den achtziger Jahren eine wahre Gründungswelle. An Stadt- und Landestheatern entstanden zunehmend vierte Sparten für Kinder- und Jugendtheater, neben dem Schauspiel, der Oper und dem Ballett. Begleitet wurde diese Entwicklung von einer heftigen ästhetischen Auseinandersetzung um die augenscheinliche Didaktik des emanzipatorischen Kinder- und Jugendtheaters. Dem auf möglichst eindeutige Interpretation durch die Zuschauer zielenden sozial engagierten Realismus setzte das poetische Kindertheater ein neues, auf Theatralität und szenischer Poesie basierendes Theater entgegen, das auf die ästhetische Vieldeutigkeit als die bildende Wirkung der Theaterkunst vertraut.

Theoretisch war der künstlerische Anspruch des neuen poetischen Kindertheaters formuliert. Praktisch wurden Stücke und Spielweisen aber vor allem durch Gastspiele von Kinder- und Jugendtheatern aus Westeuropa bei den ersten großen internationalen Festivals des Kinder- und Jugendtheaters Schauspiele in München (1985, 1986 und 1988) inspiriert. Die eigentümliche poetische Wirkung der Aufführungen, für die sich die deutschen Kollegen besonders interessierten, gründete auf der künstlerischen Arbeitsweise der ausländischen Theater. Die szenische Improvisation hatte es jedoch schwer, im Stadttheaterbetrieb des deutschen Kinder- und Jugendtheaters Fuß zu fassen. Deshalb forderte der Theaterkritiker Manfred Jahnke 1988, dass sich die Inspiration nicht in der Übernahme von Texten erschöpfen dürfe, sondern auch die künstlerische Arbeitsweise reflektiert werden und eigene Produktions- und Spielweisen entwickelt werden müssten (Jahnke 1988). Viele Inszenierungen und Texte aus dem Ausland haben in den achtziger Jahren das Kinder- und Jugendtheater in der Bundesrepublik verändert. Der poetische Gegenentwurf zum emanzipatorischen Kinder- und Jugendtheater änderte aber nur wenig daran, dass das Kinder- und Jugendtheater gesellschaftlich noch immer vor allem als pädagogische Institution anerkannt war. Das Streben nach seiner Anerkennung als Kunst war auch Ende der achtziger Jahre die wichtigste gesellschaftliche Herausforderung für das bundesdeutsche Kinder- und Jugendtheater.

2.3 Die Entwicklung des Kinder- und Jugendtheaters im vereinigten Deutschland seit 1990

2.3.1 Die neunziger Jahre

Seit der deutschen Vereinigung hat sich das Kinder- und Jugendtheater in Deutschland als eine Kunstform etabliert. Die neunziger Jahre waren vor allem vom deutsch-deutschen Annäherungsprozess zweier unterschiedlich gewachsener Landschaften des Kinder- und Jugendtheaters geprägt. In vielen größeren Städten entstanden Kinder- und Jugendtheater, meist als vierte Sparten an Stadt- und Landestheatern. Neben einer vielfältigen freien Szene des Kinder- und Jugendtheaters, die inzwischen zu den Grundpfeilern des Theatersystems für junge Zuschauer in Deutschland gehört, sind auch hybride Strukturen entstanden, wie beispielsweise mit dem Jungen Ensemble Stuttgart, das als kommunales Kinder- und Jugendtheater in freier Trägerschaft die Vorzüge eines Stadttheaterbetriebes mit der Arbeitsweise eines freien Theaters verbindet. Seit Mitte der neunziger Jahre hat sich auch eine eigenständige Dramatik für junge Zuschauer etabliert. Wesentliche Grundlage und Motor dafür war die Autorenförderung des 1989 auf Initiative der bundesdeutschen ASSITEJ gegründeten Kinder- und Jugendtheaterzentrums in der Bundesrepublik Deutschland. Das Kinder- und Jugendtheater setzte sich zunehmend differenzierter und reflektierter mit den Texten ausländischer Dramatiker auseinander. Schreibwerkstätten mit renommierten Autoren aus dem Ausland und szenische Workshops mit Regisseuren aus europäischen Nachbarländern sorgten dafür, dass sich das deutsche Kinder- und Jugendtheater mit den Texten nun auch den Spiel- und Arbeitsweisen der Kollegen im Ausland näherte und sie sich zu eigen machte. Die Assoziationskraft des Kindertheaters beruhte nicht mehr nur auf der poetischen Mehrdeutigkeit der Texte und der szenischen Arrangements, sondern wurde durch körpersprachliche und tänzerische Elemente, durch die Ausdruckskraft von Dingen und Objekten und von zunehmender szenischer Bildhaftigkeit gestärkt. Das veränderte auch das Selbstverständnis des Kinder- und Jugendtheaters, das in erster Linie Theater und erst in zweiter Linie Anwalt eines speziellen Publikums sein wollte.

Im Jugendtheater prägten in den neunziger Jahren Themenstücke die Spielpläne, die unabhängig von ihrer konkreten dramatischen und szenischen Erscheinungsweise in der Tradition des sozial eingreifenden, emanzipatorischen Jugendtheaters standen. In der gesellschaftlichen Diskussion bereits formulierte Probleme rund um das Alltagsleben der Jugendlichen, wie Drogen, Gewalt, Sexualität, psychische Störungen und Bindungslosigkeit, wurden auf der Bühne als Defizite der jungen Protagonisten thematisiert. Klassiker der Dramenliteratur gehörten schon immer zum Repertoire eines Theaters für die Jugend, um der jungen Generation diesen Teil des kulturellen Erbes nahe zu bringen, aber auch um den jungen Zuschauern von heute die noch immer gültigen alten Geschichten zu erzählen. In den neunziger Jahren war eine Adaption von Shakespeares *Ein Sommernachtstraum* beispielgebend für den neuen Umgang mit den alten Stücken. Unter dem Titel *Rose, Regen, Schwert und Wunde* rückte der schweizerische Regisseur und Autor Beat Fäh die beiden Athener Liebespaare in den szenischen Fokus und schuf mit seiner Adaption des Klassikers eine sehr heutige Geschichte um den Wahnsinn der Liebe und die Verirrungen der Geschlechter.

2.3.2 Das erste Jahrzehnt des 21. Jahrhunderts

Seit Mitte der neunziger Jahre spielen auch die deutschen Stadttheater nicht nur zum Jahreswechsel für junge Zuschauer. Damit ist die Landschaft des Theaters für junge Zuschauer in Deutschland am Ende des ersten Jahrzehnts im neuen Jahrhundert in ihren Organisationsformen und Fördermodellen ebenso reichhaltig und vielseitig wie ihre künstlerischen Angebote. Es gibt fünf große und eigenständige Theater für das junge Publikum in Berlin, Dresden, Leipzig, Halle und München. An etwa 50 deutschen Stadttheatern existiert neben den klassischen Sparten (Musiktheater, Schauspiel, Ballett) eine vierte Sparte für Kinder- und Jugendtheater. Den größten Anteil an den Produktionen für Kinder und Jugendliche in Deutschland haben aber noch immer die Freien Theater. An fast allen Theatern in Deutschland gibt es darüber hinaus inzwischen Theaterpädagogen oder eine theaterpädagogische Abteilung. Theaterkunst für Kinder und Jugendliche hat sich somit als integraler Bestandteil der Theaterarbeit in Deutschland etabliert, und das Theater für junge Zuschauer ist ein anerkannter Teil der Theaterkultur in Deutschland geworden.

Die Tendenz der künstlerischen Perspektiverweiterung beim Blick auf die immer komplexer werdende Wirklichkeit, die bereits in den neunziger Jahren zu beobachten war, hat sich auch im 21. Jahrhundert fortgesetzt. Das Kinder- und Jugendtheater ist in seinen Inszenierungen bestrebt, dem jungen Publikum auch die Welten jenseits des eigenen Lebenshorizonts zu zeigen. Theater für Kinder und Jugendliche ist in Deutschland zwar noch immer überwiegend Schauspieltheater, doch es ist für vielfältige künstlerische Einflüsse des zeitgenössischen Theaters durchlässiger und dadurch lebendiger geworden. Seit der Mitte des ersten Jahrzehnts in diesem Jahrhundert gibt es Inszenierungen für Kinder unter drei Jahren. Das „Theater von Anfang an" in Deutschland wird durch Einflüsse aus Frankreich und Italien geprägt und ist dabei, eine eigene künstlerische Identität zu finden. Im Tanztheater für junge Zuschauer und vor allem in Tanzprojekten für junge Menschen kommt die Bedeutung der Körperlichkeit für die Identitätsfindungsprozesse der jungen Menschen zu künstlerischem Ausdruck. Die eher konservative Sparte Musiktheater wendet sich seit einigen Jahren ebenfalls verstärkt dem jungen Publikum zu. In Inszenierungen des zeitgenössischen Kinder- und Jugendtheaters finden sich immer häufiger Konzepte der aktiven Beteiligung der Zuschauer am szenischen Ereignis. Und die seit Jahrzehnten in Deutschland immer wieder postulierte Trennung zwischen dem professionellen Theater für Kinder und Jugendliche und dem Theater mit jugendlichen Laien wird immer mehr aufgehoben. Die Jugendlichen selbst werden als souveräne Experten ihrer Lebenswelt in den Aufführungen des professionellen Theaters im Zusammenspiel mit Schauspielern oder in eigenen Inszenierungen zu Akteuren.

3 Typologie

Eine typologische Beschreibung des gegenwärtigen Kinder- und Jugendtheaters muss zwischen drei Grundprinzipien unterscheiden, die drei unterschiedlichen Ausprägungen des Kinder- und Jugendtheaters zugrunde liegen. Diese drei Phänomene können in der Praxis kaum noch trennscharf von einander unterschieden werden, da die gegenseitigen Einflüsse zunehmen. Zu beschreiben wären also die Prinzipien Theater für Kinder und Jugendliche, Theater der Kinder und Jugendlichen und Theaterpädagogik.

3.1 Theater für Kinder und Jugendliche – Theaterkunst für junge Zuschauer

Berufsmäßige Theaterkünstler (Regisseure, Dramaturgen, Schauspieler, Puppenspieler, Tänzer, Sänger, Musiker etc.) produzieren intentional Inszenierungen für junge Zuschauer und zeigen ihre Aufführungen in speziellen Vorstellungen für Schulklassen und im freien Verkauf für Familien. Die Kinder und Jugendlichen werden vor allem als Rezipienten angesprochen. Das Kindertheater zeigt Aufführungen für Kinder von 0 bis 12 Jahren. Das Jugendtheater wendet sich an ein Publikum über 13 Jahren mit nach oben offener Altersgrenze. Theaterkunst für junge Zuschauer findet in speziellen Theaterräumen, aber auch als mobile Theaterform in Kultur- und Freizeitzentren, Schulen und Kindertagesstätten und an anderen Orten im öffentlichen Raum statt. Diese Theaterkunst ist in ihren Ausdruckformen vielfältig, doch noch immer im wesentlichen Schauspiel- und Literaturtheater. Es existiert eine spezifische dramatische Literatur für Kinder und Jugendliche, die mit Stücken deutscher Autoren und mit Übersetzungen ausländischer Stücke stetig entwickelt und erweitert wird.

3.2 Theater der Kinder und Jugendlichen – Schultheater und außerschulisches Theater

Kinder und Jugendliche erarbeiten angeleitet von Spielleitern eigene Inszenierungen, sie stehen als Akteure auf der Bühne und sind in der Regel auch an allen anderen Prozessen zur Erarbeitung und Präsentation einer Inszenierung beteiligt. Im schulischen Kontext entstehen die Aufführungen als Ergebnisse im Fach Darstellendes Spiel (bzw. Theater)[2] oder in speziellen schulischen Theatergruppen, im Regefall angeleitet durch einen Fachlehrer für Darstellendes Spiel (Theaterlehrer), der die pädagogische und künstlerische Verantwortung trägt.

[2] Die Fachorganisation des Schultheaters in Deutschland, der langjährige Bundesverband Darstellendes Spiel in der Schule hat sich 2008 in Bundesverband Theater und Schule umbenannt und signalisiert damit die Tendenz zu einem Fach Theater, das in seiner Praxis in der Bezeichnung nicht mehr ausschließlich auf den spielerischen Darstellungsvorgang, sondern die Komplexität der Theaterkunst verweist.

Im außerschulischen Kontext spielen Kinder und Jugendliche in Kinder- bzw. Jugendspielclubs an Theatern. Zunehmend werden dazu die theaterpädagogischen Abteilungen der Kinder- und Jugendtheater zu Theaterschulen (Theaterschule Junge Akteure am Moks-Theater in Bremen) bzw. Theaterakademien (Theaterakademie am Theater Junge Generation in Dresden) profiliert, die neben einem aufbauenden Kursprogramm auch Inszenierungen erarbeiten und präsentieren. An Stadttheatern werden solche Spielclubs für junge Menschen ebenfalls angeboten. Oftmals werden die Inszenierungen der jungen Darsteller im Abendspielplan gezeigt. Gleichfalls dem außerschulischen Bereich zuzuordnen, sind die Möglichkeiten zum Theaterspielen an Theaterpädagogischen Zentren oder in einem Amateurtheaterverein. Die Ausdrucksformen sind ebenso vielfältig wie im Theater für Kinder und Jugendliche. Gegenüber einem eher konventionellen Verständnis eines bürgerlichen Literaturtheaters hat sich ein zeitgenössisches spielerisches Theater durchgesetzt, das auf der Methode der Improvisation beruht. Damit hat das Theater der Kinder und Jugendlichen eigene künstlerischer Ausdrucksformen ausgeprägt und wird formal und inhaltlich vor allem dadurch bestimmt, was die Jugendliche selbst interessiert und was sie mit den Mitteln des Theaterspielens von sich und der Welt erzählen wollen.

3.3 Theaterpädagogik – Spiel als Kunst und die Kunst der Vermittlung

Theaterpädagogik bewegt sich in ihrer anleitenden Funktion im Spannungsfeld von kreativer Kunstproduktion und Kompetenzvermittlung, während sich die vermittelnde Funktion der Theaterpädagogik auf das Kunstwerk Theateraufführung und seine Rezeption bezieht. Theaterpädagogik macht also die vielfältigen Formen, Ausdrucks- und Wirkungsweisen des Theaters für soziale und künstlerische Bildungsprozesse nutzbar. Daher steht der spielende Mensch im Mittelpunkt der Theaterpädagogik: Sei es der Jugendliche, der im Theaterspielclub gemeinsam mit anderen auf der Bühne steht, oder seien es die jungen Zuschauer, mit denen Theaterpädagogen zu einem bestimmten Thema improvisieren, um solchermaßen einen Theaterbesuch vor- oder nachzubereiten. Damit hat das Kinder- und Jugendtheater umfassende theaterpädagogische Kompetenz für die Vermittlung der Theaterkunst entwickelt. In der theaterpädagogischen Begleitung einer Aufführung werden Kenntnisse für die Wahrnehmung und Reflexion des Theaters vermittelt und Interesse für das Theater geweckt. Die Rezeption der Theateraufführung wird nicht als rein passives Aufnehmen von Inhalten, sondern als die aktive und spielerische Auseinandersetzung des Zuschauers mit dem Gesehenen begriffen. Zudem versteht sich die Theaterpädagogik zunehmend als eine Vermittlungskunst mit performativem Charakter. Mit spielerischen und performativen Mitteln werden Themen der Kinder und Jugendlichen szenisch bearbeitet und wird das Theater als ein experimenteller Raum für die jugendlichen Experten ihrer Lebenswirklichkeit begriffen.

4 Merkmale und Strukturen

4.1 Dramaturgie des Publikums

Der Literaturwissenschaftler Manfred Pfister verweist auf eine Eigenart der theatralischen Kommunikation im Vergleich zur literarischen. Infolge der leiblichen Kopräsenz von Darstellern und Zuschauern während der Theatervorstellung wirken die Reaktionen des Publikums auf die Aufführung und damit auf das Kunstwerk zurück (Pfister 1994, S. 65). Damit ist das Wechselspiel von Darstellern und Zuschauern beschrieben, wie es die Theaterwissenschaftlerin Geesche Wartemann (2009) nennt. Diese kommunikative Rückkoppelung ist jedoch keine symmetrische Zwei-Wege-Kommunikation wie beim Gespräch mit einem Gegenüber, sondern es liegt eine „institutionelle Asymmetrie“ (Pfister 1994, S. 65) der theatralen Interaktion vor. Dieser Asymmetrie wirken im Kinder- und Jugendtheater die entwicklungspsychologischen Dispositionen des Publikums und seine fehlende Konditionierung für die Konventionen des Theaters entgegen, gleichzeitig wird sie jedoch durch das Generationsgefälle zwischen den Interaktionspartnern verschärft. Und diese unvermeidliche Generationsdifferenz wird umso größer, je jünger die Zuschauer sind. Daher wäre auch von einer doppelten Asymmetrie der theatralen Kommunikation im Kinder- und Jugendtheater zu sprechen.

Wie Bühne und Publikum aufeinander eingehen, hat der Literaturwissenschaftler Volker Klotz mit seiner Konzeption einer Dramaturgie des Publikums anhand von Beispielen aus der modernen Dramenliteratur beschrieben (Klotz 1976). Begriff und Konzept der Dramaturgie des Publikums sind indessen auch geeignet dazu, das vom modernen Kinder- und Jugendtheater von Anbeginn reflektierte Verhältnis von Theater und Publikum als strukturelle Eigenart seiner Dramaturgie zu beschreiben und daraus Rückschlüsse für seine dramatischen Bauformen und szenischen Spielweisen zu ziehen.

Die Dramaturgie aus der Perspektive des Publikums zielt auf den schöpferischen Rezeptionsvorgang im Theater. Für das Gelingen des Wechselspiels von szenischem Ereignis und geistig-emotionaler Tätigkeit des Publikums nennt Volker Klotz zwei wesentliche Voraussetzungen. Die Dramaturgie des Publikums muss sich weitestgehend an den Erfahrungen des Publikums orientieren und stützt sich auf Übereinkünfte mit dem Publikum, die für das Kinder- und Jugendtheater auch als Spielvereinbarungen bezeichnet werden können.

Das Wechselspiel von Darstellern und Zuschauern realisiert sich nach der Überzeugung des Regisseurs und Theaterlehrers Horst Hawemann nicht ausschließlich durch die bloße Beteiligung des Zuschauers, sondern auch dadurch, dass es den Darstellern gelingt, ihrerseits zu Zuschauern zu werden. Er fordert vom Schauspieler im Kinder- und Jugendtheater, seine Aufmerksamkeit zum

Zuschauer zu öffnen, um zu „bemerken, spüren, empfinden, was ihm von da unten zugespielt wird.“ (Hawemann 2006, S. 4–10)

Die Dramaturgie des Publikums ist aber nicht nur eine Dramaturgie der szenischen Ereignisse, denn auch wenn im Kinder- und Jugendtheater zunehmend postdramatische Spielweisen zu finden sind, bestimmen bereits die dramaturgischen Bauformen der den Aufführungen zugrunde liegenden Stücke die Bedingungen für das gelingende Wechselspiel von Theater und Publikum und sind daher als Bestandteil einer Dramaturgie des Publikums für das Kinder- und Jugendtheater zu begreifen.

4.2 Dramaturgie der Texte – Bauformen und Spielweisen

Im Textkorpus der dramatischen Literatur für das Kinder- und Jugendtheater finden sich eine Reihe von wiederkehrenden Bauformen und Gestaltungsprinzipien dramatischer und anderer Theatertexte. Diese Bauformen stehen in Korrespondenz mit Inhalten und Wirkungskonzepten des Kinder- und Jugendtheaters, und es existiert ein Zusammenhang zwischen der spezifischen Struktur und Bauform, d. h. der Dramaturgie eines Theatertextes und einer möglichen Wirkungsabsicht des Textes im Hinblick auf seine szenische Realisierung im Wechselspiel von Theater und Publikum in der Aufführung.

4.2.1 Dramatische Bauformen

Das Wirkungsprinzip aller den dramaturgischen Gesetzen des geschlossenen Dramas folgenden Bauformen basiert im Wesentlichen auf der Technik der dramatischen Spannung, die den Zuschauer während der Aufführung in emotionaler Erwartung und Neugier hält. Im Kinder- und Jugendtheater sind es oft Stücke mit Alltagsthemen oder historischen Stoffen, aber auch Märchendramen, bei denen das Spannungsmoment Grundlage des Wirkungskonzepts ist. Die dramatische Bauform hat aber auch das größte Potential für die Mimesis als schöpferische Nachbildung und Vergegenwärtigung von Wirklichkeit. Während in der zeitgenössischen Dramatik für Kinder und Jugendliche reine dramatische Bauformen nur noch eine untergeordnete Rolle spielen, ist die Technik der dramatischen Spannung dennoch ein wesentliches wirkungsästhetisches Element dieser Dramatik.

4.2.2 Episodische Strukturen – Stationendrama und Traumspiel

Das episodische Stationendrama wird nicht durch eine einheitliche Handlung, sondern durch die Reise eines Helden konstituiert. Diese Form der subjektiven Dramatik liegt vielen Stücken des Kinder- und Jugendtheaters zugrunde. Ihr dramaturgischer und szenischer Fokus ist auf die handelnden Subjekte und ihre Wandlung durch die Erfahrungen auf den Stationen ihrer realen, inneren oder auch symbolischen Reise (Traumreise) gerichtet. Die epische Grundstruktur des Traumspiels und des Stationendramas ermöglicht die reflektierende Perspektive des Helden und erscheint im Hinblick auf eine Dramaturgie des Publikums vor allem wegen dieser subjektiven Perspektive der Helden und ihrer reflektierten Suchbewegungen und Wandlungen für das Kinder- und Jugendtheater als besonders geeignet.

4.2.3 Dramaturgische Eigenarten des Märchendramas

Das Märchendrama für Kinder ist eine hybride Bauform, in der Wirkungsprinzipien des Dramas mit der Reise des Helden als Eigenart des Stationendramas kombiniert werden. Die Handlung des Märchens als epische Form ist einsträngig und reiht geradlinig die Erlebnisse des Helden aneinander. Dieser subjektiven Perspektive des Helden im Märchen entspricht die Stationentechnik als Wirkungsprinzip des Märchendramas. Die Suchbewegung des Helden ist nicht wie in der subjektiven Dramaturgie auf sein Selbst gerichtet, sondern auf die Lösung konkreter Aufgaben, um im archaischen Kampf des Guten gegen das Böse zu siegen. Ein weiteres Wirkungsprinzip des Märchendramas ist die Technik der dramatischen Spannung, die die Lösung des Konflikts von Gut und Böse vorantreibt.

4.2.4 Epische Formen des Theatertextes – Erzähltheater

Der hohe Anteil epischer Formen am gegenwärtigen Repertoire des Kinder- und Jugendtheaters in Deutschland deutet darauf hin, dass die Wirkungsprinzipien dieser Theatertexte für eine den Rezipienten aktivierende Dramaturgie des Publikums besonders ergiebig zu sein scheinen. Mit dem Erzähltheater ist eine epische Theaterform entstanden, die sich in Textgestalt, Strukturen und szenischer Wirkungsweise grundlegend von dramatischen Formen unterscheidet. Die Verschränkung narrativer und mimetischer Ebenen im fortwährenden Wechsel des Darstellers zwischen der Funktion als Erzähler des Geschehens und Darsteller einer Figur ermöglicht die Vergegenwärtigung des Vergangenen, Weit-Entfernten, des Fremden oder des Transzendenten. Die Unvorhersehbarkeit des Wechsels der Ebenen fordert die schöpferische Aufmerksamkeit des Zuschauers, der in seiner Fantasie die fragmentarisierten Figuren ergänzt und Ortswechsel und Zeitsprünge mit vollzieht.

4.3 Partizipation der Zuschauer im Kinder- und Jugendtheater

Der Zuschauer wird im Kinder- und Jugendtheater nicht nur durch die schöpferische Leistung seiner Fantasie, sondern auch durch aktive Beteiligung an der Aufführung zum Mitspieler. Im Kinder- und Jugendtheaters gibt es schon seit längerem Versuche, die Zuschauer als Ko-Akteure an der Entstehung der Aufführung zu beteiligen. Dabei wird der Gedanke des Zuschauers als Partner der Darsteller konsequent weitergedacht, um das Ungleichgewicht der doppelten Asymmetrie des Kinder- und Jugendtheaters weitestgehend auszugleichen. Anders als im Mitspieltheater der siebziger Jahre zielen gegenwärtige Modelle der Partizipation des Zuschauers an der Aufführung nicht auf die explizite Vermittlung von Werten und Idealen in konventionellen Rollenspielsituationen. Sie schaffen mit dem szenischen Ereignis vielmehr Räume für die Begegnung von Darstellern und Zuschauern und Rahmenbedingungen für das gemeinsame Spiel und kollektive ästhetische Erlebnisse. In ihrer szenischen Gestalt haben diese Ereignisse nur noch wenig mit herkömmlichen Theateraufführungen gemeinsam.

5 Didaktische Aspekte – Kinder- und Jugendtheater und Schule

In der schulischen Praxis haben sich drei wesentliche Zugänge zum Theater entwickelt, die sich konzeptionell bedingen[3] und die durch eine je spezifische Perspektive auf die Theaterkunst bestimmt sind. Die Aneignung der Stücke im Deutschunterricht erfolgt vor allem aus dramatisch-literarischer Perspektive und wird oft mit einem Aufführungsbesuch verbunden. Die Aneignung der Aufführungen nimmt die aufführungsanalytische Perspektive ein und damit Bezug auf den Text und die Aufführung gleichermaßen. Und die Aneignung des Theaters in Prozessen des eigenen theatralen Gestaltens braucht die theaterpädagogische Perspektive und Kompetenz. Zwar spielt das Kinder- und Jugendtheater in der Praxis von Theater und Schule, schon wegen seiner vielfältigen Erfahrungen mit den jungen Zuschauern, eine besondere Rolle, die didaktischen Zugänge betreffen jedoch jegliche Form von Theater.

5.1 Aneignung der Stücke – Das Drama in der Schule

Zum Curriculum des Deutsch- und Literaturunterrichts gehört auch das Lesen und Analysieren von dramatischer Literatur. Die dramatischen Texte des Kinder- und Jugendtheaters sind speziell für Kinder und Jugendliche, also die Schülerinnen und Schüler von der Grundstufe bis zur gymnasialen Oberstufe, geschrieben worden. Daher fordern Literaturdidaktiker, solche Texte im Unterricht genauso zu behandeln wie die epische und die lyrische Kinder- und Jugendliteratur. Vorliegende literaturdidaktische Konzepte der aufführungsbezogenen Lektüre zielen darauf, mit szenischer Fantasie das Potential des dramatischen Textes für die Aufführung zu entdecken. Dabei sollte das Curriculum für alle historischen und gegenwärtigen Formen von Theatertexten offen sein und sich nicht einseitig auf Themenstücke und ihre eindeutigen Bezüge zu bestimmten Stoffschwerpunkte

[3] Vgl. dazu die „Umrisse einer didaktischen Konzeption“ bei Payrhuber 2009, S. 179–181.

beschränken. Der Besuch einer Aufführung des behandelten Stücks gilt als unverzichtbarer Bestandteil des Unterrichts. Die Ausbildung von medialer Kompetenz beim Erkennen und Entschlüsseln von Zeichen und die Anregung von Imagination und Fantasie bereiten die Schüler auch auf ihre Rolle als Zuschauer und damit als aktiver Mitschöpfer der Aufführung vor.

5.2 Aneignung der Aufführungen – Theater als außerschulischer Lernort

Viele Schulen nutzen bereits die Chancen und Möglichkeiten einer intensiven Kooperation mit Kinder- und Jugendtheatern. Wenn dabei der Grundsatz beherzigt wird, dass das Theater in der Sprache der Kunst spricht, weil es über eine andere nicht verfügt, können die Möglichkeiten des außerschulischen Lernorts Kinder- und Jugendtheater zur Förderung künstlerischer Rezeptions- und Produktionsprozesse produktiv gemacht werden, und der Theaterbesuch wird nicht zur Fortsetzung des Unterrichts mit anderen Mitteln. Nur so entfalten sich die Bildungswirkungen der Kunst. Die Aneignung der Aufführung erfolgt zunächst durch die Wahrnehmung der Vorstellung. Das Publikum macht dabei ästhetische Erfahrungen in erster Linie als Zuschauer und erst in zweiter Linie als Schüler. Und der Schauspieler will das Publikum während der Vorstellung nicht belehren, sondern es für das Wechselspiel gewinnen, das den Zuschauer zum Mitspieler der Aufführung macht. Aber auch die Lehrer sind in der Vorstellung in erster Linie Zuschauer, also Mitspieler. Alle Konzepte zur didaktischen Aneignung einer Aufführung sollten dieses Prinzip grundsätzlich beachten und in der Rezeption die Theaterkunst wirken lassen. Die Pädagogik findet ihren Platz in der Vor- und Nachbereitung eines Theaterbesuchs. Grundsätzlich sind dabei zwei Methoden zu unterscheiden. Bei der auf kognitives und rationales Verstehen zielenden diskursiven Methode werden vor allem Informationen vermittelt (zu Stück, Autor, Thema, Handlung etc.) und der Austausch über ästhetische Erfahrungen ermöglicht. Die intuitive Methode zielt auf assoziatives und emotionales Verstehen, wobei der Theaterbesuch vor allem gestaltend und spielerisch vor- und nachbereitet wird (z. B. szenische Interpretation). Ist die Vor- und Nachbereitung Teil des Unterrichts, werden die Aufführung oder besser die Erfahrungen der Schüler und Lehrer während der Aufführung zum Unterrichtsgegenstand.

5.3 Aneignung des Theaters – Theater und die Künste in der Schule

Mit der Aneignung des Theaters in der Schule können die experimentelle Art und Weise, mit der die Theaterkunst die Welt erkundet und erforscht, und damit auch Ausdrucksformen und ästhetische Verfahren der professionellen Kunst für Bildungsprozesse adaptiert werden. Um dieses Bildungspotential der Theaterkunst für die Schule nutzbar zu machen, muss Theater „als drittes künstlerisches Fach neben Musik und Kunst in allen Schularten und auf allen Schulstufen“ (Liebau/Klepacki/Zirfas 2009, S. 171) etabliert werden. Die jahrzehntelangen pädagogischen Erfahrungen mit dem Fach ‘Darstellendes Spiel’ und die Erfahrungen aus der Dramendidaktik im Fach Deutsch sind die Grundlagen für diese bildungspolitische Entwicklungsaufgabe und didaktische Basis für ein Fach ‘Theater’. Daneben wären auch die rezeptionsorientierten Methoden einer Theaterdidaktik zwischen Textlektüre und Aufführungsrezeption, wie sie Gabriele Paule in ihrer Habilitationsschrift *Kultur des Zuschauens* beschreibt (Paule 2009), als selbstverständliche Grundlage eines Fachs ‘Theater’ zu begreifen, das „sich mit der Vermittlung von wahrnehmenden und gestaltenden Prozessen im künstlerischen Medium Theater befasst“. (Hentschel 2007, S. 7) Das Theaterspielen erlaubt die Erfahrung der Differenz zwischen den Ebenen der Darstellung und des Dargestellten. Diese Praxis der Selbstdistanzierung und Weltdistanzierung „fordert zur Selbstreflexion heraus, die als Grundlage jedes Bildungsprozesses angesehen werden kann.“ (Hentschel 2007, S. 9) Um Schülerinnen und Schülern solche Erfahrungen im Fach ‘Theater’ auf unterschiedlicher Ebene zu ermöglichen, hält der Hamburger Theaterwissenschaftler Wolfgang Sting (Sting 2003) die Projektarbeit für besonders geeignet, weil in ihr ästhetische, soziale und kommunikative Aspekte des Lernens integriert werden.

Literaturverzeichnis

Doderer, Klaus/Uhlig, Kerstin: Geschichte des Kinder- und Jugendtheaters zwischen 1945 und 1970. Konzepte, Entwicklungen, Materialien. Frankfurt/M. [u. a.]: Lang 1995.

Fischer, Gerhard: GRIPS. Geschichte eines populären Theaters (1966–2000). München: Iudicium 2002.

Fischer, Klaus Peter/Fischer, Petra/Schöbel, Manuel: Beziehung statt Erziehung. Konzeptionelle Gedanken zur Entwicklung des Theaters der Jugend Generation. In: Hoffmann, Christel (Hrsg.): Gedacht – Gemacht. Programmschriften und Standpunkte zum deutschen Kindertheater von 1922 bis 2008. Frankfurt/M.: Kinder- und Jugendtheaterzentrum in der Bundesrepublik Deutschland 2008. S. 177–187.

Hawemann, Horst: Der mitspielende Zuschauer oder die Bühne vor der Bühne. In: IXYPSILONZETT 2006, H. 3, S. 4–10.

Hentschel, Ulrike: Theater und Schule. In: Siemens Arts Program (Hrsg.): Kiss. Theater und Neue Dramatik in der Schule. München: Siemens 2007, S. 3–13.

Hoffmann, Christel: Drama und Theater für junge Zuschauer 1959–1969. In: Theater in der Zeitenwende. Zur Geschichte des Dramas und des Schauspieltheaters in der Deutschen Demokratischen Republik 1945–1968. Berlin: Henschel 1972, 2. Band, S. 361–415.

Hoffmann, Christel: Das Kinder- und Jugendtheater der DDR. Erscheinungsbild der achtziger, Perspektiven für die neunziger Jahre. In: Schneider 1990, S. 11–27.

Hoffmann, Christel: spiel.raum.theater. Aufsätze, Reden und Anmerkungen zum Theater für junge Zuschauer und zur Kunst des Darstellenden Spiels. Frankfurt/M. [u. a.]: Lang 2006.

Israel, Annett/Riemann, Silke (Hrsg.): Das andere Publikum. Deutsches Kinder- und Jugendtheater. Berlin: Henschel 1996.

Jahnke, Manfred: Internationalismus im bundesdeutschen Kindertheater? In: Grimm & Grips. Jahrbuch für Kinder- und Jugendtheater 1988/1989. Frankfurt/M.: Verlag der Autoren 1988, H. 2, S. 46–55.

Jahnke Manfred: Trilogie des Jugendtheaters: Revue, Well-Made-Play, Klassikeradaption. Zur dramaturgischen und inszenatorischen Praxis des Jugendtheaters in den alten Bundesländern. In: Richard, Jörg (Hrsg.): Jugend-Theater. Frankfurt/M.: Haag + Herchen 1996.

Klotz, Volker: Dramaturgie des Publikums. Wie Bühne und Publikum aufeinander eingehen, insbesondere bei Raimund, Büchner, Wedekind, Horváth, Gatti und im politischen Agitationstheater. München: Hanser 1976.

Koch, Gerd/Streisand, Marianne (Hrsg.): Wörterbuch der Theaterpädagogik. Milow: Schibri 2003.

Liebau, Eckart: Theatrale Bildung. Produktions- und rezeptionsästhetische Perspektiven der darstellenden Künste. In: Schneider 2009, S. 53–64.

Liebau, Eckart/Klepacki, Leopold/Zirfas, Jörg: Theatrale Bildung. Theaterpädagogische Grundlagen und kulturpädagogische Perspektiven für die Schule. Weinheim, München: Juventa 2009.

Paule, Gabriele: Kultur des Zuschauens. Theaterdidaktik zwischen Textlektüre und Aufführungsrezeption. München: Kopaed 2009.

Payrhuber, Franz-Josef: Das Drama in der Schule. Anmerkungen zur schulischen Beschäftigung mit Kinder- und Jugendtheaterstücken. In: Schneider 2009, S. 173–184.

Pfister, Manfred: Das Drama. Theorie und Analyse. München: Fink 1994.

Richard, Jörg (Hrsg.): Kindheitsbilder im Theater. Frankfurt/M.: Haag + Herchen 1994.

Schneider, Wolfgang (Hrsg.): Kinder- und Jugendtheater in der DDR. Frankfurt/M.: dipa 1990.

Schneider, Wolfgang (Hrsg.): Theater und Schule. Ein Handbuch zur kulturellen Bildung. Bielefeld: transcript 1990.

Sting, Wolfgang: Projekt. In: Koch/Streisand 2003, S. 229–231.

Taube, Gerd: Vor- und Nachbereitung. In: Koch/Streisand 2003, S. 350–351.

Taube, Gerd: Kinder- und Jugendtheater – Eine Einleitung. In: Taube, Gerd (Hrsg.): 55 Monologe für Kinder- und Jugendtheater. Texte und Lieder zum Vorsprechen, Studieren und Kennenlernen. Leipzig: Henschel 2008, S. 8–31.

Wartemann, Geesche: Wechselspiele. Die Inszenierung des Theaterrahmens und die Fragilität der Spielvereinbarungen im Theater für die Allerkleinsten. Beobachtungen anhand der Produktion „Holzklopfen“ des Helios Theaters. In: Droste, Gabi dan (Hrsg.): Theater von Anfang an! Bildung, Kunst und frühe Kindheit. Bielefeld: transcript 2009, S. 173–185.

Zirfas, Jörg: Weltliche, soziale und schulische Theatralität, In: Liebau, Eckart [u. a.] (Hrsg.): Grundrisse des Schultheaters. Pädagogische und ästhetische Grundlegung des Darstellenden Spiels in der Schule. Weinheim, München: Juventa 2005, S. 257–275.

BERND DOLLE-WEINKAUFF

Comic, Manga und Graphic Novel für Kinder und Jugendliche

1 Definition

'Comic' bezeichnet eine ursprünglich rein humoristische, um die Wende zum 20. Jahrhundert in der nordamerikanischen Presse aufkommende Form der Bildgeschichte, die im Laufe ihrer Entwicklung Stoffe und Themen aller Art präsentiert. Der 'Text' des Comic besteht aus Schrift- und Bildkomponenten. Als eine Form grafischen Erzählens, die sich sowohl des Schrifttextes als auch der Sprache des Bildes bedient, hat der Comic ein funktionales Zusammenspiel des verbalen und des piktoralen Zeichensystems ausgebildet, das seine Eigenart, seine besonderen darstellungsästhetischen Potentiale und seine Attraktivität als Lektüre ausmacht. Die Ausdifferenzierung des Angebots in der Gegenwart hat dazu geführt, dass Comics aus Japan sowie im japanischen Stil gezeichnete Comics als 'Manga' (jap.: spontanes Bild) bezeichnet werden und der Terminus 'Graphic Novel', wenn er korrekt verwendet wird, abgeschlossene längere, nicht selten mehrbändige Erzählwerke bezeichnet. Unter Comics für Kinder- und Jugendliche sind zum einen alle diejenigen Angebote zu verstehen, die speziell an diese Lesergruppe adressiert sind (kinder- und jugendliterarischer Comic); zum anderen rechnen dazu alle diejenigen Werke aus dem Bereich des allgemeinliterarischen Comic, die gleichermaßen von ihrer Struktur wie von den Stoffen und Themen her geeignet sind, Interesse und Verständnis beim jugendlichen Lesepublikum zu finden.

Abb. 1 Die ersten Comics greifen auf Stoffe und Motive der Bildgeschichte des 19. Jhs. zurück. Die *Katzenjammer Kids* Hans und Fritz verüben Streiche in der Manier von *Max und Moritz*. Aus einer Sonntagsseite von 1918

2 Comic, Bildgeschichte, Bilderbuch

Die Bildgeschichte und ihre avancierteste Spielart, der Comic, sind abzugrenzen vom narrativen Einzelbild wie auch vom illustrierten Text, für dessen Handlungskontinuum das Bild keine konstitutive Rolle spielt. Andererseits unterscheiden sich alle Formen der literarischen Bildgeschichte von dem seit der frühen Neuzeit in der Bildenden Kunst verbreiteten Phänomen des Bilderzyklus in einigen wesentlichen Merkmalen; so besitzen Bildgeschichten grundsätzlich einen sequentiellen, an der Leserichtung der Schriftsprache orientierten Aufbau und die Einzelbilder, aus denen sie sich zusammensetzen, sind relativ unselbständig (vgl. Riha 1978). Ihr Ziel ist die Etablierung einer mehr oder minder umfangreichen Erzählhandlung, wohingegen Bilderzyklen eine typologische Struktur besitzen. Die Bindung an die Printmedien, d. h. die Herstellungsweise der druckgraphischen Vervielfältigung (und die daraus resultierenden darstellerischen Möglichkeiten und Grenzen) schließlich bildet das wesentlichste Abgrenzungskriterium gegenüber dem vielfach die gleichen Stoffe und Figuren verwendenden Zeichentrickfilm wie auch gegenüber den elektronischen Medien der jüngsten Generation (CD-ROM, DVD, Computerspiel etc.).

Während die Bildgeschichte eine Reihe sehr unterschiedlicher Text-Bild-Variationen aufweisen kann und in bestimmten Spielarten, wie der *Pantomimen-Bildgeschichte*, gänzlich auf den Schrifttext verzichtet, zeichnet sich der Comic durch eine enge Verflechtung der piktoralen und verbalen Komponenten aus (vgl. Harvey 1994, S. 3ff.; Platthaus 1998, S. 8; Ditschke u. a. 2009, S. 13). Kennzeichnend sind für den Comic ferner das Layout, d. h. das Arrangement der im Format aufeinander abgestimmten Einzelbilder *(Panels)* und die Textpräsentation in *Sprechblasen und Blockkommentaren.* Die Synechie der verbalen und piktoralen Elemente bringt es mit sich, dass herkömmliche Formen der literarischen Rede, insbesondere Metapher und Onomatopöie, charakteristische gattungstypische Ausprägungen erfahren; zu nennen sind hier vor allem die ins Bild integrierten lautmalenden Wörter *(Sound Words)* und die oft redensartlich geprägten Piktogramme innerhalb von Denk- und Sprechblasen.

Entgegen der seit den 1970er Jahren vertretenen Auffassung (z. B. Zimmermann 1970, aber auch Grünewald 2003, S. 825, Ditschke u. a. 2009, S. 14) können die Verwendung sogenannter 'Stehender Figuren' (d. h. von Handlungsträgern, die stets gleiche Eigenschaften aufweisen und keiner Entwicklung unterliegen) und das Serienprinzip keinesfalls als gattungskonstitutive Merkmale des Comic angesehen werden; es handelt sich hier um Formen, die aus bestimmten medialen Spielarten des Comic, wie etwa den Fortsetzungsgeschichten in Zeitungen *(Comic Strips)* und Zeitschriften *(Serials)* herrühren und den Erfordernissen des periodischen Publizierens geschuldet sind. Diese haben in den Anfängen des Genres tatsächlich eine dominierende Rolle gespielt (vgl. Schröder 1982) und besitzen unter den Comics für Kinder und Jugendliche bis heute einen bedeutsamen Anteil. Die Spannweite der erzählerischen Formen des Genres reicht indessen in der Gegenwart von der pointiert-humoristischen Episode *(Gag strip)* über Fortsetzungsgeschichte und Serie hin zu selbstständigen Erzählungen und umfangreichen, erzählerisch komplexen Formen (*Comic-Roman* bzw. *Graphic Novel*), die ein hohes Maß an Experimentierfreudigkeit erkennen lassen.

Im Gegensatz zu Bildgeschichte und Comic stellt das Bilderbuch kein erzählliterarisches Genre, sondern eine Buchgattung, d.h. ein publizistisches Medium, dar. Eine poetologische Fixierung des Bilderbuchs ist aus diesem Grund weder sinnvoll noch möglich, und die von Jens Thiele festgestellte Unmöglichkeit einer „Grammatik der Bilderbuchsprache" wie eines „geschlossenen Bilderbuchkonzepts" hat genau darin ihre Ursache (Thiele 1991, S. 10f.). Nicht unproblematisch erscheint in diesem Zusammenhang die in den 1980er Jahren aufkommende, in neueren Erzähl- und Intermedialitätstheorien häufig zu findende Einstufung des Comic als eines „Mediums" (Platthaus 1998; Mahne 2007, S. 44ff.; Schüwer 2008; Ditschke u. a. 2009), die in ihrer mangelnden Objektorientiertheit und Prägnanz der Auffassung vom Bilderbuch als einer „Literaturgattung" seitens nicht weniger Bilderbuchtheoretiker entspricht (beispielhaft dafür Halbey 1997). Bilderbücher sind stets Mittler diverser mit Bildern operierender literarischer Genres und Angebote, vom reinen Bilderalbum über den illustrierten dokumentarischen wie auch fiktionalen Text oder illustrierte Anthologien bis hin zu Bildgeschichten und Comics; der Comic hinwiederum gelangt durch Vermittlung unterschiedlicher druckgraphischer Medien wie z.B. Zeitung, Zeitschrift und eben Bilderbuch an seine Leser, wobei unstreitig ist, dass die jeweilige mediale Form des Genres deutlich erkennbare Konsequenzen für dessen Struktur nach sich zieht. Diese Feststellungen lassen sich dahingehend verallgemeinern, dass wohl jeder in Buchform erscheinende Comic (= Genre) ein Bilderbuch (= Medium) darstellt (wohingegen nur Teile der Bilderbuchproduktion als Comics anzusprechen sind).

3 Zeichensystem, Zeichenrepertoire und Erzählweise des Comic

Comic-Erzählungen stellen aufgrund ihrer bildlich-schrifttextlichen Doppelcodierung mehrschichtige Gebilde aus konventionellen, symbolischen und ikonischen Zeichen dar. Zu den konventionellen Zeichen im Arsenal des Comic rechnen nicht nur die sprachlichen Zeichen, sondern auch etwa Randlinie *(Habitus)* und Zwischenraum *(Hiatus)* der Bildkästen, Sprech- und Denkblase, Textkasten *(Blocktext* oder *Blockkommentar)*, Bewegungslinien u. dergl. In jüngerer Zeit hat insbesondere die Entwicklung des Manga eine Vielzahl neuer konventioneller Bildzeichen und Piktogramme hervorgebracht, die bisweilen auch nur von einem einzigen Autor verwendet werden (vgl. Phillipps 1996, S. 71f.). Als ikonische Zeichen sind generell die Darstellungen von Figuren, Gegenständen und Handlungsräumen, die von den Randlinien des Einzelbilds umschlossen werden, anzusehen, während sich die Bildmetaphern in Sprechblasen (z. B. Glühbirne, Blitze, Herzchen, Eiszapfen, Blümchen etc.) als symbolische Zeichen von unterschiedlichem Konventionalisierungsgrad ansprechen lassen.

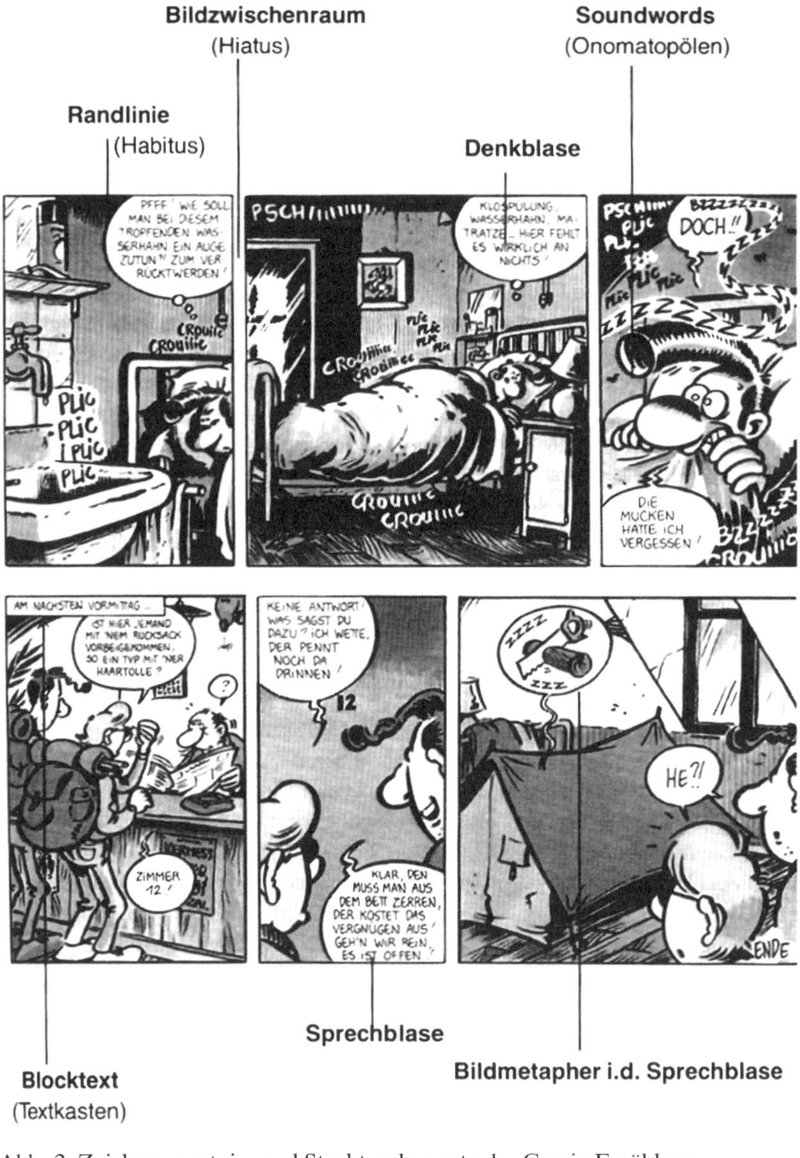

Abb. 2 Zeichenrepertoire und Strukturelemente der Comic-Erzählung.
Aus: Frank Margerin: Die Vorstadtgang. Bd. 3. Reinbek: Carlsen 1988

Die Verwendung und das Zusammenspiel dieser Komponenten ist durch ein System von Konventionen bestimmt, welche die Grundlage für ein rasches Erfassen und eine sinnadäquate Rezeption der Comic-Erzählung bildet (vgl. Abb. 2). Die in Analogie zur Sprache bisweilen gebrauchte Bezeichnung 'Grammatik' für diese Strukturen erscheint nicht unangebracht, doch bleibt zu berücksichtigen, dass die 'Grammatik' des Comic einer ungleich geringeren Anzahl von Regeln bedarf als diejenige der Sprache. Zu den wichtigsten zählt dabei die strikte Orientierung aller narrativen Einheiten an der indikativen Linie, d.h. an der Leserichtung der Schriftsprache. Vorgeschrieben sind des Weiteren die Orte, an denen verbale und visuelle Zeichen auftreten dürfen, ebenso wie die Regeln für den Bedeutungswandel dieser Zeichen, wenn diese Grundregeln in bestimmten Fällen überschritten werden: Die Kerze, die beispielsweise eine bestimmte Figur – dargestellt in dem für ikonische Zeichen reservierten Binnenraum des Panels – in der Hand hält, bezeichnet bloß einen Gegenstand, der dem Zweck der Beleuchtung dient; findet sich die zeichnerisch völlig identische Kerze aber im für den Schrifttext reservierten, von einer Blase umschlossenen Raum wieder, so verliert sie ihre gegenständliche Bedeutung, nimmt eine symbolische an und signalisiert, dass dem zugehörigen Handlungsträger 'Erleuchtung' in Form einer guten Idee zuteil wird.

Ebensowenig wie eine Erzählung der schrifttextlichen Literatur kann eine Comic-Erzählung aus der bloßen Realisierung grammatischer Regeln bestehen. Sie gewinnt strukturelle Komplexität nicht zuletzt durch mehr oder weniger begrenzte Regelverletzungen, durch den Einsatz von Leerstellen, durch Formen der Montage und des grafischen Experiments. Die literarischen Potenzen der Gattung werden in dem Maße genutzt, wie ein Autor die – von Robert C. Harvey so genannte – Kunst des „verbal-visual blend“ (1994, S. 9) beherrscht, d.h. die Kombination unterschiedlicher erzählerischer Ausdrucksqualitäten der Wort-Bild-Beziehung zu nutzen weiß. Im kinderliterarischen Comic verbieten sich dabei Kompositionsformen, die die Rezeptionsfähigkeit der Adressaten überschreiten. Gleichwohl erleichtert gerade das Zusammenspiel der Schrift mit dem Bild im kinderliterarischen Comic die Präsentation einer komplexeren Handlung, da die Bildkomponente als Mittel sinnlich-konkreter Inszenierung von Partien genutzt werden kann, die über den verbalen Code eher umständlich zu vermitteln wären.

Comic-Erzählungen lassen sich in bestimmten Struktureinheiten erfassen, deren kleinste das – gerahmte oder nicht gerahmte – *Einzelbild* (Panel) darstellt und deren Gesamtheit die Story bildet. Harvey (1994, S. 15ff.) spricht hier ganz richtig von Einzelbildkomposition („panel composition“) einerseits und erzählerischem Umbruch der Geschichte in eine Folge von Bildern und Texten („narrative breakdown“) andererseits und betont mit dieser Begrifflichkeit den Aspekt der Doppelcodierung wie auch der Bildfolge. Längere, über eine Folge von

Abb. 3 Layout mit gerahmten und ungerahmten Panels, unterschiedlichen Bildgrößen und dynamischer Verteilung des Schrifttexts. Aus: Christoph Heuer/Gerlinde Althoff [Nach Klaus Kordon]: *Der erste Frühling.* Hamburg: Carlsen 2007, S. 222

wenigen Panels hinausgehende Comics bilden weitere Struktureinheiten aus. Unter Sequenz ist analog zum Film eine Bildfolge zu verstehen, die eine Episode im Sinne einer relativ abgeschlossene Teileinheit der Erzählhandlung bildet; Entsprechendes findet sich in Drama und Textliteratur als Szene, Auftritt und dergleichen.

Ein ausgesprochenes Spezifikum des Comic hingegen stellt das *Seitenlayout* dar, welches den Umbruch der Sequenz auf dem Raum einer Seite darstellt. In seiner Form variiert es zwischen dem ganzseitigen Einzelbild und vielfältigen Arrangements von Einzelbildern. In seiner einfachsten mehrgliedrigen Form besteht das Layout aus einem einheitlichen Raster von vier, sechs oder acht Panels. Komplexere Layouts, wie sie sich etwa bei Will Eisner und in viele neueren Graphic Novels und Manga finden, verwenden unterschiedliche Panelgrößen sowie gerahmte und ungerahmte Panels und fügen einzelne kleine Abbildungen in eine umfassende Seitenkomposition ein (Abb. 3). Im Gegensatz zur schrifttextlichen Literatur, für die der Seitenwechsel erzählerisch gesehen keinerlei Bedeutung hat, bildet die Comic-Seite eine relativ selbständige Erzähleinheit. Hier spielen einerseits Gattungskonventionen, andererseits drucktechnische und mediale Gegebenheiten eine Rolle. Es ist eine ungeschriebene Regel, dass Bilder – im Gegensatz zu Sätzen eines Schrifttextes – nicht umbrochen werden dürfen; die Bildkomponente bringt es mit sich, dass die tabularische Anordnung der Bilder auf einem Blatt, unter Umständen auch auf einer Doppelseite, eine grafisch-kompositionelle Einheit bildet, die nicht unerheblich für die Strukturierung der Erzählung ist.

Wie nicht anders zu erwarten, erfolgt im Comic die Markierung von Erzählpositionen im Zusammenspiel piktoraler und verbaler Komponenten, wobei der verbalen eine Leitfunktion zukommt (vgl. Abbott 1986, S. 155f.; Dolle-Weinkauff 2002, S. 18f.) – nicht weil das Zeichensystem Schrift grundsätzlich bedeutsamer wäre, sondern weil erst die Schriftkomponente den piktoralen Komplex so weit vereindeutigt, dass eine umfassende, lesbare Erzählhandlung hervortreten kann. Der bildlichen Vermittlung von Erzählweisen dienen in diesem Zusammenhang häufig Panelformat, Einstellung, Perspektive, unter Umständen auch Strichführung und Farbgebung. Ungeachtet der Tatsache, dass eine gewisse Bandbreite besteht zwischen eher dramatisch-unmittelbaren Handlungen, die hauptsächlich in Dialogtexten vorgetragen werden (vgl. Tabbert 1999), und solchen, in denen eine Erzählerpersönlichkeit mehr oder minder explizit hervortritt, ist erzählerische Vermittlung doch oft in irgendeiner Form gegeben. War der Blocktext in der Geschichte des Comic über lange Zeit für einen auktorialen Erzähler reserviert, so wird diese Beschränkung im Manga wie auch in unkonventionellen Graphic Novels aufgehoben. Für die Gestaltung unterschiedlicher Zeitebenen wie auch zur Markierung von Imagination, Traum, phantastischen Einschüben stehen neben sprachlichen auch graphische konventionelle Zeichen zur Verfügung, wie etwa die von der geraden Linie abweichende Gestaltung des Panelrands. Wie der Habitus, so ist auch der Hiatus für die Strukturierung der erzählten Zeit im Comic von größter Bedeutung.

4 Geschichte

Die Entstehung des kinderliterarischen Comic geht einher mit der sich in den 1930er Jahren vollziehenden Etablierung des Comic in einem neuen publizistischen Medium – und zwar nicht dem des Bilderbuchs, sondern dem der Jugendzeitschrift. Die seit der Jahrhundertwende in der amerikanischen Tages- und Wochenpresse veröffentlichten Comic Strips waren ausnahmslos an ein unspezifisches Publikum adressiert. An Kinder und Jugendliche war dabei bestenfalls als Mitleser gedacht, obgleich ein Großteil der Zeitungsserien wie schon die ersten Comics überhaupt, Richard F. Outcauts 1895 als Cartoon-Serie begonnener Strip *The Yellow Kid* und Rudolph Dirks' *The Katzenjammer Kids* (1897), mit Kindern oder Jugendlichen als Protagonisten operierten (s. Abb. 1). Manche dieser frühen Strips wie etwa Otto Messmers *Felix the Cat* (1923) und Elzie C. Segars *Thimble Theatre* (1919) mit der Gestalt *Popeye* (seit 1929) gelangten früher oder später in den Fundus der Comics für Kinder und Jugendliche. Die allermeisten jedoch, darunter bis heute so hoch geschätzte Werke wic Winsor McCays *Little Nemo in Slumberland* (1905), Lyonel Feiningers *The Kinder Kids* (1906) und George Herrimans *Krazy Kat* (1913) sind – trotz der darin auftretenden Kinder- und Tierfiguren – für die Kinder- und Jugendliteratur kaum von Bedeutung. Hingegen werden populäre Bildgeschichten des 19. Jahrhunderts, wie Heinrich Hoffmanns *Struwwelpeter* (1845) und Wilhelm Buschs *Max und Moritz* (1865) endgültig zu Klassikern der Kinderliteratur ebenso wie an deren Form mehr oder weniger anknüpfende neue Produktionen wie Erich Ohsers *Vater und Sohn* (1934), die *Lurchi*-Werbehefte (ab 1937)

Abb. 4 Titel des Magazins *Action Comics* (1938) mit der ersten *Superman*-Geschichte von Joe Shuster und Jerry Siegel

der Schuh-Firma Salamander u. a. Der Comic im modernen Verständnis aber bleibt international bis in die 1930er Jahre hinein weitgehend eine Domäne der Allgemeinliteratur.

Dies ändert sich nachhaltig mit dem Auftauchen des sogenannten *Comic Book* auf dem nordamerikanischen Zeitschriftenmarkt, das mit einer Verschiebung innerhalb der bisherigen stofflich-thematischen Präferenzen der Gattung konvergiert; eine ähnliche Entwicklung führt in Belgien, Frankreich und Italien zur Entstehung auflagenstarker Comic-Magazine. Ende der 1920er Jahre kommen Detektiv-, Science-Fiction-, Wildwest-Geschichten sowie die historisierende oder exotische Abenteuerliteratur in der Form des Comic auf. Sie entstammen, wie etwa *Tarzan of the Apes von* Edgar R. Burroughs, der populären Literatur, häufig unmittelbar dem Massenmedium Romanheft (amerik.: *pulp literature*). Diese Stoffe erforderten aber im Grunde ein neues, dem epischen Erzählen Raum gewährendes Medium. In dem Maße wie der Comic seine Wurzeln in der komisch-grotesken Kleinform verlässt, stellt sich daher das Problem einer Überwindung der Beschränkungen durch den Strip. Erst die im Lauf der 1930er Jahre sich etablierende, periodisch erscheinende Comic-Zeitschrift erlaubte einschneidende Veränderungen des Genres. Dazu zählt nicht zuletzt der Umstand, dass das *Comic book* im Gegensatz zur Tages- und Wochenpresse eine gezieltere Adressierung des Lesers und damit die Entstehung einer bisher nicht vorhandenen spezifisch kinder- und jugendliterarischen Linie der Gattung ermöglichte.

Abb. 5 *Tim in Amerika* von Hergé. Frühe Version der Geschichte aus den 1930er Jahren

Zu den relevantesten Beispielen dafür in den USA zählen etwa *Walt Disney's Comics & Stories* (ab 1940) und die eine Welle einschlägiger Remakes nach sich ziehenden Geschichten von *Superman*, die erstmals 1938 im Magazin *Action Comics* publiziert werden (Abb. 4). Im frankophonen Sprachraum gehen ähnliche Entwicklungen vor sich, in deren Resultat sich die westeuropäische Variante des Comic-Hefts als Magazin mit Fortsetzungsgeschichten *(Spirou* 1938, *Tintin* 1946) und als bekanntestes Werk die in Deutschland ab 1952 unter dem Titel *Tim und Struppi* verbreiteten Geschichten des Belgiers Hergé (d.i. Georges Remi) etablieren. Hier wird auch in der Medienentwicklung ein weiterer bedeutsamer Schritt getan: Mit der Veröffentlichung der abgeschlossenen *Tim und Struppi*-Fortsetzungsgeschichten in Buchform (Abb. 5) in den 1930er Jahren tritt erstmals in der Geschichte des Comic eine Publikationsform in Erscheinung, die für Werke der erzählenden Kinder- und Jugendliteratur üblich ist.

Die Entwicklung des seit den späten 1980er Jahren in breitem Umfang international rezipierten japanischen Comic setzte erst zu Ende der 1940er Jahre unter dem Einfluss des amerikanischen Comic und der Zeichentrickfilme der Disney-Studios ein, welche u.a. die Muster für die später als mangatypisch geltende Figurengestaltung lieferten (vgl. Abb. 6). Sie ist engstens verbunden mit dem Autor Osamu Tezuka (1928–1989), der mit *Kimba, der weisse Löwe* (1950ff.), *Astro Boy* (1952ff.), *Ribon no kishi* (1953ff.), *Buddha* (1972ff.) u.a. „Schlüsseltexte" (Ewers 2007) des kinder- und jugendliterarische Manga schuf. Auch für den Manga bedeutete der Übergang von der Magazin- zur Einzelpublikation einen wesentlichen Entwicklungsschritt; das vorherrschende Medium ist jedoch hier nicht das farbige, großformatige Album, sondern das schwarz-weiße Taschenbuch (jap. *tankobon*).

Wie in Japan findet der Comic in Deutschland erst nach Ende des 2. Weltkriegs nennenswerte Verbreitung, und zwar von Anbeginn und bis weit in die 1960er Jahre hinein als ein kinder- und jugendliterarisches Genre. Die anhaltende Nachwirkung der Bildgeschichtentradition des 19. Jahrhunderts wie auch erhebliche pädagogische und letztlich politisch motivierte Vorbehalte führen in der BRD, in Österreich und der Schweiz zu Kampagnen gegen den vermeintlichen „Bildidiotismus" der „Heftchen", die von konfessionellen und Lehrerverbänden geführt werden. Die gleichzeitig aufkommende bzw. anhaltende Begeisterung auf Seiten der Rezipienten für *Micky Maus, Donald Duck, Fix und Foxi* oder Abenteuergeschichten wie *Tarzan, Prinz Eisenherz* und *Sigurd* machte die Gattung insgesamt und nachhaltig zur prototypischen nichtsanktionierten Kinder- und Jugendliteratur. Die kulturelle Stigmatisierung hat daher kein Zurückdrängen der Verbreitung des Comic zur Folge, sondern dessen Verharren bzw. massives Abdrängen in den Bereich des Trivialliteraturmarkts (vgl. Dolle-Weinkauff 1990, S. 21ff.). Auch in der DDR besitzt das Genre keine sonderliche

Reputation und fristet ein kaum geduldetes Randdasein, wenngleich unter anderen Vorzeichen und Entwicklungsmöglichkeiten (vgl. Lettkemann/Scholz 1994).

Abb. 6 *Astro Boy* von Osamu Tezuka, ein Roboter mit menschlichen Gefühlen. Aus: Bd. 4, Hamburg: Carlsen 2000, S. 103

Bis zur Mitte der 1960er Jahre bestimmen Heftreihen komisch-grotesken Inhalts, führend darunter die Disney-Serien, und an die traditionelle Abenteuergeschichte anknüpfende Mittelalter-, Dschungel-, Western- und Science-Fiction-Comics das Gattungsprofil. Veränderungen treten ein mit einer Modernisierung des Abenteuers in Form der phantastischen US-amerikanischen Superhelden *(Superman, Batman, Die Fantastischen Vier, Die Spinne* u. a.) sowie in den französischen und belgischen Comic-Verlagen entwickelte realistisch-technologisch orientierte Geschichten von Piloten und Rennfahrern (z. B.

Michel Vaillant, Mick Tanguy, Dan Cooper); von entscheidender Bedeutung aber ist das Auftreten eines neuen komisch-parodistischen Comic-Typs mit *Asterix* (frz. 1959) von Albert Uderzo und René Goscinny und *Lucky Luke* (frz. 1947) von Morris und Goscinny in Deutschland während der 1960er Jahre, die, obwohl angelegt als jugendliterarische Produktionen, aufgrund ihrer graphischen Perfektion und ihres doppelsinnigen Humors eine breite allgemeinliterarische Wirkung erzielen.

Abb. 7 Mit Maurice Sendaks *In der Nachtküche* (dt. 1971) beginnt die Eroberung des Bilderbuchs durch den Comic.

Die nun auch im deutschsprachigen Raum einsetzende Differenzierung des Genres im Hinblick auf Formen, Stile, Stoffe, Themen und Adressaten führt u. a. zur Ausbildung eines allgemeinliterarischen Zweigs, der sich vom kinderliterarischen Comic emanzipiert, wie auch zu einer Öffnung der sanktionierten Kinderliteratur, d. h. des Kinderbilderbuchs für den Comic und verwandte Formen der Bildgeschichte. Zu den frühen Beispielen zählen u. a. Walter Schmögners *Drachenbuch* (1966), Alfred von Meysenbugs Adaption des Märchens *Der glückliche Prinz* (1972), Wilhelm Schlotes kritisch-parodistischer, auf die phantastischen Helden des amerikanischen Comic gemünzter *Superdaniel* (1972) und – mit Blick auf die exemplarische ästhetische Legitimation – vor allem Maurice Sendaks *In der Nachtküche* (1971) (Abb. 7). Der Comic besitzt seitdem eine enorme Auswirkung auf das Bilderbuch (vgl. Dinges 1986), zumal unter diesen Begriff genau genommen sämtliche gewöhnlich als 'Album' bezeichneten Comic-Veröffentlichungen in Buchform fallen. Comics für Kinder und Jugendliche treten somit seit Beginn der 1970er Jahre sowohl in Form der Hefte, Taschenbücher und Magazine auf dem Zeitschriftenmarkt wie als Teilkomponenten von Zeitschriften und gemischten Anthologien für Kinder und schließlich als selbständige Buchpublikationen auf.

5 Das kinder- und jugendliterarische Comic-Angebot in der Gegenwart

5.1 Periodika

Unter den Kinderzeitschriften sind Comic-Magazine und Comic-Serienhefte die verbreitetsten und beliebtesten, wenngleich nicht zu übersehen ist, dass sich deren Stellenwert generell relativiert hat. Der Umstand, dass die Comic-Helden der Generation der jetzigen Eltern und Großeltern bis in die Gegenwart präsent sind, die teilweise nicht mehr den Interessen der nachgewachsenen Generationen zu entsprechen vermögen, dürfte einer der Gründe dafür sein. Verantwortlich für diese Entwicklung ist aber vor allem die Konkurrenz der elektronischen Medien, insbesondere der diversen Audio-Formate, der TV-Animationsserien und der Videospiele, mit denen oft schon die Jüngsten in Berührung kommen, bevor sie die Lesefähigkeit erwerben. Während unter den Angeboten für die Jugendlichen Periodika ohne oder mit geringem Comic-Anteil weit oben rangieren, die wie *Bravo* mit einer Mischung aus Mode, Starkult, Pop-Musik und altersspezifischer Lebens- und Problemberatung aufwarten, finden bei den etwa Sieben- bis Zwölfjährigen in erster Linie Comic-Hefte und Kopfserien mit einem Kernbestand an Comic-Geschichten Anklang, deren Helden in der Regel auch der Zeitschrift den Namen geben. Der seit der Einführung von *Yps* (1975) aufgekommene Trend zu regelmäßigen Beilage mit Spielzeugcharakter („Gimmick") sowie die fortschreitende Ergänzung des Comic-Teils durch Magazinbeiträge hat sich seit Ende der 1990er Jahre verstärkt. Ebenso wie gegenüber den Jugendlichen und deren Blättern lässt sich der Kinder-Comic und seine Leserschaft gegenüber den Angeboten für das Vorschulalter abgrenzen. Ausgesprochene Comic-Zeitschriften für Jugendliche, so etwa das Manga-Magazin *Daisuki* (seit 2003) werden hingegen erst in allerjüngster Zeit wieder verstärkt angeboten.

Die Veränderungen in den Leserpräferenzen im Hinblick auf das Medienangebot haben sich am deutlichsten auf die wöchentlich bis 14-täglich erscheinenden Comic-Zeitschriften ausgewirkt. So haben in jüngerer Zeit langjährig erfolgreiche Serien, wie *Gespenster Geschichten, Fix & Foxi* und *Yps* – z. T. nach mehrfachen Wiederbelebungsversuchen – ihr Erscheinen eingestellt. Auf recht drastische Weise spiegelt sich diese Entwicklung auch in der Auflagenentwicklung des seit 1951 am Markt befindlichen Magazins *Micky Maus* (Egmont Verlag). Noch zu Beginn der 1990er Jahre mit einer Druckauflage von wöchentlich über einer

Million Hefte unangefochten die Bestsellerliste anführend, erreicht *Micky Maus* 2009 noch 326.000 Exemplare. Um die 140.000 Auflage wöchentlich erzielt das seit 1986 ebenfalls bei Egmont erscheinende Mädchen-Pferde-Blatt *Wendy.* Unter den monatlich erscheinenden Heften ragt zum einen *Mosaik* mit der Serie *Die Abrafaxe* hervor, mit der auch das Bildgeschichten- und Comic-Schaffen in der DDR seine bis in die 1950er Jahre zurückreichende Tradition durchaus erfolgreich hat behaupten und erneuern können. Wie *Mosaik* erreichen auch die Mädchen-Magazine *Lissy* (Pabel-Moewig) und *W.I.T.C.H* (Egmont Verlag) Monatsauflagen über 100.000 Exemplare. Nur wenig darunter rangieren das nach der gleichnamigen TV-Trickfilm-Serie *Die Simpsons* produzierte Comic-Heft und mit *Spider-Man* die einzige noch Spitzenauflagen erzielende Superhelden-Serie; beide erscheinen im Panini Verlag.

Der monatliche Erscheinungsrhythmus ist auf diesem Markt sozusagen zum Normalfall geworden. Hier agieren zur Zeit weniger als ein Dutzend Verlage bzw. Verlagsgruppen und deren Labels: als wirtschaftlich stärkste neben dem Marktführer, der Egmont-Gruppe (Ehapa, Egmont Manga&Anime), der Heinrich Bauer Konzern (Verlagsgruppe Pabel Moewig VPM) und der Panini Verlag mit Labels wie Dino, Planet Manga u. a. Zu den wenigen kleinere Verlagen, die sich erfolgreich mit einem Heft-Programm für Kinder- und Jugendliche behaupten können, zählt der Berliner Mosaik Steinchen für Steinchen-Verlag, der das Monatsmagazin *Mosaik* herausgibt.

Die Comic-Zeitschrift begegnet traditionell in hauptsächlich zwei publizistischen Grundformen: (1) zum einen als Heftserie wie *Mosaik* und *Spider-Man,* die je Ausgabe eine bzw. nur wenige abgeschlossene oder Fortsetzungsgeschichten um einen Helden oder eine Heldengruppe präsentiert; (2) zum anderen als Comic-Magazin wie *Micky Maus,* das eine Reihe kürzerer oder längerer Comics mit unterschiedlichen Protagonisten und dazu einen redaktionellen Teil oder weitere Lese- und Beschäftigungsangebote in Form von Reportagen, Bastelbögen, Rätseln u. dergl. bietet. Obgleich einige Comic-Alben wie *Asterix, Lucky Luke* und verschiedene Disney-Reihen am Zeitschriftenmarkt besonders erfolgreich sind, kann man diese kaum als Kinderzeitschriften im eigentlichen Sinn ansprechen. Ähnliches gilt für einige Comic-Taschenbücher mit periodischem Erscheinungsrhythmus, wie etwa die höchst populären *Walt Disneys lustige Taschenbücher,* die monatlich erscheinen und es auf eine Auflage von gut einer halben Million pro Band bringen.

Mit Ausnahme der *Simpsons*-Serie spielen Comic-Periodika, deren Motive und Figuren anderen Medienbereichen – v. a. Film, Fernsehen und Spielwarenwelt – entstammen und die im Verbund mit diesen auf den Zeitschriftenmarkt gelangen, immer wieder temporär eine Rolle, ohne sich über längere Zeit halten zu können. Diese Sparte der Kinderzeitschrift ist in höchstem Maße abhängig von einander in rascher Folge ablösenden Konjunkturen des Kindermedienmarkts.

Stellt die Zeitschrift an sich schon in gewisser Weise ein flüchtiges Medium dar, so gilt dies in besonderem Maße für die von Fernsehpromotion und dergl. abhängigen Heftreihen. Die wenigsten von ihnen, wie etwa die schon in den 1970er Jahren erstmals publizierten Reihen *Biene Maja, Heidi, Pinocchio* u. a. hielten sich dauerhaft im Angebot, selbst wenn sie zeitweise Millionenauflagen erreichen. Medienverbund-Magazine der jüngeren Generation wie etwa *Power Rangers, Pokémon, Sponge Bob* und *Pumuckl* lassen zwar eine längere Marktpräsenz erkennen, doch bilden Comic-Geschichten hier nicht den hauptsächlichen Anteil.

Schien die Ära der Superhelden-Comics nach Einstellung der Heftserie *Superman* 1985 in den deutschsprachigen Ländern zu Ende gegangen zu sein, so haben sich diese in verändertem Gewand und offensichtlich mit einem neuen Publikum wieder im Angebot eingefunden, wenngleich die bescheidenen Auflagen mit denen der 1960er und 1970er Jahre nicht vergleichbar sein dürften. Hier traten als Wegbereiter neue Verlage wie Dino, Infinity und Marvel Deutschland, teilweise Gründungen nordamerikanischer Stammhäuser, auf den Plan, die sich mittlerweile größtenteils unter dem Dach des italienischen Verlagshauses Panini befinden. Die Fans dieses Comic-Genres finden sich unter den männlichen Jugendlichen zwischen 13 und 17. Es ist aber hier nicht zu übersehen, dass das Interesse an den Abenteuern der muskelbepackten Kolosse v. a. durch immer wieder neue TV-Serien und Kinofilme mit *Batman, Superman, Spider-Man* u. a. wachgehalten wird, welche die Comic-Verfilmung seit Ende der 1980er Jahre zu einer eigenständigen Sparte des Hollywood-Spielfilms gemacht haben.

Die wohl auffälligste Erscheinung im Bereich der Comic-Zeitschriften aber stellt die im Lauf der 1980er Jahre einsetzende Durchsetzung der an Mädchen adressierten Comic-Magazine und Heftserien dar. Sprichwörtliche Vorreiterin dieser zunächst hauptsächlich unter dem Slogan 'Mädchen-Pferde-Abenteuer' vorangetriebenen Entwicklung war *Conny,* eine von 1980 bis 1996 publizierte Serie des Bastei Verlags. Weitere Titel dieser Spielart sind *Wendy* (seit 1986) und *Lissy* (seit 1992). Zwar misslang der Versuch des Ehapa Verlags, mit der Heftserie *Minnie* (1997–2000) für Mädchen ein Pendant zu *Micky Maus* zu etablieren. Dauerhaft erfolgreich ist jedoch seit 1996 das Magazin *Barbie,* welches die traditionelle Spielzeugpuppengeschichte der Mädchenliteratur des 19. Jahrhunderts im modernen Bildgeschich-

Abb. 8 Das Mädchenmagazin *W.I.T.C.H* verbindet Stoffe und formale Elemente des Disney-Stils und des Manga.

tengewand präsentiert. Als eine Bildsequenz aus fotografierten, mit Sprechblasen versehenen Einzelbildern ist *Barbie* der wohl erste erfolgreiche Foto-Comic unter den deutschsprachigen Kinderzeitschriften. Ein gänzlich neuer Trend kam jedoch erst mit der in den italienischen Disney-Studios entwickelten Serie *W.I.T.C.H.* auf. Die seit 2002 in einer deutschsprachigen Version publizierten Geschichten präsentieren die Abenteuer einer fünfköpfigen Mädchengruppe mit magischen Fähigkeiten, deren Initiale den Titel der Serie bilden. Sowohl in Zeichenstil und Figurengestaltung als auch in den phantastischen Handlungen sind die Einflüsse des Manga unübersehbar. Von konventionellen Mädchen-Comics unterscheidet sich *W.I.T.C.H.* aber auch in der interkulturellen Anlage des selbstbewussten Mädchen-Quintetts, dessen Mitglieder nicht nur die üblichen unterschiedlichen Begabungen und Fähigkeiten aufweisen, sondern auch unterschiedliche Rassen und Kulturen repräsentieren.

5.2 Buchpublikationen

Während die Comic-Zeitschrift je nach Erscheinungsrhythmus bereits nach 14 Tagen oder gar einer Woche nicht mehr greifbar ist und eine neue Folge der Serie an ihre Stelle tritt, sind die Comics im Buchhandel insgesamt, u. U. vom ersten Band an, verfügbar. In größeren, unregelmäßigen Abständen kommen Neuerscheinungen hinzu. Der Buchmarkt gewährleistet auf diese Weise mehr Konstanz und länger anhaltende Verbreitung. Es ist offensichtlich, dass sich daraus ganz andere Wirkungschancen für das Comic-Buch ergeben. Trotz teilweise erheblich geringerer Auflagen nehmen die Comics für Kinder und Jugendliche in Buchform mit Blick auf die thematische wie auf die graphische Entwicklung der Gattung mittlerweile eine vorrangige Position ein. Einen grandiosen Aufstieg innerhalb der Printmedien erfuhr im Zusammenhang mit dem Vordringen des Manga in den westlichen Kulturraum das Taschenbuch. Da die Erstpublikation der Manga in Europa und den USA – im Gegensatz zu ihrem Ursprungsland – durchwegs nicht in Zeitschriften, sondern in teilweise vielbändigen Taschenbuchausgaben erfolgt, erlangte dieses Medium für die Gattung Comic erstmals eine eigenständige, bedeutende Position. Als preiswerte Alternative zum farbigen Hardcover-Album trugen die schwarz-weißen Taschenbuch-Editionen dazu bei, dass die angesprochenen Leser in der Lage sind, ihre Lektüre selbst zu erwerben – ein Umstand, der bislang dem Kiosk-Mark vorbehalten war und der die Separierung des Angebots weitgehend bestimmt hatte.

Als **Serien-Klassiker** der Comics für Kinder- und Jugendliche in Buchform sind solche Werke zu verstehen, die jeweils eigenständige Grundmuster des Genres und einen typischen Stil bieten und ihren anerkannten Platz in der Gattungsgeschichte besitzen bzw. bis in die Gegenwart behaupten; dies ist untrennbar mit individueller Autorschaft verbunden. Die Entdeckung, dass auch Comics eine eigene Autorenhandschrift besitzen, kommt erst im Lauf der 1970er Jahre auf –

Abb. 9 *Donald Duck* von Carl Barks. Aus der zuerst 1955 veröffentlichten Geschichte *Weihnachtsüberraschungen*; hier nach: *Barks Comics & Stories*. Berlin: Egmont 2003, S. 136

Abb. 10 Spiel mit Erzählperspektive und erzählter Zeit bei *Asterix* von Goscinny und Uderzo. Aus dem Band *Der Arvernerschild* (frz. 1967, dt. 1972)

Abb. 11 Protagonist Son Goku und die anderen Helden der Bestseller-Serie *Dragon Ball* von Akira Toriyama

ausgerechnet zu einer Zeit, als der literatur- und kulturwissenschaftliche Poststrukturalismus das Ende des Autors proklamierte. Im Zug von Entanonymisierung und Literarisierung des Comic sind mittlerweile auch deutschsprachige Werkausgaben selbstverständlich geworden. Auf diese Weise gelangen nicht wenige Gag Strips wie *Popeye, Peanuts, Garfield, Hägar* oder Adventure Comics wie Harold Fosters *Prinz Eisenherz,* die den Tages- oder Sonntagsstreifen der amerikanischen Presse entstammen, auch an das Kinder- und Jugendpublikum. Mit den *Donald Duck*-Geschichten von Carl Barks *(Barks Library* und *Barks Library Special* sowie *Comics and Stories,* Stuttgart: Ehapa 1993ff.), von denen Andreas Platthaus sagt, sie seien „von einer Originalität, die sich paradoxerweise dem Rekurs auf vertraute Motive verdankt" (1998, S. 130), liegen gültige Editionen des umfangreichsten klassisch gewordenen Comic-Werks vor.

Von nicht geringerer Bedeutung, doch überschaubarer stellt sich das Oeuvre Hergés (d.i. Georges Remi) dar *(Tim und Struppi,* 23 Bde., Hamburg: Carlsen 1967ff.). Hatte Barks es verstanden, den Disneyschen Zeichentrickstil erzählerisch überzeugend und erfindungsreich für den Comic zu adaptieren, so hat der Belgier mit seinem Stil der *Ligne Claire* eine für den westeuropäischen Comic epochemachende Ausdrucksform geschaffen, die über weite Strecken „im krassen Gegensatz zu dem unruhigen (und beunruhigenden) [...] Stil der meisten amerikanischen Comics" steht (Knigge 1996, S. 183). Mit André Franquins dynamisch-aktionsreicher Reihe *Spirou und Fantasio* (Hamburg: Carlsen 1981 ff.), die die Detektivgeschichte für Kinder im Comic pflegt, und den eher märchenhaften *Schlümpfen* von Peyo alias Pierre Culliford (12 Bde., Hamburg: Carlsen 1982 ff.) sind die Hauptvertreter der zweiten bedeutenden Schule belgischer Comic-Autoren benannt, die sich um die Zeitschrift *Spirou* scharten. Von anhaltender Wirkung sind weiterhin *Asterix* von Albert Uderzo (32 Bde., Stuttgart: Ehapa 1968 ff.) und *Lucky Luke* von Morris (Maurice de Bévère), eine Reihe, die mit über 80 Bänden eine der umfangreichsten europäischer Herkunft darstellt (Stuttgart: Ehapa 1977 ff.).

Abb. 12 *Sailor Moon* – mit Magie und Herz überwindet die junge Helding Bunny Tsukino alle Widrigkeiten der Welt. Aus: Bd. 1. Stuttgart: Egmont 1998 [unpag.]

Angesichts der Tatsache, dass der japanische Comic im deutschsprachigen Raum erst seit etwas mehr als einer Dekade eine relevante Größe darstellt, ist es um die Veröffentlichung klassisch zu nennender Reihen und Werke nicht schlecht bestellt. Hierunter fallen zunächst die einflussreichen Serien Osamu Tezukas wie *Astro Boy* (21 Bde., Hamburg: Carlsen 2000ff.) und *Kimba, der weisse Löwe* (3 Bde., Hamburg; Carlsen 2001) sowie Akira Toriyamas *Dr. Slump* (18 Bde., Hamburg: Carlsen 2000ff.) und *Dragon Ball* (42 Bde., Hamburg: Carlsen 1997ff.), jener Reihe, welche den Durchbruch des Mange seit Ende 1990er Jahre anführte. Für die Etablierung und Expansion eines an die jungen weiblichen Leser gerichteten Angebots sorgten wiederum spezielle Mädchen-Comics (jap.: *shôjo manga*), zu deren Klassikern mittlerweile Riyoko Ikedas *Die Rosen von Versailles* (7 Bde., Hamburg: Carlsen 2003ff.), Naoko Takeuchis *Sailor Moon* (18 Bde, Stuttgart: Egmont 1998/99) sowie *Card Captor Sakura* (12 Bde., Stuttgart: Egmont 2000/01) von der Gruppe Clamp gerechnet werden dürfen. Der weit überwiegende Teil der in den deutschsprachigen Ländern publizierten Manga richtet sich mittlerweile an die junge weibliche Leserschaft; dementsprechend hat sich der Anteil der Mädchen am Comic-Lesepublikum deutlich erhöht und übertrifft mittlerweile denjenigen der Jungen (vgl. Bouissou u.a. 2010, S. 254f.).

Die außerordentliche Verbreitung des Manga verdankt sich sicher nicht zuletzt der Einbettung in einen wirkungsvollen Medienverbund, in dem der Zeichentrickfilm (jap.: *anime*) eine wesentliche Rolle spielt. So wurde die Invasion des Manga auf dem Buchmarkt durch die Ausstrahlung von TV-Serien japanischer Herkunft seit Beginn der 1990er Jahre vorbereitet; häufig geht auch in der Gegenwart der Konsum von im Fernsehen ausgestrahlten Anime-Serien wie etwa *Naruto, One Piece, Inu Yasha, Detektiv Conan* u.a.m. der Lektüre der Printmedien voraus. Vor allem aber hat sich der Manga als ein höchst taugliches Mittel der Kommunikation und Teilnahme gegenwärtiger globaler Jugendkulturen erwiesen. Manga und ihre charakteristischen Figuren stehen im Mittelpunkt zahlreicher, oft höchst kreativer Fan-Aktivitäten, die sich in Internet-Blogs, auf Fan-Conventions und in den Verkleidungs- und Rollenspielevents des sogenannten Cosplay abspielen; diese Aktivitäten gipfeln in einer Amateurzeichner-Bewegung bisher nicht gekannten Ausmaßes. „Für Fans" – so konstatiert Jaqueline Berndt (2009, S. 36) – „ist der Manga als Stil in erster Linie eine (Bild-) Sprache, die sich gerade aufgrund ihrer hochgradigen Konventionalität mit anderen teilen lässt." Dass gerade die geschlechtsspezifischen Angebote recht ausgiebig weibliche und männliche Rollenklischees aller Art pflegen, ist offensichtlich und ist eine unverkennbare Grundlage von deren Popularität. Es ist allerdings eine Überlegung wert, ob sich nicht möglicherweise erst auf der Grundlage derartiger Stereotypen z.B. die Gegenbilder eines anderen Mädchen-Comic entwickeln könnten, ebenso wie der Underground Comic der 1970er Jahre nicht ohne die Stereotypen des amerikanischen Comic-book denkbar gewesen wäre.

Abb. 13 *Der Wind in den Weiden* als grafische Erzählung. Ein Meisterwerk von Michel Plessix. Aus: Bd. 4, Hamburg: Carlsen 2002

Neben diesen ausgesprochen populären Serien ist ein Phänomen zu verzeichnen, für das in den 1970er Jahren die Bezeichnung Autoren-Comic aufgekommen war, für das sich aber in jüngster Zeit der Terminus **Graphic Novel** eingebürgert hat. Gemeint sind damit mehr oder minder lange, erzählerisch ambitionierte Comic-Publikationen, die durchaus nicht immer in ihrem Umfang die 'große Form' des Romans erreichen. Zu berücksichtigen ist, dass es sich hierbei um eine Literaturrichtung handelt, die sich – teilweise provokativ – von der lange Zeit vorherrschenden kinderliterarischen Spielart des Comic abzusetzen und zu profilieren trachtet. Es macht deshalb wenig Sinn, die Graphic Novels in toto als die vermeintlich besseren oder wertvolleren Comics in die Kinder- und Jugendliteratur eingemeinden zu wollen. Dies schließt nicht aus, bestimmte Angebote unter diesen auf ihre Eignung als Kinder- bzw. Jugendlektüre bzw. für den Einsatz im schulischen Unterricht zu überprüfen. Dabei ist neben der geringeren oder größeren Komplexität der Form zweifellos die jeweilige stofflich-thematische Ausrichtung und deren Nähe zu den Leseinteressen der Kinder und Jugendlichen von grundlegender Bedeutung. So dürften sich etwa unter den neueren Comic-Biografien manche als geeignet erweisen, ebenso wie manche der historisch bzw. zeitgeschichtlich angelegten Werke, wie etwa Keiji Nakazawas Kriegs- und Familiengeschichte *Barfuss durch Hiroshima* (4 Bde., Hamburg: Carlsen 2004/05).

Gleichwohl haben sich mittlerweile durchaus ansehnliche Ausläufer der Graphic Novel im Bereich der Kinder- und Jugendliteratur entwickeln können. Die Konzepte, auch die verlegerischen, die diese Richtung entwickelt, sind durchaus unterschiedlich. Sie reichen von ausgesprochen innovativen Ansätzen in den Formen wie bei den Stoffen bis hin zu Angeboten, die bestimmten kinderliterarischen Traditionen verpflichtet sind und von daher eine gewisse Reputation versprechen. So publizierte der Ehapa Verlag, beginnend 1998, eine Reihe *Illustrierte Kinder Klassiker*, die in ihrer Bezeichnung einerseits an comicspezifische Legitimationsstrategien der 1950er Jahre erinnert und im Übrigen das Muster des „Dichter erzählen Kindern"-Gestus der 1960er Jahre fortsetzt. Versammelt sind hier mit Mazan (d.i. Pierre Lavaud), Miguelanxo Prado und Will Eisner außerordentlich profilierte moderne Comic-Autoren, die mit *Moby Dick*, *Das tapfere Schneiderlein* und *Peter und der Wolf* bekannte literarische Stoffe im Comic aufbereiten. Als Resultat liegen Geschichten vor, die in ihrer originellen graphisch-erzählerischen Umsetzung in ein durchaus spannungsreiches Verhältnis zu den Vorlagen treten.

Generell finden sich unter den kinder- und jugendliterarischen Graphic Novels überwiegend Adaptionen bekannter Stoffe, während sie bei den allgemeinliterarischen nur einen kleinen Teil ausmachen (vgl. Schmitz-Emans 2009). So legte etwa David Wenzel 1992 eine ursprünglich dreibändige gezeichnete Fassung des Tolkienschen *Hobbit* vor, die 2001 und 2008 in einer einbändigen Ausgabe des Carlsen Verlags erneut erschien; Michel Plessix schuf eine vierbändige Comic-Fassung von Kenneth Grahames *Der Wind in den Weiden* (Hamburg: Carlsen 1998–2002), und Isabel Kreitz veröffentlichte im Dressler Verlag zwei auf virtuose Weise den Zeichenstil Walter Triers aufnehmende Adaptionen Kästnerscher Kinderromane: *Der 35. Mai oder Konrad reitet in die Südsee* (2006) und *Pünktchen und Anton* (2009). In jüngster Zeit sind zunehmend auch Beiträge mit politisch-zeitgeschichtlicher Thematik vertreten, die dokumentieren, dass auch der kinder- und jugendliterarische Comic zusehends aus dem Stadium des Unterhaltungsmediums heraustritt. So haben Christoph Heuer und Gerlinde Althoff eine Comic-Neuerzählung von Klaus Kordons *Der erste Frühling* (Hamburg: Carlsen 2008) vorgelegt, während Stefani Kampmann Morton Rhues *Die Welle* (Ravensburger 2007) adaptierte. Mit Anike Hages 2008 ebenfalls bei Ravensburger erschienener, mangaesker Bearbeitung von Gudrun Pausewangs

Die Wolke deutet sich darüber hinaus ein Versuch an, die gleichsam flache, figurenzentrierte Erzählweise des konventionellen japanischen Comic an einer brisanten zeitgeschichtlichen Thematik zu erproben.

Damit einhergehend haben sich die seit den 1970er Jahren anhaltenden **Synthesen zwischen Bildgeschichte, Comic und Graphic Novel** im Medium Bilderbuch ausgeweitet und intensiviert. Zu den Autoren, die derartige Projekte über längere Zeit verfolgt haben, zählen u. a. Raymond Briggs, Janosch, Jörg Müller, Maurice Sendak, Posy Simmonds und Friedrich Karl Waechter. Markante Beispiele für Versuche, durch Grenzüberschreitungen neue literarische und graphisch-erzählerische Impulse zu geben, finden sich verstärkt seit Mitte der 1990er Jahre. So etwa der Adaption des Prokofjewschen musikalischen Märchens *Peter und der Wolf* von Loriot und Miguelanxo Prado (1997) oder in Rotraut Susanne Berners 1998 erschienener *Märchenstunde* (Beltz Verlag), deren jeweils fünfseitige, auf Grimmschen Vorlagen beruhende Geschichten vor allem von der Kontamination der alten Stoffe mit erzählerischen und zeichnerischen *beside gags* leben. Die mit flächigen, kontrastreichen Farben und klar konturierten Figuren angelegten Bilder entsprechen sowohl den Darstellungskonventionen des kinderliterarischen Comic und assoziieren gewissermaßen Merkmale des Erzählstils der Märchen, wie 'Flächenhaftigkeit' und 'Eindimensionalität'.

Abb. 14 Parodie des Grimmschen Märchens *Rapunzel* (1998)
von Rotraud Susanne Berner

Wieder anders verfährt Yvan Pommaux in seinen Geschichten um die anthropomorphe Katze Chatterton, die die Märchen von Rotkäppchen *(Detektiv John Chatterton,* Frankfurt: Moritz 1995), Schneewittchen *(Lilly,* Frankfurt: Moritz 1996) und Dornröschen *(Der große Schlaf,* Frankfurt: Moritz 1998) mit an Raymond Chandler geschultem detektivischem Spürsinn jeweils zum glücklichen Ende führt. In der zeichnerischen Ausführung perfekt, verzichtet Pommaux auf die Panellierung der einzelnen Seite. Die Intertextualität dieser Comics ist im Übrigen labyrinthischer und vielschichtiger angelegt. Im Gegensatz zu Rotraut Susanne Berners *Märchenstunde* stellen die Erzählungen von Pommaux doppelsinnige Kinderbücher dar (vgl. Ewers 2009, S. 31 ff.); ohne den kindlichen Leser zu desavouieren, halten sie einen Bedeutungsüberschuss für den kompetenten erwachsenen Leser bereit, der cineastisch und literarisch bewandert ist. Ähnliches gilt für die im Jubiläumsjahr 2009 erschienene *Struwwelpeter*-Parodie (Kein & Aber Verlag, Zürich) von Fil (d.i. Phillip Tägert) und Atak (d.i. Georg Barber), die in ihrer unbekümmerten Drastik und in ihrem Anspielungsreichtum zu den gelungensten ihrer Art zählt. Hier wird eine Tendenz zum Bilderbuch als Alle-Alter-Medium deutlich, die in der Gegenwart charakteristisch für einen nicht unerheblichen Teil der gesamten Produktion geworden ist und für die mittlerweile eine Reihe von Autorinnen und Autoren wie Martin Baltscheit, Nadia Budde, Ulf K., und Ole Könnecke stehen, die sich ebenso selbstverständlich wie experimentierfreudig der Formensprache und der Erzählweise des Comic bedienen.

Literaturverzeichnis

Abbott, Lawrence L.: Comic Art. Characteristics and Potentialties of a Narrative Medium. In: Journal of Popular Culture 1986, H. 4, S. 155–176.

Arnold, Heinz Ludwig/Knigge, Andreas C. (Hrsg.): Comics, Mangas, Graphic Novels. München: Edition Text + Kritik 2009 (=Text + Kritik Sonderband; 5).

Berndt, Jaqueline: Phänomen Manga. Comic-Kultur in Japan. Berlin: edition q 1995.

Berndt, Jaqueline: Shôjo global: Japanische Mädchenmanga zwischen Kitsch und Kritik. In: Comic in der Kinder- und Jugendliteratur. [Schwerpunktheft] Kinder-/Jugendliteratur und Medien 2009, H. 3., S. 32–38.

Bouissou, Jean-Marie/Dolle-Weinkauff, Bernd/Pellitteri, Marco/Beldi, Ariane: Manga in Europe. A Short Study of Market and Fandom. In: Manga. An Anthology of Global and Cultural Perspectives. Hrsg. v. Toni Johnson-Woods. London/New York: Continuum 2010, S. 253–265.

Brunner, Miriam: Manga – Die Faszination der Bilder. Darstellungsmittel und Motive. München: Fink 2009.

Cerwionka, Michael (Hrsg.): Lexikon der Comics. Loseblattsammlung. 11 Bde. Meitingen: Corian 1991–2010.

Diekmann, Stefanie (Hrsg.): Szenarien des Comic. Helden und Historien im Medium der Schriftbildlichkeit. Berlin: SuKulTur 2005.

Dinges, Ottilie: Der Einfluß der Comics auf den Bilderbuchstil. In: Comics. Ausstellung des Rheinischen Freilichtmuseums Kommern. Köln: Rheinland 1986, S. 77–90.

Dinter, Stefan/Krottenthaler, Erwin (Hrsg.): Comics machen Schule. Möglichkeiten der Vermittlung von Comics im Schulunterricht. Stuttgart: Klett-Cotta 2007.

Ditschke, Stephan/Kroucheva, Katarina/Stein, Daniel (Hrsg.): Comics. Zur Geschichte und Theorie eines populärkulturellen Mediums. Bielefeld: Transcript 2009 (Kultur- und Medientheorie).

Dittmar, Jakob F.: Comic-Analyse. Konstanz: UVK 2008.

Dolle-Weinkauff, Bernd: Comics. Geschichte einer populären Literaturform in Deutschland seit 1945. Weinheim, Basel: Beltz 1990.

Dolle-Weinkauff, Bernd: Schrift und Bild als Lesevorgabe im Comic. In: Deutschunterricht 55 (2002), H. 2, S. 17–20.

Dolle-Weinkauff, Bernd: Comics made in Germany. 60 Jahre Comics aus Deutschland 1947–2007. Mit Bio-Bibliografien von Sylvia Asmus und Brita Eckert. Wiesbaden: Harrassowitz [2]2008 (=Gesellschaft für das Buch; 10).

Dolle-Weinkauff, Bernd: Phänomen Comic-Roman. Zur Entstehung und Entwicklung der Graphic Novel. In: kjl&m 2009, H. 3, S. 16–28.

Ewers, Hans-Heino: Kinderliteraturhistorische Schlüsseltexte und kinderliterarischer Traditionskanon. In: Kinder- und Jugendliteraturforschung 2006/2007. Frankfurt/M. [u. a.]: Lang 2007, S. 97–102.

Ewers, Hans-Heino: Fundamental concepts of children's literature research. Literary and sociological approaches. Transl. from German by William J. McCann. New York: Routledge 2009.

Gaumer, Patrick: Larousse de la BD. Paris: Larousse 2004.

Gundermann, Christine: Jenseits von Asterix. Comics im Geschichtsunterricht. Schwalbach/Ts.: Wochenschau 2007 (Forum Historisches Lernen).

Gravett, Paul: Graphic Novels. Stories to Change Your Life. London: Aurum Press 2005.

Gravett, Paul: Manga. Sechzig Jahre japanische Comics. Köln: Egmont 2006.

Grünewald, Dietrich: Comics. Tübingen: Niemeyer 2000.

Grünewald, Dietrich: Comics im Deutschunterricht. In: Lange, Günter [u. a.] (Hrsg.): Taschenbuch des Deutschunterrichts. Bd. 2. Baltmannsweiler: Schneider 8. Aufl. 2003, S. 825–849.

Halbey, Hans-Adolf: Bilderbuch: Literatur. Neun Kapitel über eine unterschätzte Literaturgattung. Weinheim, Basel: Beltz 1997.

Harvey, Robert C.: The Art of the Funnies. An Aesthetic History. Jackson 1994.

Horn, Maurice (Hrsg.): The World Encyclopedia of Comics. Philadelphia: Chelsea House [2]1999.

Knigge, Andreas C.: Comics – Vom Massenblatt ins multimediale Abenteuer. Reinbek: Rowohlt 1996.

Knigge, Andreas C.: Alles über Comics. Eine Entdeckungsreise von den Höhlenbildern bis zum Manga. Hamburg: Europa 2004.

Krafft, Ulrich: Comics lesen. Untersuchungen zur Textualität von Comics. Stuttgart: Klett 1978.

Lettkemann, Gerd/Scholz, Michael: „Schuldig ist schließlich jeder ..." Comics in der DDR – Geschichte eines ungeliebten Mediums. Berlin: Mosaik 1994.

Mahne, Nicole: Transmediale Erzähltheorie. Eine Einführung. Göttingen: Vandenhoeck & Ruprecht 2007.

Mounajed, René: Geschichte in Sequenzen. Über den Einsatz von Geschichtscomics im Geschichtsunterricht. Frankfurt/M. [u. a.]: Lang 2009.

Mounajed, René: Comics in der Schule. Eine aktuelle Bestandsaufnahme. In: Ihme, Burkhard (Hrsg.): Comic Jahrbuch 2010. Stuttgart: ICOM 2009, S. 36–49.

McCloud, Scott: Comics richtig lesen. Hamburg: Carlsen 1994.

Packard, Stephan: Anatomie des Comics. Psychosemiotische Medienanalyse. Göttingen: Wallstein 2006.

Phillipps, Susanne: Erzählform Manga. Eine Analyse der Zeitstrukturen in Tezuka Osamus *Hi-no tori (Phoenix)*. Wiesbaden: Harrassowitz 1996.

Phillipps, Susanne: Tezuka Osamu. Figuren, Themen und Erzählstrukturen im Manga-Gesamtwerk. München: Iudicium 2000.

Platthaus, Andreas: Im Comic vereint. Eine Geschichte der Bildgeschichte. Berlin: Fest 1998.

Riha, Karl: Bilderbogen, Bildergeschichte, Bilderroman. Zu unterschiedlichen Formen des 'Erzählens' in Bildern. In: Haubrichs, Wolfgang (Hrsg.): Erzählforschung 3. Theorien, Modelle und Methoden der Narrativik. Göttingen: Vandenhoeck & Ruprecht 1978, S. 176–192.

Roeder, Caroline (Hrsg.): Comic in der Kinder- und Jugendliteratur. In: kjl & m [Schwerpunktheft] 2009, H. 3.

Sackmann, Eckart (Hrsg.): Deutsche Comicforschung. Bd. 1 (2005) – Bd. 6 (2010). Hildesheim: Comicplus 2004 ff.

Sackmann, Eckart: Die deutschsprachige Comic-Fachpresse. Hamburg: Comicplus 2000.

Schmitz-Emans, Monika: Literatur-Comics zwischen Adaption und kreativer Transformation. In: Ditschke, Stephan/Kroucheva, Katarina/Stein, Daniel (Hrsg.): Comics. Zur Geschichte und Theorie eines populärkulturellen Mediums. Bielefeld: Transcript 2009, S. 281–308.

Schröder, Horst: Die ersten Comics. Zeitungs-Comics in den USA von der Jahrhundertwende bis zu den dreißiger Jahren. Reinbek b. Hamburg: Carlsen 1982.

Schüwer, Martin: Wie Comics erzählen. Grundriss einer intermedialen Erzähltheorie der grafischen Literatur. Trier: WVT 2008.

Skodzik, Peter: Deutsche Comic-Bibliographie 1946 bis 1980. Frankfurt/M., Berlin, Wien: Ullstein 1985.

Tabbert, Reinbert: Bilderbücher als dramatische Kunst. In: Kinder- und Jugendliteraturforschung 1998/99. Stuttgart, Weimar: Metzler 1999, S. 11–17.

Thiele, Jens (Hrsg.): Neue Erzählformen im Bilderbuch. Untersuchungen zu einer veränderten Bild-Text-Sprache. Oldenburg: Isensee 1991.

Zimmermann, Hans Dieter (Hrsg.): Vom Geist der Superhelden. Comic Strips. Zur Theorie der Bildgeschichte. Berlin: Mann 1970 (dtv TB 891 – 1973).

Internet

http://www.germanistik.uni-bonn.de/comicforschung [Datenbank Sekundärliteratur Comic-Forschung. Red.: Joachim Trinkwitz]

GUDRUN STENZEL

Kriminalgeschichten

1 Definition

Eine Kriminalgeschichte bzw. in der gebräuchlichen Kurzform ein Krimi ist eine Erzählung, in deren Mittelpunkt ein Verbrechen steht, welches strukturbildend und die Handlung bestimmend ist, und in deren spannender und meist unterhaltsamer Handlung die Vorgeschichte und/oder die Aufklärung und die Folgen dieses Verbrechens geschildert werden.

> Krimis sind leicht zu identifizieren. Wie immer eine umfassende und exakte Definition aussehen mag – die Frage wird bei der Krimirezeption niemals wirklich akut –, niemand hat in der Praxis ernsthafte Probleme mit der Abgrenzung des Krimis von Nicht-Krimis. [...] *The Murder of Roger Ackroyd* ist ein Krimi; *Hamlet* ist keiner, auch wenn es um Mord und die Verfolgung des Schuldigen geht. (Suerbaum 1984, S. 11)

Krimis für Erwachsene erzählen in der Regel von Kapitalverbrechen, meist vorsätzlichem Mord, während Krimis für Kinder und Jugendliche häufig weniger existenziell bedrohliche Vergehen zum Gegenstand haben. Allerdings öffnet sich der Krimi für ältere Jugendliche und junge Erwachsene zunehmend schwerwiegenderen Verbrechen. So setzt in *Teufelsengel* von Monika Feth (2009) die Handlung ein, nachdem bereits vier Morde verübt wurden, und die 18-jährige Protagonistin muss um ihr Leben fürchten.

2 Geschichte

Frühformen des Krimis entstanden um 1800. Nach der Abschaffung von Folter zur Erzwingung von Geständnissen in Strafprozessen wurden durch Beobachtung und Erkundung gewonnene Indizien ebenso wie Zeugenaussagen in der Strafverfolgung wichtiger. Durch das in der Aufklärung wachsende Vertrauen in rational begründete, empirisch nachweisbare Erkenntnisse entwickelte sich ein beobachtender und analysierender Blick auch auf das Verbrechen. Parallel weitete sich der Buchmarkt aus, durch technische Entwicklungen im Buchdruck ebenso begünstigt wie durch wachsende Leserschichten als Folge der Ausweitung der Schulbildung. Das Bedürfnis nach unterhaltsamer und aufregender Lektüre stieg an.

Diese Faktoren förderten die Entwicklung von Literatur, die sich mit den Einzelheiten von Verbrechen befasste, wenn es sich auch anfangs nicht um Krimis im heutigen Sinne handelte. 1717 erschien in Frankreich *Causes Célèbres et Interéssantes* von François Gayot de Pitaval, eine Sammlung von Berichten über verschiedene Verbrechen. 1747 erschien der sogenannte *Pitaval* erstmals auf Deutsch, 1792 erneut, diesmal mit einem Vorwort von Friedrich Schiller. Verschiedene Autoren gaben in den folgenden Jahrzehnten ähnliche Sammlungen heraus, für die 'Pitaval' eine Genrebezeichnung wurde, so auch Egon Erwin Kisch mit dem *Prager Pitaval* (1931). Für viele Autoren wurde der eine oder andere *Pitaval* zu einer Fundgrube für Kriminalgeschichten. In dieser Zeit lebte auch Eugène François Vidocq, der nach einer langen Karriere als Dieb und Betrüger und vielen Jahren auf der Flucht vor der Polizei dieser seine Dienste anbot und 1811 die 'Sûreté', die zivile Sicherheitspolizei, mit begründete.

Schiller hatte bereits 1786 mit *Der Verbrecher aus verlorener Ehre* ein Werk verfasst, in dem er sich mit den Bedingungen und Hintergründen eines Verbrechens befasste. 1819 dann erschien *Das Fräulein von Scuderi* von E.T.A. Hoffmann, in dem eine ältere Dame eine rätselhafte Mordserie durch Beobachtungen und Schlussfolgerungen und durch Empathie aufklärt.

Mit *Die Morde in der Rue Morgue* schuf Edgar Allan Poe 1841 eine erste eindeutig als Kriminalerzählung zu bezeichnende Geschichte, in der die logischen Schlussfolgerungen eines Detektivs zur Aufklärung eines besonders scheußlichen und rätselhaften Verbrechens führen. In Folge entwickelt sich der Krimi als eigenständiges Genre immer weiter. Klassische Detektivgeschichten sind jene um Sherlock Holmes (Arthur Conan Doyle, ab 1887), Miss Marple (Agatha Christie, ab 1930) oder Kommissar Maigret (George Simenon, ab 1931). Ab 1930 etwa entstanden in den USA die „hard boiled"-Krimis, in denen einsame Detektive einer von mafiösen Strukturen zersetzten Welt als „lonely cowboys" zu trotzen versuchen (Dashiell Hammett, Raymond Chandler). Die Begründerin des Psychothrillers ist die US-Amerikanerin Patricia Highsmith, die 1950 mit *Strangers on a Train* ihren Durchbruch hatte.

Im deutschsprachigen Raum sind bis ins 20. Jahrhundert hinein vor allem Werke zu finden, in denen einzelne Krimi-Elemente in einer nicht krimi-typischen Handlung eine Rolle spielen, so in *Michael Kohlhaas* von Heinrich von Kleist (1810) oder *Die Judenbuche* von Annette Droste-Hülshoff (1842). Seit den 70er Jahren des 20. Jahrhunderts allerdings ist das Angebot auch an original deutschsprachigen Krimis groß und inhaltlich breit gefächert.

2.1 Entstehung des Kinder- und Jugendkrimis

Peter Hasubek (1974, S. 26–32) nennt einige Titel aus dem 19. Jahrhundert, die er als Vorläufer des Kinder- und Jugendkrimis ansieht, so *Oliver Twist* von Charles Dickens (1837), Mark Twains *Tom Sawyers Abenteuer* (1876) oder *Die Schatzinsel* von Robert Louis Stevenson (1883). Diese Werke weisen Merkmale auf, die Hasubek zufolge bereits auf den Krimi hindeuten: eine Rätselstruktur bzw. ein Geheimnis, ein kriminelles Element bzw. ein Verbrechen oder einen Verbrecher und die Verfolgung und Bestrafung eben dieses Verbrechers. Doch

Krimis im eigentlichen Sinne sind diese Texte nicht, da diese Merkmale nicht strukturbildend und handlungstragend sind. Zudem handelt es sich nur bei Stevensons *Schatzinsel* um ein intentionales Kinderbuch. Die anderen Texte sind zwar heute zur Jugendlektüre zu zählen, wurden aber nicht für Kinder oder Jugendliche verfasst.

Im angelsächsischen Raum erschienen ab ca. 1880 in Jugendzeitschriften immer wieder Kriminalgeschichten, die allerdings nie ins Deutsche übersetzt wurden (Carpenter/Prichard 1984, S. 146f.) Nicht vergessen werden darf in diesem Zusammenhang *Die Schatzsucher* von Edith Nesbit (OA 1899, erstmal 1948 auf Deutsch erschienen): Eine Geschwistergruppe, die der Familie wieder zum verlorenen Wohlstand verhelfen möchte und allerlei fantasievolle Aktivitäten startet, wird in einigen der Episoden mit Verbrechen konfrontiert. Auch hier sind die Krimi-Merkmale eher marginal, aber durch die Aktivitäten der Kindergruppe muss dieses Buch (wie andere Werke Nesbits auch) als Vorläufer der Kinderkrimis angesehen werden, in denen Kinder als Detektive aktiv werden.

Als Beginn der Entwicklung des eigenständigen Kinder- und Jugendkrimis muss *Emil und die Detektive* von Erich Kästner (1928) angesehen werden. Zwar finden sich bereits in *Kai aus der Kiste* von Wolf Durian (1927) manche der Motive, die Kästners Kinderkrimi auszeichnen, so die versammelte Macht und Durchsetzungskraft der Straßenjungen, doch ist dies Buch kein Krimi, da kein Verbrechen im Mittelpunkt steht.

In den folgenden Jahrzehnten erscheinen einige Krimis für Kinder und Jugendliche, die zum Teil bis heute beliebt sind und Klassikerstatus erlangt haben:

Abb. 1

Abb. 2

Abb. 3

1932 veröffentlichte Wilhelm Matthießen *Das rote U.* Bereits 1942 erschien der erste Band der ersten Kinderkrimi-Serie von Enid Blyton, *Fünf Freunde*, auf

Englisch. 1950 trat Astrid Lindgrens *Meisterdetektiv Blomquist* auf, gefolgt von den Bänden *Kalle Blomquist lebt gefährlich* (1952) und *Kalle Blomquist, Eva-Lotte und Rasmus* (1954). 1959 erschien Gepäckschein 666 von Alfred Weidenmann, und 1964 startete die anfangs unter Alfred Hitchcocks Namen publizierte Serie *Die drei ???* von Robert Arthur.

Seit den 1970er Jahren sind die Kinder- und Jugendkrimis zumindest auch gesellschaftskritisch. Die in Folge der Studentenbewegung sich entwickelnde 'neue Kinder- und Jugendliteratur' öffnete sich für politische und gesellschaftsrelevante Themen. Einige der Autoren von Krimis für Erwachsene schrieben nun auch Krimis für Kinder und Jugendliche, so Hansjörg Martin und -ky, und einzelne Kinder- und Jugendbuchautoren wandten sich auch dem Krimi zu. Max von der Grün erzählte in *Vorstadtkrokodile* (1978) von einer Kindergruppe, die ein Verbrechen aufklärt, sich dabei aber auch mit gesellschaftlichen Themen, z. B. der Integration Behinderter, auseinandersetzt. Christine Nöstlingers *Der Denker greift ein* (1981) erzählt von der Aufklärung von Diebstahl in einer Schulklasse.

Mittlerweile ist das Angebot umfangreich und vielseitig. Literarisch besonders anspruchsvolle Texte wie *Der Unsichtbare* von Mats Wahl (2001) nutzen das Genre Krimi, wollen aber nicht vordergründig unterhalten, sondern bieten eine Möglichkeit zur Auseinandersetzung mit Gewalt. Eine Vielzahl von Serien und auch Einzeltiteln wie *4½ Freunde* von Joachim Friedrich oder *Fletcher Moon – Privatdetektiv* von Eoin Colfer (2007) erzählen unterhaltsam, witzig und spannend, literarisch unterschiedlich gelungen, von den Abenteuern von Kinderdetektiven. Der Medienverbund spielt eine Rolle bei der Vermarktung vor allem der Serien. Die Hörfassungen, meist gekürzte Lesungen, erscheinen wie bei anderen Kinder- und Jugendbüchern auch häufig fast zeitgleich mit dem Buch. Verfilmungen sind, wie 2009 bei den *Vorstadtkrokodilen*, Anlass für Neuauflagen als „Buch zum Film" auch älterer Titel. Zu TV-Serien erscheinen Bücher und Hörfassungen, wie bei *Die Pfefferkörner*, einer Kinderkrimiserie, die seit 1999 mit immer wieder neuen Staffeln und 2009 auch mit neuen Hauptdarstellern Kriminalfälle aus der Hamburger Speicherstadt erzählt. Die Rätselstruktur von Detektivgeschichten lässt sich als Grundlage für Computer-Adventures nutzen, wie bei den beliebten Serien Kommissar Kugelblitz (Scheffler 2009) und TKKG (Wolf 2009, vgl. Josting 2002). In der Serie *Krimi.de* kommen seit 2005 vier Ermittlerteams aus vier deutschen Städten zum Einsatz, und über die Internetseite des kika können Fans sich über diese Teams aus Kindern und z. T. bekannten TV-Ermittlern informieren. Ursula Poznanski siedelt ihren Thriller *Erebos* (2010) in einer Online-Spielwelt an und entwickelt Spannung aus der Verknüpfung von „real life" und virtuellen Erlebnissen.

3 Typologie

Wenn auch allen Krimis gemeinsam ist, dass ein Verbrechen im Mittelpunkt steht und strukturbildend für die Handlung ist, sind doch auffällige Unterschiede zwischen verschiedenen Krimitypen auszumachen.

3.1 Detektivgeschichten

Die Detektion, also Aufklärung eines Falles ist das zentrale Thema der Detektivgeschichte. In der Regel setzt die Erzählung mit dem Verbrechen ein, und im Verlauf der Aufklärung erfährt der Detektiv und mit ihm der Leser einiges aus der Vorgeschichte des Falles. Klassische Detektivgeschichten sind im Kern kunstvoll aufgebaute Verstrickungen, und die Auflösung ist vorrangig ein intellektuelles Vergnügen. Die gesellschaftlichen und individuellen Hintergründe sind sekundär. Eine gesellschaftskritische Detektivgeschichte hingegen ist vorrangig an den gesellschaftlichen und auch individuellen Hintergründen eines Verbrechens interessiert; die spannende Handlung ist Anlass, sich mit dem Zustand der Gesellschaft zu beschäftigen.

> Dieses Beobachtungen-Anstellen, daraus Schlüsse-Ziehen und damit zu Entschlüssen-Kommen gewährt uns allerhand Befriedigung schon deshalb, weil der Alltag uns einen so effektiven Verlauf des Denkprozesses selten gestattet und sich für gewöhnlich viele Hindernisse zwischen Beobachtung und Schlußfolgerung sowie zwischen Schlußfolgerung und Entschluß einschalten. [...] Wir bekommen im Kriminalroman jeweils ausgezirkelte Lebensabschnitte vorgesetzt, isolierte, abgesteckte kleine Komplexe von Geschehnissen, in denen die Kausalität befriedigend funktioniert. (Brecht (1938/40), zit. nach Finckh 1974, S. 50f.)

Brechts Überlegungen zum Hintergrund der Faszinationskraft der Detektivgeschichten sind nach wie vor zutreffend: Sie sind bis zu einem gewissen Punkt 'Mit-Rate-Krimis', und das Lesevergnügen entsteht zu einem großen Maße daraus, intellektuell gefordert zu sein und mit dem intellektuellen Einsatz zum Ziel zu kommen. Diese Überlegungen gelten auch für Detektivgeschichten für Kinder und Jugendliche, was sich zum Teil in den direkt zum Mitraten konzipierten Krimis niederschlägt, aber auch in Detektiv-Computerspielen und in den wenigen 'interaktiven' Krimis. Frühe Beispiele für Mitratekrimis sind *Die Abenteuer der schwarzen Hand* (Press 1965) und *Der Club der Detektive* (Ecke 1976). Diese Anregung zum Beobachten, zum logischen Denken, zum Beachten der kleinsten Kleinigkeit erhöht die Spannung. Eine gute Detektivgeschichte muss die im Text verstreuten Hinweise ernst nehmen: Der Leser wird für seine Beobachtung und Kombinationsgabe dadurch belohnt, dass diese Hinweise und die daraus gezogenen Schlüsse tatsächlich eine Bedeutung für die Auflösung haben. Dabei kann der Leser durchaus durch falsche Fährten an der Nase herumgeführt werden.

Abb. 4

Fletcher Moon (Eoin Colfer 2007), *Sammy und der Schatz der bärtigen Mary* (van Draanen 2002) und *Was geschah in Echo Falls* (Peter Abrahams 2009) sind herausragende Beispiele für Kinder- und Jugend-Detektivgeschichten.

3.2 Verbrechensgeschichten

Im Mittelpunkt steht hier das Verbrechen bzw. die Person, die ein Verbrechen begeht. Erzählt wird in der Regel chronologisch, das heißt, die 'Vorgeschichte' mit der Planung der Tat und auch die Entwicklung des Täters stehen im Mittelpunkt.

Lange bezeichnet den Krimi als Chamäleon, denn „er passt sich den historisch-gesellschaftlichen Bedingungen seiner jeweiligen Entstehungszeit optimal an" (Lange 2005, S. 527). So bietet der Krimi durch seine Offenheit den Autoren die Möglichkeit, die jeweilige gesellschaftliche Situation zu reflektieren. Nicht nur, aber besonders auffällig geschieht dies in gesellschaftskritischen Krimis. Gerade in der Kinder- und Jugendliteratur scheint sich dieser Krimityp gut zu behaupten, wohl auch, weil so Inhalte, die als pädagogisch wichtig erachtet werden, im Rahmen einer spannenden Handlung in den Mittelpunkt gerückt werden können.

> Triebfedern, welche sich im gewöhnlichen Leben dem Auge des Betrachters verstecken, treten bei solchen Anlässen, wo Leben, Freiheit und Eigentum auf dem Spiele steht, sichtbarer hervor, und so ist der Kriminalrichter imstande, tiefere Blicke in das Menschenherz zu tun. (Schiller (1792), zit. nach Finckh 1974, S. 49)

Erwartungsgemäß sind in diesem Krimityp vorwiegend Titel zu finden, die sich an ältere Kinder und Jugendliche richten, denn die abenteuerliche und unterhaltsame Ermittlung und die Lösung eines Falles sind in den Hintergrund gerückt. Zentral ist das Verbrechen, zentral ist der Blick auf den Täter. Verbrechen werden auch als Folge gesellschaftlicher (Fehl-)Entwicklungen gesehen.

> Damit erwartet den Leser am Ende nicht mehr die Befriedigung durch eine Lösung, sondern die Offenheit einer Problemsituation, mit der er sich auseinandersetzen muss. Die Frage nach der Schuld wird hier zur Frage nach der menschlichen Existenz; damit sind die Übergänge zum Problemroman fließend. (Lange 2005, S. 529)

Schwarzer Schnee (Lotte Kinskofer 2010) erzählt, wie ein Mädchen nach und nach herausfindet, dass ihr Bruder mit Drogen handelt, angeworben von ihrem Freund. Der Bruder steckt in großen Schwierigkeiten, da seine vermeintlichen

Freunde ihm den Stoff abgenommen haben und er nun selber nicht bezahlen kann. Die Schwester versucht auf eigene Faust die Hintergründe aufzudecken, lernt so die Drogenszene erschreckend intensiv kennen und blickt hinter die Fassade ihres Freundes, aber auch anderer junger und erwachsener Mitbürger in der heimatlichen Kleinstadt.

3.3 Thriller

Im Mittelpunkt steht in der Regel eine Verfolgung. Häufig wird ein bereits bekannter Täter verfolgt, manchmal aber auch eine Person, die als Zeuge einem oder mehreren Verbrechern gefährlich werden kann.

Anders als Günter Lange, der den Thriller als Agentenroman in der Nachfolge von *James Bond* versteht, wird hier eine weite Definition zu Grunde gelegt, die Nina Schindler in ihrem *Mordsbuch* verwendet:

> Auf emotionale Spannungseffekte angelegte, actionreiche Abenteuerkrimis, mit denen das Publikum in die Handlung einbezogen werden soll (Schindler 1997, S. 14)

Sehr häufig ist der Thriller die Geschichte einer Verfolgung, und der Leser nimmt die Perspektive des Verfolgten oder eines der Verfolger ein, ist also eng in das Geschehen einbezogen. Die Lesemotivation entsteht durch die Spannung, die häufig durch Verschwörungen und die Einsamkeit der Protagonisten, die sich ohne Freunde sehen, auf die Spitze getrieben wird. Mit erzählerischen Mitteln, die an die Perspektive des 'Ego-Shooters' oder der subjektiven Kamera erinnern, also mit einer konsequent eingehaltenen Sichtweise einer der Hauptpersonen wird der Leser in die Handlung einbezogen und kann sich dem Handlungsfluss und der Spannung kaum entziehen.

Thriller können sich mit Verschwörungen in Politik, Wirtschaft und im organisierten Verbrechen befassen und erzählen, wie sogar Unbeteiligte plötzlich in den Strudel der Ereignisse geraten und sich von nicht einschätzbaren Mächten verfolgt sehen. Thriller können auch als Psychothriller von spannungsgeladenen Beziehungen zwischen Menschen erzählen, die in tatsächlichen oder vermeintlichen Bedrohungssituationen eskalieren.

Teufelsengel (Feth 2009) sind Mitglieder einer katholischen Sekte, die Exorzismus bis zur Tötung der angeblich von Dämonen besessenen Menschen betreiben. Die Volontärin Romy recherchiert mehrere Todesfälle und gerät selber in ernste Gefahr. Die Leser wissen bald mehr als sie und sehen, wie sie in die Falle tappt. Durch die Schilderung paralleler Handlungsstränge und die Zuspitzung der Bedrohung entsteht große Spannung, nicht durch die Aufklärung der Fälle.

4 Merkmale und Strukturen

Krimis für Kinder und Jugendliche spiegeln in doppelter Weise gesellschaftliche Entwicklungen wider: Zum einen, indem sie, wie auch Krimis für Erwachsene, gesellschaftliche Hintergründe und Schauplätze realistisch abbilden, auch wenn die Handlung fiktional und auf Spannungsmomente hin konstruiert ist. Zum anderen aber spiegeln Kinder- und Jugendkrimis gleichzeitig gesellschaftliche Vorstellungen von den kindlichen und jugendlichen Leserinnen und Lesern wider: Mit welchen Verbrechen, mit welchen 'menschlichen Abgründen' darf man die Heranwachsenden konfrontieren? Im Einzelnen zielen folgende Fragen auf relevante Kriterien ab:

- Wie viel Spannung, wie viel und welche Art von Verbrechen wird den Heranwachsenden zugemutet?
- Werden die Leser mit einem offenen Ende konfrontiert (in Hinblick auf die Lösung eines Falles und/oder auf moralisch-ethische Fragen)?
- Werden die kindlichen oder jugendlichen Leser mit Hilflosigkeit von Erwachsenen konfrontiert?
- Entsteht Spannung nur aus dem äußeren Handlungsverlauf, oder wird auch mit hintergründiger Spannung z. B. auf der Basis der inneren Entwicklung der Protagonistinnen und Protagonisten gearbeitet?
- Wird mit Verschlüsselungen, Leerstellen, Andeutungen, wichtigen nebenbei erwähnten Indizien gearbeitet, oder wird alles eindeutig und unübersehbar gesagt?
- Stehen erwachsene oder kindliche bzw. jugendliche Personen im Mittelpunkt?
- Stehen weibliche oder männliche Personen im Mittelpunkt, wie sind ihre Beziehungen zueinander, insbesondere in Hinblick auf aktives Eingreifen und Gewalt?
- Wie ist das Verhältnis zwischen den Heranwachsenden und den Erwachsenen? Helfen sie sich gegenseitig, oder konkurrieren sie?
- Wer ist Opfer, wer ist Täter, Heranwachsende oder Erwachsene, d. h. spielt der Fall im Milieu der Heranwachsenden, oder ist die Darstellung ein Blick in die Erwachsenenwelt?
- Steht eine Ermittlung im Mittelpunkt, oder geht es um die Hintergründe und Folgen eines Verbrechens?
- Wie schwerwiegend und die bestehende Gesellschaftsordnung in Frage stellend ist das Verbrechen?
- Ist die Handlung eher komisch überzeichnend bzw. fantastisch-abenteuerlich, oder ist sie eher realitätsnah?
- Gibt es gesellschaftskritische Aspekte?
- Welche Altersgruppe ist angesprochen?

4.1 Die Spur ist heiß

Van Draanens Serie um Sammy ist eine der herausregenden Detektivserien für Kinder:

Sammy, eine zwölfjährige Schülerin, lebt bei ihrer Großmutter in einem überschaubaren Ort im Westen der USA. Etwas aufbrausend, immer gegen Ungerechtigkeiten aufbegehrend, mutig und ausgestattet mit guter Beobachtungs- und Kombinationsgabe, gerät sie immer wieder in Verwicklungen um Verbrechen, in deren Auflösung sie ihre nicht besonders darauf erpichten Freundinnen mit hineinzieht. In *Sammy und der Schatz der bärtigen Mary* löst Sammy ein Familienrätsel und dadurch einen Fall von Drogenhandel und Brandstiftung. (Van Draanen 2002)

Die dreizehnjährige Ingrid ermittelt ähnlich chaotisch, aber anfangs unfreiwillig, in *Was geschah in Echo Falls?* (Abrahams 2009). Auf der Suche nach ihren Fußballschuhen gerät sie immer tiefer in die Ermittlung eines Mordfalles. Angefangen hat alles damit, dass sie im strömenden Regen alleine zu Fuß zum Fußballtraining gehen wollte – eine ungewöhnliche Idee in einer amerikanischen Kleinstadt, in der Kinder und Jugendliche immer von den Eltern zu ihren Aktivitäten und Verabredungen gefahren werden. Nach und nach unternimmt sie weitere heimliche 'Ausflüge', um den Mord aufzuklären und ihre vorherigen Eskapaden zu vertuschen und bringt sich dadurch selbst in Gefahr, denn plötzlich ist sie, ohne es zu wissen, dem Mörder beängstigend nahe gekommen.

Beide Serien weisen typische Merkmale von Detektivgeschichten für Kinder und Jugendliche auf:

- Die Geschichte spielt in einem überschaubaren Rahmen mit einem begrenzten, in mehreren Bänden immer wieder auftretenden Personenarsenal und wiederkehrenden Schauplätzen.
- Parallele Handlungsstränge erzählen von einem Kriminalfall und der persönlichen Entwicklung der zentralen Protagonistinnen und Protagonisten.
- Zwischen jugendlichen und erwachsenen Detektiven gibt es Streit, da die erwachsenen Ermittler sich die jugendliche Einmischung verbitten. Dies führt zu Konflikten und/oder zu komischen Situationen.
- Eine Gruppe von Heranwachsenden oder eine einzelne jugendliche Figur haben den Hauptanteil an der Auflösung eines Falles, doch erwachsene Ermittler und Helfer greifen rettend ein, wenn die Jugendlichen in eine bedrohliche Situation kommen.
- Die Fälle sind häufig abenteuerlich angelegt und bauen auf einem 'romantischen' Geheimnis auf.
- Die Ermittlungen motivieren die Protagonisten zur Erkundung ihrer Umwelt außerhalb des ihnen alltäglich zugänglichen Bereiches; dabei sind sie risikobereit und übertreten Ge- und Verbote.

Bereits Leseanfänger können an Detektivgeschichten ihre Lesefähigkeit üben, denn auch in Erstlesereihen sorgen spannende Handlungen und unerwartete Wendungen für anhaltendes Leseinteresse. So löst Mini, die kleine Heldin aus Christine Nöstlingers Reihe für Leseanfänger, einen für Kinder dramatischen Fall: Ihr Bruder wird des Diebstahls verdächtigt, da ihm bei einer Schulhofrauferei eine fremde Brieftasche aus der Jacke fällt. Niemand außer Mini ist von seiner Unschuld überzeugt, und sie findet durch detektivische Kleinarbeit die überraschende Erklärung: Vertauschte Jacken in einem Zahnarztwartezimmer (Nöstlinger 1996).

Abb. 5

Nicht ganz so nah an realen gesellschaftlichen Situationen, mehr in einer Kinder-Spielwelt angesiedelt sind die Fälle des kleinen Detektivs Nick Nase, der in *Nick Nase und die Geister* die Katze seiner Freundin Sylvi sucht und sie friedlich schlummernd im Korb mit eingesammelten Haloween-Süßigkeiten findet (Sharmat/Kersten 1992).

Hier geht es nicht um tatsächliche Kriminalfälle (auch wenn sich Minis 'Krimi' am Ende in Wohlgefallen auflöst, stand doch am Anfang der ernste Verdacht), sondern um kindliche Sorgen, die von Nick Nase wie in einem kindlichen Rollenspiel gelöst werden. Doch diese kindlichen Sorgen werden ernst genommen, und die Kinder agieren nur unter sich. Keine erwachsenen Kommentare relativieren diesen Ernst. Spannende Situationen (die Suche führt Nick in ein unheimliches leeres Haus, in dem die Katzen gerne spielen) und Indizien und Hinweise (Warum ist Sylvis Korb so viel schwerer als der ihrer Freundin?) betonen neben der Detektivfigur dic Anleihen beim Krimi.

Enid Blyton hat in ihren bis heute erfolgreichen Serien den Grundstein für Kinder-Detektivserien gelegt. Dabei sind ihre Geschichten nicht realitätsnah, sondern schildern besonders abenteuerliche, fast exotische Erlebnisse, immer in den Ferien, die die Kindergruppe gemeinsam verbringt. Unbewohnte Inseln und verlassene Gemäuer geben für diese Abenteuer den Hintergrund ab, die an kindliches Rollenspiel, an Räuber- und Gendarm- oder Schatzsucher-Geschichten erinnern. Bei aller berechtigter und schon häufig geäußerter Kritik (an Klischees, an völlig unrealistischen Handlungen, an fast durchweg negativ dargestellten Erwachsenen und Schwarz-Weiß-Malerei) sollte nicht übersehen werden, dass Blyton hier auf ein großes Leseinteresse geantwortet hat: auf die Lust am Spiel, das Omnipotenzfantasien Raum bietet, und auf den Wunsch nach

Abenteuern, die sich nicht nach der Grenze des in der Realität Möglichen orientieren. Das Exotische und Abenteuerliche findet sich wieder z. B. in den historischen Detektivgeschichten, die allerdings literarisch überzeugender sind und zudem teilweise historische Details vermitteln. (Parigger 2009, Terhart 2009)

Viele der heute verfassten Kinder-Detektivserien spielen in alltäglicher, meist städtischer Lebensumwelt, so die Serien von Joachim Friedrich: Vier Kinder und ein Hund bilden die *4½ Freunde* des Detektivbüros „Kalle und Co". Vor allem Chef Kalle ist wild hinter Fällen her, die (seiner alleinigen Meinung nach) nur durch seine überragenden Fähigkeiten zu lösen sind. Die anderen Mitglieder des Detektivbüros verfolgen seine Bemühungen eher mit Sorge. Der *Schrei aus dem Lehrerzimmer* wird von ihnen aus unterschiedlichen Motiven zum Anlass kriminalistischer Aktivitäten genommen. Am Ende löst sich alles harmlos auf: Der Hausmeister hielt in seinem Haus verbotener Weise die Katzen seiner alten Mutter, und die schrien beängstigend, verwüsteten seinen Kiosk und tobten durch Lehrerzimmer und Umkleideräume. (Friedrich 1999)

Die Zielgruppe der Serien wird immer genauer ins Auge gefasst, und so gibt es neben der etablierten, Kultstatus genießenden Serie *Die drei ???* mittlerweile *Die drei ???-kids* (Blanck 2010) und *Die drei !!!* (Vogel 2009). Erstere richtet sich an Kinder im frühen Grundschulalter, letztere an Mädchen.

4.2 Wie wird ein Mensch zum Täter?

Die Kinder- und Jugendliteratur widmet sich seit den 1970er Jahren verstärkt dem Ziel, die Heranwachsenden über gesellschaftliche Strukturen aufzuklären und ihnen so Möglichkeiten zu eröffnen, die Welt zu verändern. Doris Gerckes bisher einziger Kinderkrimi *Für eine Handvoll Dollar* ist eine erschütternde Darstellung sozialer Hintergründe einer Tat: Die 13-jährigen Red Bull und John werden zu Tätern, als John Geld von Drogendealern 'veruntreut' und zur Wiederbeschaffung einen Überfall plant. Alles geht schief, und die beiden Kinder erschießen die Mitarbeiter des überfallenen Coffeeshops. Aus Angst. Damit endet das Buch, doch dies offene Ende ist nicht wirklich offen, denn die beiden Kinder haben nun kaum noch eine Chance auf ein 'normales' Leben. (Gercke 2004)

Jürgen Banscherus beschränkt sich in *Novemberschnee* auf einen kleinen Ausschnitt aus dem Leben seiner Ich-Erzählerin und bleibt so sehr dicht an den konkreten Hintergründen für ihre Tat: Lina erzählt ihrem Anwalt, wie sie und ihre Freunde Tom und Jurij mehr durch Zufall zu Bankräubern wurden und den Tod einer alten Frau auf dem Gewissen haben. Eigentlich, so Linas relativ glaubwürdiger Bericht, war es ein Spiel, ein „So-tun-als-ob", um jedenfalls gedanklich dem tristen Alltag zu entfliehen. Auf der Flucht sterben Tom und Jurij, durch Toms Waffe, aber durch wessen Hand? Lina ist verdächtig, aber sie beteuert ihre Unschuld und hat eine schlüssige Version. Was stimmt? (Banscherus 2002)

Banscherus gibt keine klaren Antworten auf die Fragen nach dem Warum; er deutet an und überlässt es dem Leser, sich Erklärungen für Linas Verhalten zu suchen. Vor allem aber überlässt er es dem Leser, die Frage nach dem tatsächlichen Verlauf zu beantworten.

Mit seiner Konzentration auf die Flucht der drei Jugendlichen gelangt Banscherus' Geschichte in die Nähe zum Thriller.

4.3 Die Opfer

Gerade in Verbrechensgeschichten und in gesellschaftskritischen Detektivgeschichten ist der Fokus auf dem Täter, und es werden häufig gesellschaftliche Ursachen für Verbrechen angenommen. Doch in einigen Titeln ist die Perspektive eine andere: Die Opfer kommen in den Blick, ihr Leid wird dargestellt.

Helen Vreeswijk erzählt in *Chatroom-Falle* (2009), wie zwei Mädchen durch einen Internetkontakt an jemanden geraten, der sie unter Drogen setzt, um Pornofotos zu machen. Auch hier wissen die Leser mehr als die Protagonistinnen, denn in einem zweiten Handlungsstrang wird von den Vorbereitungen des Mannes erzählt. Doch auch die Leser wissen bis zum Schluss nicht, wer von den zahlreichen Internetkontakten derjenige ist, dem die Mädchen lieber nicht trauen sollten. Am Ende haben die Mädchen durch das, was sie unter Drogen erlebt und selber getan haben, ihr gegenseitiges Vertrauen und dadurch auch ihre Freundschaft verloren, und die seelischen Folgen des Missbrauchs vor der Kamera werden sie vermutlich ihr Leben lang begleiten.

Krystyna Kuhn wählt ein spektakuläres Ambiente für ihren Thriller um das Thema Mobbing: *Aschenputtelfluch* (2009) spielt in einen teuren Elite-Internat, das einzelne begabte Jugendliche als Stipendiaten aufnimmt. Diese haben es schwer, denn die meisten Jugendlichen sind reich, aber wenig an den Unterrichtsinhalten interessiert. Das Mobbing im Internat führte bereits einmal zu einem spektakulären Selbstmord. Jule, anfangs überglücklich mit ihrem Stipendium, gerät in denselben Strudel aus dem Wunsch, anerkannt zu werden, und der Gewissheit, nicht dazu zu gehören. Allerdings sind Handlung und Figurenzeichnung wenig überzeugend.

4.4 Wer verfolgt wen?

Thriller leben von der Spannung einer Verfolgung. Häufig erfahren die Leser mehr als die Protagonisten, da mehrsträngig erzählt wird, und wissen so wesentlich früher, wodurch ein Protagonist bedroht wird. Auch das erhöht die Spannung.

Mit politischem Hintergrund erzählt Malcolm Rose in *LAB 47. Gefahr aus dem Labor*: Der äußerst spannende Thriller beschreibt sehr genau, wie eine zufällig bei der Entwicklung eines Medikaments gegen die nur Schwarze bedrohende

Sichelzellenanämie entdeckte Biowaffe, die nur für Menschen mit schwarzer Hautfarbe gefährlich wäre, entgegen aller nationalen und internationalen Bestimmungen vermarktet werden soll. Durch einen Zufall kommt der junge Chemiker Kyle den Machenschaften seines Arbeitgebers, eines internationalen Pharmakonzerns, als Entwickler dieser Waffe auf die Spur und kann mit Hilfe anderer den Drahtziehern Einhalt gebieten (Rose 2004).

Rose stellt in kurzen Szenen die ökonomischen und politischen Hintergründe der Entwicklung und des potentiellen Einsatzes einer solchen Waffe dar: Wortverdrehungen machen aus einer Biowaffe wieder ein Medikament, das zu Forschungszwecken eingesetzt werden soll – so kann die zuständige Ministerin die Ausfuhrgenehmigung erteilen, ohne gegen britische und internationale Biowaffenbestimmungen zu verstoßen; weiße Farmer im nicht mehr offiziell mit Apartheid regierten Südafrika wollen mit der Waffe ihre Landarbeiter töten, um so einer echten Machtverschiebung zuvorzukommen. Die Manager des Pharmakonzerns stellen Profitmaximierung über jede ethische Argumentation. Ein Rassist, der in der amerikanischen Niederlassung des Konzerns arbeitet und Proben der Biowaffe aus dem Werk schmuggelt, um seinen persönlichen Feldzug gegen die schwarze Bevölkerung in den USA zu beginnen, erinnert an die mit Anthrax-Pulver gefüllten Briefe, die 2001 in den USA verschickt wurden.

Gewalt ist nicht nur bedrohlich, Gewalt fasziniert auch. Die Strukturen, in denen sich Gewalt in alle ihren Facetten entwickeln kann und aus denen die Menschen nur schwer ausbrechen können, sind Gegenstand in dem Psychothriller. Zunehmend gibt es Titel, die sich an ältere Jugendliche und junge Erwachsene richten, die dem Psychothriller zuzurechnen sind.

Schlafende Hunde (Hartnett 1998) sollte man nicht wecken, das muss der arrogante Bow Fox erfahren, der mit seinem Wohnwagen auf der Suche nach pittoresken Gemäldemotiven auf dem heruntergekommenen Campingplatz der Willows landet. Die Willows leben abgeschieden und nur aufeinander bezogen in der Nähe einer kleinen Stadt. Den Campingplatz betreiben sie widerwillig, um Geld für den Erhalt ihrer (ebenfalls recht verwahrlosten) Farm einzunehmen. In dieser Abgeschiedenheit, in der die Familienmitglieder vom Vater auf bedingungslose Loyalität eingeschworen werden, entwickelt sich über die Jahre eine inzestuöse Beziehung zwischen Jordan und seiner etwas älteren Schwester Michelle. Alle außer dem jährzornigen und despotischen Vater wissen darum und schützen das Paar durch ihr Schweigen. Bow Fox aber, der eine Ablehnung, wie er sie von den Willows erfährt, nicht gewöhnt ist und ein Auge auf Michelle geworfen hat, entdeckt das Geheimnis und ist so dumm, dies den Geschwistern gegenüber anzudeuten. Diese nutzen seine Hundephobie aus und hetzen in einem zwar objektiv ungefährlichen, aber für Bow Fox undurchschaubaren Spiel ihre Hunde auf ihn. Seine Rache endet für Jordan tödlich, was besonders erschütternd ist, da Jordan der einzige war, der Unbehagen bei der Jagd auf Bow artikuliert hat.

Zudem war er der Erste der Geschwister, der Pläne zum Fortgehen aus der beklemmenden Familienenge schmiedete (Hartnett 1998).

Als Leser ist man unweigerlich von der Atmosphäre des Buches gefangen, so wie auch die Protagonisten gefangen sind in den Strukturen, die ihnen Veränderungen unmöglich machen. Hitze, Staub, Armseligkeit, Aggressivität, Aufbegehren und Bedrohung bilden den emotionalen Boden, auf dem Szenen wie die Treibjagd mit Hunden den Leser ebenso verunsichern wie Bow Fox selber.

Ähnlich dicht schreibt Malika Ferdjoukh ihre Variante vom Wolf und den sieben Geißlein in ihrem Buch *Mach mir Angst!* (2001). Am 23. Dezember geht es in der jüdischen Familie Mintz hoch her: Die fünfjährige Odette hat gerade von ihrem neunjährigen Bruder erfahren, dass sie keine Weihnachtsgeschenke bekommen werden, da sie keinen Weihnachtsbaum haben. Da hilft kein Trost, kein Hinweis auf die gerade verteilten Chanukka-Geschenke. Odette brüllt und wirft die versammelten Schuhe in den Garten. Diese lebhafte Familie ist sehr sympathisch: Chaos, Herzlichkeit, Fürsorglichkeit trotz allen Streits prägen den Abend, den die Kinder ohne die Eltern verbringen. Die Eltern sind ausgegangen, die Ältesten sind ja schon „vernünftig“ und verantwortungsbewusst, und später am Abend wird eine junge Frau vorbeischauen. Normalerweise ist dies alles kein Problem. Normalerweise ... Doch in dieser Nacht dringt ein Mann in das Haus ein, der sich auf Grund unglücklicher Zufälle von der Familie bedroht fühlt und gleichzeitig seine rassistischen und antisemitischen Aggressionen ausleben will. Am Ende wird er überwältigt und scheint in den Brunnen gestürzt zu sein, aber wo ist dann seine Leiche? Ein leises Unbehagen bleibt.

Atemlos verschlingt man diesen Thriller, in dem die Lebensfreude und Unschuld der Kinder und Jugendlichen mit dem dumpfen Hass des schon als Kind Enttäuschten und Einsamen kontrastiert werden. Die Lebensfreude und das Zusammengehörigkeitsgefühl siegen am Ende, wenn auch die Bedrohung durch das „Monstrum“, der blinde dumpfe Hass, im Hintergrund bestehen bleibt.

Die Episoden, die das turbulente Leben in der großen Familie beschreiben, sind mit Leichtigkeit erzählt, und doch ahnt man, dass etwas Furchtbares in dieses heitere Leben einbrechen wird: Der Epilog stellt den Lesern das „Monstrum“ vor, in unkommentierten, eindringlichen Situationen aus Kindheit und Jugend, die einen einsamen, völlig verunsicherten und nach Schönheit und Beliebtheit suchenden Jungen vorstellen, einen Jungen, der weiß, dass er nie beliebt und schön sein wird und der schon als Kind mit Verwirrung und Aggression reagiert. Die Stärke des Buches ist dieses Fehlen jedes expliziten Kommentars, jeder ausdrücklichen Deutung, denn dadurch gewinnt die Thematik der Bedrohung durch dumpfe und dumme Rassisten an Eindringlichkeit.

4.5 Parodien

Manche der kindlichen oder jugendlichen Protagonisten, die als Detektive aktiv sind, orientieren sich bewusst an Vorbildern aus Krimis für Erwachsene, bevorzugt an den Detektiven der hard-boiled-Krimis. Die jungen Detektive Kwiatkowski (Banscherus 2005), Flanagan (Martín/Ribera 2005) und Fletcher Moon (Colfer 2007) z.B. beziehen sich in ihren retrospektiv erzählten Fällen auf Detektiv-Merkmale aus der Literatur und aus dem Film. So wirken diese Krimis auch parodistisch, und die Detektive zeigen, dass sie sich selbst nicht immer ganz ernst nehmen können.

Als Parodie angelegt sind Krimis, deren Protagonisten zumindest zum Teil anthropomorphe Tiere sind. Eine Ratte hilft in *Ich, Dante und die Millionen* (Nilsson 2009) dem als Bankräuber verfolgten Banker Helge, den wahren Täter zu entlarven und zu überführen. Das parodistische Element schafft Distanz zum Geschehen und zum Genre und macht Strukturen des Krimis deutlich sichtbar.

5 Didaktische Aspekte

Geübte Leser von Detektivgeschichten finden die mehr oder weniger kunstvoll versteckten Hinweise auf Tathergang und Täter schnell, Ungeübtere überlesen sie gelegentlich. Grundsätzlich verlangt eine gute Detektivgeschichte sorgfältiges und gründliches Lesen und gelegentliches Zurückblättern und Rekapitulieren. Genaues Lesen wird also in einem für viele Heranwachsende attraktiven Rahmen gefordert und gefördert, wählt man eine Detektivgeschichte als Klassenlektüre oder als Lektüre für kleinere Gruppen. Bereits ab Klassenstufe 2 und 3 kann dies genaue Lesen angewendet werden, da z. B. die bei Kindern beliebten Nick-Nase-Abenteuer genau dieses Sammeln von Hinweisen und Rekapitulieren des Geschehenen fordern. Dabei bietet es sich an, verschiedene Techniken auszuprobieren, um Hinweise und Abläufe anschaulich zu machen: Unterstreichen im Text, Anfertigung von Skizzen der Schauplätze oder des chronologischen Ablaufs oder Anlegen von Listen zu Motiven und Verdachtsmomenten.

Je komplexer die Handlung und das Gefüge der Personen ist, desto lohnender sind Methoden, die Perspektivwechsel und Fremdverstehen ermöglichen und fördern. Das ist spannend bei der detektivischen Lösung eines Falles, wo neue Blickwinkel im wörtlichen Sinne neue Erkenntnisse bringen können. Es ist besonders lohnend aber im Rahmen des literarischen Lernens, geht es um moralisch-ethische Fragen im Zusammenhang mit einem Verbrechen.

Je intensiver ein Krimi sich mit den Bedingungen befasst, die zu einer Tat geführt haben, oder mit den physischen und psychischen Folgen für das Opfer, desto mehr Ansatzpunkte zur Auseinandersetzungen mit Ethik und Moral finden sich in der Lektürebearbeitung. Allerdings ist die Gefahr gegeben, eine spannende und unterhaltsame Lektüre in den Dienst dieser Auseinandersetzung zu stellen und dadurch die Leselust zu sehr in den Hintergrund zu drängen.

Der Krimi als Gattung zeichnet sich durch wiederkehrende Merkmale aus, aber auch durch einen großen Reichtum an Varianten und Variationen. Im Literaturunterricht bereits ab Klassenstufe 4 sind diese Merkmale und Strukturen gut herauszuarbeiten, wenn parallel oder nacheinander mehrere Krimis gelesen oder vorgestellt werden: Gemeinsamkeiten und Unterschiede können gesammelt und diskutiert werden.

Der Krimi ist (meist) relitätsnah. Deshalb bieten sich handlungs- und produktionsorientierte Methoden an, die die fiktive Handlung in 'dokumentarische' Medienformate übersetzen: Zeitungsartikel, Fotoreportage oder Nachspielen einer Gerichtsverhandlung. Neben der Beschäftigung mit den Besonderheiten der jeweiligen Textsorten findet so eine Auseinandersetzung mit Fiktionalität statt.

Literaturverzeichnis

Auf heißer Spur in allen Medien. Kinder- und Jugendkrimis zum Lesen, Hören, Sehen und Klicken. Hrsg. von Petra Josting u. Gudrun Stenzel. Weinheim: Juventa 2002 (13. Beiheft Beiträge Jugendliteratur und Medien).

Brecht, Bertolt: Über die Popularität des Kriminalromans (1938/40). Zit. nach Finckh 1974, S. 50–53..

Carpenter, Haumphrey/Pritchard, Mari: The Oxford's Companion to Children's Literature. Oxford 1984.

Dahrendorf, Malte: Kriminalgeschichten für Kinder und Jugendliche. In: Doderer, Klaus (Hrsg.): Lexikon der Kinder- und Jugendliteratur. Bd. 2. Weinheim: Beltz 1984, S. 259–264.

Finckh, Eckhard (Hrsg.): Theorie des Kriminalromans. Stuttgart: Reclam 1974 (Arbeitstexte für den Unterricht).

Hasubek, Peter: Die Detektivgeschichte für junge Leser. Bad Heilbrunn: Klinkhardt 1974.

Josting, Petra: Hypermediale Detektivgeschichten: Angebot – Analyse – Rezeption. In: Auf heißer Spur in allen Medien 2002, S. 135–145.

Lange, Günter: Krimi – Analyse eines Genres. In: Auf heißer Spur in allen Medien 2002, S. 7–20.

Lange, Günter: Krimis für Kinder und Jugendliche. In: Lange, Günter (Hrsg.): Taschenbuch der Kinder- und Jugendliteratur. Bd. 1: Grundlagen – Gattungen. Baltmannsweiler: Schneider 4. Aufl. 2005, S. 525–546.

Nusser, Peter: Der Kriminalroman. Stuttgart: Metzler ²1992 (SM 191).

Schiller, Friedrich: Vorrede zu dem ersten Teile der merkwürdigen Rechtsfälle nach Pitaval (1792). Zit. nach Finckh 1974, S. 47–50.

Schindler, Nina (Hrsg.): Das Mordsbuch. Alles über Krimis. Hildesheim: Classen ²1998.

Schweikart, Ralf: Vom Klassendieb zu den üblichen Verdächtigungen. Über Kriminalerzählungen für Jugendliche. In: Schindler 1998, S. 239–248.

Stenzel, Gudrun: Spannung pur zwischen zwei Buchdeckeln: Kinder- und Jugendkrimis der Jahrtausendwende. In: Auf heißer Spur in allen Medien 2002, S. 21–38.

Suerbaum, Ulrich: Krimi – Eine Analyse der Gattung. Stuttgart: Reclam 1984.

Vogt, Jochen (Hrsg.): Der Kriminalroman. Poetik – Theorie – Geschichte. München: Fink 1998 (UTB).

KARIN HALLER

Science-Fiction

1 Definition

Literaturwissenschaftliche Begriffsklärungen sind häufig umstritten, doch im Fall der Science-Fiction ist die Zahl unterschiedlicher Definitionen und Zugänge besonders hoch und besonders kontrovers. Man ist sich darüber einig,

> dass eine Definition des Begriffselements nur schwierig zu leisten ist. Weder unter den Autoren der Sciencefiction noch in der wissenschaftlichen Erforschung dieser Literatur besteht eine Übereinstimmung darüber, was unter Sciencefiction zu verstehen ist. (Melzer 2005, S. 547)

Diese in allen Publikationen in verschiedenen Umschreibungen nachzulesende Tatsache ergibt sich nicht zuletzt daraus, dass es sich um ein „multigenerisches" (Schulz 1986, S. 5) literarisches System handelt, das Texte sehr unterschiedlicher thematischer, inhaltlicher und formaler Ausprägungen zu bieten hat, die sich einer übergreifenden gemeinsamen Kategorisierung entziehen.

> Versucht man, all das in den Blick zu bekommen, was mit dem Etikett SF behaftet wird, sieht man sich mit einem ausufernden, kaum erfaßbaren Phänomen konfrontiert. Der empirische Befund zeigt uns eine proteische, im steten Wandel befindliche, bewegliche Gattung, die mit anderen Gattungen kontaminiert wird. Die Vermischungen mit Genres wie dem Abenteuerroman, dem Reiseroman, dem Kriminalroman, der Utopie, dem Spionageroman, dem Märchen, der exotischen Literatur oder dem Liebesroman bilden nicht die Ausnahme, sondern gehören zum Charakteristikum, zum Signum der Gattung. (Innerhofer 1999, S. 30f.)

Am Beginn des Begriffschaos steht der US-amerikanische Verleger und Autor Hugo Gernsback, der ab 1926 die Pulp Magazine *Amazing Stories* und später die *Science Wonder Stories* herausgab und darin der 'Science Fiction' 1929 ihren Namen gab. Er hielt sie für „in Prosa gekleidete Prognostik der Zukunft" (zitiert nach Kruschel 2006, Sp. 520), womit er ihre möglichen Leistungen wohl zu hoch einschätzte. In Deutschland waren bis in die 1960er Jahre hinein auch die Begriffe 'Zukunftsroman' bzw. 'utopischer Roman' gebräuchlich, bevor sich die 'Science-Fiction' (auch im Kürzel 'SF') durchsetzte.

Seit Gernsback werden je nach Sichtweise auf den Untersuchungsgegenstand unterschiedliche Aspekte betont, zur Definitionsgrundlage gemacht und oft auch mit impliziten Wertungen verbunden. Je nachdem, an welchen Vertretern der Gattung man sich orientiert, variieren auch die Ansätze. Weit verbreitet ist die Beschränkung der SF auf ihre Unterhaltungsfunktion:

> Science Fiction ist unterhaltende Literatur, die einen außerhalb der Erfahrung liegenden wissenschaftlichen oder technischen Fortschritt zur Voraussetzung oder zum Thema des Erzählens macht. (Biesterfeld 1993, S. 77)

Hier greift auch die starke Akzentuierung der „Science", die mitunter zum dominanten Konstitutiv erhoben wird.

> [...] dass es sich hier um eine Erzählgattung handelt, in der Anders- bzw. Gegenwelten in Szene gesetzt werden. Im Unterschied aber zur Schauer- und Horrorliteratur, für welche die Inszenierung von Gegenwelten ebenfalls gattungskonstitutiv ist, beschäftigt sich Science Fiction mit zukünftigen technischen Erfindungen und deren möglichen Auswirkungen auf die Gesellschaft. (Glasenapp 2003, S. 11)

Im Gegensatz dazu vernachlässigen andere Literaturwissenschaftler den Aspekt der 'Science' und heben die 'Fiction' hervor: Darko Suvin sieht etwa als notwendige Bedingung dafür, dass ein Text der SF zuzuordnen sei, „das Vorhandensein und das Aufeinanderwirken von Verfremdung und Erkenntnis" sowie einen „imaginativen Rahmen, der als Alternative zur empirischen Umwelt des Autors fungiert." (Suvin 1977, S. 76)

Aus der Vielzahl der Begriffsklärungsversuche ist nach Ansicht der Verfasserin derjenige von Suerbaum der brauchbarste: Science-Fiction ist demnach

> die Gesamtheit jener fiktiven Geschichten, in denen Zustände und Handlungen geschildert werden, die unter den gegenwärtigen Verhältnissen nicht möglich und daher nicht glaubhaft darstellbar wären, weil sie Veränderungen und Entwicklungen der Wissenschaft, der Technik, der politischen und gesellschaftlichen Strukturen oder gar des Menschen selbst voraussetzen. Die Geschichten spielen in der Regel, aber nicht mit Notwendigkeit in der Zukunft." (Suerbaum in: Suerbaum/Broich/Borgmeier 1981, S. 10)

Diese Definition ist weit genug, um den vorhandenen Textkorpus einzuschließen. Sie nimmt darauf Bezug, dass SF außerhalb der bisher empirisch erfahrenen menschlichen Realität steht, inkludiert den zeitlichen Aspekt des Handlungsrahmens und umfasst unterschiedliche Schwerpunkte – Wissenschaft und Technik, Gesellschaftsstrukturen und menschliche Identität.

In diesem definitorischen Rahmen bewegen sich alle in diesem Beitrag genannten Texte. Keine Berücksichtigung finden Heftpublikationen wie z. B. die Perry-Rhodan-Serie, auch wenn Titel daraus in Buchform publiziert wurden, und Science-Fiction-Comics. Sie werden fraglos gerne von Jugendlichen gelesen, sind jedoch der Jugendlektüre, nicht dem jugendliterarischen Korpus von intentional für ein jugendliches Publikum geschriebenen bzw. verlegten Texten zuzuordnen.

Das primärliterarische Untersuchungsfeld konzentriert sich auf Buchpublikationen in der Bundesrepublik Deutschland, Österreich und der Schweiz. Hinsichtlich der Entwicklung und der Situation der SF in der DDR sei auf den umfassenden Beitrag von Karsten Kruschel im *Handbuch zur Kinder und Jugendliteratur. SBZ/DDR. Von 1945 bis 1990* (2006) verwiesen.

2 Geschichte

2.1 1945–1970

Nach dem Zweiten Weltkrieg war SF für Kinder- und Jugendbuchverlage kaum ein Thema. Einer der wenigen damals anerkannten SF-Autoren war Erich Dolezal (1902–1990). Der österreichische Astronom und Fachjournalist verfasste zahlreiche utopische Jugendromane und Novellen. In den Jahren 1953 bis 1972 erschienen zwölf Abenteuerromane mit technischem Schwerpunkt, die keinerlei gesellschaftskritische Aspekte, dafür einen teilweise deutlich erkennbaren rassistischen Einschlag aufwiesen. Am Beginn stand die Trilogie *RS 11 schweigt* (1953), *Mond in Flammen* (1954) und *Unternehmen Mars* (1955). In den stark technokratischen Büchern spiegelt sich die Tatsache, dass sich der Technikoptimismus in der Kinder- und Jugendliteratur, der die Anfänge bis 1945 dominierte (siehe Hans Dominik, dessen technikgläubige Bücher auch wegen ihrer rassistischen, deutsch-nationalen und chauvinistischen Tendenzen kritisiert wurden), bis weit in die 1960er Jahre hinein hielt.

2.2 Die 1970er Jahre

Mit der Mondlandung im Juli 1969 gewann das Thema 'Weltraumabenteuer' naturgemäß auch in der Literatur an Attraktivität. Es kam zu einem sprunghaften Anstieg des Genres, der sich in umfangreichen Reihen bemerkbar machte. Z.B. die *Boje Weltraumabenteuer*, die Reihen *Commander Perkins, Mein geheimnisvoller Freund* von Reinhart Stalmann, *Unheimliche Gegner, Star Ship, Geheimformel* von Dimiter Inkiow oder die *Tom Swift-Abenteuer* von Victor Appleton und vor allem die *Mark Brandis* Reihe.

Nikolai von Michalewsky veröffentlichte unter dem Pseudonym Mark Brandis zwischen 1971 und 1987 die 31 Bände umfassende Serie *Weltraumpartisanen,* aus der Titel auch in den folgenden Jahrzehnten in Neuausgaben und Sammelbänden immer wieder aufgelegt wurden. Hans Joachim Alpers, der bereits ab 1969 Lektor und Herausgeber von SF-Anthologien und Chefredakteur der *Science Fiction Times* war, verfasste mit Ronald M. Hahn, ebenfalls Herausgeber eines SF-Magazins, eine ganze Reihe von jugendliterarischen Weltraumabenteuern, beginnend mit *Das Raumschiff der Kinder* (1977).

In den 1970er Jahren wurde auch Lothar Streblow mit seiner fünfbändigen *Raumschiff Pollux*-Serie bekannt. Es sind Erzählungen um ein Raumschiff mit multikultureller Besatzung, das auf fremden Planeten neue Nahrungsquellen erschließt. Streblow startete Anfang der 1980er Jahre eine weitere an ein jugendliches Leserpublikum gerichtete Serie mit dem Titel *Raumkreuzer Runa*, die jedoch nicht die Bedeutung der Vorgängerserie erreichte.

Rolf Ulrici, der mehrere Jugendserien verfasste, brachte die Space Operas *Raumschiff Monitor* (6 Bde. von 1971–1974), *Erdschiff Giganto* (6 Bde. von 1975–1977) und *Weltraumklipper* (6 Bde. von 1979–1984) auf den Markt.

Auch die Zahl der Einzelpublikationen stieg, viele davon waren Übersetzungen aus dem anglo-amerikanischen Raum: Robert O'Brian mit *Z wie Zacharias* (1977), das die Protagonistin, allein auf sich gestellt, die Welt nach einem Atomkrieg erleben lässt, oder John Christopher (Pseudonym für Christopher Samuel Youd). Er veröffentlichte schon ab 1954 SF-Kurzgeschichten und Romane; der Durchbruch gelang ihm aber erst, als er sich auf Anraten seines Verlegers der Jugendliteratur zuwandte: *Dreibeinige Monster auf Erdkurs* (1971), der erste Teil der Trilogie *Die dreibeinigen Herrscher* (Originaltitel: *The Tripods*) wurde zum weltweiten Erfolg. Der englische Autor inszeniert darin eine postapokalyptische Welt, in der die wenigen Überlebenden von Außerirdischen beherrscht werden. Die Invasion erfolgt übrigens über handelsübliche Fernsehgeräte. In *Leere Welt* (1979) rafft eine Seuche die Menschheit dahin, überlebende Jugendliche müssen sich ihre Welt neu aufbauen. *Die Wächter* (1975) imaginiert zwei streng voneinander getrennte Gesellschaftsformen (Stadt versus Land). Dieser Titel erhielt 1976 den Deutschen Jugendbuchpreis. Bis heute anerkannt ist ebenfalls William Sleators *Das Haus der Treppen* (1976), in dem fünf Jugendliche unter der Kontrolle einer Maschine für ein Experiment missbraucht werden.

Dem Großteil der bis in die 1970er Jahre publizierten Texte ist eine Unterhaltungsintention eingeschrieben; die Handlung wird häufig ins All verlagert. Hinter der Publikation in preisgünstigen Serien und Buchreihen stehen vor allem kommerzielle Überlegungen, mit denen 'Marken' etabliert werden sollen.

Titel wie *Das Haus der Treppen* verweisen aber auch darauf, dass neben den vielen unterhaltungsorientierten Texten mit starkem Abenteuercharakter in der jugendliterarischen SF in den 1970er Jahren erstmals auch das Potential für problemorientierte, ja sogar für gesellschaftskritische Themen gesehen wurde. Beispiele dafür sind *Die Paracana Affäre* von Michail Krausnick, in dem ein mutiger Journalist gegen die Machenschaften eines verbrecherischen Chemiekonzerns kämpft, oder die Umweltromane *Wasser für die Wüste* (1974) und *Kraft aus der Sonne* (1977) des Autorenduos Saharien, das sind: Willy Pribil und Ernst Pichler. Texte wie diese, die einen starken moralischen Appellcharakter besitzen, bereiteten die antiutopischen Entwürfe der kommenden Jahrzehnte vor.

2.3 Die 1980er Jahre

Es erschienen im Bereich der Jugendliteratur zwar quantitativ weniger SF-Titel als in den 1970er Jahren, die Gattung erweiterte aber ihr inhaltliches und thematisches Spektrum sichtbar. Die meisten Kritiker verorten den endgültigen Vollzug der Entwicklung von der 'space opera' zur 'social fiction' erst in der ersten Hälfte der 1980er Jahre (vgl. Colmar 1984, S. 11–12).

Es entstanden kritische Anti-Utopien, die vor allem den Aspekt der Verantwortung des Menschen für seine Existenz und die der anderen ins Spiel brachten.

In den 1980ern erhielt auch die Publikationsform der SF-Anthologie einen neuen Schwung: Thomas LeBlancs *Start zu neuen Welten* (1980), Jörg Weigands *Träume des Saturn* (1982) oder Horst Heidtmanns *Der letzte Frieden. Science Fiction Geschichten gegen den Krieg* (1983) und *Willkommen im Affenhaus. Schlussreden, Alpträume und Zukunftsgeschichten* (1984) sind Beispiele dafür. Die Untertitel sind Programm.

Inhaltlich überwogen sowohl in den Romanen als auch in der Kurzprosa Negativszenarien, die sich gegen Bürokratie und Technokratismus, Umweltzerstörung, Atomkrieg und Atomkraft richteten, engagierte, oft auch tendenziöse Bücher zur 'Apokalypse-Blindheit' der Menschen. Neben Publikationen wie Whitley Striebers *Im Schatten des großen Wolfes* (1986) und allen voran die beiden wohl bedeutendsten Titel von Gudrun Pausewang: In *Die letzten Kinder von Schewenborn* (1985) schildert die Autorin das Leben unmittelbar nach dem Atomschlag aus Sicht eines dreizehnjährigen Jungen, der Elend, Verwüstung, Hunger, Krankheit und Tod ohne jede Distanz miterlebt. In *Die Wolke* (1987) erzählt sie auf extrem realistische Weise von einem Reaktorunfall im deutschen Grafenrheinfeld, bindet politische Inhalte ein und nimmt zu den Politikerlügen und dem Vogel-Strauß-Verhalten der Menschen äußerst kritisch Stellung. *Die Wolke* erhielt 1988 nach heftigen öffentlichen und politischen Auseinandersetzungen den Deutschen Jugendliteraturpreis.

Die SF bot – jenseits der weiter anhaltenden Heft- und Serienproduktionen – eine Plattform für gesellschaftskritische Ansätze und Fragen, thematisierte in der Nachfolge von *1984* und *Brave New World* totalitäre Systeme, denen das Individuum hilflos ausgeliefert ist. In Frederik Hetmanns *Wagadu* (1983) teilt sich die Stadt Agadu in Anlehnung an *The Time Machine* (dt. *Die Zeitmaschine*) von Herbert George Wells (1895), den Film *Metropolis* von Fritz Lang (1925/6) und *Die Stadt hinter dem Strom* von Hermann Kasack (1947) in eine von künstlerisch orientierten Herrschern bewohnte Oberwelt und eine an einen Ameisenbau erinnernde unterirdische Welt, in der die „Akas" durch unmenschlich harte Arbeit den prunkvollen Müßiggang der Mächtigen ermöglichen müssen.

Viele literarische Zukunftsvisionen waren unmissverständlich deutliche Aufrufe zu politisch engagiertem Handeln. Betont wurden eigene Entscheidungskraft und die Macht, Entwicklungen mitzubestimmen.

Am Ende der 1980er Jahre steht aber auch ein Titel, der thematisch bereits in die 1990er verweist: Charlotte Kerners *Geboren 1999* (1989). Darin erzählt die Autorin von der Suche des 17-jährigen Karl Meiberg, der 1999 'in-vitro' gezeugt und in einem künstlichen Uterus ausgetragen worden ist, nach seiner Identität. In Form von Texten einer Journalistin, die über ihn einen Zeitungsartikel schreibt, den Tagebucheintragungen des Protagonisten und dem Dokumentarmaterial aus den 1970er und 1980er Jahren über den Stand der damaligen Fortpflanzungsmedizin, wird die Geschichte des Jungen entfaltet. Das Ergebnis seiner Recherchen lässt Karl Meiberg am Ende verzweifeln.

2.4 Die 1990er Jahre

Einerseits wurden die Themen fortgeführt, die bereits die 1980er Jahre dominierten: die Gefahr der Kernenergie in Heinz Knappes *Bei Hamburg leichter Niederschlag* (1991) und Karen Hesses *Phoenix Rising* (1997), die Umweltproblematik in Isolde Heynes *Wenn die Nachtigall verstummt* (1991), in dem die Protagonistin mit einem Virus infiziert wird, und in Jean Jouberts *Das darf nicht das Ende sein* (1992), in dem nach einer Klimakatastrophe eine Familie gegen gewaltige Schneestürme um ihr Überleben kämpft.

Andererseits wurden verstärkt Themen eingesetzt, die in der realen gesellschaftlichen Diskussion immer mehr eine Rolle spielten – etwa die Gentechnologie. 1992 publizierte Birgit Rabisch *Duplik Jonas 7*, in dem für diejenigen, die es sich leisten können, genetische Doppelgänger als lebende Organspender-Reservoirs gehalten werden. Robert Cormier liefert mit *Das war's, Mister Handyman* (1992) eine Variation von *Einer flog übers Kuckucksnest*, in der an todkranken jungen Menschen pharmazeutische Experimente vorgenommen werden.

In den 1990er Jahren liegen aber auch die Anfänge der sogenannten 'Virtual Reality-Novels', in denen Computergeschehen und Realität miteinander verflochten werden. Einer der ersten im deutschsprachigen Raum war Andreas Schlüter mit *Level 4 – Die Stadt der Kinder* (1994), in dem aus einem Computerspiel entsetzliche Realität wird: der Beginn einer mittlerweile vierzehnbändigen Erfolgsgeschichte und eines auflagenstarken Autors.

Die deutlichste Entwicklung zeigte sich in einer Veränderung der Problemstellung der Texte: Das Hauptinteresse lag nun nicht mehr auf der Frage, wie sich die Welt – die Natur, die Umwelt, der Lebensraum, die Technik – verändern wird, sondern wie sich die Gesellschaft und vor allem wie sich der Mensch in ihr entwickeln könnte. Dementsprechend beschäftigten sich die Autorinnen und Autoren zunehmend mit den Gedanken und Emotionen der Protagonisten, u.a. damit, welche Auswirkungen z.B. ein totalitäres System unter Vorherrschaft von Industrie, Wirtschaft und Technik auf die menschliche und zwischenmenschliche Lebensqualität haben könnten. *Roman über die Zukunft der Gefühle* lautet der programmatische Untertitel von Leonardo Wilds *Unemotion* (1996). Auch

Iva Procházkovás *Eulengesang* (1995), Robert Swindalls *Dash führ Zoe* (1994) oder Lois Lowrys *Hüter der Erinnerung* (1994) gehören in diese Textgruppe, thematisieren Beziehungsunfähigkeiten, den Verlust von Emotionen und die Fragen nach der Verantwortlichkeit in einer perfekt durchorganisierten Welt. Reinhold Ziegler entwirft in *Version 5 Punkt 12* (1997) das Bild einer von einem Zentralcomputer gesteuerten Gesellschaft, in der persönliche Beziehungen zum Scheitern verurteilt sind.

Damit verbunden ist die Inszenierung von strikt getrennten Zweiklassengesellschaften. Der Soziologe Ulrich Beck spricht schon 1993 von einem „Einkapselungsreflex angesichts diffuser Globalgefahren“: „Möglich ist eine Modernisierung der Apartheid in Europa: Die Reichen mauern sich ein, und das geschieht schon.“ (Beck 1993, S. 32) Dieses „Einmauern der Reichen“ bildet den Ausgangspunkt für die Schauplätze, die sich in übersteigerter Form in Swindalls *Dash führ Zoe* oder schon früher bei Robert Westalls *Ein Leben mit Laura* (1989) finden: Auf der einen Seite stehen die Wohlstandsfestungen, reich, beschützt, gehegt und gepflegt, gut organisiert und oberflächlich sorglos. Auf der anderen Seite – durch Mauern und Gesetze getrennt – die Armut unter dem Existenzminimum, Verwahrlosung, Verrohung, ein von Brutalität und Aggression dominiertes Dahinvegetieren im Chaos.

Des qualitativen Zugewinns ungeachtet zeichnen sich die 1990er Jahre aber auch durch einen weiteren Rückgang des SF-Produkionsumfanges aus, der schon in den 1980er Jahren begann und danach immer augenfälliger wird. Bis zum Jahr 1999, das einen Wendepunkt markiert. Denn allein in diesem Jahr kamen mehr als 10 Bücher auf den Markt, die der Science-Fiction zugerechnet werden können.

Dieses Phänomen einer sehr plötzlich erstarkenden SF-Produktion hielt sich noch in den nächsten Jahren; der Zeitraum 1999–2003, in dem fast fünfzig Neuerscheinungen auf den Markt kamen, repräsentiert einen temporären ‘Aufschwung’ der Gattung. Es ist naheliegend, die plötzliche verlegerische Begeisterung für die SF mit dem Publikumserfolg der Fantasy nach dem Erscheinen des ersten Harry Potter-Bandes (in der deutschen Übersetzung 1998) in Zusammenhang zu bringen. In phantastischen Anderswelten wurde offensichtlich nun auch in der Gattung Science-Fiction höheres Verkaufspotential vermutet.

2.5 Das neue Jahrtausend

Um das Jahr 2000 machte sich ein alter verlegerischer Schwerpunkt wieder deutlicher bemerkbar, der in den 1980er und 1990er Jahren in der Jugend-SF ein eher kümmerliches Dasein gefristet hatte – die Reihenproduktion. Z.B: Chris Archer’s *Alpha Kids* (2000–2002), die *Schattenkinder*-Reihe (6 Bde. 2000ff.) von Margaret Peterson Haddix, Marilyn Kayes *Replica*-Serie (1999ff.), Luc Roths fünfbändige *DNA*-Reihe (2001–2002) oder Andreas Scheiners achtteilige Serie *Abenteuer in Mystery Park* (2000–2003).

Viele Motive dieser Texte sind schon aus früheren Jahren bekannt, etwa alles kontrollierende Computer oder totalitäre Systeme. Sie werden teilweise mit einem Thema kombiniert, das am Beginn des neuen Jahrtausends zum SF-Thema schlechthin wurde: Gentechnologie. Allein in den Jahren 2000–2005 können, ohne Anspruch auf Vollständigkeit, mindestens zwölf Titel zu diesem Themenbereich gezählt werden. Vorreiterin und wesentlichste Vertreterin dieses Problemkreises ist Charlotte Kerner.

In *Blueprint* (1999) lässt sich eine Pianistin und Komponistin klonen, weil sie MS hat und möchte, dass ihr musikalisches Talent erhalten bleibt. Sie und ihre Tochter Siri (die Umkehrung ihres Vornamens Iris) sind damit eineiige Zwillinge und zugleich Mutter und Tochter. *Die nächste GENeration* (2009) stellt einen gelungenen Mix zwischen Information und Fiktion dar: In ein Sachbuch mit Reportagen und Interviews, die den aktuellen Stand der Forschung erläutern, werden erzählende Texte über die Zukunft eingebaut.

Weitere Beispiele zur Thematik: Nancy Farmer *Das Skorpionenhaus* (2003), in dem computerkontrollierte Klone als Organ-Ersatzteillager für ihre Besitzer dienen; Reinhold Ziegler *Perfekt geklont* (2005), in dem geschlechtsneutrale Klone gleichgültig dahin vegetieren; Arnulf Zitelmann *Sirrahs Träume* (2000), Rachel Anderson *Beutejäger* (2000), Kathryn Lasky *3038 Staat der Klone* (2001), Brian Caswell *Das Experiment IQ* (2001), Andreas Eschbach *Perfect Copy* (2002), Pascale Mare *Geklont* (2002), Carol Matas *Miranda. Das Klon-Projekt* (2002), Sonia Levitin *Die Wahl* (2002) und Bettina Obrecht *Designer-Baby* (2003).

Viele der sich mit der Gentechnologie beschäftigenden Titel stellen das Thema „Identität" in den Vordergrund: Was macht sie aus? Wodurch ist sie bedingt oder beeinflusst? Die Suche der Klone nach ihrer Herkunft und ihrem eigenen Ich wird zum Sinnbild für allgemein menschliche Problemstellungen wie Selbstfindung und Selbstentfremdung.

Ein zweites großes Thema ist die ökologische Katastrophe. Einige wenige Beispiele seien hier genannt: In Reinhold Zieglers *Nachtläufer* (2008) wird die verdunkelte Welt von Stürmen heimgesucht, die Überlebenden vegetieren in kleinen Kolonien unter der Erde vor sich hin; in Saci Lloyds Romanerstling *Euer schönes Leben kotzt mich an* (2009) ist der Kohlendioxyd-Verbrauch per Gesetz reduziert und per Kohlendioxyd-Card reglementiert. In Julie Bertagnas *New Mundo – Stadt der neuen Welt* (2004) ist das ewige Eis geschmolzen, wodurch die bewohnbare Erde fast vollständig überflutet wurde. Geblieben sind kleine Inseln, auf denen die Menschen ein archaisches Leben führen, und eine hypermoderne, von hohen Mauern umgebene Großstadt mit einem totalitären System, das alles kontrolliert.

In diesem Buch zeigt sich auch die Opposition zwischen Machthabern und Geknechteten, zwischen Arm und Reich, wie sie schon in den 1990er Jahren als

Hintergrundfolie Verwendung fand. Sie wird weiterhin als beliebtes Handlungskonstrukt gewählt: Martina Wildner teilt in *Murus* (2008) die Welt durch eine Mauer. Ohne dass sie etwas voneinander zu wissen, leben auf der einen Seite die Menschen in Armut und Gewalt, auf der anderen in Luxus, Fortschritt und unter Erfolgsdruck. Die 2009 mit *Die Tribute von Panem* von Suzanne Collins beginnende Trilogie zeichnet eine düstere, an das alte Rom erinnernde Zukunftswelt: das nach Kriegen und Naturkatastrophen aus den Trümmern Nordamerikas entstandene „Panem", das vom „Kapitol" mit eiserner Hand regiert wird. Nach einer niedergeschlagenen Rebellion werden zur Erinnerung und wiederkehrenden Bestrafung die „Hungerspiele" eingeführt, grausame Gladiatorenkämpfe, in denen es nur einen Überlebenden gibt. Das Buch besitzt zwar auch gesellschaftskritische Aspekte (die „Hungerspiele" werden rund um die Uhr im Fernsehen übertragen; Parallelen zum Voyeurismus heutiger TV-Formate ergeben sich zwingend), doch im Wesentlichen geht es um eines: Spannung ohne eine zu deutlich spürbare Problemorientierung.

Die Tribute von Panem machen eine Tendenz deutlich: Es kommen verstärkt Titel auf den Markt, die schlicht spannende Unterhaltung ohne irgendwelche pädagogisch-moralische Intention bieten wollen. Dafür eignen sich die 'Virtual Reality'-Novels besonders. Sie sind nicht zu verwechseln mit den 'Computer Novels', die Bücher bezeichnen, in denen Computer, Programme oder das Internet eine handlungsrelevante Rolle spielen. 'Computer Novels' sind in verschiedenen Gattungen, auch in der phantastischen und in der realistischen Literatur vertreten (vgl. Ostheimer 2002, S. 15). In 'Virtual Reality'-Novels wird der Computer in Form einer virtuellen Realität zum Handlungsraum – die Abenteuer sind auf der Festplatte des eigenen PCs zu bestehen. In Thomas Feibels Hacker-Thriller *Back Up* (2000) kann das eine Programm Gedanken lesen und ein anderes die Persönlichkeit speichern, indem es Benutzer und Computer miteinander verbindet. So kann ein Protagonist sogar nach seinem Tod virtuell in seinem PC weiterleben. Andere Beispiele sind Frank Stieper: *Cybernet City* (2000), Örjan Persson: *The great world game* (2001) und Jordi Sierra I Fabra: *Gauditronix* (2009).

Äußere Spannung dominiert auch in Texten wie Andreas Eschbachs *Die seltene Gabe* (2004), in dem es um einen Jugendlichen mit parapsychologischen Kräften geht, der vor Militär und Geheimdiensten fliehen muss; in Andreas D. Hesses *Arcan-Virus* (2004), in dem die von einem Virus infizierte Menschheit von der Einnahme eines Medikaments und damit von der Pharmaindustrie abhängig ist; und in Philip Reeves *Großstadtjagd* (2003) oder in Karel Verleyens Thriller *Feind ohne Gesicht* (2002).

Bemerkenswerterweise kommen auch die Außerirdischen wieder zurück, die einige Jahre lang in der jugendliterarischen SF keine Rolle spielten: In Joy Cowleys *Starbright und der Traumfresser* (2000) landet mit einem Meteoriten eine extraterrestrische Lebensform, die sich von den Träumen der Menschen ernährt. Auch geht es wieder hinaus in das Weltall, in ferne Galaxien. Zu den bekanntesten diesbezüglichen Titeln zählt die Reihe *Das Marsprojekt* (2001 ff.) von Andreas Eschbach; andere Beispiele sind Sylvia Louise Engdahl mit *Wächterin der Sterne* (2002) oder Barbara Slawig mit *Flugverbot* (2003).

Die Zahl der hier genannten Neuerscheinungen darf nicht darüber hinweg täuschen, dass der kurze Aufschwung zwischen 1999 und 2003 zeitlich begrenzt war und schnell wieder zu Ende ging. Zwischen 2004 und 2009 erschien nur noch eine Handvoll von kinder- und jugendliterarischen SF-Texten. Möglicherweise konnte die SF doch nicht die Verkaufshoffnungen der Verlage erfüllen, die man im Fahrwasser der Fantasy-Hochkonjunktur in sie gesetzt hatte. Die Titelübersicht zeigt einerseits eine relativ große qualitative Bandbreite der SF zu Beginn des neuen Jahrtausends, andererseits auch die Grenzen der literarischen Vorstellungskraft. Nach wie vor versteht sich die kritische SF zwar als Warnung vor möglichen oder wahrscheinlichen Entwicklungen, bietet aber keine Perspektiven, denn die Alternative zur futuristischen Horrorvision ist oft genau die Gegenwart, die als Basis problematischer Entwicklungen kritisiert werden soll. Sie ist das Schutz versprechende Bezugssystem, der Zielpunkt, den es aus der dunklen Zukunft heraus zu erreichen gilt. Die Hoffnung, die diese Texte implizieren, liegt darin, die negativen Entwicklungen rückgängig zu machen. Das Erstrebenswerteste, weil immer noch Bestmögliche, scheint nach wie vor die Gegenwart zu sein. Zudem bewegt sich die Science-Fiction immer wieder innerhalb derselben Themen und Motive. Was auch andere Gattungen tun, doch in der SF verlieren diese Themen immer mehr an Glaubwürdigkeit (mit dem wissenschaftlichen Fortschritt der letzten dreißig Jahre etwa das einstmals stark vertretene Weltraumabenteuer) oder an Attraktivität. Die globalisierungs- und technologiekritische SF kreist mantra-artig um die Problemkreise totalitärer Überwachungsstaat, Entfremdung und Kontrollverlust des Individuums durch die Technik, Gentechnologie und Klimaveränderung. Im Unterschied zur Fantasy, die in einem irrealen Kontext steht, ist die Science-Fiction zwar keiner gegenwärtigen, aber einer prinzipiell möglichen Realität verbunden.

3 Typologie

Der Versuch, eine Typologie zu entwerfen, ist wie die oben beschriebenen Definitionsbemühungen vergleichbaren Schwierigkeiten unterworfen. Die Science-Fiction bedient sich nach Belieben typologischer Merkmale derjenigen Gattungen, auf denen sie basiert: Sozialutopie und Dystopie, phantastischer Roman, insbesondere der phantastische Reiseroman, Robinsonade, Abenteuerroman, Kriminalroman und Schauerliteratur.

Helmut Melzer legte im Jahr 2005 eine an Horst Heidtmann (1983) orientierte Typologie vor:

1. Der abenteuerliche Typus: Dominanz der äußeren aktionsgeladenen Handlung; Bedrohung des Helden/der Heldin oder der Menschheit durch einen äußeren oder inneren Feind. Darin inkludiert ist das thematische Feld der Computer- und Internetwelt – der Cyberspace als Medium für die Veränderung der Wirklichkeit.
2. Der phantastische Typus: Die realistische Ebene der Handlung wird überschritten, indem phantastische Gestalten oder Wesen in Kontakt mit den Menschen treten und damit die Wahrnehmungs- und Aktionsweisen der Menschen erweitern.
3. Der anti-utopische Typus: Es wird eine zukünftige Gesellschaft skizziert, die sich in wissenschaftlich-technischer Hinsicht meist als Fortschritt, im gesellschaftlich-sozialen Bereich aber meist negativ darstellt. Häufig wird auch der Gegensatz zwischen einer konformistischen Mehrheit und einer nonkonformistischen Minderheit dargestellt.
4. Der satirisch-parodistische Typus: Typische Erzählmotive der Science-Fiction werden ins Komisch-Satirische gewendet bzw. als Parodie auf die Science-Fiction-Literatur gestaltet (vgl. Melzer 2005, S. 555 ff.).

Dieser Typisierungsversuch ist grundsätzlich zutreffend, aber er kann durchaus auch reduziert werden: Der (nur sehr vereinzelt auftretende) phantastische Typus lässt sich je nach Ausrichtung in einem der beiden Typen „abenteuerlich“ oder „anti-utopisch“ subsumieren, und der satirisch-parodistische Typus besteht aus Ausnahmeerscheinungen wie Franz Sales Sklenitzkas *Maxwells Raumschiff* (1987), die eher der phantastischen Kinderliteratur zugerechnet werden können, als einen eigenen Gattungstypus zu rechtfertigen. Die SF ist generell eher ironiefern.

Kruschel unterscheidet zwischen den beiden Traditionslinien Verne und Wells:

> Die erste Linie – oft der Einfachheit halber die Vernesche Linie genannt – wird von Texten geprägt, in denen Abenteuer, wissenschaftlich-technische Neuerungen und oft eher simple Unterhaltung im Vordergrund stehen. [...] Die zweite Linie – oft der Einfachheit halber die Wellssche Linie genannt – beschäftigt sich weniger mit technischen Details als den sozialen Auswirkungen wissenschaftlich-technischer Neuerungen, stellt nicht vordergründig das äußere, sondern eher das innere Abenteuer dar und zielt von ihrer ganzen Anlage her auf eine vielschichtigere Art der Unterhaltung ab. (Kruschel 2006, Sp. 525)

Zusammenfassend lassen sich zwei Hauptlinien festhalten:

1. Die anti-utopische Warnung

In den großteils globalisierungskritischen Texten wird die größte Gefahr nicht in der technischen und gesellschaftlichen Entwicklung an sich gesehen, sondern vielmehr darin, dass sich die mit ihr verbundenen Bedrohungen (Kernkraftwerksunfälle, Genmanipulationen, Umweltverschmutzung, Verarmung) nicht mehr kontrollieren lassen. Mit dem Entstehen der Risikogesellschaft entziehen sich soziale, politische, ökologische und individuelle Risiken zunehmend den Kontroll- und Sicherheitsinstitutionen der Industriegesellschaft (vgl. Beck 1993). In der literarischen Vision wird die Gegenwart zur Basis einer Entwicklung mit finalem oder zumindest mit äußerst abschreckendem negativen Ende. Dieser Typus richtet sich aufgrund der Komplexität der Themen fast ausschließlich an Jugendliche, nicht an Kinder.

2. Das Abenteuer ohne Problembewusstsein

Weltraumabenteuer (Space Operas), Alien-Invasionen oder 'Hacker-Thriller' bieten Spannung und Unterhaltung, aber keine Anregungen zur Diskussion; eine kritische Lese(r)haltung ist nicht intendiert. Abenteuer- oder Kriminalgeschichten werden mit futuristischen Versatzstücken versehen und in eine zukünftige Welt verlegt.

Selbstredend handelt es sich bei diesen beiden Grundtendenzen nicht um strikt voneinander getrennte, sondern im Gegenteil sehr durchlässige Bereiche. Sie können sich überschneiden oder miteinander vermischen, und manche Bücher sind vorgeblich das eine und in Wahrheit das andere.

4 Die aktuelle Marktlage

Die bisherigen Ausführungen bezogen sich auf die Neuerscheinungen des jeweiligen Jahrzehnts. Doch was ist von den genannten Titeln geblieben, was ist nach wie vor auf dem Markt? Beruhend auf einer Stichprobe von 70 Büchern ohne Anspruch auf Vollständigkeit zeigt sich folgendes Bild:

Gehalten haben sich einerseits Titel, die es in einem mit Unterrichtsmaterialien unterfütterten didaktischen Kontext in den Schulkanon geschafft haben: Charlotte Kerners *Geboren 1999* liegt in der 17. Auflage vor und wurde 1992 verfilmt; Gudrun Pausewangs *Die letzten Kinder von Schewenborn* und *Die Wolke* gibt es gegenwärtig jeweils in der 12. Auflage; *Die Wolke* wurde 2006 verfilmt; auch zu Charlotte Kerners *Blaupause*, das 2003 als Film in die Kinos kam, gibt es seit 2009 in einer neue Taschenbuchausgabe. Die Verfilmungen dieser SF-Romane und die zahlreichen Handreichungen für den Unterricht bilden die Grundlagen für ihren Verkaufserfolg. Zum Klassiker sind ebenso Lois Lowrys *Hüter der Erinnerung*, John Christophers *Die Wächter* oder Birgit Rabischs *Duplik Jonas 7* geworden.

Nach wie vor auf dem Markt sind weitere Titel von sogenannten 'Erfolgsautoren': Andreas Eschbachs fünfbändige *Marsprojekt*-Reihe ist nicht nur bei Arena, sondern auch bei Lübbe in Taschenbuch- und Hörbuchfassung erhältlich. Der bislang letzte Teil *Die schlafenden Hüter* erschien erst 2008. Auch seine Einzeltitel *Perfect Copy* und *Die seltene Gabe* sind bei Arena als Jugendbuch und bei Lübbe als Erwachsenentitel lieferbar, letzterer in einer Neuauflage 2009. Möglicherweise profitieren die SF-Titel des Autors von seinem generell hohen Bekanntheitsgrad – was auch auf Reinhold Ziegler mit *Perfekt geklont, Version 5 Punkt 12* und *Nachtläufer* sowie auf Andreas Schlüter mit der *Level 4*-Reihe zutrifft.

Diese Titel verdeutlichen eine Markttendenz, nämlich die Abnahme der gesellschaftskritischen Funktion der SF und eine immer stärkere Betonung ihres Spannungs- und Aktionsgehaltes. Weiterhin lieferbar sind *Back up* und *Play zone* von Thomas Feibel, der zahlreiche Ratgeber und Artikel zum Thema 'Jugend und elektronische Medien' verfasst hat, Caswells *Experiment IQ* oder Hesses *Arcan-Virus*. Selbst von *Die dreibeinigen Herrscher* von John Christopher aus den 1970er Jahren gibt es Neuauflagen, Sammelbände und Hör-CDs. Die *Weltraumpartisanen*-Reihe von Mark Brandis erscheint allerdings bei Wurdack, also in einem allgemeinliterarischen Verlag.

Der Markt verstärkt andere Genres: Es erscheint symptomatisch, dass von Chris Archer, der 2000–2002 die Reihe *Alpha Kids* veröffentlichte, nun eine vierteilige Piraten-Abenteuerserie vorliegt. Robert Cormier ist mit einigen jugendliterarischen Krimis und Thrillern vertreten, aber nicht mehr mit seinem *Das war's, Mister Handyman*. Und Andreas Schlüter, der Schöpfer von *Level 4*, hat sich nun der Sport-Krimi-Reihe *Fünf Asse* und der *Heiße Spur*-Reihe zugewandt.

Damit reagieren Verlage auf einen Umstand, der sich immer stärker bemerkbar macht und von Vermittlerinnen auch immer mehr wahrgenommen wird: Jugendliche wollen nicht pädagogisiert werden, nicht via Literatur und schon gar nicht via Science-Fiction, der sie eine eher reflexionsfreie Erwartungshaltung entgegenbringen. Im Bereich der SF prägen nicht Bücher, sondern Filme und TV-Serien das allgemeine Bewusstsein. „Sendungsbewusste Science Fiction langweilt mich“ (Colmar 1984, S. 11), erklärt ein Rezensent, der von sich selbst behauptet, eingefleischter Science-Fiction-Fan zu sein. Mit dieser Meinung steht er nicht alleine. Jugendliche sind tendenziell übersättigt von Problemthemen. Dazu kommt, dass Warnungen vor einer entmenschlichenden Entwicklung von Technik, Technologie und Medien bei den jungen Leserinnen und Lesern, die mit diesen Dingen ganz anders und viel weniger problemorientiert umgehen als die Generation vor ihnen, nicht wirklich ankommen. Die angstbesetzte Vorstellung einer linearen Steigerung von technischer oder auch organisatorischer Rationalität ist für sie antiquiert (vgl Beck 1993).

> Für Jugendliche gehört die Kenntnis um die Gefährdung der Welt gewissermaßen zum Alltagswissen. Weil das so ist, muß und kann man über diese Themen nicht mehr permanent diskutieren. (Gansel 1997, S. 26)

Es ist kein Zufall, dass sich, natürlich mit Ausnahmen, im anti-utopischen Bereich nur einige wenige Klassiker am Markt gehalten haben sowie das Thema, das noch am diskussionsträchtigsten erscheint, die Gentechnologie. Die Richtung, die die Gattung einschlägt, geht tendenziell zum 'Abenteuer ohne Problembewusstsein'; auch diejenigen neueren Bücher, die ihre Handlung in totalitäre Systeme oder in eine nach einer Katastrophe zerstörte Welt verlegen, setzen den abenteuerlichen, um nicht zu sagen 'Thrill'-Gehalt des Textes vor die kritische Auseinandersetzung mit dem Thema. Dies kommt dem aktuellen Lese(r)interesse offensichtlich mehr entgegen.

Der gegenwärtige Stand des Genres ist daher – zusammenfassend – so zu diagnostizieren: Die Science-Fiction ist zwar nicht gänzlich vom Markt verschwunden, stellt aber im Kontext der gesamten deutschsprachigen Produktion eine Randerscheinung dar. Einem Genre, das sich per definitionem der Vision verschrieben hat, gehen die Visionen aus. In einer Welt, in der sich Entwicklungen mit einer Geschwindigkeit vollziehen, der man kaum noch folgen kann, droht die SF zusehends ihre Basis zu verlieren. Um Truman Capote zu zitieren: „Heute ist die Utopie vom Vormittag die Wirklichkeit vom Nachmittag."

Literaturverzeichnis

Beck, Ulrich: Die Erfindung des Politischen. Frankfurt/M.: Suhrkamp 1993.

Biesterfeld, Wolfgang: Utopie, Science Fiction, Phantastik, Fantasy und phantastische Kinder- und Jugendliteratur. In: Lange, Günter/Steffens, Wilhelm (Hrsg.): Literarische und didaktische Aspekte der phantastischen Kinder- und Jugendliteratur. Würzburg: Königshausen & Neumann 1993, S. 71–79.

Colmar, Claus: Das Neueste von übermorgen. Science Fiction im Jugendbuch. In: Eselsohr 1984, H. 8, S. 11–12.

Friedrich, Hans-Edwin: Science-Fiction. In: Lamping, Dieter (Hrsg.): Handbuch der literarischen Gattungen. Stuttgart: Kröner 2009, S. 672–677.

Gansel, Carsten: Jugendliteratur und jugendkultureller Wandel. In: Ewers, Hans Heino (Hrsg.): Jugendkultur im Adoleszenzroman. Weinheim, München: Juventa [2]1997, S. 13–42.

Glasenapp, Gabriele von: Alptraum Zukunft. Die Risikogesellschaft und ihre literarischen Utopien. In: Terlinden, Roswitha/Ewers, Hans-Heino (Hrsg.): Anderswelten in Serie. Tutzinger Materialien Nr. 89. Tutzing: Evangelische Akademie 2003, S. 9–28.

Innerhofer, Roland: Die Zukunfts(t)räume der SF. Zur Markierung eines literarischen Feldes. In: Informationen zur Deutschdidaktik 23, 1999, H. 4, S. 30–39.

Kruschel, Karsten: Science Fiction. In: Steinlein, Rüdiger/Strobel, Heidi/Kramer, Thomas (Hrsg.): Handbuch zur Kinder- und Jugendliteratur. SBZ/DDR. Von 1945 bis 1990. Stuttgart: Metzler 2006, Sp. 511–554.

Lange, Günter: Charlotte Kerners *Blueprint. Blaupause.* Ein jugendliterarischer Adoleszenzroman in der Sciencefiction-Welt. In: Cromme, Gabriele/Lange, Günter (Hrsg.): Kinder- und Jugendliteratur. Lesen – Verstehen – Vermitteln. Baltmannsweiler: Schneider 2001, S. 279–295.

Lange, Günter: Science-fiction-Literatur im Unterricht. In: Lange, Günter/Neumann, Karl/Ziesenis, Werner (Hrsg.): Taschenbuch des Deutschunterrichts. Bd. 2. Baltmannsweiler: Schneider 8. Aufl. 2003, S. 805–824.

Lange, Günter: Charlotte Kerner: Geboren 1999 (9.–11. Schuljahr). In: Lange, Günter: Erwachsen werden. Jugendliterarische Adoleszenzromane im Deutschunterricht. Baltmannsweiler: Schneider ^{2}2004, S. 94–133.

Melzer, Helmut: Sciencefiction für Kinder und Jugendliche. In: Lange, Günter (Hrsg.): Taschenbuch der Kinder- und Jugendliteratur. Bd. 1. Baltmannsweiler: Schneider 4. Aufl. 2005, S. 547–565.

Ostheimer, Astrid: Computer Novels für junge Leser. In: Mitteilungen des Instituts für Jugendbuchforschung 2002, H. 1, S. 15–23.

Schulz, Hans Joachim: Science Fiction. Stuttgart: Metzler 1986 (SM 226).

Sollat, Karin [d.i. Karin Haller]: Grenzen der Phantasie. Oder: Warum erscheint kaum noch spezifisch jugendliterarische Science Fiction? In: JuLit 1997, H. 3, S. 68–81 (Auf diesem Text beruht der vorliegende Artikel.).

Suerbaum, Ulrich/Broich, Ulrich/Borgmeier, Raimund: Science Fiction – Theorie und Geschichte, Themen und Typen, Form und Weltbild. Stuttgart: Reclam 1981.

Suvin, Darko: Poetik der Science Fiction. Zur Theorie und Geschichte einer literarischen Gattung. Frankfurt/M.: Suhrkamp 1977.

EKKEHARD OSSOWSKI / HERBERT OSSOWSKI

Sachbücher für Kinder und Jugendliche

1 Definitionsversuche

Eine allgemeingültige Definition des Begriffs Sachbuch lässt sich bis heute der Fachliteratur nicht entnehmen. Immer wieder bleiben noch Fragen offen, bleiben Ungenauigkeiten bestehen. Einigkeit – im weitesten Sinne – herrscht darin, dass ein Sachbuch der non-fiction-Literatur zuzuordnen sei. Das Fehlen einer verbindlichen Definition wirkt sich insbesondere auch auf die Erklärungen und Begriffsbestimmungen in den gängigen Lexika aus.

1.1 Zum Sachbuch allgemein

Das *Metzler Literaturlexikon* ([3]2007) definiert das Sachbuch als eine „Publikation, die [...] Informationen und Erkenntnisse aus unterschiedlichen Wissensbereichen einem breiten Publikum in eingängiger, interessierten Laien leicht verständlicher Form präsentiert." (S. 671) Dem *Bertelsmann Lexikon* (Bd. 8) nach „entspricht der Begriff etwa dem der englisch-amerikanischen non-fiction unter Einschluß der allgemein-verständlichen Nachschlagewerke" (1975, S. 319). Das *Universal Lexikon Der Knaur* (Bd. 12) sieht als „Sachbuch i.w.S. jedes Buch, das über Tatsachen berichtet; i.e.S. für einen breiten Leserkreis bestimmtes Buch über ein Sachgebiet" (1991, S. 4398). In dieser Kurzbestimmung des Sachbuchbegriffs klingt bereits an, was sich in zahlreichen Definitionsversuchen finden lässt: weitere inhaltliche Be- und Umschreibungen, vor allem aber auch Abgrenzungen, Einschränkungen und Zuordnungen gegenüber den literarischen Gattungen, zwischen Belletristik und Fachliteratur/wissenschaftlichen Publikationen.

1.2 Zum Sachbuch für Kinder und Jugendliche

Was für den Bereich des Sachbuchs allgemein gilt, kann und muss auch auf das Sachbuch für junge Menschen übertragen werden: Eine allgemeingültige Definition ist bisher nicht gefunden worden. Das liegt nach Meinung von K. E. Maier (1993, S. 226) im Wesentlichen daran, dass „eine genaue Definition wohl auch wegen der Überschneidungen mit anderen Buchgattungen nicht möglich sein" wird. Bereits 1961 hatte Klaus Doderer Kennzeichnungen einer „Sachschrift" vorgenommen, die bis heute unbestritten sind und hohe Anerkennung finden: „eine Sachschrift [...] unterrichtet den Leser über Dinge, Ereignisse oder Zusammenhänge dieser Welt in einer solchen Weise, daß durch den Einsatz besonderer sprachlicher Mittel und kompositorischer Kräfte der Leser gleichzeitig unterhalten und belehrt wird“ (Doderer 1961, S. 14). Auch Inge Auböck möchte nicht nur die inhaltlichen, sondern darüber hinaus die gestalterischen Möglichkeiten durch die Sprache für das Sachbuch gesichert wissen. Sie bringt jedoch als weiteren Aspekt die Berücksichtigung der Leserzielgruppen mit ein und formuliert: Es gilt, „die Vermittlung von Wissensstoff oder von sachlichen Gegebenheiten auf die ins Auge gefaßten Leserschichten abzustimmen“, und erklärt im Folgenden, was darunter zu verstehen ist: „Dies erfolgt durch die Dosierung des Inhalts und die Anpassung der Form“ (Auböck 1963, S. 297). In seinem Definitionsversuch betont Richard Bamberger ebenfalls als wesentliche Kennzeichen des Sachbuchs für Kinder und Jugendliche das notwendige Zusammenwirken von Inhalt und Form:

> Das Sachbuch versucht, den Wissensstoff zu verlebendigen, ihn anschaulich zu machen, ihn in seiner Bedeutung für den Menschen erfassen zu lassen. Der Begriff des Sachbuchs wird nicht nur von seinem Inhalt, sondern auch von seiner Darstellungsform bestimmt. (Bamberger 1965, S. 224)

Die fehlende Definition des Sachbuchs für Kinder und Jugendliche zeigt sich auch im Bereich der Lexika für die Jugend. Heinrich Pleticha bietet in dem von ihm herausgegebenen *Literatur Lexikon* den jungen Lesern unter dem Begriff Sachbuch eine Kurzformulierung, die zugleich eine Zusammenfassung der bisherigen Definitionsversuche beinhaltet, eine allgemeine Zuordnung zur non-fiction-Literatur vornimmt und einen Aspekt aufzeigt, der bereits bei Doderer (1961) genannt wird: die Rolle des Sachbuchautors. Nach einer Abgrenzung zur Dichtung und zum Fachbuch, das die Schüler aus ihrem täglichen Unterricht, den Hausaufgaben und für ihr Hobby kennen, erfahren die Leser:

> Weiterhin gibt es Bücher, die zwar Sachwissen vermitteln, informieren und belehren, zugleich aber auch unterhalten wollen. Dazu gehören die Sachbücher [...]. In jedem Fall wollen sie Wissen nicht in trockener, sondern in möglichst verständlicher und zugleich auch interessanter Form vermitteln. Sie wenden sich an Leser aller Altersstufen, die eine ihrem Wissensstand und ihren Interessen angemessene Information suchen.

Es folgt der Hinweis auf den Sachbuchautor und die Anforderungen, die an ihn gestellt werden müssen: „Ein guter Sachbuchautor sollte gleich drei Berufe in sich vereinen“: Er sollte Wissenschaftler sein („über gediegene Fachkenntnisse verfügen“), Lehrer („wissen, was er seinen Lesern zumuten kann“, „Fachwissen aufbereiten“) und „lebendig wie ein guter Journalist schreiben können“ (Pleticha 1996, S. 71f.).

Doderer hatte in seiner Definition von „Sachschrift“ den Sachbuchautor ebenfalls gekennzeichnet:

> Wer belehren will, muß selbst etwas wissen. Belehrung setzt also Wissenschaft, Forschung und zumindest Erfahrung voraus. Und wer unterhalten will, muß von den ästhe-

tischen Gesetzen, den Gesetzen der schönen Form etwas verstehen. (Doderer 1961, S. 14).

Das große Ravensburger Lexikon in 4 Bänden, das sich an junge Leser wendet, beschreibt unter dem Stichwort „Bücher“: die „Sachliteratur, also informative Bücher, wie z. B. Gartenbücher oder Heimwerkerbücher. Auch dieses Lexikon, in dem du gerade liest, ist ein Sachbuch“ (1992, S. 80) und wendet damit die ‘erweiterte’ Definition innerhalb der Definitionsversuche für Sachbücher an.

1.3 Zum Stand der Diskussion

Es gibt Übereinstimmungen in den Definitionsversuchen des Sachbuchs allgemein wie auch des Sachbuchs für Kinder und Jugendliche:

1. in der Frage der „Übersetzung“ neuer wissenschaftlicher Fakten und Erkenntnisse aus der wissenschaftlichen Fachsprache in „meist populäre und allgemeinverständliche“ Sprachformen bzw. „kindgerechte“ Sprachgestaltung;
2. in der Zielrichtung auf den Laien, explizit den „interessierten Laien“, ob erwachsen oder heranwachsend. Hans Gärtner geht in seinem Definitionsversuch einen etwas abweichenden Weg, wenn er formuliert, dass beim jungen Leser „Interesse nicht unbedingt“ vorausgesetzt werden muss, sondern dass solches angeregt wird (Gärtner 1997, S. 151);
3. in der Zuordnung des Sachbuchs zur non-fiction-Literatur. Abweichungen gibt es in der Frage, ob Lexika, Wörterbücher und „praktische Ratgeber“ auch Sachbücher sind. Hier wird häufiger ein Kompromiss vorgeschlagen und eine Bezeichnung als „Sachbuch im weiteren Sinne“ vorgenommen.

Letztlich bleibt festzustellen: Bis heute gibt es noch keine allgemeinverbindliche Definition des Begriffs Sachbuch, sondern „nur Annäherungen im Bereich der Kriterien, Schwerpunktsetzungen und Abgrenzungen“ (Ossowski 1996a, S. 348).

2 Bauformen und Strukturen

Durch Abgrenzungen zu den verschiedenen Formen und Gattungen der Literatur lässt sich das Sachbuch in seinen Bauformen und Strukturen aufzeigen. Für Doderer sind es „ohne Zweifel die vier Bereiche der Wissenschaft, der Dichtung, der Belehrung und der bloßen Unterhaltung“ (Doderer 1961, S. 17). Pleticha spricht in seinen Anforderungen an den „guten“ Sachbuchautor auch die genannten Bereiche an, indem er von den „drei Berufen“, die in ihm stecken, ausgeht und zusätzlich darauf hinweist, dass „manche Sachbuchautoren die Tatsachen und den Wissensstoff in eine unterhaltende Handlung [...] verpacken“ (Pleticha 1996, S. 72). Auch er sieht in diesen Abgrenzungen des Sachbuchs die wesentlichen Kennzeichnungen.

2.1 Abgrenzungen zur wissenschaftlichen Literatur

„Das wissenschaftliche Buch ist charakterisiert durch eine systematische, ins einzelne gehende und deshalb immer eng begrenzte Darstellung [...] Wissenschaft ist sachlich, kühl, benötigt fast immer eine Fachsprache“ (Doderer 1961, S. 17). Das Sachbuch nimmt die Erkenntnisse und Ergebnisse der wissenschaftlichen Forschung auf und macht sie zur Basis seiner Wissensvermittlung und Informationsweitergabe. Dabei muss es peinlich genau achtgeben, sie nicht zu verfälschen, sondern sie so zu „übersetzen“, dass sie in allgemeinverständlicher Darstellung von Laien aufgenommen werden können. Das bedeutet jedoch nicht unbedingt den Verzicht auf Fachtermini, verpflichtet vielmehr zur leserzielgerechten Erklärung, wenn möglich durch die Textzusammenhänge oder – wie in den letzten Jahren in zunehmendem Maße – durch zusätzliche Erklärungen in einem „Anhang“ (Glossar, Stichwortverzeichnis, Begriffserklärungen o. ä.). Das hat zum einen den Vorteil, dass Fachbegriffe leicht auffindbar sind, dass zum anderen durch den zusätzlichen Rückverweis die Erklärung im Kontext noch einmal gelesen werden kann.

2.2 Abgrenzungen zum Lehr- und Fachbuch

Lehr- und Fachbücher „dienen ausschließlich der Wissensvermittlung“ (Hussong 1984a, S. 66). Ihre Zielgruppen sind, anders als bei Sachbüchern, nicht die (interessierten) Laien, sondern vielmehr jene Leser, deren Streben entweder dahin geht, fachliche Kompetenz zumeist auf einem beruflichen Gebiet aufzubauen oder die bereits erworbene Kompetenz zu festigen, zu erweitern oder neue hinzuzugewinnen. Wie die Wissenschaftler bedienen sich die Fachleute einer klaren, fach- und zielgerichteten Zwecksprache. Notwendiges Wissen wird an den Verbraucher ‘transportiert’: systematisch aufgebaut und methodisch fachimmanent erläutert. Zu den Lehrbüchern zählen auch die Schulbücher wegen ihres Aufbaus und des Ziels, Wissen zu vermitteln. Zwar unterliegen sie methodisch z. B. durch ständig wiederkehrende Zusammenfassungen des zu vermittelnden Stoffes und vielfältiger Gliederungen mehr altersgerechten Methoden als Fachbücher allgemein, doch bleibt das Prinzip der reinen Wissensvermittlung nicht zuletzt auch durch einen von Jahrgangsstufe zu Jahrgangsstufe kontinuierlichen Lehrgangsaufbau im jeweiligen Fachbereich bestehen. Neuere Schulbücher nähern sich – nach den guten Erfahrungen in den sachunterrichtlichen Fächern der Grund- und der Förderschule – langsam, zumindest in der Gesamtgestaltung den lesemotivierenden Darstellungsformen des Sachbuchs für Kinder und Jugendliche an.

2.3 Sonderstellung des Lexikons für Kinder und Jugendliche

Die Zuordnung eines Lexikons im Bereich der Kinder- und Jugendliteratur bleibt nach wie vor umstritten. „Zum Unterschied vom Fach- oder Lehrbuch oder vom Lexikon will das Sachbuch nicht Wissensstoff aneinanderreihen oder in ein System bringen, sondern in abgerundeter, lebendiger Ganzheit vermitteln", ist eine Meinung (Auböck 1966, S. 30); die andere:

> Bei Kinder- und Jugendlexika ist dies jedoch anders. Sie werden nicht nur als Nachschlagewerke für konkrete, zumeist schulische Verwendungszwecke konzipiert, sondern sollen in der Freizeit zum 'Schmökern' benützt werden. Sie enthalten deshalb oft, neben kindgemäßen Veranschaulichungsformen, auch Unterhaltungselemente, die zum Blättern anreizen. Sogar narrative Sequenzen kommen vor. (Hussong 1984a, S. 66)

Klaus Doderer jedoch warnte bereits 1961 in seiner Schrift vor den entstehenden Gefahren für ein Kinderlexikon, sofern dieses „den Stil des erlebnishaft gestalteten Sachbuchs teilweise übernommen" hat und belegt seine Meinung mit zwei Beispielen aus damaligen Versuchen, Lexika für Kinder neu zu gestalten (Doderer 1961, S. 30). Dennoch konnten die von Doderer zitierten Nachschlagewerke relativ hohe Auflagen erreichen: Das *Kinderlexikon*, hrsg. von Wilhelm Berger 1953 bis 1963 neun Auflagen; *Die Kinderwelt von A bis Z*, hrsg. von Richard Bamberger, Fritz Brunner, Fritz Westphal von 1954 bis 1980 in zwei verschiedenen Verlagen, 14 Auflagen.

1981 erschien *Meyers großes Kinderlexikon* mit dem Untertitel „ein Buch zum Nachschlagen, Anschauen, Lesen und Vorlesen". Die Texte verfasste Achim Bröger. Sein Anliegen war: Erzählend-erklärendes Anknüpfen an die Erfahrungswelt der Kinder im Vor- und Grundschulalter soll den Einstieg in das Erkennen der großen Zusammenhänge in der realen Umwelt erleichtern und eigenständiges Weiterforschen anregen. Die neuen Auflagen dieses Lexikons orientieren sich nun erheblich stärker an den Lebenswelten von Grundschulkindern. Illustrationen und weit über 1000, mit kleinen Geschichten versehene Stichwörter machen das Lexikon (fast) zu einem neuartigen 'Sachbilderbuch' und 'verwischen' damit die Grenzen zum Sachbuch.

Fazit: Die anhaltende Tendenz im Kinderlexikon führt überwiegend in die Nähe zum Sachbilderbuch mit erklärenden Texten, die für Vor- und Grundschulkinder konzipiert sind. Lexika für Schüler, vor allem aber für Jugendliche, tendieren derzeitig stärker zum Lehrbuch; sie sind zumeist nach Sach- oder Fachgebieten geordnet.

2.4 Abgrenzungen zur Dichtung

Die Formen erzählerischer Sachbücher bedienen

> sich der Darstellungselemente der dichterischen und unterhaltenden Lektüre. Ihre äußere Gestalt unterscheidet sich nicht wesentlich vom übrigen erzählenden Schrifttum. [...] Daß aber ein bestimmtes Tatsachenmaterial in den Mittelpunkt gesetzt wird, mit der Absicht, das Wissen des Lesers zu bereichern, ist der Grund, warum wir trotz Formengleichheit von einem Sachbuch sprechen können. (Maier 1993, S. 228)

Nach Maier wie auch nach Hussong (1984a, S. 67) verwendet das Sachbuch die Darstellungsformen als „Strategien der Informationsvermittlung". Und Karl Ernst Maier beruft sich dabei auf Wilhelm Fronemann, für den das Erlebnisbuch „die wertvollste Form des belehrenden Jugendbuches" bedeutete. Heute ist das Interesse an der Sache selbst größer denn je und das Informationsbedürfnis bei den jungen Menschen hoch. Doch die lesermotivierende Übermittlung des Wissens durch die konkurrierenden Medien sind noch bedeutsamer geworden.

Hussong stellt die Frage nach den „romanhaften Darstellungen, historischen Darstellungen oder Tiererzählungen" und beantwortet sie klar: „Ohne Zweifel handelt es sich nicht um Sachbücher, wenn Tatsachen [...] keinerlei Eigengewicht haben, allenfalls Kulisse bilden" (Hussong 1984a, S. 66). Dennoch, so räumt er ein, kann es auch Grenzfälle geben. Für Doderer gelten als besonders geeignet die „Formen der Epik wie Erzählung, Reportage, Abenteuergeschichte usw.", aber „nicht nur, [...] sondern auch eine Sprache, die klar und einfach und dem Laien verständlich ist. Es gilt Abstraktion in Anschauung umzusetzen." (Doderer 1961, S. 35) In der Gegenüberstellung von Dichter und Sachbuchautor weist Doderer an anderer Stelle (S. 20) darauf hin, dass beide „eigenschöpferische Gestaltungskraft" besitzen müssen, wobei der „Dichter diese auf die Plastizierung seiner inneren Vorstellung, der Sachbuchautor dagegen auf die selbständige Komposition des von der Umwelt gelieferten Tatsachenmaterials verwendet." Seine Folgerung: Der Sachbuchautor hat keine dichterische, aber eine schriftstellerisch anspruchsvolle Aufgabe zu bewältigen.

2.5 Abgrenzungen zur bloßen Unterhaltungsschrift

Lesen soll Spaß machen, Freude bereiten, zumal in der Freizeit. Deshalb muss auch das Sachbuch unterhaltende Elemente besitzen, die sich in „lockerer Verbindung" mit den anderen Bauelementen darstellen. Aber so wie Dichtung mehr will als unterhalten, will auch das Sachbuch mehr? Sein Ziel ist es, Wissen für Laien zu vermitteln; seine Aufgabe liegt „zwischen Lehrbuch und wissenschaftlicher Abhandlung, zwischen schöner Literatur und billiger Unterhaltung" (Doderer 1961, S. 17). „Billige" oder „bloße" Unterhaltung im Sinne einer anspruchslosen Berieselung durch reich und teils unästhetisch illustrierte oberflächliche Lektüre allerdings vermag die Aufgabe der Wissensvermittlung nicht zu tragen. Gemeint ist die kurzweilige, immer wieder zum Weiterlesen und -anschauen verlockende Darbietung der Wissensstoffe durch qualifizierte sprachliche und illustratorische Formen, wechselnde Ein- und Durchblicke, ungewohnte und ungewöhnliche Perspektiven auf Details und für das Auge in der Wirklichkeit kaum oder nicht wahrnehmbares Zusammenwirken verschiedener Komponenten in Natur und Technik. Sie regen zu eigenem Forschen und zu weiterer Suche nach vergleichbaren Phänomenen an. Auch „Leitfiguren" durch den Wissensstoff – teils in comicartiger Aufbereitung – liegen seit Jahren im Trend; Anregungen zu (Natur-)Beobachtungen, spielerische Elemente und andere handlungsorientierte Möglichkeiten im Sinne des 'Lernens mit allen Sinnen' (audiovisuelle Mittel) lockern zusammen mit adäquaten literarischen Formen auf und tragen „zur Verlebendigung der Begegnung mit dem Leser" bei (Auböck 1966, S. 31). Das 'Freizeitbuch Sachbuch' ist weder an schulische Methoden der Aufbereitung noch an stoffliche Vorgaben gebunden, es ist nur dem interessierten Leser verpflichtet.

3 Zur Geschichte des Sachbuchs vor 1945

3.1 Von den Anfängen

Eine systematische Geschichte des Sachbuchs ist z. Z. noch nicht geschrieben. Einzeluntersuchungen oder Beiträge innerhalb einer allgemeinen Geschichte der Kinder- und Jugendliteratur beginnen zumeist mit dem Zeitraum des Mittelalters. Das *Metzler Literatur Lexikon* bezeichnet schon die Antike als den Beginn von Sachbüchern und nennt z. B. Thukydides und Herodot als älteste Autoren (Metzler 2007 S. 671). Auch Klaus Doderer (1961, S. 8), der sich allerdings in seinem Buch auf das sog. „gestaltete Sachbuch" beschränkt, verweist auf das Altertum. Otto Brunken sieht bei Erasmus von Rotterdam (1466 od. 1469–1536) auf Grund seiner Vorschläge für eine humanistische Erziehung der Kinder, für „spielerische Lernformen wie den Gebrauch von Bildern, gebackenen und geschnitzten Buchstaben beim Erstleseunterricht" und seiner Forderung an den „Lehrer, daß er sich ganz auf seinen Schüler einstellt, dessen Fähigkeiten und Möglichkeiten richtig einschätzt und von daher Stoffauswahl und Unterrichtsschritte bestimmt", eine entscheidende Wende in der Erziehung überhaupt. An der Auffassung jedoch, die bis weit in die frühe Neuzeit hineinreicht, dass „Kindheit und Jugend nicht als eigenwertige Lebensphasen begriffen, sondern jeweils nur als Vorbereitungsphasen auf das Erwachsensein" verstanden werden können (Brunken 2008, S. 2), hatte sich auch in „der jubelnden Aufbruchstimmung der Humanisten des 16. Jahrhunderts" nichts geändert, „jedoch entzündete sich neu [...] der pädagogische Eros der Menschenbildung" (Dierks 1965, S. 11).

3.2 Die ersten 'Sachbücher'

Das frühe 17. Jahrhundert gilt als der Beginn der Geschichte des Sachbuchs, als eine „erste Phase der Sachliteratur", weil dort „die Begegnung von Wissenschaft und Literatur" zusammenfällt mit dem „sozialen Aufstieg des Bürgertums" (Leithäuser 1964, S. 42). Paradigmatisch verweist man auf die Bücher von Bernard Fontenelle („Entretiens sur la pluralitédes mondes", 1686) und Voltaire („Elements de la Philosophie du Newton", 1734). „Die Zeit der Aufklärung wird zum 'Nährboden' für die Vermittlung von Wissenschaften in leicht verständlicher Form für das sich emanzipierende Bürgertum." (Ossowski 1996b, S. 2) Als einer der 'Väter' des Sachbuchs für Kinder, wir sprechen heute von „Sachbilderbuch", gilt jedoch schon Jan A. Komensky, auch Johann Amos Comenius genannt (1592–1671), dessen *Orbis sensualium pictus* die folgenden Jahrhunderte in der Kinderliteratur erheblich beeinflusst hat.

Die „Mustergültigkeit" (Hürlimann 1959, S. 8) des Lehr- und Anschauungsbuches des Comenius ist ablesbar an der Tatsache, dass sein *Orbis pictus* noch „bis in die 60er Jahre des vergangenen Jahrhunderts [...] in 245 Ausgaben und Bearbeitungen in den verschiedensten Sprachen" erschienen ist (Brunken 2008, S. 17). An der herausragenden Bedeutung dieses Werkes von Wissen und Weltkenntnis" über die damalige Fülle an belehrenden Werken hinaus bis in das 20. Jahrhundert hinein bestehen heute keinerlei Zweifel.

In den nächsten Jahrhunderten bis in unsere Zeit entstanden 'Sachbilderbücher' zur „Vermittlung (neben den anderen Bilderbuchformen) von hohem künstlerischem Rang, die sich ihren Betrachtern und Lesern tief einprägten. So erinnerte sich Goethe beispielsweise in *Dichtung und Wahrheit*: „außer dem „Orbis pictus' kam uns kein Buch dieser Art in die Hände" (zit. in: Pressler 1980, S. 35).

3.3 Auf den Spuren des *Orbis pictus*

Der Philanthrop Johann Bernhard Basedow (1724–1790) publizierte 1774 sein *Elementarwerk* in vier Bänden, in der zweiten Auflage von 1785 mit dem Untertitel „Ein Vorrat der besten Erkenntnisse zum Lernen, Lehren, Wiederholen und Nachdenken" versehen. Wie das Buch von Comenius, veranschaulichte das *Elementarwerk* den „Vorrat der besten Erkenntnisse" mit Bildern, und zwar mit hundert Kupferstichen „nach Zeichnungen des berühmten Künstlers Daniel Chodowiecki" (1726–1801) (Dierks 1965, S. 28). Die Motive knüpften an die Erfahrungswelt der Kinder an; sie zeigten immer wieder den 'Standort' der Kinder auf, d.h., auf dem Weg zum Erwachsensein wurden sie von Erwachsenen begleitet, belehrt, angeleitet, ob in der Schule, daheim in der Familie oder in der Natur. Neu aber waren Themen, die die Erkenntnisse der Wissenschaften seiner Zeit präsentierten, wie z.B. „zur Maschinenkenntnis", „zur Physik", das

„Kopernikanische Weltsystem“ oder „verschiedene Handwerke“. Neu war auch, als Zeichen der „Aufklärung“ des Bürgertums: „die Religion erscheint erst im 4. Buche“. Zum Gebrauch des Buches in Familien schreibt Basedow: „Die Hauptsache des Buches ist die Bereicherung und Berichtigung der Sachkenntnis in der Muttersprache, welche dazu ohne Zweifel am geschicktesten ist. Hierzu bedarf man keines gelehrten Hofmeisters“ (Basedow, zit. in: Dierks 1965, S. 27).

In der Nachfolge des *Orbis pictus* steht auch Friedrich Johann Justus Bertuch (1747–1822), als Verfasser des *Bilderbuch(s) für Kinder* (Bde. 1–12, 1790ff.). Zwar distanziert er sich in einigen Details bewusst von Comenius, benutzte aber wie er das Prinzip der bildhaften Darstellung durch 1184 Kupfertafeln, die er von diversen Illustratoren unter künstlerischer Leitung von Johann Heinrich Lips erstellen ließ.

3.4 Sachliche Belehrung durch dialogische Formen

Joachim Heinrich Campe (1746–1818) nahm eine alte Form der Belehrung wieder auf, als er sein Buch *Robinson der Jüngere. Ein Lesebuch zur nützlichen und angenehmen Unterhaltung für Kinder*, erschienen in zwei Teilen (1779/80), herausgab. Er folgte dem Modell von Bernard Fontenelles *Entretiens*, das damals recht beliebt war, indem er zur „Darbietung eines Sachverhaltes die Form eines Gesprächs z. B. zwischen Vater bzw. Lehrer und Kindern“ verwendete (Hussong 1984b, S. 238). Campes *Robinson* wurde in alle europäischen Sprachen übersetzt und „war im 19. Jahrhundert das meistgelesene Kinderbuch“ (Jäger u. a. 1975, S. 147). Campe gilt heute als einer der ‘Väter’ der Sacherzählung oder des ‘gestalteten Sachbuchs’ für Kinder und Jugendliche.

Die Dominanz der lehrhaften Unterweisung und Darstellung der Stoffe in leitfadenhafter Wissenschaftssystematik wurde durch Campe entscheidend gebrochen. Zusammen mit der Aufbereitung der Lernstoffe in den sog. ‘Realienbüchern’, die durch die „Explosion an Wissenszuwachs“ im Verlauf des 18. und vor allem des 19. Jahrhunderts durch „neue naturwissenschaftliche, geographische und historische Erkenntnisse, neue Errungenschaften der Technik“ auch im Kinderbuch „ihren Niederschlag“ gefunden hatten (Pressler 1980, S. 47), gelang es, eine die nächsten hundert Jahre mitbestimmende Informations- und Unterhaltungslektüre für viele Jugendliche zu schaffen: *Das Neue Universum* mit dem Untertitel „Die interessantesten Erfindungen und Entdeckungen auf allen Gebieten, ein Jahrbuch für Haus und Familie, besonders für die reifere Jugend“ (1880). „Dieses in Stuttgart verlegte Jahrbuch kann als Meilenstein für den Durchbruch des Sachbuchs in der Jugendliteratur angesehen werden.“ (Ossowski 1996b, S. 5)

3.5 Auf dem Weg in „das Jahrhundert des Kindes“

Der Anteil des sachthematischen Schrifttums an der Literatur des 19. Jahrhunderts muss – vor allem in seiner 2. Hälfte – relativ hoch gewesen sein. Waren in der 1. Hälfte noch die Jahrbücher und Jugendzeitschriften zurückhaltend in der Verbreitung von sachbezogenen Beiträgen, so änderte sich das in der 2. Hälfte enorm: Informationen über Naturwissenschaften und Technik nahmen rapide zu, und Jahrbücher wie auch Zeitschriften für die Jugend wurden zu Hauptträgern naturwissenschaftlicher und technischer Themen bis weit ins 20.Jahrhundert hinein. Mit der Verbreitung durch die genannte Sachliteratur öffnete sich auch der Markt für die Sachbücher, von denen jedoch nur wenige bedeutsam wurden. So erschien 1852 z. B. eine *Encyclopaedie für die weibliche Jugend* und 1860 (in 2. Auflage) das *Populäre Handbuch der allgemeinen und speciellen Technologie*, das jedoch hauptsächlich berufs-(ausbildungs-)bezogene Informationen zu diversen Fragen der Anwendung bestimmter Techniken beinhaltete. Heinrich Wolgast (1860–1920) ging in seinem bedeutenden Werk *Das Elend unserer Jugendliteratur* (1896) gegen die damalige Verwässerung der Wissenschaften an, vornehmlich gegen die novellistischen Darstellungen von Sachverhalten. Er forderte in seiner „Kampfschrift“, dass die „Jugendschrift in dichterischer Form“ ein „Kunstwerk sein“ müsse. Seine Forderung „nach Aufhebung einer qualitativen Trennung von Kinderliteratur und ‘Erwachsenenliteratur’ hingegen war ein mutiger Schritt, der sich erst in der zweiten Hälfte des 20. Jahrhunderts durchzusetzen beginnt.“ (Eckhardt 1990, S. 203) Was sich in der 2. Hälfte des 19. Jahrhunderts im Sachbuchbereich sowohl der Erwachsenen- als auch der Kinder- und Jugendliteratur abzuzeichnen begonnen hatte, erfuhr zu Beginn des 20. Jahrhunderts seine konsequente Fortsetzung: Alfred Edmund Brehm publizierte sein *Illustriertes Tierleben* (1864–1869), Karl Aloys Schenziger *Anilin* (1936), C.W. Ceram (d.i. Kurt Marek) nach dem Zweiten Weltkrieg sein aufsehenerregendes Buch *Götter, Gräber und Gelehrte* (1949); in der Kinder- und Jugendliteratur beherrschten *Das Neue Universum* und ähnliche Nachfolger sowie vor allem *Schaffsteins Blaue Bändchen* den Markt.

4 Geschichte und Entwicklung des Sachbuchs nach 1945

4.1 Die ‘Blütezeit’ des Sachbuchs nach dem Zweiten Weltkrieg

Die Entwicklung des Sachbuchs für Kinder und Jugendliche erfuhr nach dem Zweiten Weltkrieg ihre besondere Förderung zum einen durch ein sprunghaftes Ansteigen der Publikationen von Sachbüchern für Erwachsene, zum anderen durch den 1955 gegründeten ‘Arbeitskreis für Jugendliteratur’, der im Auftrag der damaligen Bundesregierung die Durchführung des vom Innenministerium

1956 gestifteten 'Deutschen Jugendbuchpreises' (seit 1981 'Deutscher Jugendliteraturpreis') übernahm. Die Sachliteratur hatte, bedingt durch die „Nähe zur erzählenden Literatur, ein geringes Prestige, sie war eben keine 'reine Dichtung' und fand deshalb im [...] 'Deutschen Jugendbuchpreis' [zunächst] auch keine Berücksichtigung" (Schmidt-Dumont 1993, S. 31). 1959 erhielten dann zwei der (erzählenden) Sachbücher den sog. „Sonderpreis: Das beste Sachbuch für Kinder bis zu vierzehn Jahren": An Rutgers van der Loeff-Basenau *Pioniere und ihre Enkel* (1958) und *So fliegst du heute – und morgen* von Leo Schneider und Maurice U. Ames (1957).

Erst ab 1967 wurde jährlich zusätzlich zu den Bilder-, Kinder- und Jugendbüchern ein Sachbuch gepreist. „Das zeigte, daß sich in dieser Zeit eine Veränderung im Markt und im Bewußtsein der Kritiker vollzogen hatte, die endlich realisierten, daß sich inzwischen die Lesegewohnheiten verändert hatten." (Schmidt-Dumont 1993, S. 31) In den folgenden Jahren erhielten mit *Das Rätsel der Nordwestpassage* von Kurt Lütgen" (1967), Lawrence Elliot *Der Mann, der überlebte* (1970), Ernst W. Bauer *Höhlen – Welt ohne Sonne* (1972) und Frederik Hetmann *Ich habe sieben Leben. Die Geschichte des Ernesto Guevara, genannt Che* (1973) überwiegend erzählende Sachbücher den Preis. Unter den informierenden, überwiegend bildhaften Sachbüchern befanden sich *Sie bauten eine Kathedrale* von David Macauley (1974), Geraldine Lux Flanagan/Sear Morris *Nest am Fenster* mit vielen Fotos (1978) und 1980 zum ersten Mal zusätzlich zum Jugendsachbuchpreis für Heribert Schmid *Wie Tiere sich verständigen* ein Kindersachbuchpreis (Sonderpreis) für Grethe Fagerström/Gunilla Hansson *Peter, Ida und Minimum. Familie Lindström bekommt ein Baby.* Dieses Buch löste zunächst heftige Diskussionen wegen seiner Comic-Illustrationen aus, konnte sich jedoch bis auf den heutigen Tag durchsetzen und gilt immer noch als eins der vielgefragten 'Aufklärungsbücher' für Kinder. Nach einer Reform der Regularien zur Vergabe des 'Deutschen Jugendliteraturpreis' werden in der – vorher unbeschränkten Anzahl von Titeln in einer Auswahlliste zu den einzelnen Sparten – nur noch jeweils fünf Titel für Kinder- und Jugendsachbücher gemeinsam hervorgehoben (wie in den anderen Sparten auch), und aus einer Vorschlagsliste der Jury, die ca. ein halbes Jahr vor der Preisvergabe bekanntgegeben wird, werden die Preisbücher während der Frankfurter Buchmesse im Herbst gekürt. 1995 wurde Klaus Kordon für sein Buch *Die Zeit ist kaputt. Die Lebensgeschichte des Erich Kästner* ausgezeichnet, 1998 ging der Sachbuchpreis an Susanna Partsch für *Haus der Kunst.* Erzählende Sachbücher haben immer noch – oder auch wieder – einen hohen Stellenwert. Erst nach 1945 wurde das Sachbuch als 'Sachbuch' bezeichnet, während man sich in den Verlagen schon länger über Sachbücher intern verständigt hatte: Als Sachliteratur galt alles, was den bestehenden literarischen Begriffen nicht zuzuordnen war. Allerdings taucht der Begriff 'Sachbuch' z. B. in der Werbung weder für Cerams *Götter, Gräber und Gelehrte* (1949) noch für

Kellers *Und die Bibel hat doch recht* (1955) auf. Erst nach 1960 setzt sich der Terminus ‘Sachbuch’ endgültig durch (vgl. Diedrichs 1965, S. 47 f.) Erste Reihen für Jugendliche waren aber bereits in den 1950er Jahren erschienen; bekannt wurden beispielsweise *Die Großen der...*-Reihe aus dem Arena Verlag. Der erste Titel von Georg Popp, zugleich der Verleger, lautete *Die Großen der Welt* (1955). 1961 folgte die Reihe *Aus erster Hand* mit Titeln wie *Geschichte aus erster Hand* von Heinrich Pleticha oder Carlo Schmid/Heinrich Pleticha *Zeitgeschichte aus erster Hand* (1967) u. a. m. In den folgenden Jahrzehnten erreichten Reihen wie *Bunter Kinder-Kosmos* (Franckh-Kosmos), die *Uhren-Reihe*, eröffnet mit die *Grüne Uhr* (Ellermann), oder später die *Was-ist-was?*-Reihe (Tessloff) und *Sehen-Staunen-Wissen* (Gerstenberg) große Aufmerksamkeit bei den Lesern und eine wachsende Bedeutung für die Verlage. Unterdessen erscheinen in vielen Verlagen Reihen für Kinder und Jugendliche, unter ihnen Ars Edition *(Entdecken-Vergleichen-Wissen erweitern)*, Arena *(Das will ich wissen)*, Bibliographisches Institut *(Meyers kleine Kinderbibliothek)*, Loewe *(Tiere in ihrem Lebensraum)*, Peters *(Der rote Faden)*, Oetinger *(Erde, Wasser, Feuer, Luft)*, Ravensburger *(Die Welt erkennen)*; einige der Verlage haben mehrere Reihen für verschiedene Altersgruppe entwickelt, andere kennzeichnen ihre Bücher nicht als Reihe, sondern gestalten sie eher individuell (Format, Seitenzahl) wie der Kinderbuch Verlag Luzern oder durch inhaltliche Bestimmungen wie die *Biographien* bei Beltz & Gelberg. Im Prinzip baut die bunte Vielfalt der Sachbücher für Kinder und Jugendliche auf den Grundformen des Johann Amos Comenius und Joachim Heinrich Campe auf. In den letzten Jahrzehnten ist der Trend zum Narrativen im Sachbuch für Kinder und Jugendliche deutlich erkennbar, wobei nicht so sehr die Campesche dialogische Erklärungsform als vielmehr die mehr erlebnishafte, emotional betroffen machende ‘spannende’ Erzählform in den Mittelpunkt zu treten scheint (vgl. Ossowski 1996b, S. 7) Das Sachbuch nähert sich in seiner Entwicklung in der 2. Hälfte des 20. Jahrhunderts durch die Vielfalt des Angebots und seine weitgehende Ungebundenheit an eine Alterszuordnung der Erfüllung einer Forderung der schwedischen Pädagogin und Schriftstellerin Ellen Key an, die in ihrer Schrift *Das Jahrhundert des Kindes* (1900) über die Beachtung der subjektiven Lesebedürfnisse schreibt: „Überhaupt giebt es keine grössere Thorheit in der modernen Erziehung als das genaue Aussuchen der Bücher, die für das eine oder andere Alter ‘passen’.“ (Key, zit. in: Eckhardt 1990, S. 204)

4.2 Das Sachbuch zu Beginn des 21. Jahrhunderts

Wesentliches Kennzeichen der Verortung des Sachbuchs in der ersten Dekade des 21. Jahrhunderts ist seine Positionierung in der rasant expandierenden Welt der neuen Medien. Ewers spricht, allerdings in Bezug auf die gesamte „Evolution“ der Kinder- und Jugendliteratur, von einem „Wandel von tiefgreifendem Ausmaß“, der sich „nämlich [in] einer medial integrierten Kinder- und Jugendliteratur“ abzeichnet (Ewers 2000, S. 9). Gegen die Erwartung von Fachleuten ist insbesondere das Sachbuch nicht der Multimedialität zum Opfer gefallen, sondern konnte sich unter anderem z. B. als Begleitbuch zu Fernsehsendungen oder als Vertiefungs-Tipp zu Internetinformationen oder sogar selbst mit Begleit-DVD versehen weiterhin etablieren. Auch die Verkaufszahlen von Sachbüchern für Kinder- und Jugendliche sprechen gegen die Befürchtung, dass die ‘Computer-Kids’ kein Interesse mehr an Sachbüchern haben. Dass an der von Ewers zu Recht geforderten medialen Integration von Kinder- und Jugendliteratur weiter gearbeitet werden muss, bleibt unbenommen. Die Schulen leisten hierzu sicherlich einen wichtigen Beitrag. Etwas verzögert, aber doch zunehmend, wird die Welt der Computer selbst zum Thema des Sachbuchs. Weitere forcierte thematische Schwerpunkte der neuen Sachbuchszene liegen auf nationaler und internationaler Zeitgeschichte sowie den Biografien bekannter Forscher, Entdecker und Literaten. Auffällig ist, dass insbesondere Kindern keine angeblich zu komplexen Themen mehr vorenthalten werden. So gibt es z. B. Sachbücher, die sich mit der Relativitätstheorie von Albert Einstein beschäftigen. Im deutlichen Gegensatz zu vielen Sachbüchern früherer Jahrzehnte werden in neueren Produktionen nicht nur Forschungsergebnisse dargestellt, sondern nun auch Forschungsmethoden (vgl. Ossowski, E. 2003). Die Tendenz, dass es keine für Kinder ungeeigneten Themen mehr gibt, schlägt sich ebenfalls in der Aufarbeitung kultureller und gesellschaftlicher Zustände nieder. Ein interessantes Beispiel hierfür ist *Die Lebensgeschichte der Ulrike Meinhof* von Alois Prinz (Beltz & Gelberg 2004), also Themen, die bis dato eigentlich eher dem problemorientierten Kinderroman vorbehalten waren. Ähnliches gilt für Themen rund um die Weltkriege sowie andere internationale Konflikte. Die bereits erwähnten Biografien beziehen sich sowohl auf Entdecker, Forscher oder Größen der Literaturgeschichte als auch auf Regenten und Regentinnen sowie Politiker und Politikerinnen. Politik selbst wird ebenfalls zum Thema (z. B. *Kanzler lieben Gummistiefel* von Marietta Slomka 2009). Abgesehen davon lässt sich eine weitere Ausdifferenzierung und Spezifizierung von Themen beobachten. Wurden beispielsweise Mumien im thematischen Kontext des alten Ägypten abgehandelt, so erfahren sie nun eine ‘Einzelbehandlung’. Überhaupt ist auch zum gegenwärtigen Zeitpunkt eine weitere Expansion der Sachthemen aus der Antike (vgl. Ossowski, E. 2004, S. 98 f.), insbesondere aus dem Ägypten der Pharaonen-Epochen, zu verzeichnen.

Das Sachbuch scheint wieder stärker in den Focus wissenschaftlichen Interesses gerückt zu sein. Literaturwissenschaft und Didaktik fordern, nach zahlreichen Appellen aus eben diesen Disziplinen (z. B. Ewers 2000; Jentgens 2005), empirische Bestandsaufnahmen und Analysen unter z. B. sozialhistorischen, medienwissenschaftlichen sowie an Rezipienten- und Produzenten orientierten Aspekten. Jentgens (2005, S. 48) fordert zudem „eine Gesamtschau, eine Art Handbuch für das Sachbuch“.

Abgesehen von zahlreich angestellten Überlegungen zum Zusammenhang von Sachbuchrezeption und Lesekompetenz (z. B. Kunze 2003; Bauermann/Müller 2005) konzentrierte sich die Forschung in der ersten Dekade des 21. Jahrhunderts intensiv auf die geschlechtsspezifische Rezeption von Sachbüchern (vgl. Steitz-Kallenbach 2005). Konnte beispielsweise Richter (2002), bezogen auf die geschlechtsspezifische Rezeption von fiktionaler und non-fiktionaler Literatur im Grundschulalter, keine oder kaum Geschlechterdifferenzen ausmachen, so verweist Graf (2004) auf Studien, die eindeutig belegen, dass Jungen zumindest im Jugendalter eine signifikant stärkere Präferenz für Sachbücher zeigen.

5 Zur Typologie

In der Typologie des Sachbuchs gibt es – ähnlich wie bei den Definitionsversuchen – kein einheitliches Bild. Als allgemeine Richtungsweiser gelten die Typen „informative" und „erzählende" Sachbücher oder noch allgemeiner „gestaltete" und „ungestaltete", „womit wohl das nüchterne, auf bloße Informationsweitergabe beschränkte Sach- oder Fachbuch gemeint ist." (Hussong 1984a, S. 71)

Malte Dahrendorf unterscheidet drei Typen: das „reine Sachbuch", die „Sacherzählung" und das „erzählende Sachbuch" (Dahrendorf 1966, S. 73). „Reines Sachbuch" ist für ihn die Darbietung einer „Sache [...] ohne Einschaltung, lebender und erfahrener Medien"; bei der „Sacherzählung" ist „in eine selbständige Handlung [...] die Sache als wesentliches Motiv oder tragender Inhalt" eingebettet, und beim „erzählenden Sachbuch" wird die Sache „sozusagen [...] in das erlebende Subjekt einbezogen".

Von sechs Typen des Sachbuchs für Kinder und Jugendliche geht Herbert Ossowski aus: „1. das Bildersachbuch, 2. das Sachbilderbuch, 3. Erzählsachbuch, 4. das Sacherzählbuch, 5. das Werkbuch (Anleitungsbuch), 6. das Informationsbuch" (Ossowski 1996a, b). Beim „Bildersachbuch" wird die erfahrbare kindliche Umwelt nur in Bildern, ohne Text vorgestellt, entweder in Einzeldarstellungen oder in zusammenhängenden Bildfolgen; Sachen, die in einem Zusammenhang stehen, erscheinen auf einem Bild. „Sachbilderbücher" befassen sich vorwiegend bild-erzählerisch mit Umweltgegenständen. Beim „Erzählsachbuch" steht die Sache selbst im Mittelpunkt und wird mit erzählerischen Mitteln dargestellt; das „Sacherzählbuch" befasst sich im Rahmen einer Erzählung mit einer Sache, zusätzlich in einem Anhang findet man nähere Informationen und Daten. „Werkbücher" wollen Anleitungen für den Umgang mit Technik, Natur (Beobachtungen/Experimente) und Kunstbetrachtungen etc. geben. „Informationssachbücher" vermitteln in sachadäquater Sprache und durch Bilder und Grafiken Wissen, oft bis in Details, und zwar aus allen Wissenschafts- und Fachbereichen.

Siegfried Aust schließlich teilt die Darstellungsformen des Sachbuchs in die „belehrenden“ und die „erzählenden“ Sachbücher ein und entwickelt folglich keine „Typologie“ wie die anderen Autoren. Für ihn sind alle Bücher, die Leserreaktionen wie Mitmachen, Gestalten, Konstruieren hervorrufen auch „belehrende Sachbücher“; alle anderen Sachbücher, mit Ausnahme der Sachbilderbücher und Sachcomics, die er zusätzlich zu seinen beiden „Bereichen“ nennt, ordnet Aust den „erzählenden“ Sachbüchern zu (Aust 1983, S. 22). Hussong kritisiert an diesem Ansatz: „Auch diese Matrix birgt noch ihre Probleme, von der nicht stringenten Begrifflichkeit einmal abgesehen. Vor allem zieht sie als Vorbilder nur Buchformen heran.“ (Hussong 1984a, S. 72) Er verweist auf die Vernachlässigung oder gar Nichtbeachtung der Formen, die sich Sachbuchautoren heute vielfach als Vorbilder nehmen, wie die des „Journalismus und der audivisuellen Medien“. Die Kinder- und Jugendsachbücher der letzten zehn Jahre lehnen sich in verstärktem Maße an die Sachliteraturformen für Erwachsene an und beziehen damit auch sprachliche Formen des Journalismus in den Print- und audiovisuellen Medien mit ein. Außerdem regen die neueren pädagogischen Bestrebungen der Handlungsorientierung wie „Actions-Boxen“ (Informationen, Anleitungen und diverse Materialien für Experimente und Beobachtungen u.ä.) auch die Entstehung weiterer neuartiger „Sachbuchformen“ an. Die gebräuchlichsten Typenbezeichnungen beschränken sich derzeit auf „Informations- oder informatives Sachbuch“, „erzählendes oder Erzählsachbuch oder Sacherzählung“ und „Sachbilderbuch“. Unter dem ersten Typ werden alle in sachadäquater Sprache und der Sacherhellung dienenden Illustrationen, Grafiken, Tabellen, Skizzen oder Detail- und Über- wie Einblick gewährenden Fotos verstanden; dem zweiten Typ werden alle narrativen Formen, von der Erzählung über den Roman bis zu Dialogen und Features sowie die Biografien und journalistischen Reiseberichte, zugeordnet; zum dritten Typ zählen die textlosen und die mit wenig Text versehenen Sachdarstellungen, aber auch die anteilsgleichen Text-Bild-Bücher mit den unterschiedlichsten Bildformen, von der Illustration und/oder Farbfotografie über Bildcollagen, Comicbildern bis zu diversen „Mischformen“ mit Folien, Stanzungen oder anderen Materialien und CD-ROMs bzw. DVDs oder die mit Beobachtungs- und Experimentierbeilagen/-kästen versehenen „Boxen“. (vgl. Ossowski, E. 2005, 2010 im Druck)

6 Funktionen

Das Sachbuch ist von seiner Zielsetzung her eine Lektüre für die Freizeit; sie eignet sich auch für die Unterstützung gezielten schulischen Lernens, jedoch nur unter bestimmten Bedingungen. Darüber wird noch einiges zu sagen sein. Die Funktionen von Sachbüchern leiten sich hauptsächlich von den individuellen Befindlichkeiten des Rezipienten ab. Da ist zunächst eine der wichtigen Funktionen, die sich mit „Demokratisierung von Wissen" am klarsten beschreiben lässt. In den 40er Jahren des 20. Jahrhunderts entstand in den USA im Zusammenhang mit der Einführung des Fernsehens ein „neuer Sachbuchtyp", bei dem die „bisher vernachlässigte optische Komponente die entscheidende Rolle übernahm" (Schmidt-Dumont 1993, S. 31). Bisher hatte, vor allem in der Nachfolge von Campe, die erzählerische Einkleidung, häufig in umfangreicher romanhafter Ausweitung, nur schwarz-weiße illustrierende Bilder zur „Auflockerung" zugelassen. „Der Rezipient war ein 'Schmökerer'" und vergaß auf Grund seiner weitgehenden Identifikation mit der Handlung das Sachanliegen. „Damit gab er sich auch ganz in die Hand des Autors und seine Entscheidung darüber, an welcher Stelle und wie viele der Informationen er in seine Handlung einbaute." (Schmidt-Dumont 1993, ebd.) Nur reine Fakten in kleinen Textblöcken, arrangiert in doppelseitigen Bild-Text-Themen, verlockten den Rezipienten zum Blättern oder auch zum Verweilen. „Der Leser (Betrachter) steht unmittelbar dem Sachkern gegenüber." (Maier 1993, S. 229) Auf diesem Weg emanzipierte sich der Leser vom „gängelnden Autor und entschied selbständig, wann er sich welcher Information intensiver zuwenden wollte; das Lernen demokratisierte sich damit". Das Prinzip der Anordnung und Darstellung, Gestaltung eines Themas, zumeist in einen größeren Gesamtzusammenhang, liegt heute zahlreichen Sachbilderbüchern zugrunde und hat sich – oft in Reihen – erfolgreich durchgesetzt.

In zweiter Funktion vermag das Sachbuch einen Beitrag zur „grundlegenden Bildung" zu leisten, indem es Interesse wecken und zur Wissenschaft führen will.

Eine dritte Funktion liegt in der „Stärkung der Persönlichkeit". Durch die freiwillige Übernahme von Aufgaben und das damit verbundene Aufsteigen zum „Experten" einer bestimmten Sache innerhalb einer (Lern-)Gruppe wird das Selbstwertgefühl gestärkt.

In den verschiedenen „Darstellungsformen der Wissensstoffe" zeigt sich eine vierte Funktion: Der Leser lernt die Voraussetzungen für wissenschaftliches Arbeiten, die Vorbereitung und Auswertung von sprachlichen, illustratorischen, grafischen, tabellarischen Möglichkeiten u. a. m, kennen und praktisch mit ihnen umzugehen.

Die wichtige fünfte Funktion eines Kinder- und Jugendsachbuches liegt darin, „kritisches Lesen" anzubahnen. Durch Vergleiche von Eigen- und Fremderfahrungen wie auch z.B. – vor allem bei älteren Jugendlichen – durch Überprüfung an Hand von Dokumentationssendungen (Fernsehen/Rundfunk) kann durchaus eine weitere „Spurensuche" in einer Sache angeregt werden.

Die Erfahrung „Lesen macht Spaß" kann aufgrund der unterhaltsamen Aufbereitung von Wissen als sechste Funktion des Sachbuchlesens gelten; diese Erfahrung macht den Heranwachsenden deutlich, dass das Lernen in der Schule wie über die Schule hinaus sinnvoll und dass Lesen wertvoll ist und nicht als 'vertane Zeit' angesehen werden kann.

Außerdem können (so die siebente Funktion) schon in der Vorschulzeit durch das gemeinsame Anschauen von ersten Sachbilderbüchern zusammen mit den Eltern die Kinder zum Fragen nach den Zusammenhängen der bildlich dargestellten Umwelt im Vergleich zur Wirklichkeit angeregt werden.

Und schließlich, und das ist die achte Funktion, bieten Sachbücher in ihren diversen Formen den Lehrenden Anregung und Hilfe zur Aufbereitung von Lern- und Wissensstoffen für den Unterricht, besonders für den Individualunterricht und die Gruppenarbeit.

7 Zum Leserbezug

7.1 Das Sachbuchangebot und die thematischen Präferenzen

Das Angebot von Sachbüchern durch die Verlage ist groß. Das betrifft sowohl die Erwachsenen-, als auch die Jugend- und Kindersachliteratur. Aktuelle Anlässe wie Sport, Weltraumfahrt, archäologische Funde etc. geben immer wieder neue Anstöße, das Angebot zu erweitern. Nicht selten entstehen durch Einzel- und Reihenpublikationen Trends, die jahrelang die Produktion bestimmen (Reiten, Saurier). Unterdessen ist der Sachbuchmarkt fast unüberschaubar geworden. Das beweist allein das Angebot an Kindersachbüchern. Alle zwei Jahre erscheint das Verzeichnis „Sachbücher für Kinder“ (hrsg. von der „Deutschen Akademie für Kinder- und Jugendliteratur“, Volkach). Die Ausgabe 1998/99 enthielt rund 420 Titel zu 15 Themenkreisen, von denen die Themenkreise „Menschen“ in 5 und „Tiere“ in 7 Unterthemen gegliedert sind. Der Themenkreis „Menschen“ weist 119, „Tiere“ 114, „Natur und Technik“ 47 Titel auf; zählt man „Natur/ -beobachtung“, „Erde/Weltall/ Landschaften“ hinzu, ergeben sich dort 115 Titel. Auf „Umwelt/Umweltschutz“, „Geschichte/Zeitgeschichte“, „Freizeit/ Spiele/Sport“, „Film/Musik/Theater/Literatur“, „Kunst/Architektur“, „Religion“ und diverse Anleitungsbücher zu unterschiedlichen Bereichen verteilen sich die übrigen Titel. Eine Bestandsaufnahme von Grubert (2004) zum Markt der Kinder- und Jugendsachbücher zeigt bei über 500 Produktionen ähnliche Verteilungen für die Jahre 2002 bis 2004 wobei die Themen „Tiere“ und „Natur und Umwelt“ absolut dominieren. Auch der steigende Umsatz beispielsweise auf dem Sachbuchmarkt von 2003 bis 2005 spricht nicht für ein gebrochenes Interesse an Sachbüchern. Allein der Umsatz durch Sachbilderbücher stieg von 24,3 Millionen Euro in 2003 auf 28,0 Millionen Euro in 2005. (Grubert 2006, S. 2)

7.2 Alterszuordnungen

Die Verlage bestimmen in ihrem Angebot durch Kennzeichnungen die Lesealterszuordnungen wesentlich mit. Dabei sind die Unterscheidungen zwischen

Kinder- und Jugendsachbüchern relativ eindeutig vorzunehmen, während sich die Grenzen zwischen Jugend- und Erwachsenensachbüchern weitgehend verwischen. Man kann davon ausgehen, dass Jugendliche sowohl von der Thematik als auch von der Gesamtgestaltung her zu Sachbüchern für Erwachsene greifen. Eine genauere Untersuchung von Verlagsprogrammen und Produktionen könnte diesbezüglich Aufschlüsse geben. Die Altersspezifika zeigen sich in der Gesamtaufmachung (Cover), im Layout, im Ausmaß der Reduktion im Bereich der Wissenschaftlichkeit, in der Illustrationsart, im Farbbildmaterial, in der Detailbetonung, der Tierphysiognomie und der Bildzusammenstellung, in den sprachlichen Erklärungen (einfachen Satzbau, einfache Formen); Hauptinformationsträger ist das Bild, bei bilderzählenden Kindersachbüchern auch die Fotografie, neuerdings ebenso die comicartigen Zeichnungen. Insgesamt kann man von einem Sachbilderbuch als wichtigstem Typ des Kindersachbuchs ausgehen, dem sich – in den letzten zehn Jahren etwa – das erzählende Sachbuch in einem großen Schritt in der Produktion genähert hat. Der Vorteil: Die Erlebnis- und Gefühlswelt der Kinder wird stärker als in den meisten Sachbilderbüchern angesprochen; der Nachteil: Erlebnis und Gefühl können die Informationsaufnahmebereitschaft mindern. In zahlreichen erzählenden Sachbüchern erfolgt deshalb in einem Anhang eine zusammenfassende, oft bis ins Detail gehende Zusatzinformation. Die Leseerfahrungen mit diesen Büchern sind bisher noch nicht durch Untersuchungen belegt. Im Bereich des Jugendsachbuchs gibt es neuerdings einen Trend zur Form des Bildersachbuchs mit anspruchsvollerer Thematik und zeichnerischen Detaildarstellungen; als Beispiele seien hier Stephen Biestys *Fantastische Reise durch den Körper* (Gerstenberg 1998) oder *Das Gehirn* von Hans Günter Gassen (Wissenschaftliche Buchgesellschaft 2008) genannt. „Die Altersstufenzuordnung von Sachbüchern ist nur eine ‘grobe Einschätzung’, die heute vielfach durch die oft bereits im Vorschulalter sichtbare Interessensneigung und teils sogar Spezialisierung [...] aufgehoben wird“. Man kann bisher nur von „Verallgemeinerungen und Erfahrungswerten“ ausgehen. (Ossowski 1996b, S. 9).

7.3 Zur Illustration

Für das Sachbuch allgemein besitzt die Illustration eine sehr wichtige Rolle, besonders natürlich für das Kinder- und Jugendsachbuch. Das Sachbuch hat sich bei der Entwicklung seiner vielfältigen Formen an den anderen Medien des Alltags orientiert und sie entsprechend übernommen: Fotografien (geschichtliche Dokumentationen, Tierbücher, Landschaftsbilder, Kunstgegenstände); Fotomontagen, Collagen, Modellzeichnungen, Schemata, Karten, Tabellen, Skizzen, Gemälde, Zeichnungen in diversen Techniken. Sie werden je nach ihrer Funktion als Informations- oder Illustrationsmittel oder auch als Interpretations- und Erklärungshilfen eingesetzt. Bei Sachbüchern für Kinder im Vorschul-

und teils auch im Grundschulalter sollen sie auch affektive Wirkungen erzielen und Funktionen der Veranschaulichung der Texte oder der Verstärkung von Aussagen übernehmen. In neueren Sachbüchern werden oft Seitenzahlen durch 'Kapitel-Leitbilder' ersetzt, oder motivierende Leitfiguren führen den Leser durch das Buch. Vor allem werden in technischen Geräten Details durch Figürchen oder witzige Einfälle hervorgehoben. Wie groß die Bedeutung der Illustration für Sachbücher für Kinder und Jugendliche wirklich ist, lässt sich bisher nur auf Grund von Erfahrungswerten einschätzen. Auch in diesem Punkt können erst genauere Untersuchungen Klarheit schaffen.

8 Zur Didaktik

Das Sachbuch für Kinder und Jugendliche ist ein Freizeit-, kein Lehr- oder Schulbuch. Es baut keinen Lehrgang auf, sondern will unterhalten und Freude bereiten. Das Sachbuch ist deshalb so konzipiert, dass es „nicht mit der Unterstützung eines Lehrers und den didaktischen Weisungen eines Unterrichts rechne[t], es muß Methodik, Didaktik und Gestaltung in sich selber tragen." (Maier 1993, S. 228) Die Individualisierung des Umgangs mit den Sachbüchern, wie das tiefere Eindringen oder oberflächliche Zurkenntnisnehmen, ist jederzeit möglich. Dennoch eignen sich Sachbücher nicht nur für unterrichtsbegleitende Maßnahmen. Neuere Unterrichtsformen wie Handlungsorientierung, Wochenplanarbeit und Schul- oder Klassenprojekte sind mit Hilfe von Sachbüchern sehr gut möglich. Fächerübergreifende Unterrichtsformen lassen Individualisierungen zu, die z. B. auch die sprachlichen Aspekte berücksichtigen: Strukturen der Informationsvermittlung und -aufnahme, vergleichende Textanalysen durch eine Vielfalt der angewendeten Beispiele, textliche Aufbereitungen und Untersuchungen ihrer Funktionen. Hinzu kommen die illustrativen, die typografischen und die An- und Zuordnungsfragen. Selbst Vergleiche mit Schul-, Lehr- und Fachbüchern können durchgeführt werden.

8.1 Zur Didaktik von informierenden Sachbüchern

Die informierenden Sachbuchformen, also auch die meisten Sachbilderbücher, haben im Gegensatz zu erzählenden Formen keinen 'Spannungsbogen', sondern werden durch die Aufbereitung des Stoffes 'spannend' gemacht: durch Wecken von Neugier auf immer neue Details, durch Wort- und Ausdruckswahl (sach- bzw. fachadäquate Termini) und Höhepunkte der Handlung ergeben sich Wissenszuwächse, werden Problemlösungen angebahnt und praktische Anwendungen in Gang gesetzt. Sprache kann dabei durch Bilder, Fotos, Zeichnungen, Skizzen, Tabellen 'ersetzt' werden, zumindest aber eine Verstärkung, Veranschaulichung und leichtere Zugänglichkeit erfahren. Eine bloße Aneinanderreihung von Wissensstoffen durch die Schriftsprache hat geringere Motivationskraft. Selbstverständlich müssen die Texte auch lese- und sachgerecht gegliedert sein, und es dürfen keine zu großen Textblöcke das Lesen technisch und lesepsychologisch erschweren. Die Wahl der Schriftart, ihr Wechsel, die Anordnung des Textes auf einer Seite, die Zuordnung von Bildern, Tabellen etc. sind von großer lesepsychologischer Bedeutung. Farbige Hervorhebungen, Kennzeichnung von Lauf- und Bildunterschriften und Erläuterungen im Anhang sind wichtig. Informierende Sachbücher sollen Anstöße geben, bestimmten Sachverhalten nachzuspüren, Details zusammenzutragen und – wenn möglich – neue Zusammenhänge zu erschließen. Das Einbringen von eigenen Erfahrungen der Schüler/innen bildet eine solide Basis und führt zu vergrößerter Lern- und Arbeitsbereitschaft. Das Bereitstellen ergänzender Materialien erhöht die Leistungsbereitschaft und den Willen, selbst zur Lösung eines Problems beizutragen. Die Anwendbarkeit der Lösungswege und der -ergebnisse auch im außerschulischen Bereich stärkt das Selbstvertrauen und die Eigenständigkeit und bildet die Grundlage für ein mögliches Engagement in anderen Sachbereichen. So kann z. B. das schulische oder außerschulische Sachbuchlesen durch ein Fotosachbuch angeregt werden, beispielsweise zum Thema „Tiere in der Stadt“ für Grundschulkinder ab 3. Schuljahr, das vielleicht in der Freiarbeit auslag oder von einem Kind mitgebracht wurde. Solch ein Buch könnte z. B. Tiere zeigen wie Steinmarder, Salamander, Fledermäuse, Turmfalken, Heuschrecken u. a.m. an Plätzen, wo sie niemand vermuten würde. Die Herausforderung zur genauen Beobachtung, zum Schutz der Anlagen, Hecken usw. kann so zu einem ‘Wettbewerb’ unter den Kindern werden z. B. bei der Frage, wer zuerst ein Tier an einer Stelle beobachtet, an der es niemand vermutet hat. Das Anlegen von Beobachtungsbögen/-heften ergibt sich dann fast von selbst. Im Sekundarbereich stehen Wissensüberprüfung, -festigung, -erweiterung und der Erwerb von Detailwissen nicht nur individuell, sondern auch in fächerübergreifenden Unterrichtsformen im Vordergrund. Ein Thema wie z. B. „Auf dem Mond“ (Hehner/Ruhl 1999) führt nicht nur zur Frage nach der Erkundung von Leben im Weltall allgemein, sondern auch zu physikalischen Fragen, mathematischen Berechnungen, zur Geschichte der Weltraumerforschung, zu Fragen der Religion, Medizin, Biologie und zu Fragen der technischen Bedingungen für menschliches Leben im Weltraum. Diese Anregungen können die Schülerinnen und Schüler nach ähnlichen Berichten und Dokumentationen in Büchereien suchen lassen (vgl. Ossowski 1999).

8.2 Zur Didaktik erzählender Sachbücher

Die Sacherzählung oder das sacherzählende Buch, auch gestaltetes Sachbuch genannt, ist eine Form der Sachdarstellung, die den Weg sozialaffektiver Appellation sucht, um den Leser zu motivieren, sich gründlich mit einer Thematik auseinanderzusetzen, damit er auf seine Weise und mit seinen Mitteln aktiv werden kann. Sie ist also ein geeignetes Mittel, Kinder und Jugendliche für eine Sache zu gewinnen und zum eigenen Handeln zu motivieren (Stiftung Lesen 1991, S. 14). Einsicht wird häufiger über das Mit-Erleben, über einen möglichen Nachvollzug, über beispielhaftes Vorleben, über interessante Aktionen und Unternehmungen angebahnt. Sacherzählungen müssen sowohl erzählerischen als auch sachliterarischen Kriterien entsprechen: Spannung bildet eine Voraussetzung für das Mit- und Nacherleben. Die Sachaussagen und Sachverhalte werden (weitgehend) durch die Einbettung in den erzählenden Text erläutert. Das Sachvokabular, eine evtl. Dokumentation wie auch eine logische und sachliche Überprüfbarkeit müssen dem Leser signalisieren, dass er sich nicht nur die Begründung für das Engagement einer handelnden Person zu eigen machen soll, weil er sie mag, sondern weil er die Notwendigkeit des Handelns, den Sachzwang selbst über- und durchschauen kann.

„Das Problem der Sachbuchlektüre in der Schule“ (Dahrendorf 1966, S. 67) kann immer nur durch den Lehrer mit ‘seiner’ individuellen Klasse und ‘seinen’ individuellen Schülern gelöst werden. Grundsätzlich sollten die Schüler Merkmale sowohl eines Sachbuchs als auch eines erzählenden Textes bereits kennen, in der Lage sein, an den Text Fragen zu stellen, seinen inhaltlichen Aufbau zu erkennen und Sachaussagen bzw. -verhalte aus dem erzählerischen Zusammenhang zu lösen. Die unterrichtliche Arbeit mit sachorientierten Erzählungen sollte sich immer am Gesamtinhalt des Werkes ausrichten. Das Herausarbeiten der Sachfragen und -details macht dann Freude, wenn die sprachlichen Mittel für den ‘Faktentransport’ entdeckt werden: die Beschreibungen (Landschaften, Geräte, Blumen), die Vorbereitungen von Unternehmungen, die Belehrungen durch unterschiedliche Personen in verschiedenen Situationen, die Lage- und Wegebeschreibungen, Erkundungen, Zahlen, Vergleiche usw. Eine Kombination von informierenden und erzählenden Sachbüchern zu einem Thema ist unterrichtlich besonders ergiebig. Die Verbindung des Deutschunterrichts mit einem anderen Fach oder ein fächerübergreifender Unterricht mit mehreren Fächern ist aus didaktischer Sicht besonders wünschenswert (vgl. z.B. Bagge 2004). Im Primarbereich ist – neben den unterrichtsmethodischen Fragen – immer zu bedenken, wie weit Sachbücher auch kritisches Lesen herausfordern (das später als selbstverständlich gilt). Bei vergleichendem Lesen verschiedener Sachbücher zu einer Thematik bietet sich dieser Aspekt besonders an. Sachbücher vermitteln den Stoff mit Hilfe unterschiedlicher Bild- und Textdarstellungen, wobei die Daten eingeschlossen sind. Die Schüler werden so auf eine ‘Spur’ gesetzt, die sie individuell auch in ihrer Freizeit weiterverfolgen, und dieses Vergleichsverfahren können sie leicht auf ihre eigenen Interessensgebiete übertragen. Auf diese Weise werden sie motiviert, auch selbständig Büchereien aufzusuchen oder sich in Buchhandlungen, Katalogen usw. zu informieren. Das Interesse für den Umgang mit Büchern wird allerdings schon in der Vorschulzeit in der Familie gelegt, und zwar durch gemeinsames Anschauen und Darüber-Sprechen (vgl. Ossowski 1997, S. 105f). Allerdings wird diese Tatsache (immer) noch zu wenig beachtet, sonst würden wesentlich mehr Familienbildungsstätten für Eltern Kurse anbieten, die zum Umgang mit Büchern anleiten.

9 Kritisch-konstruktiver Ausblick

Die expandierende Vielfalt der Themen sowie Arten und Formen von Sachbüchern werden die dieser Literaturgattung etwas hinterher hinkende Forschung nicht gerade vereinfachen. Gleichwohl bedarf es weiterer intensiver wissenschaftlicher Anstrengungen. Natürlich gibt es seit langem einen gewissen befriedigenden common sense hinsichtlich der Bewertungskriterien von Sachbüchern unter literarischen und didaktischen Gesichtspunkten, aber das darf keinesfalls zu einer Stagnation der Diskussionen um die Qualität und Adäquanz von Sachbüchern z.B. für den Unterricht führen. Der Wandel oder die „Evolution" (Ewers 2000) des Mediums (Sach-)Buch in Korrespondenz mit gesellschaftlichen Entwicklungen bedingt eine ständige wissenschaftliche und erfahrungsgeleitete Überprüfung von Kriterienkatalogen. Ein weiteres Manko kann im Kontext der universitären Lehramtsausbildung identifiziert werden. Jentgens (2005, S. 48) bemängelt, dass „keine Lehrformen und Curricula für das Schreiben von Sachbüchern entwickelt worden sind". Ein Projekt von E. Ossowski im Sommersemester 2008 ermöglichte es Lehramtsstudierenden, Sachbücher für den fächerübergreifenden Sachunterricht zu produzieren. Die Ergebnisse zeigten, welch meist ungenutztes literarisches, didaktisches und wissenschaftliches Potenzial in den Studierenden schlummert. Ungeachtet der bereits angesprochenen Forschungsdesiderate (s. auch 4.2.) sollten sich die Forschungen rund um das Sachbuch intensiver auch mit Fragen einer sachbuchspezifischen Lesesozialisation auseinandersetzen. Sehr spezifisch anmutend, aber durchaus im Mainstream aktueller Forschungen angesiedelt, ist beispielsweise die Frage des Einflusses des Lesens auf die Resilienz von Kindern in Risikolebenslagen oder die Frage nach der „Leseresilienz" von sozial benachteiligten Kindern, von Kindern, die trotz schlechter sozialer Bildungsbedingungen dennoch Lesekompetenz entwickeln (Kassis, Ossowski, E., Solzbacher, laufendes Forschungsprojekt: Uni Osnabrück). Insbesondere im Bereich der leserezeptiv oft eher niederschwelligen Informationssachbücher lässt sich darüber hinaus ein Leseförderungspotenzial, nicht nur in Bezug auf den Erstleseunterricht, vermuten, welches aber weiterer intensiver Forschungen in Theorie und Praxis bedarf. Hierzu bedarf es auch intensiverer Bemühungen um eine Pädagogik des Sachbuchs, die über den Aspekt einer wissensbasierten Bildungsidee hinaus weist.

Last but not least macht es die durchgreifende Reform der Erziehung und Bildung in früher Kindheit unumgänglich, die Rolle vor allem des Bildsachbuchs (nur Sach-Abbildungen) und des Sachbilderbuchs (erzählendes Bildmaterial mit sehr kurz gehaltenen Texten) im Weltaneignungsprozess von Kleinkindern zu analysieren.

Literaturverzeichnis

Auböck, Inge: Die literarischen Elemente des Sachbuches. Diss. Wien 1963.

Auböck, Inge: Die verschiedenen Auffassungen des Begriffes Sachbuch. In: Bamberger 1966, S. 18–32.

Aust, Siegfried: Das sachorientierte Kinder- und Jugendbuch. In: Binder, Lucia (Hrsg.): Das sachorientierte Kinder- und Jugendbuch. Wien: Berger 1983.

Bagge, Waltraud: Sachbücher in der Grundschule – Ein Bericht aus der Praxis. In: Beiträge Jugendliteratur und Medien, 15 Beiheft 2004, S. 179–186.

Bamberger, Richard: Jugendlektüre. Jugendschriftenkunde, Leseunterricht, Literaturerziehung. Wien: Volk u. Wissen 1965.

Bamberger, Richard (Hrsg.): Probleme des Sachbuchs für die Jugend. Wien: Berger 1966.

Bauermann, Jürgen/Müller, Astrid: Sachbücher und Sachtexte lesen. In: Praxis Deutsch 2005, H. 189, S. 7–13.

Brunken, Otto: Mittelalter und Frühe Neuzeit. In: Wild 2008, S. 1–42.

Dahrendorf, Malte: Das naturwissenschaftliche Sachbuch. In: Bamberger 1966, S. 66–95.

Deutsche Akademie für Kinder- und Jugendliteratur (Hrsg.): Sachbücher für Kinder. Auswahl 1998/99 (Red. Herbert Ossowski). Volkach: Deutsche Akademie o. J. (1998).

Diederichs, Ulf: Die Verwendung des Begriffes „Sachbuch“. In: Aussichten und Probleme des Sachbuches. Berichte des Instituts für Buchmarktforschung. Nr. 17/18/19. Hamburg: Institut für Buchmarktforschung 1965, S. 35–49.

Dierks, Margarete: Vom Bilderbuch zum Arbeitsbuch. Eine Studie im Auftrag des Instituts für Jugendbuchforschung in Frankfurt. Reutlingen: Ensslin & Laiblin 1965.

Doderer, Klaus: Das Sachbuch als literarpädagogisches Problem. Frankfurt/M.: Diesterweg o. J. (1961).

Eckhardt, Juliane: Imperialismus und Kaiserreich. In: Wild, Reiner (Hrsg.): Geschichte der deutschen Kinder- und Jugendliteratur. Stuttgart: Metzler ²1990, S. 179–219.

Ewers, Hans-Heino: Auf der Suche nach den Umrissen einer zukünftigen Kinder- und Jugendliteratur. Ein Versuch, die gegenwärtigen kinder- und jugendliterarischen Veränderungen einzuschätzen. In: Franz, Kurt/Lange, Günter/Payrhuber, Franz-Josef (Hrsg.): Kinder- und Jugendliteratur zur Jahrtausendwende. Autoren – Themen – Vermittlung. Baltmannsweiler: Schneider 2000, S. 2–21.

Gärtner, Hans: Spaß an Büchern. Wie Kinder Leselust bekommen. München: Don Bosco 1997.

Gläser, Eva/Franke-Zöllmer, Gitta (Hrsg.): Lesekompetenz fördern von Anfang an. Didaktische und methodische Anregungen zur Leseförderung. Baltmannsweiler: Schneider 2005, S. 80–89 (2. überarb. Aufl. 2010 im Druck).

Graf, Werner: Sachtexte zum Fantasieren: Die männliche Variante der literarischen Sozialisation in der Jugendphase. In: Josting/Stenzel 2004, S. 33–43.

Grubert, Renate: Zeit für Geschäfte. Bestandsaufnahme zum Markt der Kinder- und Jugendsachbücher. In: Börsenblatt Spezial. Kinder- und Jugendbuch. MVB Marketing- und Verlagsservice des Buchhandels. Frankfurt/M.: MVB 2004, Sonderheft 6, S. 11.

Grubert, Renate: Das Sachbuch – Trumpfkarte im Kinderbuchsegment. In: Bulletin Jugend und Literatur 2006, H. 10, S. 2.

Hussong, Martin: Das Sachbuch. In: Haas, Gerhard (Hrsg.): Kinder- und Jugendliteratur. Ein Handbuch. Stuttgart: Reclam ^{3}1984a, S. 63–87.

Hussong, Martin: Sachbuch. In: Doderer, Klaus (Hrsg.): Lexikon der Kinder- und Jugendliteratur. Bd. 3. Weinheim, Basel: Beltz 1984b, S. 237–242.

Hürlimann, Bettina: Europäische Kinderbücher in drei Jahrhunderten. Zürich: Atlantis 1959.

Jäger, Hans-Wolf/Leber, Thomas/Martini, Jürgen: Robinson und Robinsonaden. In: Clausen, Bettina und Lars (Hrsg.): Spektrum der Litereratur. Gütersloh, Berlin: Bertelsmann 1975, S. 146–149.

Jentgens, Stephanie: Auf dem Prüfstand. Kriterien zur Bewertung von Sachliteratur – über die Problematik der Formulierung und Anwendung. In: Julit 2005, H. 4, S. 48–62.

Josting, Petra/Stenzel, Gudrun (Hrsg.): „Wieso, weshalb, warum ...“ Sachliteratur für Kinder und jugendliche. 15. Beiheft von Beiträge Jugendliteratur und Medien. Weinheim: Juventa 2004.

Kunze, Ingrid: „Das steht doch gar nicht im Text!“ Zum Umgang mit Sachtexten in allen Fächern. In: Gläser/Franke-Zöllmer 2005, S. 80–89.

Maier, Karl Ernst: Jugendliteratur. Formen, Inhalte, pädagogische Bedeutung. Bad Heilbrunn/OBB.: Klinkhardt 10. Aufl. 1993.

Metzler Literatur Lexikon. Begriffe und Definitionen. Hrsg. v. Burgdorf, Dieter [u. a.]. Stuttgart: Metzler ^{3}2007.

Ossowski, Ekkehard: Aus Afrika ins Neandertal – Evolution und Steinzeit im Kinder- und Jugendbuch. In: Franz, Kurt/Lange, Günter/Ossowski, Herbert/Pleticha, Heinrich (Hrsg.): Archäologie, Ur- und Frühgeschichte im Kinder- und Jugendbuch. Baltmannsweiler: Schneider 2003, S. 75–90.

Ossowski, Ekkehard: Das geschichtliche Sachbuch für Kinder. In: Josting/Stenzel 2004, S. 94–103.

Ossowski, Ekkehard: Wieso? Weshalb? Warum? – Wer kein Sachbuch liest bleibt dumm! Zur Lesemotivation durch Sachbücher. In: Gläser/Franke-Zöllmer 2005, S. 70–79 (2. Aufl. 2010 im Druck).

Ossowski, Herbert: Die Sache mit dem Sachbuch. In: Deutschunterricht 1996a, H. 7/8, S. 346–353.

Ossowski, Herbert: Das Sachbuch. In: Franz, Kurt/Lange, Günter/Payrhuber, Franz-Josef (Hrsg.): Kinder- und Jugendliteratur. Ein Lexikon. Meitingen: Corian 1995ff. (2. Erg.-Lfg. 1996b, S. 1–12).

Ossowski, Herbert: Sachen, Spiele und Gefühle: Zur Didaktik der Vorschulerziehung. In: Schulz, Gudrun/Ossowski, Herbert (Hrsg.): Lernen als genußvolles Aneignen der Künste. Einblicke in die Didaktik der Kinderliteratur. Baltmannsweiler: Schneider 1997, S. 102–112.

Ossowski, Herbert: Sachbilderbücher: Von Bildern, die Wissen schaffen. In: Franz, Kurt/Lange, Günter (Hrsg.): Bilderwelten. Baltmannsweiler: Schneider 1999, S. 51–68.

Pleticha, Heinrich (Hrsg.): dtv junior Literatur-Lexikon. Berlin, München: dtv 1996 (9. Aufl.).

Pressler, Christine: Schöne alte Kinderbücher. Eine illustrierte Geschichte des deutschen Kinderbuches aus fünf Jahrhunderten. München: Bruckmann 1980.

Richter, Karin: Kindliche Lieblingslektüre und der Literaturunterricht in der Schule. In: Grundschule 2002, H. 7/8, S. 37–40.

Schmidt-Dumont, Geralde: Demokratisierung von Wissen. Das Jugendsachbuch seit den 50er Jahren. In: Festschrift für Christian Stottele. Eine Sonderausgabe der Fachzeitschriften Bulletin Jugend + Literatur/ESELSOHR, Dezember 1993.

Steitz-Kallenbach, Jörg: Mehr als nur Information. Systematische und geschlechtsspezifische Betrachtungen zu Sachbüchern und zu den Chancen für die Leseförderung bei Jungen. In: Julit 2005, H. 4, S. 56–62.

Stiftung Lesen (Hrsg.): Jugendbücher zum Thema: Umwelt. Kindergarten/ Primarstufe/ Sekundarstufe. Für Lehrer und Sozialpädagogen. (Redaktion: Herbert Ossowski). Mainz: Stiftung Lesen 1991.

Wespel, Manfred: Sachbücher – schwierig, aber motivierend. In: Grundschule 2005, H. 4, S. 50–53.

Wild, Reiner: Aufklärung. In: Wild 2008, S. 43–95.

Wild, Reiner (Hrsg.): Geschichte der deutschen Kinder- und Jugendliteratur. Stuttgart, Weimar: Metzler [3]2008.

Medien

PETRA JOSTING

Kinder- und Jugendliteratur im Medienverbund

1 Vorüberlegungen zum Medienbegriff

Seit langem hat sich der Begriff 'Medienverbund' in diversen Disziplinen etabliert, u. a. in der Kinder- und Jugendliteraturforschung, Deutschdidaktik und Medienpädagogik. Gemeinhin versteht man unter Medienverbund im Bereich kinder- und jugendliterarischer Texte, dass ein Stoff in verschiedenen Medien präsent ist, dass es also eine crossmediale Vermarktung und zudem in vielen Fällen eine große Zahl von Fanartikeln gibt, das sog. Merchandising, d. h. die zentralen Figuren der Stoffe werden von der Bekleidungs-, Spielzeug-, Lebensmittel-, Papierwarenbranche etc. vermarktet. Eine gewisse Unschärfe entsteht häufig bei der Beschreibung eines Medienverbundes, was auf die vielfältigen Kategorisierungen und Typologisierungen des Begriffs 'Medien' zurückzuführen ist (vgl. den Überblick bei Staiger 2007, Kap. 3). Weitgehend Einigkeit herrscht lediglich dahingehend, Medien als Mittler von Kommunikationen zu begreifen, wozu auch die schriftliche und mündliche Sprache zählen.

Orientiert man sich an Posners semiotisch nach seinen Verwendungskriterien differenzierten und kommunikationstheoretisch integrierten Medienbegriff, der die jeweils spezifische Materialität eines Mediums in seinen komplexen kommunikativen Zusammenhängen berücksichtigt, sind die biologische, physikalische, technologische, soziologische, kulturbezogene und kodebezogene Dimension voneinander abzugrenzen (vgl. Posner 1986, S. 293ff.). Der biologische Medienbegriff bezieht sich auf die Sinnesmodalitäten der Zeichenvermittlung, also z. B. auf das Sehen und/oder Hören sowie die interaktive Nutzung, so dass von visuellen, auditiven, audiovisuellen und hypermedialen Medien gesprochen wird. Während der physikalische Medienbegriff auf die Kontaktmaterie der Zeichenvermittlung verweist (z. B. optische oder akustische Medien), fokussiert der technologische auf Apparaturen der Zeichenvermittlung und ihre Produkte, wie z. B. Print- oder Bildschirmmedien. Dem soziologischen Medienbegriff zufolge sind Institutionen zur Organisation von Zeichenvermittlungsprozessen als soziale Medien zu begreifen; zu nennen sind u. a. Verlage, Filmverleihe, Radio- oder Fernsehanstalten. Der kulturbezogene Medienbegriff bezieht sich auf Textsorten oder Genres, wie z. B. Abenteuerbuch oder Actionfilm; mit kodebezogen schließlich ist z. B. die Einteilung der westlichen Musik in tonale und atonale oder in einem internationalen Verlag die Aufgliederung in deutsche, englische Abteilungen etc. gemeint. Schon die hier genannten Dimensionen des Medienbegriffs verweisen darauf, dass Medien aus systemtheoretischer Sicht Teil der ökonomischen, kulturellen, technischen und politischen Struktur der Gesamtgesellschaft sind, um nur einige Subsysteme zu nennen; andererseits bilden sie aber auch ein eigenes System mit zahlreichen funktionalen Beziehungen zur Gesamtgesellschaft (vgl. Josting 2004, S. 23f.).

Wenn nun im Hinblick auf Kinder- und Jugendliteratur (KJL) vom Medienverbund die Rede ist, sind auf der Basis von Posners skizziertem Mediengebriff maßgeblich die Bereiche 'Produktion' und 'Rezeption' sowie ihr Wechselverhältnis in den Blick zu nehmen. Zur Produktion gehört erstens der technologische Aspekt, d. h. es ist zu untersuchen, ob ein Stoff für Kinder und/oder Jugendliche z. B. gedruckt als Roman, Bilderbuch, Dramatisierung für die Bühne, Comic, Manga oder Zeitschrift/Magazin zur Rezeption zur Verfügung steht, als Real- oder Animationsfilm im Fernsehen, Kino oder auf DVD, als Lesung oder Hörspiel auf CD, als Spielgeschichte auf CD-ROM, Videospiel oder im Internet. Vom Medienverbund kann man in technologischer Hinsicht bereits dann sprechen, wenn eine Zweit- oder Drittverwertung vorliegt (vgl. Wermke 1998, S. 179). Aus physikalischer Sicht rückt zweitens die Kontaktmaterie der Zeichenvermittlung in den Fokus, ob es sich bei den einzelnen Medien z. B. um optische oder akustische handelt. Mit beiden Aspekten zusammen hängt drittens die Analyse des formalästhetischen Eigenwerts der einzelnen Produkte. Viertens sind in diesem Kontext Fragen der Intermedialität aufzugreifen, sprich inwiefern die Produkte des Verbundes aufeinander Bezug nehmen – insbesondere auf jenes, das zuerst auf dem Markt erschien, das sog. Leitmedium (vgl. Wermke 1997, S. 47) – und inwiefern sie medienspezifische Erzählweisen übernehmen (z. B. filmisches Erzählen wie schnelle und abrupte Schnitte im Roman oder Comic-Elemente im Bilderbuch). Fünftens ist die kulturbezogene Ebene von Bedeutung: Zu klären ist beispielsweise, ob es sich bei dem Leitmedium des Medienverbundes z. B. um einen Klassiker, eine Serie oder einen Bestseller handelt. Der Produktionsbereich impliziert weiterhin die soziologische Ebene des Medienbegriffs und damit sechstens die Auseinandersetzung mit den Institutionen, die an der Herstellung und Distribution der einzelnen Medien beteiligt sind und die mit ihrer Entwicklung ständig neuer Marktstrategien primär ökonomische Interessen verfolgen.

Losgelöst von Literatur bezeichnete man in der Vergangenheit das Verschmelzen verschiedener Medien als Medienverbund: Aus Stummfilm und Grammofon z. B. entstand der Tonfilm; aus Film, Bildtelegrafie und Hörfunk entwickelte sich das Fernsehen. Im Zuge der Digitalisierung wurden inzwischen nahezu alle bisherigen Medien in den Computer integriert, was nicht nur auf der technischen Seite mediale Veränderungen und damit Neuerungen zur Folge hatte, sondern zudem auf der Seite der Angebote/Inhalte und Nutzer, denn für viele gehört das Radiohören mit dem Handy, das Fernsehen am Computer oder das Telefonieren über das Internet inzwischen zum Alltag. Solche Verschränkungen medialer

Techniken, Angebote/Inhalte und Rezeptionsformen bezeichnet man seit einigen Jahren in kommunikationswissenschaftlichen, aber auch medienpädagogischen und -didaktischen Debatten als 'Medienkonvergenz'. So werden in der vom Europäischen Zentrum für Medienkompetenz (ecmc) veröffentlichten Broschüre *Medienkonvergenz* (2006) drei Ebenen unterschieden: 1. technische Medienkonvergenz, 2. inhaltliche Medienkonvergenz und 3. Nutzerkonvergenz (vgl. ecms 2006). Sandbothe (2010) schlägt vor, neben der technischen, symbolischen (Inhalte) und performativen (Nutzung) Ebene noch eine vierte Ebene zu berücksichtigen, nämlich die wirtschaftliche (Branchen und Organisationen).

Vergleicht man diese Begriffsbestimmung von 'Medienkonvergenz' mit dem Begriff 'Medienverbund' auf der Basis des dargelegten kommunikationstheoretisch integrierten Medienbegriffs von Posner, so zeigt sich, dass der Begriff Medienverbund weder veraltet noch enger gefasst ist als der Begriff Medienkonvergenz. Medienkonvergenz bezieht sich vielmehr auf ein neues Phänomen unterschiedlicher Ebenen des Medienmarktes, das sich im vergangenen Jahrzehnt wie skizziert herausgebildet hat und in der gegenwärtigen Diskussion oft unter dem Thema 'Konvergente Medienwelt' behandelt wird. Insofern dient der Begriff Medienkonvergenz erstens zur Beschreibung des aktuellen Medienwandels, zweitens zur Bestimmung des Veränderungsmodus' für Recherchen, Präsentationsformen und Nutzungsgewohnheiten, und vermutlich handelt es sich drittens auch um eine Fähigkeit, um in den Medienwelten der Zukunft bestehen zu können, womit eine spezifische Form von Medienkompetenz angesprochen ist (vgl. Sandbothe 2010).

Die folgenden Ausführungen konzentrieren sich überblicksartig auf die technologische Ebene des Medienverbundes der KJL, greifen dabei aber auch die anderen Aspekte auf. Der Überblick konzentriert sich zunächst auf die historische Perspektive (Kap. 2), die unterteilt ist in *Anfänge bis zum Ende der Weimarer Republik* (2.1), *Die Zeit des Nationalsozialismus* (2.2), *Nachkriegszeit und restaurative Adenauer-Ära* (2.3) und *1970 bis zur Jahrtausendwende* (2.4) *Aktuelle Trends der KJL im Medienverbund* (Kap. 3) sowie *Konsequenzen für die Didaktik und Forschungsfragen* (Kap. 4) schließen sich an.

2 Der Medienverbund der KJL in historische Perspektive

2.1 Von den Anfängen bis zum Ende der Weimarer Republik

Da eine systematische Erforschung der Geschichte des Medienverbundes der KJL noch aussteht, können die folgenden Ausführungen nur Tendenzen aufzeigen (vgl. Kümmerling-Meibauer 2007). Wie bereits angeführt, spricht man vom Medienverbund in technologischer Perspektive bereits dann, wenn eine Zweitverwertung vorliegt. Insofern liegen in Deutschland die Anfänge nach bisherigem Erkenntnisstand im 19. Jahrhundert, als man begann, die zur Volksliteratur zählenden Märchen der Brüder Grimm für Kinder zu dramatisieren. Wegbereiter war der Schauspieler, Autor, Regisseur und langjährige Direktor des Hamburger Thalia-Theaters Carl August Görner (1806–1884), der u.a. eine Vielzahl von Kinderstücken schrieb, die in der Tradition des didaktischen Dramas und der Kinderpantomime standen. Wie viele Zeitgenossen widmete Görner sich seit den 1850er-Jahren der Märchenrezeption und brachte sie als Weihnachtskomödien auf die Bühne. Kritiker bemängelten nicht nur die Abweichungen vom Original, denn dieses wurde nur als „Gestell für szenische Imposanz“ (Schneider 1998, S. 3) genutzt, sondern auch die fehlende, vor allem von der Jugendschriftenbewegung geforderte Belehrung.

Eine andere Form des Märchens, das bevorzugt zu Weinachten auf die Bühne kam und noch immer kommt, nahm nach 1900 unter dem Einfluss der Reformpädagogik ihren Anfang, als man sich für eine sog. kindgemäße Figurengestaltung und Sprache aussprach. Beispielhaft genannt sei der seit langem auch in Deutschland zum Kinderklassiker avancierte *Peter Pan* von dem Engländer James Matthew Barrie. 1903 verfasste Barrie sein Theaterstück *Peter Pan, or The Boy Who Wouldn't Grow Up*, das im April 1904 in London uraufgeführt wurde. Im Mittelpunkt steht die Hauptfigur Peter Pan – das Symbol des ewigen Kindes –, der begleitet von einer kleinen fliegenden Fee während eines nächtlichen Ausflugs nach London den Geschwistern Wendy, Michael und John begegnet, die er überredet, mit ihm nach Hause zu fliegen, nach Nimmerland, wo sie viele Abenteuer erleben. Relativ kurze Zeit nach der Uraufführung in England hatte das Stück seine deutsche Uraufführung am Mainzer Stadttheater, und zwar im Dezember 1905 als sog. Weihnachtsmärchen (vgl. Schneider 1998, S. 3). Es muss also schon zu diesem frühen Zeitpunkt eine deutschsprachige dramatisierte Fassung vorgelegen haben, d. h. es handelt sich bei der Vorstellung im Münchner Residenztheater im Jahre 1952, die auf einer Bühnenfassung von Erich Kästner basiert (vgl. Grieser 2003, S. 61), nicht um die erste deutschsprachige Aufführung, wie in der Forschungsliteratur oft behauptet. Was nun den Medienverbund von *Peter Pan* betrifft, so veröffentlichte Barrie selbst erst 1911in London eine Prosafassung des Bühnenstücks. Noch im selben Jahr erschien in Deutschland das Buch *Peter Pan im Waldpark* (1911). Die Verfilmung ließ etliche Jahre auf sich warten, denn obwohl sich die Anfänge der ersten Märchenkurzfilme bzw. Stummfilme für Kinder in Deutschland bis ins Jahr 1910 zurückverfolgen lassen, wurde *Peter Pan* erst 1924 unter der Regie von Herbert Brenon in den USA verfilmt. Ab 1925 konnten auch deutsche Zuschauer den Film sehen, für dessen Vertrieb die UFA (Universum Film AG) in Potsdam zuständig war. Den Weg von der Dramatisierung zum illustrierten Buch nahm ein weiterer Text, der ebenfalls noch heute zu den Klassikern der KJL gehört: *Peterchen Mondfahrt*. Das Bühnenstück (1912) aus der Feder von Gerdt von Bassewitz, in dem sich die

Geschwister Peter und Anneliese auf die Reise zum Mond begeben, um ein verlorenes Bein des Maikäfers Sumsemann zu suchen, wurde im selben Jahr in Leipzig uraufgeführt und erschien 1915 erstmals in einer Buchfassung mit Illustrationen von Hans Baluscheck.

Im Zusammenhang mit *Peter Pan* wurde deutlich, dass sich im Bereich der Märchen in der Weimarer Zeit ein Medienverbund herausbildete, der auf Mehrfachverwertung setzte, d.h. auf Buch, Bühnenstück/Theater und Stummfilm. Wie das Kindertheater auf Märchenvorlagen zurückgriff, so bediente sich auch der Stummfilm maßgeblich dieser Gattung. Von 1910 bis 1930 entstanden etwa 120 Märchenfilme. Sie richteten sich bis zur Einführung des Tonfilms zwar primär an ein Erwachsenenpublikum, doch strömten auch Kinder zusammen mit Erwachsenen in großer Zahl in die Vorführungen. Am Anfang steht ein Kurzfilm nach Hans Christian Andersens Märchen *Mädchen mit den Schwefelhölzern* (1910; Regie: Gebhard Schätzler-Perasani). Berühmt wurden die Scherenschnittfilme von Lotte Reiniger, die sie nach Märchenvorlagen realisierte: *Der fliegende Koffer* (1921), *Aschenputtel* (1922) und *Dornröschen* (1923). Für ihren abendfüllenden Silhouettenfilm *Die Abenteuer des Prinzen Ahmed* (1926) nach orientalischen Geschichten aus *Tausenundeiner Nacht* erhielt sie viel Anerkennung. Aber auch eines damals aktuellen Buches, das inzwischen zu den Klassikern zählt, nahm sich Reiniger in Form verschiedener Kurz-Animationsfilme an. So drehte sie nach Motiven von Hugh Lofting *Doktor Dolittle und seine Tiere* (1928); die englische Originalausgabe war 1920 erschienen, die deutschsprachige Übersetzung von E.L. Schiffer 1926. Einen Namen machten sich ebenso die Gebrüder Diehl, die 1931 mit *Kalif Storch* nach dem Märchen von Wilhelm Hauff mit der Produktion von Scherenschnitt- und Puppentrickfilmen begannen. Berühmt wurde darüber hinaus Alf Zengerling, der ab 1923 Stummfilme produzierte, die sich im Gegensatz zu vielen anderen Filmen jener Jahre durch große Nähe zur Märchenvorlage auszeichneten (vgl. Räder 2009, S. 28ff. u. Hobsch 2001, S. 2f.). Mit der Einführung des Tonfilms schwand die Bedeutung der Märchenstummfilme rapide, viele sind heute nicht einmal mehr erhalten.

Ende der 1920er Jahre setzte die Verfilmung spezifischer und schon damals sehr erfolgreicher KJL ein, in deren Mittelpunkt Kinder- oder Jugendbanden stehen, die sich als Gruppe auf den Straßen der Großstadt, im Elternhaus oder in der Schule erfolgreich gegenüber Erwachsenen durchsetzten. Noch als Stummfilme erschienen *Die Räuberbande* (1928) in der Regie von Hans Behrendts nach dem gleichnamigen Roman von Leonard Frank (1914) sowie *Der Kampf der Tertia* (1928) von Max Mack nach Wilhelm Speyers berühmten Jugendbuch (1927). Diese Stoffe trafen das Lebensgefühl der Heranwachsenden und nicht zuletzt die Tatsache, dass der Regisseur Mack mit jugendlichen Laienschauspielern arbeitete, dürfte zum Erfolg des Films *Der Kampf der Tertia* und damit verbunden des Buchs beigetragen haben; berichtet wird von speziellen Schulvorstellungen und regelmäßig ausverkauften Vorführungen (vgl. Räder 2009, S. 32). Während diese Banden- und all die Märchenfilme primär noch an Erwachsene adressiert waren, aber auch von Kindern und Jugendlichen rezipiert wurden, richtete sich Gerhard Lamprechts Film *Emil und die Detektive* (1931) erstmals direkt an ein Kinderpublikum. Außerdem handelt es sich zum einen um den ersten bekannten Tonfilm für Kinder. Das Drehbuch, an dem Erich Kästner mitarbeitete, hielt sich eng an die Buchvorlage von 1929, wich aber auch in einzelnen Passagen davon ab, wenn z. B. zu Filmbeginn eine Indianerszene hinzugefügt wurde. Zum anderen liegen hier die Ursprünge des heute üblichen Medienverbundes, d. h. die zügige Mehrfachverwertung eines Stoffes einschließlich eines sich gezielt an Kinder richtenden Marketings. Ein Jahr vor dem Filmstart erschien eine Bühnenfassung (1930), die an vielen Orten zur Aufführung gebracht wurde; zudem setzte die UFA, die die Filmrechte erworben hatte, gezielt verschiedene Werbemaßnahmen ein: Kinobesitzer erhielten Ratschläge zur optimalen Bewerbung; in den Lichtspieltheatern, wie es seiner Zeit noch anstelle von Kino hieß, wurden *Emil und die Detektive*-Filmspiele verteilt, die man ohne ein Hilfsmittel unmittelbar spielen konnte; mit Buchhandlungen verständigte sich die UFA auf gemeinsame Reklamen (vgl. ebd., S. 33ff.); 1931 erschien das erste Gesellschaftsspiel *Emil und die Detektive* etc.

Zwei weitere Medien, die sich Ende der 1920er Jahre langsam in den Medienverbund der KJL einreihten, sind der Rundfunk und die Schallplatte. Die erste Rundfunksendung wurde in Deutschland im Oktober 1923 ausgestrahlt, Ende 1925 betrug die Zahl der angemeldeten Hörer bereits mehr als eine Million. Das Programmangebot mit drei Zeitblöcken umfasste täglich rund sechs bis neun Stunden (vgl. Riedel 1999, S. 9), spezielle „Kinder-, Jugend- und Frauensendungen" (ebd., S. 26) gehörten neben Unterhaltungskonzerten zum Nachmittags- und Sonntagsprogramm. Von den neun Sendegesellschaften, die in der Gründungsphase das deutsche Rundfunknetz bildeten, war die Berliner Funk-Stunde die erste (vgl. ebd., S. 17). Bekannt und beliebt wurde das Kinderprogramm der Funk-Stunde mit der von 1925 bis 1927 gesendeten Sonntagssendung *Funkheinzelmann* (Abb. 1), geschrieben und gesprochen von Hans Bodenstedt. Die Geschichten des Funkheinzelmanns, präsentiert in Ich-Form, waren eine Kombination aus Märchen, Abenteuern und Alltagserlebnissen und sind eines der ersten Beispiele für einen Medienverbund, in dem die Tonträger eine führende Rolle übernahmen. Zusätzlich veröffentlichte Bodenstedt die beiden Bücher *Märchen vom Funkheinzelmann* (1924 u. 1925), von 1926 bis 1927 erschien die Zeitschrift *Funkheinzelmann* mit dem Untertitel *erste Funk- und Film-Kinderzeitung der Welt*. Habeck zufolge war der Rundfunkpionier überdies für zwei Weihnachtsshows mit seiner berühmten Figur verantwortlich, eine gleichnamige Puppe kam auf den Markt und ebenso Funkheinzelmann-Schokolade (vgl. Habeck 2006, S. 16f.). Der Rundfunk produzierte aber auch schon in der

Anfangsphase Hörspiele und griff dabei wie Theater und Stummfilm zuvor gern auf klassische Märchenvorlagen, Kasperlestücke und zeitgenössische Kinder- und Jugendlektüre zurück. So erschienen die ersten Hörspiele – z. B. nach Hugh Loftings *Doktor Dolittle und seine Tiere* und Karl Mays Abenteuerroman *Schatz im Silbersee* (1890/91) –, von denen einige ab 1929 auf die ersten Schallplatten für Kinder übernommen wurden; Hörspiele für Jugendliche basierten vornehmlich auf klassischen Dramenstoffen (vgl. Heidtmann 1992, S. 53 u. 63).

Abb. 1

2.2 Die Zeit des Nationalsozialismus

Die auf Indoktrination setzende NS-Diktatur zielte zwar darauf ab, auch den Kultursektor vollkommen zu beherrschen, doch weiß man, dass es sich um einen Machtapparat handelte, der totalitäre und nicht-totalitäre Züge vermischte, was nicht zuletzt mit der weiterhin bestehenden privatwirtschaftlichen Ausrichtung des Marktes zu erklären ist. Gleichwohl sorgte die sog. Gleichschaltung kultureller Einrichtungen, d. h. ihre Überführung in eine seitens des Staates oder der Partei geführte Organisationsstruktur (z. B. von Autoren- oder Verlagsverbänden, Rundfunk- und Filmgesellschaften) für enorme Einschnitte: Viele Kulturschaffende wurden aus politischen und religiösen Gründen inhaftiert oder ermordet, verließen Deutschland oder zogen sich aus dem kulturellen Leben zurück, sofern sie nicht jüdischer Abstammung waren. Vor allem die innovativen Strömungen aus der Zeit der Weimarer Republik hatten somit ein Ende, aus ästhetischer Sicht Hochwertiges, das nicht für die Postulate nach 'Volkheit' und 'Volkwerdung' zu vereinnahmen war, entstand unter den skizzierten Bedingungen kaum, was sich auch auf die KJL und ebenso auf die Weiterentwicklung des Verbunds der KJL auswirkte.

Erich Kästner, der während der gesamten NS-Zeit in Deutschland blieb, erhielt Publikationsverbot, und natürlich verbannte man seinen berühmten *Emil* aus der Öffentlichkeit. Sein Fortsetzungsroman *Emil und die drei Zwillinge* (1935) kam in der Schweiz heraus. Was den Kinder- und Jugendfilm betrifft, so verweist Hobsch auf Quellen aus der NS-Zeit, denen zufolge die Qualität und Quantität beklagt wurde, denn bis 1944 habe man lediglich 15 sehenswerte Jugend- und 18 Kinderfilme produziert (vgl. Hobsch 2009, S. 39 u. 47). Für Kinder erschienen neben Kasperle- überwiegend Märchenfilme (vielfach als Scheren- und Puppentrickfilme) nach Vorlagen der Brüder Grimm (vgl. Strobel 2009, S. 62), ebenso setzten das Kindertheater, der Kinderfunk sowie Kinderschallplatten auf die Märchentradition. Beim Film gilt es allerdings zu bedenken, dass im Hinblick auf die Freigabe Zehnjährige bereits als Jugendliche klassifiziert wurden, während man die Altersgrenze zwischen Kindheit und Jugend heute bei 12/13 Jahren ansiedelt. Insofern sahen Zehnjährige vermutlich schon Filme, in denen es um ein Loblied auf die Hitler-Jugend (HJ) und die Kameradschaft allgemein ging und die zunächst in Staatlichen Schulfilmstunden, später in Jugendfilmstunden der HJ vorgeführt wurden (vgl. Hobsch 2009, S. 53). Jedoch wäre es falsch anzunehmen, das Gros der in der NS-Zeit produzierten Filme sei deutlich politisch gewesen – das Gegenteil ist der Fall (vgl. Hobsch 2005, S. 11).

Einer der bekanntesten, erfolgreichsten und politisch engagiertesten Filme jener Zeit ist der *Hitlerjunge Quex* (1933) unter der Regie von Hans Steinhoff nach dem gleichnamigen Roman und Bestseller Karl Aloys Schenzingers (1932). Beschrieben wird die allmähliche Wandlung des 15 Jahre alten Heini Völker vom kommunistischen Anhänger zum überzeugten HJ-Mitglied, der wie das historische Vorbild Herbert Norkus den Tod eines modernen Märtyrers stirbt. Das Buch war eine Auftragsarbeit des damaligen HJ-Führers Baldur von Schirach, die zunächst als Fortsetzungsroman im *Völkischen Beobachter* erschien. Ein Jahr später präsentierte die UFA den Film mit dem Untertitel *Vom Opfergeist der deutschen Jugend*. Steinhoff setzte die modernsten technischen Entwicklungen ein, u. a. Lichtmetaphern: Heini lässt die Dunkelheit und damit den Kommunismus hinter sich, bewegt sich auf das Licht, d. h. die Gemeinschaft der HJ zu, die das Bild der Gleichheit symbolisiert. Parallel zur Uraufführung des Films veröffentlichte der Ufaton Verlag in Berlin die Partitur zum Marschlied der HJ, das im Film immer wieder zu hören ist: *Unsre Fahne flattert uns voran!* (1933).

Weitere Medienverbundbeispiele jener Jahre, für die sich zumindest Buch und Film oder Film und Bühnenstück nachweisen lassen, sind *Reifende Jugend* (Regie: Carl Froehlich 1933; Bühnenstück 1929 von Max Dreyer), *Durch die Wüste* (Regie: Johannes A. Hübler-Kahla 1934/35; Reiseerzählung 1895 von Karl May) und *Was tun Sibylle?* (Regie: Peter Paul Brauer 1938; Roman von Sofie Schieker-Ebe 1930). Nicht unerwähnt bleiben soll der seiner Zeit erfolgreiche KJL-Autor Alfred Weidenmann, der u. a. für Drehbuch und Regie des Jugendfilms *Hände hoch!* (1942) verantwortlich war und mit dem Roman *Jakko* (Berlin: Loewe 1939) die Vorlage für den gleichnamigen Film (1941) unter der Regie von Fritz Peter Buch lieferte.

2.3 Nachkriegszeit und restaurative Adenauer-Ära

Der Medienverbund der unmittelbaren Nachkriegszeit und auch der folgenden Jahre entwickelte sich langsam weiter. Wie in anderen Kulturbereichen knüpfte man an Bewährtes und Unverfängliches an. Bis Ende der 1950er Jahre waren es in Westdeutschland vor allem die klassischen Märchen, nach denen Realfilme,

Rundfunkhörspiele sowie Theaterstücke für Kinder hergestellt wurden. Daneben entstanden in den Filmstudios Trickfilme mit Mecki und Kasper als Hauptfiguren, aber auch populäre Stoffe aus früheren Jahren wurden aufgegriffen, wie Johanna Spyris Klassiker *Heidi* von 1880/81 und mehrere Kinderbücher von Erich Kästner (vgl. Schäfer 2009, S. 81f. u. 77). Filmimporte aus den USA erweiterten das Spektrum, u.a. aus den Disney Studios, die mit *Micky Maus* ihren Durchbruch erzielten. Mit Zeichentrick- und Realfilmen nach den Vorlagen von Märchen und KJL-Klassikern eroberte Disney auch das deutsche Publikum über alle Altersgrenzen hinweg, wie z. B. mit *Alice im Wunderland* (1951) *Peter Pan* (1953) und *Das Dschungelbuch* (1967). Den Medienverbund von *Emil und die Detektive* aus der Weimarer Republik erweiterten Neuverfilmungen in Farbe von 1954 (Regie: Robert A. Stemmle) und 1964 aus den Disney Studios (Regie: Peter Tewksbury). *Das doppelte Lottchen* – Kästner hatte das Treatment noch in den letzten Kriegsjahren verfasst – erschien 1949 als Buch. Im selben Jahr begab sich Josef von Báky an die Verfilmung (1950), das gleichnamige Filmbuch brachte der Holstein Verlag in Hamburg 1952 heraus und auch eine Schallplatte erschien.

Eine der vermutlich am meisten verbreiteten Figuren des Medienverbunds jener Jahre war der Igel Mecki, der seinen Ursprung in dem Märchen *Der Hase und der Igel* hat. Als Filmfigur bekannt wurde er 1938/39 durch das Puppentrickfilmstudio der Gebrüder Diehl (vgl. Hobsch 2009, S. 49), die als Väter der Igelfigur gelten. Ab der Ausgabe 43/1946 zierte Mecki die Titelseite der noch heute verlegten Programmzeitschrift *HÖRZU* (damals nur Rundfunkzeitschrift und *HÖR ZU* geschrieben). Seine Aufgabe bestand darin, Themen zu kommentieren und über Unzulänglichkeiten im Rundfunk zu 'meckern'. Aufgrund seiner Beliebtheit erschienen ab 1951 Comics mit Mecki und seinen Freunden Charly Pinguin sowie dem Schrat,[1] die man noch in aktuellen Ausgaben der *HÖRZU* als Fortsetzungsgeschichte lesen kann. Aufgrund der Beliebtheit der Figur überlegte die Redaktion von HÖR ZU weitere Vermarktungsstrategien, und so kam von 1952 bis 1964 regelmäßig um die Weihnachtszeit ein Buch über Meckis Reiseberichte im Umfang von 26 Seiten heraus. Der erste Band trägt den Titel *Mecki im Schlaraffenland* (1952), der letzte und dreizehnte heißt *Mecki bei Frau Holle* (1964); als Herausgeber fungierte Eduard Rhein, die Illustrationen stammen in der Mehrzahl von Wilhelm Petersen. Auch diese Comics werden bis in die Gegenwart verlegt. Das Trickfilmstudio Diehl beteiligte sich eifrig an der Vermarktung, indem es in den 1950er Jahren eine Reihe von *Mecki*-Filmen produzierte. Außerdem erteilte man der Firma Steiff die Lizenz zu einer Puppenfigur (vgl. Abb. 2), die 1951 erstmals auf den Markt kam und auch Postkarten wurden vertrieben.[2]

[1] Vgl. http://de.wikipedia.org/wiki/H%C3%B6rzu (Stand: 07.03.2010).

[2] Vgl. http://de.wikipedia.org/wiki/Mecki (Stand: 07.03.2010).

Abb. 2 *Mecki* von der Firma Steiff

Eine weitere zentrale Figur des Medienverbunds der 1950er Jahre war Kalle Blomquist, der Protagonist aus Astrid Lindgrens Trilogie (1946–1953), die 1950 bis 1954 in deutscher Übersetzung erschien. *Meisterdetektiv Kalle Blomquist* (1947), gedreht von Rolf Husberg, war die erste Lindgren-Verfilmung überhaupt und wie die beiden anderen Blomquist-Filme auch in Deutschland sehr beliebt. Der Film lieferte zugleich die Basis für das im selben Jahr in Stockholm uraufgeführte Bühnenstück, das in Deutschland übersetzt 1950 vorlag und an zahlreichen Bühnen bis in die 1960er Jahre oft gespielt wurde (vgl. Doderer 1995, S. 183). 1951 folgte eine Hörspielinszenierung, die der schwedische Rundfunk in zahlreichen Folgen jeden Samstag sendete. In Deutschland lösten insbesondere die Hörspiele im Rundfunk, aber auch die Ausstrahlung im Fernsehen 1954 eine regelrechte Kalle-Welle aus. Es entstanden Filme wie *Kalle und das Geheimnis der blauen Möwe* (1957) oder *Kalle wird Bürgermeister* (1957), die mit Lindgrens Kalle jedoch nichts zu tun hatten. An Lindgren und Kästner wird deutlich, dass ihre große Popularität nicht nur mit der Qualität ihrer Bücher zu tun hat und dem darin zu findenden Plädoyer für Kindheitsautonomie. Auch ihre Aufgeschlossenheit gegenüber dem Medienverbund spielte eine Rolle. Beide beteiligten sich am Schreiben der Drehbücher und schätzten offenbar die für sie noch neuen Medien.

Die angeführten Beispiele, die Geschichte des Kinder- und Jugendtheaters (vgl. Doderer 1995) sowie die des Jugendfilms in Westdeutschland (vgl. Schäfer 2001) und auch die Tatsache, dass eine anspruchsvolle Jugendliteratur in größerem Umfang erst Jahrzehnte später entstand, deuten darauf hin, dass es sich beim Medienverbund der KJL zu diesem Zeitpunkt vorrangig um einen Verbund der Kinderliteratur handelte, was auch für die folgenden Jahre zutrifft. Begibt man sich vom Film aus auf die Spuren des Medienverbundes, findet man kaum spezifische Jugendfilme. Für diese Altersgruppe gab es wie für die Erwachsenen Trümmer-, Heimat-, Schlager-, Tanz-, Familien- und Schulfilme an (vgl. ebd.), die man sich in den 1960er-Jahren zunehmend nicht mehr im Kino, sondern zu Hause vor dem Fernsehgerät anschaute. Zu den wenigen verfilmten Jugendbüchern gehörte Speyers *Der Kampf der Tertia* (1952) unter der Regie von Eric Ode, das wie bereits angeführt 1928 auch als Stummfilm auf die Leinwand gekommen war. Die Verfilmung von Mark Twains Jugendbuchklassiker *Die Abenteuer des Tom Sawyer* – 1876 in London erschienen, in Deutschland seitdem in zahlreichen Bearbeitungen und Übersetzungen erhältlich – stammte aus den USA (Regie: Michael Curtiz). Unter dem Titel *Abenteuer am Mississippi* (1959) war dieser Film in deutschen Kinos zu sehen, und wer Zugang zum Theater hatte, sah sich die Bühnenfassung an (vgl. Doderer 1995, S. 208ff.). Ebenso gab es zu *Tom Sawyer* wie zu vielen anderen Medienverbünden eine Schallplatte mit einem Hörspiel, doch ist davon auszugehen, dass dieses Medium nicht sehr stark verbreitet war, denn Schallplatten waren relativ teuer, die Abspielgeräte im Kinderzimmer eine Seltenheit.

2.4 1970 bis zur Jahrtausendwende

Die politischen Umbrüche Ende der 1960er Jahre führten zu einem veränderten geistigen Klima, zu einer Aufbruchstimmung und wirkten sich auch auf die Kinder- und Jugendmedien positiv aus. Der um 1970 herum einsetzende sog. Formen- und Funktionswandel der KJL implizierte sukzessive das Aufgreifen bis dahin tabuisierter Themen, neue Gattungen hielten Einzug, aus der Erwachsenenliteratur bekannte Schreibweisen wurden übernommen, die KJL streifte ihren Mantel der Schonraumpädagogik ab, die reale Lebenswelt sollte sich endlich in der KJL spiegeln. Diese innovativen Tendenzen zeigten sich sowohl auf dem Buchmarkt als auch im Film-, Tonträger- und Theaterbereich – das Berliner Kindertheater 'Rote Grütze' und das GRIPS Theater Berlin stehen beispielhaft für die Entwicklung auf der Bühne. Hinzu kamen staatliche und institutionelle Fördermaßnahmen, die es ermöglichten, das Niveau des Kinder- und Jugendfilms wie des Kinder- und Jugendtheaters zu heben.

Parallel dazu hatten Neuerungen und Weiterentwicklungen von technischen Geräten, die immer preiswerter wurden, Auswirkungen auf die Kinder- und Jugendkultur, von denen einige zentrale hier nur stichpunktartig genannt werden können: Radio und Kino verloren mit der flächendeckenden Einführung des Fernsehgerätes, das mehr und mehr in viele Kinder-/Jugendzimmer einzog, zunehmend an Bedeutung; Videorekorder und später DVD-Player ermöglichten zeitlich betrachtet eine individuellere Nutzung; das Privatfernsehen erweiterte insbesondere das Angebot für Kinder, worauf die öffentlich-rechtlichen Sender mit einem eigenen Kinderkanal reagierten; sowohl die Formate des Fernsehens als auch die Sende- und Sehzeiten weiteten sich enorm aus; die Erfindung der

Fernbedienung erlaubte es fortan, sich durch die Sendungen zu zappen; an die Stelle der Schallplatte trat zunächst die Audiokassette, die von der Audio-CD abgelöst wurde; preiswerte und leicht bedienbare Kassettenrecorder hielten Einzug in fast jedes Kinderzimmer, wurden später von preiswerten Stereoanlagen und dem Walkman abgelöst; im Zuge der Computerisierung der Gesellschaft entstand ein vielfältiges Format an Computerspielen auf CD-ROM, mit denen sich vor allem Heranwachsende mit Hilfe von Konsolen, später mit PC und Notebook die Zeit vertrieben.

Mit diesen Entwicklungen ging im letzten Drittel des 20. Jahrhunderts eine Ausweitung des Medienverbunds und der crossmedialen Vermarktung der KJL einher, die sich beispielhaft an Astrid Lindgrens *Pippi Langstumpf* verdeutlichen lässt. Die inzwischen 66 Jahre alte Pippi war nicht nur in der Buchtrilogie (Serienprinzip) und im Theater präsent, sondern ab Ende der 1960er Jahre auch im Fernsehen (später auf Videokassetten) und auf diversen Tonträgern, wobei eigenständige Hörspiele produziert wurden und solche, die sich lediglich der Tonspur des Films bedienten, dem Erzähleranteile hinzugefügt wurden. Lindgrens Verleger Oetinger publizierte darüber hinaus u.a. sechs Comics (z.B. *Pippi regelt alles* 1970), das mehrfach aufgelegte Bilderbuch *Kennst Du Pippi Langstrumpf?* (1961), das Fotobuch *Pippi außer Rand und Band* (1971), das Erstlesebuch *Pippi plündert den Weihnachtsbaum* (1981) sowie die beiden Computerspiele *Pippi* (1995) und *Kennst Du Pippi Langstrumpf?* (2001). 1999 kam der in Kanada gedrehte Zeichentrick *Pippi Langstrumpf* (1997; Regie: Michael Schaack) ins deutsche Fernsehen. Das hier vermittelte Pippi-Bild dürfte für die jüngste Generation ähnlich prägend gewesen sein wie für die älteren die Hauptdarstellerin Inger Nilsson aus den seit Ende der 1960er Jahre ausgestrahlten Fernsehfilmen. Pünktlich zum 100. Geburtstag der Autorin 2007 brachte der Verlag viele weitere Publikationen auf den Markt, die hier nicht aufgelistet werden. Von Bedeutung ist an dieser Stelle aber noch der Hinweis auf die Lizenzvergabe an diverse Wirtschaftsbranchen. In den 1990er Jahren hatten sich nicht nur die Spielzeughersteller in das Medienverbundsystem eingeklinkt: Kalender, Bleistifte, Radiergummis, Taschen, Badetücher, T-Shirts etc. waren ebenfalls zu kaufen. Mit mehr als 100 Artikeln gab es fast keinen Alltagsbereich, in dem die Medienfigur Pippi nicht anzutreffen war.

Bekanntermaßen impliziert ein Epochenwandel stets die Produktion von etwas Neuem, aber auch Tradiertes setzte sich fort. Otfried Preußlers Kasperlegeschichten vom *Räuber Hotzenplotz* (1962) und *Neues vom Räuber Hotzenplotz* (1969), kurz nach ihrem Erscheinen von der Augsburger Puppenkiste auf die Marionettenbühne und ins Fernsehen gebracht, verfilmte Gustav Ehmck 1974 und 1979 noch sehr traditionell wie einen Märchenfilm aus den 1950er Jahren (vgl. Schäfer 2009, S. 105). Ganz anders dagegen geht es in den Verfilmungen der sozialkritischen, aber gleichzeitzeitig humorvollen Bücher von Christine Nöstlinger zu. Hark Bohm produzierte nach Nöstlingers gleichnamigem Buch (1972) den Film *Wir pfeifen auf den Gurkenkönig* (1974/75) für das Fernsehen, von Claudia Schröder stammt die Fernsehproduktion *Konrad aus der Konservenbüchse* (1982/83) nach *Konrad oder das Kind aus der Konservenbüchse* (1975). Beide Filme sind Beispiele dafür, dass erst die Kofinanzierung seitens der Fernsehanstalten die Produktion ermöglichte. Andere Filme, die auf gesellschaftliche Missstände aufmerksam machen wollten und auf literarischen Vorlagen basieren, sind *Der rote Strumpf* (1981, Regie: Wolfgang Tumler) nach dem Roman von Elfie Donelly (1979), der das Engagement der neunjährigen Marie für eine aus dem Altenheim ausgerissene alte Frau zeigt, und *Die Vorstadtkrokodile* (1977; Regie: Wolfgang Becker) nach dem Buch Max von der Grüns (1976), in dem es um die Themen Behinderung/Integration geht. Das Thema Nationalsozialismus wurde in den Filmen *Stern ohne Himmel* (1980; Regie: Ottokar Runze) nach Leonie Ossowskis Roman (DDR 1958) aufgegriffen und in *Die Kinder aus Nr. 67 oder: Heil Hitler, ich hätt gern ein paar Pferdeäppel* (1980; Regie: Usch Barthelmeß-Weller/Werner Meyer) nach Lisa Tetzners Jugendbuchzyklus (1932 ff.). Um eine außergewöhnliche Freundschaft geht es in dem Film *Mein Freund Joe* (1996; Regie: Chris Bould) nach dem Roman *Jan, mein Freund* (1989) von Peter Pohl. Insgesamt betrachtet war die Anzahl von Verfilmungen gesellschaftlicher engagierter KJL überschaubar.

Während sich die Mehrzahl der genannten Titel in einem überschaubaren Medienverbund bewegte, d. h. dem Buch folgten der Film und evtl. Tonträger, entwickelte sich *Die unendliche Geschichte* (1979) des preisgekrönten KJL-Autors Michael Ende schnell zu einem Medienpaket. Die Tatsache, dass dieser gattungsübergreifende Roman Jung und Alt begeisterte, sogar auf der Spiegel-Bestsellerliste rangierte, mag dazu beigetragen haben. 1980 erschien das Hörspiel, Bernd Eichinger übernahm die Erstverfilmung (1984), mit der Michael Ende jedoch nicht einverstanden war. Einen zweiten Film, der sich auf den ersten Teil des Buches bezieht, drehte Wolfgang Petersen 1984. Es folgten zwei weitere Filme, *Die unendliche Geschichte II – Auf der Suche nach Phantásien* (1990, Regie: George Miller) und *Die unendliche Geschichte III – Rettung von Phantasie* (1993/94, Regie: Peter MacDonald), die mit der ursprünglichen Handlung nur noch wenig zu tun haben. Außerdem kamen Mitte der 1980er Jahre Text-Adventures und Brettspiele auf den Markt. Wirft man an dieser Stelle bereits einen Blick auf die letzten 10 Jahre, so fallen neben einer Lesung die Bühnenwerke auf, denn es gibt Fassungen für Ballett, Oper und Theater, ein Musical ist geplant. Nicht unerwähnt bleiben soll der Zeichentrickfilm *Die unendliche Geschichte II. Das Rätsel der toten Berge. Morlas größter Wunsch* (2001. Regie: George Miller), der in der Filmografie auf Michael Endes Homepage verzeichnet ist.[3]

[3] Vgl. http://www.michaelende.com/ (Stand: 08.03.2010).

Erweitert wurde der Medienverbund seit den 1970er Jahren maßgeblich durch viele Zeichentrickfilme, die nicht mehr nur aus den erfolgreichen Disney Studios kamen, sondern nun vermehrt aus Japan, die sog. Animes (vgl. Vollbrecht 2000). Sie wurden in oft 50–80 Episoden pro Staffel mit jeweils einer Länge von ca. 20 Minuten ausgestrahlt, was eine langfristige Bindung der jungen Zuschauer garantierte. Genannt seien beispielhaft: *Heidi* (1974); *Wickie und die starken Männer* (1974) nach dem gleichnamigen schwedischen Kinderbuch und seinen Nachfolgebänden von Runer Jonsson, seit 1964 in Deutschland erschienen; *Biene Maja* (1975) nach Waldemar Bonsels Roman von 1912; *Pinocchio* (1976) nach Carlo Collodis Klassiker, dessen Holzfigur das Publikum ab 1881 zunächst in einer Zeitung als Fortsetzungsgeschichte begeisterte, bevor sie in Deutschland 1905 auch als Buch und 1911 als Stummfilm (Regie: Giulio Antamoro) rezipiert werden konnte; die *Wunderbare Reise des kleinen Nils Holgersson mit den Wildgänsen* (1979) nach Selma Lagerlöfs Roman (1906/07); *Alice im Wunderland* (1983/84) in Anlehnung an Lewis Carrolls Kinderbuch (1865). Zu diesen und anderen Zeichentrickfilmen kamen zeitgleich oder nur kurze Zeit später Comics auf den Markt: Comic-Heftreihen, -Taschenbücher und -Alben (vgl. Dolle-Weinkauff 2000, S. 502 ff.). Bedenkt man, dass Comics generell eher von Jungen als von Mädchen gelesen werden und das Fernsehen bis in die Gegenwart das Lieblingsmedium der Kinder ist, muss man davon ausgehen, dass den meisten Heranwachsenden viele literarische Figuren – insbesondere die aus Klassikern – nur noch aus den Trickfilmen bekannt sind, nicht mehr aus Büchern.

Aber noch ein weiteres Medium trug seit den 1970er Jahren zur Verbreitung von KJL und anderen kulturellen Gütern bei, der neue Tonträger Kassette, die zum Massenmedium in der Kinderkultur avancierte. Unterscheiden lassen sich drei Formen von Hörkassetten: Produkte nach literarischer Vorlage, nach Filmvorlage und das Originalhörspiel (vgl. Wermke 1999b, S. 372). Im Kontext der Zeichentrickfilme, aber teilweise auch der Realfilme, zeichnete sich ein „Teletrend in der Tonträgerindustrie" (Hengst 1994, S. 243) ab, d. h. die Produzenten von Kassetten vermarkteten lediglich den Soundtrack, sodass von eigenständigen Hörspielen der Klassiker *Biene Maja*, *Pinocchio*, *Heidi* etc. wie anderer Gattungen nicht mehr die Rede sein kann. Eine Untersuchung der Produktästhetik von Kassetten Ende der 1990er Jahre ergab, dass nur 12 % der Buchvorlage folgten, aber 88 % den im Fernsehen ausgestrahlten Filmen. Letztere sind auch bei Kindern die beliebtesten, und das wahrscheinlich nicht nur aufgrund ihrer Themen und Identifikationsangebote, sondern weil sie in Tempo, Rhythmus und Kontrast den Wahrnehmungsgewohnheiten entsprechen, die bei der Filmrezeption internalisiert wurden (vgl. Wermke 1999a, S. 194 ff.).

Im Tonträgerbreich gibt es einige Serien, die sich nicht nur bei Kindern, sondern z. T. auch bei inzwischen Erwachsenen (!) seit ihrem Erscheinen großer Beliebtheit erfreuen. Sie sind als typische Medienverbundbeispiele mit dem üblichen

Merchandising erwähnenswert, weil der jeweilige Tonträger eine zentrale Stellung hat. Es handelt sich um die beiden Originalhörspiele (d. h. die Hörspiele bilden das erste Medium im Verbund) *Benjamin Blümchen* und *Bibi Blocksberg* von Elfie Donnelly sowie um die eng nach Buchvorlagen produzierten Krimimalhörspiele *Die drei ???* und *TKKG*. *Benjamin Blümchen* ist seit 1977 auf dem Markt und richtet sich an Kinder ab drei Jahren. Protagonist ist der gleichnamige, anthropomorphisierte Elefant, der zusammen mit seinem Freund Otto, einem zehnjährigen Jungen, viele kleine Alltagsabenteuer besteht. In einigen Folgen kommt den beiden Bibi Blocksberg zu Hilfe, die kleine Hexe aus Donellys zweiter Hörspielserie (1980ff.). Geschickt werden also die Jüngsten an eine weitere Serie herangeführt, die sie darüber hinaus mit Comics, Kinderbüchern etc. bindet. Konzipiert ist die Hörspielserie *Bibi Blocksberg*, die 2002 erstmals als Realfilm auf die Leinwand kam (Regie: Hermine Huntgeburth), für Kinder bis 10 Jahren. Es überzeugen die parodistischen Szenen aus dem Familienalltag, der sparsame Einsatz von Musik und Geräuschen sowie der regelmäßige Wechsel von szenischen Passagen und Erzähleranteilen. *Die drei ???* und *TKKG* zählen zu den erfolgreichsten Kinder-Krimiserien in Deutschland. Die ersten Buchtexte der *Drei ???* stammen aus der Feder von Robert Arthur und verkauften sich in Deutschland zusammen mit den Folgebänden eines Autoren-Teams von 1968 bis zur Jahrtausendwende mehr als 250-millionenmal. 1979 startete hierzulande die Hörspielserie, die inzwischen Kultstatus genießt, nicht zuletzt auch die in den ersten Jahren für die Hörspielproduktionen komponierte Musik, die separat vertrieben wurde. Eine besondere Marketingidee stellen zudem die beiden Live-Tourneeproduktionen aus den Jahren 2002 und 2009 dar. Von der Serie *TKKG*, die Rolf Kalmuczak unter dem Pseudonym Stefan Wolf seit 1979 verfasste, kamen 1981 die ersten Hörspielkassetten auf den Markt. Nur in den ersten Jahren hielt man sich an die Buchvorlagen, später gab es Hörspieldrehbücher ohne Vorlage. 1984 entstanden die ersten *TKKG*-Fanclubs, 1985 die ersten sechs Filme der gleichnamigen ZDF-Fernsehserie, 1988 ein Krimi-Magazin, 1992 folgte ein Kinofilm. 1997 produzierte Tivola die erste Spielgeschichte auf CD-ROM zur Serie *(Katjas Geheimnis)* und natürlich gab es Ende der 1990er Jahre schon Internetseiten, die über die Produktpalette informierten und *TKKG*-Ratekrimis online anboten.

Mit der Einführung der CD-ROM konnten wesentliche größere Datenmengen gespeichert werden als zuvor. Der KJL-Markt machte sich das neue Medium zunutze, indem er entsprechende Computerspiele als hypermediale Spielgeschichten anbot. Zu den frühen Beispielen zählen die bereits erwähnte *Pippi* (1995) von Astrid Lindgren und *Eine Woche voller Samstage* (1998) von Paul Maar aus dem Oetinger Verlag. Das *Sams* als Spielgeschichte ist eines von vielen Produkten im *Sams*-Verbund (vgl. Lange 2000). Leider stellte der Verlag für die Produktion ein relativ schmales Budget zur Verfügung, sodass man die Möglichkeiten zur interaktiven Nutzung, wie das Medium an sich sie schon damals implizierte, nicht ausschöpfte. Auf Seiten der Spieler, die über Erfahrungen mit dem Gameboy und der Spielekonsole andere Interaktionsformen gewohnt waren, stellte sich ähnlich wie bei der *Pippi*-Spielgeschichte schnell Langeweile ein. Um Produktionskosten in Grenzen zu halten, setzten andere Verlage, die in jenen Jahren teilweise erst gegründet wurden, vielfach auf das Serienprinzip und auf die bei Heranwachsenden beliebte Kriminalliteratur. Führend war zunächst der Verlag Tivola, der ab 1997 die Serie *TKKG* produzierte, Terzio begab sich um die Jahrtausendwende mit *Kommissar Kugelblitz* und dem *Fall für dich und das Tiger-Team* auf den Markt. Kommissar Kugelblitz war vielen Kindern seit 1982 aus Ursel Schefflers Krimi-Serie bekannt; das *Tiger-Team* als Buchlektüre (1995 ff.) stammte vom Bestsellerautor Thomas Brezina. Ravensburger Interactive produzierte auf CD-ROM ab 1999 die *Fünf Freunde*-Serie nach Motiven von Enid Blytons Klassiker, und auch *Die drei ???* sind in dieser Sparte mit zwei Spielgeschichten im Jahr 2000 im United Soft Media Verlag zu finden.

Um die Jahrtausendwende war KJL in allen Medien vorhanden, die der Markt bereitstellte. Die zu diesem Zeitpunkt veröffentlichten repräsentativen Daten belegen einen breit gefächerten Medienkonsum. Für Kinder im Alter von sechs bis dreizehn Jahren (KIM-Studie) war das Fernsehen das meistgenutzte Freizeitmedium; Zeichentrickfilme mit seriellem Charakter und sog. reale Serien gehörten zu den präferierten Formaten. Das Radio hatte wie bei Jugendlichen und Erwachsenen nur eine sog. Nebenbeifunktion, diente primär dem Hören von Musik. Bei der täglichen oder fast täglichen Nutzung standen die Tonträger (Kassetten, CDs) an dritter Stelle (28,0%) der medialen Freizeitaktivitäten; es folgte das Buch (15,0%), der Computer hatte noch eine Randstellung. Geschlechtsspezifische Unterschiede zeigten sich dahingehend, dass Mädchen doppelt soviel gelesen haben wie Jungen, während Jungen sich doppelt soviel mit Computer, Gameboy und Videospielen beschäftigten (vgl. Feierabend/Klingler 1999). Gleichwohl bildete sich bei Kindern allgemein betrachtet eine Orientierung auf die audiovisuellen Medien heraus, die durch die audiovisuelle Produktästhetik vieler Tonträger verstärkt wurde.

Die audiovisuelle Dominanz bei der Produktion und Rezeption führt noch zu einer anderen Form des Medienverbundes, der sich seit den 1990er Jahren etablierte und nicht nur Kinder, sondern auch Jugendliche ansprach. In der KIM-Studie gaben 40% der befragten Kinder an, gern bzw. sehr gern Bücher zu im Fernsehen ausgestrahlten Sendungen zu lesen (vgl. ebd., S. 619). Aus einer Ende 1998 in Südwestdeutschland durchgeführten Untersuchung zum Stellenwert der Begleitbücher zu Daily Soaps unter Heranwachsenden geht hervor, dass 45% der Befragten Fernsehbegleitbücher lasen. Zur Hauptlesergruppe der *GZSZ*-Bücher beispielsweise gehörten Mädchen im Alter von 11 bis 15 Jahren aus allen Schulformen. Aber auch Jungen waren sehr an diesen neuen Büchern interessiert, nur bevorzugten sie den typischen geschlechtsspezifischen Serienvorlieben entsprechend z. B. *Titanic* oder *Akte X* (vgl. Bischof/Heidtmann 2000, S. 55f.) Neben den Fernsehbegleitbüchern kamen zu diesen und vielen anderen Serien auch Magazine auf den Markt, die eine Fülle von Bildern enthalten, aber z. B. auch Berichte über das Privatleben der Darsteller und Foto-Stories der Fernsehvorlage; als Merchandising-Produkte setzten sich Kaffeetassen und Wäscheartikel durch. Ob man im Hinblick auf die Fernsehbegleitbücher von Literatur sprechen kann, ist eine Definitionsfrage; um Kinder- und Jugendlektüre im Medienverbund handelt es sich jedoch auf jeden Fall. Nicht fehlen soll an dieser Stelle der Hinweis auf Medienverbünde, an deren Anfang ein Computerspiel stand. Gewissermaßen Pionier ist Super Mario, eine Figur aus dem Jump-and-run-Videospiel der 1980er Jahre, nach der Zeichentrick- und Realfilme gedreht wurden und sogar Comics, Bücher etc. erschienen. Ähnlich verhielt es sich Ende der 1990er Jahre, als das *Pokémon*-Computerspielfieber ausbrach (vgl. Fuchs 2000), dem Filme, Comics, Filmbücher, Magazine etc. folgten.

3 Aktuelle Trends im Medienverbund der KJL

Die skizzierten Entwicklungen setzten sich in den vergangenen Jahren fort, d. h. Medienverbundsysteme der KJL beherrschen mit unterschiedlich vielen Medien und unterschiedlichen Ausgangsmedien den Markt, wobei die zeitlichen Abstände bei neuen Produkten zwischen Ausgangsmedium und den Folgemedien immer kürzer werden, bisweilen erscheinen sie fast zeitgleich. Zum grundlegenden technischen und sozialen Medienwandel gehört die schon vor der Jahrtausendwende einsetzende Digitalisierung. Sie ermöglichte es, Texte, Grafiken, Animationen, Bilder, Audio und Video schnell und zeitgleich über neue Verbreitungswege wie z. B. ISDN zu transportieren, und zwar nicht nur einseitig, sondern jeder Empfänger kann diese Informationen auch weiterverschicken (vgl. Tillmann 2010, S. 260). Damit einher gingen u. a. die Ablösung der Kassette durch die CD mit einer wesentlich höheren Speicherkapazität, ebenso die endgültige Ablösung der Videokassette durch die DVD-Video und die Produktion komplett computeranimierte Filme. Das Web 2.0 löste das bisherige Internet (Web 1.0) ab und bietet ein wesentlich größeres Spektrum zum Downloaden von Medien aller Art wie auch zur Interaktion. Beispiele sind soziale Netze wie schülerVZ, Videoportale wie YouTube und Audioportale wie hoerstern sowie Blocks, Wikis und Podcasts. Wer einen internetfähigen Computer besitzt (PC, Laptop oder Handy), kann an einem Gerät entsprechend interagieren und kommunizieren.

3.1 Kinderliteratur

Der aktuellen KIM-Studie 2008 zufolge ist für die Sechs- bis Dreizehnjährigen nach wie vor das Fernsehen das Leitmedium, d. h. es steht an erster Stelle der 15 erfassten Medienaktivitäten, die audiovisuelle Orientierung ist in dieser Altersgruppe also noch immer dominant. Der Computer (spielen, lernen, arbeiten) rangiert an dritter Stelle, das Buch an siebter und damit wie 1999 im Mittelfeld; Hörspielkassetten/Hörspiel-CDs nehmen nun Rang zehn ein, sind in der Gunst demnach gesunken; über einen eigenen Internet-Anschluss verfügen insgesamt lediglich 9% (vgl. Feierabend/Klingler 2009a, S. 402f.). Die Frage nach den Programm- und Formatpräferenzen führte zu dem Ergebnis, dass Super RTL und KIKA weiterhin die Favoriten sind. Die Hälfte der kindlichen Nutzung entfällt auf Fiction, insbesondere auf Zeichentrickfilme; die Hitliste wird angeführt von den computeranimierten Filmen *Ice Age* I (2002) und II (2006) – Teil III lief 2009 in den Kinos –, gefolgt von *Madagascar* aus dem Jahr 2006 (vgl. Feierabend/Klingler 2009b, S. 123ff.). Während *Ice Age* I vor ca. 20.000 Jahren in der Eiszeit spielt, als die damalige Tierwelt allmählich gen Süden auswich, handelt es sich bei den Akteuren in *Madagascar* um Tiere aus dem New Yorker Zoo, die sich auf die Reise nach Afrika begeben. Wie in diesen Verbundsystemen üblich, betreibt man Marketing über ein großes Sortiment von Fanartikeln, einschließlich der Bücher zum Film. Ähnliches gilt für den Oscar prämierten Animationsfilm *Findet Nemo* (2003), der wie die meisten Animationsfilme nicht nur Kinder begeisterte, sondern auch Erwachsene. Ein Beispiel für Animationsfilme nach Kinderbüchern ist *Urmel aus dem Eis* (2006) nach Max Kruses bekannter Buchserie (1969ff.). Betrachtet man den aktuellen Medienverbund weiterhin zunächst vom Film aus und begibt sich auf die Suche nach verfilmter KJL, findet man neben Animationsfilmen nach Klassikern zweitens auch Realfilme nach Klassikern; drittens Filme nach Büchern, die zu den „Favoriten der Eltern" gehören; viertens „Favoriten der Kinder" und fünftens „Verfilmungen jenseits von Bestsellern" (Albers 2009). Zu ergänzen ist diese Kategorisierung sechstens um Filme, die nach Bilderbüchern gedreht wurden.

Realfilme nach Klassikern sind die sog. Remakes u. a. nach Romanen von Erich Kästner: *Pünktchen und Anton* (1998, Regie: Caroline Link), *Emil und die Detektive* (2000; Regie: Franziska Buch) und *Das fliegende Klassenzimmer* (2002; Regie: Tomy Wiegand). Kennzeichnend für die drei Neuverfilmungen ist die Modernisierung der Stoffe. Pony Hütchen z. B. ist nicht länger eine Nebenfigur, sondern die Anführerin einer ethnisch und sozial gemischten Straßenbande, Emil der Sohn eines arbeitslosen und allein erziehenden Vaters. Die Filme sind somit näher an der Lebenswelt der Kinder, behalten aber ihre Grundbotschaften bei und verfolgen damit eine Doppelstrategie. Kinder entdecken einen Stoff, bei Erwachsenen als potentielle Co-Zuschauer werden Kindheitserinnerungen wach (vgl. Albers 2009, S. 224). Vermutlich eine ähnliche Strategie verbirgt sich hinter der dritten Kategorie „Favoriten der Eltern", in die die Realfilme *Das Sams* (2001; Regie: Ben Verbong), *Der Räuber Hotzenplotz* (2006, Regie: Gernot Roll) und *Villa Henriette* (2004, Regie: Peter Payer; Neuverfilmung von

Konrad oder das Kind aus der Konservenbüchse) fallen, die zudem noch mit prominenten Schauspielern besetzt und ebenfalls Publikumserfolge wurden. Beide sind aus einem großen Medienverbund bekannt, aber ohne die oft üblichen Fanartikel. Herausragende Beispiele der vierten Filmkategorie „Favoriten der Kinder" sind zwei aktuelle Medienverbundsysteme, die enorm beworben wurden und zu denen entsprechende Analysen vorliegen. Das sind zum einen die für Mädchen konzipierten *Wilden Hühner* (1993 ff.) nach den Büchern von Cornelia Funke (vgl. Maiwald 1997); zum anderen *Die Wilden Kerle* nach den Kinder- und Drehbüchern von Joachim Masannek (vgl. Marci-Boehncke 2007, S. 134 ff.). Die *Wilden Kerle* besetzte der Regisseur mit den Söhnen des Schauspielers Uwe Ochsenknecht, die zu Kinderstars wurden und auch viele Mädchen ins Kino lockten. In der Kategorie „Jenseits von Bestsellern" ist der Film *Hände weg von Mississippi* (2007, Regie: Detlev Buck) zu nennen, nach dem gleichnamigen Kinderbuch (1997) von Cornelia Funke. Eine Lesung erschien 2002, das sog. Original-Hörspiel zum Kinofilm parallel zum Filmstart 2007. Die Verfilmung von Bilderbüchern setzt sich offenbar als neuer Trend durch. Jüngstes Beispiel ist der Realfilm *Wo die Wilden Kerle wohnen* (2006, Regie: Spike Jonze), der Ende 2009 in deutsche Kinos kam, nach Maurice Sendaks Bilderbuchklassiker (1967); zum Filmstart erschien die Geschichte von Dave Eggers unter dem Titel *Bei den wilden Kerlen* (2009) als Roman. Ein sehr erfolgreiches und hoch kommerzialisiertes Medienverbundbeispiel für das Ausgangsmedium Bilderbuch ist *Lauras Stern* von Klaus Baumgart (1996), in dem es um die Freundschaft zwischen einem kleinen Mädchen und einem auf die Erde gefallenen Stern geht, die gemeinsam Abenteuer erleben. Mit der ersten computeranimierten Verfilmung *Lauras Stern* (2004), die mit dem Deutschen Filmpreis ausgezeichnet wurde und auch als Serie im KIKA lief, erreichte der Stoff die breite Masse und wurde vielfältig vermarktet. Es gibt z. B. ein Original-Hörspiel zum Kinofilm (2004), das Buch zum Film (2004), ein Musical (2005), eine Kinderzeitschrift (2006), ein Liederhörspiel (2007), Spiele und Rätsel (2007), Pixi-Bücher (2007); dass bei so viel Erfolg ein zweiter Film produziert wurde, *Lauras Stern und der geheimnisvolle Drache Nian* (2009), verwundert nicht.

In großen Medienverbünden der Kinderliteratur finden sich vor allem Klassiker, Serielles und Bestseller, kennzeichnend ist weiterhin die Orientierung auf Audiovisuelles auf Seiten der Produktion und Rezeption. Im Vergleich mit Fernsehen und Kino nimmt der Rundfunk als Hörspielproduzent eher eine Randstellung ein, auch mit Sendungen, in denen Buchtipps für Kinderliteratur auf dem Programm stehen (vgl. Hahn 2008). Tonträger auf CD finden sich sowohl in großen als auch in kleinen Medienverbünden, d. h. zu vielen Büchern werden zumindest zeitgleich Lesungen produziert, wie überhaupt die Lesung als eine Subgattung des Hörbuchs den Tonträgermarkt für alle Altergruppen in den vergangenen Jahren erobert hat. Das Angebot an Hörspielen, Lesungen etc. wird immer unübersichtlicher, sodass für Verzeichnisse wie *Töne für Kinder und Jugendliche* (Germann u. a. 2008) eine Auswahl getroffen werden muss. Ob die Reise zukünftig in Richtung Download-Geschäft geht, ob Hörbuchverlage also bald Konkurrenz bekommen oder ob sie sich „auf eine duales System einstellen, – etwa ungekürzte Lesungen zum Download und gekürzte für CDs“ (ebd., S. 5), bleibt ungewiss.

Noch haben Tonträger Konjunktur, wenn auch mit kleineren Zuwachsraten als noch vor ein paar Jahren, als klassische Buchverlage bekannten Hörbuchverlagen Konkurrenz machten und eine eigene Hörbuchsparte gründeten, wie z. B. Oetinger und Beltz & Gelberg. In dem o. g. Verzeichnis *Töne für Kinder und Jugendliche* wird u. a. nach *Hörspielen* („Theater im Kopf“), *Hörerzählungen* (Hörbücher), *Märchen – Fabeln – Sagen – Mythen, Sachthemen* und *Liedern* differenziert; innerhalb der ersten beiden Kategorien wird zudem nach Altersstufen unterteilt. Beispiele für aktuelle Produktionen nach audiovisueller Vorlage für Kinder im Vorschulalter sind Janoschs *Oh, wie schön ist Panama* (2006) und *Urmel aus dem Eis* (2006) von Max Kruse. Aber auch eigens für Tonträger produzierte Hörspiele mit hoher ästhetischer Qualität gibt es für die Jüngsten, wie z. B. *Der Teddy und die Tiere und weitere Geschichten* nach Michael Endes gleichnamigem Bilderbuch (1993). Es fragt sich nur, ob Eltern diese und andere qualitativ hochwertige CDs kaufen und überhaupt zur Kenntnis nehmen, denn in den von Erwachsenen bevorzugten Einkaufsstätten von Tonträgern – Spielzeuggeschäft, Kaufhaus und Supermarkt – sind Titel, die nicht zum Mainstream gehören, in der Regel nicht zu finden. Erwähnenswert im Hinblick auf den Medienverbund ist noch die seit Ende der 1990er Jahre erkennbare Zunahme an Sachliteratur im Tonträgerbereich (vgl. Stenzel 2008, S. 447). Auch *Die Sendung mit der Maus*, Peter Lustigs *Löwenzahn* und die Reihe *Wieso? Weshalb? Warum?* werden in einem großen Verbund erfolgreich vermarktet. Daneben gibt es aber auch Biografisches über Anne Frank oder Johann Wolfgang von Goethe für Kinder im Grundschulalter.

Das Angebot an hypermedialen Spielgeschichten im Medienverbund ist relativ überschaubar. Viele der in der Anfangsphase erschienen Titel wurden nicht mehr aufgelegt, da sie dem interaktiven Standard, an den Kinder aufgrund ihrer Erfahrungen mit anderen Computerspielen gewohnt waren, schon zum Zeitpunkt ihrer Produktion nicht entsprachen. Oetinger hat in der eigenen *interaktiv* Abteilung gegenwärtig noch wenige Titel im Angebot, u. a. *Die Wilden Hühner – Gestohlene Geheimnisse* (2004), *Apselut Spunk – Die große Astrid-Lindgren-CD-ROM* (2006), *Pettersson und Findus* (1999 u. 2003), *Die Olchis – Schleine-Schlamm-und-Käsefuß* (2002) sowie *Findus bei den Mucklas* (2004). In Tivolas Programm finden sich *Die Wilden Fussballkerle* (2007), *Die Biene Maja* (2005–2006), *Die TKKG*-Serie (letzter Titel von 2008), *Wickie und die starken Männer* (2005) und *Lauras Stern* (2007). Da sich kaum Neues in dieser Angebotspalette findet und vieles im Doppelpack angeboten wird, hat es den Anschein, als wollten die Verlage diese Titel aus ihren Lagern räumen. Andere Verlage, die noch vor zehn Jahren zu den Produzenten gehörten, haben sich inzwischen auf Lernsoftware spezialisiert. Bei Tivola setzt man auf die neueren Techniken Nintendo DS und Wii, für die *Prinzessin Lillifee* (2009) nach den Kinderbüchern von Monika Finsterbusch und *Tintenherz* (2008) nach Cornelia Funkes Bestseller-Trilogie (2003 ff.) angeboten werden.

3.2 Jugendliteratur

Wirft man zunächst einen Blick auf die gegenwärtigen Medienaktivitäten von Jugendlichen, so zeigen sich große Unterschiede zu denen der Kinder. Die in den letzten repräsentativen JIM-Studien 2008 und 2009 untersuchten Jugendlichen im Alter von 12 bis 19 Jahren benutzen das Fernsehen ebenso oft wie den Computer, d. h. Computerorientierung und audiovisuelle Orientierung haben gleichgezogen. Beide Medien nehmen unter den 21 abgefragten Aktivitäten die ersten beiden Plätze ein, Bücher rangieren wie seit Jahren stabil im Mittelfeld, Hörkassetten/Hörspiele-CDs finden sich auf Platz 16 (Feierabend/Kutteroff 2008, S. 614). Schaut man sich die Computernutzung genauer an, so zeigt sich, dass bei den Offlinetätigkeiten das Lernen für die Schule weit oben steht, gefolgt von Computerspielen, nur 10% nutzt den PC für DVDs (vgl. ebd., S. 619). Bei den Onlinetätigkeiten steht die Nutzung von Suchmaschinen oben (73%), Onlinecomunitys sind für 57% sehr wichtig, 29% chatten regelmäßig, immerhin 26% schauen sich Filme/Videos an, 19% nutzen Multiuser-Spiele, 15% gehen allein Onlinespielen nach, 8% hört über das Internet Radio, nur 2% schaut über das Internet Fernsehen (vgl. ebd., S. 621). Geschlechtsspezifische Unterschiede zeigen sich vor allem bei der Nutzung von Computer- und Konsolenspielen, d.h. Jungen nutzen diese viermal so häufig wie Mädchen. Die Nutzung von Fernsehinhalten am Computer ist nach dieser Befragung weit weniger verbreitet, als man annahm. Noch immer ist das Fernsehen mit dem Favoriten Pro7 auch für Jugendliche sehr wichtig: „Entspannung und eben nicht aktives Agieren als eigener Programmdirektor wird von zwei Dritteln der Jugendlichen als Vorteil des Fernsehens gesehen." (Ebd., S. 618)

Über konkrete Medieninhalte geben die JIM-Studien wenig Auskunft, lediglich die bevorzugten Gattungen von Computerspielen wurden erhoben. Wie in den Jahren zuvor sind die Lieblingsspiele der Mädchen und jungen Frauen *Die Sims* (40%), mit weitem Abstand folgen Varianten des Klassikers *Super Mario.* Bei den Jungen und jungen Männern ist die Palette breiter gefächert. Hier steht das Fußballspiel *FIFA* an der Spitze (21%), es folgen wesentlich actionlastigere Titel wie *Counter Strike* (14%), *World of Warcraft* (10%) oder auch das erst für Personen ab 18 Jahren freigegebene Spiel *Call of Duty* (7%). Die Systematisierung der Einzelnennungen ergab eine Präferenz für Strategiespiele (35%), worunter *Die Sims, Die Siedler* oder *Herr der Ringe* fallen. Es folgen Shooter- oder Actionspiele wie *Counter Strike* oder *Call of Duty* (27%), Interesse an Online-Rollenspielen wie *World of Warcraft* haben 10% (vgl. Medienpädagogischer Forschungsverbund Südwest 2009, S. 43f.). Medienverbundsysteme einschließlich Literatur gibt es zu diesen Spielen nur bedingt, auf *Super Mario* wurde oben bereits verwiesen. Zu *World of Warcraft* sind Romane und Comics erhältlich; nach Motiven der *Siedler* verfasste Rebecca Gablé Romane (2003ff.), von denen wiederum Lesungen (2006) erhältlich sind. Dass es zu Tolkiens Klassiker der Fantasy-Literatur *Herr der Ringe*, ab 1969 in deutscher Übersetzung erschienen, einen großen Medienverbund gibt, muss hier nicht weiter erwähnt werden. Spätestens mit der Verfilmung von 2001 wurde dieser Stoff einem Massenpublikum bekannt.

Den Medienverbund der Jugendliteratur zu beschreiben, ist nicht zuletzt deshalb schwierig, weil in dieser Altersgruppe viele auf Bücher, Filme, Serien, Computerspiele etc. zurückgreifen, die sich an Erwachsene richten. Zudem ist allein die Grenze zwischen Jugend- und Erwachsenenliteratur immer schwieriger zu ziehen, viele Klassiker begeistern und begeisterten schon in der Vergangenheit Leser jeden Alters. Bestseller und Medienverbünde wie *Harry Potter* nach den Romanen von Joanne K. Rowling sind beste Beispiele. *Harry Potter* stand auf diversen Bestsellerlisten der Erwachsenen lange Zeit weit oben. Der Buchmarkt versucht, diesem Leserverhalten mit dem neuen Segment 'All-Age-Literatur' nachzukommen. Zentrale Merkmale dieser oft phantastischen Literatur sind Mehrfachcodierung und -adressierung, aber auch die Nähe zu anderen Gattungen, wie z. B. dem Adoleszenzroman. So sind z. B. die Hauptfiguren in Stephenie Meyers erfolgreicher, auch schon verfilmter Vampir-Reihe *Bis(s) zum Morgengrauen* (2006 ff.) und in Cornelia Funkes *Tintenherz*-Trilogie (2003 ff.) neben ihren Begegnungen mit dem Übernatürlichen immer auch auf der Suche nach sich selbst, sie setzen sich mit ihren Stärken, Schwächen und Zukunftswünschen auseinander.

Ungeachtet der genannten Schwierigkeiten im Hinblick auf die Klassifizierung des Alters lassen sich einige Medienverbundsysteme beschreiben, die sich seitens der Produzenten vorrangig an Jugendliche richten, wobei die Grenze bei 12/13 Jahren liegt. Zu den relativ neuen Angeboten im Tonträgerbereich gehören Produkte speziell für Jugendliche, die im Verzeichnis *Töne für Kinder und Jugendliche* (Germann u. a. 2008) eigens „für Jugendliche ab 12 Jahre" ausgewiesen sind. Außerdem zur Orientierung und Information interessant ist das Download-Portal hoerstern.de, das auf seiner Homepage eine Rubrik „13+: Junge Erwachsene" führt. Hier kann man in alle Titel hineinhören und die Hörbücher etwas preiswerter downloaden als auf CD kaufen. Toni.de, ein anderes Portal, stellt sich selbst zwar als das größte Download-Portal für Kinder-Hörbücher und Kindermusik in Deutschland vor, führt aber auch eine Rubrik „ab 12 Jahre".

Was bietet nun der Markt innerhalb des Medienverbundes? Im Bereich Hörspiele setzt man u. a. offenbar auf die auch bei Jugendlichen beliebte Krimi- und Science-Fiction-Gattung und wählt Stoffe aus, die vielfach bereits verfilmt wurden. Es finden sich z. B. diverse Produktionen zu *Gestatten, mein Name ist Cox* (2005–2007) nach dem gleichnamigen Krimimalroman (1969) von Rolf und Alexander Becker und zur Detektivfigur *Sherlock Holmes* (2006) von Arthur Conan Doyle, die deutsche Leser seit Beginn des 20. Jahrhunderts begeistert. Im Science-Fiction-Bereich orientiert man sich an Klassikern wie *Reise zum Mittelpunkt der Erde* (2006) nach Jules Vernes Roman aus dem Jahr 1874 und Nikolai von Michalewskys *Mark Brandis* (2008), dem Berliner Astronauten, der in den 1970/80er Jahren in etwa 30 Bänden sein Publikum in den Bann zog. Wesentlich umfangreicher als der Hörspielsektor ist allerdings das Angebot an Lesungen. Auch hier finden sich eine Reihe von Titeln, die den Gattungen Kriminalliteratur und Science-Fiction sowie Fantasy zuzuordnen sind. Daneben gibt es Lesungen zu aktuellen Jugendbüchern wie *Marsmädchen* (2007) von Tamara Bach (2003), *Libellensommer* (2007) von Antje Babendererde (2006) und *Imago* (2007) von Isabel Abedi (2004). Entsprechend des inzwischen relativ großen Angebots an Jugendliteratur zu den Themen Nationalsozialismus und Holocaust hat sich auch der Tonträgermarkt dieses Segments angenommen: *Der Junge im gestreiftem Pyjama* (2007) von John Boyne (2007), *Kartoffelkäferzeiten* (2007) von Paul Maar (1990), *Der Mann von der anderen Seite* (2007) von Uri Orlev (1990), *Meine Zeit mit Anne Frank. Ein Bericht* (2006) von Miep Gies (1987). Und selbst Hans Peter Richters Buch (1961) *Damals war es Friedrich ist dabei* (2006) liegt als Lesung vor, vermutlich mit Blick auf den Deutschunterricht, denn noch immer gehört dieser Text zu den Schulklassikern, obgleich es mittlerweile wesentlich bessere Jugendbücher zum Thema gibt.

Innerhalb des Medienverbundes der Jugendliteratur gibt es eine Reihe von Stoffen, die als Ausgangsmedium das Buch haben, dem Hörbuch und Film folgen. John Boynes *Der Junge im gestreiftem Pyjama* (2007) z. B. wurde 2008 unter der Regie von Mark Hermann verfilmt. Obwohl im Mittelpunkt ein neunjähriger Junge steht, wurde der Film erst ab 12 Jahren freigegeben, was vermutlich auf den Schauplatz des Geschehens zurückzuführen ist; die Geschichte spielt überwiegend im KZ Auschwitz. Zu nennen ist weiterhin der mehrfach ausgezeichnete Film *Max Minsky und ich* (2007, Regie: Anna Justice) nach dem prämierten Jugendbuch *Prinz William, Maximilian Minsky und ich* (2002) von Holly-Jane Rahlens, zu dem 2002 auch ein Hörbuch erschien, von Rahlens persönlich gelesen. Für die Verfilmung schrieb die Autorin das Drehbuch und versetzte die Handlung von 1997 in die Gegenwart. Im Mittelpunkt stehen die dreizehnjährige Nelly und ihre Schwierigkeiten mit dem Erwachsenwerden. Ausgewiesen ist der Film als Jugendkomödie, empfohlen wird er aber schon ab 10 Jahren, doch ist davon auszugehen, dass Jugendliche im Alter der Protagonistin den Film gesehen haben. Einer der großen Klassiker der Kinderliteratur und ebenfalls sehr präsent im Medienverbund kam Anfang 2010 computeranimiert in die Kinos: *Alice im Wunderland* (Regie: Tim Burton). Der Film ist ab 12 Jahren freigegeben, wird jedoch erst ab 14 Jahren empfohlen. Altersklassifizierungen sind wie gesagt schwierig, auch im Filmsektor. Man spricht deshalb auch schon von All-Age-Filmen. Die Kassenschlager der vergangenen Jahre – *Harry Potter*, *Herr der Ringe* oder *Findet Nemo* – sind beste Beispiele, aber sicher auch *Ice Age* und *Madagascar*, die auf den Hitlisten von Kindern ganz oben stehen.

Zum Medienverbund für Jugendliche gehören wie für Kinder solche Stoffe, die ihren Ursprung in Fernsehserien haben. In den JIM-Studien wurde zuletzt 2005 genauer nach Lieblingssendungen gefragt (vgl. Medienpädagogischer Forschungsverbund Südwest 2005, S. 25). Die beliebtesten Formate von Mädchen sind Serien und Daily Soaps, die der Jungen Sitcoms/Comedy und Comics/Zeichentrick, aber beide Geschlechter haben Interesse an all diesen Formaten. Als Serien nannten Mädchen und Jungen u. a. *OC, California*; Mädchen sehen gern Daily Soaps wie *Verliebt in Berlin*, *Gute Zeiten, schlechte Zeiten* und *Verbotene Liebe*; die beliebteste Sendung der Jungen ist die Comicserie *Die Simpsons*, die auch aktuell noch von PRO7 ausgestrahlt wird. Die in den USA 2003 bis 2007 produzierte Jugendserie *OC, California* wurde in Deutschland inzwischen von verschiedenen Fernsehanstalten gesendet. Sie gilt als eine Art Nachfolgerin der legendären Serie *Beverly Hills, 90210* aus den 1990er Jahren. In *OC, California* stehen Teenager im Mittelpunkt, mit all ihren Problemen, die das Erwachsenwerden mit sich bringt; es ist eine Welt der Reichen und Schönen, in der aber auch Außenseiter eine Chance bekommen. Wen wundert es, dass diese und ähnliche Serien, zu denen es zahlreiche Begleitromane gibt, in der Adoleszenzphase einen solchen Erfolg haben. Die amerikanische Zeichentrickserie *Die Simpsons* (1989 ff.) gehört weltweit zu den erfolgreichsten der vergangenen 20 Jahre und wurde 1991 in Deutschland erstmals vom ZDF ausgestrahlt. Mit Witz, Humor und philosophischen Fragen begeistert sie nicht nur jugendlichen Zuschauer, sie ist sogar Gegenstand diverser wissenschaftlicher Abhandlungen geworden, die aber für Jugendliche weniger von Interesse sein dürften als der Medienverbund, bestehend aus Computerspielen, Comics, Chats, Foren, Fanartikeln etc., wie man der Internetseite entnehmen kann.

Neuester Trend auf dem deutschen Markt sind Manga und Graphic Novels, die aktuellen Erscheinungsformen des Comic (vgl. Dolle-Weinkauff 2010; auch Vollbrecht 2000). Die Vermarktung von Literatur in Form von Comics ist nicht neu, wie das frühe Beispiel *Pippi Langstrumpf* aus den 1970er Jahren zeigte, doch konnten diese Comics sich damals nicht durchsetzen. Im Medienverbund der Jugendliteratur testet man den Medienwechsel vom Buch zum Comic offenbar zunächst anhand von Texten, die sich in den vergangenen 20 Jahren gut verkauften und die teilweise aufgrund aktueller Verfilmungen einen hohen Bekanntheitsgrad haben. So z. B. *Die Welle* (2007), gezeichnet von Stefani Kampmann, nach dem gleichnamigen Schulklassiker von Morton Rhue (1981), *Die Wolke* (2008) von Anike Hage nach Gudrun Pausewangs preisgekröntem Buch (1987) und *Der erste Frühling* (2007) von Christoph Heuer und Gerlinde Althoff nach Klaus Kordons drittem Teil (1993) der Trilogie der Wendepunkte. Kordon selbst, so weiß man, stand der Umsetzung zunächst skeptisch gegenüber, war aber mit dem Ergebnis sehr zufrieden (vgl. Grünewald 2010).

4 Konsequenzen für die Didaktik und Forschungsfragen

Medientransformationen bestimmter Stoffe fanden zu allen Zeiten mit der Einführung eines neuen Mediums statt. Zweitfachverwertungen lassen sich bis ins 19. Jahrhundert zurückverfolgen, Mehrfachverwertungen einschließlich Merchandising und damit verbunden erkennbar wirtschaftliche Interessen finden sich vereinzelt schon am Ende der Weimarer Republik und sind heute an der Tagesordnung. Im Prinzip kann jedes Medium das Ausgangsmedium sein, doch längst ist es nicht mehr das Kinder- oder Jugendbuch, immer häufiger sind es Filme oder Serien. In den Verbünden der KJL spielen für Kinder und Jugendliche also die audiovisuellen Medien die tragende Rolle, der Computer mit dem Internet ist im KJL-Verbund noch keine Schaltstelle, wie manchmal vermutet wird. Er wird mehrheitlich zur Recherche und zum Informieren über einzelne Medien benutzt; in Internetforen kann man über sie kommunizieren, und natürlich kann man sie online kaufen, sofern man geschäftsfähig ist. Insofern erscheint es fraglich, ob man im Hinblick auf den Medienverbund von KJL auch schon von Medienkonvergenz sprechen sollte.

Für die Medientransformation eines Stoffes und damit einhergehend für den Medienverbund gibt es auf Seiten der Produzenten verschiedene Gründe. Natürlich spielen immer kommerzielle Aspekte eine Rolle, aber zu bedenken sind auch zielgruppenspezifische: Wenn eine große Zahl von Heranwachsenden nicht mehr zum Buch greift, besteht mit Hilfe anderer Medien die Möglichkeit, ihnen einen Stoff nahe zu bringen und diesen im kulturellen Gedächtnis zu bewahren. Hinzu kommen künstlerische Motivationen, denn Filmemacher, Hörspielproduzenten, Comiczeichner etc. reizt es, Vorlagen umzusetzen. Sie haben spezifische ästhetische Ansprüche, und es geht ihnen verständlicherweise in der Regel nicht um 'Werktreue', sondern darum, die zur Verfügung stehenden ästhetischen Mittel des 'eigenen' Mediums auszuschöpfen.

Der heutige Deutschunterricht hat in Kooperation mit anderen Fächern auch die Aufgabe, an die Medienerfahrungen der Heranwachsenden anzuknüpfen, ihre vorhandenen Medienkompetenzen aufzugreifen, aber ebenso muss er fehlende Medienkompetenzen ausbauen und fördern (vgl. Josting 2005, S. 77ff.). Medienverbünde der KJL bieten sich dafür in besonderer Weise an, wofür inzwischen viele Beispiele vorliegen (vgl. u.a. Josting/Maiwald 2007 u. Payrhuber/Schulz 2007). Zentrales Ziel eines medienintegrativen Deutschunterrichts ist es, zwei oder auch mehr Medien eines Verbundes miteinander zu vergleichen, intermediale Bezüge herauszuarbeiten wie auch den formalästhetischen Eigenwert des einzelnen Mediums. Im Rahmen handlungs- und produktionsorientierter Aufgaben selbstständig Medien zu entwickeln – eine Film- oder Hörspielsequenz, eine Theaterszene, einen Comic etc. –, fördert nicht nur die Kreativität, sondern auch das Textverständnis sowie die Fähigkeiten zur Analyse und Kritik.

Um noch einmal auf die eingangs formulierten theoretischen Vorüberlegungen zurückzukommen: Vorrangig ist es im Bereich Rezeption die biologische Dimension des Medienbegriffs, also die Sinneswahrnehmung der Subjekte, die zukünftig im Mittelpunkt des Interesses stehen sollte. Welche Auswirkungen hat die Rezeption im Medienverbund auf die Wahrnehmungsgewohnheiten? Bekanntermaßen lieben es gerade Heranwachsende, sich eines bestimmten Stoffes immer wieder und über verschiedene Medien zu vergewissern. Solange kaum zuverlässige empirische Studien vorliegen, werden die Meinungen darüber weiterhin auseinandergehen. Das Spektrum reicht von der rein negativen Beurteilung – die Rezeption im Medienverbund mache gerade Kinder zu reinen Konsumenten, schränke ihre Wahrnehmungsfähigkeit ein – bis hin zu der euphorischen Annahme, der Medienverbund schärfe sowohl den „komparatistischen Blick" als auch den „Sinn für die Differenzen" (Prümm 1988, S. 199). Dass solche pauschalisierenden Aussagen unzutreffend sind, zeigen erste Untersuchungen zur „konvergenzbezogenen Medienaneignung von 11- bis 17-Jährigen", denen zufolge es fünf unterschiedliche Muster gibt: Medien als „Konsumraum", „Spezialisierungsraum", „Lebensraum", „Präsentationsraum" und „Gestaltungsraum" (Theunert/Wagner 2007). Entsprechende Studien im Hinblick auf die Aneignung der KJL im Medienverbund müssten folgen.

Literaturverzeichnis

Albers, Margret: Literaturverfilmungen als Erfolgsgarant? In: Schäfer/Wegener 2009, S. 223–230.

Bischof, Ulrike/Heidtmann, Horst: „Ich will es einfach nochmals erleben ...". Begleitbücher zu Daily Soaps. Kinder- und Jugendliteratur im Medienverbund. In: Texte 3 (2000), S. 54–60.

Doderer, Klaus: Geschichte des Kinder- und Jugendtheaters zwischen 1945 und 1970. Konzepte, Entwicklungen, Materialien. Zusammen mit Kerstin Uhlig. Frankfurt/M. [u.a.]: Lang 1995. (Kinder-, Schul- und Jugendtheater; 7).

Dolle-Weinkauff, Bernd: Comics für Kinder und Jugendliche. In: Lange, Günter (Hrsg.): Taschenbuch der Kinder- und Jugendliteratur. Grundlagen – Gattungen. Bd. 1. Baltmannsweiler: Schneider 2000, S. 495–524.

Dolle-Weinkauff, Bernd: Aktuelle Erscheinungsformen des Comic. Manga und Graphic Novel. In: Josting/Maiwald 2010.

ecmc: Medienkonvergenz 2006 (http://www.media.nrw.de/downloads/imblickpunkt_medienkonvergenz.pdf; Stand: 09.01.2010).

Feierabend, Sabine/Klingler, Walter: Kinder und Medien 1999. Ergebnisse der Studie KIM 99 zur Mediennutzung von Kindern. In: media perspektiven 1999, H. 12, S. 610–625.

Feierabend, Sabine/Klingler, Walter: Kinder und Medien. Ergebnisse der KIM-Studie 2008. Mediennutzung und soziokulturelle Verortung bei Kindern. In: media perspektiven 2009a, H. 8, S. 398–412.

Feierabend, Sabine/Klingler, Walter: Kinder und Medien. Was Kinder sehen. Eine Analyse der Fernsehnutzung der Drei- bis 13-Jährigen. In: media perspektiven 2009b, H. 3, S. 113–128.

Feierabend, Sabine/Kutteroff, Albrecht: Medien im Alltag Jugendlicher – multimedial und multifunktional. In: media perspektiven 2008, H. 12, S. 612–624.

Fuchs, Wolfgang J.: Das Phänomen POKÉMON. In: medien + erziehung 44 (2000) H. 3, S. 182–186.

Germann, Heide/Bergmann, Katja/Brandt, Susanne/Gröning, Karen/Gröning, Willy: Töne für Kinder und Jugendliche. Kassetten und CDs im kommentierten Überblick 2007/2008. München: Kopaed 2008.

Grieser, Dietmar: Pinocchio, Pumukl und Peter Pan. Kinderbuchfiguren und ihre Vorbilder. Frankfurt/M. [u.a.]: Insel 2003.

Grünewald, Dietrich: Transfer – Comics nach Textliteratur. In: Josting/Maiwald 2010.

Habeck, Kolja J.: Kinder- Hörfunk. Geschichte – pädagogische Zusammenhänge – Perspektiven. Diplomarbeit zur Diplomprüfung an der Fachhochschule Dortmund im Fachbereich Angewandte Sozialwissenschaften. Dortmund 2006. (http://www.soziales.fh-dortmund.de/diederichs/pdfs/habeck.pdf; Stand: 05.03.2010).

Hahn, Karin: Wie kommt das Kinderbuch ins Radio? Über meine Arbeit als Hörfunkjournalistin mit dem Schwerpunkt Kinder- und Jugendliteratur. In: kjl&m 60 (2008) H. 3, S. 26–29.

Heidtmann, Horst: Kindermedien. Stuttgart: Metzler 1992.

Hengst, Heinz: Der Medienverbund in der Kinderkultur. Ensembles, Erfahrungen und Resistenzen im Mediengebrauch. In: Hiegemann, Susanne/Swoboda, Wolfgang H. (Hrsg.): Handbuch der Medienpädagogik. Opladen: Westdeutscher Verlag 1994, S. 239–254.

Hobsch, Manfred: Deutsche Märchenfilme für das Kino. In: Schäfer Loseblatt-S. 2001.

Hobsch, Manfred: Kinder- und Jugendfilme im „Dritten Reich“. In: Schäfer Loseblatt-S. 2005.

Hobsch, Manfred: Ideologie für Kopf und Herz der Jugend. In: Schäfer/Wegener 2009, S. 39–55.

Josting, Petra: Kinder und narrative Bildschirmspiele. Eine Produkt- und Rezeptionsstudie am Beispiel einer Detektivgeschichte auf CD-ROM. München: Kopaed 2004. (Medien im Deutschunterricht: Beiträge zur Forschung; 1).

Josting, Petra: Medienkompetenz im Literaturunterricht. In: Rösch, Heidi (Hrsg.): Kompetenzen im Deutschunterricht. Frankfurt/M. [u. a.]: Lang 2005, S. 71–90.

Josting, Petra/Maiwald, Klaus (Hrsg.): Kinder- und Jugendliteratur im Medienverbund. Grundlagen, Beispiele und Ansätze für den Deutschunterricht. München: Kopaed 2007. (kjl&m 07.extra).

Josting, Petra/Maiwald, Klaus (Hrsg.): Comics und Animationsfilme. München: Kopaed 2010. (Jahrbuch Medien im Deutschunterricht 2009).

Kümmerling-Meibauer, Bettina: Überschreitung von Mediengrenzen. Theoretische und historische Aspekte des Kindermedienverbundes. In: Josting/Maiwald 2007, S. 11–21.

Lange, Günter: Paul Maar – multimedial. In: Richter, Karin/Riemann, Sabine: Kinder – Literatur – „neue“ Medien. Baltmannsweiler: Schneider 2000, S. 94–110.

Maiwald, Klaus: Ansätze zum Umgang mit dem Medienverbund im (Deutsch-)Unterricht. In: Josting/Maiwald 2007, S. 35–48.

Marci-Boehncke, Gudrun: global kickers. *Die Wilden Fussballkerle* als Weltmarke. In: Josting/Maiwald 2007, S. 131–142.

Medienpädagogischer Forschungsverbund Südwest (Hrsg.): JIM-Studie 2005. Jugend, Information, (Multi-)Media. Basisstudie zum Medienumgang 12- bis 19-Jähriger in Deutschland. Stuttgart 2005. (http://www.mpfs.de/fileadmin/Studien/JIM2005.pdf; Stand: 13.03.2010).

Medienpädagogischer Forschungsverbund Südwest (Hrsg.): JIM-Studie 2009. Jugend, Information, (Multi-)Media. Basisstudie zum Medienumgang 12- bis 19-Jähriger. Stuttgart 2009. (http://www.mpfs.de/fileadmin/JIM-pdf09/JIM-Studie2009.pdf; Stand: 12.03.2010).

Payrhuber, Franz-Josef/Schulz, Gudrun: Lesen – Hören – Sehen. Kinder- und Jugendbücher in anderen Medien und Vorschläge zur Unterrichtsgestaltung. Baltmannsweiler: Schneider 2007 (Schriftenreihe der Deutschen Akademie für Kinder- und Jugendliteratur; 36).

Posner, Roland: Zur Systematik der Beschreibung verbaler und nonverbaler Kommunikation. Semiotik als Propädeutik der Medienanalyse. In: Bosshardt, Hans-Georg (Hrsg.): Perspektiven auf Sprache. Interdisziplinäre Beiträge; zum Gedenken an Hans Hörmann. Berlin [u. a.]: de Gruyter 1986, S. [267]–313.

Prümm, Karl: Intermedialität und Multimedialität. Eine Skizze medienwissenschaftlicher Forschungsfelder. In: Bohn, Rainer/Müller, Eggo/Ruppert Rainer (Hrsg.): Ansichten einer künftigen Medienwissenschaft. Berlin: Sigma 1988. (Sigma-Medienwissenschaft; 1), S. 195–200.

Räder, Andy: Der Kinderfilm in der Weimarer Republik. In: Schäfer/Wegener 2009, S. 21–38.

Riedel, Heide: Lieber Rundfunk ... 75 Jahre Hörergeschichte(n). Berlin: Vistas 1999.

Sandbothe, Mike: Wozu Medienkonvergenz? Ringvorlesung vom 26. November 2009. Tübingen. (http://www.sandbothe.net/844.html; Stand: 09.01.2010).

Schäfer, Horst (Hrsg.): Lexikon des Kinder- und Jugendfilms im Kino, im Fernsehen und auf Video. Red.: Kristin Langer. In Zusammenarbeit mit dem Kinder- und Jugendfilmzentrum in Deutschland (KJF) und der Kinder- und Jugendfilm Korrespondenz (KJK). Meitingen: Corian, Losebl.-S., 1998 ff.

Schäfer, Horst: Die Geschichte des westdeutschen Jugendfilms. In: Schäfer Losebl.-S. 2001.

Schäfer, Horst: Höhen und Tiefen – Der Kinderfilm in der Bundesrepublik Deutschland in den 1950er-, 1960er- und 1970er-Jahren. In: Schäfer/Wegener 2009, S. 73–110.

Schäfer, Horst/Wegener, Claudia (Hrsg.): Kindheit und Film. Geschichte, Themen und Perspektiven des Kinderfilms in Deutschland. Konstanz: ZVK Verlagsgesellschaft 2009. (Alltag, Medien und Kultur; 5).

Schneider, Wolfgang: Von didaktischen Dramen, Weihnachtsmärchen und neorealistischen Schauspielen. Zur Geschichte des Kindertheaters in Deutschland. In: Maar, Paul/Schmidt, Max (Hrsg.): Vorhang auf und Bühne frei! Baltmannsweiler: Schneider 1998. (Schriftenreihe der Deutschen Akademie für Kinder- und Jugendliteratur; 22), S. 2–12.

Staiger, Michael: Medienbegriffe, Mediendiskurse, Medienkonzepte. Bausteine einer Deutschdidaktik als Medienkulturdidaktik. Baltmannsweiler: Schneider 2007.

Stenzel, Gudrun: Von der Kinderschallplatte zum MP3-Player. In: Wild, Reiner (Hrsg.): Geschichte der deutschen Kinder- und Jugendliteratur. Stuttgart [u. a.]: Metzler [3]2008, S. 443–449.

Strobel, Heidi: Formung der Gefühle – Kinderfilm in NS-Diktatur und früher Nachkriegszeit. In: Schäfer/Wegener 2009, S. 57– 71.

Tillmann, Angela: Computer und Internet – Multimediasozialisation. In: Vollbrecht, Ralf/Wegener, Claudia (Hrsg.): Handbuch Mediensozialisation. Wiesbaden: VS Verlag 2010, S. 260–268.

Theunert, Helga/Wagner, Ulrike: Neue Wege durch die konvergente Medienwelt. Eine Untersuchung zur konvergenzbezogenen Medienaneignung von 11- bis 17-Jährigen. In: merz 51 (2007), S. 42–50.

Vollbrecht, Ralf: Anime & Manga. Japanische Zeichentrickfilme und Comics. In: Schäfer Losebl.-S. 2000.

Wermke, Jutta: Integrierte Medienerziehung im Fachunterricht: Schwerpunkt: Deutsch. München: Kopaed 1997.

Wermke, Jutta: Kinder- und Jugendliteratur in den Medien. Oder: Der Medienverbund als ästhetische Herausforderung. In: Rupp, Gerhard (Hrsg.): Ästhetik im Prozeß. Wiesbaden: Westdt. Verl. 1998, S. 179–217.

Wermke, Jutta: Tempo – Rhythmus – Kontrast. Zur Veränderung der Rezeptionsbasis von Kinderhörkassetten. In: Gröben, Norbert (Hrsg.): Lesesozialisation in der Mediengesellschaft. Ein Schwerpunktprogramm. Tübingen: Niemeyer 1999a. (IASL; 10. Sonderh.), S. 190–204.

Wermke, Jutta: Kinderhörkassetten zwischen Literatur und Film. Deutschunterricht 52 (1999b) H. 5, S. 371–379.

Internetquellen

http://de.wikipedia.org/wiki/H%C3%B6rzu (Stand: 07.03.2010)

http://de.wikipedia.org/wiki/Mecki (Stand: 07.03.2010)

http://www.michaelende.com/ (Stand: 08.03.2010)

SUSANNE HEINKE / BEATE RABE

Kinderfilm

1 Einleitung

Der Kinderfilm ist Teil einer Kinderkultur, die von Anfang an enge Bezüge zur Literatur hat. Mit der Bearbeitung bekannter Märchen und Sagen und anderer klassischer, generationen-übergreifender Stoffe aus der Literatur wandte sich das Kino bereits in seiner Anfangszeit, jedoch nicht explizit, an Kinder, vielmehr erfolgte eine generationale Adressierung, die zum Teil bis heute anhält. Die enge Beziehung von Kinderfilm und Kinderliteratur bildet einen Schwerpunkt im folgenden Beitrag.

Im Mittelpunkt der Betrachtung steht der deutsche Kinofilm für Kinder, dessen Entwicklungslinien und Tendenzen von 1945 bis in die Gegenwart aufgezeigt werden. Internationale Entwicklungen und Bezüge werden nur am Rande erwähnt. Eine intensivere Betrachtung gilt dabei der Kinderfilmproduktion in Ost und West. Die Gegenüberstellung der unterschiedlichen Entwicklungen soll jedoch keinen Beitrag zur historischen Aufarbeitung der Systeme leisten, vielmehr soll die Frage aufgeworfen werden, inwiefern die unter so unterschiedlichen Voraussetzungen entstandenen Filme mehr als nur den Zeitgeist widerspiegeln. Eine Vielzahl der Filme, die für Kinder produziert wurden, thematisieren über die Systeme sowie die politischen und ökonomischen Zwänge hinweg moderne Formen der Kindheit und stellen vielschichtige Kindermotive dar, die unterschiedliche Deutungsmuster erlauben. Die Rezeptionsgeschichte und ungebrochene Popularität zahlreicher Kinderfilme zeigt, dass in den Filmen Stoffe und Themen bearbeitet wurden, die auch heute noch relevant sind, weil sie Kinder zu allen Zeiten und unabhängig von der Gesellschaft, in der sie aufwachsen, ansprechen.

2 Begriffsbestimmung Kinderfilm

Der Begriff 'Kinderfilm' wird nicht einheitlich verwendet: Er bezeichnet jedoch im engeren Sinne Filme, die von Erwachsenen für Kinder gemacht werden und die in ihrer Darstellungs- und Erzählweise den Ansprüchen von Kindern angepasst sind oder zumindest sein sollten. Die meisten Definitionen des Kinderfilms verweisen zunächst auf den spezifischen Adressatenkreis und nicht auf ein eigenes Genre, einen eigenen Gegenstand oder eigene Dramaturgie. Kinderfilme sind durch die Zielgruppe bestimmt, nicht durch ihr Thema oder primär durch ihre Gestaltung. Dabei gehen die Meinungen hinsichtlich Altersfreigaben, tatsächlicher Eignung für Kinder, Abgrenzung zu anderen Filmgenres und pädagogischen Gesichtspunkten weit auseinander.

Die Aussage des Regisseurs Rainer Simon verdeutlicht die Problematik der Einengung einer ausschließlich adressatenbezogenen Definition des Kinderfilms:

> Mich hat die Sicht, Kinderfilm als Genre-Film nie interessiert [...] Ich möchte interessante Filme machen. Wenn ich für junge Leute Filme gemacht habe, waren sie im Grunde auch Erwachsenen-Filme. Ich wollte den Zuschauer herausfordern [...] Denn wenn ein Film kein Abenteuer oder keine Reise ins Unbekannte ist, dann ist er eigentlich uninteressant. Und ich hatte die Hoffnung, dass man diese Reise ins Unbekannte vielleicht mit Kindern oder Jugendlichen besser unternehmen kann als mit Erwachsenen. (Simon, in: König/Wiedemann/Wolf 1995, S. 182)

Vor diesem Hintergrund wird verständlich, dass der Kinderfilm in thematischer und stilistischer Hinsicht eine große Bandbreite aufweist. Meist stehen kindliche oder jugendliche Protagonisten im Mittelpunkt der Filme. Auch vermenschlichte Tiere *(Ice Age, König der Löwen)*, Erwachsene (zahlreiche Märchenfilme) oder andere vermenschlichte Wesen wie Roboter oder Autos *(WallE, Cars)* können Identifikationsfiguren sein. Kinderfilme erzählen von der Welt, in der Kinder leben und davon, wie sie sie erleben. Der Kinderfilm erzählt aber auch von den phantastischen und tiefgründigen Traumwelten, in die Kinder alltäglich eintauchen. Kinderfilme behandeln Themen wie Freundschaft, Abenteuer und Bewährung, Familien- und Generationenkonflikte und erzählen von kindlichen Freuden, Nöten, Sehnsüchten und Träumen.

Hinsichtlich der Erzählweise folgen die meisten Kinderfilme demselben dramaturgischen Grundmuster: am Anfang steht in der Regel die Gefährdung einer Ordnung – eine Bedrohungssituation, der sich die Protagonisten im Verlauf der Geschichte stellen müssen, um die Ordnung ohne erwachsene Hilfe wieder herzustellen. Die Lösung des Konflikts, der sich häufig in einer klaren Gut- und Böse-Konstellation darbietet, führt meist zum Happy End.

> Auch wenn die Grenzen zwischen Kinder- und Jugendfilm fließend sind, lässt sich der Jugendfilm vom Kinderfilm dahingehend abgrenzen, dass er spezifische Probleme des Erwachsenwerdens thematisiert: Liebe, Gewalt, Umgang mit Drogen, Jugendcliquen, Suche nach eigener Identität und Vorbildern, Abnabelung vom Elternhaus.

Familienfilm

'Familienfilm' oder 'family entertainment' bezeichnet Filme, die sich nicht ausschließlich an das kindliche Zielpublikum wenden und neben Kindern auch Jugendliche und Erwachsene als Adressaten ansprechen. Familienfilme sind oft kommerziell erfolgreich und führen seit Jahren die Kinohitlisten nicht nur in den deutschen Kinos an.

Während in den 1980er und zu Beginn der 1990er Jahre vor allem amerikanische Familienkomödien *(Kevin allein zu Haus, Dennis, Mrs Doubtfire)* die Familienunterhaltung maßgeblich prägten, hat die Entwicklung der Computer- und digitalen Tricktechnik zu einem neuen Boom im Animationsfilm geführt. Auch hier lässt sich die generationsübergreifende Adressierung klar erkennen.

Derzeit wird das Familienkino durch Animationsfilme der Pixar- und Disneystudios bestimmt *(Findet Nemo, Madagascar, Oben)*. Daneben gibt es die *Asterix*-Filme (als Realfilm und Zeichentrick), Stop-Motion-Filme wie *Wallace & Gromit*, Familienkomödien *(Mr Bean macht Ferien, Nachts im Museum)* und vor allem phantastische Filme, die ein breites Publikum ansprechen *(Harry Potter, Der Herr der Ringe, Die Chroniken von Narnia, Alice im Wunderland)*. Nicht selten zitieren die phantastischen Familienfilme Versatzstücke historischer Genrefilme. Auch die deutsche Filmproduktion hat sich in den letzten Jahren verstärkt diesem Markt zugewandt *(Wicky und die starken Männer)*.

3 Genres des Kinderfilms

Für Kinderfilme eignen sich fast alle bekannten Filmgenres. Eine eindeutige Zuordnung ist oftmals nicht möglich, da ein Kinderfilm Elemente mehrerer Genres enthalten kann, die die klaren Genregrenzen überschreiten.

Hilfreich ist es, die Kinderfilme in mehrfacher Hinsicht zu unterteilen. Grundsätzlich werden in der Darstellungsform **Realfilm und Animationsfilm** unterschieden. Beim Realfilm wird die Wirklichkeit 'abgelichtet' – mit 'echten' Menschen und 'echten' Sets, während der Animationsfilm aus künstlichen Bildern besteht. Die rasante Entwicklung der Tricktechnik in den letzten Jahren hatte jedoch auch zur Folge, dass die Grenzen zwischen den Darstellungsformen immer mehr verschwimmen. Das zeigt sich nicht nur darin, dass im Realfilm Sets und Figuren durch Computer generierte Szenen ergänzt werden, sondern auch darin, dass inzwischen ganze Filme in einer Mischung aus Real- und Animationsfilm entstehen, was unter anderem auch durch den Einsatz der 'Performance Capture Technik' möglich ist. Hierbei werden die Bewegungen der realen Schauspieler gescannt und dann auf computeranimierte Figuren übertragen. Bekannte Beispiele hierfür sind *Der Polarexpress* (2004) und *Eine Weihnachtsgeschichte* (2009). Auch hier ist eine Entgrenzung der bestehenden Kategorien zu beobachten.

Der **Animationsfilm** wird nach den zu filmenden Objekten in 2-D-Animationen und 3-D-Animationen unterschieden:

2-D-Animation:

- Zeichentrickfilm – bestehend aus vielen, meist per Hand hergestellten Zeichnungen, die zeitlich nacheinander präsentiert werden *(Das Dschungelbuch, Asterix)*
- Silhouettenfilm – auch Scherenschnitt- oder Schattentrickfilm genannt, bei dem ausgeschnittene Scherenschnitt- oder Schattenfiguren animiert werden *(Die Abenteuer des Prinzen Achmed)*
- Anime – japanischer Zeichentrickfilm *(Chihiros Reise ins Zauberland)*

3-D-Animation

- Puppentrick – Bewegen von Puppen, Modellen oder Knetfiguren durch Einzelbildaufnahmen in 'Stop-Motion-Verfahren' *(Wallace and Gromit, Nightmare before Christmas)*
- Computeranimation *(Ice Age, WallE, Oben)*

Realfilme lassen sich zunächst in **Spielfilme** und **Dokumentarfilme** untergliedern.

Dokumentarfilme für Kinder werden kaum für das Kino produziert. Beispiele wie *Unsere Ozeane* (2010), *Tortuga* (2008) und *Die Reise der Pinguine* (2005) zeigen allerdings, dass auch hier die Tendenz zum Familienfilm auffällig ist.

Spielfilme für Kinder lassen sich u.a. folgenden Grundgenres zuordnen, wobei die Grenzen zwischen diesen Genres oftmals fließend sind und sie selten in Reinform auftreten. So lassen sich auch die meisten Kinderfilme mehreren Genres zuordnen:

- Realistischer Film *(Pünktchen und Anton, Die Blindgänger)*
- Phantastischer Film *(Hexe Lily, Das Sams)*
- Märchenfilm
- Abenteuerfilm *(Die Schatzinsel)*
- Tierfilm *(Ein Schweinchen namens Babe, Free Willy)*
- Detektivfilm/Kriminalfilm *(TKKG, Emil und die Detektive)*

In den meisten Spielfilmen für Kinder, unabhängig vom Genre, werden Kinder mit einer Situation konfrontiert, die sie bewältigen müssen, aber auch positiv bewältigen können und an der sie 'wachsen' im Sinne einer Entwicklungsförderung.

4 Entwicklungslinien des deutschen Kinderfilms

Der Kinderfilm begleitete die gesamte Filmgeschichte, die deutsche Filmindustrie vor 1945 produzierte allerdings mehrheitlich für das erwachsene Publikum, die Kinderfilmproduktion beschränkte sich weitestgehend auf Märchen – meist als Puppen- und Marionettenfilme, in denen eine heile Welt propagiert wurde, die es zu bewahren galt (vgl. Heidtmann 2007, S. 93 u. Schlesinger 2010). Prominenteste und folgenreichste Ausnahme war 1931 Gerhard Lamprechts Verfilmung des 1928 erschienenen Kinderbuchs von Erich Kästner *Emil und die Detektive.*

Während die westlichen Alliierten im Zuge des Reeducation-Programmes die Filmproduktion in ihren Besatzungszonen zunächst fast gänzlich lahm legten, erteilte *Stalin* in der Sowjetischen Besatzungszone sehr bald die „Lizenz zur Herstellung von Filmen aller Art". 1946 wurde die DEFA gegründet, deren Auftrag in erster Linie darin bestand, antifaschistische, humanistische Filme herzustellen, Filme, die das gesamte deutsche Volk erziehen sollten. Dem Film wird so in Ost und West neben der Unterhaltungsfunktion eine Erziehungsfunktion zugedacht im Sinne einer Volkserziehung aller Generationen.

Im deutschen Nachkriegskino waren Kinder zunächst ein Symbol der Hoffnung und des Neuanfangs. Auch wenn die Herstellung von Kinderfilmen noch nicht offiziell auf der Agenda stand, knüpfte Gerhard Lamprecht bereits in der dritten DEFA-Produktion an *Emil und die Detektive* an und inszenierte 1946 mit *Irgendwo in Berlin* das Alltagsleben von Kindern im zerstörten Nachkriegsberlin für die Leinwand. Konsequent aus der Sicht der 'Berliner Gören' erzählt, bietet Lamprecht Kindern und Jugendlichen Identifikationsfiguren, Erwachsenen hingegen den moralischen Appell, sich ihrer Verantwortung bewusst zu werden. Die Filmkinder setzen der allgemeinen Orientierungslosigkeit ihre Lebens- und Spielfreude entgegen und gleichzeitig ein Zeichen für den Neubeginn.

Die DEFA produzierte nicht nur für den Markt der DDR, zwischen 1946 und 1992 entstanden insgesamt ca. 700 Kino-Spielfilme, davon waren ca. 150, also etwa ein Fünftel, Kinderfilme. Hinsichtlich des Produktionsvolumens und der Qualität haben die Filme für Kinder einen besonderen Stellenwert nicht nur innerhalb der DEFA-Spielfilmproduktion, sondern im europäischen und internationalen Vergleich (vgl. Felsmann / Sahling 2010).

4.1 Kinderfilm in der DDR

Der Kinderfilm der DDR brauchte in seiner Anfangsphase einige Zeit, bis er zu seinem Stil und seiner Form gefunden hatte. Generell gilt jedoch, dass sich die Filmkünstler in einem Spannungsfeld zwischen eigenem künstlerischen Anspruch auf der einen und gesellschaftlichen, parteipolitischen Forderungen auf der anderen Seite bewegten, was zu sehr unterschiedlichen Ergebnissen führte.

1949 rief die SED die Künstler zur Ordnung. Sie forderte Parteilichkeit, Arbeitsfreude und Begeisterung für die neuen Kinder- und Jugendorganisationen, die idealer Weise durch platten sozialistischen Realismus dargestellt werden sollten. Folgerichtig wurde Artur Pohls Film *Die Jungen vom Kranichsee* (1950), in dem die Konflikte eines Neulehrers mit seiner Klasse recht realistisch geschildert werden, von Partei- und Kulturfunktionären kritisiert. Es vergingen fast zweieinhalb Jahre, bis sich die DEFA wieder an einen Gegenwartsfilm für Kinder wagte. *Die Störenfriede* (1953, R: Wolfgang Schleif) brachte nun die geforderte ideologische Linientreue ins Kino: zwei Klassenrabauken werden durch Schule, Eltern und Patenbrigade erfolgreich ins Kollektiv integriert.

1953 gilt als das eigentliche Startjahr der DEFA-Kinderfilmproduktion, die von nun an integraler Bestandteil des Studioprogramms war. Ursprünglich sollte nach sowjetischem Vorbild ein DEFA-Studio für Kinderfilme gegründet werden. Stattdessen wurde eine Arbeits- und Dramaturgengruppe für Kinder- und Jugendfilme innerhalb des DEFA-Studios für Spielfilme ins Leben gerufen.

Schon den frühen Produktionen des realistischen Kinderfilms der DDR ist noch die Auseinandersetzung mit der Konkurrenz der Gesellschaftssysteme anzumerken. *Das geheimnisvolle Wrack* (R: Herbert Ballmann, 1954) greift das populäre Spionage-Genre auf und belehrt das junge Publikum im Rahmen der spannenden Handlung darüber, wie unverzichtbar die Volkspolizei ist und dass die Feinde der DDR überall lauern. Subtiler und künstlerisch gelungener stellt Gerhard Klein in seinem Kinder-Krimi *Alarm im Zirkus* (1954) das Lebensgefühl von Kindern im geteilten Berlin dar. Zwei pfiffige Westberliner Jungen vereiteln einen Pferderaub aus dem Ostberliner Zirkus Barlay, finden dabei neue Freunde und lernen Träume und Realitäten auf der anderen Seite der Stadt kennen. Insbesondere die einfühlsame Kameraarbeit Werner Bergmanns und die Einbeziehung von Originalschauplätzen machen diesen Film zu einem Kinoerlebnis. Auch Heiner Carows Regiedebüt *Sheriff Teddy* (1957) ragt qualitativ heraus. Kalle, der aus Westberlin stammt, all sein Wissen aus Wildwestschmökern hat und nach Ostberlin ziehen muss, kollidiert zunächst unsanft mit dieser neuen, völlig unbekannten Welt, bis er schließlich neue Freunde und neue Einsichten gewinnt. Dieses Alltagsabenteuer lebt vor allem von der differenzierten Darstellung der Kindercharaktere, ihrer äußeren und inneren Konflikte.

Aus heutiger Perspektive scheinen die 1950er Jahre der DEFA-Geschichte jedoch vom Märchenfilm dominiert zu sein. Die in dieser Zeit entstandenen Märchenfilme gehören zu den international erfolgreichsten DEFA-Produktionen überhaupt. *Das kalte Herz* (R: Paul Verhoeven, 1950) besticht durch eine für diese Zeit erstaunliche Tricktechnik und durch hohes darstellerisches Niveau. Der Film wurde als Märchen für Erwachsene konzipiert und von den Kindern der 1950er Jahre zunächst noch als zu gruselig empfunden. Auch *Die Geschichte vom kleinen Muck* (R: Wolfgang Staudte, 1953) ist nicht als Kinderfilm entstanden. Diese Filmversion des gleichnamigen Märchens von Wilhelm Hauff ist der meistverkaufte DEFA-Spielfilm bis heute. Die im fernen, märchenhaften Orient angesiedelte Geschichte geht von der wundersamen Hauptfigur aus: Der alte, bucklige Muck erzählt Kindern, die ihn zunächst verspotten, vom Schicksal, das ihm als kleinen Jungen widerfuhr: wie er verstoßen wurde, die rasenden Zauberpantoffeln und den Stab fand, der Schätze aufspürt, von magischen Feigen und seiner endlich doch erfolgreichen Suche nach dem Glück.

Die Geschichte vom kleinen Muck löste bei Publikum und Kulturfunktionären der SED Begeisterung aus. Dies gelang nicht allen Märchenfilmen. Die vehement geführten pädagogischen, ideologischen und künstlerischen Diskussionen der 1950er Jahre wirkten sich zunehmend auf die Gestaltung der Märchenfilme aus. Die so genannte Realismus-Debatte etwa ergab unter anderem, dass unbearbeitete Märchen schädlich für die kindliche Psyche seien. Einer entsprechend 'bereinigten' Neuauflage der Grimmschen *Kinder- und Hausmärchen* von 1952 folgten Filmadaptionen mit einer erzieherischen und politisch überzeichneten Erzählweise, die heute befremdlich wirkt, weil die Absicht so überdeutlich im Vordergrund steht. *Das tapfere Schneiderlein* (R: Helmut Spieß, 1956) etwa, dargestellt als proletarischer Held im Kampf gegen die Bosheit der adligen Unterdrücker, heiratet am Ende nicht die Prinzessin, sondern deren Magd, eine Vertreterin der arbeitenden Klasse. Kontroversen begleiteten auch *Das singende, klingende Bäumchen* (R: Francesco Stefani, 1957), eine Filmerzählung, die aus verschiedenen Märchenmotiven entwickelt wurde. Die simple Darstellung von guten und bösen Charakteren in einer der Bilderbuchästhetik nahen, deutlich künstlichen Kulissenlandschaft erschien manchen Funktionären als „kleinbürgerliche Idylle", als „Propagandierung eines idealistischen Lebensbildes". Gerade diese künstlerischen Mittel jedoch sichern dem Film bis heute seinen Langzeiterfolg. Auch *Das Feuerzeug* (R: Siegfried Hartmann, 1959) fand ein Millionenpublikum. Hier ist es vor allem der Hauptdarsteller Rolf Ludwig, dem es gelingt, Zuschauer aller Generationen in den Bann der Geschichte zu ziehen.

Die DDR-Schauspielerelite und ihre brillanten darstellerischen Leistungen – dies ist seither das Markenzeichen vieler DEFA-Kinderfilme.

Während sich die DEFA-Kinderfilmproduktion steigerte und verstetigte, war man besonders seit Gründung des 'Nationalen Zentrums für Kinderfilm der DDR' 1953 und den empirischen Analysen des Potsdamer Pädagogen Siegfried Hamisch um genauere Kenntnisse über die Wirkung von Filmen bei Kindern bemüht. Ab Mitte der sechziger Jahre lieferte auch das Leipziger Zentralinstitut für Jugendforschung Ergebnisse, die in Stoffentwicklungen einfließen sollten.

Kindergegenwartsfilme der 1960er Jahre orientierten sich zunächst an den üblichen ästhetischen und ideologischen Prämissen der Zeit. Im Mittelpunkt stand dabei die Erziehung durch das Kollektiv nach Normen des sozialistischen Zusammenlebens. Nicht eigensinnige Individuen, sondern nachahmenswerte Vorbilder definierten den Handlungsverlauf. Gezeigt wird dabei eine Kindheit, die von pädagogischen Maßgaben wie Verantwortung, Ehrlichkeit und Pflichterfüllung dominiert wird. In einigen Filmen erscheinen die Jungen und Mädchen derart ernsthaft um die Einhaltung von Regeln und die Erbringung guter Leistungen bemüht, dass sie fast wie Erwachsene wirken. Kindliche Spielfreude, Phantasie und Spaß haben dabei wenig Raum.

Dennoch überzeugen einzelne Alltagsgeschichten der 1960er Jahre durch ihre herausragende künstlerische Qualität. Dass in diesen bis heute wichtigen Filmen nicht das Kollektiv, sondern das Individuum, das sich vom Kollektiv getrennt bewähren muss, im Mittelpunkt steht, ist ein überraschender Aspekt der Filmgeschichte. *Lütt Matten und die weiße Muschel* (R: Hermann Zschoche, 1964) etwa ist die poetische Beschreibung der Einsamkeit eines kleinen Jungen, der sich nach Anerkennung durch die Erwachsenen sehnt und danach, dass sein Vater ihn und seine eigenen Versprechen ernst nimmt. Ein ähnliches Thema bearbeitet der junge Regisseur Heiner Carow in *Die Reise nach Sundevit* (1966), einer der besten DEFA-Kinderliteraturverfilmungen. Einsam ist auch Tim, der Sohn eines Leuchtturmwärters. Deshalb freut er sich unbändig darauf, mit einer Gruppe von Ferienkindern ein paar fröhliche Tage zu verbringen. Zuvor soll der hilfsbereite Junge jedoch für den Vater noch etwas im Dorf erledigen. Auf seinem Weg wird er auch von anderen immer wieder um Unterstützung gebeten. Inzwischen ist die Kindergruppe ohne ihn aufgebrochen ... Zunächst enttäuscht lernt Tim bald, dass Vertrauen und Hilfsbereitschaft sich dennoch lohnen, besonders dann, wenn man seinen eigenen Weg gehen will. *Alfons Zitterbacke* war bereits 1958 als Kinderbuch von Gerhard Holtz-Baumert zum Publikumsliebling avanciert. Auch die Filmversion von Konrad Petzold (1966) über die verrückten Einfälle und Streiche des zehnjährigen Pechvogels und ihre Folgen sorgte für ausgelassene Fröhlichkeit in den Kinosälen. Großen Zuspruch erhielt ebenso die Kriminalgeschichte *Käuzchenkuhle* (R: Walter Beck, 1969).

Märchenfilme werden zwischen 1965 und 1970 von Indianerfilmen, aber auch von interessanten Alltagsgeschichten fast völlig aus dem Produktionsplan verdrängt.

In den siebziger Jahren produzierte die DEFA jährlich vier bis sechs Kinder- und Jugendfilme. In Alltagsgeschichten dominierten nun statt politischer Appelle die großen und kleinen Sorgen der jungen Protagonisten. Träume und Wunder kommen den phantasiebegabten Außenseitern zu Hilfe, die nun die Leinwände erobern. In Erwin Strankas Filmen *Susanne und der Zauberring* (1973) und in *Der kleine Zauberer und die große Fünf* (1977) kann Zauberei Schülernöten leider doch nicht abhelfen, und im Handlungsverlauf wird sie immer zufälliger und unsinniger. Einen überzeugenderen Zugang zum scheinbar Unmöglichen wählt Rolf Losansky in *Blumen für den Mann im Mond* (1975): ein kleiner Junge will eine Blume züchten, die auch auf dem Mond wächst. Durch seine Beharrlichkeit bringt er die Erwachsenen zum Überdenken ihrer allzu pragmatischen Weltsicht und hält am Ende tatsächlich ein wundersam funkelndes Gewächs in der Hand. Dieser Film lebt von der Poesie des Alltags, von witzigen Einblicken und kleinen Seitenhieben auf typische DDR-Alltagsprobleme und davon, dass der Regisseur seinen kindlichen Helden ernst nimmt.

Mit *Sechse kommen durch die Welt* (R: Rainer Simon, 1972) gelangte ein Märchenfilm in die Kinos, der in mehrschichtigen Anspielungen die Verhältnisse in der DDR kritisch spiegelt. Ähnlich freizügig hatte Simon bereits seinen vorangegangenen Märchenfilm *Wie heiratet man einen König* (1969) gestaltet, der das Grimm-Märchen von der klugen Bauerntochter in eine sehr moderne Liebesgeschichte verwandelt. Einer der besten Märchenfilme aller Zeiten gelang dem tschechischen Regisseur Václav Vorlicek mit *Drei Haselnüsse für Aschenbrödel* (1974). Diese Koproduktion zwischen DEFA und dem Prager Studio Barrandov erfreut sich bis heute einer ungebrochenen Beliebtheit bei Kindern und Erwachsenen. Auch hier weicht die Filmversion von der literarischen Vorlage ab: Ein selbstbewusstes Aschenbrödel trotzt mit Witz, Intelligenz und der Hilfe dreier Zaubernüsse der bösen Stiefmutter und deren verwöhnten Tochter und findet nach den bekannten Schwierigkeiten in dem jugendlich-rebellischen Prinzen einen Seelenverwandten. Mangelnder Respekt vor höheren Mächten steckt letztlich auch hinter dem Erfolg des armen Burschen Jakob in *Wer reißt denn gleich vorm Teufel aus* (R: Egon Schlegel, 1977). Alle genannten Märchenfilme beziehen die soziale Dimension mit ein und werden dominiert von der Klugheit und dem Selbstbewusstsein der scheinbar Schwachen.

In den Alltagsgeschichten der 1980er Jahre gab es zwar kaum neue Themen oder Akzente in der Erzählweise, aber die kindlichen Protagonisten traten nun noch offensiver auf, stellten hartnäckig unbequeme Fragen, forderten meist erfolgreich mindestens einen Perspektivwechsel von den Erwachsenen und formulierten eindringlich ihren individuellen Anspruch auf Glück. Gelegentlich ist dabei auch Zauberei mit im Spiel. Neu ist, dass nun auch starke Mädchenfiguren auf der Leinwand erscheinen. Neu ist spätestens ab Mitte der achtziger Jahre auch, dass der Kinderfilm deutlich auf Distanz zu Politik und pädagogischen Richtlinien geht und sich Freiräume erstreitet. Ein großer Teil der in dieser Zeit gedrehten Filme entstand zeitnah nach Vorlagen aktueller und beliebter Kinderbücher aus der DDR, u.a. von Benno Pludra, Peter Abraham und Christa Kožik.

Besonders einfühlsam gelingt es Rolf Losansky in *Moritz in der Litfasssäule* (1983) und in *Das Schulgespenst* (1987) aufzuzeigen, wie Kinder auf gesellschaftlichen Druck reagieren, sich zur Wehr setzen und ihre Individualität behaupten. Der phantasiereiche Moritz begegnet einer geschwätzigen, Bier trinkenden Katze, nachdem er von zu Hause weggelaufen ist und in einer Litfasssäule Zuflucht gefunden hat. Durch sie und seinen neuen Freund, den Straßenkehrer, sieht er seine Probleme und seine Eltern in einem anderen Licht. Das wilde Mädchen Carola Huflattich lässt sich dagegen vom Schulgespenst, das sie herbeizaubert, nicht zu einer Musterschülerin bekehren.

In Hermann Zschoches *Insel der Schwäne* (1983) muss sich Stefan, der gerade aus einem idyllischen Dorf nach Berlin gezogen ist, der wenig freundlichen Umgebung und dem aggressiven Ton der Gleichaltrigen in der Betonwelt eines Neubaugebietes stellen.

Die dicke Tilla (R: Werner Bergmann, 1982) hat das Sagen in ihrer Klasse. Anne, die neue, sehr gute Schülerin, wird von Tilla, die ihren Machtanspruch verteidigen will, tyrannisiert und muss mit deren Intrigen und Schikanen so lange allein zurecht kommen, bis eine gefahrvolle Situation die beiden Rivalinnen versöhnt. Auch Familienkonflikte kann das Publikum im Kino erleben. *Das Herz des Piraten* (R: Jürgen Brauer, 1988) erzählt von der Sehnsucht des Mädchens Jessi nach ihrem richtigen Vater, von Enttäuschungen und einer hilfreichen Zaubermuschel. Auch der neunjährige Florian in *Der Dicke und ich* (R: Karl Heinz Lotz, 1981) wartet Tag für Tag auf die Rückkehr seines Vaters, nachdem seine Eltern sich scheiden ließen, bis er sich schließlich mit dem neuen Freund der Mutter, dem „Dicken" arrangiert.

All diese Filme geben der Traurigkeit, dem Trotz, den Ängsten und Träumen ihrer Heldinnen und Helden Raum und lassen ihnen Zeit nach Wegen zu suchen, die zu einem guten Ende führen.

Fast schon routiniert produziert die DEFA auch in den Achtzigern einige Märchenfilme. Zu den bekanntesten von ihnen zählen *Gritta von Rattenzuhausbeiuns* (R: Jürgen Brauer, 1985), *Der Eisenhans* (R: Karl Heinz Lotz, 1988) und *Die Geschichte von der Gänseprinzessin und ihrem treuen Pferd Fallada* (R: Konrad Petzold, 1989).

Zwischen 1989 und 1992, zwischen Mauerfall und dem Ende der DEFA, produzierte das Babelsberger Studio noch einige durchaus gelungene Kinderfilme, die sich jedoch auf dem gesamtdeutschen Filmmarkt aufgrund kaum etablierter Vertriebsstrukturen, obsolet gewordener Konfliktkonstellationen bzw. wegbrechenden Publikumsinteresses nicht behaupten konnten. Zum Teil warteten die Filmstoffe bereits seit Jahren bei der DEFA auf eine Drehgenehmigung. Dazu gehören *Rückwärtslaufen kann ich auch* (R: Karl Heinz Lotz, 1990), ein Film über das Zusammenleben von behinderten und nicht behinderten Kindern, oder *Biologie!* (R: Jörg Foth, 1990), ein Film, in dem ein Mädchen in offener Konfrontation mit den offiziellen Instanzen ökologisches Denken einfordert. Mehr Erfolg beim Publikum fanden heitere, märchenhaftere Filme wie *Olle Hexe* (R: Günter Meyer, 1991) oder *Zirri, das Wolkenschaf* (R: Rolf Losansky, 1993).

4.2 Kinderfilm in der BRD

Die westdeutsche Kinderfilmproduktion der Nachkriegszeit war nahezu ausschließlich vom Märchenfilm geprägt.

Während die DEFA in der DDR eine Monopolstellung in der Filmproduktion einnahm und Absprachen, Planung und Finanzierung zentral organisiert waren, gab es in der Bundesrepublik mehrere Produktionsfirmen, die keinerlei staatliche Unterstützung erhielten und finanziell auf sich gestellt waren. Fehlende Absprachen unter den Herstellern hatten zur Folge, dass dieselben Märchen mehrfach produziert wurden, wie *Frau Holle*, das in diesem Zeitraum gleich viermal verfilmt wurde (vgl. Wolf 1969, S. 54f).

Auch in qualitativer Hinsicht reichen die westdeutschen Kinderfilme dieser Zeit nicht an die Kinderfilmproduktionen in anderen europäischen Ländern heran. Das betrifft vor allem die mangelhafte Gestaltung, veraltete Technik und Bildästhetik, Phantasielosigkeit und die darstellerischen Leistungen.

Bis in die 1960er Jahre blieb in der Bundesrepublik die Kinderfilmproduktion aus wirtschaftlichen, politischen und pädagogischen Gründen fast ausschließlich auf die Verfilmung von populären Märchenstoffen beschränkt. Eine ernsthafte und tiefgründige Auseinandersetzung mit kindlichen Lebenswelten oder gar eine Konfrontation der Kinder mit der sie umgebenden komplexen Wirklichkeit fand im Kinderfilm nicht statt. Vielmehr entsprachen die thematische Einschränkung und die Darstellung von kindlichen Lebenswelten im Kinderfilm der allgemeinen Tendenz des westdeutschen Kinos der Nachkriegszeit zur Idyllisierung und Harmonisierung, zur Flucht vor den gesellschaftlichen Wirklichkeiten.

Außerordentlich hemmend für die Entwicklung des Kinderfilms in der BRD war zudem die 1957 beschlossene Novellierung des Jugendschutzgesetzes, wodurch Kindern unter 6 Jahren auch in Begleitung Erwachsener der Kinobesuch untersagt wurde, was das Ende für den Märchenfilm bedeutete, da dieser vorwiegend von einem jüngeren Publikum rezipiert wurde. Für ältere Kinder zeigten die Kinos vorwiegend Unterhaltungsangebote wie Slapstick-Komödien, Abenteuer- und Piratenfilme. Als mit der Entwicklung des Fernsehens das Kinosterben begann, setzte die Filmindustrie in den 1960er Jahren mit 'Lümmel- und Paukerfilmen', Karl May- und Edgar Wallace-Verfilmungen vor allem auf aufwändige Familienunterhaltung, um dem entgegen zu wirken.

Kinderfilme insgesamt	**47**			**100%**
davon Märchen insgesamt		**35**		**74%**
Märchen der Brüder Grimm			26	55%
Volksmärchen und Sagen			3	6%
Märchen von H. C. Andersen			3	6%
Märchen von W. Hauff			2	4%
Märchen von L. Bechstein			1	2%
davon andere Vorlagen und Stoffe		**12**		**26%**
Geschichten von W. Busl			2	4%
andere literarische Vorlagen			4	9%
ohne literarische Vorlage			6	13%

Stoffauswahl im Kinderfilm der BRD von 1945–1965 (vgl. Wolf 1969)

Ab den 1970er Jahren kamen die ersten Impulse eines neuen Medienverständnisses für Kinder zunächst aus dem Kinderfernsehen, das realistischere Kinderunterhaltung und engagierte Vorschulprogramme für Kinder produzierte. Der Paradigmenwechsel im Fernsehen mit dem Grundanliegen, den Kindern keine idyllische heile Welt zu zeigen und sie nicht mehr vor der gesellschaftlichen Realität zu schützen, sondern ihnen Anregungen für selbstbestimmtes soziales Denken, Lernen und Handeln zu geben, wirkte sich nur zögerlich auf den Kinderfilm aus. Im Kino waren es vor allem osteuropäische und schwedische Importe (Astrid-Lindgren-Verfilmungen), die zunächst für anspruchsvolle Kinderunterhaltung sorgten.

Die eigenen Bemühungen um realistische und qualitativ hochwertige Kinderfilme waren in der Bundesrepublik der 1970er Jahre in der Menge überschaubar, anspruchsvolle Kinderfilme waren singuläre Erscheinungen, die vom breiten Publikum kaum beachtet wurden. Der junge Autorenfilmer Hark Bohm war 1973 der erste westdeutsche Filmemacher, der sich mit Engagement und ästhetischem Anspruch dem Kinderfilm widmete. In *Tschetan der Indianerjunge* (1973), angesiedelt am Ende des 19. Jahrhundert in den Bergen von Montana, bedient Bohm sich zwar der Elemente des Western mit klassischer Gut-Böse Konstellation, er erzählt jedoch eine sehr persönliche und stimmige Geschichte, die von Verlust, Freundschaft und Vertrauen handelt. Auch Bohms folgende Filme *Ich kann auch ne Arche bauen* (1973) und *Wir pfeifen auf den Gurkenkönig* (1974; beides zunächst TV-Produktionen), der nach dem phantastischen Roman von Christine Nöstlinger entstand, zeichnen sich vor allem dadurch aus, dass Bohm die Kinder als Zuschauer ernst nimmt und dass dramaturgisch und filmästhetisch mit den Mitteln des Erwachsenenfilms erzählt wird. Dasselbe trifft auch auf Bohms Jugendfilm *Nordsee ist Mordsee* (1976) zu, ein gesellschaftskritischer Film, der von menschlichen und sozialen Problemen erzählt und die Lebensbedingungen von Heranwachsenden thematisiert, die unter der mangelnden Liebe und Zuwendung der Arbeiter-Nachkriegsgeneration zu leiden haben. Mit Michael Ballhaus als Kameramann, Udo Lindenberg (Filmmusik), Rolf Becker und Uwe Bohm als Schauspieler tragen zudem erstklassige Künstler maßgeblich zum Gelingen der Filme bei.

Die sich in den 1970er Jahren entwickelnde westdeutsche Kinderfilmproduktion wurde vor allem durch die Zusammenarbeit mit Fernsehanstalten bestimmt und gefördert. Wolfgang Beckers Film *Vorstadtkrokodile* (1977) wurde zunächst als TV-Vierteiler gezeigt, bevor er später ins Kino kam. Der Film nach dem bekannten Kinderbuch von Max von der Grün handelt vom Alltagsleben in einer Arbeitersiedlung im Ruhrgebiet der 1970er Jahre und von Auseinandersetzungen innerhalb einer Kindergruppe, der 'Krokodiler'. Neben einer spannenden Detektivgeschichte – die Krokodiler klären eine Reihe von Diebstählen in der Vorortsiedlung auf – steht vor allem die Integration eines Behinderten im Mittelpunkt des Geschehens. Rückblickend besticht der Film vor allem durch den Realismus in der Darstellung. Aus heutiger Perspektive mutet jedoch der von Vorurteilen geprägte Umgang mit italienischen Gastarbeitern, die von der Elterngeneration als Spaghettifresser und Itaker bezeichnet werden, befremdlich an. Andererseits spiegelt der Film das gesamtgesellschaftliche Problem der mangelnden Integration von Gastarbeitern in jener Zeit.

Wirtschaftlich erfolgreich waren im Kino der 1970er vor allem einzelne konventionelle Filme wie *Räuber Hotzenplotz* (R: Gustav Ehmck, 1974) mit dem bekannten Gert Fröbe in der Hauptrolle.

In den 1980er Jahren wurde das westdeutsche Kinderkino dominiert durch aufwändige internationale Koproduktionen mit Verfilmungen von Michael Ende (*Die unendliche Geschichte*, R: Wolfgang Petersen, 1984; *Momo*, R: Johannes Schaaf, 1986).

Kinderfilme, die sich intensiver mit kindlichen Lebens- und Gefühlswelten auseinander setzten, wurden in dieser Zeit jedoch kaum gedreht. Eine der wenigen Ausnahmen ist der 1983 entstandene Film *Flussfahrt mit Huhn* (R: Arend Aghte), der von der abenteuerlichen Reise von vier Kindern erzählt, die mit einem selbst gebauten Floß einen bislang unentdeckten Nebenarm der Weser zur Nordsee finden wollen. Die zunächst eher unfreiwillig zusammengesetzte Gemeinschaft entwickelt sich im Laufe der Geschichte zu einer funktionierenden Kindergruppe, in der jeder mit seinen Stärken und Schwächen Akzeptanz findet und die sich eine verrückte Verfolgungsjagd mit dem Großvater liefert.

5 Gegenwartstendenzen

Mit dem Ende der DDR und den daraus resultierenden veränderten Produktionsbedingungen ging die Kinderfilmproduktion im wiedervereinigten Deutschland zunächst erheblich zurück. Seit Mitte der 1990er Jahre erlebte der deutsche Kinderfilm einen neuen Aufschwung, was sich einerseits darin begründete, dass sich namhafte Regisseure und Produzenten in zunehmendem Maße dem Kinderfilm zuwandten und ihm so zu neuer Popularität verhalfen; andererseits erfuhr der Kinderfilm in den letzten Jahren eine intensivere öffentliche Aufmerksamkeit und finanzielle Unterstützung durch Filmförderanstalten von Bund und Ländern. So gewann im Jahr 2004 der ambitionierte Film *Die Blindgänger* von Bernd Sahling den Deutschen Filmpreis als 'Bester Kinder- und Jugendfilm', was von der öffentlichen Wertschätzung auch des kommerziell weniger erfolgreichen Kinderfilms zeugt.

Seit dem Jahr 2000 wird der **Deutsche Filmpreis** in der Kategorie 'Bester Kinder- und Jugendfilm' vergeben. Mit dem Film *Die Blindgänger* wurde erstmals ein Film in dieser Kategorie ausgezeichnet, der nach einem Originaldrehbuch entstanden war und dessen Geschichte nicht bereits aus anderen Medien bekannt und dort erfolgreich war. Eine Übersicht über die bisherigen Preisträger und Nominierungen ist unter www.deutscher-filmpreis.de zusammengefasst.

Betrachtet man zudem noch die Kinohitlisten der letzten Jahre, zeigt sich auch hier die gewachsene Bedeutung des Kinderfilms.

> Die Gesamtliste der erfolgreichsten Filme in den deutschen Kinos 2008 führt zwar auf Platz 2 mit *Madagascar* 2 (fast 5 Mio Besucher) und Platz 4 mit *WallE* (über 3 Mio Besucher) zwei amerikanische Produktionen aus dem 'family entertainment' an, aber schon auf Platz 11 rangiert mit immerhin fast 2,7 Mio Besuchern der deutsche Jugendfilm *Die Welle*. Betrachtet man nur die deutschen Produktionen 2008, finden sich hier auch erfolgreiche Kinder- bzw. Jugendfilme, u. a *DWK* 5 mit 1,7 Mio Besuchern und *Krabat* mit 1,3 Mio Besuchern auf den vorderen Plätzen wieder. Im Jahr 2009 ist die Dominanz von Kinderfilmen bzw. 'family entertainment' Produktionen in den Filmhitlisten noch deutlicher. Mit fast 5 Mio Besuchern zählt *Wicky und die starken Männer* zu den kommerziell erfolgreichsten Filmen des Jahres überhaupt. In Bezug auf Besucherzahlen wird er lediglich übertroffen von Fortsetzungen bereits erfolgreicher Hollywoodproduktionen: *Ice Age 3* (fast 9 Mio Besucher) und *Harry Potter und der Halbblutprinz* (über 6 Mio Besucher).
>
> Quelle: Filmhitlisten der Filmförderungsanstalt, veröffentlicht unter www.ffa.de (2010)

In Bezug auf die Stoff- und Themenauswahl ist auffällig, dass über zwei Drittel der in den letzten Jahren in Deutschland gedrehten Kinderfilme nach literarischen Vorlagen erfolgte. Dabei setzen die Produzenten auf bekannte Stoffe und Figuren und populäre Geschichten mit hohem Wiedererkennungswert. So lassen sich hinsichtlich der Stoffauswahl drei Grundtendenzen feststellen:

- Verfilmungen von aktuellen Bestsellern bekannter Autoren (Paul Maar: *Das Sams*; Cornelia Funke: *Der Herr der Diebe, Die wilden Hühner, Tintenherz*) und Bilderbuchbestsellern *(Lauras Stern, Der kleine Eisbär, Pettersson und Findus)*
- Verfilmungen von Klassikern der Kinderliteratur: u. a. von Erich Kästner *(Pünktchen und Anton, Emil und die Detektive, Das fliegende Klassenzimmer)*, Otfried Preußler *(Der Räuber Hotzenplotz, Krabat)*, Kurt Held *(Die rote Zora)*
- Filme nach Vorlagen von Hörkassetten und anderen Medien *(Bibi Blocksberg, TKKG)*

Die Verfilmungen erfolgen meist aufwändig in Bezug auf technische, finanzielle und personelle Mittel und den betriebenen Marketingaufwand. Populäre Schauspieler in den Erwachsenenrollen sollen zudem auch das erwachsene Publikum mit ansprechen. Stoffe, die in anderen Medien bereits erfolgreich erprobt oder, wie im Fall der Kinderbuchklassiker, mehreren Generationen bekannt sind, lassen sich in der Regel besser vermarkten und stellen für die Produzenten ein ungleich geringeres Risiko dar.

Eine Ausnahme bilden *Die Wilden Kerle (DWK) 1–5* (R: Joachim Masannek, 2003–2008), die kommerziell erfolgreichste Kinder-Kinofilmreihe der letzten Jahre. Hier diente nicht ein erfolgreiches Buch als Leitmedium, vielmehr handelt es sich um ein konvergentes Medienangebot, das von Anfang an auf eine gleichzeitige Verwertung in verschiedenen Medien abzielte: das betraf sowohl die Bücher von Joachim Masannek als auch die Filme, Hörbücher, Spiele und vor allem die dazu gehörigen Merchandising-Produkte (Kleidung, Schreibwaren, getunte Fahrräder, Fußbälle), um *Die Wilden Kerle* als eigenständige Produktmarke zu etablieren. Wandten sich die Filme und Bücher zunächst vor allem an fußballbegeisterte Jungen im Grundschulalter, änderte sich das Konzept mit dem dritten Film. Mit der Verlagerung der Handlung in den Fantasybereich und der Hinwendung zu pubertären Themen wie Liebe und zwischenmenschliche Beziehungen richtete sich die Reihe mehr und mehr an ein jugendliches und zunehmend weibliches Publikum. Verstärkt wurde diese Tendenz durch den entstehenden Starkult um die inzwischen jugendlichen Hauptdarsteller (vgl. Heinke 2007).

Nach ähnlichem Erfolgsmuster wurden in Deutschland in den letzten Jahren weitere Stoffe im Medienverbund für unterschiedliche Zielgruppen auf den Markt gebracht, u. a. *Die wilden Hühner* als weibliches Gegenstück zu *Die Wilden Kerle; Prinzessin Lillifee* und *Hexe Lilli,* vorrangig für Mädchen im Vor- und Grundschulalter.

Neben dem Trend zur multimedialen Verwertung verschiedener Stoffe ist auch der Trend zu Fortsetzungen im gegenwärtigen Kino auffällig. Kommerziell erfolgreiche Produktionen werden relativ zeitnah in ein- oder mehrfachen Fortsetzungen auf den Markt gebracht. Was zunächst vor allem für den amerikanischen Film als Erfolgsrezept an den Kinokassen funktionierte, hat sich mittlerweile auch im deutschen Kino, insbesondere im Kinderfilmbereich durchgesetzt: *Bibi Blocksberg, Das Sams, Die wilden Hühner, Die Wilden Kerle, Hexe Lilli* sind allesamt Stoffe, für die zwar die Serialität der Vorlagen aufgegriffen wurde, die aber mit den Fortsetzungen, teilweise losgelöst von der literarischen bzw. medialen Vorlage, eine Eigendynamik in der filmischen Adaption erfuhren.

Generell ist festzuhalten, dass der wirtschaftliche Kinoerfolg das Angebot und die Produktion bestimmt. Kinderfilme hingegen, die ohne eine erfolgreiche literarische Vorlage und aufwändige Werbung entstehen, haben es oft schwer, einen Verleih zu finden und somit überhaupt im Kino gezeigt zu werden, auch wenn es sich um qualitativ überzeugende und international preisgekrönte Filme handelt.

Das trifft auch auf den 2003 von Karola Hattop gedrehten realistischen Film *Wer küsst schon einen Leguan?* zu. Der Film erzählt von dem 13-jährigen Tobias, einem sympathischen Jungen, der in schwierigen sozialen Verhältnissen lebt und von der Mutter vernachlässigt und von seinen Mitschülern ausgegrenzt wird. Erst mit dem neuen Nachbarn trifft Tobias auf jemanden, der Verständnis für ihn hat und mit dessen Hilfe es ihm gelingt, Anerkennung bei den Mitschülern und am Ende ein neues Zuhause zu finden. Auch *Der Mistkerl* (R: Andrea Katzenberger, 2000) handelt von den Problemen eines Kindes mit seiner allein erziehenden Mutter und deren neuem Freund. Weil dieser keine Kinder mag, verheimlicht die Mutter ihn zunächst vor ihrer Tochter. Die realistische Alltagsgeschichte wird hier als Komödie erzählt und überzeugt vor allem durch die schauspielerischen Leistungen.

Der preisgekrönte Film *Die Blindgänger* handelt von den Sorgen und Nöten zweier 13-jähriger blinder Mädchen, deren Leidenschaft die Musik ist und die an einem Musikwettbewerb teilnehmen möchten. Trotz ihres Talents werden sie aber von einer Schülerband abgewiesen, weil sie als Blinde angeblich nicht medientauglich seien. Zusammen mit einem russlanddeutschen Jungen, der in seine kasachische Heimat zurückkehren will, gründen sie eine Straßenband und sind schließlich beim Wettbewerb erfolgreich.

Anerkennung in der Gemeinschaft Gleichaltriger ist auch das Thema des Films *Blöde Mütze!* (R: Johannes Schmid, 2007), der auf einfühlsame Weise von einem Jungen erzählt, der mit den Eltern in einen verschlafenen Ort zieht und dort als Neuer zunächst Schwierigkeiten hat, Freunde zu finden.

In *Mein Bruder ist ein Hund* (R: Peter Timm, 2004) wird ein Geschwisterkonflikt mit phantastischen Mitteln gelöst: Der sehnlichste Wunsch der großen Schwester, lieber einen Hund als einen kleinen nervigen Bruder zu haben, wird durch einen magischen Zauber erfüllt, was zu allerlei komischen Verwicklungen führt. *In Stella und der Stern des Orients* (R: Erna Schmidt, 2007) entdeckt die 10-jährige Stella auf dem Dachboden der Großmutter eine magische Pforte, durch die sie um 100 Jahre zurückversetzt wird. Die unterhaltsame und spannende Abenteuergeschichte besticht durch überaus originelle Einfälle und beeindruckende darstellerische Leistungen und zeigt, dass es auch im deutschen Kinderfilm gelingen kann, eigenständig Stoffe im phantastischen Genre zu entwickeln und überzeugend umzusetzen.

6 Verfilmte Kinderliteratur

Seit Anbeginn entlehnt das Kino seine Stoffe aus einer Vielfalt an literarischen Vorlagen. In Bezug auf ihre Wirkungsgeschichte kann für viele Helden aus Buch und Film wie Mary Poppins, Peter Pan, Pippi Langstrumpf oder Michel aus Lönneberga inzwischen kaum mehr unterschieden werden, in welchem Medium die Figuren populärer sind.

Aus dem reichen Fundus an kinderliterarischen Stoffen sind es vor allem Märchen, die immer wieder neu für die Leinwand bearbeitet wurden. Daneben entstanden zeitnahe Verfilmungen aktueller Kinderbücher; eines der ältesten Beispiele hierfür ist *Emil und die Detektive* von Gerhard Lamprecht (1931), inzwischen selbst ein Klassiker verfilmter Kinderliteratur. Hinzu kommen Adaptionen von Kinderliteraturklassikern, die zum Teil mehrfach für die Leinwand bearbeitet wurden bzw. deren Verfilmungen durch ihre ungebrochene Popularität zu Klassikern geworden sind, wie *Das zauberhafte Land* (R: Victor Fleming) nach dem Kinderbuch *Der Zauberer von Oz* von L. Frank Baum aus dem Jahr 1939.

Als gegenwärtige Tendenz ist festzustellen, dass auch das Hollywoodkino für Kinder neben Animationsfilmen und 'family entertainment'-Produktionen in den letzten Jahren vermehrt auf Adaptionen bekannter und erfolgreicher englischsprachiger Kinderbücher setzt. Aktuelle Kinderbücher vor allem aus dem phantastischen Genre wurden zeitnah und mit großem finanziellen und technischen Aufwand für die Leinwand bearbeitet *(Harry Potter, Lemony Snicket – Rätselhafte Ereignisse, Die Geheimnisse der Spiderwicks)*. Aber auch Klassiker der phantastischen Kinderliteratur fanden in den letzten Jahren als Erst- oder Neuverfilmungen den Weg ins Kino: *Die Chroniken von Narnia* (R: Andrew Adamson, 2005), *Wo die wilden Kerle wohnen* (R: Spike Jonze, 2009), *Alice im Wunderland* (R: Tim Burton, 2010). *Mit Matilda* (R: Danny DeVito, 1996) und *Charlie und die Schokoladenfabrik* (R: Tim Burton, 2005) entstanden zwei kongeniale Verfilmungen der Kinderbücher von Roald Dahl, die neben der Kamera- und Tricktechnik vor allem durch schauspielerische Leistungen und originelle Drehbücher überzeugen. Beide Filme thematisieren Eltern-Kind-Beziehungen und kritisieren falsche Erziehungsmethoden, die in der Darstellung mit Mitteln der Übertreibung und Komik ironisch gebrochen werden. In beiden Filmen gelingt es, den schwarzen Humor der literarischen Vorlagen ins filmische Medium zu übersetzen und so neben den kindlichen Adressaten auch das erwachsene Publikum anzusprechen.

Auch im deutschsprachigen Kinderfilm dient das Buch mehr denn je als Leitmedium und Stofflieferant. Die Konzepte, die hinter den jeweiligen Verfilmungen stehen, sind vielgestaltig und – mit Blick auf die Geschichte verfilmter Kinder- und Jugendliteratur – abhängig von den jeweiligen gesellschaftlichen Rahmenbedingungen und Marktmechanismen, vom künstlerischen Selbstverständnis und handwerklichen Können der Filmemacher, aber auch von aktuellen Trends und Tendenzen. So können sowohl kommerzielle Interessen (Bearbeitung von literarischen Geschichten zur Produktbindung und Massenunterhaltung) als auch ästhetisch-poetologische Kriterien (Bearbeitung der Vorlagen unter den Bedingungen der unterschiedlichen Medienimmanenz) hinter den Konzepten stehen.

Am Beispiel der Cornelia Funke-Verfilmungen wird jedoch deutlich, dass aus einem erfolgreichen Buch nicht automatisch ein guter, erfolgreicher Film wird.

Der Film *Hände weg von Mississippi* (R: Detlev Buck, 2007) erzählt eine Ferienabenteuergeschichte, die in einem idyllischen Dorf angesiedelt ist. Im Mittelpunkt steht die zehnjährige Emma, die den Sommer bei ihrer Oma auf dem Land verbringt. Der Grundkonflikt der Geschichte ist relativ schlicht aufgebaut: in klarer Gut-Böse-Konstellation stehen sich Emma und ihre Freunde auf der einen und ein windiger Bösewicht auf der anderen Seite gegenüber; am Ende gewinnen die Kinder und retten nicht nur das Pferd, sondern auch die Existenz der kleinen Läden und Händler und somit das idyllische Leben im Dorf, da der geplante Supermarkt nicht gebaut wird. Detlev Buck gelingt in diesem Film ein Spiel mit romantischen Klischees; mit liebevoll-ironischem Blick wird ein Naturidyll gezeigt, das in seiner bewusst überzeichneten Darstellung komisch gebrochen wird. Neben der Komik besticht der Film durch witzige Dialoge, doppelbödigen Humor, hervorragende schauspielerische Leistungen, skurrile Figuren, originelle Kamerabilder und eine gelungene musikalische Untermalung, die dem gesamten Film eine angenehme Leichtigkeit verleihen, die der Grundaussage der literarischen Vorlage gerecht wird.

Im Gegensatz dazu ist die Verfilmung des Bestsellers *Herr der Diebe* (R: Richard Claus, 2006) wenig überzeugend, obwohl die Geschichte als internationale Großproduktion mit enormem finanziellen Aufwand an Originalschauplätzen in Venedig gedreht wurde. Der Film nimmt sich jedoch nicht die Zeit, Figuren zu entwickeln, sie bleiben oberflächlich und schemenhaft, so dass ihr Handeln oft unmotiviert wirkt und Zusammenhänge nur behauptet, aber nicht erzählt werden. Die inneren Konflikte der Figuren werden im Film nicht herausgearbeitet, so dass auch das eigentliche Thema der Buchvorlage, die Frage nach einer vergeudeten Kindheit und der Wunsch, erwachsen zu sein, in seiner Dimension nicht erfasst wird.

‘Verfilmung’ und ‘Adaption’

Beide Begriffe werden in diesem Zusammenhang häufig synonym verwandt. Der Begriff der ‘Verfilmung’ erweist sich dabei insofern als problematisch, weil er im engeren Sinne eine Subordination der Medien bezeichnet, dabei das Buch als Original ansehend und den Film als Kopie und nicht als eigenständiges Produkt mit den ihm eigenen medialen Bedingungen und Gesetzmäßigkeiten. Auch der Begriff der ‘Adaption’ birgt – schon aus etymologischen Gründen – dieses Grundproblem in sich, da die Adaption lediglich als ‘Anpassung’ eines Werkes an eine andere Kunstform missverstanden werden kann, was eine Abwertung der Adaption impliziert (vgl. Gast 1993, S. 45). Die filmische Adaption eines literarischen Stoffes umfasst im weiteren Sinne eine Übersetzung bzw. Transformation in ein anderes Medium, wobei der Prozess der Transformation vom epischen ins filmische Medium auf mehreren Ebenen stattfindet: eine eigene Lesart bzw. Interpretation der literarischen Vorlage zu finden, diese in eine adäquate Dramaturgie zu übersetzen, dabei den Gesetzmäßigkeiten des Mediums Film gerecht zu werden und mit den ihm eigenen Mitteln (Bild, Sprache, Ton/Musik) zu gestalten.

Grundsätzlich lassen sich in Bezug auf Werktreue verschiedene Typen der Adaption unterscheiden (vgl. Kreuzer 1981):

- Adaption als Aneignung von literarischem Rohstoff, die Literatur lediglich als Rohmaterial betrachtet und zum Teil sehr frei mit der Vorlage umgeht, dazu gehören u.a. viele Filme „nach Motiven“ der Abenteuerliteratur
- Adaption als Illustration, auch als „bebilderte Literatur“ bezeichnet, die die Eigengesetzlichkeit von Literatur und Film missachtet und sich der sogenannten „Werktreue“ verpflichtet fühlt
- Adaption als Transformation, wobei damit sowohl (1) die Transformation von Literatur und deren Zeichen- und Textsystem in ihrer spezifischen Wirkungsweise erfasst und in das dem Film eigene Zeichensystem unter Berücksichtigung von dessen andersartigen Besonderheiten und Wirkungsweisen übertragen wird als auch (2) die Möglichkeit der interpretierenden Transformation als bewusste Gestaltung der Vorlage nach subjektiver Lesart gemeint sein können

Auch in inhaltlicher bzw. intentionaler Hinsicht lassen sich unterschiedliche Adaptionskonzepte unterscheiden, u.a. aktualisierende, popularisierende, ideologisierende oder parodierende Adaptionen (vgl. Kreuzer 1981 und Gast 1993, S. 45ff.). Diese Adaptionsformen stellen jedoch keine starre Kategorisierung dar, vielmehr beschreiben sie Grundintentionen, die auch nur in partieller Form zutreffen können.

Aktualisierende Adaption

Diese Form der Adaption trifft insbesondere auf Klassikeradaptionen zu und ist verbunden mit dem Problem der historischen Differenz zwischen Adaption und literarischer Vorlage.

Die Hinwendung zu literarischen Stoffen erfolgt unter dem Gesichtspunkt, diese neu anzueignen und sie in die Gegenwart zu übersetzen. Dabei bleiben Grundkonflikte und das Grundmuster der Handlung erhalten, im Detail (Figurenzeichnung, Darstellung von Handlungsorten und Zeit) werden die Geschichten jedoch auf die aktuellen gesellschaftlichen Rahmenbedingungen übertragen. Am deutlichsten wird das in den jüngsten Kästner-Verfilmungen *(Emil und die Detektive, Pünktchen und Anton, Das fliegende Klassenzimmer)* und in der aktuellen Verfilmung der *Vorstadtkrokodile* (R: Christian Ditter, 2009). Während beispielsweise Beckers *Vorstadtkrokodile* von 1978 vom Alltag, Vorurteilen und kindlichen Lebenswelten in der westdeutschen Gesellschaft der 1970er

Jahre erzählt und Lamprecht in *Emil und die Detektive* 1931 das Großstadtleben von Kindern im Berlin der Vorkriegszeit einfängt, wird in den aktuellen Filmen *Emil und die Detektive* von Franziska Buch (2001) und *Vorstadtkrokodile* von Christian Ditter (2009) deutlich, wie sich gesellschaftliche Rahmenbedingungen geändert haben und auch Kindheit sich verändert hat.

Emil und Grundeis 1931

Emil und Grundeis 2001

So sind inzwischen die Kindergruppen in beiden Filmen heterogener zusammengesetzt. Sie sind multikulturell geprägt, und auch die Beziehung der Geschlechter hat sich verändert: so kann eben auch ein Mädchen wie Pony Hütchen Anführerin der Bande sein und Emil mit einem allein erziehenden Vater zusammen leben. Die Kinder verfügen über moderne Kommunikations- und Fortbewegungsmittel, selbstverständlich benutzen sie Handys und Computer und erobern mit Skateboards oder getuntem Rollstuhl und Rennfahrerhelm städtische Räume. Beiden Filmen gelang es, das Sinnpotential der literarischen Vorlage in heutige kindliche Lebenswelten zu setzen.

Popularisierende Adaptionen

Hierzu zählen nach Kreuzer Verfilmungen, denen literarische Vorlagen zugrunde liegen, die für heutige kindliche Rezipienten inhaltlich oder sprachlich schwer zugänglich, sperrig zu lesen und – meist aufgrund der historischen Differenz zur Buchvorlage – nur unter bestimmten Bildungsvoraussetzungen und Kenntnissen verständlich sind (vgl. Kreuzer 1981, in: Gast 1993, S. 51f.). Im Film werden die Vorlagen so bearbeitet, dass sie für ein breiteres Publikum verständlich sind und so ein Zugang zum literarischen Stoff ermöglicht wird. Beispiele hierfür sind die Zeichentrickverfilmungen zu Hoffmanns *Nussknacker und Mausekönig,* Adaptionen der Bücher von Dickens, wie *Oliver Twist*, und von Carrolls *Alice im Wunderland.*

Aktuell-politisierende und ideologisierende Adaptionen

Bei politisierenden Adaptionen werden literarische Vorlagen dahingehend bearbeitet, dass politische Entwicklungen und Probleme thematisiert werden. Im

Ergebnis können mit Verfilmungen literarische Vorlagen für propagandistische Zwecke instrumentalisiert werden, aber auch der Intention dienen, versteckt oder offen Kritik an den aktuellen gesellschaftlichen Verhältnissen zu üben.

In ideologisierende Bearbeitungen literarischer Stoffe fließt die geistige Haltung einer Gesellschaft zu einer bestimmten Zeit ein. Betrachtet man insbesondere die Geschichte des Märchenfilmes, wird dies beispielhaft deutlich, weil sich gerade die Märchenfilme als „Spiegel und Zerrspiegel ihrer (Entstehungs-)zeit erweisen“ (Giera 2002, S. 22). Aufgrund ihres abstrakten, flächenhaften Stils bieten Märchen viel Raum für unterschiedliche Lesarten und Interpretationen, was sowohl in Verfilmungen der DEFA als auch des westdeutschen Kinos der 1950er Jahre in unterschiedlichem Maße zum Tragen kommt. Dabei bewegt sich der Märchenfilm im Spannungsfeld zwischen vordergründig-ideologischer Instrumentalisierung und eher unterschwelliger, fast nebensächlich anmutender Darstellung ideologischer Absichten.

7 Pädagogische Arbeit mit Filmen

Für viele Kinder findet heutzutage die Erstbegegnung mit literarischen Stoffen und Geschichten nicht in Buchform – durch Lesen, Vorlesen und Erzählen –, sondern in medial vermittelter Form statt. Kinder lernen Geschichten oft zuerst aus medialen Bearbeitungen (Film, Fernsehen, Hör-CD etc.) und weniger im literarischen Original kennen. Das hat zur Folge, dass ihre Vorstellungen von Geschichten nicht durch ihre eigene Imagination entwickelt sind, durch eigene Bilder, die in ihrem Kopf entstehen, sondern dass ihre Vorstellungen (massen-)medial geprägt und vorgegeben sind. Das heißt, dass viele Kinder Geschichten heutzutage auf mehreren Sinnesebenen synästhetisch begegnen und Geschichten als mediale Interpretation kennenlernen, als fertige, ins Bild gesetzte Phantasie (vgl. Kaminski 2002, S. 18f. und Schneider 2002, S. 37ff.). Die Grundvoraussetzungen und medialen Erfahrungen heutiger Kinder unterscheiden sich erheblich von denen, die Kinder noch vor 20 Jahren hatten.

Unabhängig von der Bewertung ist es für die medienpädagogische Arbeit und die Vermittlung von literarischen Stoffen notwendig, sich dieser Situation bewusst zu sein und Ansätze zu finden, die den veränderten Medienerfahrungen von Kindern Rechnung tragen und diese in die Vermittlung einzubeziehen.

Die Beschäftigung mit dem Film oder die Rückführung zum literarischen Original kann somit auch zu einer ‘Reise ins Unbekannte’ werden und interessant sein trotz der Bekanntheit der Geschichte. Das nochmalige oder genauere Lesen ermöglicht es, vermeintlich Bekanntes neu zu entdecken.

Der Einsatz von Filmen im Unterricht kann so unter vielfältigen Gesichtspunkten erfolgen:

Verfilmte Literatur – der Film als Zugang zu Texten und literarischen Stoffen

Filme ermöglichen einen Zugang zu Stoffen oder Texten, die für Kinder und Jugendliche nur schwer erschließbar sind. Mit Hilfe des Filmes kann es gelingen, ihnen sperrige Texte wie *Nussknacker und Mausekönig, Oliver Twist* oder die Märchen von Wilhelm Hauff zu eröffnen und einen Zugang zur Literatur zu ermöglichen (vgl. Richter/Jahn 2006 und Heinke 2006). Filme können aber auch genutzt werden, um Schülern den Zugang zu komplexen Stoffen wie beispielsweise *Krabat* zu erleichtern und sie über die Adaption zum Original hinzuführen (vgl. Richter 2010). Die filmische Adaption kann jedoch auch für sich allein stehen, wie im Falle der polarisierenden Neuverfilmung von Morton Rhues *Die Welle* (R: Dennis Gansel, 2008), um mit Schülern das Thema der Verführbarkeit durch Macht und die Entstehung totalitärer Strukturen in seiner Aktualität zu diskutieren.

Verfilmte Literatur – Text und filmische Adaptionen im Vergleich

Im Vergleich zwischen Text und Film können genrespezifische Besonderheiten der jeweiligen Medien herausgearbeitet (Erzählweise, dramaturgischer Aufbau der Handlung, Spannungsmomente, Figurenkonstellation, Figurenzeichnung etc.) und diese hinsichtlich ihrer spezifischen Wirkung und Funktion untersucht werden.

Im Vergleich verschiedener Adaptionen literarischer Stoffe (*Emil und die Detektive, Vorstadtkrokodile, Krabat,* alte und aktuelle Märchenverfilmungen) kann zudem der Frage nachgegangen werden, welche Wirkungsabsichten mit den Veränderungen verbunden sind bzw. wie unterschiedlich die medienspezifischen Besonderheiten jeweils zum Tragen kommen (Erzähltempo, Schnitt- und Montagetechnik).

Alarm im Zirkus – Kindheit im geteilten Berlin der 1950er Jahre

Die Störenfriede – Kindheit in der DDR

Filme als Spiegel ihrer Zeit und historisches Erbe

Nicht nur das reiche Erbe der DEFA-Kinderfilme, deren Filmsprache sich zum Teil deutlich von der aktueller Produktionen unterscheidet, lohnt unter verschiedenen Aspekten immer wieder neu entdeckt zu werden. Indem die Filme das Alltagsleben und kindliche Lebenswelten spiegeln, erzählen sie viel über die Zeit, in der sie entstanden sind, über die Beziehung der Generationen und Geschlechter zueinander. Wenn die Filme als 'historische Konserven', als Dokumente ihrer Zeit betrachtet werden, können auch schon Grundschüler erstes Geschichtsbewusstsein entwickeln und in diesem Zusammenhang diskutieren, wie sich Kindheit verändert hat.

Filmästhetik und Filmsprache

Filmbildung in der Schule heißt auch, Filmbilder lesen lernen und Filmsprache zu verstehen, zu erkennen wie ein Film funktioniert, wie er aufgebaut ist, wie und mit welchen Mitteln er erzählt. Dazu gehört, die Elemente der filmischen Gestaltung in ihrer Wirkung und Funktion kennenzulernen und analysieren zu können:

- Bildsprache: Kameraeinstellungen (Einstellungsgrößen, Perspektiven, Kamerabewegung), Schnitt- und Montagetechnik, Beleuchtung, Bildkomposition)
- Ton/Musik/Geräusche
- Dialoge (Sprache, gesprochenes Wort)

Filmbilder entschlüsseln (Bildkomposition, Kameraeinstellung, Filmtrick) – Szenenbild aus *Das Kalte Herz* (1950)

Auseinandersetzung mit dem Thema, der Handlung und Figuren des Films

Der Einsatz von Filmen im Unterricht kann auch dazu dienen, sich intensiver mit den im Film verhandelten Themen (bspw. Kindheit in der Vergangenheit, Behinderung, Freundschaft, Ausgrenzung etc.) auseinanderzusetzen, wobei hier jedoch die Gefahr besteht, den Film für pädagogische Zwecke zu instrumentalisieren und als künstlerisches Produkt in seiner Gesamtwirkung zu vernachlässigen. Im Sinne eines handlungs- und produktionsorientierten Unterrichts können allerdings Prozesse angeregt werden, die dazu dienen, sich tiefgründiger mit dem filmischen Geschehen auseinanderzusetzen, in die Handlung einzudringen und sich in die Gedankenwelt der Protagonisten hineinzuversetzen. Das kann in spielerischer Form erfolgen (Nachstellen oder Nachspielen ausgewählter Szenen) oder durch Schreiben und Erzählen (Erzählen aus der Perspektive einer oder mehrerer Figuren, Erfinden von Nach- und Binnengeschichten etc.) oder auch das eigene Verfassen von Drehbuchszenen.

8 Ausblick

Mit der rasanten Entwicklung der Medientechnik in den letzten Jahren haben sich für die breite Masse der privaten Nutzer bisher nie dagewesene Möglichkeiten eröffnet, selbst Filme und Bilder in großen Mengen zu produzieren, zu bearbeiten und der Öffentlichkeit zur Verfügung zu stellen. 'you tube' macht deutlich: jeder kann sein eigener Regisseur, Produzent, Kameramann und Darsteller sein.

Die Entwicklung zeigt aber, dass Medien parallel genutzt werden, dass es ein Nebeneinander von Buch, Hörbuch, Film, Podcasts, Computer etc. gibt, ohne dass das eine das andere ablöst. Was sich jedoch grundlegend geändert hat, ist die Verfügbarkeit von Medien. Der Konsum von Filmen ist nicht mehr an feste Orte (Kino, Wohnzimmer mit Fernseher) sowie Sendezeiten und Programmpläne gebunden. Die Entwicklung der Technik hin zum Massenprodukt ermöglicht den zeitlich und räumlich unabhängigen Film- und Medienkonsum durch tragbare DVD-Spieler, Digitalkameras, Laptops und MP3- bzw. MP4-Geräte. Hinzu kommt, dass sehr viele Filme für den Konsum zur Verfügung stehen, da sie preisgünstig erworben oder aus dem Internet herunter geladen werden können.

Ein beobachtetes Phänomen ist auch, dass der Konsum immer individueller stattfindet und der gemeinschaftliche Konsum zurückgeht. Da ihre Auswahl immer weniger von Erwachsenen beeinflusst wird, stehen auch viele Kinder vor der Situation, frei entscheiden zu können, wann und was sie konsumieren. Aufgabe der Medienpädagogik muss es deshalb sein, Kindern bei der Entscheidungsfindung behilflich zu sein und ihre Mündigkeit im kompetenten Umgang mit den unbegrenzten Möglichkeiten zu entwickeln.

Literaturverzeichnis

Felsmann, Klaus-Dieter/Sahling, Bernd: Deutsche Kinderfilme aus Babelsberg. Werkstattgespräche – Rezeptionsräume. Berlin: Defa-Stiftung 2010.

Gast, Wolfgang: Film und Literatur. Grundbuch. Einführung in Begriffe und Methoden der Filmanalyse. Frankfurt/M.: Diesterweg 1993.

Giera, Joachim: Märchen-Filme und ihre Zeit. In: Kaminski, Winfred/Schneider, Wolfgang (Hrsg.): Kinderbuch und Medien. In: Kinder-Medien-Magazin Fundevogel 2002, Nr. 143, S. 20–36.

Heidtmann, Horst: Von Dornröschen zu Shrek. Wandlungen des Märchenfilms. In: Barsch, Achim/Seibert, Peter (Hrsg.): Märchen und Medien. Baltmannsweiler: Schneider 2007, S. 90–197 (Schriftenreihe Rinvorlesungen der Märchen-Stiftung Walter Kahn; 6).

Heinke, Susanne: Wilhelm Hauffs Märchen „Das kalte Herz“ und „Der kleine Muck“. In: Zeitschrift Grundschule 2006, H. 6, S. 18–24.

Heinke, Susanne: Die Wilden Fußballkerle als Schullektüre? In: Zeitschrift Grundschule 2007, H. 7/8, S. 22–24.

Jahn, Leonore/Richter Karin: Bildwelten zu E.T.A. Hoffmann „Nussknacker und Mausekönig“. Modelle und Materialien für den Literaturunterricht (Klasse 3 bis Klasse 6). Baltmannsweiler: Schneider 2006 (Bilder erzählen Geschichten. Geschichten erzählen zu Bildern; 3).

Kaminski, Winfred: Kinderbuch und Medien. Eine erste Bestandsaufnahme. In: Kaminski, Winfred/Schneider, Wolfgang (Hrsg.): Kinderbuch und Medien. In: Kinder-Medien-Magazin Fundevogel 2002, Nr. 143, S. 18–20.

König, Ingelore/Wiedemann, Dieter/Wolf, Lothar (Hrsg.): Zwischen Bluejeans und Blauhemden. Jugendfilm in Ost und West. Berlin: Henschel 1995.

König, Ingelore/Wiedemann, Dieter/Wolf, Lothar (Hrsg.): Zwischen Marx und Muck: DEFA-Filme für Kinder. Berlin: Henschel 1996.

König, Ingelore/Wiedemann, Dieter/Wolf, Lothar (Hrsg.): Alltagsgeschichten. Arbeiten mit DEFA-Kinderfilmen. München: KoPäd 1998.

König, Ingelore/Wiedemann, Dieter/Wolf, Lothar (Hrsg.): Märchen. Arbeiten mit DEFA-Kinderfilmen. München: KoPäd 1998.

Kreuzer, Helmut: Medienwissenschaftliche Überlegungen zur Umsetzung fiktionaler Literatur. Motive und Arten der filmischen Adaption. In: Schaefer, Eduard (Hrsg.): Medien und Deutschunterricht. Vorträge des Germanistentages Saarbrücken 1980. Tübingen: Niemeyer 1981, S. 23–46 (Medien in Forschung und Unterricht; 2).

Richter, Karin: Krabat und die Schwarze Mühle. Die sorbische Sage im literarischen, ethischen, historischen und medialen Kontext. Baltmannsweiler: Schneider 2010 (Bilder erzählen Geschichten. Geschichten erzählen zu Bildern; 7).

Schlesinger, Ron: Rotkäppchen im Dritten Reich. Die deutsche Märchenfilmproduktion zwischen 1933 und 1945. Ein Überblick. Berlin: Defa-Stiftung 2010.

Schneider, Wolfgang: Kinderbuch und Medien. Eine erste Bilanz. In: Kaminski, Winfred/Schneider, Wolfgang (Hrsg.): Kinderbuch und Medien. In: Kinder-Medien-Magazin Fundevogel 2002, Nr. 143, S. 37–39.

Vision Kino (Hrsg.): „Schule im Kino“. Praxisleitfaden für Lehrkräfte. Tipps, Methoden und Informationen zur Filmbildung. Potsdam: Vision Kino 2009.

Wolf, Steffen: Kinderfilm in Europa. Darstellung der Geschichte, Struktur und Funktion des Spielfilmschaffens für Kinder in der Bundesrepublik Deutschland, CSSR, Deutschen Demokratischen Republik und Großbritannien 1945–1965. München-Pullach: Dokumentation 1969.

Links und Internetquellen

www.hdm-stuttgart.de/ifak/medientipps/filme/geschichte/
www.durchblick-filme.de
www.ffa
www.visionkino.de
www.filmportal.de
www.film-kultur.de
www.fsk.de
www.kinofenster.de
www.filmernst.de
www.schulkinowochen.de
www.filmdidaktik.de
www.movie-college.de
www.bebis.de/themen/lernfelder/filmerziehung
www.mediamanual.at
www.fachdidaktik-einecke.de/6_Mediendidaktik/sem_hauptseite_mediendidaktik.htmm

KARLA MÜLLER

Hörmedien für Kinder und Jugendliche

1 Definition

Als Hörmedien gelten alle medialen Angebote, die „ausschließlich auditive bzw. akustische Zeichen zum Inhalt haben.“ (Reißmann 2009, S. 116) Dabei ist das Massenmedium Hörfunk von Tonträger-/Tonspeichermedien wie Schallplatte, Hörkassette, CD und MP3-Datei zu unterscheiden. All diese Medien sollen einbezogen werden, wenn es im Folgenden um das Verhältnis von Hörmedien zu Publikation, Rezeption und Didaktik von Kinder- und Jugendliteratur (KJL) geht. Musikangebote, wenngleich an sich wichtige Hörmedien für Kinder und Jugendliche, sollen daher hier nicht berücksichtigt werden, wohl aber Wort-Musik-Kombinationen, wobei die Übergänge fließend sind: Gehört ein Musical auf der stofflichen Basis eines Kinderromans zur KJL, ein Rap-Song mit einem interessanten jugendliterarischen Text aber nicht? Klare Abgrenzungen aus der Sache selbst herzuleiten, ist kaum möglich, aber auch nicht nötig, denn was im Deutschunterricht als ‘Literatur’ Verwendung findet und entsprechend behandelt wird, kann in diesem pragmatischen Sinne für unsere Zwecke als Literatur gelten. Komplizierter wird die Abgrenzung beim kinder- und jugendliterarischen Subgenre Sachbuch: Ein auf CD vorliegendes Feature auf der Basis eines Sachbuchs ist sicher ein kinder- und jugendliterarisches Hörmedium, aber wie sieht es mit anderen Sachtexten, wie z. B. von Kindern geschriebenen und im Kinderfunk gesprochenen Nachrichtentexten, aus? Um eine zu weite Ausdehnung des Untersuchungsfelds zu vermeiden, soll im Folgenden der Begriff KJL im Wesentlichen auf poetische Texte fokussiert werden. Und schließlich: „Hörmedien sind oft Bestandteil von Medienverbünden, die sich um einen bestimmten Inhalt gruppieren“ (Reißmann 2008, S. 116), sie können also auch eine große Nähe zu Kinder- und Jugendfilmen aufweisen, beispielsweise wenn sie deren Soundtrack transportieren. Da gerade Kinderfilme jedoch noch immer sehr oft auf Buchvorlagen basieren und schulische Filmarbeit selten mit Hörbüchern kombiniert wird, soll dieses Phänomen hier am Rande bleiben.

2 Geschichte

2.1 Hörfunk (‘Radio’)

Die Geschichte der Hörmedien mit kinder- und jugendliterarischen Inhalten beginnt mit dem Radio (s. Stenzel 2008a, Frederking/Krommer/Maiwald 2008,

S. 100–105). Seit 1924 gab es dort Angebote für Kinder, die der Bildung und gehobenen Unterhaltung dienen sollten. Märchen und Kinderbücher, die als Hörspiele inszeniert wurden, spielten schon damals eine Rolle. 'Rundfunkonkels' und '-tanten' (darunter die KJL-Autorin Lisa Tetzner) luden auch bereits Kinder ins Studio ein. In der Zeit des Nationalsozialismus stieg durch die gezielte Verbreitung des 'Volksempfängers' die Anzahl der Radiogeräte in den Haushalten stark an. Sie sollten der politischen Indoktrination dienen, selbst dann, wenn diese im Unterhaltungsgewand daherkam. So wurden auch die Kinderfunksendungen zu propagandistischen Zwecken missbraucht und beispielsweise Märchen in völkischer Hinsicht interpretiert (Stenzel 2008a, S. 437).

Gelten die Jahre zwischen 1930 und 1950 generell als „große Ära des Radios" (Hartung 2009, S. 113), so war speziell nach dem Zweiten Weltkrieg der Hörfunk schon deshalb das zentrale Massenmedium, weil Papier knapp und das Fernsehen noch nicht verbreitet war. Etwa die Hälfte aller unter 14-Jährigen hörte nahezu täglich die für sie bestimmten Sendungen, wobei man teils an das idyllisierende kinderliterarische Programm der Weimarer Republik anknüpfte, teils auch moderne Autoren wie Lindgren und Krüss einbezog (Stenzel 2008a, S. 437). (Der folgende historische Teil muss für die Zeit der deutschen Teilung wegen des noch nicht umfassend vorliegenden Forschungsstands zum Kinderhörspiel in der DDR (Würffel 1982) – leider – vorläufig auf die Entwicklung in der BRD beschränkt bleiben.)

Mit der Ausbreitung des Fernsehens in den 1960er Jahren verlor das Kinderradio wie der Hörfunk insgesamt an Attraktivität, nicht zuletzt weil sie es zunächst versäumten, sich zu modernisieren. Erst in den 1970er Jahren erhielten spezielle Jugendformate mit Popmusik und gesellschaftskritischen Wortbeiträgen gute Sendeplätze, und aufwändig hergestellte Kinderhörspiele nahmen Tendenzen der neueren Kinder- und Jugendliteratur auf. Dennoch blieben letztere ein Nischenprodukt. Bereits „in den 70er Jahren [ging] die Radiohörerforschung davon aus, dass die intentionalen Kinderprogramme nur von ca. 1% der Zielgruppe gehört" wurden (Stenzel 2008a, S. 440). Dementsprechend schwand die Bereitschaft vieler Sender, attraktive Sendeplätze zur Verfügung zu stellen, zumal die Entstehung eines dualen Rundfunksystems in den 1980er Jahren eine deutlichere Ausrichtung an marktwirtschaftlichen Kriterien mit sich brachte. Die Kinderprogramme wurden zwischen 1978 und 1987 um fast ein Viertel reduziert (Weber 1997, S. 9) und, weil Programmzeitschriften immer seltener auf Hörfunkangebote deutlich hinwiesen, konnten evtl. interessierte Kinder auch diese verbliebenen nicht leicht finden. Die speziellen Jugendformate wanderten in eigene Sender ab, die sich ganz auf den Musikgeschmack und die Nutzungsgewohnheiten ihrer Klientel einstellten (Stenzel 2008a, S. 443). Doch es gab auch einen bemerkenswerten (Einzel-)Fall in den 1990ern:

> Am 1. April 1995 startete der WDR einen 'echten Jugendsender' *Eins Live* für die Zielgruppe der 14- bis 29-jährigen Hörer – und etablierte in den Abendstunden auch eine zielgruppengemäße, d. h. jugendliche Hörspielstrecke (Krug 2008, S. 156)

... und hatte im Schnitt 100.000 Hörer (Krug 2008, S. 8). Die öffentlich-rechtlichen Sender produzierten kontinuierlich hochwertige Sendungen für Kinder, darunter attraktive Kinderhörspiele und Lesungen anspruchsvoller KJL (Weber 1997). Innerhalb dieser Nische entwickelte sich seit den 1970ern – weitgehend unbemerkt, weil nicht langfristig verfügbar – das traditionelle, literarische Kinderhörspiel zum 'Neuen Kinderhörspiel', das sich experimentierfreudiger zeigte und neben neuen Inhalten auch einen bis dahin unbekannten Formenreichtum aufwies (Weber 1997, S. 35). Am Märchenhörspiel als einer „wichtige[n] Untergattung des Kinderhörspiels" (ebd., S. 36) ließe sich ein interessanter Wandel vom Illusionistisch-Betulichen über kritische Verfremdung (in den 1970ern) bis hin zu einer erneuten Poetisierung (in den 1980ern und beginnenden 1990ern) beobachten – ein Wandel, der durchaus allgemeine Tendenzen der KJL aufgreift. Auch „kann das Kinderhörspiel ab 1970 in seiner literarischen und akustischen Machart dem Erwachsenenhörspiel als ebenbürtig" (Weber 1997, S. 39) gelten.

Bis heute senden die Öffentlich-Rechtlichen ein kleines, aber feines Programm für Kinder mit teils teuren Produktionen. Deren Stunde scheint nun mit der Digitalisierung des Hörfunks und mit der Fusion aus Radio und Internet gekommen. Aufgrund seiner „digitalen Entgrenzung" (Krug 2008, S. 149) ab 2000 spricht man gar von einer „Neuerfindung des Radios" (ebd., S. 10). Die zunehmende mediale Vernetzung durch das Internet in den vergangenen 15 Jahren und die zunehmende Medienkonvergenz haben zu deutlichen Veränderungen bei der Verbreitung von Hörmedien geführt (Reißmann 2009, S. 116). In dem Maße, in dem das Fernsehen tendenziell an Attraktivität verliert, weil Computer und Mobiltelefone multimediale Unterhaltung aller Art bieten, in dem Maße, so hat es den Anschein, haben auch auditive Angebote wieder eine Chance, weil sie leicht gefunden, zeitversetzt und unabhängig von Reichweitenbeschränkungen gehört werden können. Der MP3-Player wiederum ermöglicht völlige Flexibilität im Umgang mit gespeicherten Hördateien. „Mit großem Engagement erobert der Kinderfunk Hörer zurück" (Partzsch 2009, S. 26): Der MDR bietet einen Kinderkanal als Webchannel an, der von 6.00–22.00 Uhr im Digitalradio und Internet gehört werden kann, der MDR sendet Vergleichbares als Endlosschleife. Podcasts für Kinder werden auch vom Bayerischen und Hessischen Rundfunk und – als Abonnement – von Radio Bremen angeboten. Dies sind nur Beispiele (www.kindernetz.de/mediennetz/radio/). Begleitende Internetauftritte bieten den Kindern interaktive Seiten, auf denen sie sich über die gehörten Sendungen austauschen und Zusatzmaterial finden können. So lebt das oft totgesagte Radio als „Chamäleon im Wandel der Zeiten" (Hartung 2009, S. 113) fort in „Hybridformen zwischen massenhafter Hörfunk- und präferenzgeleiteter Tonträgernutzung" (Reißmann 2009, S. 116).

Zugleich haben die Hörfunkredaktionen begriffen, dass es ohne eigenen medienpädagogischen Einsatz nicht geht. Neben sehr qualitätvollen Initiativen, die vor allem der Hörsensibilisierung und der akustischen Achtsamkeit gelten, sind in unserem Zusammenhang besonders Angebote wie z. B. die „Hörclubs" des Hessischen und Bayerischen Rundfunks zu erwähnen, weil sie schwerpunktmäßig kinderliterarische Hörmedien in ihr Konzept einbeziehen (www.stiftung-zuhoeren.de).

2.2 Tonträger-/Tonspeichermedien

Von Anfang an arbeiteten Schallplattenproduzenten mit dem Hörfunk zusammen und so reichen auch die ersten Schallplatten für Kinder in die 1920er Jahre zurück (Stenzel 2008b, S. 443, Frederking/Krommer/Maiwald 2008, S. 105–109). Doch ein massenwirksames Medium waren diese Scheiben weder in der Weimarer Republik noch in der Nazi-Zeit. Das galt auch für die technische Innovation, die die Schellack-Platte ablöste: Die Vinylschallplatte beruhte auf Erfindungen zu Anfang der 30er Jahre des 20. Jahrhunderts, setzte sich aber erst nach dem Zweiten Weltkrieg durch und beherrschte bis Ende der 1980er Jahre den Schallplattenmarkt (Umlauf/Sarnowski 2000, S. 29). Bei den „Kinder(sprech)-platten" handelte es sich um anspruchsvolle Angebote, oft Märchenproduktionen und Bearbeitungen klassischer Kinderbücher. Das Hören einer Sprechplatte war etwas Besonderes, an dem Eltern und Kinder gemeinsam Anteil hatten, denn kaum ein Kind durfte das einzige Abspielgerät im Haus, oft eine würdige Musiktruhe, allein bedienen. Eine Konkurrenz zum Buch war die Kinderplatte nie, allerdings entwickelten sich im Laufe der Jahre – Hand in Hand mit einer Ausweitung der Inhalte – erste Medienverbünde aus Buch und Schallplatte, aus Kinderfunk und Schallplatte, aus Film und Schallplatte (z. B. *Winnetou*) usw. (Müller 2007, S. 97).

Mit der Erfindung und Verbreitung der Tonkassette („MC/Musikkassette") auch dann genannt, wenn sie nur gesprochene Sprache enthielt) ab 1963 veränderten sich die Verhältnisse deutlich (dazu Müller 2007, S. 97 f.). Der vergleichsweise niedrige Preis, die Unempfindlichkeit, einfache Handhabbarkeit und geringe Größe machten Massenhaftigkeit möglich. Hinter der Unterhaltungsmusik wurden dabei Kinderprogramme zum zweithäufigsten Inhalt. Das Hörmedium wanderte nun vom Wohnzimmer ins Kinderzimmer, in dem bald der Mehrzahl der Kinder ein eigenes einfaches Abspielgerät zur Verfügung stand. Dabei wandelte sich der Rezeptionsmodus. Mit zunehmender Berufstätigkeit beider Eltern waren die Kinder öfter allein und, während sie spielten, bauten und bastelten, sorgte die Kassette im Hintergrund für eine „Klangtapete", die – häufig wiederholt – den Hörern, unter ihnen mehr Einzelkinder als früher, das Gefühl der Einsamkeit vertrieb, Stille bekämpfte und die gezielte Herbeiführung von Stimmungen ermöglichte (Rogge 2000, S. 605). Zu dieser Rezeptionsform passen

Inhalte, die wenig Ansprüche an die Aufmerksamkeit stellen und die dem Kind das Gefühl von Vertrautheit vermitteln: Kinderkassetten-Serien, die es bis heute gibt, vor allem die 'Funnies' (lustige Abenteuergeschichten) erfüllen diese Anforderungen in idealer Weise, weil sie zumeist recht schlicht 'gestrickt' sind und innerhalb einer Serie nach dem immer gleichen Schema funktionieren. Der sehr hohe Verbreitungsgrad der Serien zog und zieht Medienverbünde und Merchandisingprodukte nach sich. „Literatur für Kinder" – nach Buchvorlagen, als Lesung oder Hörspiel – blieb auf Kassette dagegen ein „sehr kleines Segment" (Umlauf/Sarnowski 2000, S. 153).

Innerhalb des Hörkassettenmarkts verdienen Hörbuch-Krimis für Kinder (Börder 2007) einen zweiten Blick. Detektivgeschichten wie *Fünf Freunde, Die drei ???* (seit 2006 *Die Dr3i*) und *TKKG* erfüllten zunächst den 9-14-Jährigen das Bedürfnis nach Unterhaltung durch Spannung und abenteuerliche Sujets, nach Weltflucht und Tagträumen, Bedürfnisse, die das Fernsehen früher nachmittags noch nicht in dem Ausmaß bediente wie heute. Seit Anfang des 21. Jahrhunderts hat bezüglich der Serie *Die drei ???* – inzwischen auch als CD vorliegend – eine interessante Entwicklung stattgefunden: Sie wird nun einerseits von Kindern im frühen Grundschulalter genutzt, andererseits genießt sie bei jungen Erwachsenen im Durchschnittsalter von 24 Jahren Kultstatus.

> Die 'Originalsprecher' der *Drei ???* gingen anlässlich der 100. Folge im Herbst 2001 auf eine 'Vollplayback-Theatertournee', davor traten sie bereits auf gemeinsamen 'Live Events' mit deutschsprachigen Hip-Hop-Gruppen auf die Bühne. [...] Der riesige Erfolg der *???* hält bis heute an. Es gibt neben den CDs, DVDs, Bücher, Handy- und Computerspiele, Theateraufführungen (vor Tausenden Zuschauern) und sogar einen Kinofilm (Krug 2008, S. 154).

Hörbücher auf CD lösten die Kassetten lange Zeit nicht ab, sondern liefen als ein eigener Strang nebenher. Obgleich es CDs als Trägermedium seit 1982/83 gibt, spielten sie bis Mitte der 1990er Jahre für Kinderhörprogramme praktisch keine Rolle (Umlauf/Sarnowski 2000, S. 155). Seit 2007 ist jedoch eine klare Verschiebung zugunsten der CD beobachtbar (Stenzel 2008b, S. 446). CDs sind wie Kassetten handlich und einfach benutzbar, so dass sie ebenfalls von den Kindern selbstständig abgespielt werden können. Die Einteilung in Tracks, die direkt angesteuert werden können, erleichtert den Ein- und Ausstieg und das Wiederfinden bestimmter Stellen im Vergleich zur MC deutlich, so dass sich die CD besser zum Hören von längeren Texten eignet (s. Müller 2007, S. 98f.). Zudem sind mehr und mehr Player in Kinderzimmern vertreten. Zugleich ist eine erstaunliche Ausweitung des inhaltlichen Spektrums zu beobachten. Längst haben lieblos gestaltete Tonträger, die lediglich den Soundtrack eines Zeichentrickfilms enthalten, Konkurrenz bekommen durch aufwändig gestaltete Hörspiele von künstlerischem Rang mit exzellenten Sprecherinnen und Sprechern. Kein Wunder, dass anders als die Vinylplatte, die im Musikgeschäft verkauft, und anders als die

MC, die meist in Supermärkten vertrieben wurde, diese CDs vornehmlich in Buchhandlungen oder im Internetbuchhandel angeboten werden: als 'Audiobooks' (Hörbücher)! In den USA seit der Mitte der achtziger Jahre ein beliebtes Medium auch für Erwachsene, traten sie seit Anfang der 1990er ebenso ihren Siegeszug in Deutschland an (Heidtmann 1996). Deutlich wachsendes Interesse an anspruchsvoller Literatur auf Hörmedien zeichnete sich erstmals 1997 mit der Hörspielfassung von *Sofies Welt* ab, einem Verkaufserfolg, der durch die Lesungen der *Harry Potter*-Romane durch Rufus Beck ab 1999 noch in den Schatten gestellt wurde. Dass neue Kinder- und Jugendromane zeitgleich als Print- und Hörmedium auf den Markt kommen, ist heute häufig der Fall, zumal viele Buchverlage eigene Hörbuchverlage gegründet haben. Die Digitalisierung der Hörspielproduktion machte sie nämlich von teuren Hörfunkstudios unabhängig (Krug 2008, S. 154). An dem seit ca. 2001 boomenden Hörbuchmarkt haben Kinderhörmedien einen beträchtlichen Anteil, jedoch nicht nur als Zusatzverwertungsinstrument zum Buch, sondern als „eigenständiges Medium mit eigenem Kreations- und Produktionszyklus" (Lepa/Ehrenspeck 2008, S. 36). Auch die qualitätvollen Kinderproduktionen der öffentlich-rechtlichen Sender werden nun teilweise als CDs vermarktet. Sogar die Sachliteratur erlangt seit Ende der 1990er wachsende Bedeutung (Stenzel 2008b, S. 447). Kinderhörbuch-Bestenlisten, -Rezensionen, und -Preise gehören ebenso wie Empfehlungskataloge im Internet (z. B. www.toene-fuer-kinder.de) zur gegenwärtigen Renaissance des Hörens, einem unerwarteten „acoustic turn" (Frederking/Krommer/Maiwald 2008, S. 108) – nicht nur in der KJL.

Ein Pendant zum MP3-Player als Speichermedium für Hördateien sind die im Netz legal erhältlichen Hörbücher, die nicht nur von Rundfunkanstalten, sondern auch von immer zahlreicheren anderen Anbietern zum (meist kostenpflichtigen) Download bereitgestellt werden. Frederking/Krommer/Maiwald (2008, S. 110) schätzten die Situation 2008 so ein, dass literarische Sujets wegen der teuren Urheber- und Veröffentlichungsrechte kaum kostenfrei distribuiert werden, so dass sie bislang auch wenig als Podcast zu finden sind. Gleichwohl sehen sie insgesamt in dem Wiederaufleben gehörter Literatur dank moderner Medien eine bemerkenswerte Phase „tertiärer Oralität" (ebd., S. 100) und auch, wenn derzeit der „Hörbuchmarkt [...] weitgehend CD-fixiert" (Krug 2008, S. 163) ist, bleibt doch die Entwicklung abzuwarten.

3 Typologie

Der Begriff 'Hörmedium' wurde bereits oben definiert. Dort wurde auch das Massenmedium Hörfunk von Tonträger-/Tonspeichermedien unterschieden. Analog dazu soll im Folgenden der Begriff Hörbuch für alle Hörmedien mit überwiegendem Wortanteil verwendet werden, die nicht On-Air-Sendungen des

Rundfunks sind (so auch Frederking/Krommer/Maiwald: „Oberbegriff für alle akustisch-auditiven Speicherungen von stimmlichen, sprachlichen Äußerungen“, 2008, S. 106). Ursprünglich war das ‘Hörbuch’ ein Mittel, um klassische Literatur für Blinde zugänglich zu machen, inzwischen handelt es sich um einen „Vermarktungsbegriff [...], unter dem sowohl klassische Hörspiele als auch radiobeitragsähnliche Audio-Features sowie Vorträge und Literaturlesungen vertrieben werden.“ (Lepa/Ehrenspeck 2008, S. 36) Man würde nicht sagen: „Ich habe im Radio ein Hörbuch gehört“, aber sehr wohl: „Ich habe mir ein Hörbuch gekauft“. Gleichwohl wird der Begriff uneinheitlich gebraucht. Nicht selten wird er synonym gesetzt mit ‘Lesung’ und steht dann in Opposition zum Hörspiel. Im hier gebrauchten Sinne sollen als Unterbegriffe sowohl von ‘Hörbuch’ als auch von Radiosendung unterschieden werden:

- die Lesung: vorgelesener Text; ein Sprecher liest alle Figuren innerhalb eines Texts; kann mit Musikelementen versehen sein, dann oft eigens so ausgewiesen: „Lesung mit Musik“,
- das Hörspiel: szenisch gestalteter auditiver Text; „Rollen“ sind auf mehrere Sprecher verteilt; enthält neben den Szenen meist auch Erzählerkommentare.

Untergattung zur Lesung ist die „Inszenierte Lesung“: überwiegend Lesung, gelegentlich szenische Elemente, oft mit Musik und Geräuschen.

Untergattungen zum Hörspiel sind:

- das Originalhörspiel: ein Hörspiel, das als solches von vornherein konzipiert war;
- das adaptierte Hörspiel: Hörspielfassung eines Texts eines anderen Genres, z. B. eines epischen Texts. Es liegt ein Genrewechsel vor.

Als Kinderhörspiel, gleichviel ob Originalhörspiel oder adaptiertes Hörspiel, wird ein eigens für Kinder bis zum Alter von etwa 12 Jahren konzipiertes Hörspiel bezeichnet.

Weber (1997, S. 35) unterscheidet analog zur Hörspielgeschichte der Allgemeinliteratur (s. Lermen 1983):

- das traditionelle Kinderhörspiel, das illusionistischen Charakter hat und eher literarisch orientiert ist,
- das „neue“ Kinderhörspiel, das einen emanzipatorischen Charakter hat und einer eigenen „radiophonen“ Ästhetik folgt.

Weber (1997) hat ferner ein differenziertes System von „Strukturtypen“ des Kinderhörspiels entwickelt, das zu entfalten hier zu weit führen würde.

Schließlich ist das ‘Feature’ zu erwähnen, ein Format in Form einer aus Berichten, Kommentaren und Dialogen zusammengesetzten Reportage.

4 Merkmale und Strukturen

4.1 Besonderheiten von Hörtexten

Hörmedien allgemein setzen nicht notwendig einen geschriebenen Text voraus, in Bezug auf KJL ist dies aber oft der Fall und spielt vor allem bei der Didaktik der Hörmedien im Rahmen des Literaturunterrichts eine große Rolle. Deshalb soll hier kurz auf wesentliche Unterschiede zwischen lesender und hörender Textrezeption eingegangen werden (s. ausführlicher Müller 2010a). Was geschieht, wenn ein geschriebener Text zu einem gesprochenen wird? Selbst im einfachsten Fall, der reinen Lesung, handelt sich um einen Medienwechsel/Medientransfer, wie ihn Katja Hachenberg (2004, S. 38) beschrieben hat: um einen Übergang vom grafischen zum akustischen Kode, von der sichtbaren zur hörbaren Präsenz des Textes, von der flächenhaft, zweidimensionalen Buchseite zum mehrdimensionalen Klangraum, von der fixierten schriftlichen Textualität zur Prozessualität des Hörtextes. Daraus resultieren vor allem zwei grundsätzliche Unterschiede: Der Beständigkeit des gedruckten Textes steht die Flüchtigkeit des gesprochenen gegenüber, bei Hörmedien freilich abgemildert durch die prinzipielle Wiederholbarkeit des Höraktes. Ferner kommt zum 'Wort' die 'Stimme': Beim lauten (Vor-)Lesen lassen prosodische Elemente (Wortakzent, Satzintonation, Sprechrhythmus) den Text immer in einer ganz bestimmten Interpretation erscheinen. Sie vermitteln Einstellungen und Emotionen, kennzeichnen illokutive Sprechakte (Fragen, Aufforderungen, Drohungen ...) und charakterisieren Figuren, steuern Diskurse und kennzeichnen phrasale Strukturen und die Fokus-Hintergrund-Gliederung (Günther 1999). Der damit verbundenen Bedeutungskonkretisation des gesprochenen Textes steht die Bedeutungsoffenheit des gedruckten gegenüber. Aber nicht nur Prosodie, sondern auch natürlich Eigenschaften der jeweiligen Stimme, ihre Erkennbarkeit als männliche oder weibliche, junge oder alte, verleihen dem gehörten Text Bedeutung.

Bei vielen Lesungen treten neuerdings Elemente hinzu, die wiederum für das Hörspiel schon immer typisch waren und sind: Geräusche und Musik. Geräusche können naturalistisch oder stilisiert wirken, dann entweder der Kontextuierung dienen und als Existenzbeweis gelten oder rätselhaft, mehrdeutig und auf atmosphärische Art bedeutungstragend wirken (Weber 1997, S. 53). Dabei wurde schon früh eine „Doppelpunktdramaturgie", die zum Gesagten lediglich das illustrierende, passende Geräusch hinzufügt, als künstlerisch schlicht empfunden (ebd., S. 53). Musik (bei Weber 1997: „Ton") kann ebenso sehr unterschiedlich eingesetzt und funktionalisiert werden: syntaktisch als Gliederungselement, semantisch als ein akustisches Zeichen, das seine Bedeutung entweder aus der Textumgebung erhält oder aber das Bedeutung 'mitbringt' im Sinne bekannter Melodien, die quasi automatisch mit bestimmten Situationen oder

Schauplätzen in Verbindung gebracht werden. Schließlich verdient das Element der Stille der Erwähnung, denn auch dieses kann ein bedeutungskonstituierendes Kompositionsprinzip sein. Insgesamt gilt: Der monokodalen Kodierung des Buches (Schrift) steht die multikodale Kodierung des Hörmediums (Stimme, Geräusche, Musik) gegenüber. Das „Hörspiel besitzt ein nur ihm eigenes System von akustischen Zeichen (Wort, Stimme, Ton, Geräusch) und Verknüpfungsregeln." (Weber 1997, S. 59) Die Verknüpfungsregeln resultieren nicht zuletzt aus der Tatsache, dass es in einem Medium vorliegt, das – anders als die Vorlesesituation – keine optischen Zusatzinformationen bietet und sich bestimmter technischer Kompositionsmittel wie Blende, Montage und Stereophonie bedient (ebd., S. 55). Dank der Digitalisierung des Hörfunks sind weitere dramaturgische Mittel hinzugekommen. Seit 2005 strahlt der WDR Hörspiele in Surround-Technik aus (Krug 2008, S. 152). Hörspiele lassen sich in Mehrkanaltechnik noch lebendiger als in Stereo (ebd., S. 153) und damit attraktiver gestalten. Es bleibt abzuwarten, ob die technischen Möglichkeiten auch für Kinderhörspiele benutzt werden, denn die neuen Möglichkeiten des Raumklangs stellen auf der anderen Seite auch besondere Anforderungen an die Konzentrationsfähigkeit (ebd., S. 153).

4.2 Gattungen im Hörmedium

Auf dem gegenwärtig sehr ausdifferenzierten Hörmedienmarkt liegen kinder- und jugendliterarische Texte aus unterschiedlichsten Gattungen vor, weshalb noch kurz auf das jeweilige Verhältnis eingegangen werden soll (ausführlicher bei Müller 2007, S. 101–104).

Was die Beziehung von epischen Texten, z.B. Kinder- oder Jugendromanen, angeht, so ist aus oben genannten Gründen zu unterscheiden zwischen Lesung oder Hörspiel. In letzterem Fall liegt ein vollkommener Genrewechsel vor, wenn ein epischer Text in ein Hörspiel transformiert wird. Der Bezug zum Ausgangstext ist der einer Verfilmung vergleichbar. Verbunden ist damit ein Wechsel von konzeptioneller Schriftsprachlichkeit zu – zumindest partiell – konzeptioneller Mündlichkeit. Umfangreiche Romane können beim Hörspiel stark gekürzt und sprachlich antiquierte Texte vereinfacht werden. Das Sachbuch bzw. die Kinderzeitschrift als Hörbuch haben oft die Form des Features und übernehmen damit ein klassisches Radioformat, das meist ziemlich stark von der Textvorlage abweicht (eines der ersten Unterrichtsmodelle: Börder 2004b)

Lyrik und Hörmedium scheinen eine Art natürliche Verbindung einzugehen, wenn man bedenkt, dass Kinderlyrik in aller Regel Dichtung ist, die nicht dafür geschrieben wurde, dass sie still gelesen, sondern dass sie laut gesprochen, wenn nicht gar gesungen wird. Der Ursprung der Kinderlyrik in Ammenversen, Abzählreimen etc. macht den Zusammenhang von Text und Stimme unmittelbar sinnfällig.

Szenischen Texten dagegen scheint im Hörmedium etwas Wesentliches zu fehlen. Dementsprechend ist dieses Genre auch seltener vertreten. Am ehesten finden sich Derivate wie das Musical oder stoffliche Adaptionen von Kindertheaterstücken. Als „Theater für die Ohren" gelten – m. E. unzulässig – schon Nacherzählungen von Dramenstoffen (Mucke 2010, S. 10).

Bilderbuch und Hörbuch treten neuerdings besonders häufig in Kombination auf, so dass das Hörmedium beim Kauf schon dem Buch beiliegt. Weil die Bilderbuchtexte für die Vorlesesituation geschrieben sind, eignen sie sich sprachlich besonders gut für ein Hörmedium. Im Grundsatz substituiert das Hörbuch nur die vorlesende Person, passt also durchaus in den Medienverbund. Häufig geht jedoch das, was auf den CDs zu hören ist, über das bloße Vorlesen des Textes hinaus. Bild, Text, Stimme, Musik und Geräusche werden dann zum Gesamtkunstwerk. Der Aktivierung der Kinder dienen bisweilen Zusatzangebote auf der CD, etwa wenn Lieder zu hören sind, die zum Mitsingen einladen, wobei dann der Liedtext im Booklet zur Verfügung gestellt wird.

Kombinationen von Film und Hörbuch sind recht häufig, z. B. in Form des Soundtracks zu der Verfilmung eines kinderliterarischen Stoffs, angereichert durch Erzählerkommentare, weil Folge einer lukrativen Mehrfachvermarktung. Das Hörmedium ruft dann in der Vorstellung des Zuhörers die Bilder des bekannten Films hervor, was didaktisch genutzt werden kann (s. Hüttis-Graff 2008, S. 111).

5 Didaktische Aspekte

5.1 Verstehensvoraussetzungen und Rezeptionsgewohnheiten

Der 'Text' des Hörbuchs besteht – wie oben ausgeführt – aus akustischen Zeichen unterschiedlicher Art. Was die gesprochene Sprache angeht, so liegt ein kontinuierlicher Lautstrom vor, der segmentiert werden muss, damit Wörter erkannt werden können. Das ist beim Lesen einfacher, weil hier die Wortgrenzen schon optisch deutlich sind. Auf der anderen Seite fördern die prosodischen Elemente die Identifikation sinntragender Wörter, das Bilden von Inferenzen und das Erkennen stilistischer Mittel wie Ironie usw. (Gailberger 2008). Affektiv-expressive rhetorische Elemente, über den Stimmklang vermittelt, können bei Hörmedien ein unmittelbar sinnliches Verstehen, z. B. von Emotionen, ermöglichen. Was das Sprachwissen angeht, so ist z. B. das Wortverständnis beim Lesen insofern einfacher, als das Stammprinzip in der deutschen Rechtschreibung dem Leseverstehen sehr entgegenkommt. Auch ist beim Hörverstehen ein akustisches Weltwissen unabdingbar: Geräusche müssen schnell identifiziert und zugeordnet, das Alter und Stimmung der Figuren aus ihrer Stimme erschlossen, Musik muss in ihrer Bedeutung, z. B. als Hinweis auf einen Schauplatzwechsel, erkannt werden usw. Musikzitate setzen oft ein „Bildungswissen" voraus, welches ebenso anspruchsvoll sein kann wie intertextuelle Anspielungen auf dem gedruckten Papier (systematisch: Müller 2010a). Andererseits erleichtern Hörmedien oft den Einstieg in einen komplexen narrativen Text (Müller 2004). So kann man nicht generell sagen, ob Lesen oder Hören 'einfacher' ist, zumal die allgemeine Konzentrationsfähigkeit als wesentliche Voraussetzung hinzukommt. Böckelmann (2002, S. 39–45) hat ein differenziertes Stufenmodell des Hörverstehens vom dritten bis zum zwölften Lebensjahr herausgearbeitet. Grundsätzlich kann davon ausgegangen werden, dass simultanes Hören das Lesen erleichtert (Gailberger/Dammann-Thedens 2008), dass aber reines Hören einer allmählichen Heranführung bedarf und dann umso besser gelingt, wenn Wiederholungsmöglichkeiten und Anschlusskommunikationen möglich sind.

Was die 'Rezeptionsgewohnheiten' von Kindern angeht, so haben Rogge/Rogge (1999) und Rogge (2000) herausgearbeitet, dass das kindliche Hören stark identifikatorisch und emotional besetzt ist. Deshalb ist in Hörspielen für kleine Kinder eine „Wellendramaturgie" angebracht, die nicht auf eine ständig ansteigende Spannung setzt, sondern auf überschaubare Einheiten und einen Wechsel von Anspannung und dessen Auflösung. Hörmedien sind oft Begleitmedium bei anderen Beschäftigungen, denn sie dienen – wiederholt gehört – primär der Herstellung erwünschter Stimmungen und einer vertrauten, geborgenen Atmosphäre. Kerenkewitz/Schulte (2008) erklären denn auch das erwähnte Phänomen, dass junge Erwachsene Hörkrimis aus der eigenen Kindheit nutzen, damit, dass diese in der Ambivalenz von Geborgenheit und Rätselhaftigkeit/Anspannung eigene Entwicklungsaufgaben bearbeiten. Die ehemaligen „Kassettenkinder" (Krug 2008, S. 11) der ersten Generation sind – generell gesprochen – zwar nicht radio-, aber audiosozialisiert und deshalb Hörspielen gegenüber grundsätzlich aufgeschlossen. Aufschlussreich für die jeweils aktuelle Hörmediennutzung im Freizeitbereich sind die KIM-Studie (Kinder im Alter von 6–12 Jahren) und die JIM-Studie (Jugendliche von 13–19 Jahren) des Medienpädagogischen Forschungsverbunds Südwest (www.mpfs.de), deren Ergebnisse hier nicht im Einzelnen wiedergegeben werden können, die aber zeigen, dass das Hören nach wie vor seinen Stellenwert hat. Es kommt für den Unterricht auch nicht so sehr darauf an, wieviel Kinder und Jugendliche hören, sondern darauf, welche Emotionen sie mit dem Hören verbinden. Man kann als Lehrer davon ausgehen, dass die Nutzung von Hörmedien aufgrund von frühen Kindheitserfahrungen emotional positiv besetzt ist. So ergab eine Umfrage unter 120 baden-württembergischen Jugendlichen, die alle aus dem unteren Bildungsmilieu kamen: „Fast zwei Drittel der Jugendlichen mögen Radioberichte, Hörspiele, Hörbücher sowie Podcasts." (Marci-Boehncke/Rath 2009, S. 33) Dieses Potential wird jedoch bislang nicht genutzt: „Im Schulalltag sind den Schülerinnen und Schülern Hörpräsentationen als Lesevorbildmethoden jedoch nicht bekannt." (Ebd.) Vielleicht hängt das damit zusammen, dass man eben nicht von der Fähigkeit zu aufmerksamem und distanziertem Hören ausgehen kann. Auch das Radio als „Nebenbei-Medium" (Schill/Baacke 1996, S. 10) begünstigt zunächst eine eher unkonzentrierte Rezeptionshaltung.

5.2 Ziele und Kompetenzen

Die Beschäftigung mit Hörmedien erschien der Deutschdidaktik lange Zeit als Randgebiet und hat auch heute noch keinen selbstverständlichen Platz im Bewusstsein vieler Lehrkräfte. Es ist das Verdienst vor allem von Jutta Wermke (1997), dass das Thema in den 1990er Jahren systematisch angegangen wurde (zur Forschung Börder/Ehrnsberger 2003, Börder 2004a). Sie und Kliewer (2002) stehen für eine moderne Konzeption einer allgemeinen und umfassenden Hörerziehung/Hörsensibilisierung für alle Schularten und -stufen, die die Gegenstandsbereiche „Welt", „Literatur" und „Kommunikation" in den Vermittlungsarten „verbal/nonverbal", „auditiv-medial" und „musikalisch/theatralisch" erfasst und neben Aspekten der Hörästhetik auch die Hörgesundheit einbezieht (Wermke 2006, S. 230f.). Da es im vorliegenden Aufsatz jedoch um das Verhältnis von Kinder- und Jugendliteratur und Hörmedien geht, werden allein diejenigen Ziele im Überblick thematisiert, die im engeren Sinne lese- und literaturdidaktischer Art sind (Müller 2004, 2005, 2006, 2007, 2010a und b).

Die Bedeutung von Hörmedien im Prozess der 'frühkindlichen Lesesozialisation' belegt eindrucksvoll eine neuere Hamburger Studie (Hüttis-Graff 2008), bei der Kinder in Vorschulklassen Hörmedien (Stoffe aus anderen Medien, z. B. Filmen, Funnies sowie anspruchsvolle Hörbücher zu Bilderbüchern) hörten und sich in „Hör-Gesprächen" (analog zu „Vorlesegesprächen") austauschten. Dabei wurden die Effekte auf das Interesse am Lesen- und Schreibenlernen, auf den Übergang von der Mündlichkeit zur Schriftlichkeit und auf literarische Kompetenz (Literacy-Erfahrungen) deutlich. Angeregt war die Studie durch eine Langzeituntersuchung innerhalb eines DFG-Schwerpunktprogramms, bei der schon Jahre zuvor positive Effekte aus der Nutzung von Hörkassetten auf Sprach- und Leseleistungen deutlich geworden waren (Schiffer/Ennemoser/Schneider 2002).

Was den Zusammenhang von Hörbüchern und 'Lesemotivation' angeht, so kann, wie aus der Studie von Hüttis-Graff (2008) hervorgeht, für die frühe Kindheit von einer Korrelation ausgegangen werden. Interessante Thesen auch für die Jugendphase stellt eine 2007 durchgeführte, von der Deutschdidaktik noch zu wenig beachtete, empirische Untersuchung zur Verfügung, bei der 319 Datensätze von 7- bis 16-jährigen Leserinnen und Lesern im norddeutschen Raum erhoben wurden. Es wurde festgestellt, dass – anders als beim Lesen von fiktionaler Printliteratur – das Ausmaß der Hörmediennutzung nicht signifikant mit Alter und Geschlecht korreliert. Ferner wurde ein signifikanter Zusammenhang zwischen Hörbuch-Nutzung (im Sinne von „Lesung") und Buchnutzung deutlich, wobei die Kausalrichtung nicht klar ist, wohingegen Hörspielnutzung nicht mit einer stärkeren Nutzung fiktionaler Literatur einhergeht (Lepa/Ehrenspeck 2008, S. 41, 43). Die Forscher rufen dazu auf, die Kausalrichtung näher zu untersuchen, denn:

> Würde sich dabei zeigen, dass (der offensichtlich alters- und geschlechtsinvariante) Hörbuchkonsum das Ausmaß des Lesens positiv beeinflusst, könnten Hörbücher in Zukunft einen wichtigen Baustein der Leseförderung bei Kindern und Jugendlichen bilden (ebd. S. 44).

Auch der Zusammenhang von Hörbuch und 'Lesekompetenz' ist erforscht. Untersuchungen dokumentieren und begründen stichhaltig auf der Basis von Erkenntnissen der linguistisch-kognitiven Leseforschung und der neurokognitiven Psycholinguistik, dass der simultane Einsatz von Hörbüchern und Lesetexten (hörbuchunterstütztes Lesen) die Lesekompetenz in allen ihren Teildimensionen erleichtert und fördert. Gerade sehr schwachen Lesern ermöglicht stimmklangvermittelte Literatur durch den unterstützenden Einsatz prosodischer Mittel das Werkverständnis (Gailberger 2008, Gailberger/Dammann-Thedens 2008). Immer deutlicher wird auch die Bedeutung von Hörmedien für die Sprachentwicklung und Literarisierung von Kindern mit Migrationshintergrund erkannt. Das Hörverstehen, in der Fremdsprachendidaktik schon immer eine elementare Kategorie, gilt es nun auch in einem Deutschunterricht zu entdecken, in dem Kinder sitzen, für die Deutsch Fremd- oder Zweitsprache ist bzw. Muttersprachler, die aus wenig sprachfördernden Familien kommen.

Hörbucher können auch verschiedene Teilaspekte 'literarischer Kompetenz' ermöglichen (s. ausführlich Müller 2004): So können sie literarische Erfahrungen vermitteln und die Teilnahme am literarischen Gespräch ermöglichen, auch wenn die Lesefähigkeit noch nicht entsprechend ausgeprägt ist, also vor allem bei Leseanfängern. Älteren Schülern können Hörbücher literarische Stoffe vermitteln und so eine Form „literarischer Bildung" auch in den Fällen, in denen das Originalwerk sprachlich, hinsichtlich des Umfangs oder des Schwierigkeitsgrads kaum rezipierbar sein dürfte. Hörbücher auf der Basis von Kinderromanen mit einer ausgeprägten Adressatenorientierung fordern zur aktiven Sinnkonstruktion auf und machen auf sprachliche Gestaltung aufmerksam (Müller 2006). Hörmedien vermitteln Klangerfahrungen und eröffnen damit eine ganz eigene Literaturdimension. Sie bieten auch bereits eine Interpretation und fordern damit zum Vergleich von Print- und Hörfassung heraus. Ebenso wie bei Filmen kann man auch anhand von Hörmedien narrative Strukturen und Stilmittel kennenlernen.

Zusammenfassend kann man sagen, dass mit Hilfe von Hörmedien viele Standards der KMK für das Fach Deutsch erreicht werden können, auch wenn Rundfunk und Tonträger dort nur beiläufig genannt werden.

5.3 Methoden

Wer Hörmedien im Deutschunterricht einsetzen möchte, kann sich über mangelnde Modelle und fehlendes Material inzwischen nicht mehr beklagen. Immer wieder widmen sich ihnen einzelne Artikel oder ganze Themenhefte von Zeitschriften (z. B. *Literatur hören und hörbar machen* = *Praxis Deutsch* 2004, H. 185 (mit CD); *Hören, verstehen, wiedergeben* = *Deutsch. Unterrichtspraxis für die Klassen 5 bis 10* 2004, H. 1 (mit CDs); *Hörbücher im Deutschunterricht* = *Die Grundschulzeitschrift* 2005, H. 193; *Hörbuch und Hörspiel* = *Deutschmagazin* 2007, H. 6). Durch die Verbilligung der Tonträger wurde es möglich, dass Zeitschriften ihren Ausgaben eine CD mit Tonmaterial quasi als 'Dreingabe' kostenlos beilegen. Daneben können aber auch CDs ein eigener – teuer produzierter – Bestandteil eines didaktischen Verbunds sein und dort eine unverzichtbare Funktion erfüllen (z. B. als Ergänzungsmaterial zu Schullese- und Sprachbüchern, als Teil von Lesetrainings oder Lektürebegleitmaterial). Wettbewerbe spornen dazu an, „kreatives Lesen und Hören" zu verbinden, so z. B. die Initiative des Börsenvereins des deutschen Buchhandels *Ohr liest mit* (www.ohrliest-mit.de), die zahlreiche Anregungen und praktische Tipps zur Verfügung stellt. Der Radioarbeit an Schulen widmen sich mit großem Engagement einige Rundfunkanstalten, die kreativ und adressatengemäß Bildungsprojekte für alle Schularten anbieten (z. B. *Radio macht Schule* des BR: www.br-online.de/zuhoeren).

Was eine Systematik der Zugangsweisen angeht, so schlagen Frederking/Krommer/Maiwald (2008, S. 109–116) eine Dreiteilung vor: analytisch-intermediale Zugänge, handelnd-produktive Zugänge, ästhetische Zugänge. Unter letzteren verstehen sie vor allem jene, denen es um Wahrnehmungsschulung in einem weiten Sinne geht. Für den engeren Fokus auf KJL erscheinen vor allem die zwei erst genannten einschlägig, weil sie auch den Großtendenzen in der Methodik der Literaturdidaktik entsprechen: abstrahierende und konkretisierende Verfahren. In der Realität treten sie oft in sinnvollen Kombinationen auf, z. B. wenn eine eigene Lesefassung (Produktion, Konkretisation) mit einem Hörbuch verglichen wird und das Ergebnis begrifflich untersucht wird (Analyse, Abstraktion) (zu den methodischen Kombinationen von Hörbuch und Printtext siehe die Aufstellung bei Müller 2004, S. 11 f.). Angesichts der lebensweltlichen Bezüge, die Hörmedien haben, selbst wenn man sie hier auf ihr Verhältnis zur KJL einschränkt, erscheint jedoch diese Zweiteilung wiederum zu eng. Es sei daher vorgeschlagen, auf eine Systematik zurückzugreifen, die Wolfgang Schill bereits 1998 vorgelegt hat und die sich – wenn auch ursprünglich medienpädagogisch – doch auch für die Deutschdidaktik eignet. Lediglich die Geräte haben sich verändert, weshalb das, was bei Schill noch nicht erschien, in Folgendem (ohne Anspruch auf Vollständigkeit) kursiv ergänzt und Veraltetes weggelassen wird:

Auditive Medien und medienpädagogisch/deutschdidaktische Aufgabenbereiche (nach Schill 1998, S. 21)

Aufgabenbereiche Auditive Medien	Auseinandersetzung mit Medienerfahrungen/ Medienwirkungen **„reflexiv“**	Auseinandersetzung mit Medienprodukten **„analytisch“**	Aktive Medienarbeit **„produktiv“**
Hörfunk	Bedeutung des Hörfunks im Alltag Programmpräferenzen *Radionutzung via Internet* und andere Nutzungsmuster	Sende- und Darstellungsformen untersuchen	Selbst Radio machen *Audioarbeit im Rahmen von Web 2.0 (Podcasts und Blogs) [Bloech 2009, S. 27]*
Hör-Texte	*Bedeutung von CDs, Podcasts usw. im Alltag* „Lieblingsmedien“ Hörgewohnheiten	Hörbücher untersuchen und vergleichen Bauelemente von Hörbüchern Hörtexte im Medienverbund	Selbst Hörbücher gestalten *Experimentell mit Hörbüchern umgehen*
Musik	Bedeutung von Musik im Alltag „Lieblingsmusiken“ Nutzungsmuster	Musik untersuchen und vergleichen	Musik produzieren und aufzeichnen

Der Bereich ‘Musik’ scheint zwar auf den ersten Blick über den engeren Bereich der Deutschdidaktik hinauszugehen, doch da sehr viele Hörmedien mit Text-Musik-Kombinationen arbeiten, dürften die Übergänge fließend sein. Die isolierte Betrachtung einzelner Medien und Medienelemente entspricht ohnehin nicht der Lebenswelt der Adressaten. Marci-Boehncke/Rath (2009, S. 31) betonen nachdrücklich die konvergente, themenbezogene Mediennutzung durch Jugendliche, die sich von der distinkten Nutzungsform (mediale und nicht-mediale Handlungen nacheinander), an die viele ihrer Lehrkräfte gewohnt sind, unterscheidet.

In den vergangenen 15 Jahren hat sich im Hinblick auf Hörmedien sehr viel getan und die Deutschdidaktik nimmt sich mehr und mehr des Themas an. Im Hinblick auf KJL wird Hören nicht mehr als Feind des Lesens gesehen – im Gegenteil. Buch und Hörbuch treten in sinnvollen Kombinationen auf. Darüber sollte jedoch nicht vergessen werden, dass das Hörmedium etwas Eigenständiges ist, mit einer eigenen Ästhetik. Auch das kinder- und jugendliterarische Originalhörspiel ohne Buchvorlage sollte daher seinen Platz im Deutschunterricht haben, wie ja auch der Kinder- und Jugendfilm nicht nur als Buch-Verfilmung seinen Wert hat. Ein echtes Desiderat ist noch eine für Jugendliche handhabbare Fachsprache zur Beschreibung von Hörmedien-Elementen und Höreindrücken. Im Zusammenhang mit dem handlungs- und produktionsorientierten Literaturunterricht gibt es schon recht viele Konzepte für einen produktiven Umgang mit Hörmedien, aber auch die Potentiale der Audioarbeit mit Kindern und Jugendlichen sind noch lang nicht ausgeschöpft.

Literaturverzeichnis

Bloech, Michael: Audioarbeit. In: Schorb/Anfang/Demmler 2009, S. 25–27.

Böckelmann, Angelika: Hörspiele für Kinder. Kinderliteratur als Vorlage für Hörspiele – Otfried Preußler als Autor – Bewertungskriterien. Oberhausen: Athena 2002.

Börder, Mette/Ehrnsberger, Jörg: Hörästhetik und auditive Medien im Deutschunterricht. Eine Bibliographie, Teil 1. In: Wermke, Jutta (Hrsg): Literatur und Medien. München: kopaed 2003, S. 283–300. (Jahrbuch Medien im Deutschunterricht 2002).

Börder, Mette (a): Hörästhetik und auditive Medien im Deutschunterricht. Eine Bibliographie, Teil 2. In: Frederking, Volker (Hrsg.): Lesen und Symbolverstehen. München: kopaed 2004, S. 332–335 (Jahrbuch Medien im Deutschunterricht 2003).

Börder, Mette (b): Auditive Sachliteratur im Deutschunterricht und im fächerübergreifenden Unterricht am Beispiel des Themas *Das Meer und seine Bewohner*. In: Josting, Petra/Stenzel, Gudrun (Hrsg.): „Wieso, weshalb, warum ...“ Sachliteratur für Kinder und Jugendliche. In: Beiträge Jugendliteratur und Medien, 15. Beiheft 2004, S. 187–195.

Börder, Mette: Hörbuch-Krimis für Kinder. In: Josting, Petra/Maiwald, Klaus (Hrsg.): Kinder- und Jugendliteratur im Medienverbund. Grundlagen, Beispiele und Ansätze für den Deutschunterricht. In: kjl&m 07.extra, 2007, S. 108–119.

Frederking, Volker/Krommer, Axel/Maiwald, Klaus: Mediendidaktik Deutsch. Eine Einführung. Berlin: Erich Schmidt 2008.

Gailberger, Steffen: Leseförderung durch Hörbücher – Eine verbal-auditive Leseförderungstheorie für den Deutschunterricht. In: Lecke, Bodo (Hrsg.): Mediengeschichte, Intermedialität und Literaturdidaktik. Frankfurt/M. [u.a.]: Lang 2008, S. 395–447 (Beiträge zur Literatur- und Mediendidaktik, Bd. 15).

Gailberger, Steffen/Dammann-Thedens, Katrin: Förderung schwacher und schwächster Leser durch Hörbücher im Deutschunterricht. Theoretische und praktische Anregungen zur Förderung der Leseflüssigkeit. In: Josting 2008, S. 35–48.

Günther, Carsten: Prosodie und Sprachproduktion. Tübingen: Niemeyer 1999 (Linguistische Arbeiten, 401).

Hachenberg, Katja: Hörbuch. Überlegungen zu Ästhetik und Medialität akustischer Bücher. In: Der Deutschunterricht 2004, H. 4, S. 29–37.

Hartung, Anja: Hörfunk. In: Schorb/Anfang/Demmler 2009, S. 113–115.

Heidtmann, Horst: „Facelifting“ für Literaturtonträger? Ergebnisse einer aktuellen Umfrage zu Angebot und Nutzung von „Hörbüchern“ in Öffentlichen Bibliotheken. In: Buch und Bibliothek 1996, H. 12, S. 919–922.

Hüttis-Graff, Petra: Vom Hören zum Lesen. Literarisches Lernen mit Lese-Hör-Kisten. In: Wieler, Petra (Hrsg.): Medien als Erzählanlass. Wie lernen Kinder im Umgang mit alten und neuen Medien? Freiburg im Breisgau: Fillibach 2008, S. 105–123.

Josting, Petra (Hrsg.): Hörerziehung – Hörbücher – Leseföderung. In: kjl&m 2008, H. 3.

Kerenkewitz, Sarah/Schulte, Klaus Martin: Die rätselhaft-vertraute Welt der Hörspielserie *Die drei ???*. In: merz 2008, H. 2, S. 80–84.

Kliewer, Heinz-Jürgen: Literatur hören. Überlegungen zu einem Curriculum. In: merz 2002, H. 3, S. 164–168.

Krug, Hans-Jürgen: Kleine Geschichte des Hörspiels. Konstanz: UVK ^{2}2008.

Lepa, Steffen/Ehrenspeck, Yvonne: Warum Lesen? Der Zusammenhang zwischen erwarteten Gratifikationen, Hörmediennutzung und dem fiktionalen Lesen von 7- bis 16-jährigen Mädchen und Jungen. In: merz 2008, H. 6, S. 34–45.

Lermen, Birgit: Das traditionelle und neue Hörspiel im Deutschunterricht. Paderborn [u. a.]: Schöningh ^{2}1983.

Marci-Boehncke, Gudrun/Rath, Matthias: Das mediale Umfeld Jugendlicher. Prägung und Auswirkungen auf den Deutschunterricht. in: Informationen zur Deutschdidaktik (ide) 2009, H. 3, S. 30–38.

Mucke, Sylvia: Theater für die Ohren. In: Eselsohr 2010, Januar, S. 10.

Müller, Karla: Literatur hören und hörbar machen (Basisartikel). In: Praxis Deutsch 2004, H. 185, S. 6–13.

Müller, Karla: Hörbücher im Deutschunterricht (Basisartikel). In: Die Grundschulzeitschrift 2005, H. 193, S. 4–8.

Müller, Karla: Literarische Kompetenz durch Vorlesegespräche erwerben. „Despereaux" – ein Hörroman für Klassenstufe 4. In: Die Grundschulzeitschrift 2006, H. 193, S. 50–55.

Müller, Karla: Hörbucher. In: Josting, Petra/Maiwald, Klaus (Hrsg.): Kinder- und Jugendliteratur im Medienverbund. Grundlagen, Beispiele und Ansätze für den Deutschunterricht. In: kjl&m 2007, 07.extra, S. 96–107.

Müller, Karla (a): Literarisches Lernen mit Buch und Hörbuch? Unterschiede und Gemeinsamkeiten der Literaturrezeption beim Lesen und Zuhören – und deren didaktisch-methodischen Konsequenzen. In: Bernius, Volker/Imhof, Margarete (Hrsg.): Zuhörkompetenz in Unterricht und Schule. Göttingen: Vandenhoeck & Ruprecht 2010, S. 135–149 (Edition Zuhören; 8).

Müller, Karla (b): Hören und Lesen am Beispiel von Kinder- und Jugendliteratur. In: Frederking, Volker/Krommer, Axel/Meier, Christel (Hrsg.): Taschenbuch des Deutschunterrichts. Bd. 2: Literatur- und Mediendidaktik. Baltmannsweiler: Schneider 2010, S. 656–668.

Partzsch, Maren: Kinderfunk nicht mehr nur im Ohr. In: Eselsohr 2009, November, S. 26.

Payrhuber, Franz-Josef/Schulz, Gudrun (Hrsg.): Lesen – Hören – Sehen. Kinder- und Jugendbücher in anderen Medien und Vorschläge zur Unterrichtsgestaltung. Baltmannsweiler: Schneider 2007.

Reißmann, Wolfgang: Hörmedien. In: Schorb/Anfang/Demmler 2009, S. 116–118.

Ritterfeld, Ute/Niebuhr, Sandra/Klimmt, Christoph/Vorderer, Peter: Unterhaltsamer Mediengebrauch und Spracherwerb. Evidenz für Sprachlernprozesse durch die Rezeption eines Hörspiels bei Vorschulkindern. In: Zeitschrift für Medienpsychologie 18 (2006), H. 2, S. 60–69.

Rogge, Jan-Uwe/Rogge, Regine: Zuhören macht Spaß. Die besten Kassetten und CDs, Hörclubs für Kids, Tips zum Selbermachen. Reinbek: Rowohlt 1999.

Rogge, Jan-Uwe: Kinderfunk und Hörspiele für Kinder. In: Lange, Günter (Hrsg.): Taschenbuch der Kinder- und Jugendliteratur. Bd. 2. Baltmannsweiler: Schneider 2000, S. 590–607.

Schiffer, Kathrin/Ennemoser, Marco/Schneider, Wolfgang: Mediennutzung von Kindern und Zusammenhänge mit der Entwicklung von Sprach- und Lesekompetenzen. In: Groeben, Norbert/Hurrelmann, Bettina (Hrsg.): Medienkompetenz. Weinheim, München: Juventa 2002, S. 282–297.

Schill, Wolfgang/Baacke, Dieter (Hrsg.): Kinder und Radio. Zur medienpädagogischen Theorie und Praxis der auditiven Medien. Frankfurt/M.: Gemeinschaftswerk der Evangelischen Publizistik 1996 (Beiträge zur Medienpädagogik; 2).

Schill, Wolfgang: Auditive Medien im Unterricht. Ein medienpädagogischer Orientierungsrahmen. In: Medien praktisch 1998, H. 1, S. 19–22.

Schorb, Bernd/Anfang, Günther/Demmler, Kathrin (Hrsg.): Grundbegriffe Medienpädagogik Praxis. München: Kopaed 2009.

Stenzel, Gudrun (a): Radio für Kinder und Jugendliche. In: Wild ^{3}2008, S. 437–443.

Stenzel, Gudrun (b): Von der Kinderschallplatte zum MP3-Player. In: Wild ^{3}2008, S. 443–449.

Umlauf, Konrad/Sarnowski, Daniella: Medienkunde. Wiesbaden: Harrassowitz 2000.

Weber, Wibke: Strukturtypen des Hörspiels – erläutert am Kinderhörspiel des öffentlich-rechtlichen Rundfunks seit 1970. Frankfurt/M. [u. a]: Lang 1997.

Wermke, Jutta: Integrierte Medienerziehung im Fachunterricht. Schwerpunkt: Deutsch. München: kopaed 1997.

Wermke, Jutta: Hörerziehung. In: Kliewer, Heinz-Jürgen/Pohl, Inge (Hrsg.): Lexikon Deutschdidaktik. Bd. 1. Baltmannsweiler: Schneider 2006, S. 230–231.

Wild, Reiner (Hrsg.): Geschichte der deutschen Kinder- und Jugendliteratur Stuttgart, Weimar: Metzler ^{3}2008.

Würffel, Bodo: Die Vergangenheit der Gegenwart. Erinnerung und Projektion als Kompositionsmittel des DDR-Hörspiels. In: Wirkendes Wort 1982, H. 3, S. 193–207.

BERNHARD MEIER

Zeitschriften für Kinder und Jugendliche

1 Definition

Zunächst scheint der Begriff 'Kinder- und Jugendzeitschrift' (vgl. hierzu und im Folgenden auch Meier 2000, S. 637 ff.) eindeutig definiert durch die Komposita

- Kind, Jugendlicher (Adressaten, Rezipienten) sowie
- Zeitschrift (Medium).

Dennoch zeigen sich bei näherer Betrachtung einige Gravamina, die hier nur angedeutet werden können (vgl. zu definitorischen Fragen grundlegend den Beitrag von Ewers in diesem Band), z. B.:

- Wie genau lässt sich eine Trennungslinie zwischen Kindheit und Jugend (und auch zwischen Jugend und Erwachsenen) ziehen?
- Wie verhält es sich mit intentional für Kinder/Jugendliche verfassten Periodica (z. B. *Floh* als für die Zielgruppe Kinder produzierte Zeitschrift) zu tatsächlich von Kindern/Jugendlichen rezipierten, aber nicht primär für sie gestalteten Zeitschriften (z. B. Jugendliche lesen *Stern* oder *Super-Illu*)?
- Ist es überhaupt sinnvoll, die Vielfalt des inhaltlichen Angebotes unter einem Begriff (Zeitschrift) zu subsumieren?
- Welche Bedeutung kommt pädagogisch initiierten Kinder- und Jugendzeitschriften (z. B. *Spielen und Lernen*) und solchen ohne direkten pädagogischen Bezug (z. B. *BRAVO-Girl*) zu?
- Jugendliche als Produzenten (nicht publizierter) Jugendzeitschriften
- Probleme des Vertriebs
- Genehmigungsfragen (über die Schule distribuiert) u. v. a. m.

In der Kommunikationswissenschaft hat sich zu 'Zeitschrift' die Definition von E. Dovifat durchgesetzt; dabei handelt es sich um ein

> fortlaufend und in regelmäßiger Folge erscheinendes Druckwerk, das einem umgrenzten Aufgabenbereich oder einer gesonderten Stoffdarbietung (Bild, Unterhaltung) dient. Danach bestimmt sich ihre Öffentlichkeit, ihre Tagesbindung, ihr Standort, die Mannigfaltigkeit ihres Inhalts und die Häufigkeit ihres Erscheinens (zit. nach: Koszyk/Pruys 1976, S. 374).

Hieraus lassen sich Kriterien ableiten wie:

- Aktualität
- Publizität
- Periodizität
- Spezialität vs. Universalität, spezielle vs. breiter gefächerte Inhaltsstruktur (vgl. Kieslich, zit. nach: Brüggemann 1974, S. 144f.).

Intentionale Kinder- und Jugendzeitschrift definiert Gärtner (1977, S. 165):

> Kinder- und Jugendzeitschriften sind speziell für Kinder und Jugendliche produzierte, zumeist selbstständige, aber auch Zeitschriften oder Zeitungen beigegebene, periodisch erscheinende Publikations- und Kommunikationsmittel, die Unterhaltung mit Belehrung, zuweilen auch mit Propaganda verbinden [...] Sie sind Publikationen, die 'allein im Hinblick auf die Erfahrungs- und Interessenwelt des Jugendlichen gestaltet, entweder von Jugendlichen selbst oder aber von Erwachsenen redigiert und ediert' (H. Koschwitz) werden.

Kinderzeitschriften ordnet Gärtner dem Vor- und Grundschulalter zu, Jugendzeitschriften siedelt er etwa ab dem 10. Lebensjahr an; allerdings werde „nicht selten der Terminus Jugendzeitschriften für beide Erscheinungsformen allein (sc. für Kinder und Jugendliche – B.M.) verwendet, zur Abhebung von Zeitschriften für Erwachsene." (Ebd.)

Die Altersschwelle setzt Gärtner für Jugendzeitschriften (ca. 10. Lebensjahr) relativ niedrig an; andere Studien, auch allgemein zum Begriff der Jugendliteratur, legen das 13./ 14. Lebensjahr für den Beginn von 'Jugend' fest und orientieren sich hier wohl am entwicklungspsychologisch relevanten Einschnitt der Pubertät (vgl. Kübler u.a. 1981, S. 198f). Dennoch scheint mir Gärtners Zuordnung gerade im Blick auf psychologisch und soziologisch einsetzende 'Verfrühung' und die damit veränderte tatsächliche Leserrealität (man denke nur an die gewandelten Rezeptionsbedingungen, z.B. im 4. Schuljahr: *BRAVO*-Lektüre ist heute nicht selten, vor 30 Jahren war dies noch undenkbar!) plausibel zu sein.

Zusammenfassend lässt sich festhalten:

'Kinder- und Jugendzeitschrift' ist definiert durch Kriterien des Mediums (wie sie auch für Zeitschriften der Erwachsenenwelt gelten) sowie die (z.T. differenzierenden) Ansichten der Alterszuordnung Kind/Jugendlicher.

2 Zur Geschichte

2.1 Westdeutschland

Die Geschichte der 'Kinder- und Jugendzeitschrift' ist andernorts gründlich beschrieben (vgl. z.B. Göbels 1973 und Hurrelmann 1974). Hier gilt es, lediglich die Konturen nach dem II. Weltkrieg zu zeichnen. Nach 1945 waren es die Besatzungsmächte, die bis zur Währungsreform und Gründung der Bundesrepublik

Deutschland (1949) in den Westzonen das Erziehungsziel der „reeducation" ausgaben. Die Absicht, demokratisch-emanzipatorische Intentionen vermitteln zu wollen, war ohne Zweifel ehrenwert – in der Praxis schlugen dann doch traditionelle Wertvorstellungen durch, wie sie einer restauratorischen Epoche immanent waren. Der Gipfel dieser Restauration in Bayern zeigte sich z. B. darin, dass man im gymnasialen Deutschunterricht 1947 Adalbert Stifters *Lesebuch zur Förderung humaner Bildung* aus dem Jahre 1854 (!) im Literaturunterricht wieder einsetzte – ein Buch, fast 100 Jahre alt! (vgl. Stifter/Aprent 1947). Offenbar glaubte man, keinen Fehler zu begehen, wenn man die Zeit unmittelbar vor 1945 im Literaturunterricht tot schwieg. Und – je weiter man zu den Altvorderen zurückschreite, desto geringer der Fehler. Wie trügerisch! Geschichte bedarf der Aufarbeitung – mitnichten der Verdrängung!

Die ersten Jugendzeitschriften im westlichen Deutschland waren ab 1947 *Horizont. Halbmonatsschrift für junge Menschen, Jugend. Zeitschrift für Jugend von 14 bis 18 Jahren, benjamin. Zeitschrift für junge Menschen, Unabhängige Zeitschrift für junge Menschen, Das Ziel* und – besonders in den 1950er Jahren wichtig – *Liliput* (vgl. Hussong 1993, S. 530). Ebenfalls wurde nach der Unterbrechung in der nationalsozialistischen Ära *Jugendlust*, eine Zeitschrift, die seit dem Ende des 19. Jahrhunderts existierte und die in den 1960er und 1970er Jahren ein wichtiges Organ der Jugendpflege wurde, wieder aufgelegt.

In Westdeutschland brachten viele Organisationen eigene Zeitschriften für Kinder und Jugendliche heraus. Die Kommerzialisierung im Wirtschaftswunderland gewann auch im Medienmarkt für junge Menschen die Oberhand. Ein noch nie dagewesener Pluralismus war konstatierbar: Vielfalt in der inhaltlichen und ästhetischen Gestaltung. Hussong macht drei Etappen aus: „reeducation" bis ca. 1948 (bes. Restauration traditioneller kulturbürgerlicher Werte), „Jugendpflege" bis ca. 1955 („Kampf dem Schmutz und Schund", vgl. die Zeitschriften *Rasselbande* sowie *Liliput*), „Kommerz" (seit 1956, exemplarisch: *BRAVO*) (vgl. Hussong 1993).

Aufklärerische und friedenspädagogische Intentionen wollte Erich Kästner mit seiner Jugendzeitschrift *Pinguin* nach den Erfahrungen des II. Weltkrieges realisieren. Im 1. Heft dieser Zeitschrift *Pinguin – Für junge Leute (Nr. 1/1946)* erfahren wir:

> Pinguin ist mein Name. Ich rede, wie mir der Schnabel gewachsen ist: ich lache, wie es mir gefällt. Ich will mich anfreunden mit all denen, die jung sind und sich jung fühlen. Ich liebe das Leben und alles, was lebendig ist.
> Ich hasse das Abgelebte und Verstaubte, den Spießbürger und den Schnüffler. Ich freue mich an der Schönheit der weiten Welt, an den Wundern der Natur und den Schöpfungen der großen Künstler. Ich habe ein offenes Ohr für die Klagen der Bedrückten, und mein Herz schlägt mit allen, die guten Willens sind.
> Ich will euch begeistern für all das, was wir tun können, um uns selbst ein besseres Leben zu schaffen.

Kästner begründet in diesem Artikel: Nach 1945 seien nicht nur „Ziegelsteine und Saatkartoffeln“ nötig, sondern eine Revision der Tugenden, die im Nationalsozialismus verkommen sind.

> Nie zuvor sind Eigenschaften wie Zivilcourage, Ehrlichkeit, Gesinnungstreue, Mitleid und Frömmigkeit so grausam und teuflisch bestraft, nie vorher sind Laster wie Roheit, Unterwürfigkeit, Käuflichkeit, Verrat und Dummheit so maßlos und so öffentlich belohnt worden. Wir wollen Deutschland neu aufbauen und bei unserem Charakter beginnen.

Es ist evident, dass Kästner Tugenden des Humanismus und der Aufklärung im Blickfeld hat. 1947 nennt das *Handbuch Lizenzen Deutscher Verlage. Zeitungen, Zeitschriften, Buchverlage* 35 Jugend-Zeitschriften – zwei Jahre nach Kriegsende eine erstaunliche Zahl (Hussong 1993, S. 530). Einige dieser Medien erreichten für damalige Verhältnisse enorme Auflagenzahlen, z.B. *Horizont,* eine Zeitschrift mit Adressatenorientierung Gymnasiasten (Förderung der „Elite“, so in Heft 2/1947) mit 150000 Expl., *Jugend* ebenfalls mit 150000 Expl., *benjamin* mit 80000 Expl., *Zukunft* mit 100000 Expl. (Hussong 1993, S. 530), *Die Kommenden,* eine anthroposophisch orientierte Zeitschrift, brachte es immerhin auf eine stolze Auflage von 50000 Expl. (ebd.).

1956 entstand die Zeitschrift *BRAVO* durch den Zusammenschluss von *Rasselbande, OK und Wir.* Ursprünglich als Zeitschrift für TV und Film konzipiert, entdeckte *BRAVO* bald eine Nachfrage gerade bei jugendlichen Lesern in puncto sexueller Aufklärung und Idole/ Starkult in Verbindung mit Musik als wohl wichtigsten Sektor im jugendlichen Freizeitangebot. Offenbar bediente *BRAVO* die latenten und offenen Ansprüche der Jugendlichen perfekt. Hätten in den 1960er Jahren Eltern, Schule, Verbände, Kirchen, Jugendpflege usw. im Hinblick auf Sexualkunde nicht versagt – in der Regel durch einfache Verdrängungsmechanismen –, wäre der Erfolg von *BRAVO* alsbald als Deutschlands größter Jugendzeitschrift vermutlich so nicht möglich gewesen. Und die deutsche Einheit 1989 tat ein Übriges: im Osten fand *BRAVO* ein weites leeres Feld, stagnierende und gar zurückgehende Umsatzzahlen konnten aufgefangen werden.

Wieso wurde dieser *BRAVO*-Erfolg möglich?

Junge Menschen sind im Erziehungs- und Sozialisationsprozess auf der Suche nach Identität. Und identitätsstiftend wirken Ideale (z.B. Werte und Weltanschauungen, wie sie in Personen konkretisiert werden, z.B. Eltern, Lehrer, Vorbilder) – aber auch gerade in einer Welt der lauten Töne: Idole (z.B. musizierende Helden). *BRAVO* stiftet im Anbieten aktueller ‘Helden’ (etwa Pop-Stars) Orientierungsmuster für Jugendliche – vordergründig, häufig ohne Tiefgang, ganz zugeschnitten auf seichte Bedürfnisse einer schnelllebigen Zeit. Und in der Präsentation von Idolen aus der Musik-Branche wird der Konsumzwang gleich mitgeliefert: um ‘in’ zu sein, bedarf es der Kenntnis der ‘Scheiben’, CDs und DVDs dieser Idole: Konsumstiftung. Bleibt noch das Wunder der Liebe übrig –

in *BRAVO* präsentiert in Foto-Love-Stories und in 'Kummerkästen' der Leserbriefe samt Antworten der Kummerkastentanten und -onkels: häufig Tröstelei statt Hilfe! Echte Probleme bedürfen der Lösung in der persönlichen Kommunikation. Ein marktschreierisches Austragen im voyeuristischen Aktionismus der Öffentlichkeit ist hier fehl am Platz.

2.2 Ostdeutschland

Ganz anders stellt sich die Situation in der SBZ und der DDR dar. In der SBZ/DDR (1945 bis 1949 und 1949 bis 1989) erfüllten Kinder- und Jugendzeitschriften andere Intentionen als in den Westzonen bzw. der BRD. Ostdeutschen „Zeitschriften oblag eine vermittelnde Funktion im Beziehungsgefüge von literarischer Unterhaltung mit pädagogischen Zielstellungen bei höchstmöglicher politisch-ideologischer Effizienz" (Kramer 2006, Sp. 935). Letzteres wird vom langjährigen Chefredakteur der ABC-Zeitung, Rudi Chowanetz, in aller Deutlichkeit unterstrichen:

> Die Kinderzeitungen und -zeitschriften in der DDR sind Organe der Leitung der Freien Deutschen Jugend für die Arbeit in der sozialistischen Kinderorganisation. Sie sind zu diesem Zweck geschaffen und entwickelt worden. Sie sollen mithelfen, die Ziele der Pionierorganisationen bekanntzumachen, sozialistische Ideen und Werte zu verbreiten und Aktivitäten zu entwickeln. Die Kinderpresse ist ein wesentliches Mittel, politisch und organisatorisch auf das Leben der Kinder bestimmend einzuwirken (Chowanetz 1983, S. 14).

Kinder- und Jugendzeitschrift in der DDR hatten natürlich auch Unterhaltungswert, aber keineswegs an erster Stelle. Kinder- und Jugendliteratur war in der DDR insgesamt hoch angesehen. Sie war kein Literatur-Appendix, sie war wichtiger Bestandteil der sozialistischen Nationalliteratur. Dies trifft auch auf die Kinder- und Jugendzeitschriften zu.

Daher ist es schon erstaunlich, dass in dem auf 750 Seiten angewachsenen Sammelband *Zwischen „Mosaik" und „Einheit" – Zeitschriften in der DDR* (herausgegeben von Barck/Langermann/Lokatis 1999) das Thema Kindheit und Jugend völlig ausgeblendet bleibt.

Im Rekurs auf Chowanetz (1983, S. 17 und S. 131–137) ermittelt Lehmann (2000, S. 123 und S. 125) folgende Übersicht der DDR-Kinderzeitschriften samt Auflagenzahlen:

Übersicht über die Kinderzeitschriften in der DDR

Zeitschrift	**Altersstufe**	**Erscheinungszeit**
Bummi	3–6jährige	seit 1957
Die ABC-Zeitung	6–9jährige	1946–1990
Der Junge Pionier	10–13jährige	1948–1958
Trommel	10–13jährige	1948–1958
Frösi	9–13jährige	1953–1990
Atze	9–12jährige	1955–1990
Mosaik	10–14jährige	seit 1955
Die Schulpost	10–13jährige	1946–1958
Rakete	10–16jährige	1958–1963
Technikus	13–16jährige	1963–1990
Plomojo/Plomje	für sorbische Pioniere	

Auflagen der Kinderzeitschriften der DDR 1960 und 1981 sowie ihr Erscheinungsmodus

Titel	**Auflagen 1960**	**Auflagen 1981**	**Erscheinungsmodus**
Bummi	534.556	750.000	Monatlich/2-wöchig
ABC-Zeitung	351.000	880.000	Monatlich
Trommel	362.000	708.000	Wöchentlich
Frösi	577.000	615.000	Monatlich
Atze	422.000	547.000	Monatlich
Mosaik	250.000	930.000	Monatlich
Technikus	95.000	125.000	Monatlich

Bummi und *Mosaik* habe die Wende überlebt und erscheinen auch heute noch – *Frösi* konnte 2002 als Beilage des *Neuen Deutschland* nur kurzfristig erscheinen. Alle anderen Zeitschriften ereilte mit dem Ableben der DDR auch der eigene Exitus (vgl. Kramer 2006, Sp. 935).

Alles andere als pretiös klingt die Einschätzung von Thomas Kramer, profunder Kenner der DDR-Kinder- und Jugendliteratur und Mitherausgeber des opulenten *Handbuchs zur Kinder- und Jugendliteratur. SBZ/DDR. Von 1945 bis 1990* (Steinlein/Strobel/Kramer 2006):

> Die Kinder- und Jugendzeitschriften der DDR werden mit Ausnahme von *Mosaik* und den separat editierten *Fix und Fax*-Bildgeschichten aufgrund ihres ideologisch dominierten Inhaltes heute nur noch von der Forschung wahrgenommen (Kramer 2006, Sp. 970).

Ein vernichtendes abschließendes Urteil des 1959 in der DDR geborenen und dort sozialisierten Literaturwissenschafters Thomas Kramer. Freilich – für das Kinder- und Jugendbuch der DDR trifft diese Evaluation keineswegs zu.

3 Typologie und Funktion

Es existiert eine Vielzahl von Versuchen, den mannigfaltigen Komplex der Kinder- und Jugendzeitschrift – die historischen Ausführungen sollten dies unterstreichen – zu typologisieren. Aspekte der Operationalisierung hierfür können sein: inhaltliches Angebot, Aufbereitung und formale Gestaltung, pädagogische Fragestellungen, Wirkungsmechanismen, ökonomische Strukturen u. v. a. m. Am vordergründigsten wäre für Westdeutschland wohl eine Polarisierung

- 'die Lauten im Lande' und
- 'die Stillen im Lande'.

Zur ersten Gruppe sind jene Periodica zu rechnen, die das Konsumangebot der Vergnügungsindustrie geradezu verabsolutieren und für die persönlichkeitsbildende Potenzen kaum Verhandlungsgegenstand sind. Die pädagogisch ausgerichteten Kinder- und Jugendzeitschriften, gelegentlich auch 'Alternativzeitschriften' (der Terminus geht von der Leserrealität aus und stellt eigentlich eine pädagogische Bankrotterklärung dar!) tituliert, sind der zweiten Kategorie zuzuordnen. Wer illusionslos aktuelle Informationen vermittelt, wer versucht, Wirklichkeit unverzerrt darzustellen, Beiträge zur ästhetischen Erziehung, zur Werterziehung und zum Aufbau von Persönlichkeiten leistet, darf sich der Zustimmung der breiten Mehrheit nicht unbedingt sicher sein. Die Redakteure der 'Stillen im Lande' wollen eben keine 'geheimen Verführer' sein. Sie versprechen nicht, für jedwede Gefühle und Sehnsüchte, für jeglichen Kummer das passende Redaktionskonzept parat zu haben, um es dann doch nicht einzulösen. Das ganze Geheimnis der 'Lauten' ist, so zu tun, als erfüllten sie diese geheimen Wünsche: die Jugendzeitschrift im Bannstrahl der Manipulation und Ökonomie.

An den Gesetzen des Marktes orientiert ist das Raster von Lindgens (1980); sie listet auf:

- kommerzielle (primär gewinnorientierte) und
- nichtkommerzielle (weniger/nicht gewinnorientierte) Jugendzeitschriften.

Zur letzten Gruppe wären vor allem verbandseigene und analoge Medien zu subsumieren, denen es um die 'message' geht und die nicht primär auf wirtschaftlichen Gewinn abzielen. Zum ersten Ordnungssystem dagegen zählen jene Periodica, die sich dem Wettbewerb stellen und bestehen wollen, indem sie Gewinn optimieren. Als dritten Typus führt Lindgens einen sogenannten 'Mitteltyp' ein, der zwischen den Polen anzusiedeln wäre.

Eine überwiegend inhaltliche Einteilung für die kommerzielle Jugendpresse schlägt Rogge (1984, S. 52) vor. Er differenziert:

- Die 'monothematische' Kinder- und Jugendzeitschrift: lediglich ein Thema steht im Vordergrund, z. B. *Tierfreund*; Rogge beruft sich aber nicht nur auf primär für Kinder und Jugendliche verfasste Kommunikate, sondern geht aus von der tatsächlichen Leserealität; so bezieht er z. B. die (Erwachsenen-)Zeitschrift *Motorrad*, gerade von Jungen häufig gelesen, hier mit ein.
- Die mehrthematische Zeitschrift ('Mischung' aus mehreren, Jugendliche interessierende Themen)
- Die 'SpezialMusikzeitschrift'
- Die 'Zielgruppenzeitschrift' (z. B. *Mädchen*)
- Die 'ComicZeitschrift'
- Der 'pädagogisch-konfessionell orientierte Mischtyp' (z. B. die inzwischen eingestellte *X-Mag* in der Nachfolge der *Jungen Zeit*)

Dieses Raster ist sicher eine diskutable Grundlage, da es die Leseinteressen, das tatsächliche Leseverhalten, geschlechtsspezifische Rezeptionsweisen und inhaltlich-strukturelle Gegebenheiten impliziert. Dennoch scheint es mir revisionsbedürftig. So ließe sich die 'Spezial-Musikzeitschrift' ohne weiteres unter 'monothematisch' subsumieren (ebenso wie viele Hobby-Zeitschriften). Die 'Comic-Zeitschrift' ist m.E. in dieser Auflistung fehl am Platz, da Comic als eigenständiges Genre der Kinder- und Jugendliteratur firmiert. Wenn schon 'konfessionell' orientierte Medien eigens kategorisiert werden, müsste diese Ordnungseinheit erweitert werden (Weltanschauung, Ideologie). Aber auch dann ist dieses Raster noch nicht stimmig, da zu viele Ordnungsmuster kollidieren (Spezialität und Universalität, Leseinteressen und Leseverhalten, Geschlechtsspezifik, Religion/Ideologie/Weltanschauung u.v.a.m.).

Die Lektüre-Funktionen von Zeitschriften für Kinder und Jugendliche können sehr vielschichtig sein – „Trendbarometer, Orientierungshelfer, Ratschlagtante oder Poster-Lieferant“ (Leuschner/Sölter 1998, S. 15). Dies wird „von Medienmachern gnadenlos ausgenutzt: Sie sitzen quasi am Brett eines Strategiespiels, um immer neue Lücken zu schließen. Und vermeintliche Wünsche zu erfüllen – oder zu wecken“ (ebd.). Am Beispiel *BRAVO* heben die beiden Autoren hervor, es sollten hier auf gar keinen Fall „echte Werte vermittelt werden. Man verkumpelt sich eher mit seiner jungen Klientel, damit die bei angesagten Namen und Trends mitreden kann; denn 'draußen sein' scheint seelisch kaum verkraftbar“ (ebd.). Medien vom Schlage *BRAVO*s sind kaum geeignet, „zur echten Orientierung“ (ebd.) der jugendlichen Rezipienten beizutragen.

Baumgärtner (o.J.) listet folgende Funktionen auf, denen Kinder- und Jugendzeitschriften genügen sollen:

- situationsadäquate Aufbereitung aktueller Inhalte
- Informationsvermittlung
- Thematisierung interessierender Lebensbereiche
- Weckung der Neugierde
- Unterhaltung
- Anregen zum Weiterdenken, Experimentieren, Beobachten, verantwortungsbewussten Handeln zur Stellungnahme, Kritik und Meinungsbildung

4 Produktion, Distribution, Rezeption

Sieht man sich den Markt der Kinder- und Jugendzeitschriften an, so scheint man auf ein breitgefächertes Angebot zu stoßen. Zweifelsohne: die Vielfalt ist schillernd und bunt. Doch sieht man genauer hin, wird der bereits skizzierte *BRAVO*-Effekt sichtbar. Und *BRAVO* bleibt im Prinzip seiner Linie treu: es werden lediglich die Namen der singenden und musizierenden Helden im Lauf der Jahre ausgetauscht, aber das Idol an sich überdauert. Sexueller Aufklärungsanspruch bleibt ebenso bestehen. Analoges gilt für viele Kinder- und Jugendzeitschriften. Lifestyle, Starkult, Kommerz, Sexualität – das sind beherrschende Themen vieler Periodica für Jugendliche. Nicht wenige Themen des Marktführers *BRAVO* bestimmen auch die Inhalte anderer Jugendzeitschriften. Es wurden immer wieder Unternehmungen gestartet, *BRAVO*-Leser abspenstig zu machen – zumeist erfolglos. Zuletzt versuchte dies das Lifestyle-Magazin *Yam* (Young Adult-Magazin), eine im Axel Springer-Verlag am 13. September 2000 erstmals publizierte Jugendzeitschrift. Die Erscheinungsweise war wie bei *BRAVO* wöchentlich. Auch die bevorzugten Themen ähnelten denen des Marktführers. Hinzu kam das Thema Medien (PC, Internet, Handy) – ein weiteres wichtiges Angebot für jugendliche Leser. Dennoch gingen nach erfolgreichem Start die Verkaufszahlen bald zurück. Hier konnte ab Anfang 2007 auch nicht die Beilage *Yam! BamS* in der *Bild am Sonntag,* ebenfalls zum Springer-Verlag gehörig, das Interesse der jungen Leser von BamS intensiver auf *Yam* richten. Weitere diverse Maßnahmen, *Yam* zu relaunchen, waren nicht von Erfolg gekrönt. Auch eine neue Titelei *(Yam! – Dive into Life)* vermochte an der Misere ausbleibender Verkaufszahlen nichts zu ändern. Mit Heft 1/2009 wurde die Produktion eingestellt.

Für das Jahr 2009 lassen sich insgesamt diese Verkaufszahlen wichtiger Jugendzeitschriften ermitteln (http://www.pz-online.de/).

Titel	Verkauf insgesamt
BRAVO	513309
BRAVO Hip Hop SPECIAL	54487
BRAVO-GIRL	190773
CARD MASTER	33205
Freche Mädchen – Freches Magazin	54396
GAME MASTER	42214
Girlfriends	40759
Go girl	45570
Gute Zeiten, schlechte Zeiten – Magazin	28243
handfest Jugendmagazin des Handwerks	78736
HANNAH MONTANA	75627
Hey!	179812
Jessy	31797
Just Kick-it!	41908
life + science	1767
MAD – Das intelligenteste Magazin der Welt	18029
Mädchen	157857
MEGA Hiro	34898
Pferd & Co	61291
Pferde – Freunde fürs Leben	47022
Popcorn	205745
Tiere – Freunde fürs Leben	42914
Tierfreund	94324
Top of the Pops	55682
Yeah!	94105

BRAVO-Produkte, gar mit Ablegern (*Hip Hop SPECIAL, BRAVO-GIRL* u.a.): unangetastet auf Platz 1! Wie bescheiden nehmen sich Periodica aus, die pädagogisch gestaltet sind. Aber – Masse ist nicht Klasse. Eine aggressive Medienindustrie hinterlässt ihre Spuren.

Die präsentierten Zeitschriften gelangen auf unterschiedlichen Vertriebswegen zu den jungen Lesern: Kauf (Kiosk, Buchhandlung, Schule, Abonnement),

Leihen, Tauschen, Schenken-Lassen. Nicht alle Produkte sind über alle Kanäle erwerbbar. Manche Zeitschriften werden nur über das Abonnement vertrieben, andere nur über freien Verkauf. Bei pädagogisch initiierten Medien sind Sammelbestellungen über Schulen möglich, sofern die Genehmigung für das Produkt durch das entsprechende Kultusministerium erteilt wurde. Voraussetzung dafür ist (z. B. für Bayern), dass diese Zeitschriften „nach Inhalt und Gestaltung pädagogisch empfehlenswert sind und keine politische Werbung enthalten"; *Benni, Bimbo, Floh, Flohkiste, Stafette, Tierfreund* u. a. können z. B. über die bayerischen Schulen vertrieben werden (vgl. Amtsblatt des bayerischen Kultusministeriums Nr. 21/ 1991, S. 406). Dies freilich ist in das Ermessen der jeweiligen Schulen gestellt; Verlagsvertreter dürfen in den Schulen nicht werben.

Hingegen lassen die kommerziellen Medienmacher kaum Mittel unversucht, die Gunst der jugendlichen Käufer zu gewinnen. 1998 wurde im Taschengeldbudget bundesdeutscher Kinder und Jugendlicher eine Summe von 16,5 Milliarden DM veranschlagt; ein Großteil des Geldes wurde in Printmedien ausgegeben, wobei Comics ganz oben standen, gefolgt von Zeitschriften mit den Themen Musik, Liebe und Sex, Sport und Computer (Leuschner/Sölter 1998, S. 15). Längst hat die Industrie die Kaufkraft jugendlicher Rezipienten entdeckt.

Rezeptionsverhalten insgesamt muss innerhalb der Freizeitaktivitäten angesiedelt werden. Welche Freizeitbeschäftigungen bei Jugendlichen im Alter von 12 bis 25 Jahren am häufigsten präferiert werden, hat die Shell Deutschland Holding (2006) in einer repräsentativen Studie von 2532 Jugendlichen in den alten und neuen Bundesländern wie folgt ermittelt (Shell 2006, S. 78). Dabei waren bis zu 5 Nennungen bei den Probanden zu den beliebtesten Hobbys möglich:

1. 63 %: Musik hören
2. 58 %: Fernsehen
3. 57 %: sich mit Leuten treffen
4. 38 %: im Internet surfen
5. 31 %: Discos, Partys, Feten
6. 28 %: Bücher lesen
7. 28 %: Vereinssport
8. 26 %: Video/DVD schauen
9. 26 %: Freizeitsport
10. 20 %: Computerspiele
11. 19 %: Unternehmungen mit Familie
12. 18 %: Shoppen
13. 15 %: Rumhängen
14. 12 %: Zeitschriften lesen
15. 12 %: Kreatives/Künstlerisches
16. 11 %: in die Kneipe gehen

17. 6 %: sich im Projekt engagieren
18. 6 %: Jugendzentrum

Es handelte sich um sog. 'Opinion'-Fragen, d. h. Jugendliche sollten ihr Verhalten selbst einschätzen (Womit beschäftigst du dich am liebsten in deiner Freizeit?). Im Gegensatz hierzu wurden 'Fakt'-Fragen ermittelt, welchen Tätigkeiten die Jugendlichen z. B. an dem der Befragung vorausgehenden Werktag oder dem letzten Wochenende tatsächlich nachgegangen sind (Hier findest du eine Liste von Freizeitbeschäftigungen. Welche hast du gestern/am letzten Wochenende wie lange ausgeübt?).

Zeitschriften lesen rangiert offenbar abgeschlagen auf Rang 14 – peinlicherweise noch nach *Shoppen* (Platz 12) und *Rumhängen* (Platz 13).

Es lässt sich beim Vergleich mit den Resultaten von 2002 der Tabellierung entnehmen, dass „vor allem technikbezogene Aktivitäten zugenommen“ haben, dass „Internet und DVDs“ im Freizeitverhalten auf dem Vormarsch (Shell 2006, S. 77) sind. Das Zeitschriften-Lesen ging 2006 im Vergleich zu 2002 von 13 % auf 12 % (ebd., S. 78) zurück.

Nochmals sei hervorgehoben: es handelt sich um Einschätzungen der Jugendlichen selbst. Mit tatsächlichem Leseverhalten muss dies nur bedingt etwas zu tun haben. Und: über die Qualität der Lektüre ist damit keine Aussage getroffen. Dass es sich dabei um so unterschiedliche Produkte wie *BRAVO, Auto, Motor und Sport, Kicker, Just Kickit, Gala* usw. handelt – dies bleibt in dieser Tabellierung ebenso unberücksichtigt wie die zeitliche Verweildauer.

5 Evaluation

Versucht man eine abschließende Bewertung des Mediums, so existieren in der Literatur diverse Vorschläge, die überwiegend ästhetische, sozialisationstheoretische, entwicklungspsychologische und informationstheoretische Aspekte beinhalten. Gärtner/Schiele (1988, S. 54) entwickelten ein Instrumentarium, das sich vor allem an den Bedürfnissen der Praxis orientiert:

- Aktuelles Bildungsangebot zur Persönlichkeitsentwicklung
- Sachgemäße Orientierung in naher Umwelt und weiter Welt
- Impuls für phantasiereiche, kreative Entfaltung
- Auseinandersetzung mit kindnahen und zeitgemäßen Problemen
- Angebote zur sozialen Handlungsfähigkeit
- Förderung in literar- und sprachästhetischer Hinsicht
- Unterstützung beim Schriftspracherwerb und bei der Pflege der Schriftsprachkultur
- Grafisch ansprechende Gesamt- und Detailgestaltung

Dieses zunächst für die Kinderzeitschrift erprobte Modell lässt sich m.E. mühelos auch auf die Jugendzeitschrift anwenden. Es enthält u.a. auch Aspekte der Optimierung von ästhetischer Sprachhandlungskompetenz. Konsequent bedauern die Autoren das Abdriften vieler Kommunikate „in den Sog merkantiler Interessen" (ebd.). Kindliche und jugendliche Zeitschriftenleser sind für Gärtner/Schiele „nicht in erster Linie als Konsumenten, sondern als vielseitig und ganzheitlich zu bildende, ernstzunehmende Personen anzusprechen" (ebd.).

Wie Evaluation der Kinder- und Jugendzeitschriften konkretisiert wird – dafür gibt es unterschiedliche Rankings. So empfiehlt die 'Stiftung Lesen' folgende Kinder- und Jugendzeitschriften:

Ab 1 Jahren:	(1)	*Pippo* (Sailer Verlag)
Ab 3 Jahren:	(2)	*Hoppla* (Sailer Verlag)
Ab 4 Jahren:	(3)	*Medizini* (Wort und Bild Verlag)
Ab 6 Jahren:	(4)	*ABC Kinderforum* (D+S Verlag)
	(5)	*mach mit* (Family Media)
	(6)	*Leserabe* (Blue Ocean Entertainment AG)
	(7)	*OLLI UND MOLLI* (Sailer Verlag)
Ab 7 Jahren:	(8)	*ZEIT Kinderheft* (Die ZEIT)
	(9)	*National Geographic World* (NGD)
	(10)	*Flohkiste 1* (Domino Verlag)
	(11)	*Hallo* (Deutscher Sparkassen Verlag)
	(12)	*BIMBO* (Sailer Verlag)
	(13)	*BENNI* (Sailer Verlag)
Ab 8 Jahren:	(14)	*FILOV* (Family Media)
	(15)	*Flohkiste 2* (Domino Verlag)
	(16)	*SPICK* (Künzler-Bachmann Direkt AG)
	(17)	*jojo* (WDV Gesellschaft für Medien und Kommunikation)
	(18)	*GEOlino* (Gruner und Jahr)
	(19)	*TIERFREUND* (Sailer Verlag)
	(20)	*STAFETTE* (Sailer Verlag)
	(21)	*I LOVE ENGLISH JUNIOR* (Sailer Verlag)
Ab 9 Jahren:	(22)	*Treff* (Family Media)
	(23)	*Flohkiste 3/4* (Domino Verlag)
Ab 12 Jahren:	(24)	*Spot on* (Spotlight Verlag)
	(25)	*FLOH – Das Schülermagazin* (Domino Verlag)
Ab 17 Jahren:	(26)	*jo* (WDV Gesellschaft für Medien und Kommunikation)
Eltern-/Kinder:	(27)	*Kinderzeit* (Family Media)
	(28)	*spielen und lernen* (Family Media)

Bunt und vielfältig wie das wirkliche Leben – so ist das Spektrum dieser pädagogisch initiierten Kinder- und Jugendzeitschriften. Natürlich gibt es auch monothematische Zeitschriften (z. B. (3) oder (9)). Aber insgesamt versuchen die hier aufgelisteten Periodica die Breite der Interessengebiete von Kindern und Jugendlichen abzudecken – ganz anders als jene große Jugendzeitschrift, die ihrer Leserschaft einen Ausschnitt von Wirklichkeit präsentiert, in dem sexueller Aufklärungsanspruch, Stars und Musik dominieren – alles andere bleibt ausgespart (z. B. existentielle Probleme, Arbeitslosigkeit usw.)

Ganz anders die Kinder- und Jugendzeitschriften, für die die Stiftung Lesen themenorientiert und sprachbildästhetisch eine Lanze bricht: Themen aus dem

- Alltag der Kinder, z. B. (6);
- entdeckendes, kreatives Lernen, Experimentieren, z. B. (10);
- Kinderzeitschriften als literarisches Propädeutikum, z. B. (1), (12), (23);
- Mitmach-Aktionen, z. B. (1), (5);
- Leseförderung, z. B. (6), (10), (15);
- Schulanfang/Lese- und Schreibespiele, z. B. (7);
- Wissen und Welt-Entdecken, z. B. (2), (13), (16), (26);
- Spaß, Spannung, Unterhaltung, Sport, Freizeit, z. B. (17), (24);
- Spezialgebiete wie Tiere, Gesundheit, Technik, Menschen in aller Welt, Fremdsprachen, z. B. (3), (8), (9), (11), (12), (14), (18), (19);
- Vielseitigkeit, z. B. (20), (25) u.v.a.m.

Kinder ernst nehmen, für sie da sein, Angebote entwickeln – das kommt in den hier aufgelisteten Periodica je unterschiedlich zur Geltung. Prodesse et delectare – was für Aesop, Hans Sachs, die Aufklärung oder Erich Kästner zum Maßstab wurde – das sollte auch Richtschnur für das Gestalten von Kinder- und Jugendzeitschriften sein. Kinder- und Jugendzeitschriften spielen im Lesehaushalt von Heranwachsenden mit „affektiven und kognitiven Gratifikationen" sowie mit „handlungsleitenden Themen" (Heubuch 2005, S. 85 ff. und S. 95 ff.) eine entscheidende Rolle bei der Herausbildung von „Identitätsentwicklung" (ebd., S. 126). Umso gewissenhafter müssen die Verantwortlichen damit umgehen.

6 Forschung

Die Forschungslage zur Kinder- und Jugendzeitschrift ist insgesamt als desolat, ja als desaströs zu bezeichnen. Dies hat natürliche diverse Ursachen. Ein Grund ist im Medium selbst angesiedelt: Fusionierungen, Neugründungen, Einstellungen, Veränderungen in der Produktion insgesamt sind der Forschungsarbeit nicht sehr dienlich. Selbst bei Forschungsberichten für wissenschaftliche Zeitschriften, die sich einer relativ geringen Zeitspanne zwischen Manuskriptfertigstellung und Publikation erfreuen, ist es denkbar, dass zum Zeitpunkt der Veröffentlichung die Daten bereits wieder veraltet sind, kann doch die zu referierende Jugendzeitschrift vom Markt bereits verschwunden sein.

Im Bereich der Medien für Kinder und Jugendliche wurden in den letzten Jahren eindeutig Forschungsarbeiten zu elektronischen Medien, vor allem Film, Fernsehen, Video und Computer, favorisiert: daneben ist auch das Interesse für die Erforschung von Comics relativ groß (vgl. Heidtmann 1992). All dies lässt sich durchaus begründen durch das tatsächliche Rezeptionsverhalten der Jugendlichen. Dennoch rechtfertigt dies noch nicht die weitgehende Verabschiedung der Forscher im Jugendzeitschriftensektor, sieht man einmal von der durchaus respektablen Anzahl von Studien zur Jugendzeitschrift *BRAVO* und analogen Produkten der kommerziellen Jugendpresse ab (vgl. z. B. Glück 1998, Jürgens 1999, Leuschner/Sölter 1998, Meier 1999). Zwar existiert eine Reihe wissenschaftlicher Studien zur Thematik, etwa in Form von Abschlussarbeiten besonders sozialpädagogischer Einrichtungen, die aber wieder kaum zugänglich bzw. abrufbar sind. Zahlreiche Handbücher nehmen Kinder- und Jugendzeitschriften in ihre Darstellung nicht auf. Das Forschungsmanko soll an einem eigens für die Erforschung von Kinder– und Jugendzeitschriften gestifteten Preis, dem 'Christian-Felix-Weiße-Preis', markiert werden. Mangels vorliegender Untersuchungen konnte der Preis nur wenige Male verliehen werden. Die letzte größere Studie zur Kinder- und Jugendzeitschrift, sieht man einmal von sinnvollen Überblicksdarstellungen und kaleidoskopartigen Informationen sowie Einzeluntersuchungen ab (vgl. richtungsweisend die verdienstvolle Studie von Hurrelmann 1974) stammt aus dem Jahre 1967! Sie trägt den bezeichnenden Titel: *Das Elend der Jugendzeitschriften* (Müller 1967). Und auch Heinrich Wolgasts Beitrag *Das Elend unserer Jugendliteratur* von 1896 scheint nach über 100 Jahren nichts von seiner Aktualität eingebüßt zu haben.

Literaturverzeichnis

Barck, Simone/Langermann, Martina/Lokatis, Siegfried (Hrsg.): Zwischen „Mosaik" und „Einheit" – Zeitschriften in der DDR. Berlin: Links 1999.

Baumgärtner, Alfred Clemens: Die Kinder- und Jugendzeitschrift. Erscheinungsformen – Beurteilungsmöglichkeiten – pädagogische Aspekte. Frankfurt/ M.: o.J. (= MS des Deutschen Jugendschriftenwerks).

Brüggemann, Theodor: Jugendzeitschriften. Begriff, Probleme, Forschungsergebnisse. In: Arbeitskreis für Jugendliteratur (Hrsg.): Jugendliteratur und gesellschaftliche Wirklichkeit. Bad Heilbrunn: Klinkhardt 1974. S. 143–165 (2. Jahrbuch des Arbeitskreises für Jugendliteratur).

Busch, Holger: Jugendzeitschriften. Jahresdurchschnittsauflagen von 2008 bis 2009. In: http://www.pz-online.de; 01.03.2010.

Chowanetz, Rudi: Die Kinderzeitschriften in der DDR von 1946 bis 1960. Berlin: Kinderbuchverlag 1983 (Studien zur Geschichte der deutschen Kinder- und Jugendliteratur; 13).

Doderer, Klaus (Hrsg.): Jugendliteratur zwischen Trümmern und Wohlstand 1945–1960. Weinheim, Basel: Beltz 1993.

Gärtner, Hans: Kinder- und Jugendzeitschriften. In: Doderer, Klaus (Hrsg.): Lexikon der Kinder- und Jugendliteratur. Bd. 2. Weinheim, Basel: Beltz 1977, S. 165–170.

Gärtner, Hans/Schiele, Johanna: Kinderzeitschriften: nicht nur zum Lesen. In: Grundschule 1988, H. 2, S. 54–57.

Glück, Gerhard: Sex in der Badewanne! Die Bravo als Leitmedium in der schulischen Sexualerziehung? In: Pädagogik 1998, H. 4, S. 15–18.

Göbels, Hubert: Das „Leipziger Wochenblatt für Kinder" (1772–1774). Eine Studie über die älteste deutschsprachige Kinderzeitschrift. Ratingen: Henn 1973.

Grünewald, Dietrich/Kaminski, Winfried (Hrsg.): Kinder- und Jugendmedien. Ein Handbuch für die Praxis. Weinheim, Basel: Beltz 1984.

Heidtmann, Horst: Kindermedien. Stuttgart: Metzler 1992.

Heubuch, Carmen: Die Bedeutung von Zeitschriften für 8- bis 11-jährige Kinder. Wissenschaftliche Arbeit zur Erlangung des Grades Magister Artium (M. A.). München: Ludwig-Maximilans-Universität. Institut für Kommunikationswissenschaft und Medienforschung 2005.

Hurrelmann, Bettina: Jugendliteratur und Bürgerlichkeit. Soziale Erziehung in der Jugendliteratur der Aufklärung am Beispiel Christian Felix Weißes „Kinderfreund" 1776–1782. Paderborn: Schöningh 1974.

Hussong, Martin: Jugendzeitschriften von 1945 bis 1960. Phasen, Typen, Tendenzen. In: Doderer 1993, S. 521–585.

Jürgens, Frank: „Heiße News sorgen für Fun." Ist die Sprache der Jugendzeitschriften Jugendsprache? In: Deutschunterricht 1999, H. 1, S. 33–41.

Koszyk, Kurt/Pruys, Karl H.: dtv – Wörterbuch zur Publizistik. München: dtv 4. Aufl. 1976.

Kramer, Thomas: Kinder- und Jugendzeitschriften. In: Steinlein, Rüdiger/Strobel, Heidi/Kramer, Thomas (Hrsg.): Handbuch zur Kinder- und Jugendliteratur. SBZ/ DDR. Von 1945 bis 1990. Stuttgart: Metzler 2006. Sp. 935–970.

Kübler, Hans-Dieter/Breimann, Martina/Hagedorn, Anne/Ochtrop, Ulla/Redeker, Jutta/Weller, Marianne: Kinderpresse in der Bundesrepublik. Exkursion in eine vergessene Medienlandschaft. In: Kübler, Hans-Dieter (Hrsg.): Massenmedien im Deutschunterricht. Lernbereiche und didaktische Perspektiven. Frankfurt/M.: Haag und Herchen 1981. S. 195–236.

Lehmann, Katrin: Kinderzeitschriften der DDR – Bummi, Atze, Piefke und Schniefke, Emmi und Co. In: Geiling, Ute/Heinzel, Friederike (Hrsg.): Erinnerungsreise – Kindheit in der DDR. Studierende erforschen ihre DDR-Kindheiten. Baltmannsweiler: Schneider 2000. S. 121–138.

Leuschner, Heike/Sölter, Susanne: Was raschelt da im Blätterwald? Einblicke in Kinder- und Jugendzeitschriften. In: Bulletin Jugend und Literatur 1998, H. 7, S. 15–21.

Lindgens, Monika: Kommerzielle und nicht-kommerzielle Jugendpresse in der Bundesrepublik Deutschland. In: Media Perspektiven 1980, H. 5, S. 289–298.

Meier, Bernhard: Zeitschriften in der Schule – Didaktisch-methodische Überlegungen. In: Stiftung Lesen (Hrsg.): Zeitschriften. Mainz: Stiftung Lesen 1999, S. 4–7.

Meier, Bernhard: Zeitschriften für Kinder und Jugendliche. In: Lange, Günter (Hrsg.): Taschenbuch der Kinder- und Jugendliteratur. Bd. 2. Baltmannsweiler: Schneider 2000, S. 637–656.

Müller, Helmut: Das Elend der Jugendzeitschriften. Kritische Betrachtungen. Weinheim: Beltz 1967.

Rogge, Jan-Uwe: Zeitung/Zeitschrift. In: Grünewald/Kaminski 1984, S. 145–164.

Shell Deutschland Holding (Hrsg.): Jugend 2006. Eine pragmatische Generation unter Druck. Frankfurt/M.: Fischer 2006.

Stifter, Adalbert/Aprent, Johannes: Lesebuch zur Förderung humaner Bildung. München: Bayerischer Schulbuch-Verlag 1947 (Nachdruck der Erstausgabe von 1854).

Stiftung Lesen (Hrsg.): Zeitschriften für die Schulen. Ergebnisse der Begleitforschung 2007. Mainz: Stiftung Lesen 2007.

Wolgast, Heinrich: Das Elend unserer Jugendliteratur. Ein Beitrag zur künstlerischen Erziehung der Jugend. Worms: Wunderlich 7. Aufl. 1950 (1. Aufl. 1896).

Lesesozialisation und Didaktik

MONIKA PLATH / KARIN RICHTER

Literarische Sozialisation in der mediatisierten Kindheit

Ergebnisse neuer empirischer Untersuchungen

Wissenschaftliche und populärwissenschaftliche Publikationen zur literarischen Sozialisation, zur Lesesozialisation, zum literarischen Lernen, zur Lesekompetenz und ihren sozialhistorischen Rahmenbedingungen im Wandel, zum Literaturerwerb und zur literarischen Bildung im veränderten medialen Kontext sind inzwischen kaum mehr überschaubar. Angesichts der Fülle von theoretischen Konstrukten und Modellen und ihres nicht immer exakt erkennbaren empirischen Bezugssystems erscheint es schwierig, die notwendigen Folgerungen und Schlüsse für die einzelnen Sozialisationsinstanzen in den verschiedenen Praxisfeldern zu ziehen.

Auf diesem Hintergrund und mit Blick auf den Adressatenkreis des Handbuches und seines spezifischen Interessenspektrums werden im Folgenden empirische Befunde aus neuen Untersuchungen zum Lesen und zur Mediennutzung von Grundschulkindern besonders akzentuiert. Im Fokus stehen die Aussagen von Kindern über ihre Begegnung mit Literatur und anderen Medien sowie Ergebnisse aus Unterrichtsexperimenten. Die Fokussierung auf das Grundschulalter basiert auf der Bedeutsamkeit dieser Phase kindlicher Entwicklung für die Literarische Sozialisation und ihre bisherige Vernachlässigung gerade im Bereich der empirischen Forschung.

1 Sozialisation – Lesesozialisation – Literarische Sozialisation

Sozialisation wird verstanden als „Prozess der Entstehung und Entwicklung der Persönlichkeit in wechselseitiger Abhängigkeit von der gesellschaftlich vermittelten sozialen und materiellen Umwelt“ (Geulen/Hurrelmann 1980, S. 51). Dabei geht es insbesondere um die Frage, wie sich der Mensch zu einem gesellschaftlich handlungsfähigen Subjekt bildet. Alle Umweltbedingungen materieller und sozialer Art (wie Arbeitsplatz, Wohnsituation, Bildungsniveau und Erziehungsstil der Eltern, mediale Umwelt und gesellschaftliche Institutionen), die das Individuum in seiner Persönlichkeitsentwicklung beeinflussen, gehören zum Bereich der Sozialisation. Die Formulierung „gesellschaftlich vermittelte Umwelt“ verweist darauf, dass all diese Faktoren von der gesellschaftlichen Entwicklung durchdrungen sind (vgl. Tillmann 2004, S. 10 und S. 17/18).

Tillman beschreibt diese Beeinflussung und Durchdringung auf vier Ebenen: Die erste Ebene bezieht sich auf das Individuum, die Herausbildung von Persönlichkeitsmerkmalen und den Erwerb von Wissen, Einstellungen und Fähigkeiten, die das Subjekt gesellschaftlich handlungsfähig machen.

Dies kann sich jedoch nur im Austausch und in der Interaktion mit anderen Menschen vollziehen – zunächst in der Regel vor allem mit den Eltern und anderen Familienmitgliedern und später zunehmend auch mit Freunden, Erziehern und Lehrern (zweite Ebene).

Mit steigendem Alter des Individuums sind diese Personen (Menschen der unmittelbaren und mittelbaren Umwelt) häufig institutionell gebunden (Erzieher im Kindergarten, Lehrer in der Schule, Betreuer in Freizeiteinrichtungen oder Kollegen bzw. Vorgesetzte im Betrieb). Diese Institutionen, die partiell direkt zum Zwecke der Sozialisation von der Gesellschaft geschaffen wurden, wie z. B. die Schule, werden im vorliegenden Sozialisationsmodell als dritte Ebene bezeichnet.

Alle Ebenen werden beeinflusst und durchdrungen durch das gesellschaftliche System, das die vierte Ebene darstellt (vgl. Tillmann 2004, S. 17ff.).

Der Wissenschaft – speziell der Sozialisationsforschung – obliegt es, „diese Verknüpfungen unter dem Aspekt ihrer Bedeutung für die Subjektentwicklung zu analysieren“ (Tillmann 2004, S. 37).

Lesesozialisation und Literarische Sozialisation werden auf der Grundlage dieses in der Soziologie und Erziehungswissenschaft gebräuchlichen Sozialisationsbegriffes definiert. Damit wird auch das bis weit in die 70er Jahre des 20. Jahrhunderts hinein gebräuchliche Modell der Leseentwicklung, das eine quasi natürliche Entwicklung des Individuums zum Leser unterstellte und relativ festgefügte Phasen postulierte (vgl. Eggert/Garbe 1995, S. 27ff.), ebenso in Frage gestellt wie eine Überschätzung der intentionalen Einflussnahme durch eine Lese- bzw. Literarische Erziehung.

Die Zugrundelegung dieses Sozialisationsbegriffes ermöglicht die gleichrangige Betrachtung der Einflüsse, die sich sowohl aus den natürlichen Bedingungen des Subjekts als auch aus den Einflussfaktoren der gesamten Umwelt ergeben. Zudem wird dadurch die Notwendigkeit einer aktiven Auseinandersetzung der Persönlichkeit mit Umwelteinflüssen betont.

Diesem Zugang fühlt sich auch das Modell der Ko-Konstruktion verpflichtet, das im Rahmen des DFG-Schwerpunktes „Lesesozialisation in der Mediengesellschaft“ (1998–2004) entwickelt wurde (vgl. Groeben/Hurrelmann 2004). Dieses Modell macht deutlich, dass das Individuum selbst (auf der Mikroebene) in ständiger Wechselwirkung und Auseinandersetzung mit der gesellschaftlichen Umwelt (Familie, Schule, Peergroups auf der Mesoebene und der Gesellschaft und ihren Normen auf der Makroebene) seine Lesekultur konstruiert: „Soziale Bedingungen wirken nicht einfach auf die Individuen, sondern sie werden von diesen interpretiert, aktiv ausgewählt und unter Umständen auch verändert. Umgekehrt entwickeln sich solche Aneignungs- und Veränderungskompetenzen erst durch die kulturell organisierte Teilnahme des Einzelnen an entsprechenden sozialen Situationen“ (Hurrelmann [u. a.] 2006, S. 19).

Zwischen Lesesozialisation und Literarischer Sozialisation gibt es große Schnittmengen. Während die Lesesozialisation auf Kompetenzen wie die Beherrschung des Schriftsystems, die Fähigkeit, größere Textmengen durch Lesestrategien in unterschiedlichen medialen Angeboten zu bewältigen und deren Sinn zu erfassen, abzielt, bezieht sich die literarische Sozialisation auf Kompetenzen zur Rezeption und Verarbeitung vornehmlich fiktional-ästhetischer Texte in unterschiedlichen Präsentationsformen, die zur Teilhabe an der literarischen Kultur befähigen.

Obwohl sich in den letzten Jahren der Begriff der Lesesozialisation als Oberbegriff etabliert hat und es zweifellos Berührungen zwischen Lese- und Literarischer Sozialisation gibt (vgl. u. a. Garbe 2009, S. 170f.), müssen die skizzierten Kompetenzen getrennt voneinander betrachtet werden, um den Einfluss und die Möglichkeiten sozialisatorischer Instanzen, wie etwa der Familie und der Schule, zu ergründen.

Der Erwerb der Literalität ist vor allem an die Institution Schule gebunden – denn selbständig lesen (und schreiben) lernt die überwiegende Mehrzahl aller Kinder in der Schule. Literarisierung dagegen als Zugang zur Darstellung von personaler und sozialer Erfahrung erfolgt über Erzählen von literarästhetischen Texten und Alltagsgeschichten sowie durch Vorlesen bereits in der Familie (vgl. Dehn 1999, S. 36f.). Schon im Vorschulalter werden literarische Fähigkeiten und Kompetenzen nicht durch eigenes Erlesen, sondern durch das Erzählen, Vorlesen und die Bildbetrachtungen gefördert. Für die Entwicklung von Lesefreude und literarischer Kompetenz ist dies eine entscheidende Vorstufe. Auch die Wahrnehmung anderer Medien (Film, Fernsehen) kann in diesem Kontext die Literarität befördern und einen Beitrag zur literarischen Sozialisation leisten, insbesondere wenn ein Transfer in der Betrachtung der einzelnen Medien erfolgt und für die literarästhetische Bildung genutzt wird.

2 Sozialisationsinstanzen

2.1 Familie

Unbestritten ist, dass die Familie im Rahmen der Lesesozialisation den bedeutendsten Einfluss hat. Dafür sprechen Befunde zahlreicher wissenschaftlicher Studien: Die Wirkung der Familie als informelle Instanz der Lesesozialisation setzt am frühesten ein. Sie ‘wirkt’ bereits im Kleinkindalter, wenn etwa ‘Gute-Nacht-Geschichten’ erzählt, Lieder gesungen oder auch Bilderbücher angeschaut werden. Für eine positive Lesesozialisation der Kinder sind vor allem das Interesse der Eltern am Leseverhalten ihrer Kinder (vgl. Richter/Plath 2005) und die anregende und kommunikative Interaktion zwischen den Familienmitgliedern (vgl. u. a. Hurrelmann/Hammer/Nieß 1993; Bonfadelli/Fritz 1993) von ganz entscheidender Bedeutung. Umgekehrt wirkt sich eine negative Einstellung der Eltern, insbesondere der Mütter, zum Lesen und zu Büchern nachhaltig hemmend auf die Lesemotivation und Lesekompetenz der Kinder aus (vgl. Hurrelmann/Hammer/Nieß 1993).

Das Anfangsinteresse an Büchern wird also weit vor der Schulzeit und dem Schriftspracherwerb geweckt. Die Erkenntnis, dass die Familie die früheste, wichtigste und nachhaltigste Instanz der Lesesozialisation ist (vgl. Hurrelmann/Hammer/Nieß 1993, S. 11), erfährt auch durch die Erfurter Studie zur Entwicklung von *Lesemotivation in der Grundschule* eine Bestätigung (vgl. Richter/Plath 2005). Auch in ihr konnte nachgewiesen werden, dass ein großer Zusammenhang zwischen dem Sozialstatus der Eltern, dem Buchbesitz der Familien und der Lesemotivation der Kinder im Grundschulalter besteht (vgl. Richter/Plath 2005, S. 44f.). Der Tatbestand, dass sich vor allem Mütter für die Lesesozialisation ihrer Kinder verantwortlich fühlen, wird durch verschiedene Befunde dieser Studie belegt: So haben z. B. 84% der Mütter den Elternfragebogen ausgefüllt, nur in 15% aller Fälle (n=907) erfolgte diese Aktivität durch Väter (vgl. ebd., S. 86). Die Befunde lassen zudem erkennen, dass in allen sozialen Schichten die Mütter (ca. 80%) diejenigen sind, die zu Hause vorlesen. Der Anteil der zusätzlich vorlesenden Väter ist eindeutig schichtabhängig: Während er in der untersten sozialen Schicht bei 23 Prozent liegt, erreicht er in der höchsten Schicht 62 Prozent.

Die Erfurter Studie (2001) und auch die Sächsische Studie zur Lesemotivation (2008/09) belegen die große Bedeutung des Vorlesens in der Familie.

Grundschüler, die angeben, dass ihnen 'heute' zu Hause 'oft' vorgelesen wird, haben eine signifikant höhere Lesemotivation als Kinder, die angeben, dass ihnen zu Hause 'nie' vorgelesen wird (vgl. ebd., S. 45).

Auf eine interessante Tendenz verweisen die Einschätzungen der Kinder über das Vorleseverhalten in der Familie, wenn man die Antworten in der Erfurter Studie (2001) mit den Befunden einer Befragung von 750 sächsischen Grundschülern (2009) vergleicht (vgl. Plath/Richter 2010, S. 37ff.).

Die nachfolgende Abbildung zeigt deutlich eine Zunahme des gegenwärtigen häuslichen Vorlesens. Die Ergebnisse deuten darauf hin, dass den Kindern im Jahr 2009 häufiger oft als im Jahr 2001 vorgelesen wird. Die Anzahl der Kinder, denen manchmal zu Hause vorgelesen wird, erhöhte sich um 15 Prozentpunkte. Während noch im Jahr 2001 65% der befragten Kinder bestätigten, dass die Eltern oder ältere Geschwister gar nicht mehr zu Hause vorlesen, sind es 2009 nur noch 45% aller Probanden.

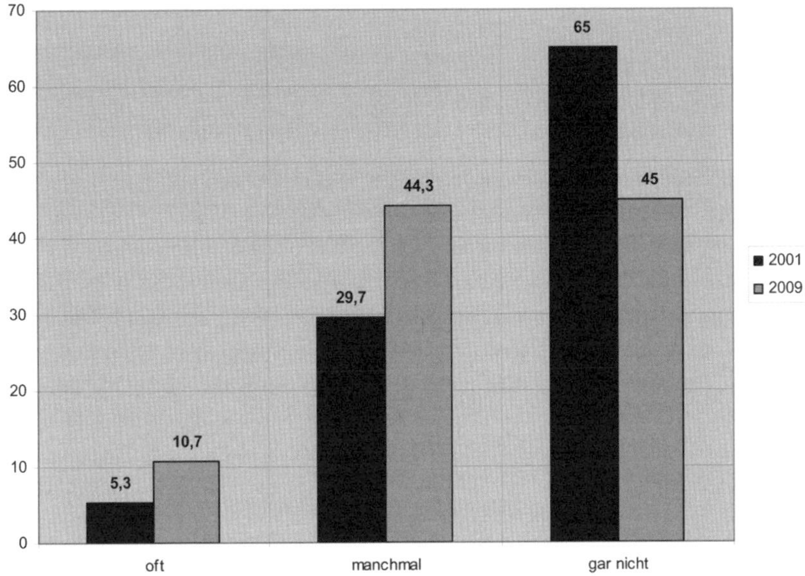

Abb. 1 Vorlesen – heute (im Vergleich 2001 und 2009 in Prozent)

Auch wenn die Stichproben beider Untersuchungen nicht repräsentativ für ganz Deutschland sind, können die signifikanten Unterschiede in der Vorlesepraxis der Familien zumindest als Indiz für eine positive Entwicklung gedeutet werden. Dies könnte im Zusammenhang damit stehen, dass seit der Veröffentlichung der PISA-Daten eine nachdrücklich geführte öffentliche Diskussion über die vorschulische Lesesozialisation und die enorme Bedeutung von Lesen und Vorlesen im Vorschulalter einsetzte. Sie scheint offensichtlich gerade in der Familie Früchte zu tragen und verweist darauf, dass gesellschaftliche Normen und Erwartungen (Makroebene) über die Institution Familie (Mesoebene) bis hin zum Individuum (Mikroebene) Einfluss zeitigen können. Die Befunde widerspiegeln zudem, dass eine kontinuierliche Einflussnahme öffentlicher Institutionen und Medien, wie sie in den unterschiedlichsten Lese-Initiativen regionaler und überregionaler Prägung erkennbar war, Wirkungen zu evozieren vermag. Dass dies wiederum eigene Aktivitäten des Kindes auslösen kann, lässt sich an dem Wunsch der befragten Kinder nach mehr Vorlesen erkennen.

	Ges.	Mädchen	Jungen
Klasse 2	61,1	64,0	58,1
Klasse 3	50,4	56,4	44,5
Klasse 4	40,9	44,2	37,3

Abb. 2 Wunsch nach mehr Vorlesen (nach Klassenstufen und Geschlecht in Prozent)

Interessant ist das Ergebnis, dass sich 2009 die Hälfte aller befragten Grundschüler häufigeres Vorlesen wünscht; im Jahr 2001 waren dies nur 38%. Es verwundert nicht, dass dieser Wunsch von Mädchen (55%) im Vergleich zu den Jungen (47%) häufiger geäußert wird und dass sich dieser Wunsch mit der Zunahme der eigenen Lesekompetenz verringert.

Ähnlich wie in der Erfurter Studie korrelieren in der sächsischen Erhebung die Angaben der Kinder zum Vorlesen – heute mit dem Vorlese-Wunsch. Nahezu alle Schüler, die angeben, dass ihnen oft vorgelesen wird, geben den Wunsch nach einer Intensivierung dieser Tätigkeit an. Nur ganz selten äußern Schüler, denen zu Hause gar nicht vorgelesen wird, den Wunsch nach Vorlesen. Die Interpretation liegt nahe, dass der Wunsch nach Vorlesen auf einer positiven Erfahrung der Kinder basiert. Insofern drängt sich auch die Ansicht auf, dass Kinder, die den Reiz des Vorlesens im familiären Raum nicht erfahren haben, diesbezüglich auch kaum Bedürfnisse ausbilden (vgl. Plath/Richter 2010, S. 40).

Auch wenn sich in diesem Bereich familiärer Lesesozialisation gewisse Veränderungen andeuten, zeigt die Fülle empirischer Befunde, dass die soziale Schicht als Einflussfaktor immer wieder reproduziert wird. Deutliche Unterschiede im Interaktions- und Kommunikationsverhalten in den Familien, die bereits in der frühkindlichen Phase nicht ohne Wirkung auf die Kinder bleiben (vgl. u.a. Wieler 1997), eine einseitige – eher auf Unterhaltung bezogene – Mediennutzung in bildungsfernen Elternhäusern (vgl. u.a. Groeben/Vorderer 1988, S. 95f.) und schichtspezifische Werteinstellungen der Elternhäuser zum Lesen (vgl. Hurrelmann 1993) kennzeichnen diesen Tatbestand, der auch in den PISA-Befunden zum Ausdruck kam.

2.2 Schule

In diesem Kontext richtet sich der Blick auf die Schule als Sozialisationsinstanz und als wichtiger Ort der Entwicklung der Literalität. Alle bisherigen nationalen und internationalen Untersuchungen belegen jedoch, dass sich insbesondere in Deutschland die Schule als formelle gesellschaftliche Instanz der Lesesozialisation nicht in der Lage zeigt, die Schichtunterschiede auszugleichen bzw. zu kompensieren. Der Einfluss der sozialen Schicht, aus der die Kinder kommen, bleibt in Bezug auf deren Lesekompetenz und Lesemotivation nahezu unverändert (vgl. Baumert/PISA 2002). Dass dieser Kreislauf bisher nicht durchbrochen werden konnte, hat sowohl Ursachen in Forschungsdesideraten als auch in einseitigen Reaktionen in den pädagogischen Praxisfeldern sowie in traditionellen Bildungsansichten und -strukturen, die innovative Lösungen behindern. Empirische Erhebungen (vgl. u.a. Richter/Plath 2005) und Unterrichtsbeobachtungen und -experimente verweisen auf noch unausgeschöpfte Potentiale, die sich sowohl auf einseitige Entscheidungen im Bildungssektor als auch auf die Auswahl schulischer Lesestoffe und entsprechende methodisch-didaktische Zugänge beziehen.

Gerade im Bereich der frühen schulischen Bildung dürften Entscheidungen für eine Präferenz des Lesen-Übens und der Konzentration auf 'Entnahme von Sachinformation aus literarästhetischen Texten' zur Entwicklung der Lesekompetenz zwar zu vorerst erfolgversprechenden Ergebnissen führen, die jedoch auf Dauer keinen Bestand haben können, weil die Entwicklung von Lesemotivation und von literarästhetischer Bildung außer Betracht bleibt. Gerade für den schulischen Kontext ist es aber notwendig, nach den besonderen Wirkungsmöglichkeiten von fiktionaler Literatur zu fragen; das gilt auch angesichts des veränderten medialen Umfeldes. Literatur stellt nicht zuletzt das kulturelle Gedächtnis einer Gesellschaft dar. Ihr sind Modelle von Menschen- und Menschheitserfahrungen inhärent, die ein Spiel mit Lebenswirklichkeiten und Lebensmöglichkeiten als Bereicherung individuellen Lebens evozieren können. Spannende Abenteuer, phantastische Verwandlungen und durchaus auch Lebenshilfe kennzeichnen diese ästhetischen Welten. Die Qualität eines Literaturunterrichts wird sich daran messen lassen müssen, inwieweit er durch die Literaturauswahl und die Wege der Behandlung diese Dimension erkenn- und erlebbar macht. Die Angaben der Kinder in der Erfurter Studie sowie in der Sächsischen Studie belegen die Bedeutung eines derartigen Umgangs mit fiktionaler Literatur.

Für die Förderung und die Entwicklung von Lesemotivation ist das Wissen um die **Lektürepräferenzen der Kinder** von großer Bedeutung. Welche Erkenntnisse gibt es dazu?

Ausgewählte Befunde der Erfurter Studie zur Lesemotivation (Befragungszeitraum: 2001) und einer aktuellen Befragung von ca. 750 sächsischen Grundschülern (Befragungszeitraum: 2009) sollen dazu nachfolgend vorgestellt werden:

Mit der Frage: „Welche Bücher und Geschichten liest du gern?“ wurden die Lektürepräferenzen von Mädchen und Jungen ermittelt. Nachfolgende Übersicht zeigt die bevorzugten Genres. Wegen der Überprüfbarkeit der richtigen Zuordnung wurden die Probanden gebeten, ein konkretes literarisches Beispiel zu jeder Textsorte zu nennen.

Genres	2001			2009		
	gesamt	Jungen	Mädchen	gesamt	Jungen	Mädchen
(1) Abenteuerliteratur	64,4	63,7	65,1	61,2	63,6	58,8
(2) Sachliteratur	55,9	59,0	52,9	53,3	59,0	47,5
(3) Tiergeschichten	45,4	31,7	59,0	37,1	27,2	47,0
(4) Märchen	45,0	35,0	55,1	29,3	23,5	35,2
(5) Fernsehbegleitliteratur	27,1	28,6	25,6	23,2	24,1	22,3
(6) Realistische Literatur	25,0	25,0	25,1	19,4	17,3	21,5

Abb. 3 Lektürepräferenzen von Grundschülern 2001 (N=1188) 2009 (N=750) im Geschlechtervergleich (in Prozent)

Die Antworten der Kinder zeigen in beiden Untersuchungszeiträumen die Dominanz der Literatur, die Abenteuer erzählt und meist (dies offenbaren die Titelangaben) mit phantastischen Elementen verbunden ist. Interessant ist, dass diese 'Textsorte' in beiden Befragungszeiträumen und in allen Vergleichsgruppen (Klassenstufe und Geschlecht) den ersten Rangplatz einnimmt. Bestseller wie Rowlings *Harry Potter* und Cornelia Funkes *Tintenherz* stehen ebenso auf der langen Liste der von den kindlichen Probanden genannten 'Abenteuerliteratur' wie Astrid Lindgrens *Ronja Räubertochter* und Michael Endes *Unendliche Geschichte*.

Kinderliteraturklassiker sind nach wie vor Bestandteil der Lieblingslektüre von 6- bis 10-jährigen Kindern. Die Wahl der oben genannten Titel weist auch keine Geschlechtsspezifik auf. Sie werden von Jungen und Mädchen gleichermaßen als gern gelesene Lektüre aufgeführt. Das Gleiche gilt für Krimis und Detektivgeschichten. Das besondere Interesse der Jungen zeigt sich in der Kategorie 'Ritter, Räuber und Indianer', während die Mädchen 'Hexengeschichten' bevorzugen, in deren Mittelpunkt eine gute, domestizierte Hexe steht.

Das Lesen von Sachliteratur weist zwar sowohl 2001 als auch 2009 prozentuale Unterschiede zwischen Mädchen und Jungen zu Gunsten der Jungen auf, dennoch liegt auch bei den Mädchen diese Textsorte in allen Vergleichsgruppen auf dem zweiten Rangplatz. Allerdings lassen sich hier gravierende inhaltliche Interessenunterschiede zwischen den Geschlechtern erkennen: Jungen favorisieren Sachtexte zum Thema: Sport, Auto, Technik und Wissenschaft, bei den Mädchen überwiegen die Themen: Tiere, Geografie/Geschichte/Menschen.

Für das Genre Märchen, das in der Rangliste in fast allen Gruppen auf Platz 4 (Jungen 2009: Platz 5) steht, lassen sich wiederum innerhalb des Geschlechtervergleichs signifikante Unterschiede erkennen: Mädchen im Grundschulalter bevorzugen dieses Genre, dagegen wird im Laufe der Grundschulzeit ein dramatischer Rückgang des Interesses der Jungen an Märchen deutlich.

Auffällig und sowohl für die Verfasser der Studie als auch für die Lehrpersonen der kindlichen Probanden überraschend war die geringe Präferenz der Realistischen Literatur in den Angaben der Kinder. In beiden Befragungszeiträumen ist sie bei Mädchen und Jungen jeder Klassenstufe von allen vorgegebenen Textsorten am wenigsten beliebt.

Auch die Antworten auf eine weitere Frage an die kindlichen Probanden – die nach dem Lieblingsbuch – bestätigt die wenig ausgeprägte Bevorzugung der realistischen Literatur. Es dominiert auch hier eindeutig die Literatur, die sich mit phantastischen Strukturen verbindet, die auf Spannungsmomente setzt und abenteuerliche Vorgänge erzählt.

Dass diesen Lektürepräferenzen von Kindern im Grundschulalter in der Schule kaum Rechnung getragen wird, zeigen Befunde der Lehrerbefragung. Die Gegenüberstellung von Leseinteressen der Kinder und dem schulischem Angebot verweist darauf, dass die **Literaturauswahl für den Unterricht** an den Interessen junger Menschen vorbeigeht. Die Rubrik, die im Lesespektrum der Kinder den letzten Platz einnimmt, dominiert die gesamte Literaturauswahl der befragten Lehrerinnen (vgl. Richter/Plath 2005, S. 75ff.).

Die Auswertung des Lehrerfragebogens bietet eine mögliche Erklärung für diese Dominanz: Innerhalb der 150 Angaben zu den Kriterien, nach denen Lehrer ein Buch für den Unterricht auswählen, beziehen sich nur 11 auf Phantasie bzw. phantastische Inhalte. Die meisten Auswahlkriterien richten sich auf pädagogische Zielstellungen, wie „Sie müssen zur Toleranz erziehen" oder „Das Buch muss die aktuellen Probleme der Kinder thematisieren."

Interessant ist in diesem Zusammenhang, dass die Lehrerinnen bei der Frage nach ihrer eigenen Freizeitlektüre die Aussage „Die Bücher, die ich bevorzugt lese, sollen spannend sein" mit 89,9% bestätigen (vgl. Richter/Plath 2005, S. 75ff).

Es liegt die Vermutung nahe, dass zuweilen eine vordergründige pädagogische Orientierung auf den 'Nutzen' von Literatur im schulischen Bildungsprozess den Blick auf die Spezifik dieses Mediums und seiner Wirkungsweise verstellt.

Die Lehrenden scheinen sich auf Texte zu konzentrieren, die – mit Blick auf die noch nicht ausgereiften Lesefähigkeiten und -fertigkeiten der Kinder – eine relativ leichte 'Entnahme von Singehalten' ermöglichen. Dafür – so wird angenommen – bieten sich realistische Texte in besonderer Weise an.

Zwei Erkenntnisse dieser Untersuchungen sind für eine Erfolg versprechende literarische Sozialisation in der Grundschule von besonderer Bedeutung: Das Auseinanderfallen von Schul- und Privatlektüre setzt nicht, wie häufig in der einschlägigen Literatur beschrieben, erst im Sekundarstufenbereich ein (vgl. u.a. Groeben 2004, S. 18), sondern bereits im Grundschulbereich. Da dieser frühen Phase schulischer Prägung für die Entwicklung der Lesemotivation, der Einstellung zum Lesen und des Umgangs mit Literatur eine besondere Bedeutung zukommt, ist die Frage nach der Auswahl der Lektüre und des Umgangs mit ihr äußerst weitreichend. Die Entscheidung für 'einfache Texte', weil diese von Leseanfängern leichter erschlossen werden können, verbindet sich mit der Crux, dass auf diese Weise die Attraktivität von Literatur nicht wahrgenommen werden kann. Die Erfahrungen, die Kinder mit anderen Medien (Fernsehen, Film) gewonnen haben und die mit einem Erleben der Geschichten einhergehen, können in der schulischen Begegnung mit vereinfachten 'literarischen Welten' zu einer Enttäuschung führen, die sich in der Einstellung zu Lesen und Literatur niederschlägt. Insofern ist neben dem Lesenlernen mit einfachen Texten (in der Phase des Schriftspracherwerbs) auch die Präsentation attraktiver literarischer Geschichten durch Vorlesen, Erzählen, Szenisches Gestalten eine Aufgabe literarischer Bildung innerhalb schulischer Instanzen. Es ist deshalb wesentlich, dass nicht nur der Erwerb der Kulturtechnik des Lesens Aufgabe früher schulischer Bildung ist, sondern dass literarische Sozialisation in der Schule von Anbeginn die technische Seite des Lesens, die literarästhetische Bildung und nicht zuletzt auch die Kommunikation über Literatur einschließt.

Die Tatsache verdient Beachtung, dass trotz des Wandels von Kindheit – nicht zuletzt durch eine veränderte mediale Umwelt – die grundlegenden Lektüreinteressen von Kindern eine große Konstanz aufweisen. Selbst ein Rückblick in frühe Phasen der Entwicklung der KJL im späten 18. und 19. Jahrhundert und in die Lektürepraktiken der Heranwachsenden offenbart die Präferenz von Abenteuerliteratur und spannenden literarischen Szenarien sowie das Interesse an exotischen und phantastischen Welten.

Neben dieser Konstante, die im Konnex mit grundlegenden menschlichen Dispositionen in den unterschiedlichsten Kulturräumen erklärbar und verständlich wird, gibt es Wandlungen im Medienverhalten, die auch die literarische Sozialisation in Familie und Schule beeinflussen.

3 Lesesozialisation unter veränderten medialen Bedingungen

Kinder sind heute umgeben von einer Vielzahl von Medienangeboten. Während noch in den 80er und 90er Jahren des 20. Jahrhunderts die audiovisuelle Medien, insbesondere das Fernsehen, häufig als Konkurrenz zu den Printmedien gesehen wurden (vgl. u. a. Postman 1983), stehen heute die so genannten Neuen Medien, wie Computer oder Spielkonsolen, auch schon jüngeren Kinder zur Verfügung. Heutige Kindheit ist 'Medienkindheit'; allerdings offenbart diese begriffliche Fassung noch nichts Konkretes über die tatsächlichen Verflechtungen des kindlichen Alltags und der Persönlichkeitsentwicklung mit der Wahrnehmung medialer Ereignisse.

Nach der repräsentativen Studie des Medienpädagogischen Forschungsverbundes Südwest (KIM-Studie) 2008 besitzen 42% aller befragten 6- bis 13-jährigen Kinder in Deutschland ein eigenes Fernsehgerät (vgl. Medienpädagogischer Forschungsverbund Südwest 2008, S. 8).

Die Zahl der Internetnutzer in dieser Altersgruppe ist im Jahr 2008 auf 59% gestiegen, wobei dies besonders auf die Gruppe der 12- bis 13-Jährigen (89%) zurückzuführen ist (vgl. ebd., S. 13). Das Fernsehen gilt auch weiterhin als Leitmedium 6- bis 13-Jähriger. 81% der Befragten sehen nach den Angaben dieser Studie jeden Tag fern; nach Einschätzung der 'Haupterzieher' sind dies durchschnittlich 91 Minuten pro Tag (vgl. ebd., S. 9 u. S. 15).

Ob und in welchem Ausmaß all diese Medien bereits von Kindern im Grundschulalter genutzt werden und welchen Einfluss dies auf ihr Leseinteresse und ihr Leseverhalten ausübt, gehört zu den zentralen Fragen der aktuellen Studie 'Zur Lesemotivation von sächsischen Grundschülern' (vgl. Plath/Richter 2010).

Ein Vergleich einzelner Befunde mit der Erfurter Studie von 2001 kann in diesem Bereich auf Entwicklungstendenzen innerhalb eines Zeitraumes von 8 Jahren aufmerksam machen.

3.1 Medienausstattung

Die meisten sächsischen Kinder, die bislang an der Befragung teilnahmen, wachsen in Haushalten mit einer sehr guten medientechnischen Ausstattung auf: Fast alle Familien besitzen ein Fernsehgerät (90%), 84,4% einen Computer, 81,7% einen Internetanschluss. Konsolenspiele, wie Playstation oder Gameboy, die von den Kindern am häufigsten benannt wurden, gehören bei 30% der Probanden zum Familienbesitz; bedeutend höher ist die Anzahl dieser Geräte, die den Kindern allein gehören. Abb. 4 zeigt den Medienbesitz der Kinder im Vergleich zwischen drei Befragungszeiträumen.

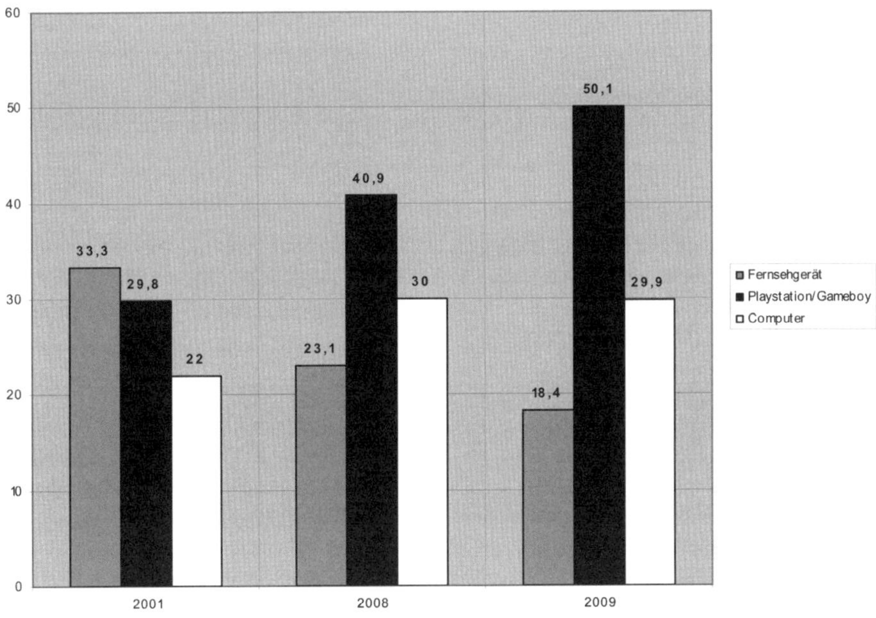

Abb. 4 Medienbesitz „Welche der folgenden Medien gehören Dir allein?" (Vergleich zwischen drei Befragungszeiträumen in Prozent)

Der Vergleich des Medienbesitzes der Kinder zu den unterschiedlichen Untersuchungszeitpunkten verweist auf interessante Tendenzen. Deutlich wird der Rückgang der Fernsehgeräte in den Kinderzimmern. Während 2001 noch ca. ein Drittel aller Befragten angibt, ein eigenes Fernsehgerät zu besitzen, sind es im Jahr 2009 nur knapp ein Fünftel aller befragten 7- bis 10-jährigen Kinder. Allerdings verdient es eine Hervorhebung, dass der Fernsehbesitz im Laufe der Grundschulzeit (von Klasse 2 bis Klasse 4) deutlich zunimmt.

Mit 84,4% gehört der Computer inzwischen zur festen Ausstattung in den Familien. Im Vergleich zum Jahr 2001 stieg auch der Anteil der Kinder, die über einen eigenen Computer verfügen, in den Jahren 2008/2009 um ca. 10 Prozentpunkte. Es verwundert deshalb nicht, dass ca. zwei Drittel aller von uns befragten Kinder Erfahrungen im Umgang mit dem Computer haben.

Die hauptsächlichen Tätigkeiten am Computer sind das 'Spielen – allein' (42% der Befragten geben an, dies oft zu tun. Nur 10% der Kinder spielen gar nicht). Ein Viertel der Probanden – allerdings weitaus mehr Mädchen als Jungen – nutzen den Computer zum Lernen. 20% der Schülerinnen und Schüler surfen bereits im Internet, wobei die Nutzung des Internets mit steigendem Alter (von 17% in Klasse 2 auf 29% in Klasse 4) deutlich zunimmt.

Die Abbildung 4 verweist zudem auf eine deutliche Zunahme von so genannten Konsolenspielen. Am häufigsten werden hier Playstation, Gameboy und Nintendo von den Kindern genannt. Sind es im Jahr 2001 noch ca. 30% der Befragten, die im Besitz einer solchen Spielkonsole waren, so erhöhte sich der Anteil bis zum Jahr 2008 auf 40% und erreichte dann 2009 50%. Hier sind es besonders die Mädchen, die in diesem spezifischen Bereich aufholen: 2008 gaben 34% aller Mädchen an, eine Spielkonsole zu besitzen, 2009 sind es nahezu 54% der Mädchen (vgl. Abbildung 5).

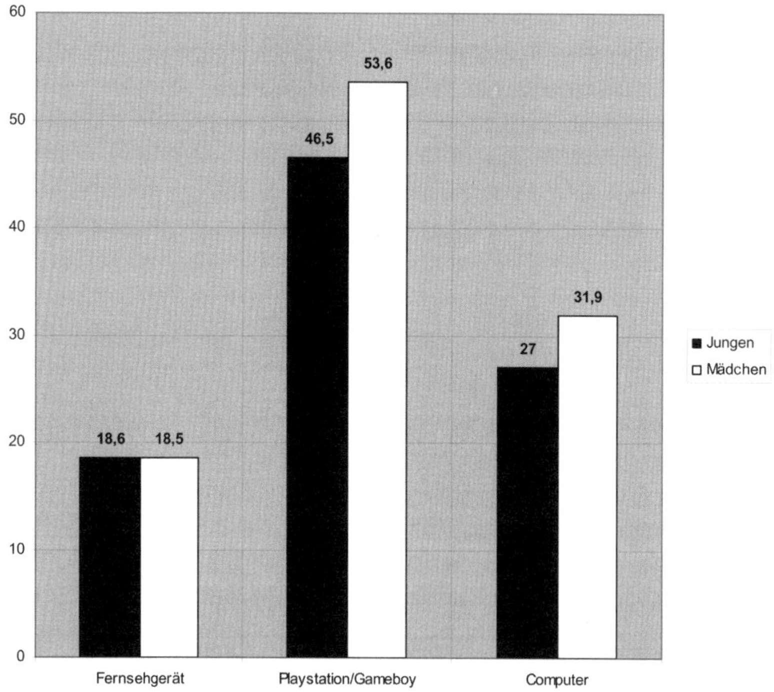

Abb. 5 Medienbesitz (Vergleich zwischen Mädchen und Jungen 2009 in Prozent)

3.2 Mediennutzung

Welchen Stellenwert die Medien im Freizeitverhalten der Kinder einnehmen, ermittelten wir zunächst mit einer offenen Frage nach den Lieblingsbeschäftigungen der Kinder in ihrer Freizeit. Dabei fällt auf, dass Kinder im Grundschulalter in ihrer Freizeit am liebsten mit Freunden spielen. Sportliche Betätigungen im Freien nehmen sowohl in der Befragung von 2001 (vgl. Richter/Plath 2005, S. 50f.) als auch in der von 2008 und 2009 bei Mädchen und Jungen den ersten Rangplatz ein, gefolgt von der Beschäftigung mit Medien: Lesen, am Computer oder mit der Playstation/Gameboy spielen und Fernsehen.

Innerhalb des Spektrums der Lieblingsbeschäftigungen in der Freizeit liegen die verschiedenen Medien nah beieinander. Unterschiede zwischen den Geschlechtern gibt es nur in der Rubrik 'Lesen': Mädchen nennen diese Freizeitbeschäftigung signifikant häufiger als Jungen.

Die Häufigkeit der Mediennutzung untersuchten wir anhand der drei vorgegebenen Tätigkeiten Lesen, Fernsehen und Spielen an Konsolen oder Computer:

Wie oft nimmst Du Dir in Deiner Freizeit Zeit zum Lesen? (mehrmals am Tag/ einmal täglich/einmal in der Woche/seltener als einmal in der Woche)

Wie oft spielst Du am Computer oder mit einer Spielkonsole? (mehrmals am Tag/einmal täglich/einmal in der Woche/seltener als einmal in der Woche)

Wie oft siehst Du fern? (mehr als 2 Stunden, egal was kommt/höchstens 2 Sendungen am Tag, die ich vorher auswähle/nicht jeden Tag/nur am Wochenende)

Nachfolgend werden nur die Aussagen der Kinder im Vergleich zwischen Mädchen und Jungen vorgestellt, die sich auf einen hohen zeitlichen Umfang der täglichen Beschäftigung mit den einzelnen Medien (*mehrmals am Tag* bzw. *mehr als 2 Stunden, egal was kommt*) beziehen.

In Bezug auf das Fernsehen wollten wir die Kinder ermitteln, die 'in Schleife' fernsehen, ohne bestimmte Sendungen auszuwählen.

34% der Mädchen nehmen nach eigenen Angaben täglich ein Buch zur Hand, fast genau so viele geben jedoch auch an, mehrfach am Tag am Computer oder an der Playstation zu spielen. Zusammenhänge zwischen diesen beiden Tätigkeiten konnten in der Gruppe der Mädchen nicht ermittelt werden. Anders bei den Jungen: Außer der Tatsache, dass sich der tägliche zeitliche Aufwand für das Lesen (fast 19% der Jungen lesen mehrfach am Tag) und die Dauer der Beschäftigung mit Computer oder Spielkonsolen (35,5%) signifikant voneinander unterscheiden, lassen sich hier auch hohe statistische Zusammenhänge zwischen beiden Tätigkeiten nachweisen. D. h.: In der Gruppe der Jungen, die mehrmals täglich liest, gibt es kaum Kinder, die mehrfach am Tag am Computer spielen. Diese rekrutieren sich zu fast 70% aus den Gruppen, die *einmal in der Woche* oder *seltener als einmal in der Woche* lesen.

Ein Fünftel unserer Probanden gehören zu jenen Kindern, die *täglich mehr als zwei Stunden fernsehen, egal was kommt*. Diese Angabe notieren etwas mehr Jungen als Mädchen.

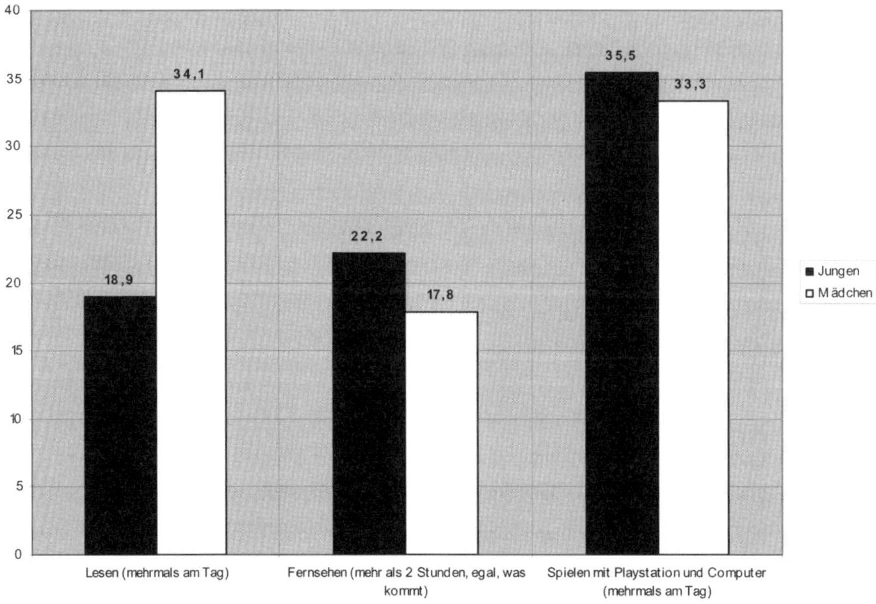

Abb. 6 Häufigkeit der Beschäftigung mit Medien (im Geschlechtervergleich 2009 in Prozent)

Der Vergleich dieser Ergebnisse mit den Befunden der KIM-Studie (s. o.) zeigt Übereinstimmungen. Die Ergebnisse deuten auf einen möglichen Wandel, dessen Charakter als 'Trendwende' allerdings erst in den folgenden Jahren bestimmbar sein wird.

Fügt man die Gruppe der 'Viel-Seher' (20%) mit der Gruppe, die angibt, täglich *ein oder zwei Sendungen* zu schauen (33%), zusammen, so ist es die Hälfte der von uns befragten 7- bis 10-Jährigen, die täglich fernsieht.

Viel interessanter bezüglich des Fernsehverhaltens von Kindern sind nach unserer Ansicht jedoch die Befunde zur gegenseitigen (zeitlichen) Beeinflussung der Mediennutzung. Sowohl bei Mädchen als auch bei Jungen korreliert die tägliche Fernsehdauer mit dem zeitlichen Aufwand für das Spielen am Computer oder an Spielkonsolen positiv. Die meisten Kinder (und zwar Mädchen und Jungen), die viel fernsehen, gehören auch zu der Gruppe, die mehrmals täglich am Computer oder an einer Spielkonsole spielen.

Ein hoher zeitlicher Aufwand für das Fernsehen wirkt sich bei Jungen negativ auf deren Lesezeit aus. Bei Mädchen dagegen scheint auch viel Fernsehen nicht dazu zu führen, sich vom Lesen 'abhalten zu lassen'. Der statistische Zusammenhang ist hier sehr niedrig. Alles deutet darauf hin, dass Printmedien und audiovisuelle Medien nur in der Gruppe der Jungen miteinander konkurrieren. Das Leseverhalten der Mädchen wird anscheinend nicht von der Nutzungsdauer anderer Medien beeinflusst. Diese geschlechtsspezifischen Befunde bedürfen einer tieferen Analyse und weiterer Forschungen, um daraus Schlussfolgerungen ziehen zu können.

3.3 Medienbedeutung

Im Rahmen unserer Erhebungen befragten wir unsere Probanden auch nach der subjektiven Bedeutsamkeit der Medien. Wir stellten dazu fiktive Entscheidungsfragen:

Stell Dir einmal vor, Du müsstest zwischen Lesen und Fernsehen (zwischen Lesen und Spielen am Computer oder Playstation/zwischen Fernsehen und Spielen am Computer oder Playstation) wählen – vielleicht für die ganze kommende Woche – wofür würdest Du Dich entscheiden?

Nachfolgende Abbildungen zeigen die Entscheidungen der Kinder im Geschlechtervergleich.

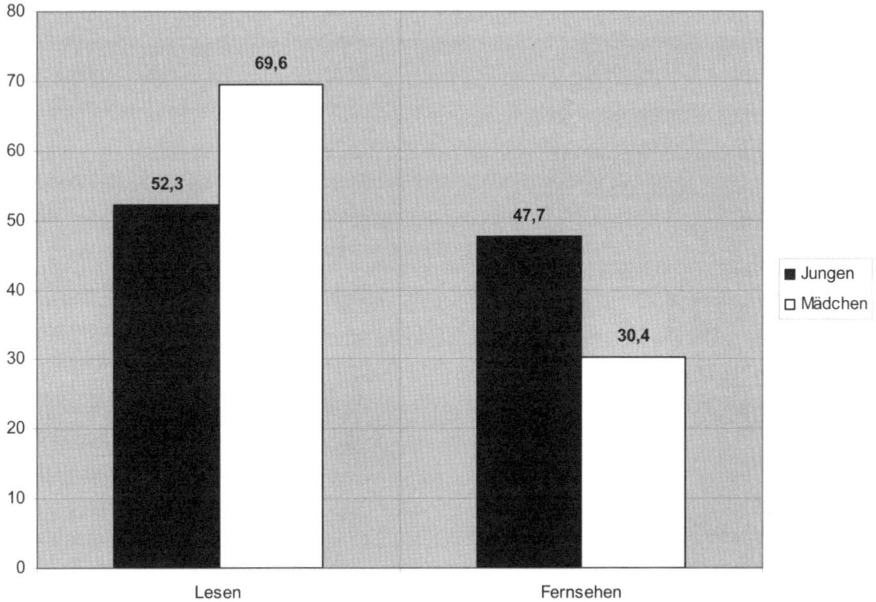

Abb. 7 Entscheidung zwischen Lesen und Fernsehen (im Geschlechtervergleich 2009 in Prozent)

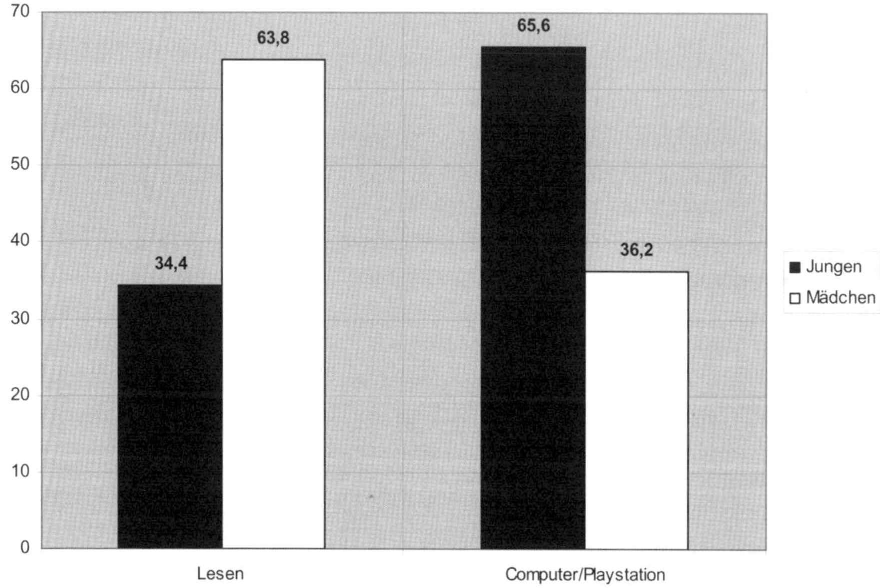

Abb. 8 Entscheidung zwischen Lesen und Spielen mit Computer, Playstation, Gameboy (im Geschlechtervergleich 2009 in Prozent)

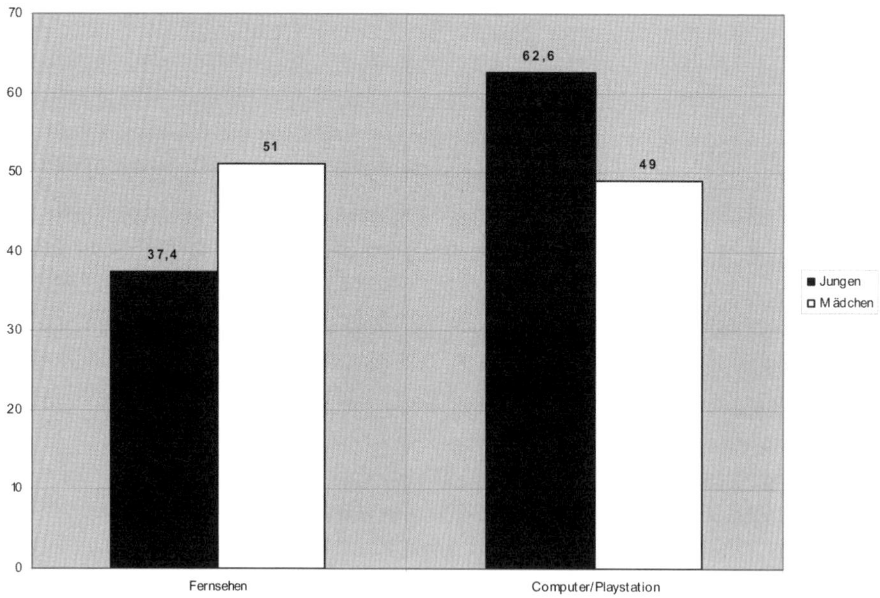

Abb. 9 Entscheidung zwischen Fernsehen und Spielen mit dem Computer, Playstation und Gameboy (im Geschlechtervergleich 2009 in Prozent)

Die Entscheidung zwischen *Lesen* und *Fernsehen* fällt bei den Mädchen mit 70% zu 30% sehr deutlich, aber auch bei den Jungen noch eindeutig (52% zu 48%) zugunsten des Lesens aus.

Geschlechtsspezifische Unterschiede lassen sich bezüglich der Entscheidung der Kinder zwischen *Lesen* und *Spielen am Computer oder der Spielkonsole* belegen: 66% der Jungen präferieren Computer- bzw. Konsolenspiele, Mädchen dagegen entscheiden sich auch hier in 64% aller Angaben für das Lesen.

Die dritte Entscheidungsfrage bereitete den Kindern – dies zeigten die Beobachtungen vor Ort – das größte 'Kopfzerbrechen'. Letztlich entschieden sich aber auch hier die Jungen mit 63% der Angaben in der Mehrzahl für die *Spiele an Computer und Playstation* und gegen das *Fernsehen*. Die Mädchen favorisieren leicht das Fernsehen.

Im Vergleich zur Befragung 2001 hat sowohl der Besitz von Computern und Spielkonsolen bei Grundschulkindern als auch die Nutzungsdauer deutlich zugenommen.

Für die Jungen haben diese Medien eine hohe subjektive Bedeutung und sie scheinen zunehmend in Konkurrenz zum Fernsehen zu treten. Ob Fernsehen auch in Zukunft das Leitmedium sein wird, bleibt abzuwarten.

Dennoch spielen Bücher und das Lesen für Grundschüler eine große Rolle. In der Gruppe der Mädchen scheint das Leseverhalten nahezu unbeeinflusst von der Beschäftigung mit anderen Medien zu sein.

4 Kinder- und Jugendliteratur und literarische Sozialisation

4.1 Anmerkungen zur historischen Entwicklung und zu Funktionen der Kinder- und Jugendliteratur

Bereits im Mittelalter lassen sich 'Spuren der Kinder- und Jugendliteratur' (KJL) nachweisen, diese sind jedoch vorwiegend religiösen und lehrhaften Inhalts (vgl. Brunken 2008, S. 1f.) und richten sich oft nicht direkt an die Heranwachsenden, sondern an einen erwachsenen Vermittler. Zu einer breiten Herausbildung der KJL kommt es erst im 18. Jahrhundert. In dieser Zeit wurde dem 'Medium' Buch eine große Bedeutung für die Sozialisation Heranwachsender zugeschrieben. Der relativ früh einsetzende Diskurs über den Nutzen und die Gefahren des Lesens – mit Blick auf die Geschlechter – bestätigt diese Bedeutsamkeit, die dem Buch und dem Lesen von der (erwachsenen) Gesellschaft beigemessen wurde. Selbst die Frage der Bildungsfunktion und der Unterhaltungsfunktion dieser adressatenspezifischen Literatur ist bereits in dieser Epoche präsent und wurde kontrovers diskutiert. Im Allgemeinen einte die bürgerliche Gesellschaft die 'Hochachtung' von Literatur und literarischer Bildung. Die Sozialisationsfunktion wird in den literarischen Modellen sichtbar, indem gerade die Kindfiguren als Vorbilder und Identifizierungsangebote für die kindlichen Leser angelegt sind (vgl. Wild 2008, S. 57f.). In der gesamten Geschichte der KJL und des Diskurses über die Funktion dieser 'adressatenorientierten Literatur' lassen sich seit der Aufklärung drei 'Einstellungen zur Kinderliteratur' erkennen: eine pädagogisch determinierte, eine leserpsychologisch orientierte und eine ästhetisch geprägte (vgl. Ewers 1999, S. 27f.). Die Erziehungsfunktion von Literatur, das Plädoyer für die Dominanz ästhetischer Wertmaßstäbe (Wolgast: „Die Jugendschrift in dichterischer Form muß ein Kunstwerk sein") und die vornehmlich an kindlichen Interessen und Bedürfnissen ausgerichtete Position stehen sich gegenüber. Während vieles dafür spricht, alle drei Aspekte in der Grundeinstellung gegenüber der KJL zu vereinen, offenbart auch der gegenwärtige literaturwissenschaftliche und literaturdidaktische Diskurs kaum eine Tendenz, die in diese Richtung weist. Mit Blick auf die 'Literarische Sozialisation' gewinnen aber alle drei 'Einstellungen' an Bedeutung und lassen in diesem Rahmen eine Gültigkeit dieser drei 'Elemente' zu.

Allerdings scheint die Frage von Belang, wie die Schule eine 'Literarische Sozialisation' befördern kann, die allen drei Komponenten gerecht wird. Eine Voraussetzung dafür ist neben allgemeinen Wertmaßstäben für literarische Bildung eine Offenheit für andere Medien, die erst dazu führen kann, genau zu analysieren, inwieweit auch audiovisuelle bzw. elektronische Medien für die literarische Sozialisation anregend sein können und neue Impulse zu setzen vermögen (z.B. Einbeziehung von unterschiedlichen Verfilmungen von Märchen, von Kinderliteraturklassikern wie *Emil und die Detektive*, *Alice im Wunderland* und *Ronja Räubertochter*, von phantastisch-komischer Literatur wie *Matilda*). Das bedeutet auch, über den Transfer in der Rezeption von Printmedien und audiovisuellen Medien mit Blick auf die ästhetischen Mittel und Strukturen nachzudenken.

Zuweilen wird verkannt, dass es bereits in der Grundschule möglich ist, die Entwicklung basaler Lesefähigkeiten mit der Vermittlung ästhetischer Kenntnisse ebenso zu verbinden wie mit der Inszenierung von Kunsterlebnissen als Emotionen und Empathie auslösende Begegnungen mit Literatur. Erst die Verflechtung dieser Elemente bietet die Voraussetzung für eine literarische Sozialisation im schulischen Rahmen, die dem Medium 'Literatur' gerecht wird. Auf diese Weise wird aus dem 'Fremdtext' eine Geschichte von subjektiver Bedeutsamkeit. In diesem Kontext gewinnen verschiedene Konzepte und Verfahren des handlungs- und produktionsorientierten Literaturunterrichts an Bedeutung wie zum Beispiel das Anregen kindlicher Fabulate (Tagebuchaufzeichnungen aus der Sicht literarischer Figuren, Briefe der Kinder an literarische Figuren, Weiterschreiben von fiktionalen Geschichten). Als Auslöser derartiger kindlicher Aktivitäten ist die Wahl von Präsentationsformen, wie Schattentheater, Szenisches Gestalten und Freies Erzählen, dem Medium 'Literatur' angemessen, weil auf diese Weise die Sinnerschließung literarischer Texte mit der Entwicklung von Emotionen und Empathie verbunden werden kann (siehe dazu ausführlicher Richter/Plath 2005, S. 95–191 sowie Plath/Richter 2010, S. 53–58; S. 91–167).

Eine wichtige Voraussetzung für die literarische Bildung und literarische Sozialisation im schulischen Rahmen ist die Kenntnis der spezifischen Interessen- und Bedürfnislage von Kindern und Jugendlichen und dem Charakter der Begegnung mit den verschiedenen Medien.

Im Rahmen unserer empirischen Erhebungen versuchten wir deshalb über offene Fragen *(Was gefällt dir am Lesen besonders gut? – Was gefällt dir am Lesen gar nicht?/Was gefällt dir am Fernsehen besonders gut? – Was gefällt dir am Fernsehen gar nicht?)* zu neuen Erkenntnissen zu gelangen. Auf Grund der Vielfalt der kindlichen Antworten und der Bedeutung dieser Dispositionen auch für den Umgang mit Literatur im Unterricht werden die kindlichen Äußerungen über die Begegnung mit Literatur im Folgenden dargestellt.

4.2 Literaturrezeption unter motivationaler kindlicher Perspektive

Literatur kann nicht nur unterhalten, sie kann auch ermuntern, trösten, traurig oder fröhlich machen, sie kann Hoffnungen, Wünsche, aber auch Ängste berühren. Literatur regt an, sich mit Lebenskonzepten anderer Menschen auseinanderzusetzen und dabei Empathie und Distanz zu entwickeln, sie hilft Heranwachsenden, eine eigene Identität auszubilden, regt zum Denken und Reflektieren an.

Über dieses Wissen verfügen auch schon Grundschüler und sie offenbarten in unseren Erhebungen eine erstaunliche Fähigkeit, über ihren Zugang zu Literatur, ihr Leseverhalten und ihre Lesemotivation zu reflektieren. So schreibt ein Mädchen aus einer dritten Klasse auf diese Frage: Was gefällt Dir am Lesen besonders gut?

„Wenn man zuerst hinschaut, dass da nur Buchstaben sind und wenn man dann liest, ist das eine irre Geschichte.“

Bei genauerer Betrachtung enthält diese Antwort bereits Informationen zu motivationalen Aspekten des Lesens in Verbindung mit der anstrengenden Tätigkeit des Lesenlernens:

„[...] ist das eine irre Geschichte“ verweist auf einen motivationalen Aspekt, der vom Medium selbst (in diesem Fall vom Buch) ausgeht. Es wird eine Aussage darüber getroffen, dass die Geschichte als spannend, überraschend und fesselnd empfunden wird; selbst eine persönliche Berührtheit kommt zum Ausdruck.

Diese Äußerung gibt auch den wichtigen Hinweis darauf, dass es einen Weg gibt von der Wahrnehmung von Graphemen („nur Buchstaben“) über den Lesevorgang mit seiner Sinnerschließung: „wenn man dann liest“ bis hin zum emotionalen Eindruck, zur „irren Geschichte“. Die Verknüpfung zwischen der ersten, eher rationalen Wahrnehmung und dem (Anstrengung voraussetzenden) Lesevorgang mit dem (be-)lohnenden Ergebnis wird sichtbar. Das kindliche Zitat lässt sich auch so übersetzen: 'Zuerst denkt man gar nicht, dass es schön werden könnte, aber die Anstrengung lohnt sich'.

Diese Aussage eines Mädchens stellt nur einen von 1319 'guten Gründen' dar, mit denen die Probanden unserer Studie von 2001 begründen, warum ihnen das Lesen 'gut gefällt'. Nur 639 Äußerungen nennen Aspekte, die zum 'Nichtgefallen' beitragen (vgl. Richter/Plath 2005, S. 54f.). Allerdings erweisen sich auch manche dieser Wortmeldungen eher als ein Plädoyer für das Lesen, indem auf Störfaktoren verwiesen wird, die den Zugang zum Buch oder den Umgang mit ihm behindern.

Auffallend ist zunächst, dass sich ca. 80 Prozent aller Antworten auf fiktionale Texte beziehen. Die kindlichen Aussagen machen die Faszination am Literarischen deutlich und zeigen, dass Lesen für Kinder mehr ist, als Buchstaben Lauten zuzuordnen und aus Sachtexten Informationen zu entnehmen.

Einige Beispiele können den Reichtum und die Vielfalt der kindlichen Angaben verdeutlichen:

Am Lesen gefällt mir besonders gut …

„dass mir viel das Herz klopft, weil die Bücher so abenteuerlich sind."
„Es ist schön ruhig. Einmal, da ist mir beim Lesen in aller Ruhe die Milch übergekocht."
„Da kann ich mich prima von einer schweren Krankheit oder einer Mathe-Arbeit erholen."
„Ich bin gar nicht da und vergesse meinen Kummer."
„Manchmal denke ich, dass ich selbst Harry Potter bin."
„dass die Abenteuer so was von spannend sind, da könnte ich hochfliegen."
„dass ich mich beim Lesen gemütlich verkriechen kann."
„Manchmal findet man in Geschichten gute Freunde."

Auch die Äußerungen zum Nichtgefallen des Lesens zeigen eine große Breite:

Am Lesen gefällt mir gar nicht …

„Mir gefallen nicht alte Geschichten, die man nicht versteht."
„dass sich die Schriftsteller so kompliziert ausdrücken."
„wenn keine Bilder drin sind."
„wenn die Schrift so klein ist und die Lage nicht bequem ist."
„dass, wenn Mutti sagt: Jetzt wird gelesen."
„Manchmal ist Lesen in der Schule öde, weil es so ätzende Geschichten sind."
„weil immer wenn es am spannendsten ist, mich Mutti zum Essen ruft." und
„Bücher aus den 70ern und 80ern – so viele ß – die man dann immer wegmachen muss – durchstreichen und ss hinschreiben."

Die Analyse der Schüleräußerungen berechtigt zu folgenden Verallgemeinerungen:

1. Die große Mehrzahl der kindlichen Antworten bezieht sich auf die Wirkung der fiktionalen Literatur.

2. Innerhalb der Argumente für oder gegen das Lesen spielen offensichtlich die Emotionen, die ein Text auslöst, und die Phantasie, die er anregt, eine entscheidende Rolle für die Kinder.

3. Dem von uns so benannten Bereich der Emotionalen Aspekte der Lesemotivation konnten insgesamt 580 Äußerungen der Schüler zugeordnet werden. Diese beziehen sich weitestgehend auf die Inhalte von literarischen Texten, die Auslöser von Emotionen sind, wie zum Beispiel: *„Es ist oft sehr traurig, wenn jemand stirbt“, „wenn man richtig lachen kann“ oder „wenn es um Liebe geht, das ist so schön“*. Emotionale Aspekte nehmen (rein quantitativ) den ersten Rangplatz ein. Dies verweist auf die große Bedeutung, die der Auswahl von Lesestoffen auch im schulischen Rahmen zukommen muss. Literarische Texte – so die Botschaft der Kinder – sollen emotional berühren, den Leser zum Lachen, Träumen oder Weinen bringen. Die Adjektive *spannend* und *abenteuerlich* waren eine der häufigsten Einzelnennungen zur Beschreibung eines guten Buches (289 Nennungen), wie z. B. *„dass mir viel das Herz klopft, weil die Bücher so abenteuerlich sind“*.

4. 124 Mal äußerten die Kinder Lesemotive zu dem Bereich Phantasie und Vorstellungskraft. In einem großen Teil der Nennungen werden die Begriffe *abtauchen, einsteigen, hineinversetzen* und *träumen* von den Kindern verwendet. Vieles, was über die ‘Macht fiktionaler Texte’ von Wissenschaftlern und Schriftstellern geschrieben wurde, findet sich in den kindlichen Äußerungen eindrucksvoll wieder. So etwa die These des Literaturwissenschaftlers Werner Graf, dass die Intensität der emotionalen Beteiligung des lesenden Kindes vergleichbar sei mit den Empfindungen des wirklichen Lebens (vgl. Graf 1998): *„Dass ich mich in ein Buch rein versetzen kann, als wäre es Wirklichkeit“* oder *„In den Geschichten findet man oft viele Freunde“*.

5. Die überwiegende Mehrzahl der Angaben zu diesen beiden Gruppen (Emotionale Aspekte, Phantasie und Vorstellungskraft) ist dem ‘Gefallen am Lesen’ zugeordnet. Demgegenüber sind in den Gruppen Technisch-formale Aspekte und Lesefähigkeit häufiger Gründe für das Nichtgefallen am Lesen benannt. Schüler verweisen hier auf ihre noch unzureichende Lesefertigkeit *(„Das ich noch nicht so gut lesen kann“, dass ich noch so viel stottere beim Lesen“)* und auf die Gestaltung von Schrift und Bild (*„dass die Zeilen so eng sind, da verrutsche ich immer“, „dass die Schrift so klein ist“, „dass da keine Bilder drin sind“)*.

5 Abschließende Gedanken

Das Nachdenken über die 'Literarische Sozialisation' in der heutigen mediatisierten Kindheit und in einer globalisierten Welt verweist einmal mehr auf die Vielschichtigkeit und Komplexität sozialer und gesellschaftlicher Vorgänge und Prozesse, in denen sich Lesen und Literarische Rezeption vollziehen. Bereits die noch vor wenigen Jahrzehnten gültigen Aussagen über den Weg von jüngeren Kindern in die Welt von erzählten Geschichten und Literatur über das literarische Märchen sind heute obsolet. Für immer mehr Kinder erfolgt der Weg in die literarische Sozialisation über eine andere mediale Vermittlung (Film, Fernsehen, Spielszenarien). Andererseits sind auch die in einer modernen Medienwelt aufwachsenden Kinder zugänglich für eine oral geprägte Erzählkultur und für die *alten Geschichten*, die schon seit Jahrhunderten den Zugang zur Literatur bedeuteten.

Auch die Sozialisationsinstanzen – Familie und Schule – als Orte der Entwicklung von Literarität und Literalität existieren seit mehreren Jahrhunderten. Entgegen manchen Auffassungen kompensiert die Schule mit ihren Bemühungen um eine Lesekultur, um die Entwicklung von Lesekompetenz und ästhetischer Genussfähigkeit nicht das Versagen von Familien. Seit der Existenz der Institution Schule hatte diese schon immer wesentliche Aufgaben im Rahmen literarischer Sozialisation, zumal gerade im 18. und 19. Jahrhundert in vielen Familien die Voraussetzungen für eine Pflege der Lesekultur fehlten. Eine gelingende Lesekultur und eine anspruchsvolle literarische Sozialisation können sich nur entfalten, wenn die Verflechtungen der verschiedenen sozialen und medialen Ebenen wissenschaftlich exakt erforscht und in einem funktionierenden Sozial- und Bildungssystem gestaltet werden.

Literaturverzeichnis

Baumert, Jürgen/Deutsches PISA-Konsortium (Hrsg.): PISA 2000. Basiskompetenzen von Schülerinnen und Schülern im internationalen Vergleich. Opladen: Leske & Budrich 2002.

Bonfadelli, Heinz/Fritz, Angela: Lesen im Alltag von Jugendlichen. In: Bonfadelli, Heinz/ Fritz, Angela/Köcher, Renate (Hrsg.): Lesesozialisation. Bd. 2: Leseerfahrungen und Lesekarrieren. Gütersloh: Bertelsmann 1993, S. 7–213.

Brunken, Otto: Mittelalter und frühe Neuzeit. In: Wild 2008, S. 1–42.

Dehn, Mechthild: Texte und Kontexte. Berlin, Düsseldorf: Volk und Wissen, Kamp 1999.

Duderstadt, Matthias/Forytta, Klaus (Hrsg.): Literarisches Lernen. Frankfurt/M.: Grundschulverband 1999.

Eggert, Hartmut/Garbe, Christine: Literarische Sozialisation. Stuttgart, Weimar: Metzler 1995.

Ewers, Hans-Heino: Von *der* Kinderliteratur kann keine Rede mehr sein. Ein Plädoyer für die Anerkennung der Funktionsvielfalt von Kinderliteratur. In: Duderstadt/Forytta 1999, S. 27–36.

Fühmann, Franz: Das mythische Element in der Literatur. In: Fühmann, Franz: Erfahrungen und Widersprüche. Rostock: Hinstorff 1975, S. 147–219.

Garbe, Christine/Holle, Karl/Jesch, Tatjana: Texte lesen. Lesekompetenz – Textverstehen – Lesedidaktik – Lesesozialisation. Paderborn: Schöningh 2009.

Geulen, Dieter/Hurrelmann, Klaus: Zur Programmatik einer umfassenden Sozialisationstheorie. In: Hurrelmann, Klaus/Uhlig, Dieter (Hrsg.): Handbuch der Sozialisationsforschung. Weinheim: Juventa 1980, S. 51–67.

Göhler, Helmut/Lindner, Bernd/Löffler, Dietrich (Hrsg.): Buch – Lektüre – Leser. Erkundungen zum Lesen. Berlin, Weimar: Aufbau 1989.

Graf, Werner: Das Schicksal der Leselust. Die Darstellung der Genese der Lesemotivation in Lektürebiographien. In: Garbe, Christine/Graf, Werner/Rosebrock, Cornelia/ Schön, Erich (Hrsg.): Lesen im Wandel. Probleme der literarischen Sozialisation heute. Lüneburg: Universitätsverlag 1998, S. 101–124.

Groeben, Norbert/Vorderer, Peter: Leserpsychologie: Lesemotivation – Lektürewirkung. Münster: Aschendorff 1988.

Groeben, Norbert/Hurrelmann, Bettina (Hrsg.): Lesesozialisation in der Mediengesellschaft. Ein Forschungsüberblick. Weinheim, München: Juventa 2004.

Haas, Gerhard: Handlungs- und produktionsorientierter Literaturunterricht. Theorie und Praxis eines „anderen" Literaturunterrichts für die Primar- und Sekundarstufe. Seelze: Kallmeyer 1997.

Hurrelmann, Bettina/Hammer, Michael/Nieß, Ferdinand: Lesesozialisation. Bd. 1: Leseklima in der Familie. Gütersloh: Bertelsmann 1993.

Hurrelmann, Bettina [u.a.]: Lesekindheiten. Familie und Lesesozialisation im historischen Wandel. Weinheim: Juventa 2006.

Medienpädagogischer Forschungsverbund Südwest (Hrsg.): KIM-Studie 2008. Kinder und Medien. Computer und Internet. Basisuntersuchungen zum Medienumgang 6- bis 13-Jähriger in Deutschland. Stuttgart: mpfs 2009.

Plath, Monika/Richter, Karin (Hrsg.): Literatur für Jungen – Literatur für Mädchen. Wege zur Lesemotivation in der Schule. Baltmannsweiler: Schneider 2010.

Postman, Neil: Das Verschwinden der Kindheit. Frankfurt/M.: Fischer 1983.

Richter, Karin/Plath, Monika: Lesemotivation in der Grundschule. Empirische Befunde und Modelle für den Unterricht. Weinheim, München: Juventa 2005.

Rosebrock, Cornelia (Hrsg.): Lesen im Medienzeitalter. Biographische und historische Aspekte literarischer Sozialisation. Weinheim, München: Juventa 1995.

Tillmann, Klaus-Jürgen: Sozialisationstheorien. Eine Einführung in den Zusammenhang von Gesellschaft, Institution und Subjektwerdung. Reinbeck: Rowohlt Verlag 2004.

Wieler, Peter: Vorlesen in der Familie. Fallstudien zur literarisch-kulturellen Sozialisation von Vierjährigen. Weinheim, München: Juventa 1997.

Wild, Reiner: Aufklärung. In: Wild 2008, S. 43–95.

Wild, Reiner (Hrsg.): Geschichte der deutschen Kinder- und Jugendliteratur. Stuttgart, Weimar: Metzler ^{3}2008.

KASPAR H. SPINNER

Didaktik der Kinder- und Jugendliteratur

Ob es überhaupt angebracht ist, von einer „Didaktik der Kinder- und Jugendliteratur" zu sprechen, ist in der Fachdiskussion umstritten; denn Ziele und Methoden bei Kinder- und Jugendliteratur (KJL) im Unterricht sind nicht grundsätzlich andere als bei der Beschäftigung mit Erwachsenenliteratur (zur entsprechenden Fachdiskussion vgl. Dahrendorf 1998; Kliewer 1998). In den folgenden Ausführungen greife ich in diesem Sinne didaktische Aspekte auf, die beim Umgang mit KJL eine besondere Rolle spielen, aber nicht auf sie beschränkt sind. Nach einem kurzen Einblick in die Geschichte der KJL-Didaktik erläutere ich die didaktischen Zielsetzungen im Umgang mit KJL, spreche kurz die Frage der Altersspezifik an und stelle dann ausführlich methodische Möglichkeiten vor.

KJL in der Schule umfasst heute ein breites Spektrum von Textsorten und medialen Formaten: Bilderbuch, Comics, Gedichte, Kurzprosa, Erzählungen, Romane, Sachbuch, Hörbuch, Hörspiel, interaktive Spielgeschichten auf CD-ROM und Theaterstücke. Die gedruckten Texte überwiegen in der Schule, weil die KJL in der Regel im Zusammenhang mit der Leseförderung gesehen wird. Bei der Textauswahl werden, wie empirische Untersuchungen gezeigt haben, von den Lehrkräften realistische Texte, vor allem aus den 1970er Jahren, favorisiert; das steht in einem gewissen Gegensatz zu den mehr an Fantastik und Abenteuerliteratur ausgerichteten Leseinteressen junger Leserinnen und Leser (vgl. Oskamp 1996, Richter 2003). Eine stärkere Berücksichtigung aktueller Beispiele in der Schule wird immer wieder angemahnt.

1 Ein Blick in die Geschichte der KJL-Didaktik

KJL hat erstmals in der Spätaufklärung eine größere Rolle in Erziehung und Unterricht gespielt. Es sind die philanthropischen Pädagogen und Schulreformer gewesen, die die KJL als ein zentrales Mittel der Belehrung entdeckten. Die Anschaulichkeit einer Erzählung, die die Vorstellungskraft der Heranwachsenden anspricht, erschien ihnen wirksamer zu sein als trockene Belehrung. In seinem einflussreichen *Methodenbuch für Väter und Mütter* von 1770 begründete Basedow dies in folgender Weise:

> Die moralischen Regeln, wenn sie nicht durch *Erzählung* bestätigt werden, beschäftigen nur den Verstand, aber nicht zugleich die Einbildungskraft. [...] Hingegen, wenn die Regeln durch Erzählungen bestärkt werden, so finden sie leichteren Eingang in die Tiefe der Seele, in das Herz des Menschen (Basedow 1913, S. 83).

Als Erziehungsziel waren den Philanthropen bei der Beschäftigung mit Geschichten vor allem die Tugendhaftigkeit und die vernunftgeleitete Kontrolle der Triebe wichtig. 1776 erschien Friedrich Eberhard von Rochows epochemachendes Lesebuch *Der Kinderfreund* (von Rochow 1776), in dem man entsprechende Geschichten findet, die Rochow für die Kinder verfasst hat.

Ein überaus erhellendes Beispiel für die Praxis der Philanthropen stellt Campes *Robinson der Jüngere* von 1779 dar. Diese Umarbeitung des Defoeschen Romans hat Campe „zur angenehmen und nützlichen Unterhaltung für Kinder" (so der Untertitel) erstellt; das Buch ist ein Paradebeispiel für aufklärerische Pädagogik. Campe bettet die Erzählung in eine Rahmenhandlung ein: Ein Familienvater erzählt die Geschichte von Robinson, unterbricht immer wieder und spricht mit den Zuhörenden über das Erzählte in belehrendem Sinne. Diese Gespräche haben, wie die Aufklärer gesagt hätten, sokratischen Charakter, sie sind Vorstufen des fragend-entwickelnden Unterrichtsgesprächs, das, ausgehend von der aufklärerischen Pädagogik, zum Hauptverfahren des Umgangs mit Literatur in der Schule geworden ist. Interessant ist, dass an einer Stelle Campe sogar eine kreative Umgangsform erwähnt: Gegen Ende des „Siebenden Abends" kommen die Kinder auf die Idee, Robinson einen Brief zu schreiben (Campe 1981, S. 108ff.). Eine halbe Stunde lang schreiben sie; die des Schreibens noch nicht kundige Lotte kann ihren Brief der Mutter diktieren. Dies entspricht den handlungs- und produktionsorientierten Verfahren, die für die jüngere Didaktik der KJL wichtig geworden sind.

Das 19. Jahrhundert beginnt mit einer Kritik an den philanthropischen Erziehungsvorstellungen und damit mit einer Abwertung der KJL; die Schriften für Kinder seien, wie es der überaus einflussreiche Pädagoge Herbart 1805 kritisch formuliert hat, „moralische Bildungsmittel; in der Schule solle man mit acht- bis zehnjährigen Knaben eher die Odyssee lesen" (zitiert nach Brunken/Hurrelmann/Pech 1998, S. 64). Eine gewisse Aufwertung erfährt die KJL im Verlauf des 19. Jahrhunderts dann durch die Volksbildungsbewegung, die sich um die Einrichtung von Kinder-, Dorf- und Schulbibliotheken gekümmert hat (ebd., S. 74f.).

Von großem Einfluss ist am Ende des Jahrhunderts die Jugendschriftenbewegung, vor allem Heinrich Wolgasts Buch *Vom Elend unserer Jugendliteratur* (Wolgast 1899, Erstauflage 1896), das eine heftige Abrechnung mit der bestehenden KJL darstellt. Wolgast kritisiert „Lesewut und schädliche Lektüre" und spricht von der „absoluten Notwendigkeit" einer „Zurückdrängung der privaten Lektüre der Kinder" (ebd., S. 7). Die Unterhaltungslektüre unterliegt ebenso seiner Kritik wie die moralisierend belehrende Jugendliteratur in der Tradition der Philanthropen (ebd., S. 18f.). Pädagogisches Ziel soll nach Wolgast die „litterarische Genußfähigkeit" (ebd., S. 20) sein, die nur durch „echte Dichtwerke" (ebd., S. 21) vermittelt werden könne und die vor allem in der „Freude an künstlerischer Ausgestaltung“ (ebd., S. 34) bestehe. Als „Perle der Jugendlektüre“ gilt ihm Storms *Pole Poppenspäler* (ebd., S. 32). Sein Angriff auf Literatur, die speziell für Kinder und Jugendliche geschrieben ist, hat dazu beigetragen, dass bis in die Mitte des 20. Jahrhunderts der KJL nur eine untergeordnete Rolle in der Schule zukam.

Anders als Wolgasts Schrift ist das ebenfalls reformpädagogisch orientierte Konzept der *Schaffenden Poesiestunden* von Otto Karstädt (Karstädt 1927, 1. Auflage 1913) akzentuiert. Karstädt geht, wie er sagt, vom „Neuaufblühen des Kinderliedes“ aus und fordert mit Nachdruck die Einbeziehung von Kinderliteratur in den Unterricht. Neben Liedern und Gedichten berücksichtigt er auch Märchen und Fabeln. Er betont programmatisch, dass „die Aneignung eines Kunstwerks ein Einfühlen, Nacherleben, Mit- und Nachschaffen (‘Illusion’)“ sei und wendet sich methodisch gegen das „Gängelband des Frage- und Antwortspiels“ (Karstädt 1927, S. IV). An methodischen Verfahren, deren Hauptziel immer das „Einfühlen“ als „Voraussetzung des ästhetischen Verstehens und Genießens“ sei (ebd., S. 37), findet man bei Karstädt u. a. das Lesen mit verteilten Rollen, das Singen, das Dramatisieren, das Fortspinnen der Handlung bei erzählenden Gedichten, das Malen, plastisches Gestalten, Ausschneiden und Kleben. Bei den Märchen spielt für Karstädt vor allem das einfühlende Nacherzählen eine Rolle: Die Kinder versetzen sich in eine Person und erzählen aus deren Perspektive. Beim „Schauen einzelner Phantasiebilder“ (ebd., S. 49) entsteht eine Art innerer Monolog, indem sich die Kinder z. B. ausmalen, was Rotkäppchen sieht, empfindet und denkt, wenn es den Wolf sieht. Neben solchen produktiven, überwiegend mündlichen Verfahren schlägt Karstädt auch eine wöchentliche Bücherstunde vor, in der die Schüler von ihrer häuslichen Lektüre berichten (ebd., S. 383). Karstädts Werk kann als erste große, das schöpferische Tun des Kindes betonende Didaktik der Kinder- und Jugendliteratur bezeichnet werden. Allerdings berücksichtigt er außer „Volksmärchen“, „neuen Kunstmärchen“ und Fabeln keine erzählenden Texte. 1937 gibt er eine nationalsozialistisch umgearbeitete Auflage seines Werkes heraus (vgl. Walz 2009, S. 49).

Die Didaktik des erzählenden Kinder- und Jugendbuches beginnt erst richtig nach 1950, wobei zwei Namen besonders hervorstechen: Richard Bamberger in Österreich und Anna Krüger in Deutschland. Bamberger gibt 1955 sein monumentales Werk *Jugendlektüre* (Bamberger 1955) heraus (565 Seiten, 1965 auf 848 Seiten erweitert). Er fordert eine stärkere Verbindung von „Privatlesen und Schullesen“ (ebd., S. 340) und betont die Bedeutung der Buchlektüre im Gegensatz zur bloßen Arbeit mit dem Lesebuch (ebd., S. 335 f.). Noch dezidierter tut dies Anna Krüger in ihrem Buch *Kinder- und Jugendbücher als Klassenlektüre* (Krüger 1963), in dem sie auch ausführlich ihre Konzeption des methodischen Vorgehens darstellt. Sie legt besonderes Gewicht auf das stille Lesen und wendet sich gegen das damals (und auch heute noch oft) vorherrschende laute

Lesen, ferner gegen einen Unterricht, der vor allem aus einem Vorlesen des Lehrers besteht, und gegen die „zu lang ausgedehnten, sich mühsam hinschleppenden Besprechungen alten Stils“, die die „Freude und Liebe zum Einzelwerk“ abtöteten (ebd., S. 272). Die Behandlung im Unterricht durchläuft bei Krüger in der Regel vier Stufen: Hinführung (z. B. Gespräch über das Titelbild), Lesen, Vertiefung durch möglichst freie Unterrichtsgespräche und Gestaltungsversuche. An vielen erprobten Beispielen konkretisiert sie das Vorgehen. Als Gestaltungsversuche kommen vor: das Vorlesen von Lieblingsszenen, bildnerisches Gestalten, Stegreifspiel, freie Erlebnisaufsätze ausgehend von Anregungen aus der Lektüre (mit deutlicher Wendung gegen die verschulende Nacherzählung, vgl. ebd., S. 43), Ausgestaltungen von Situationen, die im Buch nur angedeutet sind, innere Monologe von Figuren, Weiterdichten (ein zusätzliches Kapitel), Singen von Versen in einem Buch. Mit diesen Gestaltungsversuchen nimmt Anna Krüger eine Vorreiterrolle für den handlungs- und produktionsorientierten Ansatz ein, der im letzten Viertel des Jahrhunderts dann in der KJL-Didaktik wichtig geworden ist. Aufschlussreich ist übrigens auch, dass die von Anna Krüger dokumentierten Unterrichtserprobungen von Lehrkräften durchgeführt wurden, die zu prominenten Vertretern der Kinder- und Jugendliteraturforschung und -didaktik wurden, so Wilhelm Steffens, Gertrud Fröhlich (später Ritz-Fröhlich), Theodor Brüggemann, Herbert Ossowski. Am Ende ihrer Schrift bedauert Anna Krüger, dass es noch keine billigen Ausgaben von Kinder- und Jugendbüchern gebe. Dies hat sich dann bald geändert: Um 1965 entstehen die ersten Taschenbuchreihen der KJL, die zu einer wichtigen Voraussetzung für die nun rasch wachsende Bedeutung der KJL im Unterricht wurden.

Zur stärkeren Berücksichtigung von KJL trug um 1970 die fachdidaktische Diskussion über die Erweiterung des Textbegriffs bei. Über Anna Krüger hinausgehend, die noch besonderes Gewicht auf qualitätsvolle KJL legte, wurde nun auch das Recht auf Unterhaltung betont; damit wurden z. B. Comics als Unterrichtsgegenstand anerkannt. Es war vor allem Malte Dahrendorf, der in seinen Publikationen die beiden wichtigen Diskussionsstränge der 1970er Jahre, nämlich die Zielsetzung des eher kognitiv ausgerichteten kritischen Lesens und die entschulte Form der Leseförderung, die an die (auch trivialen) Lesebedürfnisse der Heranwachsenden anknüpft, zu verbinden suchte (vgl. Dahrendorf 1980, S. 245–289, zur KJL-Didaktik der 1970er Jahre vgl. auch die ausführliche Darstellung bei Krüger 1980, S. 202–240).

Die Kreativitätsdiskussion, die in der Erziehungswissenschaft der 1970er Jahre eine große Rolle spielte, führte dann auch zu einer verstärkten Entwicklung von produktionsorientierten Unterrichtsvorschlägen. Für die Kinderlyrik hat insbesondere Gertrud Ritz-Fröhlich eine entsprechende Konzeption vorgelegt (Ritz-Fröhlich 1974). Ihr kommt es darauf an, die Kinder „poetische Erscheinungen“ (ebd., S. 47), z. B. rhythmische Gestaltung, Reim, inhaltliche Strukturen, selbst entdecken zu lassen. Sie geht davon aus, dass die Kinder zunächst ein „unreflektiertes und fast intuitives Vermögen“ besitzen, „poetische Phänomene verstehend zu erfassen“, dass sie dann aber, einmal darauf aufmerksam gemacht, selber Entdeckungen an den Texten machen können (ebd.). Anregungen von Winfried Pielow und Gerhard Haas aufgreifend, fasst sie das Gedicht als „Partitur“ auf für tänzerisches Gestalten, für Vertonungen, für Spiel, aber auch für das Schreiben von neuen Gedichten. Durch solches Tun erschließen sich die Kinder Grundelemente von Lyrik, ohne dass sie poetologische Terminologie lernen müssen. In den 1980er Jahren ist der produktive Umgang mit Kinderlyrik immer selbstverständlicher geworden und hat zu einer großen Vielfalt von Aktionsformen geführt. Als ein Beispiel für viele Publikationen sei der aspektreiche Band von Forytta/Hanke (1989) zur Lyrikdidaktik in der Grundschule genannt.

Die 1980er Jahre sind das Jahrzehnt, in dem der handlungs- und produktionsorientierte Umgang mit Kinder- und Jugendliteratur auch in Bezug auf erzählende Texte zu seiner vollen Entfaltung kommt. Wesentliche Anstöße dazu hat Gerhard Haas gegeben. Schon in einem Beitrag von 1976 plädiert er für einen „offenen“ Leseunterricht, der die affektive Dimension, die in der kritischen Literaturdidaktik zu sehr zurückgedrängt werde, wieder einbeziehen und einen individualisierenden Unterricht erlauben solle. Haas versteht seine Konzeption als Gegenmodell zu einem Unterricht, der sich überwiegend auf das lehrergeleitete Unterrichtsgespräch stützt und durch das „vorprogrammierte Darüberredenmüssen“ die Leselust zerstöre (Haas 1976, S. 590, vgl. auch Haas 1978 und Haas/Burann 1977). Den Schüler(inne)n soll nach Haas die Gelegenheit gegeben werden, über Buchauswahl und Arbeitsform mitbestimmen zu können; dazu stellt Haas eine Liste mit Umgangsformen zur Auswahl vor (Haas 1976, S. 589); diese Zusammenstellung enthält überwiegend produktive Verfahren und ist in der Kinder- und Jugendliteraturdidaktik sehr einflussreich geworden. Dahrendorf (Dahrendorf 1980, S. 286) und Sahr (Sahr 1985, S. 25, weiter ausgebaut Sahr 1987, S. 10–15) greifen in wichtigen Publikationen auf sie zurück. Den Terminus „handlungs- und produktionsorientierter Literaturunterricht“ findet man in den 1970er Jahren noch nicht; er wird von Haas 1984 mit seinem Band *Handlungs- und produktionsorientierter Literaturunterricht in der Sekundarstufe I* in die Diskussion eingeführt (Haas 1984). Im gleichen Jahr erscheint der Aufsatz *Grundzüge von Theorie und Praxis eines produktionsorientierten Literaturunterrichts* von Günter Waldmann (Waldmann 1984); mit diesen beiden, bis heute immer wieder zitierten Publikationen, hat sich der Ansatz der produktionsorientierten Literaturdidaktik endgültig als eine wesentliche Konzeption etabliert. Waldmann widmet sich in seinen Publikationen allerdings im Gegensatz zu Haas fast ausschließlich der Erwachsenenliteratur (ein Bezug zur Kinder- und Jugendliteratur ist in seinem umfangreichen Band zur Trivialliteraturdidaktik von 1980 gegeben; Waldmann stellt hier sehr ausführlich produktionsorientierte Verfahren zu Comics vor; vgl. Waldmann 1980, S. 41–118). Während bei Anna Krüger die Gestaltungsaufgaben noch im Anschluss an die Behandlung der Texte erfolgten, können im handlungs- und produktionsorientierten Literaturunterricht, wie er bei Haas und anderen entfaltet ist, die produktionsorientierten Aufgaben auch zu Analyse und Interpretation hinführen. Heute kann man davon ausgehen, dass in praktisch allen Publikationen zur Didaktik der Kinder- und Jugendliteratur auf handlungs- und produktionsorientierte Verfahren Bezug genommen wird.

2 Zielsetzungen beim Umgang mit KJL

Der KJL wird eine wichtige Funktion zugeschrieben, wenn es darum geht, Schülerinnen und Schülern eine positive Einstellung zum Lesen zu vermitteln. Durch ihre inhaltliche Nähe zur Erlebniswelt der Kinder und Jugendlichen und durch ihre altersentsprechende Ausdrucksform eignen sich kinder- und jugendliterarische Texte besonders dazu, zum Lesen zu motivieren. Dabei soll ein breites Lektüreangebot, das den Wünschen der Kinder und Jugendlichen entgegenkommt, zur Verfügung gestellt werden. Richard Bambergers Satz „Lesen lernt man durch Lesen“ (Bamberger 2000, S. 294) wird im Zusammenhang einer solchen Leseerziehung immer wieder zitiert.

Über eine solche Leseförderung hinaus reicht der Beitrag, den die KJL im Hinblick auf die Entwicklungsaufgaben leistet, die den Heranwachsenden gestellt sind. Dazu gehört u. a. die Ablösung von elterlicher Behütung, der Gewinn an Selbstständigkeit, der Umgang mit Minderwertigkeitsgefühlen und Omnipotenzfantasien, die Rollenfindung in der Peer-Group, die Auseinandersetzung mit Liebe und Sexualität. Solche Entwicklungsaufgaben werden in der realistischen und der fantastischen KJL vielfältig sowohl explizit und als auch symbolisch entfaltet; für Kinder und Jugendliche kann das Lesen deshalb ein Beitrag zur Identitätsentwicklung sein. Durch eine Unterrichtsgestaltung, die ein intensives Sich-Einlassen auf die Texte und ein Ernstnehmen der subjektiven Anteile im Leseprozess zulässt und anregt, kann dies unterstützt werden.

Zur Identitätsentwicklung gehört insbesondere auch die Auseinandersetzung mit Moral und ethischen Grundsätzen. Literarische Texte – Kurzgeschichten, Erzählungen, Romane, Theaterstücke, Balladen – zeigen immer wieder moralische Konfliktsituationen. Das Unterrichtsgespräch, aber auch produktive Aufgabenstellungen können das Nachdenken über moralische Fragen befördern. Gemeint ist damit nicht eine Morallehre, für die die KJL lange Zeit in Anspruch genommen wurde; es geht vielmehr um die Unterstützung einer selbstständigen Auseinandersetzung der Schülerinnen und Schüler mit entsprechenden Fragen. Als ein Kennzeichen guter KJL bezeichnen Abraham/Kepser die „Spannung [...] zwischen Disziplin und Anarchie“ (Abraham/Kepser 2006, S. 127), die nicht in einer moralischen Lehre aufgelöst wird und die entsprechend auch nicht pädagogisch neutralisiert werden sollte.

Ein wichtiger Aspekt moralischer Entwicklung ist die Förderung von Empathie und Fremdverstehen. Dazu kann das Lesen von literarischen Texten in besonderem Maße beitragen, denn es lädt dazu ein, sich in Figuren hineinzudenken, ihre Gefühle, Vorstellungen und Gedanken nachzuvollziehen. Die neuere KJL zeichnet sich besonders dadurch aus, dass sie die innere Entwicklung von Figuren zur Darstellung bringt. Die Förderung der Fähigkeit, Handlungsmotive und das Verhältnis der Figuren zueinander zu erschließen, ist eine zentrale Zielsetzung literarischen Lernens, das zu vertieftem Textverstehen, aber darüber hinaus auch zum sozialen Lernen beitragen will. Für Kinder in der Grundschule ist es z. B. eine besondere Herausforderung, auch ambivalente Gefühle und Charaktere zu verstehen. In den weiterführenden Klassenstufen wird die Fähigkeit wichtig, jeweils nicht nur die innere Situation einer einzelnen Figur im Blick zu haben, sondern auch die Art und Weise zu erschließen, wie sich die Figuren wechselseitig einschätzen und wie sich dies auf ihr Verhalten auswirkt.

Die Entwicklung von Empathie und Fremdverstehen heißt nicht, dass sich die Lesenden die Auffassungen einer Figur zu eigen machen sollen. Fremdverstehen kann durchaus auch Abgrenzung bedeuten. Die früher tendenziell vorherrschende Auffassung, dass Alteritätserfahrung bei Erwachsenenliteratur, identifikatorisches Lesen bei KJL angelegt sei, gilt weder für die heutige KJL noch für die Leseweisen, die im Unterricht unterstützt werden sollen.

In Abgrenzung zu einem nur lesemotivierenden und themenorientierten Unterricht wird in jüngerer Zeit verstärkt die Zielsetzung des literarischen Lernens bzw. der literarästhetischen Bildung eingefordert (vgl. z. B. Rosebrock 1997, S. 13). Dazu gehört wesentlich die Fähigkeit des symbolischen Verstehens, das schon implizit eine Rolle spielt, wenn Kinder bei einem Märchen den Wald als Raum der Gefahr, des Verlassenseins und zugleich der Bewährung empfinden. Im Unterricht bietet die KJL vielfältige Anlässe, symbolische Sinndimensionen auch ins Bewusstsein zu bringen, z. B. ausgehend von Text-Bild-Beziehungen in Bilderbüchern (etwa Bedeutung heller und dunkler Farben) oder von Dingsymbolen (Glücksstein, Brücke, Meer ...). Ein weiterer Aspekt literarischen Lernens ist die Bereitschaft, sich auf ungewohnte Sprache und Bilder einzulassen. Dies spielt insbesondere bei der Beschäftigung mit Kinderlyrik eine Rolle. Bei erzählenden Texten gehört der Wechsel der Erzählperspektive und der zeitlichen Ebenen, den man in neueren Kinder- und Jugendbüchern immer häufiger findet, zu den Ansprüchen einer zu erwerbenden literarischen Kompetenz.

Wichtig für das literarische Lernen ist ferner das Fiktionsbewusstsein, also die Fähigkeit, Fiktion (die erzählte Welt) und Wirklichkeit zu unterscheiden und aufeinander zu beziehen. Bei historischen Romanen spielt dies eine besondere Rolle. Auch Intertextualität ist in der KJL wichtig, z. B. bei modernen Märchen oder bei Anspielungen auf Märchenmotive in der Fantasy. Fiktionsbewusstsein und Erkennen von intertextuellen Bezügen sind auch zentrale Aspekte einer übergreifenden Medienerziehung. Überhaupt wird heute in der KJL-Didaktik eine enge Verbindung zwischen der Aneignung von literarischer und Medienkompetenz gefordert (vgl. z. B. Hurrelmann/Becker 2003).

Zu nennen ist schließlich der Erwerb von Weltwissen, der vor allem durch Sachbücher erfolgt. Er sollte allerdings nicht als bloße Aufnahme von Information verstanden werden; eine wichtige Funktion des Kinder- und Jugendsachbuchs besteht gerade darin, dass es auch Vorstellungsbilder vermittelt (z. B. vom Leben im alten Ägypten oder von einem Wolfsrudel oder von der Biographie eines Sportlers) und durch Narration und durch Strukturierung (z. B. in den Text eingefügte Schaubilder) Zusammenhänge begreifbar macht. Vorstellungsunterstützende Vorgehensweisen, die man in der Regel vor allem bei fiktionaler Literatur betont, haben deshalb auch bei der Arbeit mit Kinder- und Jugendsachbüchern ihre Funktion; das Gleiche gilt für Interpretationsverfahren, mit denen von Einzelinformationen auf übergreifende Zusammenhänge geschlossen wird.

3 KJL-Didaktik für alle Lebensalter

Wenn von KJL-Didaktik die Rede ist, denkt man vor allem an die Schule, insbesondere an den Unterricht in unteren Klassen. Erkenntnisse der Lesesozialisationsforschung (vgl. den Beitrag von Monika Plath/Karin Richter in diesem Band) haben jedoch dazu geführt, dass Leseförderung mit KJL auch auf anderen Alterstufen und durch andere Vermittlungsinstanzen für wichtig erachtet wird. Studien zum Vorlesen in der Familie haben schon für die frühe Kindheit gezeigt, welche Verhaltensweisen von Erwachsenen für den Zugang zur Literatur förderlich sind; so weist Petra Wieler in ihrer Studie zu Vorlesegesprächen mit Vierjährigen nach, dass eine dialogische Struktur, in der die Kinder ihre Verstehensfragen und -probleme bei der Bilderbuchrezeption zur Sprache bringen können, einem Vorgehen überlegen ist, bei dem es der vorlesenden erwachsenen Person vor allem um einen „Transport" von Bedeutungen geht (Wieler 1997, S. 317–319).

Für den Kindergarten haben Thiele/Steitz-Kallenbach (2003) ein Handbuch für Studierende und Erzieher(innen) herausgegeben, in dem Bilderbücher, Sachgeschichten, Kinderlyrik, Märchen, Literaturverfilmungen und Hörkassetten behandelt werden und deutlich gemacht wird, welche Bedeutung dem Kindergarten als „Elementarschule bildnerisch-literarischen Erprobens" (ebd., S. 11) zukommt.

In der Schule ist die KJL in den vergangenen Jahren zunehmend auch für höhere Klassen interessant geworden; das hängt unter anderem damit zusammen, dass die Grenzen zwischen KJL und Erwachsenenliteratur ausgesprochen fließend geworden sind. Im Übrigen hat die KJL-Forschung Fragestellungen entwickelt und bearbeitet, die auch für obere Gymnasialklassen (z. B. in Verbindung mit Erwachsenenliteratur) interessant sind.

KJL in der Erwachsenenbildung betrifft zum einen die Aus- und Fortbildung von Lehrer(inne)n und Erzieher(inne)n, aber auch von Eltern (und Großeltern) im Hinblick auf das häusliche Vorlesen. Ein Ausbildungselement, das typisch für die Arbeit mit Erwachsenen ist, besteht in der Reflexion der eigenen literarischen Sozialisation (vgl. z. B. Garbe/Philipp/Ohlsen 2009, S. 215–243).

4 Methodische Konzeptionen

Als methodische Konzeptionen werden im Folgenden das Prinzip der Leseanimation und die produktiven Formen des Umgangs mit Texten vorgestellt. Es sind dies die beiden Ansätze, die die KJL-Didaktik besonders prägen. Damit sind nicht alle Verfahren, die im Unterricht eingesetzt werden, erfasst; zu nennen wären als weitere Konzepte vor allem Formen des Lesetrainings zur Steigerung der Lesekompetenz und der analytisch ausgerichtete Unterricht, dem es um die Untersuchung von Struktur, Stil, Erzähltechnik, Symbolik geht. Diese Konzepte sind nicht schwerpunktmäßig im Rahmen der KJL-Didaktik ausgebildet worden, aber in den unteren Klassenstufen werden sie in der Regel mit Texten der KJL realisiert. Ausdrücklich betont werden muss, dass das Verstehen und Analysieren poetischer Verfahrensweisen nicht nur eine Angelegenheit des Umgangs mit Erwachsenenliteratur ist. Von den elementaren Stilmerkmalen wie Wiederholungen, Rhythmus, Klangstrukturen, auf die Kinder schon früh ihre Aufmerksamkeit richten können, bis zu postmodernen Erzählstrukturen, die man in neueren Jugendromanen finden kann, bietet die KJL ein breites Angebot für literarästhetische Beobachtungen und Analysen.

4.1 Leseanimation

Mit KJL möchte man Lesefreude und -interesse von Heranwachsenden wecken und stabilisieren. Das gelingt allerdings oft nicht, denn es besteht ein „Spannungsverhältnis“ (Hurrelmann 2004) zwischen der Schule als Lerninstitution und der privaten Lektüre. In einer empirischen Untersuchung hat Bettina Hurrelmann gezeigt, dass sich Kinder in der Schule ein Verarbeitungsmuster aneignen, das der Lesemotivation nicht gerade förderlich ist. Hurrelmann charakterisiert das Verarbeitungsmuster sehr anschaulich aus Schülersicht:

> Daß ich einen Text schulgerecht verstanden habe, zeige ich vor allem dadurch, dass ich die Abfolge des Geschehens oder von Teilen des Geschehens rekapituliere und Handlungen der Geschichte nach allgemein akzeptierten Normen beurteile (Hurrelmann 1982, S. 256).

Hurrelmann fordert als Gegenkonzept, dass „Erfahrungsformulierung und produktive Textverarbeitung" ins Zentrum gerückt werden (ebd., S. 366) und dass das „Lesen in der Schule" für die Schülerinnen und Schüler „erfüllte Gegenwart" (ebd., S. 368) sein soll. Offene Formen des Unterrichts (Knobloch/Dahrendorf 1999), die in den letzten Jahren stärkere Verbreitung gefunden haben, sind in diesem Sinne eine Voraussetzung dafür, dass „die alles Lesen begleitenden Emotionen und Affekte, dass Imagination und Einfühlung und das Bedürfnis nach Identifikation und Spiel – auch in der Schule!" (Haas 1998, S. 42f.) ihren Platz haben. Dazu gehören freie Lesezeiten im Unterricht (z.B. dreimal in der Woche zwanzig Minuten oder jede Woche eine Stunde), freie Gespräche über die Lektüre, Klassenbücherei, Schulbibliothek mit Medienumgebung (Hörbücher, CD-ROMs, Internet), Bereitstellen von Bücherkisten aus Bibliotheken, Leseprojekte mit Präsentationen der Schülerinnen und Schüler. Besuche in Buchhandlungen und öffentlichen Bibliotheken, Autorenlesungen und Kindertheatervorstellungen schlagen die Brücke zum außerschulischen literarischen Leben (weitere Vorschläge z.B. bei Knobloch/Dahrendorf 1999). Vermehrt wird inzwischen im deutschen Sprachbereich auch das Lesen in Kleingruppen praktiziert, das vor allem in Großbritannien verbreitet ist (Stenzel 1999); dabei beschäftigen sich Kleingruppen je mit einem anderen Buch, das sie am Ende ihrer Arbeit, die durch vorgegebene Aufträge strukturiert sein kann, der Klasse präsentieren.

Zur Leseanimation gehört auch das Vorlesen durch die Lehrerin bzw. den Lehrer, das über die sinnliche Hör-Erfahrung einen emotional geprägten und imaginationsanregenden Zugang zu literarischen Welten verschaffen kann. Schließlich ist darauf hinzuweisen, dass für die Leseanimation die Beschäftigung mit ganzen Büchern und nicht nur mit Kopien und Texten aus dem Lesebuch notwendig ist; nach einer empirischen Untersuchung von Karin Richter ist der Anteil der Grundschullehrerinnen und -lehrer, die in einem Schuljahr kein einziges ganzes Buch mit ihren Kindern gelesen haben, immer noch beunruhigend groß (Richter 2003, S. 125).

4.2 Produktive Verfahren zu Kinderlyrik

Der handlungs- und produktionsorientierte Umgang, der die KJL-Didaktik seit den 1980er Jahren besonders prägt, wird im Folgenden anhand von Verfahren zur Kinderlyrik und zu erzählenden Texten vorgestellt, ergänzt durch knappe Hinweise auf die szenische Interpretation, die sich auf verschiedene Gattungen beziehen kann, und auf die Arbeit mit einem Lesetagebuch. Angesichts der Fülle von Möglichkeiten beschränkt sich die Zusammenstellung auf die wichtigsten Typen produktiver Verfahren. Je nach Arbeitszusammenhang erfüllen die Verfahren unterschiedliche Funktionen: Sie können dazu dienen, auf formale Aspekte aufmerksam zu werden, sie können dem genauen Lesen, der inhaltlichen Erschließung und dem Bezugnehmen auf eigene Erfahrungen dienen, sie können die Imagination anregen und differenzieren und sie können zur Entfaltung sprachlicher Fähigkeiten beitragen. Sie bieten ferner vielfältige Anlässe zum interpretierenden Gespräch, z. B. wenn die Eigenproduktionen mit dem Ausgangstext verglichen werden. Die folgende Auflistung sollte also nicht zur beliebigen und funktions-blinden Anwendung verführen. Zuerst werden operative Verfahren genannt, d. h. handwerkliche Aufgabenstellungen; dann folgen Verfahren, die immer mehr auch die eigene Kreativität der Schülerinnen und Schüler herausfordern:

- Vers- oder Strophenfolge herstellen (die Schülerinnen und Schüler erhalten ein Gedicht auseinandergeschnitten in die Verse oder Strophen)
- Zeilenumbruch vornehmen (die Sch. erhalten das Gedicht wie Prosa fortlaufend geschrieben)
- Gedichte entflechten (die Sch. erhalten einen Text, der die Verse von zwei verschiedenen Gedichten ineinander geschoben enthält)
- Aus Formulierungsangeboten auswählen (die Sch. erhalten zwei oder drei Varianten zum Titel, zum Schluss oder zu einer anderen Textstelle; eine der Varianten ist die originale)
- Selber einen Titel ausdenken
- Wörter oder Zeilen, die weggelassen sind, ergänzen oder ein Gedicht erweitern durch Einfügen oder Anhängen von Versen
- Ein Gedicht verkürzen (z. B. zu einer visuell gestalteten Anordnung der Kernwörter)
- Mit vorgegebenen Reimwörtern ein Gedicht verfassen (die Sch. erhalten die Reimwörter eines bestimmten Gedichts)
- Ein Gedicht umschreiben und dadurch eine andere Sichtweise erzeugen (z. B. eine andere Stimmung)
- Ein Gedicht in eine kleine Erzählung umformen oder zu einem Gedicht ein eigenes Erlebnis erzählen
- Nach dem Muster eines Gedichtes selber ein Gedicht schreiben (analoges Schreiben)
- Ein Gedicht graphisch gestalten (z. B. am PC mit verschiedenen Schriften oder Gestaltung eines Plakates)
- Zu Gedichten malen, zeichnen, Collagen herstellen.

4.3 Produktive Verfahren im Umgang mit erzählenden Texten

Die im Folgenden angeführten Verfahren zu erzählenden Texten gelten auch für Bilderbücher, da sie in der Regel einer narrativen Struktur folgen; sie spielen im Unterricht sowohl unter kunst- als auch unter lesedidaktischer Perspektive eine Rolle (zur Didaktik des Bilderbuchs vgl. z. B. Thiele 2000, S. 176–194, Grünewald 1991, Kretschmer 2003).

- Figuren in Ich-Form vorstellen: Die Schüler(innen) übernehmen je eine Figur aus der Erzählung und erstellen dazu einen Text, mit dem sich die Figur vorstellt. Dies soll in Ich-Form geschehen, beginnend z. B. mit „Ich bin ...“ mit Nennung des Namens der Figur. Die geschriebenen Texte werden vor der Klasse vorgelesen. Dies kann mit einigen Fragen der Lehrkraft oder der zuhörenden Schüler(innen) an die Verfasser bzw. Figuren verbunden werden (z. B. kann eine Figur gefragt werden, was sie von einer anderen Figur hält).

- Interviews mit Figuren verfassen: Dieses Verfahren ähnelt dem erstgenannten, mit dem Unterschied, dass Interviewfragen formuliert werden. In diesem Fall bietet sich nach Erstellen der Texte ein Vorlesen mit verteilten Rollen an.

- Plakate zu Figuren erstellen: Es kann z. B. zu jeder wichtigen Figur ein Plakat vorgesehen werden. Während der Lektüre werden laufend die Informationen, die man zu der Figur erhält, im Plakat eingetragen. Der Text auf dem Plakat wird durch bildliche Elemente ergänzt, z. B. durch Zeichnungen von der Figur, von Gegenständen, die für sie typisch sind, von Schauplätzen usw. oder auch durch ausgeschnittene Fotografien, die zum Text passen.

- Briefe oder E-Mails von und an Figuren schreiben: Mit solchen Briefen oder E-Mails können z. B. Gedanken und Erlebnisweisen von Figuren zum Ausdruck gebracht oder Stellungnahmen zum Verhalten von Figuren abgegeben werden.

- Tagebucheinträge von Figuren schreiben: Die Annahme, eine Figur habe ein Tagebuch geschrieben, ermöglicht es, das Geschehen aus der Figurenperspektive zu rekapitulieren und zu reflektieren.

- Einen inneren Monolog einer Figur schreiben: Diese Aufgabe ist dem Schreiben von Tagebucheinträgen verwandt; auch innere Monologe geben die subjektive Erlebnisweise von Menschen wieder. Innere Monologe sind z. B. bei Textstellen interessant, bei denen sich eine Figur in einer Entscheidungssituation befindet. Bei Bilderbüchern bietet sich ein ausdrucksstark gezeichnetes Figurengesicht als Ausgangspunkt an.

- Träume von Figuren erfinden: Diese Produktionsaufgabe eignet sich dafür, Gefühle (z. B. Ängste) einer Figur zu gestalten.

- Textstellen aus der Perspektive einer Figur oder eines Gegenstandes umschreiben: Erzählungen sind in der Regel mehr oder weniger an der Wahrnehmungsperspektive einer bestimmten Figur ausgerichtet; es ist interessant, das Geschehen aus der Perspektive einer anderen Figur zu erzählen (am besten in Ich-Form). Bei manchen Texten kann auch die Perspektive eines Gegenstandes gewählt werden, z. B. der Puppe, die der Hauptfigur gehört, oder des Hauses, in dem sie wohnt.

- Eine im Text nur angedeutete Handlung ausfabulieren: Möglich ist hier z. B. die Gestaltung eines Dialoges, der im Buch nicht ausgeführt, im Rahmen der erzählten Handlung aber denkbar ist.
- Eine Fortsetzung oder einen eigenen Schluss zu einer Geschichte ausdenken: Bei der Lektüre eines Textes kann man an spannenden Stellen einhalten und sich selbst eine Fortsetzung ausdenken und sie aufschreiben. Es gibt Geschichten, bei denen man sich auch über ihr Ende hinaus eine Fortsetzung ausdenken kann. Auch das Schreiben von alternativen Schlüssen ist bei manchen Geschichten interessant.
- Nach dem Muster einer Geschichte weitere Geschichten erfinden: Insbesondere Bücher, die episodischen Charakter haben, also einzelne, mehr oder weniger in sich geschlossene Szenen aneinanderreihen, können als Anregung zum analogen Schreiben dienen (z. B. neue Sams- oder Pumuckl-Geschichten nach Paul Maar bzw. Ellis Kaut).
- Einen Textausschnitt in eine andere Textsorte umsetzen: Bei manchen Geschichten ist es z. B. möglich, das Hauptgeschehen als Zeitungsmeldung zu verfassen, z. B. bei Jugendkrimis. Auch das Herstellen eines Comics oder eines Fotoromans kann eine reizvolle kreative Umsetzung sein.
- Zum Text malen, zeichnen und Figuren und Schauplätze basteln: Durch dieses Verfahren kann die vorstellungsmäßige Vergegenwärtigung von Figuren und Schauplätzen verstärkt werden. Bei Bilderbüchern kann den Schülerinnen und Schülern zunächst der Text ohne die Illustrationen als Arbeitsgrundlage gegeben werden.
- Ein Karten- oder Würfelspiel zu einem Buch erstellen: Dies ist ein größeres Vorhaben, an dem die ganze Klasse beteiligt werden kann. Besonders geeignet sind fantastische Abenteuerbücher als Textgrundlage.
- Buchempfehlung verfassen: Wenn man ein Buch ganz gelesen hat, kann man dazu eine Buchempfehlung schreiben, z. B. als Lektüreanregung für andere Schüler(innen).
- Historische Informationen zu einem Buch suchen und auf einem Plakat darstellen: Dies bietet sich bei historischen Romanen an; man kann Informationen und Bilder zu Schauplätzen suchen (z. B. wenn ein Roman in einer bestimmten Stadt spielt) oder etwas über die Lebensverhältnisse (z. B. Kleidung, Ernährung, Berufe) zusammenstellen.
- Ein Informationsplakat zum Autor gestalten: Bei Erich Kästner könnten z. B. die Lebensdaten, die Lebensorte (anhand einer Deutschlandkarte) und die Werke, evtl. ergänzt mit je einer Abbildung aus den Büchern, zusammengestellt werden.

4.4 Szenische Interpretation

Als Schulspiel hat die dramatische KJL schon lange ihren Stellenwert in der Schule. Weniger aufwendig ist das Stegreifspiel, das z. B. zu einzelnen Situationen in erzählenden Texten durchgeführt wird. In jüngerer Zeit sind Verfahren der szenischen Interpretation wichtig geworden, die Ingo Scheller entwickelt und die vor allem Dagmar Grenz für die KJL umgesetzt hat (z. B. Grenz 1999). Als Zwischenform zwischen Gedichtvortrag und szenischem Spiel kann auch das szenische Vorlesen hier eingeordnet werden.

- Ein Gedicht in Gruppen szenisch vorlesen: Strophen, Verse, Versteile werden auf einzelne oder mehrere Sprecher aufgeteilt, Lautstärke, Pausen usw. werden abgesprochen, ebenso die Verteilung der Sprechenden im Raum; es können auch kleinere szenische Elemente eingebaut werden, z. B. Handbewegungen, Platzwechsel.
- Ein Gedicht oder eine erzählte Situation pantomimisch darstellen: Es geht dabei in der Regel darum, Figuren durch ihre Bewegungen zu charakterisieren.
- Standbilder bauen: In einem Standbild wird die erzählte Situation als lebendes, unbewegtes und stummes Bild von mehreren Schüler(inne)n nachgestellt, so als wenn ein unsichtbarer Fotograf ein Foto gemacht hätte. Die darstellende Schülergruppe kann gemeinsam überlegen, wie das Standbild gestaltet werden soll, oder sie bestimmt einen Regisseur, der die Anweisungen gibt. Ebenso kann die Klasse Vorschläge für die Gestaltung machen.

4.5 Lesetagebuch

In neueren Konzeptionen eines offenen Leseunterrichts spielen Lesetagebücher, auch Lesejournale genannt, eine immer größere Rolle (vgl. Bertschi-Kaufmann 1998, Hintz 2005). Die Schülerinnen und Schüler werden angehalten, zu ihrer Lektüre eine Art Tagebuch zu führen; sie notieren Gedanken zu den gelesenen Büchern, malen, zeichnen und erfinden eigene Texte zum Gelesenen. Die Arbeit mit Lesetagebüchern hatte schon Richard Bamberger vor mehr als 50 Jahren vorgeschlagen und erprobt, wobei er allerdings noch kaum kreativ-produktive Schreibformen im Blick hatte (Bamberger 1955, S. 399-401). Lesetagebücher sind schon im ersten Schuljahr möglich; die Kinder schreiben z. B. Autor(inn)enname und Titel ab und erstellen eine Zeichnung zum Buch. Schülerinnen und Schüler, die Deutsch als Zweit- oder Drittsprache lernen müssen, schreiben zunächst vor allem Textstellen ab (Bertschi-Kaufmann 1998, S. 210f.). Lesetagebücher dienen der Aneignung und reflexiven Verarbeitung von Lektüreerfahrungen und sind auch ein Beitrag zur Entfaltung eigener Sprachfähigkeiten in der Begegnung mit Literatur. Sie können zu Lese- und Medientagebüchern erweitert werden, wenn Hörbücher, interaktive Bücher für PC und eventuell sogar Fernsehsendungen einbezogen werden. Das Lesetagebuch ist besonders geeignet für einen individualisierenden Unterricht, in dem die Schülerinnen und Schüler ihren je persönlichen Weg in die Welt der Literatur gehen können.

Literaturverzeichnis

Abraham, Ulf/Kepser, Matthis: Literaturdidaktik Deutsch. Eine Einführung. Berlin: Schmidt ²2006.

Bamberger, Richard: Jugendlektüre. Mit besonderer Berücksichtigung des Leseunterrichts und der Literaturerziehung. Wien: Jugend und Volk 1955.

Bamberger, Richard: Erfolgreiche Leseerziehung in Theorie und Praxis. Wien: Öbv 2000.

Basedow, Johann Bernhard: Methodenbuch. Leipzig: Koehler 1913.

Bertschi-Kaufmann, Andrea: Kinderliteratur und literarisches Lernen. Lese- und Schreibentwicklungen im offenen Unterricht. In: Richter/Hurrelmann 1998, S. 199–214.

Bertschi-Kaufmann, Andrea (Hrsg.): Lesen und Schreiben im offenen Unterricht. Zürich: sabe 1998.

Brunken, Otto/Hurrelmann, Bettina/Pech, Klaus Ulrich: Einleitung. In: Brunken, Otto/ Hurrelmann, Bettina/Pech, Klaus Ulrich (Hrsg.): Handbuch zur Kinder- und Jugendliteratur. Von 1800 bis 1850. Stuttgart: Metzler 1998, S. 1–115.

Campe, Joachim Heinrich: Robinson der Jüngere, zur angenehmen und nützlichen Unterhaltung für Kinder. Hrsg. von Binder, Alwin und Richartz, Heinrich. Stuttgart: Reclam 1981.

Dahrendorf, Malte: Kinder- und Jugendliteratur im bürgerlichen Zeitalter. Beiträge zu ihrer Geschichte, Kritik und Didaktik. Königstein/Ts.: Scriptor 1980 (Scriptor Taschenbücher; 146).

Dahrendorf, Malte: Überlegungen zur immanenten Didaktik und Pädagogik der Kinder- und Jugendliteratur. In: Richter/Hurrelmann 1998, S. 11–25.

Forytta, Claus/Hanke, Eva (Hrsg.): Lyrik für Kinder – gestalten und aneignen. Frankfurt/ M.: Arbeitskreis Grundschule 1989.

Garbe, Christine/Philipp, Maik/Ohlsen, Nele: Lesesozialisation. Arbeitsbuch. Paderborn: Schöningh 2009 (UTB 8398).

Grenz, Dagmar: Szenisches Interpretieren. In: Duderstadt, Matthias/Forytta, Claus (Hrsg.): Literarisches Lernen. Frankfurt/M.: Grundschulverband – Arbeitskreis Grundschule 1999, S. 157–167.

Grünewald, Dietrich: Bilderbücher im Unterricht. In: Die Grundschulzeitschrift 5 (1991), H. 46, S. 4–13.

Haas, Gerhard: Lesen – in der Schule, nicht (nur) für die Schule. In: Westermanns Pädagogische Beiträge 28 (1976), H. 10, S. 585–591.

Haas, Gerhard: Phantastische Kinderbücher im Unterricht der Primarstufe. In: Karst 1978, S. 25–50.

Haas, Gerhard: Handlungs- und produktionsorientierter Literaturunterricht in der Sekundarstufe I. Hannover: Schroedel 1984.

Haas, Gerhard: Plädoyer für eine Kinder- und Jugendliteraturdidaktik vom Geschehnisfeld und den Figuren der erzählerischen Texte aus. In: Richter/Hurrelmann 1998, S. 35–43.

Haas, Gerhard: Kinder- und Jugendliteratur im Unterricht. In: Lange, Günter/Neumann, Karl/Ziesenis, Werner (Hrsg.): Taschenbuch des Deutschunterrichts. Bd. 2. Baltmannsweiler: Schneider 8. Aufl. 2003, S. 721–737.

Haas, Gerhard/Burann, Josef: Mit Texten umgehen – auf Texte reagieren. In: Westermanns Pädagogische Beiträge 29 (1977), H. 11, S. 443–448.

Hintz, Ingrid: Das Lesetagebuch: intensiv lesen, produktiv schreiben, frei arbeiten. Baltmannsweiler: Schneider ^{2}2005 (Deutschdidaktik aktuell; 12).

Hurrelmann, Bettina: Kinderliteratur im sozialen Kontext. Eine Rezeptionsanalyse am Beispiel schulischer Literaturvermittlung. Weinheim: Beltz 1982 (Jugendliteratur heute).

Hurrelmann, Bettina: Kinder- und Jugendliteratur im Unterricht. In: Bogdal, Klaus-Michael/Korte, Hermann (Hrsg.): Grundzüge der Literaturdidaktik. München: dtv. 3. Aufl. 2004, S. 134–146.

Hurrelmann, Bettina/Becker, Susanne (Hrsg.): Kindermedien nutzen. Medienkompetenz als Herausforderung für Erziehung und Unterricht. Weinheim, München: Juventa 2003 (Lesesozialisation und Medien).

Karst, Theodor (Hrsg.): Kinder- und Jugendlektüre im Unterricht. Band 1: Primarstufe. Bad Heilbrunn/OBB.: Klinkhardt 1978.

Karstädt, Otto: Dem Dichter nach. Schaffende Poesiestunden. I. Teil. Langensalza: Beltz 5. Aufl. 1927.

Kliewer, Heinz-Jürgen: Eine eigene Literaturdidaktik? – Jugendbücher im Unterricht. In: Richter/Hurrelmann 1998, 27–34.

Knobloch, Jörg/Dahrendorf, Malte (Hrsg.): Offener Unterricht mit Kinder- und Jugendliteratur. Grundlagen, Praxisberichte, Materialien. Baltmannsweiler: Schneider 1999.

Kretschmer, Christine: Bilderbücher in der Grundschule. Berlin: Volk und Wissen 2003 (Grundschule: Lebendiges Lernen).

Krüger, Anna: Kinder- und Jugendbücher als Klassenlektüre. Analysen und Schulversuche. Ein Beitrag zur Reform des Leseunterrichts. Berlin: Luchterhand 1963.

Krüger, Anna: Die erzählende Kinder- und Jugendliteratur im Wandel. Frankfurt/M.: Diesterweg und Aarau: Sauerländer 1980.

Oskamp, Irmtraud M.: Jugendliteratur im Lehrerurteil. Historische Aspekte und didaktische Perspektiven. Würzburg: Königshausen & Neumann 1996.

Richter, Karin: Die Entwicklung von Lesemotivation und der Literaturunterricht in der Grundschule. Empirische Daten – pädagogische Überlegungen – didaktische Konsequenzen. In: Hurrelmann/Becker 2003, S. 115–131.

Richter, Karin/Hurrelmann Bettina (Hrsg.): Kinderliteratur im Unterricht. Theorien und Modelle zur Kinder- und Jugendliteratur im pädagogisch-didaktischen Kontext. Weinheim, München: Juventa 1998 (Lesesozialisation und Medien).

Ritz-Fröhlich, Gertrud: Kreativer Umgang mit lyrischen Texten. In: Grömminger, Arnold/Ritz-Fröhlich, Gertrud: Umgang mit Texten in Freizeit, Kindergarten und Schule. Freiburg: Herder 1974, S. 45–72.

Rochow, Friedrich Eberhard von: Der Kinderfreund. Ein Lesebuch zum Gebrauch in Landschulen. Frankfurt/M.: Eichenbergische Erben 1776.

Rosebrock, Cornelia: Kinder- und Jugendliteratur im Unterricht – aus der Perspektive der Lehrerbildung. In: Rank, Bernhard/Rosebrock, Cornelia (Hrsg.): Kinderliteratur, literarische Sozialisation und Schule. Weinheim: Deutscher Studien Verlag 1997, S. 7–28.

Sahr, Michael: Über den unterrichtlichen Umgang mit Kinderbüchern. In: Born, Monika/ Sahr, Michael: Kinderbücher im Unterricht der Grundschule. Baltmannsweiler: Schneider 1985, S. 1–30.

Sahr, Michael: Problemorientierte Kinderbücher im Unterricht der Grundschule. Baltmannsweiler: Schneider 1987.

Stenzel, Gudrun: Lesen in Kleingruppen – Erfahrungen aus Großbritannien. In: Knobloch/Dahrendorf 1999, S. 68–74.

Thiele, Jens: Das Bilderbuch. Ästhetik – Theorie – Analyse – Didaktik – Rezeption. Oldenburg: Isensee 2000.

Thiele, Jens/Steitz-Kallenbach, Jörg (Hrsg.): Handbuch Kinderliteratur. Grundwissen für Ausbildung und Praxis. Freiburg: Herder [2]2003.

Waldmann, Günter: Literatur zur Unterhaltung 1. Unterrichtsmodelle zur Analyse und Eigenproduktion von Trivialliteratur. Reinbek bei Hamburg: Rowohlt 1980.

Waldmann, Günter: Grundzüge von Theorie und Praxis eines produktionsorientierten Literaturunterrichts. In: Hopster, Norbert (Hrsg.): Handbuch „Deutsch" Sekundarstufe I. München, Wien, Zürich: Schöningh 1984, S. 98–141.

Walz, Tilo: Moderne und Antimoderne in der Literaturdidaktik der 1920er Jahre am Beispiel von Lotte Müller und Otto Karstädt. In: Dawidowski, Christian/Korte Hermann (Hrsg.): Umbrüche, Literaturkanon und Literaturunterricht in Zeiten der Modernisierung. Die 1920er und 1960er Jahre. Frankfurt/M. [u. a.]: Lang 2009, S. 41–55.

Wieler, Petra: Vorlesen in der Familie. Fallstudien zur literarisch-kulturellen Sozialisation von Vierjährigen. Weinheim: Juventa 1997 (Lesesozialisation und Medien).

Wolgast: Heinrich: Das Elend unserer Jugendliteratur. Ein Beitrag zur künstlerischen Erziehung der Jugend. Hamburg: Selbstverlag [2]1899.

Personenregister

(Die Literaturverzeichnisse wurden im Personenregister nicht berücksichtigt.)

Sachregister

Verzeichnis der Autorinnen und Autoren

Daubert, Hannelore, Dr. phil., Studienrätin im Hochschuldienst am Institut für Jugendbuchforschung der Goethe-Universität Frankfurt

Dolle-Weinkauff, Bernd, Dr. phil., Akademischer Oberrat und Kustos des Instituts für Jugendbuchforschung der Goethe-Universität Frankfurt

Ewers, Hans-Heino, Dr. phil., Professor für Germanistik/Literaturwissenschaft mit dem Schwerpunkt Kinder- und Jugendliteratur der Goethe-Universität Frankfurt, Geschäftsführender Direktor des Instituts für Jugendbuchforschung

Franz, Kurt, Dr. Dr. phil., Professor für Didaktik der deutschen Sprache und Literatur, Universität Regensburg, Ordinarius i. R., Präsident der Deutschen Akademie für Kinder- und Jugendliteratur

Glasenapp, Gabriele von, Dr. phil., Professorin für Literaturwissenschaft und Literaturdidaktik an der Philosophischen Fakultät der Universität zu Köln, Leiterin der Arbeitsstelle für Leseforschung und Kinder- und Jugendmedien (ALEKI)

Haller, Karin, Mag., Leiterin des Internationalen Instituts für Jugendliteratur in Wien, Geschäftsführerin der kidlit medien GmbH

Heinke, Susanne, M. A., Literatur- und Theaterwissenschaftlerin, Wissenschaftliche Mitarbeiterin im Bereich Literarische Erziehung/Kinder- und Jugendliteratur an der Universität Erfurt

Josting, Petra, Dr. phil., Professorin für Germanistik/ Medien- und Literaturdidaktik an der Universität Duisburg-Essen, Fakultät für Geisteswissenschaften/Germanistik

Lange, Günter, Akademischer Direktor (i. R.) für deutsche Sprache und Literatur und ihre Didaktik am Institut für Germanistik der Technische Universität Carolo-Wilhelmina zu Braunschweig

Meier, Bernhard, Dr. phil. habil., Professor (i. R.) für Didaktik der Deutschen Sprache und Literatur an der Universität Leipzig

Müller, Karla, Dr. phil., Professorin für Didaktik der deutschen Sprache und Literatur an der Universität Passau

Ossowski, Ekkehard, Dr. phil., Dipl.-Päd., Wissenschaftlicher Assistent am Institut für Erziehungswissenschaften der Universität Osnabrück

Ossowski, Herbert, war Leiter eines Studienseminars (Primarstufe) und Lehrbeauftragter für Didaktik der deutschen Sprache und Kinderliteratur an der Universität Münster

Payrhuber, Franz-Josef, Dr. phil., Akademischer Direktor (i.R.), langjähriger Fachbereichsleiter Deutsch am Institut für Lehrerfort- und -weiterbildung Mainz (ILF), Lehrbeauftragter an der Pädagogischen Hochschule Heidelberg (1997–2009)

Plath, Monika, Dr. phil., Wissenschaftliche Mitarbeiterin im Bereich Literarische Erziehung/Kinder- und Jugendliteratur an der Universität Erfurt

Rabe, Beate, M.A., Kultur- und Kunstwissenschaftlerin, Museumspädagogin am Filmmuseum Potsdam

Rank, Bernhard, Dr. phil., Professor (i.R.) für deutsche Sprache und Literatur und ihre Didaktik an der Pädagogischen Hochschule Heidelberg

Richter, Karin, Dr. phil. habil., Universitätsprofessorin (i.R.), Erziehungswissenschaftlicher Fachbereich der Universität Erfurt

Schilcher, Anita, Dr. phil., Professorin für Didaktik der deutschen Sprache und Literatur an der Universität Regensburg

Spinner, Kaspar H., Dr. phil., Professor (em.) für Didaktik der deutschen Sprache und Literatur an der Universität Augsburg

Stenzel, Gudrun, Dr. phil., Lehrerin an einer Hamburger Grundschule und Lehrbeauftragte für Literaturdidaktik und Kinder- und Jugendliteratur an der Universität Hamburg

Taube, Gerd, Dr. phil., Theaterwissenschaftler, Leiter des Kinder- und Jugendtheaterzentrums in der Bundesrepublik Deutschland, Frankfurt/M.

Thiele, Jens, Dr. phil., bis 2008 Professor für Visuelle Medien und Direktor der Forschungsstelle Kinder- und Jugendliteratur an der Carl-von-Ossietzky-Universität Oldenburg; seit 2009 Illustrator und Grafiker in Münster

Weinmann, Andrea, Dr. phil., Wissenschaftliche Mitarbeiterin am Institut für Jugendbuchforschung der Goethe-Universität Frankfurt/M.

Ziesenis, Werner war Akademischer Oberrat für Deutsche Sprache und Literatur und ihre Didaktik im Fachbereich Erziehungswissenschaften der Georg-August-Universität Göttingen